개정8판

한권으로 끝내는

가사소송실무

(이혼, 위자료, 재산분할, 양육권, 양육비, 면접교섭, 부양료 청구 포함)

법학박사　김동근　저
변 호 사　최나리 감수

법률출판사

개정8판 머리말

금번 제8판은 이혼소송의 핵심 중 하나인 증거수집 방법 및 그와 관련 된 판례의 내용을 보강하는 데 주안점을 두었습니다.

따라서 그에 맞추어 증거수집 관련하여 스토킹범죄의 처벌에 관한 법률과 관련된 내용 일부를 보강함은 물론 이혼소송에서 증거로 자주 활동되는 타인간의 대화녹음 부분에 관한 내용 및 불법녹음의 증거능력 여하를 판단한 최신판례(대법원 2024. 4. 16. 선고 2023므16593 판결)를 삽입하였고, 특히 기존에 기술된 각종 증거수집절차 외에 실제 이혼소송에서 증거수집방법으로 자주 활용되고 있는 구석명신청에 관한 내용 및 서식들의 추가 등을 보강함으로써 증거수집관련 영역을 보다 더 강화하였다는 데 그 특징이 있습니다.

그 외에도 최근 문서제출명령과 관련하여 문제되었던 전기통신사업자의 통신사실확인자료 제출(법원의 명령에서 미제출시 과태료 부과)과 관련된 대법원전원합의체 결정 및 관련 내용까지 삽입함으로써 명실상부 이혼소송관련 이론 및 관련 증거수집 분야 최고의 전문서적으로서의 위상을 제고하고자 노력하였습니다.

부디 본서의 이러한 취지가 현재 이혼소송에 직면해 있거나 관련 소송 중 각종 이혼절차 및 증거수집 등에 곤란을 겪는 분들 그리고 소송실무종자들에게 완벽한 승소의 길라잡이 역할을 다 해주기를 소망합니다.

2025. 4.

김동근 씀

개정7판 머리말

금번 개정판은 이혼소송의 핵심 중 하나인 증거수집절차 및 각종 신청절차에 관한 내용의 보강 그리고 이혼소송이 핵심인 위자료, 재산분할, 사실혼, 혼인무효, 약혼부당파기로 인한 손해배상 및 원상회복 등의 내용을 중점적으로 증보하는데 초점을 두었다.

이에 따라 금번 개정판에는 증거수집절차와 관련된 문제 중 요즘 사회적으로 여러 사건화가 되고 있는 자동차 등 수색죄 관련 내용 및 불법촬영 피해에 따른 초상권침해를 원인으로 한 손해배상청구소장 그리고 불법 통화내용 녹음에 따른 손해배상청구소장 등을 삽입한 것을 비롯하여 증거신청과 관련하여서는 여러 유형의 사실조회신청서, 금융조회신청서 등을 추가로 삽입하였고 추가로 증거보전신청서를 삽입함으로써 증거수집 및 신청절차에 관한 내용을 대폭 보강하였다.

또한, 이론적인 면에서도 재판상 이혼과 관련 위자료청구권의 소멸시효, 위자료청구소송 중 당사자 사망, 이혼청구와 병합 등과 관련된 내용 및 판례 등을 추가로 삽입하였고, 재산분할 관련 재산분할의 방법, 분할대상재산의 액수산정 시기 및 평가방법, 재산분할을 정하는 요소 등에 관련된 내용 및 판례 등을 추가로 삽입하였으며, 약혼과 관련하여서는 약혼해제의 정당사유, 약혼부당파기를 원인으로 손해배상의 범위, 약혼자와 불륜행각을 한 제3자의 책임과 관련된 내용 및 판례를 삽입하였고, 사실혼 관련 당사자 일방에 의한 혼인신고의 유효성, 당사자 일방에 의한 사실혼 해소, 과거의 혼인관계 존부에 대한 확인의 이익유무, 사실혼의 법적보호 등과 관련된 내용 및 판례를 삽입함으로써 전편에 비해

이혼소송의 핵심인 증거수집 등의 절차에서 위자료, 재산분할, 약혼 그리고 사실혼 등에 대한 이론 및 각종 서식들을 보다 더 충실히 보충하였다는 데 그 특징이 있다.

본서는 앞으로도 계속하여 독자들의 요청 및 눈높이에 맞추어 가사소송 관련 최적의 실무지침서의 역할을 수행할 수 있도록 각종 내용을 보완해 나가고자 하오니, 독자들의 계속된 관심과 응원을 부탁하는 바이다.

끝으로 여러 어려운 여건 속에서도 본서의 출판을 위하여 불철주야 노력하신 법률출판사 김용성 사장님을 비롯하여 편집자 및 여러 임직원들에게도 깊은 감사를 드리는 바이다.

2024. 1.

저자 김동근 씀

차 례

제1장
가사소송의 준비

제1장 가사소송의 준비

Ⅰ. 가사소송의 준비

1. 인적 사항의 파악

소장을 제출하기 전에 상대방의 인적 사항을 주민등록증, 등기사항증명서 등에 의하여 정확하게 확인하여야 한다. 소송의 진행 과정에서 소장의 송달을 위해서 우편물의 송달주소나 전화번호 등을 알아 둘 필요가 있기 때문이다. 상대방이 개인 기업이라면 그 사업자등록증을 통해, 법인기업이라면 등기사항전부증명원에 의해 그 기업의 중요 사항을 알 수가 있다.

2. 사실관계의 정리

소송을 진행하기 전에 당사자 간의 사실관계를 세밀히 정리한 후 어떤 사실이 법률적으로 의미를 갖는지를 검토하여 주요 법률사실을 놓치는 일이 없도록 하여야 한다. 또한 소송 진행 중에도 이 같은 노력을 지속하여야 한다.

3. 증거의 확보

당사자 사이에 관련된 증거자료를 모두 확보 한 다음 자기에게 유리한 증거와 불리한 증거를 검토한 후 소에서 상대방에게 주장하려는 주장과 증거들이 모순되는 점은 없는지 확인하고 나아가서는 증인이 될 만한 사람의 말을 미리 들어 보고, 현장 등 계쟁 목적물을 직접 확인하여야 한다. 증거가 되는 문서는 원본을 열람하고 증인의 진술은 후일 기억의 소실이나 진술의 번복을 대비하여 내용의 확인서를 받아 두거나 녹음을 하여 둘 필요가 있다[1].

4. 법률의 검토

파악한 사실관계에 터 잡아 이에 적용될 실체법을 면밀히 검토하여야 한다. 사회 경제의 복잡화에 따라 양산된 각종 특별법은 많은 경우 민법이나 상법과 같은 기본적 실체법의 규정을 제한하거나 변경하고 있으므로 사안에 적용될 특별법이 있는지 그 내용이 무엇인지를 확인하여야 한다. 법률규정에 대한 해석에 다른 견해가 있을 수 있는 경우에는 실무에서는 판례가 우선적으로 적용되고 있으므로 특히 대법원 판례를 찾아보고 대법원 판례가 없으며 하급심 판례도 선례가 될 수 있으므로 찾아보아야 한다.

5. 처리 방법의 선택

가. 사건에 있어서 목적을 달성하는 데 시간, 비용, 효과 면에서 가장 적합한 방법이 무엇인지 생각 해 보아야 한다.

분쟁 초기나 금액이 크지 않는 경우에는 쉽게 화해할 여지가 있으므로 임의적 화해 가능성도 고려 해 볼 수 있다. 그러나 대부분의 민사 분쟁의 경우 소의 제기 등을 통해 강제 수단을 동원할 수 있는 집행권원의 획득을 필요로 한다. 그러나 비록 강제적 수단에 호소한다 하더라도 상대방의 다투는 정도가 미약한 때에는 소의 제기 외에 제소전화해의 신청(법 385조), 지급명령신청(법 462조) 또는 조정신청을 하여 비용을 절감할 수 있다. 조정 등이 성립하지 아니한 경우 통상의 소로 전환될 수 있어 시간상으로 급박한 사건이 아니라면 적극 시도하여 볼 필요가 있다.

나. 소를 제기하는 것은 특별한 사정이 없는 한 승소판결을 받아 강제집행으로 목적을 달성하려고 하는 것이므로 기각 될 청구를 하여서는 아니 될 것이다.

---

[1] 통신비밀보호법 제3조는 공개되지 아니한 타인간의 대화를 녹음 또는 청취하지 못하게 하고 있으므로 진술자의 의사에 반하여 녹음을 하여야 하는 경우에 대화의 당사자가 직접 녹음을 하여야 한다. 한편 3인간의 대화에 있어서 그 중 한 사람이 그 대화를 녹음하는 경우는 통신비밀보호법 제3조 1항에 위배되지 않는다(대판 2006. 10. 12. 2006도4981).

다. 또한 승소가능성이 있다 하더라도 당사자의 무능력 등으로 강제집행이 불가능하면 당
사자의 목적은 달성할 수 없으므로 승소 후에 강제집행을 할 수 있는 방법 즉 보전처분을
미리 검토해 두어야 한다.

6. 부수적 조치의 검토

가. 사건의 처리 방법이 정하여진 경우 이를 실행하기에 앞서 부수적 또는 잠정적으로 반
드시 취하여야 할 실체법 또는 절차법상의 조치가 있는 경우가 있다. 많은 경우 제소 전에
이행의 제공, 최고, 해제, 취소통지 등 실체법상의 의사표시 또는 관념의 통지를 하여 놓
을 필요가 있다. 이러한 의사표시의 방법으로 가장 일반적으로 사용되고 있는 것이 내용증
명의 방법이다.

나. 또한 소송 이후 강제집행의 실효성을 위해 가압류, 가처분 등의 필요한 조치를 하여야
한다. 이러한 조치는 시일이 급박한 경우가 많고 그 조치를 취하여 두지 아니하면 승소하
더라도 집행을 못하게 될 수 있으며 강제집행 관련 소송에서 소송 중에 집행이 종료된 경
우처럼 소의 이익이 없어져 승소할 사건을 패소하는 경우도 있으므로 본안 소송의 수행 이
상으로 유념할 필요가 있다.

II. 증거수집 방법

1. 개요

이혼소송절차에서 가장 핵심적인 사항중의 하나는 상대의 유책성을 어떻게 입증하느냐의
여부이다. 이는 이혼 및 위자료의 액수와도 바로 직결된 문제이기도 하고 이러한 증거가
부족할 경우 자칫 이혼조차 하지 못하는 상황에 놓일 수도 있기 때문이다. 그럼에도 통상
적인 경우 이혼을 하겠다고 결심한 당사자중 대부분은 배우자의 유책성을 입증할 증거조차
확보하지 못하거나 확보한 증거조차 유책성을 입증하기에는 턱없이 부족한 경우가 많다.
이 때문에 다소 불법적인 방법(흥신소, 심부름센터 등을 통하여 증거수집 등)을 통해서라
도 증거를 수집하게 되면서 오히려 그에 따른 형사처벌을 받게 되기도 하고 또 상대방에게
불필요한 분쟁꺼리를 제공하는 등의 예기치 않은 상황에 놓이기도 한다. 따라서 이하에서
는 이처럼 증거수집 시 발생할 수도 있는 형사처벌 등을 회피하면서 안전하게 소송절차에
서 유용하게 사용할 증거를 수집할 수 있는 방법을 설명하고자 한다.

2. 소송절차를 통한 증거수집방법

가. 금융거래내역(신용카드, 금융거래내역 등)

증거수집의 방법 중 가장 보편적인 수단으로서 이혼소송 중 법원을 통하여 상대방의 금융거래내역, 신용카드 사용내역, 보험계약 및 해약환급금, 증권회사의 주식거래내역 등을 제출하도록 신청하여 그 내역을 확인하는 방법이 있다. 이때 특별히 상대방이 거래하는 은행 및 지점, 계좌번호 등까지 정확히 특정할 필요는 없고, 다만 상대방이 거래를 하고 있다고 의심이 되는 곳은 어느 곳이나 사실조회는 가능하다. 이러한 금융거래내역 등의 신청을 통하여 확인된 상대방의 보유재산 등은 재산분할시 매우 중요한 자료로 사용될 만큼 금융거래내역신청 등은 재산분할을 위한 정보수집 시 매우 중요한 역할을 하고 있다.

뿐만 아니라 이러한 금융거래내역조회(카드사용내역 등 포함)를 통하여 간혹 상대방이 상간자에게 지급한 생활비 및 모텔사용료 그리고 유흥업소 등 퇴폐업소에 출입한 내용 등 상대방의 불륜사실을 확인할 수 있는 증거까지 확인되는 경우도 있기 때문에 이혼소송을 준비할 때 상대방이 어떤 은행을 거래하고, 어떤 종류의 카드를 사용하고 있는지 등을 정확히 확인해 둘 필요가 있다.

나. CCTV 동영상 등의 제출명령

요즘은 건물이나 시내 어느 곳에 가더라도 CCTV(차량용 블랙박스 포함)를 흔히 볼 수 있고, 그 결과 상대방의 움직임들이 자신의 의도와는 무관하게 CCTV 등에 그대로 담길 가능성도 높다. 이러한 현상을 감안하여 배우자의 유책성의 입증 즉, 배우자의 불륜행각이나 폭행 등의 장면이 고스란히 담긴 개인소유 건물의 CCTV, 관공서의 CCTV, 병원의 CCTV, 모텔·호텔 등의 CCTV 등에 대하여 그에 대한 제출명령을 법원에 신청할 경우 상대방의 유책성을 입증하는데 용이하게 활용할 수 있게 되었다.

다만, CCTV의 보존기간이 보통의 경우 1개월 정도로 아주 짧은 경우가 대부분이기 때문에, 가능하다면 개인이 빨리 입수하거나 그것이 어렵다고 판단될 경우 신속히 법원에 제출명령(증거보전)을 신청한 후 확보할 필요가 있다.

다. 증인신청(진술서), 사실조회신청 등

상대방의 불륜행각 또는 폭행행각 등에 대한 물증은 없으나, 다행히 그러한 사실을 직접 목격한 목격자가 있을 경우 그 사실을 입증하기 위하여 목격자를 증인으로 신청하거나 또는 여러 사정상 직접 법정에 출석하여 진술하는 것이 어려울 경우 그로부터 증인진술을 받아서 제출할 수 있고 나아가 그자에게 사실조회신청을 하여 당시의 상황에 대한 입증을 할 수도 있다.

대부분의 경우 법정에 서서 증인선서를 하고 증언을 하는 것에 대한 부담감이 크기 때문에 인적사항을 알고 있다면 사실조회나 증인진술서를 제출하는 방법으로 동인의 부담가을 줄이면서 진술을 확보하는 것도 하나의 방법이다.

라. 사실조회신청

사실조회란 공공기관, 학교, 그 밖의 단체, 개인 또는 외국의 공공기관에게 그 업무에 속하는 특정사항에 관한 조사 또는 보관중인 문서의 등본·사본의 송부를 촉탁함으로써 증거를 수집하는 절차로써 촉탁의 상대방이 용이하게 조사할 수 있는 사실에 대하여 조회하는 방법이다. 가령, 상대방이 평소 재산관리를 하였던 탓에 상대방이 소유 중인 부동산 등의 재산규모를 파악하는 것이 어려울 경우 법원행정처에 동인의 등기된 부동산의 존재여부를 사실조회신청으로 확인해 보는 것이 한 예이다.

다만, 조사할 내용이 촉탁의 상대방의 특별한 지식과 경험을 필요로 하는 것이거나 촉탁의 상대방의 전문적인 의견을 구하는 것일 때에는 감정촉탁을 하여야 하지 사실조회촉탁의 방법에 의할 수 없습니다.

마. 가사조사절차 활용

가사사건은 사건 해결을 위해 당사자들의 경력 및 학력, 재산상태, 가정환경 및 분쟁상황에 대한 사실관계뿐만 아니라 갈등이 빚어진 원인 등을 전반적으로 조사해야 하는데, 이러한 것을 조사하는 절차를 가사조차절차라 한다. 가사조사는 가정법원의 가사조사관이 위에서 열거한 사실들에 대한 당사자들의 주장을 직접 듣고 각각의 주장사실의 정리 및 각각의 주장사실들에 대한 조사관의 의견을 정리한 후 재판부에 그에 관한 보고서를 제출하도록 되어있다. 이렇듯 가사조사관은 당사자들과의 직접 대면을 통하여 여러 사실관계를 확인하기 때문에 그 절차에서 논리적으로 상대방의 주장을 반박할 경우 상대방 주장에 대한 신빙성이 많이 탄핵될 수 있다.

3. 기타의 증거수집방법

가. 소송 전 증거수집

1) 진단서 및 112신고내역 등의 준비

이혼소송의 경우 일반적으로 상대방과의 갈등이 고조되어 이혼소장이 접수될 정도에 이르면 기존에 흔하게 수집할 수 있었던 증거조차 수집하는 것이 매우 어려운 상황에 놓일 수 있다. 또 일부는 도저히 증거를 수집하기 어려운 경우(예를 들어 혼인기간 내내 있었던 가정폭력에 진단서 한 장도 발급받아 두지 아니하였거나 112신고 내역 및 주변에 창피하여 하소연 한번 한 사실이 없을 경우 또는 상대방이 외도를 하였음에도 반성문 한 장 받아두지 아니하고 그냥 용서하고 지나쳤을 경우 등)도 있을 수 있다. 그렇기 때문에 만일 이혼을 결심한 상황이라면 그러한 의사를 상대방에게 표시하지 아니하고 상대방이 무방비 상태에 있을 때, 상대방과의 화해를 유도하는 척 대화를 이끌어 내어 증거수집이 어려운 혼인생활 중 발생한 여러 사실들을 녹취를 해둘 필요가 있다. 또한, 폭행이 주된 이혼사유일 경우 미리 112 신고내역(경찰서 민원실에서 정보공개신청을 통하여 발급 받아야 함), 경찰출동기록, 진단서 등의 증거 등을 준비해 둘 필요가 있으며, 불륜행각일 경우 상대방이 모텔에 드나드는 사진 또는 동영상(차량 블랙박스), 상간자와 주고받은 메시지 등을 확보해둘 필요가 있다.

2) 핸드폰, 컴퓨터 등 분석 - 디지털 포렌식

이혼소송을 준비하기 전 관련 증거들을 수집하여 유리하게 관련 절차를 이끌어 가기위한 수단으로 디지털카메라, 휴대폰, CCTV, 서버 등과 같은 디지털기기에서 데이터를 수집, 복구, 분석을 하여 법적증거로 활용할 수 있는 서비스가 있는데 그것이 바로 디지털 포렌식이다. 간혹 이혼소송 전에 컴퓨터, 휴대폰 등에 보관하여 두었던 자료들이 상대방에 의하여 악의적으로 삭제되어 발만 동동구루는 경우가 있는데, 이럴 때는 보유하고 있는 컴퓨터나 휴대폰 등을 가지고 가까운 디지털 포렌식업체를 방문하여 삭제되었던 자료들을 복구한 후 이를 법원에 제출하면 된다.

나. 배우자의 E-MAIL, 스마트폰 확인

정보통신망 침해행위 등의 금지에 관한 법률 제48조 제1항에 따르면, "누구든지 정당한 접근권한 없이 또는 허용된 접근권한을 넘어 정보통신망에 침입하여서는 아니 된다."라고 규정하고 있고, 같은 법 제49조에서는 "누구든지 정보통신망에 의하여 처리·보관 또는 전송되는 타인의 정보를 훼손하거나 타인의 비밀을 침해·도용 또는 누설하여서는 아니 된다."고 규정하고 있으며, 같은 법 제72조에서는 "제48조 제1항을 위반하여 정보통신망에 침입한 자는 3년 이하의 징역 또는 3천만 원의 벌금에 처한다"고 규정하고 있다.

따라서 배우자의 유책성에 관한 증거를 수집한다는 미명하에 배우자 모르게 배우자가 비밀번호를 설정해 놓은 스마트폰의 비밀번호 및 패턴을 알아내거나 또는 E-MAIL의 비밀번호를 알아내어 그 곳에 있는 메신저, E-MAIL, 카톡 등 배우자의 사생활을 알 수 있는 내용들을 훔쳐보는 행위는 위 법률에 의거하여 처벌을 받을 수 있고, 나아가 이를 통하여 알게 된 내용을 전송 또는 타에 누설할 경우 가중 처벌을 받을 수 있음을 유의하여야 한다. 다만, 근래에 배우자와 비밀번호 등을 공유하고 있는 경우도 흔하게 볼 수 있는데, 이처럼 배우자와 비밀번호 및 패턴 등을 공유하고 있어 언제든지 상대방의 E-MAIL 등을 열어볼 수 있도록 용인된 상황이었다면 위 법률에 저촉될 여지 및 위 법률에 의거한 처벌의 대상도 아니다.

다. 타인간의 대화 녹음

통신비밀법 제3조 및 제14조 규정에 따르면, "누구든지 이 법과 형사소송법 또는 군사법원법의 규정에 의하지 아니하고는 우편물의 검열·전기통신의 감청 또는 통신사실 확인자료의 제공을 하거나 공개되지 아니한 타인간의 대화를 녹음 또는 청취하지 못한다."고 규정하고 있고, 같은 법16조에서는 "위 규정에 위반하여 우편물의 검열 또는 전기통신의 감청을 하거나 공개되지 아니한 타인간의 대화를 녹음 또는 청취한 자는 1년 이상 10년 이하의 징역과 5년 이하의 자격정지에 처한다."고 규정하고 있다. 따라서 타인의 허락 없이 타인간의 대화를 몰래 녹음하는 행위는 위 규정에 의하여 명백한 불법행위로서 처벌의 대상이 될 수 있으며, 이로 취득한 녹음파일 등의 대화 내용은 '재판'에서 증거로 사용할 수도 없다.

여기서 법이 금지하는 내용은 '공개되지 아니한 타인간의 대화'를 녹음하거나 청취하지 말라는 내용이다. 즉 '공개된 타인간의 대화'나 또는 '공개된 당사자간의 대화' 또는 '공개되지 아니한 당사자간의 대화'는 금지대상이 아니다. 따라서 당사자간의 대화내용을 제3의 타인이 녹음, 청취한다면 처벌대상이지만, 대화자가 당사자가 되어 상대방의 대화내용을 몰래 녹음하였다면 이는 처벌되지 아니한다. 즉, 자신이 상대방과의 이해관계에 있어 그 사실을 확인하기 위해 몰래 녹음한다는 것은 형법상 일종의 자력구제행위 노력, 정당방위 행위로 볼 수 있기 때문이다.

한편, 녹음 장소가 내 소유의 집안이거나 혹은 내 소유의 자동차 내부라 하더라도 녹음한 대화가 내가 참여한 대화가 아니라 타인간의 대화라면 법에 위반되며, 도청 장치를 설치한 장소가 자신의 소유라 하더라도 면책되지 않는다. 특히 이렇듯 사전 동의 없이 녹음한 타인간의 대화는 위법하게 수집된 증거이기 때문에 증거로 인정되지 못함에 주의를 요한다.

【판결취지】

불법녹음의 증거능력 인정여부(대법원 2024. 4. 16선고 2023므16593)

【판결요지】

1. 가. 통신비밀보호법 제2조에 의하면 '전기통신'이란 유선 · 무선 · 광선 및 기타의 전자적 방식에 의하여 모든 종류의 음향 · 문언 · 부호 또는 영상을 송신하거나 수신하는 것을 말하고(제3호), '감청'이란 전기통신에 대하여 당사자의 동의 없이 전자장치 · 기계장치 등을 사용하여 통신의 음향 · 문언 · 부호 · 영상을 청취 · 공독하여 그 내용을 지득 또는 채록하거나 전기통신의 송 · 수신을 방해하는 것을 말한다(제7호). 통신비밀보호법 제3조 제1항은 통신비밀보호법, 형사소송법, 군사법원법의 규정에 의하지 아니한 전기통신의 감청 또는 공개되지 아니한 타인 간 대화의 녹음을 금지하고 있고, 같은 법 제4조는 제3조의 규정을 위반하여 불법감청에 의하여 지득 또는 채록된 전기통신의 내용은 재판 또는 징계절차에서 증거로 사용할 수 없다고 규정하고 있다.

   또한 통신비밀보호법 제14조 제1항은 누구든지 공개되지 아니한 타인 간의 대화를 녹음할 수 없다고 규정하고, 제2항은 제4조의 규정은 제1항의 규정에 의한 녹음에 관하여 이를 적용한다고 규정하고 있다.

   나. 이에 따르면 제3자가 전기통신의 당사자인 송신인과 수신인의 동의를 받지 않고 전화통화 내용을 녹음한 행위는 전기통신의 감청에 해당하여 통신비밀보호법 제3조 제1항 위반이 되고, 이와 같이 불법감청에 의하여 녹음된 전화통화 내용은 제4조에 의하여 증거능력이 없다(대법원 2021. 8. 26. 선고 2021다236999 판결 등 참조). 이러한 법리는 대화에 원래부터 참여하지 않는 제3자가 같은 법 제14조 제1항을 위반하여 일반 공중이 알 수 있도록 공개되지 않은 타인 간의 발언을 녹음한 경우에도 마찬가지이다.

2. 원심은 판시와 같은 이유로, 원고가 제출한 녹음파일의 증거능력을 인정하는 한편, 원고의 배우자인 소외인은 피고와 팔짱을 끼고 다니고 수차례 식당에서 함께 식사하였으며 피고에게 가방을 사주기도 하는 등 부정행위를 하였고 이러한 부정행위는 원고와 소외인의 혼인관계가 파탄된 원인 중 하나라고 보아 원고의 피고에 대한 위자료 청구를 일부 인용하였다.

3. 원심판결 이유를 앞에서 본 법리와 기록에 비추어 살펴보면, 녹음파일의 증거능력에 관한 원심의 이유 설시에 일부 부적절한 부분이 있으나 소외인과 피고의 부정행위를 인정하여 원고의 위자료 청구를 일부 인용한 원심의 결론은 정당하고, 거기에 상고이유 주장과 같이 필요한 심리를 다하지 않은 채 논리와 경험의 법칙을 위반하여 자유심증주의의 한계를 벗어나거나 일방 배우자와 부정행위를 한 제3자의 공동불법행위책임에 관한 법리오해, 대법원판례 위반 등으로 판결에 영향을 미친 잘못이 없다.

4. 그러므로 상고를 기각하고 상고비용은 패소자가 부담하기로 하여, 관여 대법관의 일치된 의견으로 주문과 같이 판결한다.

라. 대화자간 대화녹음

이혼소송 시 증거수집의 방법으로 가장 흔하게 사용하는 방법 중 하나가 녹음자가 주체가 되어 상대방에게 어떠한 사실을 유도하고 그러한 사실을 녹음하는 것이다. 이러한 경우에는 위 다.항에서 설명드린 바와 같이도 불법이 되지는 아니한다. 다만, 동의 없이 전화통화 상대방의 통화내용을 녹음하고, 이를 재생하여 녹취서를 작성하는 것은 녹음을 당한 자의 승낙이 추정되거나 정당방위 또는 사회상규에 위배되지 아니하는 등의 다른 사정이 없는 한 헌법이 보장하는 음성권은 물론 사생활의 비밀과 자유를 침해하는 행위에 해당하여 불법행위를 구성한다. 그리고 그것이 통신비밀보호법상 감청에 해당하지 않는다거나 민사소송의 증거를 수집할 목적으로 녹음하였다는 사유만으로는 정당화되지 않는다고 판시하면서 손해배상책임을 인정한 하급심판례가 있다.[2] 따라서 타인간의 대화녹음 각별한 주의가 필요하다.

【판시사항】

대화당사자간 녹음의 증거능력인정(대법원 2001. 10. 9. 선고 2001도3106 판결)

【판결요지】

녹음테이프 검증조서의 기재 중 고소인이 피고인과의 대화를 녹음한 부분은 타인간의 대화를 녹음한 것이 아니므로 위 법 제14조의 적용을 받지는 않지만, 그 녹음테이프에 대하여 실시한 검증의 내용은 녹음테이프에 녹음된 대화의 내용이 검증조서에 첨부된 녹취서에 기재된 내용과 같다는 것에 불과하여 증거자료가 되는 것은 여전히 녹음테이프에 녹음된 대화의 내용이라 할 것인바, 그 중 피고인의 진술내용은 실질적으로 형사소송법 제311조, 제312조 규정 이외에 피고인의 진술을 기재한 서류와 다를 바 없으므로, 피고인이 그 녹음테이프를 증거로 할 수 있음에 동의하지 않은 이상 그 녹음테이프 검증조서의 기재 중 피고인의 진술내용을 증거로 사용하기 위해서는 형사소송법 제313조 제1항 단서에 따라 공판준비 또는 공판기일에서 그 작성자인 고소인의 진술에 의하여 녹음테이프에 녹음된 피고인의 진술내용이 피고인이 진술한 대로 녹음된 것이라는 점이 증명되고 그 진술이 특히 신빙할 수 있는 상태하에서 행하여진 것으로 인정되어야 한다.

---

2) 수원지방법원 2013.8.2.선고2013나8981판결.

소   장

원   고   ○ ○ ○ (주민번호)
　　　　　서울 ○○구 ○○동 ○○번지

피   고   ○ ○ ○ (주민번호)
　　　　　19 ○○. ○. ○. 생
　　　　　서울 ○○구 ○○동 ○○번지

청 구 취 지

1. 원고는 피고에게 금 1,000만원 및 이에 대하여 2023. 1. 1.부터 이 사건 소장부본 송달 일까지는 연 5%의, 그 다음 날부터 다 갚는 날까지는 연 12%의 각 비율에 의한 돈을 지급하라.
2. 소송비용은 피고의 부담으로 한다.
3. 제1항은 가집행할 수 있다.
라는 판결을 구합니다.

청 구 원 인

1. 손해배상책임의 발생
피고는 아래 나, 다항의 불법행위로 인하여 원고에게 심대한 고통을 주었는바, 피고는 이에 대하여 원고에게 원고가 입은 정신적 손해를 배상할 책임이 있습니다.

2. 불법 녹음 및 청취에 의한 통신비밀보호법위반의 불법행위
피고는 일자불상경 원고의 차량 내에 일명 '보이스 펜'으로 불리 우는 녹음장치를 설치한 후 차량 내에서 원고가 소외 000과 사적으로 대화하는 내용을 녹음한 후 이를 녹취록으로 작성하기도 하였고, 특히 양자 간의 대화 중 '오빠, 자기' 등의 호칭을 문제 삼아 이혼을 요구한 사실이 있습니다.

이로써 피고는 통신비밀보호법 제3조 규정에 위반하여 공개되지 아니한 타인간의 대화를 녹음 또는 청취하였는바, 동법 제16조 제1항에 다라 1년 이상 10년 이하의

지역과 5년 이하의 자격정지에 처하는 범죄를 자행하였습니다.

3. 손해배상책임의 범위
위 2 .항에 따라 피고는 원고가 입은 정신적 피해를 배상할 책임이 있고. 이 사건에
이르게 된 경우, 원고의 불법녹음 및 청취에 의한 통신보호법위반의 불법행위를 통한
원고의 사생활의 비밀과 자유 그리고 통신비밀의 보장과 자유 등을 침해한 수단 및
방법과 태양, 그 침해의 정도 등을 종합적으로 고려하여 위자료로 최소 금 2,000만원
을 인정함이 상당하다 할 것입니다.

4. 결론
이에 원고는 청구취지와 같은 판결을 구하고자 이 사건 청구에 이른 것입니다.

입 증 방 법

1. 갑 제0호증   000

첨 부 서 류

1. 위 각 입증방법
1. 소장부본
1. 납부서

20 . . .
위 원고 (날인 또는 서명)

○○**지방법원 귀중**

마. 초상권침해 - 손해배상청구 등

이혼소송 및 증거수집 과정에서 증거수집 특히 상간소송에 관한 증거수집과정에서 상간자와 배우자가 만나는 장면에 대한 사진을 촬영하고 그 사진을 증거를 제출하는 경우가 많다. 그러나 그러한 행위는 자칫 초상권침해로 이어질 수 있음에 주의를 요한다. 초상권의 내용에는 함부로 얼굴을 촬영당하지 않을 권리(촬영거절권), 촬영된 초상사진의 이용을 거절할 권리(이용거절권), 초상의 이용에 대한 재산적 권리(재산권)가 포하고 있다. 법원은 소송에서 '진실발견 이익'과 '초상권·사생활의 비밀과 자유'가 충돌할 때는 어느 것이 중대한지를 따져보아야 한다는 입장이다. 위 두 권리가 충돌된 사안에 대한 법원의 판결을 살펴보면, 보험회사의 증거수집과 관련된 사안에서, 보험회사가 달성하려는 이익의 중대성, 필요성, 긴급성 등과 정 씨가 보호하려는 이익의 중대성과 피해 정도를 비교하여 보험회사의 이익이 피해자들의 초상권과 사생활을 침해하면서까지 사진을 촬영할 만큼 긴급하거나 중대하지는 않다고 보고, 위자료를 지급해야 한다고 판결한 사례가 있다.

[서식] 소장(초상권 등 침해를 원인으로 한 손해배상청구)

소　　장

원　　고　　ㅇ ㅇ ㅇ (주민번호)
　　　　　　서울 ㅇㅇ구 ㅇㅇ동 ㅇㅇ번지

피　　고　　ㅇ ㅇ ㅇ (주민번호)
　　　　　　19 ㅇㅇ. ㅇ. ㅇ. 생
　　　　　　서울 ㅇㅇ구 ㅇㅇ동 ㅇㅇ번지

청 구 취 지

1. 원고는 피고에게 금 1,000만원 및 이에 대하여 2023. 1. 1.부터 이 사건 소장부본 송달 일까지는 연 5%의, 그 다음 날부터 다 갚는 날까지는 연 12%의 각 비율에 의한 돈을 지급하라.
2. 소송비용은 피고의 부담으로 한다.
3. 제1항은 가집행할 수 있다.
라는 판결을 구합니다.

청 구 원 인

1. 손해배상책임의 발생

피고는 아래 나, 다항의 불법행위로 인하여 원고에게 심대한 고통을 주었는바, 피고는 이에 대하여 원고에게 원고가 입은 정신적 손해를 배상할 책임이 있습니다.

가. 관련 법리

판례는 "사람은 누구나 자신의 얼굴 기타 사회통념상 특정인임을 식별할 수 있는 신체적 특징에 관하여 함부로 촬영 또는 그림묘사 되거나 공표되지 아니하며 영리적으로 이용당하지 않을 권리를 가지는데, 이러한 초상권은 우리 헌법 제10조 제1문에 의하여 헌법상 보장되는 권리이다. 또한 헌법 제10조는 헌법 제17조와 함께 사생활의 비밀과 자유를 보장하는데, 이에 따라 개인은 사생활 활동이 타인으로부터 침해되거나 사생활이 함부로 공개되지 아니할 소극적인 권리는 물론, 오늘날 고도로 정보화된 현대사회에서 자신에 대한 정보를 자율적으로 통제할 수 있는 적극적인 권리도 가진다.[3] 그러므로 초상권 및 사생활의 비밀과 자유에 대한 부당한 침해는 불법행위를 구성하는데, 위 침해는 그것이 공개된 장소에서 이루어졌다거나 민사소송의 증거를 수집할 목적으로 이루어졌다는 사유만으로는 정당화되지 아니한다'고 판시하면서, 보험회사 직원이 보험회사를 상대로 손해배상청구소송을 제기한 교통사고 피해자들의 장해 정도에 과한 증거를 수집할 목적으로 피해자들의 일상생활을 촬영한 행위가 초상권 및 사생활의 비밀과 자유를 침해하는 불법행위에 해당한다고 보았다.[4]

나. 피고의 지시 또는 교사

피고는 2023. 00. 00. 원고와 이혼에 합의를 한 후 불상의 심부름센터 직원을 고용하여 원고를 미행하게 함은 물론 관련 동영상물이나 사진 등을 촬영할 것을 지시하였습니다.

다. 불법동영상의 촬영에 의한 초상권의 침해 및 사생활의 침해

그리하여 불상의 직원들은 원고의 동의 없이 다음과 같은 동영상을 촬영하여 이 사건 원고에 대한 불륜증거로 각 제출하였습니다.

호증	제목	촬영일시	내용
갑 제0호증	동영상 −지하주차차량	2023. 00. 00.	원고의 차량이 이 사건 아파트에 주차되어 있는 장면
갑 제0호증	동영상 −원고가 000차량의 운전석에 착석	2023. 00. 00.	원고가 소외 000의 46가1234호 차량의 운전석에 앉아 대기하는 장면

이로써 피고는 원고의 초상권 중 자신의 얼굴 및 기타 사회 통념상 특정인임을 알 수 있는 신체적 특징을 함부로 촬영 또는 작성되지 아니할 권리(촬영, 작성거절권)와

사생활의 비밀 및 자유를 침해하였습니다.

2. 손해배상책임의 범위
위 1.항에 따라 피고는 원고가 입은 정신적 피해를 배상할 책임이 있고, 이 사건에 이르게 된 경우, 원고이 초상권과 사생활의 비밀과 자유를 침해한 수단 및 방법과 태양, 그 침해의 정도 등으로 종합적으로 고려하여 위자료로 최소 금 2,000만원을 인정함이 상당하다 할 것입니다.

3. 결론
이에 원고는 청구취지와 같은 판결을 구하고자 이 사건 청구에 이른 것입니다.

입 증 방 법

1. 갑 제0호증   000

첨 부 서 류

1. 위 각 입증방법
1. 소장부본
1. 납부서

20 . . .
위 원고 (날인 또는 서명)

○○지방법원   귀중

4. 형사처벌이 문제되는 증거수집방법

가. 위치정보기(위치추적기) 설치

위치정보의 보호 및 이용 등에 관한 법률 제15조 제1항에 따르면, "누구든지 개인 또는 소유자의 동의를 얻지 아니하고 당해 개인 또는 이동성이 있는 물건의 위치정보를 수집·이용 또는 제공하여서는 아니 된다."고 규정하고 있고, 같은 법 제40조에서는 "위 규정을 위반하여 개인의 동의를 얻지 아니하고 당해 개인의 위치정보를 수집·이용 또는 제공한 자는

---

3) 대법원 1998. 7. 24. 선고 96다42789 판결.
4) 대법원 2006. 10. 13. 선고 2004다16280 판결.

3년 이하의 징역 또는 3천만 원 이하의 벌금에 처한다."고 규정하고 있다.

따라서 배우자의 유책성, 예를 들어 배우자의 부정한 행위가 의심스러워 단지 그에 관한 증거를 수집하기 위한 목적으로 배우자 소유의 자동차나 스마트 폰 등에 몰래 위치추적 장치를 설치할 경우 자칫 위치정보의 보호 및 이용 등에 관한 법률에 의거 형사처벌의 대상의 될 수 있으니 특별한 주의할 필요하다.

나. 심부름센터(흥신소)를 통한 미행추적행위

상대방의 유책성 특히 불륜사실을 입증하기 위한 증거를 수집하기 위한 목적으로 거액의 비용을 주고 심부름센터 속칭 흥신소에 사건을 의뢰해서 상대방을 움직임을 추적하고 관련 사진 등을 촬영하는 경우가 많다. 이렇게 하여 수집된 증거의 증명력 여하는 별론으로 하더라도(형사사건의 경우에는 불법수집 증거로서 증거능력이 없음), 자칫 그러한 행위는 신용정보의 이용 및 보호에 관한 법률 제16조(수집·조사 및 처리의 제한) 제1항 제3호 "개인의 정치적 사상, 종교적 신념, 그 밖에 신용정보와 관계없는 사생활에 관한 정보를 수집·조사하여서는 아니 된다."라는 규정에 위배되어, 같은 법 제50조 제2항에 따라 심부름센터의 직원과 함께 공범으로 5년 이하의 징역 또는 5천만 원 이하의 벌금에 처해질 수 있고, 또한, 상대방을 미행하고 도촬하였을 경우 스토킹범죄의 처벌 등에 관한 법률 위반5)으로 3년 이하의 징역 또는 3천만원 이하의 벌금에 처해질 수 있어 세심한 주의를 요한다.

다. 자동차수색죄

자동차수색죄는 사람이 관리하는 건조물이나 자동차 등을 수색함으로써 성립하는 범죄이며(형법 제321조), 이를 위반할 경우 3년 이항의 징역형에 처해질 수 있는 중한 범죄에 속하

---

5) 스토킹범죄의 처벌등에 관한 법률 제2조(정의)
이 법에서 사용하는 용어의 뜻은 다음과 같다.
1. "스토킹행위"란 상대방의 의사에 반(反)하여 정당한 이유 없이 상대방 또는 그의 동거인, 가족에 대하여 다음 각 목의 어느 하나에 해당하는 행위를 하여 상대방에게 불안감 또는 공포심을 일으키는 것을 말한다.
   가. 접근하거나 따라다니거나 진로를 막아서는 행위
   나. 주거, 직장, 학교, 그 밖에 일상적으로 생활하는 장소(이하 "주거등"이라 한다) 또는 그 부근에서 기다리거나 지켜보는 행위
   다. 우편·전화·팩스 또는 「정보통신망 이용촉진 및 정보보호 등에 관한 법률」 제2조제1항제1호의 정보통신망을 이용하여 물건이나 글·말·부호·음향·그림·영상·화상(이하 "물건등"이라 한다)을 도달하게 하는 행위
   라. 직접 또는 제3자를 통하여 물건등을 도달하게 하거나 주거등 또는 그 부근에 물건등을 두는 행위
   마. 주거등 또는 그 부근에 놓여져 있는 물건등을 훼손하는 행위
2. "스토킹범죄"란 지속적 또는 반복적으로 스토킹행위를 하는 것을 말한다.
3. "피해자"란 스토킹범죄로 직접적인 피해를 입은 사람을 말한다.
4. "피해자등"이란 피해자 및 스토킹행위의 상대방을 말한다.

고, 특히, 위 범죄는 벌금형이 없기 때문에 자칫 징역형의 집행유예의 처분을 받게 될 수도 있다.

따라서 만일 이혼소송 준비 또는 과정에서 상대방의 허락 없이 상대방의 불륜행각 등의 증거를 수집하기 위한 목적이라고 하더라도 상대방이 소유하고 운전하는 차량의 문을 임의로 개방한 후 트렁크와 조수석 글러브박스와 콘솔 박스, 블랙박스(SD카드를 빼는 경우 포함) 등을 살펴보거나 뒤진 경우 자동차 등 수색죄로 처벌받을 수 있음에 주의를 요한다. 실제 문이 잠겨 있지 않은 채 주차된 타인의 자동차 문을 임의로 열고 들어가 사이드 브레이크를 조작하고 트렁크를 열어 본 행위만으로도 성립된 사례가 있다.[6]

---

6) 서울남부지방법원 2019. 11. 29. 선고 2018고단3476 판결.

1. 개 설

이혼에 따른 재산분할 청구 사건이나 부양료 양육비 청구사건에서 당사자의 재산을 파악하는 것은 가장 중요한 심리대상인데 당사자들의 자발적인 협조가 없으면 이를 파악하기 어려워서 재판이 지연되는 경우가 적지 않았다. 따라서 가사소송법은 재산명시, 재산조회제도를 두어 이를 해결함으로써 효율적인 심판을 할 수 있도록 하고 있다.

2. 재산명시제도

> 제48조의2(재산 명시) ① 가정법원은 재산분할, 부양료 및 미성년자인 자녀의 양육비 청구사건을 위하여 특히 필요하다고 인정하는 경우에는 직권으로 또는 당사자의 신청에 의하여 당사자에게 재산상태를 구체적으로 밝힌 재산목록을 제출하도록 명할 수 있다.
> ② 제1항의 재산 명시 절차, 방법 등에 대하여 필요한 사항은 대법원규칙으로 정한다.

(1) 의 의

재산분할, 부양료, 양육비 사건에서 특히 필요하다고 인정하는 경우 가정법원이 직권으로 또는 당사자의 신청에 의해 당사자에게 재산목록의 제출을 명할 수 있도록 하고, 그 명령을 받은 당사자가 정당한 사유 없이 거부하거나 거짓재산목록을 제출하면 1천만 원 이하의 과태료를 부과하고 있다(법67조의2). 이는 본안사건 진행과정에서 당사자로 하여금 성실하게 재산목록을 제출하도록 유도함으로써 가정법원이 사건을 효율적으로 심리 할 수 있게 한 것으로, 이미 집행권원을 확보한 당사자가 제기하는 민사집행법상의 재산명시절차와는 그 법적 성격이 다른 것이다.

(2) 신청에 의한 재산명시명령

1) 신 청

재산분할, 부양료 및 미성년자인 자녀의 양육비 청구사건이 가정법원에 계속 중인 경우에 한하여 당사자가 재산명시신청을 할 수 있다. 즉 본안사건이 계속되기 이전에 재산명시신청을 할 수는 없다. 신청은 서면으로 하고 인지를 붙이지 않는다.

2) 심 리

법원은 서면심사만으로 할 수 있지만 필요한 경우 본안사건의 심문기일이나 변론기일에서 그 사유를 심리할 수도 있다.

3) 결 정

① 재산명시 대상 당사자는 가정법원이 정한 상당한 기간 내에 자신이 보유하고 있는 재산과 과거 일정한 기간 동안 처분한 재산의 내역을 명시한 재산목록을 제출하여야 한다(규칙 95조의4).

② 재산명시 대상자가 정당한 사유 없이 재산목록의 제출을 거부하거나 거짓 목록을 제출하면 1천만 원 이하의 과태료를 부과할 수 있다(법67조의2). 과태료 재판은 재산명시명령을 한 가정법원이 관할한다(규칙 95조의 8).

③ 재산명시신청을 기각, 각하하는 결정은 중간적 재판의 성격을 가지기 때문에 이에 대해 독립적으로 이의신청이나 항고를 할 수는 없고 본안에 관한 종국 재판에 대한 불복절차에서 당부를 다툴 수 있을 뿐이다.

(3) 직권에 의한 재산명시명령

1) 요 건

가정법원은 재산분할, 부양료, 양육비 청구사건의 해결을 위하여 재산목록의 제출이 특히 필요한 경우 직권으로 재산명시명령을 할 수 있다. 이 경우 가정법원은 당사자에게 상당한 기간을 정하여 자신의 재산상태를 명시한 재산목록을 제출하도록 명한다(규칙 95조의3 1항).

2) 결 정

① 가정법원은 본안사건이 진행 중인 경우에는 언제든지 당사자에게 재산명시명령을 할 수 있다. 명령은 당사자에게 송달하고 상대방에게도 상당한 방법으로 고지하여야 한다.

② 재산명시 대상 당사자는 가정법원이 정한 상당한 기간 내에 자신이 보유하고 있는 재산과 과거 일정한 기간 동안 처분한 재산의 내역을 명시한 재산목록을 제출하여야 한다(규칙 95조의4).

③ 재산명시 대상자가 정당한 사유 없이 재산목록의 제출을 거부하거나 거짓 목록을 제출하면 1천만 원 이하의 과태료를 부과할 수 있다(법67조의2). 과태료 재판은 재산명시명령을 한 가정법원이 관할한다(규칙 95조의 8).

[신청취지 기재례]

> 피신청인은 재산상태를 명시한 재산목록을 제출하라.
> 라는 결정을 구합니다.

재 산 명 시 신 청

사　　건　　　　　　20○○ 느단 1234 양육비
신 청 인　　　　　　○ ○ ○ (주민번호)
　　　　　　　　　　서울 ○○구 ○○동 ○○번지

피신청인　　　　　　○ ○ ○ (주민번호)
　　　　　　　　　　19 ○○. ○. ○. 생
　　　　　　　　　　서울 ○○구 ○○동 ○○번지

신 청 취 지

피신청인은 재산상태를 명시한 재산목록을 제출하라
라는 결정을 구합니다.

신 청 사 유

1. 신청인(원고)은 피신청인(피고)를 상대로 귀원 20○○ 느단 1234 양육비 심판
   청구를 진행하고 있는 바, 피신청인(피고)의 재산을 파악하기가 쉽지 않아 이 사건
   의 해결을 위하여 피신청인(피고)의 재산목록 제출이 특히 필요합니다.
2. 따라서 가사소송법 제48조의2 제1항에 따라 피신청인(피고)에 대한 재산명시명령
   을 신청합니다.

　　　　　　　　　　　　　　　20 ． ． ．
　　　　　　　　　　　　　　　위 신청인(원고)　　　(날인 또는 서명)
　　　　　　　　　　　　　　　(연락처 : 　　　)

○○법원　귀중

■ 작성 · 접수방법

1. 인지는 첨부하지 않고 송달료만 52,000원(=당사자수×5,200(우편료)×5회분)을 납부하면 된다.
2. 관할 : 재산분할, 양육비 청구 등 사건이 진행 중인 가정법원에 신청서를 제출한다.
3. 신청서 1부를 제출한다.

재 산 명 시 신 청

사건번호   20   느(드)   [담당재판부 : 제   가사(단독)부]
청구인(원고)
상대방(피고)

신 청 취 지

상대방(피고)은 재산상태를 명시한 재산목록을 제출하라.
라는 결정을 구합니다.

신 청 이 유

1. 상대방(피고)의 재산을 파악하기가 쉽지 않아 이 사건의 해결을 위하여 상대방(피고)의 재산목록 제출이 특히 필요합니다.
2. 따라서 가사소송법 제48조의2 제1항에 따라 상대방(피고)에 대한 재산명시명령을 신청합니다.

20   .   .   .
위 청구인(원고)   (날인 또는 서명)
(연락처 :   )

○○법원 귀중

[참조] 재산명시절차 안내 및 재산목록 작성요령 [법원용]

제1. 절차 안내

귀하는 재산명시명령을 송달받은 날부터 정해진 기간 내에 귀하의 재산목록을 작성하여 제출하여야 합니다(별지 양식 사용). 다만, 법원의 허가를 받아 위 기간을 연장할 수 있습니다. 만일 귀하가 정당한 사유 없이 재산목록의 제출을 거부하거나 거짓의 재산목록을 제출한 때에는 1천만 원 이하의 과태료에 처할 수 있습니다. 이미 제출한 재산목록에 형식적인 흠이 있거나 불명확한 점이 있으면 법원의 허가를 얻어 재산목록을 정정할 수 있습니다. 법원은 필요한 경우 귀하에게 제출하는 재산목록의 기재사항에 관하여 참고자료의 제출을 요구할 수 있습니다.

제2. 재산목록 작성요령

1. 일반적 주의사항

  가. 첨부된 재산목록은 만년필이나 볼펜을 사용하거나 컴퓨터 등의 기계적 수단을 이용하는 등의 방법으로 명백하게 해당사항을 기입·작성하여야 합니다.

  나. 양식의 해당란이 부족할 때에는 별도의 별지에 기입하고, 양식의 해당란과 귀하가 작성한 별지 사이의 관계를 분명하게 표시하여야 합니다(예: 양식의 해당란에는 "별지 1에 기재"라고 표시하고, 별지 1에는 "양식의 1번 항목에 관한 것"이라고 부기함).

  다. 각 항목에 기재하여야 할 것인지 또는 기재하지 아니할 것인지에 관하여 의문이 있는 때에는 별지를 사용하여 그 사실관계를 가능한 한 상세히 기재하여 주십시오.

  라. 재산목록에 기재할 재산으로서 제3자에게 명의신탁되어 있거나 신탁재산으로 등기 또는 등록이나 명의개서 되어 있는 재산은 그 명의자의 이름·주소·주민등록번호를 기재하여야 합니다.

  마. 재산명시결정에서 재산목록에 기재할 재산의 종류와 하한이 되는 액수가 아래 2.의 각항에 기재와 달리 정해진 경우에는 재산명시결정에서 정해진 종류와 금액을 기준으로 하여 재산목록을 작성하여야 합니다(예: 결정문에 "재산목록에 기재할 재산의 하한이 되는 액수는 1,000만 원으로 한다"고 기재되어 있고, 당사자가 보유한 예금채권의 합계액이 900만 원인 경우에 예금 채권은 기재하지 않음).

2. 각 항목의 기재요령

  아래의 설명을 참조하여 각 항목별로 해당란에 귀하의 재산을 기재하십시오.{본안사건 상대방과 공동으로 소유한 재산이면 그 취지를 비고란에 기재하고, 재산분할 청구사건에서는 특유재산(혼인 전부터 보유하고 있던 재산, 혼인 후 증여·상속받은 재산 등)인지 여부를 비고란에 기재하십시오}.

Ⅰ. 동 산

  귀하 및 귀하와 같이 사는 친족(사실상 관계에 따른 친족 및 본안사건 상대방을 포함)의 생활필수품, 의류, 가구, 가전제품 등 일상생활에 필요한 공동생활용품은 기재하지 아니하여도 됩니다.

  1. 현 금 : 외화를 포함하여 합계액 100만 원 이상인 금전의 총액을 기재하고 비고란에 그 보관장소를 기재

  2. 어음·수표 : 합계액 100만 원 이상의 어음·수표의 발행인, 지급인, 지급기일, 지급지, 액면금, 수량, 보관장소를 종류별로 구분하여 기재{가액은 액면금액에 의하고, 어음과 수표의 각 액면금이 100만 원 이상인 것 외에 그 합계액이 100만 원 이상인 것도 기재할 것(예: 어음의 액면금은 60만 원, 수표의 액면금은 80만 원인 경우에도 각각 기재)}

3. 주권·국채·공채·회사채 등 : 합계액 100만 원 이상의 주권·국채·공채·회사채
   등의 유가증권의 종류, 발생인, 가액, 수량, 만기일, 보관장소를 구분하여 기재
   (가액은 액면금액을 기준으로 하되, 시장가격이 있는 증권의 가액은 이 재산목
   록을 작성할 당시의 거래가격에 의하여 산정하고, 합계액의 산정방법은 2번
   항목의 설명을 참조)

4. 금·은·백금류 : 합계액 100만 원 이상의 금·은·백금과 금은제품 및 백금제품을
   품명, 중량, 제품의 종류, 가액, 보관장소를 구분하여 기재(가액의 산정은 이
   재산목록 작성 당시의 시가에 의하되, 시가를 알기 어려운 경우에는 취득가액
   에 의하고, 합계액의 산정은 2번 항목의 설명을 참조)

5. 시계·보석류·골동품·예술품·악기: 품목당 100만 원 이상의 시계·보석류·골동
   품·예술품과 악기를 품명, 크기, 수량, 가액, 보관장소를 구분하여 기재{가액의
   산정은 4번 항목의 설명을 참조하고, 여러 개의 품목의 합계액이 100만 원
   이상인 것은 기재하지 아니하여도 되나, 여러 개가 집합되어 하나의 구조물을
   이룬 경우(예: 진주목걸이)에 그 가액이 100만 원 이상인 것은 기재할 것}

6. 사무기구 : 합계액 100만 원 이상의 사무기구를 종류, 수량, 가액, 소재장소를
   구분하여 기재(가액의 산정은 2번 및 4번 항목의 설명을 참조)

7. 가축 및 기계류 : 품목당 100만 원 이사의 가축과 농기계를 포함한 각종 기계류
   의 품명, 수량, 가액, 소재장소를 구분하여 기재(가액의 산정은 2번 및 4번
   항목의 설명을 참조)

8. 농·축·어업·공업생산품 및 재고상품 : 합계액 100만 원 이상의 농·축·어업생
   산품(1월 안에 수확할 수 있는 과실을 포함), 공업생산품과 재고상품을 종류,
   수량, 단가, 보관장소를 구분하여 기재(가액의 산정은 2번 및 4번 항목의 설명
   을 참조)

9. 기타의 동산 : 4번부터 8번까지 항목에 해당되지 아니하는 기타의 유체동산으
   로서 품목당 100만 원 이상인 것을 기재(그 기재요령과 가액의 산정방법은
   5번 항목의 설명을 참조)

Ⅱ. 부동산 및 이에 준하는 권리와 자동차 등

10. 부동산 소유권 : 소유하고 있는 토지와 건물을 소재지, 지목(건물의 경우에는
    구조와 용도), 면적, 가액을 구분하여 기재(가액의 산정방법은 5번 항목의
    설명을 참조하고, 공동소유하고 있는 부동산은 그 소유관계를 표시하고 지분
    이 있는 경우에는 이를 기재)

11. 용익물권(지상권·전세권·임차권 등) : 부동산의 지상권, 전세권, 임차권을
    그 목적 부동산의 소재지, 지목 또는 구조와 용도, 전세금 또는 임차보증금과
    차임 또는 지료, 계약 체결일과 만료일, 목적 부동산의 소유자 등을 구분하여
    기재

12. 부동산에 관한 청구권 : 부동산에 관한 인도청구권과 그에 관한 권리이전청구

권(예 : 부동산을 매수하고 대금의 전부 또는 일부를 지급하여 이 재산목록을
작성할 당시 이전등기를 청구할 수 있는 경우, 재개발·재건축·환경정비사업
에서 조합원으로서의 권리 등)을 그 목적 부동산의 소재지, 종류, 지목, 또는
구조와 용도, 계약일자, 대금액, 계약 상대방의 이름·주소를 구분하여 기재

13. 자동차·건설기계·선박·항공기에 관한 권리(소유권, 인도청구권 및 권리이전
청구권) : 소유하고 있는 자동차·건설기계·선박·항공기의 종류, 수량, 소재
지, 또는 보관 장소를 구분하여 기재(자동차·건설기계·선박·항공기의 인도청
구권과 그에 관한 권리이전청구권에 관하여는 12번 항목의 설명을 참조)

14. 광업권·어업권, 기타 부동산에 관한 규정이 준용되는 권리 및 그에 관한 권리
이전청구권 : 위 각 권리의 종류, 광물 또는 어업의 종류(예 : 금, 근해선망어
업), 그 권리가 설정된 토지 또는 수면의 위치, 그 권리의 범위를 구분하여
기재(그에 관한 권리이전청구권에 관하여는 12번 항목의 설명을 참조)

Ⅲ. 채권 기타의 청구권

15. 금전채권 : 100만 원 이상의 금전채권을 채권의 종류, 근거 또는 내용(예:
2005. 1. 1.자 대여), 금액, 변제기일, 계약 상대방의 이름·주소를 구분하여
기재(동일 채무자에 대한 금전채권은 개개의 채권액이 100만 원에 미달하더
라도 그 합계액이 100만 원 이상인 때에는 각각의 채권을 모두 기재하고,
저당권, 유치권, 질권 또는 양도담보 등의 담보물권에 의하여 담보되는 금전채
권에 대하여는 그 담보물권의 내용도 아울러 기재)

16. 대체물의 인도채권 : 100만 원 이상의 대체물인도채권을 기재(15번 항목의
기재요령에 따라 기재)

17. 예금 및 보험금 등 채권 : 합계액 100만 원 이상의 각종 예금과 보험금 및
보험해약환급금을 예금 또는 보험계약의 종류, 예금액 또는 보험금액 및 보험
해약환급금액, 예탁한 은행 또는 보험계약을 체결한 보험회사의 명칭과 소재
지, 계좌번호를 구분하여 기재(합계액의 산정은 2번 항목의 설명을 참조하고,
보험해약환급금의 산정은 이 재산목록 작성 당시를 기준으로 함)

18. 기타의 청구권(앞의 3번부터 8번까지 항목에 해당하는 동산의 인도청구권,
권리이전청구권 기타의 청구권) : 9번 항목에 해당하는 동산의 인도청구권
또는 그에 관한 권리이전청구권을 목적물의 종류, 수량, 대금액, 근거, 상대방
의 이름과 주소를 구분하여 기재(9번 항목의 설명 참조)

Ⅳ 특허권·회원권 등의 권리

19. 회원권 기타 이에 준하는 권리 및 그 이전청구권 : 권당 가액 100만 원 이상의
회원권, 그 밖에 이에 준하는 권리를 종류, 발행인, 수량, 가액을 구분하여
기재(그 이전청구권의 경우에는 청구권의 근거와 상대방의 이름·주소를 아울
러 기재하고, 가액의 산정은 4번 및 5번 항목의 설명을 참조)

20. 특허권 및 그 이전청구권 : 각 권리의 종류, 내용, 등록일자를 구분하여 기재
(그 이전청구권에 대하여는 19번 항목의 설명을 참조)

21.~24. : 위 20번의 작성요령과 동일

Ⅴ. 과거의 재산처분에 관한 사항
귀하가 이 법원으로부터 ① 재산명시결정을 송달받은 날부터 역산하여 2년 이내
에 양도한 모든 부동산과 ② 같은 기간 내에 귀하의 배우자, 직계혈족 및 4촌
이내의 방계혈족과 그 배우자, 배우자의 직계혈족과 형제자매에게 양도한 부동
산외의 재산으로서 권리의 이전이나 행사에 등기·등록 또는 명의개서가 필요한
재산, ③ 그 밖에 법원이 정하는 처분행위 일체를 기재(거래 상대방의 이름·주
소·주민등록번호, 귀하와의 관계, 거래내역과 일시, 대가를 받은 경우 그 내용과
가액을 비고란에 기재하고, 시가란에는 거래 당시의 시가를 기재)

Ⅵ. 채 무
28. 금융기관에 대한 채무 : 금융기관에 대한 합계액 100만 원 이상의 금전채무와
합계액 100만 원 이상인 목적물에 대한 인도, 권리 이전 채무를 채무의 종류,
근거 또는 내용(예: 2005.1.1.자 대출), 금액, 변제기일, 금융기관의 명칭·지
점, 계좌번호 등으로 구분하여 기재(동일 금융기관에 대한 채무는 개개의 채무
액이 100만 원에 미달하더라도 그 합계액이 100만 원 이상인 때에는 각각의
채무를 기재하고, 저당권, 유치권, 질권 또는 양도담보 등의 담보물권에 의하
여 담보되는 금전채무에 대하여는 그 담보물권의 내용도 아울러 기재)

29. 그 밖의 채무 : 금융기관에 대한 채무를 제외하고, 100만 원 이상의 금전채무
와 합계액 100만 원 이상인 목적물에 대한 인도, 권리 이전 채무를 채무의
종류, 근거 또는 내용(예: 2005.1.1.자 차용), 금액, 변제기일, 상대방의 이
름·주소·주민등록번호 등을 구분하여 기재(기재요령은 28번 항목의 설명 참
조)

Ⅶ. 고정적 수입 등
30. 정기적으로 받을 보수 및 부양료 : 고용관계 또는 근로관계에 의하여 정기적으
로 받을 보수 및 정기적으로 받을 부양료를 보수 또는 부양료의 종류와 금액,
고용관계 또는 근로관계와 부양관계의 성립일자, 고용주 또는 상대의 이름과
주소(법인인 경우에는 그 명칭과 주된 사무소의 소재지), 보수 또는 부양을
지급받는 일자를 구분하여 기재

31. 그 밖의 소득(소득세법상의 소득으로서 30번 항목에 해당하지 아니하는 것):
소득세의 부과대상이 되는 이자소득·배당소득·사업소득·퇴직소득·양도소
득·산림소득 기타의 소득으로서 각 소득의 연간 합계액이 100만 원 이상인
소득을 소득의 종류, 금액, 근거 또는 내용을 기재(이자소득·배당소득·퇴직소
득의 경우에는 그 상대방의 이름·주소를 아울러 기재하고, 합계액의 산정방법

은 2번 항목의 설명을 참조)

Ⅷ. 고정적 지출
　재산명시결정을 송달받은 날부터 6개월이 경과한 날 이후까지 정기적으로 지출
이 예상되는 비용(예: 월세, 대출금 이자, 양육비, 근로자 급여)을 그 종류와
금액, 상대방의 이름과 주소, 지출 주기 및 일자(예: 매월 말일, 매주 월요일),
지출의 시기와 종기가 있는 경우 그 날짜를 구분하여 기재

Ⅸ. 기　타
　가정법원이 범위를 정하여 적을 것을 명한 재산을 기재

제3. 작 성 례

번호	구분	재산의 종류
1	동산	☐ 1.현금　　　　　　　　　　　☐ 2.어음·수표 ☑ 3.주권·국채·공채·회사채 등　☐ 4.금·은·백금류 ☐ 5.시계·보석류·골동품·예술품·악기 ☐ 6.사무기구　　　　　　　　　☐ 7. 가축 및 기계류 ☐ 8. 농·축·어업·공업생산품 및 재고상품 ☐ 9.기타의 동산

앞면
뒷면

재산의 종류	내역	재산의 종류	내역
3. 주권	발행인 : 삼성전자 주식회사 1주의 액면가액 : 10,000원 1주의 시장가격 : 700,000원 주식의 종류 : 보통주 수　량 : 100주 예탁기관 : 삼성증권 주식회사		

3. 재산조회제도

> 제48조의3(재산조회) ① 가정법원은 제48조의2의 재산 명시 절차에 따라 제출된 재산목록만으로는 재산분할, 부양료 및 미성년자인 자녀의 양육비 청구사건의 해결이 곤란하다고 인정할 경우에 직권으로 또는 당사자의 신청에 의하여 당사자 명의의 재산에 관하여 조회할 수 있다.
> ② 제1항의 재산조회에 관하여는 그 성질에 반하지 아니하는 범위에서 「민사집행법」 제74조를 준용한다.
> ③ 재산조회를 할 공공기관, 금융기관, 단체 등의 범위 및 조회절차, 당사자가 내야 할 비용, 조회결과의 관리에 관한 사항, 과태료의 부과절차 등은 대법원규칙으로 정한다.
> ④ 누구든지 재산조회의 결과를 심판 외의 목적으로 사용하여서는 아니 된다.

(1) 의 의

본안사건에서 이미 재산명시절차를 거쳤음에도 당사자가 거부하거나 제출된 목록만으로 사건 해결이 곤란한 경우 가정법원이 직권 또는 당사자의 신청에 의해 당사자의 재산과 신용정보에 관한 전산망을 관리하는 공공기관, 금융기관, 단체 등에 대해 당사자 명의의 재산을 조회할 수 있도록 하고(법 48조의3), 조회를 받은 기관 등의 장이 정당한 사유 없이 거짓자료를 제출하거나 자료를 제출할 것을 거부하면 1천만 원 이하의 과태료를 부과할 수 있도록 하는 제도이다(법 67조의3).

〈민사집행법상 재산조회와의 구별〉

	가사소송법상 재산조회	민사집행법상 재산조회
본안사건	가정법원에 계속 중임을 전제	계속중임을 전제하지 않음
성격	가정법원이 본안사건 당사자의 재산내역을 파악하는 것이 가능하도록 하는 심리 방법 중 하나	집행권원을 확보한 당사자가 강제집행의 실효성을 확보하기 위해 집행법원에 제기하는 독립한 신청사건

(2) 신청에 의한 재산조회

1) 신 청

재산분할, 부양료 및 미성년자인 자녀의 양육비 청구사건이 계속중인 가정법원에 서면으로 신청한다. 신청서에 인지를 붙이지 않지만, 재산조회에 필요한 비용으로서 가정법원이 정하는 금액을 예납해야 한다.

2) 신청사유

① 재산명시절차에 제출된 재산목록만으로는 사건의 해결이 곤란하다고 인정되는 경우(법 48조의3 1항).

② 재산명시절차에서 재산명시 대상 당사자의 상대방이 주소보정명령을 받고도 민사소송법 194조 1항의 규정(공시송달)에 의한 사유로 인하여 이를 이행할 수 없었던 경우(법 48조의3 2항). 즉, 주소불명으로 인해 재산명시절차를 거치지 못한 경우.

③ 재산명시 대상 당사자가 재산목록의 제출을 거부하거나 거짓의 재산목록을 제출한 경우(법 48조의3 2항).

공 시 송 달 신 청

사 건   20○○드단 ○○○호 이혼 등

원 고   ○   ○   ○

피 고   △   △   △

위 사건에 관하여 피고는 19○○년경 집을 나가 지금까지 소재불명으로 주민등록지에도 거주하지 않고 있어 통상의 방법으로는 피고에 대한 이 건 소장 부본 및 변론기일 소환장의 송달이 불가능하므로 공시송달의 방법으로 송달하여 줄 것을 신청합니다.

첨 부 서 류

1. 피고 주민등록등본	1통
1. 통장 불거주확인서 및 통장 위촉장	각 1통
1. 친족 소재불명확인서 및 인감증명	각 1통
1. 가족관계증명서 (피고와 위 친족과의 친족관계 입증)	1통

20○○년 ○월 ○일

위 원고   ○   ○   ○ (인)

○ ○ 가 정 법 원(가사○단독) 귀 중

불 거 주 확 인 서

성   명   △ △ △ (△ △ △)
        19○○년 ○월 ○일생
        최후주소 : ○○시 ○○구 ○○길 ○○

위 사람은 위 최후주소지에서 주민등록 전입신고 없이 19○○. ○. ○.경 가출하여 현재까지
위 최후주소지에 거주하고 있지 아니하며 그 새로운 주소지도 알 수 없는 상태에 있음을
확인합니다.

        20○○년   ○월   ○일

        확 인 자(통장)   □ □ □ (인)
        주소 : ○○시 ○○구 ○○길 ○○

○ ○ 가 정 법 원(가사○단독) 귀 중

3) 심 리

재판은 서면심리만으로 결정할 수 있으나 필요한 경우 본안사건의 심문기일이나 변론기일
에서 이해관계인과 그 밖의 참고인을 심문할 수 있다.

4) 결 정

① 조회대상기관의 회보 : 가정법원으로부터 재산조회를 요구받은 기관 등은 정당한 사유
    없이 조회를 거부하지 못한다(규칙 95조의4). 그럼에도 거부하거나 거짓 자료를 제출하
    면 1천만 원 이하의 과태료를 부과할 수 있다(법 67조의 3).
② 재조회 : 가정법원은 조회회보나 자료에 흠이 있거나 불명확 점이 있는 때에는 다시 조
    회하거나 재체출을 요구할 수 있다(규칙 95조의5).
③ 재산조회신청을 기각, 각하하는 결정은 중간적 재판의 성격을 가지기 때문에 당사자가
    이에 대해 독립적으로 이의신청이나 항고를 할 수는 없고 본안에 관한 종국 재판에 대

한 불복절차에서 당부를 다툴 수 있을 뿐이다.

(3) 직권에 의한 재산조회

1) 재산조회 요건

이혼에 따른 재산분할, 부양료 및 미성년자인 자녀의 양육비 청구사건이 계속중인 가정법
원은 신청사유가 있는 경우 직권으로 당사자 명의의 재산에 관하여 조회 할 수 있다(법 48
조의3 1항).

2) 신청사유

위 신청에 의한 재산조회에서의 신청사유와 같다.

3) 결 정

재산조회 결정과 그에 따른 조회회보 및 벌칙 등은 신청에 의한 경우와 같다

(4) 재산조회 결과의 열람복사 및 심판 외 사용금지

본안사건 당사자나 제3자는 가사소송법 10조의2 1항에 따라 재판장의 허가를 받아 기록의
열람 복사를 법원에 신청할 수 있다. 그러나 누구든지 재산조회의 결과를 심판외의 목적으
로 사용해서는 안되고 이를 위반한 사람은 2년이하의 징역 또는 500만원 이하의 벌금에
처한다(법 73조).

[신청취지 사례]

> 위 기관의 장에게 조회대상자 명의의 별지 기재 재산을 조회한다.

[서식] 재산조회 신청서

<table>
<tr><td colspan="2" align="center"><h2>재 산 조 회 신 청 서</h2></td></tr>
<tr><td align="center">사　건</td><td>20〇〇느합 1234 재산분할</td></tr>
<tr><td align="center">신청인</td><td>〇　〇　〇(주민번호)
서울 〇〇구 〇〇동 〇〇번지
010-1234-5678</td></tr>
</table>

조회대상자	김 ○ ○(주민번호) 서울 ○○구 ○○동 ○○번지 ○○아파트 ○○동 ○○호
조회대상기관 조회대상재산	별지와 같음
신청취지	위 기관의 장에게 조회대상자 명의의 별지 기재 재산을 조회한다.
신청사유	아래와 같은 사유가 있으므로 가사소송법 제48조의3 제1항에 의하여 조회대상자 명의의 재산에 대한 조회를 신청합니다(해당란 □에 ∨표시) □ 재산명시절차에서 제출한 재산목록만으로는 사건의 해결이 곤란 □ 주소불명으로 인하여 재산명시절차를 거치지 못함 □ 재산목록의 제출 거부 □ 거짓의 재산목록 제출
비용환급용 예금계좌	금융기관 : 신한은행 계좌번호 : 012-34-56789
첨부서류	

2019. ○. ○.

위 신청인 ○ ○ ○   (인)

서울가정법원   귀중

<table>
<tr><td>■ 작성 · 접수방법</td></tr>
</table>

1. 인지는 1,000원을 납부하고, 송달료는 조회하고가 하는 기관수에 2를 더한 수의 송달료를 납부한다. 따라서 조회하고자 하는 기관수가 4개이면 31,200원(=5,200(우편료)×6회분)을 송달료취급은행에 납부하고 첨부하여야 한다.
2. 별지 조회비용의 합계액을 법원보관금으로 납부한다.
3. 관할 : 본안사건인 재산분할, 부양료, 미성년 자녀의 양육비 청구사건이 계속중인 가정법원에 신청한다.
4. 신청서 1부만 제출하면 된다.

재산조회신청서

채 권 자	이름 : 주소 : 전화번호 : 주소 : 대리인 :	주민등록번호 : 팩스번호:　　　　　　　이메일
채 무 자	이름 :　　　　　　(한자 :　　　　　)　　주민등록번호 : 주소 :	
조회대상기관 조회대상재산	별지와 같음	
재산명시사건	지방법원 20　카명　　　호	
집행권원		
불이행 채권액		
신청취지	위 기관의 장에게 채무자 명의의 위 재산에 대하여 조회를 실시한다.	
신청사유	채권자는 아래와 같은 사유가 있으므로 민사집행법 제74조 제1항의 규정에 의하여 채무자에 대한 재산조회를 신청합니다. (해당란 □에 ∨표시) □ 명시기일 불출석　　　　　　　　□ 재산목록 제출거부 □ 선서 거부　　　　　　　　　　　□ 거짓 재산목록 제출 □ 집행채권의 만족을 얻기에 부족함　□ 주소불명으로 인하여 　　　　　　　　　　　　　　　　　　　명시절차를 거치지 못함	
비용환급용 예금계좌		
첨부서류		
(인지 첨부란)	20 ．　　．　　． 　　　　　신청인　　　　　　　(날인 또는 서명) 　　　　　지방법원 귀중	

주 ① 신청서에는 1,000원의 수입인지를 붙여야 합니다.

　② 신청인은 별지 조회비용의 합계액과 송달필요기관수에 2를 더한 횟수의 송달료를 예납하여
　　야 합니다.

　③ 불이행 채권액"란에는 채무자가 재산조회신청 당시까지 갚지 아니한 금액을 기재합니다.

참조 : 민집규 35, 25, 재산조회규칙 7, 8

별 지

순번	기관분류	재산종류	조회대상 재산 / 조회대상기관의 구분	갯수	기관별/재산별 조회비용	예납액
1	법원행정처	토지.건물의 소유권	□ 현재조회		20,000원	
			□ 현재조회와 소급조회 ※소급조회는 명시명령 송달일로부터 2년 내에 채무자가 보유한 재산을 조회합니다		40,000원	
		과거주소 1. 　　　　　2. 　　　　　3. ※ 부동산조회는 채무자의 주소가 반드시 필요하고, 현재주소 이외에 채무자의 과거주소를 기재하면 보다 정확한 조회를 할 수 있습니다.				
2	국토교통부	건물의 소유권	□ 국토교통부		10,000원	
3	특허청	특허권,실용신안권,디자인권,상표권	□ 특허청		20,000원	
4	특별시 광역시 또는 도	자동차.건설기계의 소유권	□ 서울특별시　□ 대전광역시　□ 대구광역시 □ 부산광역시　□ 광주광역시　□ 울산광역시 □ 경기도　□ 충청남도　□ 충청북도 □ 경상북도　□ 경상남도　□ 전라북도 □ 강원도　□ 제주특별자치도 제주시 □ 제주특별자치도 서귀포시 □ 전라남도 □ 인천광역시 중구청　□ 인천광역시 동구청 □ 인천광역시 남구청　□ 인천광역시 연수구청 □ 인천광역시 남동구청　□ 인천광역시 부평구청 □ 인천광역시 계양구청　□ 인천광역시 서구청 □ 인천광역시 강화군청　□ 인천광역시 옹진군청 *인천시 차량등록사업소가 없어지고, 각 구청에서 담당함		기관별 5,000원	
5	은행법에 의한 금융기관	금융자산 중 계좌별로 시가 합계액이 50만 원 이상인 것	□ 경남은행　□ 우리은행　□ 기업은행 □ 광주은행　□ 전북은행　□ 하나은행 □ 국민은행　□ SC제일은행　□ 한국산업은행 □ 대구은행　□ 제주은행　□ 한국외환은행 □ 부산은행　□ 신한은행　□ 농협은행 □ 한국씨티은행　□ 뱅크오브아메리카　□ 아랍은행 □ 뉴욕멜론은행　□ 야마구찌은행 □ 메트로은행　□ 파키스탄국립은행 □ 도쿄미쓰비시UFJ은행　□ 제이피모간 체이스은행 □ 크레디아그리콜코퍼레이트앤인베스트먼트뱅크서울지점 　(구, 칼리온은행) □ 중국은행　□ 멜라트은행 □ 노바스코셔은행　□ 에이비엔 암로은행 □ 대화은행　□ 유바프은행 □ 도이치은행　□ 유비에스은행 □ 미쓰이스미토모은행　□ 미즈호코퍼레이트은행 □ 인도해외은행　□ 바클레이즈은행 □ 중국건설은행　□ 중국공상은행 □ 비엔피 파리바은행　□ 소시에테제네랄은행 □ 스테이트스트리트은행　□ ING은행 □ 싱가폴개발은행(DBS은행)　□ 호주뉴질랜드은행 □ 홍콩상하이은행(HSBC)　□ OCBC은행 □ 크레디트스위스은행(구,크레디트스위스퍼스트보스톤은행)		기관별 5,000원 기관별 5,000원	

6	자본시장과 금융투자업에 관한 법률에 의한 투자매매업자, 투자중개업자, 집합투자업자, 신탁업자, 증권금융회사, 종합금융회사, 자금중개회사, 단기금융회사, 명의개서대행회사	금융자산 중 계좌별로 시가 합계액이 50만원 이상인 것	□ 우리종합금융(구. 금호종합금융) □ 교보증권 □ 신한금융투자 □ 대신증권 □ 유화증권 □ 대우증권 □ 이트레이드증권 □ 하나대투증권(하나IB증권과 합병) □ 코리아RB증권중개 □ 동부증권 □ 키움증권 □ 증권예탁원 □ 동양종합금융증권 □ 리딩투자증권 □ IBK투자증권 □ 흥국증권(구.흥국증권중개) □ 미래에셋증권 □ 리먼브러더스인터내셔널증권 □ 한국투자증권(구.동원증권) □ KB투자증권 □ 한양증권 □ 부국증권 □ 현대증권 □ 신영증권 □ 골든브릿지투자증권 □ 애플투자증권중개(구.브릿지증권) □ 비엔지증권 □ 씨티그룹글로벌마켓증권 □ 삼성증권 □ SK증권 □ NH투자증권 □ 하이투자증권(구.CJ투자신탁증권) □ 크레디트스위스증권(구, Credit Suisse First Boston) □ 유진투자증권 □ HMC투자증권(구, 현대차IB증권) □ 아이엠투자증권(구.솔로몬투자증권) □ 우리투자증권(구,LG투자증권) (구. 굿모닝신한증권) □ 한화투자증권(구,푸르덴셜투자증권, 한화증권) □ 메리츠종금증권(구, 메리츠종금, 메리츠증권)	기관별 5,000원	
			□ 도이치증권 □ Goldman Sachs □ 맥쿼리증권 □ KIDB채권중개 □ Indosuez Cheuvreux □ 한국증권금융(주) □ UBS Warburg □ J.P Morgan □ ABN AMRO □ Nomura □ CLSA □ SG □ Barclays Capital □ Morgan Stanley Dean Witter □ BNP파리바페레그린 증권중개 □ 다이와증권캐피탈마켓코리아 □ 홍콩상하이증권(HSBC) □ Merrill Lynch	기관별 5,000원	
7	상호저축은행법에 의한 상호저축은행과 그 중앙회	금융자산 중 계좌별로 시가 합계액이 50만원 이상인 것	□ 상호저축은행중앙회 □ ( ) □ ( ) □ ( ) ※ 중앙회에 조회신청을 하면 전국 모든 상호저축은행에 대하여 조회됩니다. ※ 개별상호저축은행에 대한 조회를 원하는 경우에는 그 명칭을 별도로 기재하여야 합니다. ※ ( )속에 조회대상기관 명부에 기재된 순번을 기재합니다.	20,000원 기관별 5,000원	
8	농업협동조합법 제2조에 1에 의한 조합	금융자산 중 계좌별로 시가 합계액이 50만원 이상인 것	□ 지역조합(지역농협, 지역축협)과 품목조합 □ ( ) □ ( ) □ ( ) ※ 개별 단위지역조합에 대한 조회를 원하는 경우에는 그 명칭을 별도로 기재하여야 합니다. ※ ( )속에 조회대상기관 명부에 기재된 순번을 기재합니다.	20,000원 기관별 5,000원	
9	수산업협동조합법에 의한 수협 중앙회	금융자산 중 계좌별로 시가 합계액이 50만원 이상인 것	□ 수협중앙회 및 전국단위지역조합 □ 수협중앙회 □ ( ) □ ( ) □ ( ) ※ 개별 단위지역조합에 대한 조회를 원하는 경우에는 그 명칭을 별도로 기재하여야 합니다. ※ ( )속에 조회대상기관 명부에 기재된 순번을 기재합니다.	20,000원 5,000원 기관별 5,000원	

10	신용협동조합법에 의한 신용협동조합	금융자산 중 계좌별로 시가 합계액이 50만원 이상인 것	☐ (　　　　　　　　　　) ☐ (　　　　　　　　　　) ☐ (　　　　　　　　　　) ※ 개별 신용협동조합에 대한 조회를 원하는 경우에는 그 명칭을 별도로 기재하여야 합니다. ※ (　)속에 조회대상기관 명부에 기재된 순번을 기재합니다.	기관별 5,000원	
11	산림조합법에 의한 산림조합중앙회	금융자산 중 계좌별로 시가 합계액이 50만원 이상인 것	☐ 산림조합중앙회 20,000원 ☐ (　　　　　　　　　　) ☐ (　　　　　　　　　　) ☐ (　　　　　　　　　　) ※ 중앙회에 조회신청을 하면 전국 모든 산림조합에 대하여 조회됩니다. ※ 개별 산림조합중앙회에 대한 조회를 원하는 경우에는 그 명칭을 별도로 기재하여야 합니다. ※ (　)속에 조회대상기관 명부에 기재된 순번을 기재합니다.	기관별 5,000원	
12	새마을금고법에 의한 새마을금고중앙회	금융자산 중 계좌별로 시가 합계액이 50만원 이상인 것	☐ 새마을금고중앙회 20,000원 ☐ (　　　　　　　　　　) ☐ (　　　　　　　　　　) ☐ (　　　　　　　　　　) ※ 중앙회에 조회신청을 하면 전국 모든 새마을금고에 대하여 조회됩니다. ※ 개별 새마을금고에 대한 조회를 원하는 경우에는 그 명칭을 별도로 기재하여야 합니다. ※ (　)속에 조회대상기관 명부에 기재된 순번을 기재합니다.	기관별 5,000원	
13	보험업법에 의한 보험사업자	해약환급금이 50만원 이상인 것	☐ 흥국쌍용화재해상보험(주) ☐ 한화손해보험(주) ☐ 그린화재해상보험(주) ☐ 미래에셋생명보험주식회사 ☐ 롯데손해보험(주) ☐ 퍼스트어메리칸 권원보험(주) ☐ 동부화재해상보험(주) ☐ 현대해상화재보험(주) ☐ 메리츠화재해상보험(주) ☐ FEDERAL ☐ 삼성화재해상보험(주) ☐ LIG손해보험 ☐ 서울보증보험(주) ☐ 삼성생명보험주식회사 ☐ 교보생명보험주식회사 ☐ 신한생명보험주식회사 ☐ KDB생명보험주식회사 ☐ 알리안츠생명보험주식회사 (구 금호생명보험주식회사) ☐ 뉴욕생명보험주식회사 ☐ 푸르덴셜생명보험주식회사 ☐ 녹십자생명보험주식회사 ☐ 하나생명보험주식회사 ☐ 한화(구. 대한)생명보험주식회사 ☐ 흥국생명보험주식회사 ☐ 동부생명보험주식회사 ☐ AIA생명보험주식회사 ☐ 동양생명보험주식회사 ☐ ING생명보험주식회사 ☐ 라이나생명보험주식회사 ☐ PCA생명보험주식회사 ☐ 메트라이프생명보험주식회사 ☐ AIG손해보험 ☐ 농협생명보험 ☐ 농협손해보험 ☐ 에이스아메리칸화재해상보험(주)(구,ACE AMERICAN) ☐ 우리아비바생명보험주식회사(구,LIG생명보험주식회사) ☐ 악사손해보험(주)(구,교보악사손해보험(주))	기관별 5,000원	
			☐ 더케이손해보험(구. 교원나라자동차보험) ☐ 에르고다음다이렉트손해보험 ☐ 동경해상일동화재보험 ☐ 미쓰이스미토해상화재보험 ☐ KB생명보험 ☐ 카디프생명보험(구,SH&C 생명보험)	기관별 5,000원	

14	미래창조과 학부	금융자산 중 계좌별로 시가 합계액이 50만원 이상인 것	▢ 미래창조과학부		5,000원	
				송달필 요기관 수	합계	

※ 「송달필요기관수」란에는 음영으로 기재된 란에 표시된 조회대상기관 수의 합계를 기재함

※ 크레디트스위스은행, KIDB채권중개, SG : 법인에 대해서만 조회 가능

※ 국토해양부 : 개인에 대해서만 조회 가능

4. 사실조회신청

(1) 의 의

사실조회란 공공기관, 학교, 그 밖의 단체, 개인, 또는 외국의 공공기관에게 그 업무에 속하는 특정사항에 관한 조사 또는 보관중인 문서의 등본, 사본의 송부를 촉탁함으로써 증거를 수집하는 절차를 말한다(법 294조). 실질은 증인신문 등과 마찬가지의 독립한 증서방법이다. 충분한 물적·인적 설비나 자료를 가지고 있는 국가 또는 공공단체의 기관이나 회사 등 공사의 단체에 소송상 다툼이 된 사실의 진부를 판단하는데 필요한 자료에 대한 조사나 보고를 촉탁하여 결과를 회신케 하는 것이 훨씬 능률적이므로 실무에서는 당사자의 신청 또는 직권에 의한 증거결정에 의하여 활발하게 이용되고 있다.

(2) 사실조회의 대상

2002년 개정법은 전문적이고 특수한 분야에 관한 지식이나 정보를 갖고 있는 개인에게도 사실조회를 할 수 있도록 확대하였는데 직무와 관련된 것으로 간단히 확인해 줄 수 있는 사항을 굳이 증인이나 감정인으로 불러 신문할 필요가 없기 때문이다. 또 개정법은 사실조회의 한 방법으로 '대상자가 보관중인 문서의 등본, 사본의 송부를 촉탁할 수 있다'.라고 하여 조사를 하면서 그 근거문서나 참고서류를 같이 보내게 할 수 있도록 하였다.

사실조회는 촉탁의 상대방이 용이하게 조사할 수 있는 사실에 대하여 조회하고 조사할 내용이 촉탁의 상대방의 특별한 지식과 경험을 필요로 하는 것이거나 촉탁의 상대방의 전문적인 의견을 구하는 것일 때에는 감정촉탁의 방법으로 함이 상당하다.

5. 사실조회절차

(1) 신 청

사실조회도 당사자의 신청 또는 직권으로 할 수 있다.

(2) 결 정

사실조회를 하기로 하는 증거결정을 한 때에는 재판장 명의로 사실조회서를 작성하여 발송한다.

(3) 비용지급

법원은 신청인 또는 조사로 인하여 이익을 받을 당사자에게 조사에 소요되는 비용의 예납을 명할 수 있고 그 이익을 받을 당사자가 불명한 때에는 원고에게 그 예납을 명할 수 있다.

6. 사실조회의 결과

조사촉탁의 결과를 증거로 하기 위하여 당사자의 원용은 필요 없고 법원이 이를 변론에 현출하여 당사자에게 의견진술의 기회를 주면 족하다(대판 1982. 8. 24. 81누270). 유리한 당사자는 이를 원용하면 족하고 서증으로 제출할 필요는 없으나 조사회보서에 첨부서류로 보내온 문서에 대하여는 서증으로 제출할 필요가 있는 경우도 있다. 조사회보서의 내용이 불분명한 경우에는 다시 조사촉탁을 할 수도 있고 관련자로 하여금 직접 법원에 나와서 설명하게 할 수도 있다.
여기서의 문서의 등본, 사본의 송부촉탁은 조사촉탁의 한 방법으로 이용되는 것이므로 서증의 한 방법으로서의 문서송부의 촉탁과 다르다. 따라서 조사, 송부촉탁결과를 서증으로 제출할 필요가 없다.

[신청취지 사례]

> 다음의 기관에 아래와 같은 내용의 사실조회를 신청합니다.

사실조회촉탁신청서

사　　건　2013느합 1234호 상속재산분할

원　　고　박 ○ ○
피　　고　김 ○ ○

　위 사건에 관하여 원고들은 다음과 같이 사실조회촉탁을 신청합니다.

다　음

1. 조회할 기관
　　우리은행

2. 조회할 사항
　　상속인 박병우의 2015부터 2016년 사이의 거래내역

3. 사실조회의 목적

20○○.　○.　.
위 피고　박 ○ ○　(인)

○○지방법원 ○○지원　귀중

■ 작성 · 접수방법

1. 사실조회촉탁 신청서의 내용에는 ① 조회할 기관(촉탁처), ② 조회할 사항(촉탁사항), ③ 사실조회의 목적(촉탁의 목적)을 기재하여야 한다.
2. 신청서는 1부를 법원에 제출한다.
3. 인지 등 별도의 비용을 첨부하지 않는다.
4. 사실조회는 촉탁의 상대방이 용이하게 조사할 수 있는 사실에 대하여 조회하고 조사할 내용이 촉탁의 상대방의 특별한 지식과 경험을 필요로 하는 것이거나 촉탁의 상대방의 전문적인 의견을 구하는 것일 때에는 감정촉탁의 방법으로 한다.
5. 법원은 사실조회를 하기로 하는 증거결정을 한 때에는 재판장 명의로 사실조회서를 작성하여 촉탁처에 발송한다.
6. 회신이 도착 된 경우에는 담당 재판부에 기록 열람(복사)신청을 하여 이를 복사 한 다음 이 것이 자신에게 유리한 것이라면 변론기일에서 이익으로써 원용하겠다고 진술하면 되고 따로 서증으로 제출할 필요는 없다. 왜냐하면 촉탁의 결과를 증거로 하기 위하여 당사자의 원용은 필요 없고 법원이 이를 변론에 현출하여 당사자에게 의견진술의 기회를 주면 족하기 때문이다(대판 1982. 8. 24. 81누270).

사 실 조 회 신 청

사　건　　2010드합○○○○ 이혼 등

원　고　　김 ○ ○

피　고　　이 ○ ○

위 사건에 관하여 원고는 다음과 같이 사실조회를 신청합니다.

다　음

1. 조회할 곳
   가. 국토교통부
      세종특별자치시 도움6로 11 국토교통부
      우편번호 30103, 대표전화 1599-0001
   나. 법원행정처
      서울 서초구 서초대로 129 (대법원 청사)
      우편번호 06590, 대표전화 02-3480-1800
   다. 국 세 청
      세종특별자치시 노을6로 (정부세종2청사 국세청동)
      우편번호 30128, 대표전화 126

2. 조회할 사항
   이 ○ ○ (700000-1000000) 소유의 부동산에 관한 주소 및 지번 등

3. 조회취지
   피고 소유의 부동산을 확인하여, 재산분할액수를 산정하기 위함입니다.

2010.　○.　○.

원고 소송대리인

법무법인　○○

담당변호사　김 ○ ○

서울지방법원 가사○부　귀중

[별지]

국토해양부에 대한 사실조회사항

1. 이○○(000000-0000000)이 소유하고 있는 부동산에 관한 주소 및 지번. 끝.

법원행정처에 대한 사실조회사항

1. 이○○(000000-0000000)이 소유하고 있는 부동산에 관한 주소 및 지번. 끝.

국세청에 대한 사실조회사항

1. 이○○(000000-0000000)이 201○. ○. ○.부터 현재까지 매년 납부한 종합부동산세, 재산세 부과내역, 과세대상, 과세표준액. 끝.

[서식] 사실조회신청(카드사)

금 융 정 보 제 출 명 령 신 청

사　　건　　　201○드단○○○○ 위자료 등
원　　고　　　김 ○ ○
피　　고　　　표 ○ ○

　위 사건에 대하여 피고의 소송대리인은 주장사실을 입증하기 위하여 금융실명거래 및 비밀보장에 관한 법률 제4조 제1호에 의하여 다음과 같이 금융정보제출명령을 신청합니다.

다　　　　　음

1. 사실조회할 곳
　　○○카드 주식회사(구 ○○카드, ○○카드 주식회사)
　　서울 ○○구 ○○로 1가 21 ○○○○
　　대표이사 이 ○ ○

2. 조회사항
　　귀사의 고객인 김○○(600000-2000000), 서울 ○○구 ○○동 179-26)와 관련하여,
　가. 위 김○○명의로 귀사에 가입되어 사용 중인 카드의 종류(만일, 위 김○○명의로 가입된 카드 중 사용이 중단 또는 계약 해지된 카드가 있을 경우 그 카드를 포함한 각 카드의 종류를 구체적으로 적시요망).
　나. 위 각 카드별 각 이용내역에 따른, 201○. ○. ○.부터 2010. ○. ○.경까지의 기간 동안 위 각 카드를 이용한 각 일자별 이용내역 현황(만일, 위 김○○

명의로 가입되어 사용 중 사용이 중단된 카드가 있거나 또는 계약 해지된
카드가 있을 경우 각 카드의 2010. ○. ○.부터 각 카드 사용이 중단/해지
된 날까지의 각 일자별 이용내역을 포함).

3. 위 제2항과 관련한 각 카드별 각 이용내역 현황을 사본하여 송부하여 주시기
바랍니다.

2010. ○. ○.

피고의 소송대리인
법무법인 ○○
담당변호사 김 ○ ○

○○가정법원 가사 제○단독   귀중

[서식] 사실조회신청(공무원연금관리공단)

사 실 조 회 신 청 서

사 건　　　 2010드합○○○○ 이혼 등
원 고　　　 임 ○ ○
피 고　　　 김 ○ ○

　위 사건에 관하여 원고의 소송대리인은 다음과 같이 공무원연금공단에 대하여
제출명령을 신청합니다.

다　　　음

[1] 조회기관
공무원연금공단
제주 서귀포시 서호중앙로 63 (우편번호 : 63568, 전화 : 1588-4321)

[2] 입증취지
공무원연금공단이 김○○에게 지급한 퇴직금 또는 퇴직연금을 확인하고, 이를
통하여 원고와 피고의 재산분할대상을 확정할 뿐만 아니라 기타 피고의 주장을
탄핵하기 위함입니다.

[3] 제출할 정보
별첨합니다.

2010. 0. 0.

원고의 소송대리인
법무법인 ○○
담당변호사 김 ○ ○

○○가정법원 가사○부 귀중

[별지]

공무원연금공단에 대한 사실조회 내용

1. 공무원연금공단이 김○○(000000-0000000)에게 언제, 어떻게(김○○의 금융
   계좌로 지급하였다면 그 거래은행 및 계좌번호 등을 정확하게 기재하여 주시기
   바랍니다), 얼마의 퇴직금 및 퇴직연금을 지급하였는지 여부, 철도청을 퇴사하
   기 전에 중간 정산하여 김○○에게 지급한 돈이 있는지 여부 및 있다면 그 금액
2. 2010. 0. 0.경 또는 그 달 말일을 기준으로 김○○의 퇴직금 액수는 얼마인지
   여부 등 일체의 자료를 제출하여 주시기 바랍니다. 끝.

[서식] 사실조회신청(구청)

사 실 조 회 신 청 서

사   건   　2010○드단○○○○ 이혼 등
원   고   　조 ○ ○
피   고   　이 ○ ○

위 사건에 관하여 원고의 소송대리인은 다음과 같이 사실조회를 신청합니다.

다   음

[1] 조회기관
   서울특별시 구로구청
   주소 : 서울 구로구 가마산로 245 (구로동 구로구청)
   (우편번호: 08284, 전화: 02-860-2114)

[2] 입증취지

　　피고의 재산을 파악하여 이 사건 재산분할액을 산정하고, 기타 피고의 주장을
탄핵하기 위함입니다.

[3] 조회할 내용
　　별첨합니다.
[4] 첨부자료
　　자동차등록증 사본(○○노○○○○)

2010．　○．　○．

원고의 소송대리인
법무법인 ○○
담당변호사 김 ○ ○

○○가정법원 가사 ○단독　귀중

[별지]

서울특별시 구로구청에 대한 조회할 내용

자동차등록번호　○○노○○○○(차명 ： 벤츠 E350, 차대번호: WDBUF56X
67B084596, 연식 ： 201○년)에 대하여,
201○．　○．　○.부터 현재까지 위 자동차의 소유자 변경내용, 저당권 및 질권 등록내
용 등 일체의 자료를 제출해 주시고, 위 자동차의 등록원부를 함께 제출해 주시길
바랍니다.　끝.

---

7. 금융거래정보, 과세정보 등 제출명령

민사소송법 제343조(서증신청의 방식) 당사자가 서증을 신청하고자 하는 때에는 문서를 제출하는 방식 또는 문서를 가진 사람에게 그것을 제출하도록 명할 것을 신청하는 방식으로 한다.

제344조(문서의 제출의무) ① 다음 각 호의 경우에 문서를 가지고 있는 사람은 그 제출을 거부하지 못한다.
1. 당사자가 소송에서 인용한 문서를 가지고 있는 때
2. 신청자가 문서를 가지고 있는 사람에게 그것을 넘겨 달라고 하거나 보겠다고 요구할 수 있는 사법상의 권리를 가지고 있는 때
3. 문서가 신청자의 이익을 위하여 작성되었거나, 신청자와 문서를 가지고 있는 사람 사이의 법률관계에 관하여 작성된 것인 때. 다만, 다음 각목의 사유 가운데 어느 하나에 해당하는 경우에는 그러하지 아니하다.
   가. 제304조 내지 제306조에 규정된 사항이 적혀있는 문서로서 같은 조문들에 규정된 동의를 받지 아니한 문서
   나. 문서를 가진 사람 또는 그와 제314조 각호 가운데 어느 하나의 관계에 있는 사람에 관하여 같은 조에서 규정된 사항이 적혀 있는 문서
   다. 제315조 제1항 각호에 규정된 사항 중 어느 하나에 규정된 사항이 적혀 있고 비밀을 지킬 의무가 면제되지 아니한 문서
② 제1항의 경우 외에도 문서(공무원 또는 공무원이었던 사람이 그 직무와 관련하여 보관하거나 가지고 있는 문서를 제외한다)가 다음 각 호의 어느 하나에도 해당하지 아니하는 경우에는 문서를 가지고 있는 사람은 그 제출을 거부하지 못한다.
1. 제1항 제3호 나목 및 다목에 규정된 문서
2. 오로지 문서를 가진 사람이 이용하기 위한 문서

제345조(문서제출신청의 방식)
문서제출신청에는 다음 각 호의 사항을 밝혀야 한다.
1. 문서의 표시
2. 문시의 취지
3. 문서를 가진 사람
4. 증명할 사실
5. 문서를 제출하여야 하는 의무의 원인

제346조(문서목록의 제출)

제345조의 신청을 위하여 필요하다고 인정하는 경우에는, 법원은 신청대상이 되는 문서의 취지나 그 문서로 증명할 사실을 개괄적으로 표시한 당사자의 신청에 따라, 상대방 당사자에게 신청내용과 관련하여 가지고 있는 문서 또는 신청내용과 관련하여 서증으로 제출할 문서에 관하여 그 표시와 취지 등을 적어 내도록 명할 수 있다.

제347조(제출신청의 허가여부에 대한 재판) ① 법원은 문서제출신청에 정당한 이유가 있다고 인정한 때에는 결정으로 문서를 가진 사람에게 그 제출을 명할 수 있다.
② 문서제출의 신청이 문서의 일부에 대하여만 이유 있다고 인정한 때에는 그 부분만의 제출을 명하여야 한다.
③ 제3자에 대하여 문서의 제출을 명하는 경우에는 제3자 또는 그가 지정하는 자를 심문하여야 한다.
④ 법원은 문서가 제344조에 해당하는지를 판단하기 위하여 필요하다고 인정하는 때에는 문서를 가지고 있는 사람에게 그 문서를 제시하도록 명할 수 있다. 이 경우 법원은 그 문서를 다른 사람이 보도록 하여서는 안된다.

제348조(불복신청)
문서제출의 신청에 관한 결정에 대하여는 즉시항고를 할 수 있다.

제349조(당사자가 문서를 제출하지 아니한 때의 효과)
당사자가 제347조 제1항·제2항 및 제4항의 규정에 의한 명령에 따르지 아니한 때에는 법원은 문서의 기재에 대한 상대방의 주장을 진실한 것으로 인정할 수 있다.

제350조(당사자가 사용을 방해한 때의 효과)
당사자가 상대방의 사용을 방해할 목적으로 제출의무가 있는 문서를 훼손하여 버리거나 이를 사용할 수 없게 한 때에는, 법원은 그 문서의 기재에 대한 상대방의 주장을 진실한 것으로 인정할 수 있다.

제351조(제3자가 문서를 제출하지 아니한 때의 제재)
제3자가 제347조 제1항·제2항 및 제4항의 규정에 의한 명령에 따르지 아니한 때에는 제318조의 규정을 준용한다.

제318조(증언거부에 대한 제재)
증언의 거부에 정당한 이유가 없다고 한 재판이 확정된 뒤에 증인이 증언을 거부한 때에는 제311조 제1항, 제8항 및 제9항의 규정을 준용한다.

제311조(증인이 출석하지 아니한 경우의 과태료 등) ① 증인이 정당한 사유 없이 출석하지 아니한 때에 법원은 결정으로 증인에게 이로 말미암은 소송비용을 부담하도록 명하고 500만 원 이하의 과태료에 처한다.
⑧ 제1항과 제2항의 결정에 대하여는 즉시항고를 할 수 있다. 다만, 제447조의 규정은 적용하지 아니한다.
⑨ 제2항 내지 제8항의 규정에 따른 재판절차 및 그 집행 그 밖에 필요한 사항은 대법원규칙으로 정한다.

제352조(문서송부의 촉탁)
서증의 신청은 제343조의 규정에 불구하고 문서를 가지고 있는 사람에게 그 문서를 보내도록 촉탁할 것을 신청함으로써도 할 수 있다. 다만, 당사자가 법령에 의하여 문서의 정본 또는 등본을 청구할 수 있는 경우에는 그러하지 아니하다.

제352조의2(협력의무) ① 제352조에 따라 법원으로부터 문서의 송부를 촉탁받은 사람 또는 제297조에 따른 증거조사의 대상인 문서를 가지고 있는 사람은 정당한 사유가 없는 한 이에 협력하여야 한다.
② 문서의 송부를 촉탁받은 사람이 그 문서를 보관하고 있지 아니하거나 그 밖에 송부촉탁에 따를 수 없는 사정이 있는 때에는 법원에 그 사유를 통지하여야 한다.

제353조(제출문서의 보관)
법원은 필요하다고 인정하는 때에는 제출되거나 보내 온 문서를 맡아 둘 수 있다.

제354조(수명법관·수탁판사에 의한 조사) ① 법원은 제297조의 규정에 따라 수명법관 또는 수탁판사에게 문서에 대한 증거조사를 하게 하는 경우에 그 조서에 적을 사항을 정할 수 있다.
② 제1항의 조서에는 문서의 등본 또는 초본을 붙여야 한다.

제355조(문서제출의 방법 등) ① 법원에 문서를 제출하거나 보낼 때에는 원본, 정본 또는 인증이 있는 등본으로 하여야 한다.
② 법원은 필요하다고 인정하는 때에는 원본을 제출하도록 명하거나 이를 보내도록 촉탁할 수 있다.
③ 법원은 당사자로 하여금 그 인용한 문서의 등본 또는 초본을 제출하게 할 수 있다.
④ 문서가 증거로 채택되지 아니한 때에는 법원은 당사자의 의견을 들어 제출된 문서의 원본·정본·등본·초본 등을 돌려주거나 폐기할 수 있다.

(1) 의 의

제출명령신청은 상대방 또는 제3자가 가지고 있는 제출의무 있는 문서에 대하여 그 문서의 재출명령을 구하는 신청이다(법 343조). 이는 어느 문서를 서증으로 제출하고자 하나 이를 상대방 또는 제3자가 소지하고 있기 때문에 직접 제출할 수 없는 당사자가 그에 대한 문서제출명령을 구하는 신청을 힘으로써 서증의 신청을 할 수 있게 하고, 문서제출의무자의 범위를 일반적으로 넓게 규정하여 본인의 입증을 위하여 필요하다면 문서제출명령신청을 적극적으로 활용할 수 있게 한 것이다.

(2) 신청

1) 문서의 표시 등

문서제출명령신청은 문서의 표시와 취지, 가진 사람, 증명할 사실, 문서를 제출하여야 하는 의무의 원인을 밝혀 서면으로 하여야 한다(법 345조, 규칙 110조). 상대방은 이에 관하여 의견이 있는 때에는 이를 적은 서면을 법원에 제출할 수 있다(규칙 110조 제2항). 문서제출명령 신청서에는 문서의 표시, 문서의 취지, 문서의 소지자, 증명할 사실, 문서제출의무의 원인을 명시하여야 한다. 실무에서는 상대방 당사자가 문서제출의무자인 경우에 그 당사자로 하여금 임의제출을 하게하고 이에 불응하는 경우 문서제출명령을 발한다.

2) 문서의 표시를 특정하기 어려운 경우

신청자가 문서의 표시와 증명할 사실을 특정하여 신청하기 어려울 때는 법원은 신청대상이 되는 문서의 취지나 문서로 증명할 사실을 개괄적으로 표시한 당사자의 신청에 따라 상대방 당사자에게 신청내용과 관련하여 가지고 있는 문서 또는 신청내용과 관련하여 서증으로 제출할 문서에 관해 그 표시와 취지 등을 적어 내도록 명할 수 있다(문서정보공개제도). 이러한 문서목록의 제출신청은 실질적으로 문서제출신청의 일부로 볼 수 있으므로 서면으로 신청하여야 하고 상대방은 그 신청에 의견이 있는 때에는 이를 적은 서면으로 제출할 수 있다(규칙 110조 제3항).

(3) 부제출 또는 사용방해의 효과

당사자가 문서제출명령을 받고도 불응한 경우 또는 상대방의 사용을 방해할 목적으로 제출의무 있는 문서를 훼손하여 버리거나 이를 사용할 수 없게 한 때에는 법원은 문서기재에 대한 상대방의 주장을 진실한 것으로 인정할 수 있다(법 349조). 다만 이는 진짜 문서가 존재하였다는 존재 자체에 관한 진실을 의미하는 것이지 상대방이 입증하려는 사실(요증사실)까지 진실이라는 것을 의미하지는 않지만 대개 재판장이 진실한 사실이었을 것이라고 믿는 심증을 갖게 되는 것은 어쩔 수 없는 것이므로 불응한 경우 사실적 불이익을 감수해야 한다. 그러나 제3자가 제출명령을 받고서도 불응한 경우에는 원고주장사실이 진실한 것으로 인정할 수 없으며, 500만 원 이하의 과태료 제재가 따른다. 이에 대해 즉시항고할 수 있다(법 351조).

(4) 문서제출명령과 통신비밀보호법의 관계

법원의 통신사실확인자료에 대한 문서제출명령에 대하여 전기통신사업자가 통신비밀보호법 제3조 제1항 본문을 이유로 그 자료의 제출을 거부할 수 있는지 여부(대법원 2023. 7. 17. 선고 2018스34 전원합의체 결정)

법원은 민사소송법 제344조 이하의 규정을 근거로 통신사실확인자료에 대한 문서제출명령을 할 수 있고 전기통신사업자는 특별한 사정이 없는 한 이에 응할 의무가 있으며, 전기통신사업자가 통신비밀보호법 제3조 제1항 본문을 들어 문서제출명령의 대상이 된 통신사실확인자료의 제출을 거부하는 것에는 정당한 사유가 있다고 볼 수 없다.

그 이유는 다음과 같다.
① 통신비밀보호법과 민사소송법은 그 입법 목적, 규정사항 및 적용 범위 등을 고려할 때 각각의 영역에서 독자적인 입법 취지를 가지는 법률이므로 각 규정의 취지에 비추어 그 적용 범위를 정할 수 있고, 통신비밀보호법에서 민사소송법이 정한 문서제출명령에 의하여 통신사실확인자료를 제공할 수 있는지에 관한 명시적인 규정을 두고 있지 않더라도 민사소송법상 증거에 관한 규정이 원천적으로 적용되지 않는다고 볼 수 없다.
② 통신비밀보호법은 이미 민사소송법 제294조에서 정한 조사의 촉탁의 방법에 따른 통신사실확인자료 제공을 허용하고 있으므로, 통신사실확인자료가 문서제출명령의 대상이 된다고 해석하는 것이 통신비밀보호법의 입법 목적에 반한다거나 법 문언의 가능한 범위를 넘는 확장해석이라고 볼 수 없다.
③ 통신비밀보호법의 입법 취지는 법원이 신중하고 엄격한 심리를 거쳐 문서제출명령 제도를 운용함으로써 충분히 구현될 수 있다.
  통신비밀보호법은 개인의 사생활 및 대화의 비밀과 자유를 보호하기 위해 통신사실확인자료에 대한 제공을 원칙적으로 금지하고 있으므로, 법원은 통신사실확인자료에 대하여 문서제출명령을 심리 · 발령할 때에는 이러한 통신비밀보호법의 입법 취지를 고려하여 통신과 대화의 비밀 및 자유와 적정하고 신속한 재판의 필요성에 관하여 엄격한 비교형량을 거쳐 그 필요성과 관련성을 판단하여야 한다.

그러므로 법원은 문서제출명령 신청의 대상이 된 통신사실확인자료의 내용 및 기간이 신청인이 제시한 증명사항과 밀접한 관련성이 있는지, 나아가 그 문서에 대한 서증조사를 통하여 증명사항이 사실로 인정되면 그러한 사실에 기초하여 신청인이 구체적으로 특정한 주장사실을 추단할 수 있는지를 심리함으로써 문서제출명령 신청의 채택 여부 및 범위를 신중히 결정하여야 한다.

[서식] 문서제출명령신청서

문서제출명령신청서

사   건   2019느 1234호 0000

원   고   박 ○ ○

피   고   이 ○ ○

위 사건에 관하여 원고의 소송대리인은 다음과 같이 문서제출명령을 하여 줄 것을 신청합니다.

다   음

1. 문서의 표시 및 소지자

   피고가 소지하고 있는

   가. 원고와 피고 사이에 20○○. ○. ○. 체결한 증여계약서 1통

   나. 원고와 피고 사이에 20○○. ○. ○. 체결한 서울 ○○구 ○○동 123   대지 ○○㎡에 관한 매도증서 1통

2. 문서의 취지

   원고가 20○○. ○. ○. 상속인으로부터 사전증여를 받았는데 그 증여에 관대한 특약이 기재되어 있는 문서입니다.

3. 입증취지

   이 사건 부동산은 원고의 주장과 같이 사전증여로 소유권 이전한 사실을 입증하고자 합니다.

4. 제출의무

20○○.　　○.　　　○.

위 원고　박 ○ ○　(인)

서울○○지방법원　귀중

■ 작성 · 접수방법

1. 문서제출명령 신청서의 내용에는 ① 문서의 표시, ② 문서의 취지, ③ 문서의 소지자 ④ 증명할 사실(입증취
   지)이 나타야 한다.
2. 신청서는 1부를 법원에 제출한다.
3. 인지등 별도의 비용을 첨부하지 않는다.

금 융 정 보 제 출 명 령 신 청

사　건　　　201○드단○○○○　이혼 등
원　고　　　유 ○ ○
피　고　　　김 ○ ○

　위 사건에 대하여 피고의 소송대리인은 주장사실을 입증하기 위하여 금융실명거래 및 비밀보장에 관한 법률 제4조 제1호에 의하여 다음과 같이 금융정보제출명령을 신청합니다.

다　음

1. 금융정보 제출 명령할 곳
　가. 주식회사 ○○은행 서울 ○○구 ○○동 203
　　(우 : 000000) (전화 : 02-000-0000)
　나. 주식회사 ○○은행 서울특별시 ○○구 ○○동 120번지 ○○빌딩
　　(우 : 000000) (전화: 02-000-0000)

2. 조회사항
　별지와 같습니다.

201○.　○.　○.

피고의 소송대리인
법무법인 ○ ○
담당변호사 김 ○ ○

○○법원 ○○지원 제○단독　귀중

[별지]

주식회사 우리은행에 대한 사실조회 사항

1. 귀 은행의 예금주인 유○○(770000-1000000, 서울 ○○구 ○○3동 283-175, 101호)과 관련하여,
　가. 위 유○○ 명의로 개설된 귀 은행 계좌는 무엇 무엇이 있고, 그 개설일은 언제인지(예금의 종류 등을 구체적으로 적시요망).

　나. 위 각 계좌의 201○. ○. ○.부터 현재까지의 모든 거래내역(입금자와 송금상
　　　대방이 표시되어야 함)
2. 위 제1항과 관련한 각 계좌별, 각 입출금 거래 내역서 및 잔액 등을 사본하여
　제출하여 주시기 바랍니다.

주식회사 신한은행에 대한 사실조회 사항

1. 귀 은행의 예금주인 유○○(770000-1000000, 서울 ○○구 ○○3동 283-175
　101호)과 관련하여.
　가. 위 ○○섭 명의로 개설된 귀 은행 계좌는 무엇 무엇이 있고, 그 개설일은
　　　언제인지(예금의 종류 등을 구체적으로 적시요망).
　나. 위 각 계좌의 201○. ○. ○.부터 현재까지의 모든 거래내역(입금자와 송금상
　　　대방이 표시되어야 함)
2. 위 제1항과 관련한 각 계좌별, 각 입출금 거래 내역서 및 잔액 등을 사본하여
　제출하여 주시기 바랍니다.

[서식] 금융정보제출명령신청

금 융 거 래 정 보 제 출 명 령 신 청 서

사　　건　　　　201○드단○○○○ 이혼 등
원　　고　　　　오 ○ ○
피　　고　　　　송 ○ ○

　위 사건에 대하여 피고의 소송대리인은 주장사실을 입증하기 위하여 금융실명거
래 및 비밀보장에 관한 법률 제4조 제1호에 의하여 다음과 같이 금융정보제출명령
을 신청합니다.

다 　 음

1. 금융정보제출기관
　가. 주식회사 국민은행
　　　서울 중구 남대문로2가 9-1
　　　(우편번호: 04534, 전화: 1644-9999)
　나. 한국투자증권
　　　서울 영등포구 의사당대로 88 한국투자증권
　　　(우편번호 : 07321, 전화 : 02-3276-5000)

2. 입증취지

원고와 피고는, 피고의 원고에 대한 계속적인 금전 요구 및 부당한 대우, 재산은 닉 등 기타 혼인을 유지하기 어려운 중대한 사유 등으로 인하여 2010. ○.경 서로 이혼에 관한 합의를 하고 그 무렵부터 별거에 들어가는 등 사실상 파탄에 이른 상태입니다. 그런데 피고는 위와 같이 원고와 이혼에 합의를 하고 별거생활 을 하던 중 자신명의로 되어 있던 전세보증금 1억 1,000만원, 증권계좌에 있던 1억 8,000만원, 사건본인명의의 증여계좌에 있던 1,500만원 등 총 3억원 이상 을 무단으로 인출한 후 은닉한 상태입니다. 따라서 원고는 현재 피고의 재산을 알 수가 없는 상황이어서 금융거래내역을 통한 그 사용처 및 추후 위자료 및 재산분할청구권 등의 채권집행을 보전하고자 함에 있습니다.

3. 제출할 금융거래정보

별첨합니다.

2010. ○. ○.

원고 소송대리인

법무법인 ○○

담당변호사 김 ○ ○

○○지방법원 ○○지원 가사 제○단독   귀중

[별지]

국민은행에 대한 금융거래정보 제출명령 내용

피고 송○○(700000-2000000) 및 오○○(720000-1000000)이 귀 은행에 개설한 모든 계좌의 계좌번호, 계좌의 종류나 성격, 2010. ○. ○.부터 현재 까지의 거래내역, 입출금내역, 매매내역, 잔고내역 등의 전체 자료. 끝.

한국투자증권에 대한 금융거래정보 제출명령 내용

피고 송○○(700000-2000000) 및 오○○(720000-1000000)이 귀 증권사 에 개설한 모든 계좌의 계좌번호, 계좌의 종류나 성격, 2010. ○. ○.부터 현재까지의 거래내역, 입출금내역, 매매내역, 잔고내역 등의 전체 자료. 끝.

비씨카드 주식회사

1. 조회사항

   귀사의 고객인 김○○(600000-1000000, 경기 ○○시 ○○동 809-2 ○○아파트 106동 307호)와 관련하여,

   가. 위 김○○명의로 귀사에 가입되어 사용 중인 카드의 종류(만일, 위 김○○명의로 가입된 카드 중 사용이 중단 또는 계약해지 된 카드가 있을 경우 그 카드를 포함한 각 카드의 종류를 구체적으로 적시요망).

   나. 위 각 카드별 각 이용내역에 따른, 가입일부터 201○. ○. 현재까지의 기간 동안 위 각 카드를 이용한 각 일자별 이용내역 현황(만일, 위 김○○명의로 가입되어 사용 중 사용이 중단된 카드가 있거나 또는 계약해지 된 카드가 있을 경우 각 카드의 가입일부터 각 카드 사용이 중단/해지 된 날까지의 각 일자별 이용내역을 포함).

2. 위 제 1항과 관련한 각 카드별 각 이용내역 현황을 사본하여 송부하여 주시기 바랍니다.

8. 구석명신청

(1) 석명권(釋明權)의 개념 등

(가) 개념

우리 민사소송법은 "소송자료의 수집, 제출책임은 당사자에게 있고 당사자가 수집하여 변론에서 제출한 소송자료만을 재판의 기초로 삼아야 한다." 라는 "변론주의" 원칙을 취하며, 이를 보완하기 위하여 법원의 '석명권'을 규정하고 있다.

여기서 "석명권"이라고 함은 i) 법원이 소송관계를 분명하게 하기 위한 목적으로 소송당사자들에게 사실상 또는 법률상 사항에 대하여 질문하고 입증을 하도록 촉구할 수 있는 권능 및 ii) 당사자가 명백히 간과하였다고 인정되는 법률상 사항에 관하여 해당 당사자에게 의견을 진술할 기회를 주는 의무를 의미한다. 따라서 이러한 석명권은 법원의 권한이기도 하지만 의무이기도 하며, 석명권을 행사하는 경우 법원은 법원사무관 등으로 하여금 그 조치나 처분의 이행여부를 확인하고 그 이행을 촉구하게 할 수 있다.

(나) 석명권의 한계

대법원은 법원의 석명권은 당사자의 진술에 모순, 흠결이 있거나 애매하여 그 진술의 취지

를 알 수 없을 때 이를 보완하여 명료하게 하거나 입증책임 있는 당사자에게 입증을 촉구하기 위하여 행사하는 것이지 그 정도를 넘어 당사자에게 새로운 청구를 할 것을 권유하는 것은 석명권의 한계를 넘어서는 것이다."라고 판시함은 물론 "당사자가 주장하지도 아니한 법률효과에 관한 요건사실이나 독립된 공격방어방법을 시사하여 그 제출을 권유함과 같은 행위를 하는 것은 변론주의의 원칙에 위배되고 석명권 행사의 한계를 일탈한 것이다."라고 판단시함으로써, 법원의 석명권이 권한을 넘어 남용되어서는 안 된다는 사실을 분명히 하였다.[7]

(2) 구문권(求問權)— 구석명신청

(가) 개념

구문권은 민사소송의 변론절차 진행 중에 상대 당사자의 진술 취지가 불분명 내지 불명확한 점을 확인하기 위하여 당사자가 재판장을 통해 필요한 질문을 요구할 수 있는 소송법상의 권리를 의미하고, 구문권을 행사하기 위한 당사자의 법원에 대한 신청을 "구석명신청"이라고 한다.

즉, 소송 당사자는 본인의 승소를 위한 필요에 따라 법원을 통해 상대방에게 사실관계에 관한 정보 등을 밝힐 것을 요청할 수 있는데, 이것을 상대방에게 "석명을 구한다."라는 의미에서 "구석명신청"이라 칭하는 것이다. 한편, 이러한 구석명신청서에 문서제출명령을 신청하는 취지가 있으나, 이를 민사소송법 제345조의 적시에 따른 문서제출신청이라고 보기는 어렵다.

(나) 절차

구석명신청서가 제출되면, 법원은 이를 심리하여 충분히 이유가 있다고 판단할 경우 상대방에게 "석명명령"을 하게 된다. 이에 대해 상대 당사자는 법원의 석명명령에 따라 석명사항에 대한 답변을 성실하게 작성하여 제출해야 한다. 다만, 구석명신청은 별개의 구석명신청서의 작성, 제출에 의해서만 할 수 있는 것이 아니라, 준비서면 내용에 포함시켜서 신청할 수도 있습니다.

만일, 상대 당사자가 석명사항에 대한 답변을 거부하거나 불명확 내지 부실하게 답변할 경우, 법원이 신청한 당사자의 석명사항에 대한 주장이 사실인 것으로 인정할 가능성이 매우 높아지기 때문에 석명명령을 받은 당사자 입장에서는 다소 불편한 질의사항이 포함되어 있다 하더라도 최대한 전략적으로 꼼꼼하게 작성하는 것이 바람직하다.

---

7) 대법원 1992. 3. 10. 선고 91누6030 판결.

(다) 구석명신청서 작성방법

구석명신청서에는 구체적인 구석명사항들을 순번을 붙여 깔끔하게 정리, 기재하고 그러한 내용의 구석명신청을 하는 이유에 대해 명시하는 것이 일반적이다. 구석명신청 이유에는 변론 중에 상대방의 진술의 취지가 불명확한 점이 소송의 결과에 있어서 어떠한 중요성을 가지는지에 대해 구체적으로 진술하는 것이 좋고, "구석명신청 사항"에는 변론 중에 상대방의 진술의 취지가 불명확한 점을 구체적으로 특정하여 지적하여야 한다.

(라) 석명처분

민사소송에서, 법원은 소송관계를 분명하게 하기 위하여 ⅰ) 당사자 본인 또는 그 법정대리인에게 출석하도록 명하는 일, ⅱ) 소송서류 또는 소송에 인용한 문서, 그 밖의 물건으로서 당사자가 가지고 있는 것을 제출하게 하는 일, ⅲ) 당사자 또는 제3자가 제출한 문서, 그 밖의 물건을 법원에 유치하는 일, ⅳ) 검증을 하고 감정을 명하는 일, ⅵ) 필요한 조사를 촉탁하는 일(사실조회) 등의 처분을 할 수 있다(민사소송법 제140조 제1항). 이 경우 석명처분으로서 하는 검증, 감정과 사실조회에도 민사소송법의 증거조사에 관한 규정을 준용한다(같은 조 제2항).

(3) 석명권과 구문권의 비교

석명권은 사실관계의 명확한 확정을 위한 법원의 포괄적인 지휘권한 및 의무를 의미하고 구문권은 법원이 석명권을 적극적으로 행사하도록 요청하는 당사자의 권리를 의미한다는 점에서 차이가 있다.

(4) 구석명신청서 예시

[서식] 구석명신청(이혼) - 인출한 돈의 용처 및 생활비 지급관련

구석명신청

사　　　　건	2000드단0000	이혼 등
	2000드단0000	반소
원고(반소피고)	ㅇㅇㅇ	
피고(반소원고)	ㅇㅇㅇ	

위 당사자 간 위 사건에 관하여 원고(반소피고, 이하 '원고'라 하고, '피고'이자 '반소원

고'인 김경태를 그냥 '피고'라 합니다.) 소송대리인은 귀원이 아래와 같은 사항에 관하여 피고로 하여금 석명하도록 명하여 주실 것을 신청하오니 부디 허여하여 주십시오.

아　　　　래

1. 피고가 현금인출한 돈의 용처에 관한 석명명령의 필요성

원고가 2014. 4. 16.자로 제출한 준비서면의 별지(이하 '위 준비서면 별지'라 함)상에 정리한 바와 같이, 피고가 2009. 1. 1.부터 2012. 12. 31.까지 4년 동안 현금을 인출해서 쓴 돈이 무려 64,440,000원에 이릅니다. 특히 2012. 4.에는 금4,000,000원, 2012. 5.에는 금3,200,000원, 2012. 6.에는 금4,400,000원, 2012. 8.에는 무려 금5,200,000원, 2012. 9.에는 3,400,000원, 2012. 10.에는 2,800,000원, 2012. 11.에는 금4,000,000원, 2012. 12.에는 금2,130,000원씩이나 인출하였는데, 그렇게 많은 돈을 인출해서 어느 용도에 썼는지에 관하여 피고가 밝혀야 할 것인바, 이에 관한 귀원의 석명명령이 필요합니다.

2. 생활비지급여부 및 지급시기 등에 관한 석명명령의 필요성

갑 제5,6호증의 거래내역을 아무리 면밀히 검토해 보아도, 피고가 원고에게 생활비를 지급한 내역이 전혀 없음에도 불구하고, 피고는 월급을 받아서 원고에게 생활비를 지급하였다고 주장하므로, 피고가 월급을 받아서 원고에게 생활비를 주었는지 여부 및 주었다면 언제 어떻게 주었는지에 관하여도 귀원의 피고에 대한 석명명령이 필요합니다.

3. 결어

위 사안은 피고가 유책배우자인 사실 및 재산분할을 정하는데 있어서 중요한 사안임에도 그에 대한 피고의 주장이 없거나 혹은 불명확하므로, 이에 대한 석명이 필요합니다. 그러하오니 부디 원고의 신청을 허여하여 주셔서 피고에게 석명을 명하여 주시기 바랍니다.

2000. 00. 00.

위 원고(반소피고)의 소송대리인

법무법인　　00

담당변호사　　　　000

00가정법원　가사00단독　귀중

구석명신청

사　　건　　2000드합0000호 이혼 등
원　　고　　0 0 0
피　　고　　0 0 0

위 사건에 관하여 피고의 소송대리인은 피고에 대하여 다음 사항에 대한 석명을 구하고자 합니다.

다　음

원고는 피고와 혼인기간 동안 맞벌이로 미장원 일을 하면서 매월 금 250만 원을 득하는 등 가정경제에 많은 기여를 하는 양 주장을 하면서도 실제 그에 대한 증거 하나 제출하지 않고 있습니다.

따라서 원고는 자신이 수령한 급여와 관련하여 그와 관련된 구체적인 근거로서,

급여명세서(또는 급여내역서)
급여통장
급여대장
근로소득원천징수부
갑근세납세필증명원

등의 제출을 통하여 이를 명확히 입증하여야 할 것입니다.

2012. 8. .
피고 소송대리인
법무법인 00
담당변호사　0 0 0

00가정법원　　제00가사부　　귀중

구석명 신청서

사	건	2000드합0000 이혼 등
원	고	0 0 0
피	고	0 0 0

위 사건에 관하여 피고의 소송대리인은 재산분할을 대비하여 원고에 대하여 다음과 같은 내용의 석명을 구합니다.

1. 석명의 필요성

원고는 이 사건 소송을 제기하면서 자신에게는 어떠한 적극재산도 없는 것처럼 주장을 하면서 현재 피고의 소유의 적극재산에 대하여만 분할을 요구하고 있습니다. 하지만 원고는 피고와의 혼인기간 동안 단 하루 쉬지 않고 일을 하였고, 그렇게 번 돈으로 자신의 기존채무를 변제함은 물론 카드까지 만들어 사용을 하는 등 혼인기간 내내 호화로운 생활을 영위하였습니다. 그런데 문제는 원고가 신용불량자라는 사실입니다. 다시 말해, 원고는 자신명의로 통장개설은 물론 신용카드 한 장 발급받을 수 없는 처지에 있다는 것입니다.

원고는 이를 기화로 마치 자신이 무일푼인양 주장을 하지만, 실제는 전설한 바와 같이 혼인기간 내내 경제활동을 하였고 또 그 돈으로 카드까지 만들어 사용하고 있을 만큼 상당한 재산을 축적한 상태입니다. 현재 원고가 신용불량자인 상태라 원고가 사용하고 있는 카드 및 은행통장 등은 원고의 가까운 지인명의로 개설 또는 발급된 것을 원고가 사용하는 것으로 추측만 할 뿐입니다.

원고의 은닉된 재산은 추후 재산분할 확정하고 또 그 비율을 정하는데 매우 중요한 요소이므로, 원고의 은닉한 재산을 확인하고자 아래와 같은 내용의 석명을 구합니다.

2. 석명을 구하는 사항

원고가 혼인기간 중 다녔던 직장명, 재직기간, 급여, 상여내역 등
위 가.항의 직장으로부터 원고가 급여 등을 수령한 은행계좌 및 그 거래내역 등, 만일 타인명의로 개설을 하였다면, 원고가 실제로 사용하며 급여 등을 수령한 통장의 거래은행 및 계좌번호, 상세 거래내역, 위 통장의 명의자, 명의자와 원고와의 관계
현재 원고가 사용하고 있는 신용카드 및 체크카드의 개설은행 및 그 거래내역,

만일 타인명의로 발급을 하였다면, 원고가 현재 사용하고 있는 신용카드 및 체크카
드의 개설은행 및 그 거래내역, 위 카드의 명의자
혼인기간 동안 원고가 득한 수익의 구체적인 사용처 및 이를 뒷받침 할 수 있는
구체적인 자료

2000.　00.　.
피고의 소송대리인
법무법인　　　00
담당변호사　000

00가정법원 제0가사부　　귀중

9. 증거보전신청

(1) 의의

증거보전이란 소송계속 전 또는 소송계속 중에 특정의 증거를 미리 조사해 두었다가 본안
소송에서 사실을 인정하는 데 사용하기 위한 증거조사방법이다. 이는 정상적인 증거조사를
할 때까지 기다려서는 그 증거를 본래의 사용가치대로 사용하는 것이 불가능하게 되거나
곤란하게 될 염려가 있는 증거를 미리 조사하여 그 결과를 보전하여 두려는 판결의 부수절
차이다.

(2) 요건

증거가 멸실되어 증거조사 불가능하게 되어 가는 경우는 물론 시간의 경과에 따라 조사가
점점 더 어렵게 된다든지 현상변경 염려가 있는 등 미리 증거조사를 하지 아니하면 그 증
거를 사용하기 곤란한 사유가 존재하여야 한다.

(3) 신청

소제기 후 증거보전신청을 하는 경우에는 관할법원은 그 증거를 사용할 심급법원이 되며,
소제기 후에는 신문을 받고자 하는 증 등 및 검증을 하고자 하는 목적물이 있는 곳을 관할
하는 법원의 관할이다. 급박한 경우에는 소를 제기한 후 관할법원에 증거보전신청 또한 가
능하다.

신청서에는 1,000원의 인지를 첨부하며, 소송구조를 받은 경우가 아니면 그 증거조사비용을 예납하여야 한다.

(4) 결정

증거보전의 신청에 대하여 법원은 그 허부의 재판을 하여야 하며, 이 재판은 변론없이 결정으로 한다.

[서식] 증거보전신청서

증거보전신청서

신 청 인   박 0 0
　　　　　　00시 00구 00로 00, 201호

피신청인   성명불상(일명 000)
　　　　　　주소불명

증거소지인

1. 인천국제공항공사
인천 0구 공항로 424번길 47
사장 0 0 0

2. 0000 인터내셔날 매니지먼트 컴퍼니
대표이사 네덜란드국인 0000
송달장소 : 서울 00구 00로 15 0000 0000트 서울000 호텔

증거보전

신청인은 피신청인을 피고로 하여 정신적 고통에 따른 위자료청구 소송을 진행하고자 준비 중에 있습니다. 그러나 위 본안 심리가 진행되기 전 위 사건의 증거를 보전하기 위하여 이 사건 증거보전을 신청합니다.

신 청 취 지

1. 증거소지인 1 인천국제공항공사 CCTV 관리자는 다음 시간과 장소에 인천중구 공항로 272 소재 인천국제공항 주차장에 설치된 각 CCTV 영상녹화물 중 피신청인과 000의 모습이 촬영된 부분 복사본을 법원에 제출하라.

가. 2024. 10. 27. 19:00~2024. 10. 27. 23:00 사이 인천국제공항 제1여객터미널
야외주차장 부근

나. 2024. 1. 8. 18:30~2024. 1. 8. 22:30 사이에 인천국제공항 지하2층 주차장
A23 구역 부근

2. 증거소지인 2 0000 0000 서울 00000 CCTV 관리자, 증거소지인 회사 00 운영의 영등포
00000 CCTV 관리자는 다음 시간과 장소에 서울 영등포구 영중로 15 소재 0000 0000
서울 00000 호텔 및 영등포 00000 지하주차장, 로비, 엘리베이터, 14층복도 등에 설치
된 각 CCTV 영상녹화물 중 피신청인과 000의 모습이 촬영된 부분 복사본을 법원에
제출하라.

가. 2024. 10. 27. 21:00~22:00

나. 2024. 10. 28. 06:30~07:30, 17:00~24:00

다. 2024. 10. 29. 10:30~12:30

라. 2024. 10. 30. 07:30~08:30

마. 2024. 1. 1. 19:00~20:00

3. 증거보전 비용은 피신청인이 부담한다.라는 결정을 구합니다.

다 음

Ⅰ. 증명하여야 할 사실증거소지인 1이 관리하는 인천 중구 공항로 272 소재 인천국제공항
주차장, 증거소지인 2가 관리하는 서울 영등포구 영중로 15 소재 0000 0000 서울 00000
호텔에서 피신청인과 000경이 부정한 행위를 하였다는 사실을 증명하고자 합니다.

Ⅱ. 증거의 표시

1. 인천 중구 공항로 272 소재 인천국제공항 주차장에 설치된 다음 각 CCTV영상녹화물
중 피신청인과 000의 모습이 촬영된 부분 복사본

가. 2024. 10. 27. 19:00~2024. 10. 27. 23:00 사이 인천국제공항 제1여객터미널
야외주차장 부근

나. 2024. 1. 8. 18:30~2024. 1. 8. 22:30 사이에 인천국제공항 지하2층 주차장
A23 구역 부근

2. 서울 영등포구 영중로 15 소재 0000 0000 서울 00000 호텔및 영등포 00000 지하주차
장, 로비, 엘리베이터, 14층 복도 등에 설치된다음 각 CCTV 영상녹화물 중 피신청인과
000의 모습이 촬영된 부분 복사본

가. 2024. 10. 27. 21:00~22:00

나. 2024. 10. 28. 06:30~07:30, 17:00~24:00

다. 2024. 10. 29. 10:30~12:30

라. 2024. 10. 30. 07:30~08:30

마. 2024. 1. 1. 19:00~20:00

Ⅲ. 증거보전의 사유

1. 당사자 관계
신청인은 신청 외 000과 2014. 3. 28. 혼인신고를 마친 000의 법률상배우자이며(소갑 제4호증 혼인관계증명서), 피신청인은 위 000과 부정한 행위를 저지른 자입니다.

증거소지인 1은 피신청인과 000이 2024. 10. 27., 2024. 1. 8.경 만남을 가진 인천 중구 공항로 424번길 47 인천국제공항공사 사장(소갑 제1호증의 1 법인등기-인천국제공항공사), 증거소지인 2는 피신청인과 000이 2024. 10. 27.~2024. 1. 8.경 부정한 행위를 벌인 서울 영등포구 영중로 15 0000 0000 서울 00000의 대표자(소갑 제1호증의 2 법인등기-매리어트)입니다.

2. 증거보전 신청의 이유
가. 신청인과 000의 혼인생활
신청인과 000은 2000. 00. 00. 혼인신고를 마친 법률상의 부부로, 서로노력하며 아끼고 사랑하면서 부부공동생활을 영위하여 왔습니다. 신청인과 000은 서로 각자의 입장에서 최선을 다해 인생을 살아왔고, 큰 문제 없이 약 00년 간의 혼인생활을 이어오고 있었습니다.

나. 000의 변화
언젠가부터 000은 신청인에게 "오늘 야근하고 갈게…좀 일이 많네", "내일 숙직 변경했어. "이번주 금욜날 워크숍이라서 00가야해", "어차피 토욜날 애들이랑 속초에서 만나기로 해서", "원주 금욜날 갔다가 000 동생 집에서 자고 토욜날 강릉으로 바로 갈까 싶은데", "당직이면 내일 아침 9시 퇴근인데?"라고 하면서 귀가하지 않거나 며칠 동안 집을 비우는 날들이 많아졌습니다. 신청인은 000이 부정한 행위를 저지르고 다닌다고는 생각지 않고 그저 '밤샘 근무로 피곤하겠다', '친구들이랑 시간 보내며 스트레스를 풀고 있겠구나'라고만 생각했었는데, 무엇인가 심상치 않음을 느꼈습니다.

다. 신청인이 피신청인과 000의 부정한 행위를 확인
2024. 1. 12.경, 신청인은 차량을 사용하려고 평소 000이 자동차 키를 보관하는 가방에서 자동차 키를 찾고 있었습니다. 그런던 중 '자기에게'라고 적힌 편지봉투를 발견했는데, 신청인은 당시 신청인과 작은 다툼이 있었던 000이 신청인과의 화해를 위해 편지를 작성한 것으로 생각하며 내용을 확인해보았습니다. 그러나 그 편지에는 놀랍게도 어떤 남성이 000에게 '내 사랑 당신 사랑해'라며 사랑을 고백한 내용이 담겨있었습니다. 충격적인 내용에 봉투를 다시 확인해보니 작성일 '2024.1. 7.', 작성자 '000'라고 씌여진 것과 호텔(0000 0000 서울 00000) 1416호 룸키가 있는 것을 확인했습니다. 편지에 기재된 2024. 1.7.은 000이 신청인에게 "당직 근무를 한다"라고 한 바로 그 날이었습니다.

또한 옆에 있던 000의 다이어리에는, 2024. 10. 27. 날짜에는 '서 인천공항 pick up 1여객터미널', '영등포 00000 : 내일 간식(준비)'내용이, 2024. 10. 28. 날짜에는 '설악산 등산코스', '휴게소-아침식사, 김밥'이라는 내용이 각 기재되어 있었습니다. 2024. 10. 28. 또한 000이 신청인에게 "당직근무를 한다"라고 이야기했던 날이었습니다(소갑 제7호증 다이어리).신청인은 차량의 블랙박스 또한 확인해보았습니다. 2024. 10. 27.부터 2024.1. 8.까지의 영상이 온데간데 없었는데, 이 기간 동안의 영상은 블랙박스 휴지통 폴더에 들어가 완전히 삭제되지는 않은 채로 약 160개의 파일로 존재하고 있었습니다.

신청인이 해당 영상들을 휴지통 폴더에서 원래 폴더로 복원한 후 살펴보았더니, 000의 다이어리 내용과 일치하게도 2024. 10. 27.인천공항 제1여객터미널 주차장으로 운행하는 영상, 같은 날 서울 영등포구의 00000 호텔 앞에 주차한 영상, 2024. 10. 28. 관학산 부근으로 추정되는 주차장에 주차한 영상, 2024. 10. 28.~2024. 1. 8. 기간 동안 위 호텔주차장을 출입하는 영상 및 2024. 1. 8. 인천공항 제1여객터미널 주차장으로 다시 들어가는 영상이 남아있었습니다.

000의 가방에서는 주소 '강원 00군 00면 00로 00 000', 상호명 '주식회사 000', 금액 '000 원', 거래일시 '2024/1/051:35:53'가 기재된 영수증 또한 발견되었습니다(소갑 제3호증 영수증).

000과 피신청인은 미래를 약속한 사이였으며, 000은 피신청인과의 미래를 위해 미국으로 가기 위한 준비 및 피신청인과 함께할 미래에 대한 기대감과 흥분감을 다이어리에 작성해두고 있었습니다. 이를 위한 당연한 전제로 000은 신청인과의 이혼을 준비하고 있다는 사실 또한 알게 되었습니다.

3. 증거보전 신청의 필요성

대법원 2014. 1. 20. 선고 201므2997 판결 등이 "제3자는 타인의 부부공동생활에 개입하여 부부공동생활의 파탄을 초래하는 등 혼인의 본질에 해당하는 부부공동생활을 방해하여서는 아니되고, 제3자가 부부의 일방과 부정행위를 함으로써 혼인의 본질에 해당하는 부부공동생활을 침해하거나 유지를방해하고 그에 대한 배우자로서의 권리를 침해하여 배우자에게 정신적 고통을 가하는 행위는 원칙적으로 불법행위를 구성한다"라는 법리를 설시하고, 그 기준에 대하여 대법원 1992. 1. 10. 선고 92므68 판결이 "부정한 행위라함은 배우자로서의 정조의무에 충실치 못한 일체의 행위를 포함하며 이른바 간통보다는 넓은 개념으로서 부정한 행위인지의 여부는 각 구체적 사안에 따라 그 정도와 상황을 참작하여 이를 평가하여야 할 것이다"라고 판시한 바 있기는 하나, 현재 신청인이 확인한 피신청인과 000의 행적만으로는 이들 사이의 부정한 행위 입증이 쉽지 않은 상황입니다.

특히 000은 어떻게든 피신청인과의 부정한 행위에 대한 증거를 남기지 않으려 하고 있어 무엇보다도 이 사건 증거보전 신청의 필요가 크다고 할 것입니다.

다른 사건들의 경우에 비추어, 적어도 엘리베이터 혹은 아무도 왕래하지 않는 복도 등에서 부정한 행위를 직접 벌이는 모습 등을 확인한다면 부정한행위의 입증을 위한 증거자료로 충분히 기능할 수 있다고 할 것입니다.

4. 소결
신청인은 아내 000에게 몇 번씩이나 반성과 사죄할 기회를 주려고 대화를 시도했으나, 000은 되려 자신의 행동을 숨기며 당당한 행동을 보일뿐 신청인에게 '미안하다'라는 말 한마디 하지 않았습니다. 이렇게 적반하장 태도로 나오는 000과 피신청인의 행동에 경종을 울리기 위해 법적인 절차를 통해서라도 그 책임을 물어야 한다면 보다 객관적이고 확실한 증거가 필요한 상황입니다.

Ⅳ. 결론
이 사건 신청인의 증거보전신청을 인용하시어 신청인이 CCTV 영상녹화물을 확보할 수 있도록 결정하여 주시기 바랍니다.

소 명 방 법

1. 소갑 제1호증의 1 법인등기-인천국제공항공사
2. 소갑 제1호증의 2 법인등기-000
3. 소갑 제1호증의 3 법인등기-(주)00
4. 소갑 제1호증의 4 영수증

2024. 1.
신청인 0 0 0 (인)

00지방법원　귀중

증 거 보 전 신 청

신 청 인　　　전 ○ ○
피 신 청 인　　최 ○ ○
증거소지인　　강원도 ○○군 ○○면 미시령옛길 델피노 ○○리조트
　　　　　　　　(㈜ ○○레저산업, 대표이사 최○○)

신청인은 피신청인을 상대로 2000가단○○○ 손해배상(기) 사건을 제기하였는바, 신청인은 다음과 같이 민사소송법 제375조에 의하여 증거보전을 신청합니다.

다　음

1. 증명할 사실

가. 신청인은 2099. 10. 20. 남편인 신청 외 소○○(이하 '남편'이라 합니다)과 피신청인 사이의 상간행위를 원인으로 하여 손해배상(기) 소송을 제기하여 위자료를 청구하였습니다(**소갑 제1호증의 1 신청인의 가족관계증명서, 2 본안사건의 접수증, 3 본안사건의 사건진행내역**).

　　신청인은 198. 2. 3. 혼인신고를 마친 법률상의 부부로서 슬하에 세 딸을 두고 있는 등 단란한 가정을 꾸려오던 중, 남편과 피신청인이 상간행위를 저질렀으며 불상의 일시, 장소에서 성관계를 가지는 등 부적절한 관계를 유지하고 있음을 확인하였습니다(**소갑 제2호증 내지 제4호증 신신청인의 남편과 피신청인의 각 사진**).

　　그러나 신청인은 증거수집에 익숙하지 않아 신청인과 피신청인이 모텔이나 호텔 등 숙박업소에 출입하는 사진 등을 정확히 남기지 못하였는데, 최근 남편이 사용하던 은행 계좌의 통장정리를 통하여 2017. 12. 12. 불상의 시간에 남편과 피신청인이 주식회사 대명콘도의 델피노 리조트로 추정되는 숙박업소에서 하룻밤 머무른 사실을 확인하게 되었습니다(**소갑 제5호증 신청인의 남편의 체크카드 내역**).

나. 이에 신청인은 2017. 12. 12. 01:00부터 15:30 사이에 남편과 상대방이 함께 숙박업소 인 주식회사 대명콘도의 설악지점인 델피노 리조트에 투숙하였는지 여부를 입증하기 위하여 증거보전을 신청합니다.

2. 보전할 증거

가. 보전할 증거
영상녹화물(2017. 12. 12. 01:00부터 02:00 및 같은 날 15:00부터 15:30 사이에 호텔의
주차장, 로비 및 카운터, 엘리베이터, 객실 복도에 설치된 각 CCTV에 촬영된 영상 중,
아래 신용카드를 사용한 남성이 촬영된 영상 녹화물)
신용카드 : 우리체크카드 ****-****-****-****

나. 증거의 소재
강원도 00군 00면 미시령옛길 델피노 00리조트
(㈜ 00레저산업, 대표이사 최00)

관리책임자 : 김00
1588-4888

다. 증거조사방법
델피노 리조트(강원도 00군 00면 미시령옛길)의 폐쇄회로 TV(CCTV)에 녹화되어 있는
영상 중 2017. 12. 12. 1:00부터 02:00까지 1시간 동안의 녹화영상및 같은 날 15:00부터
15:30까지 30분 동안의 녹화영상이 저장된 매체를 이 법원에 제출하라는 방법으로 증거를
보전하고자 합니다.

3. 증거보전의 필요성
해당 리조트에 문의한 바, CCTV화면은 30일 정도만 저장된다고 하여 곧 폐기될 사정이
존재합니다.
이에 이 사건 손해배상소송에서 위자료 청구의 쟁점인 청구인의 남편과 상대방 사이의 부정
한 행위에 대한 입증을 위하여 2017. 12. 12. 해당 시간에 한하여 해당 리조트의 CCTV
영상녹화물에 대한 증거보전을 신청합니다.

소명방법

1. 소갑 제1호증의   1 신청인의 혼인관계증명서
                         2 본안사건의 접수증
                         3 본안사건의 사건진행내역
2. 소갑 제2호증   신청인의 남편과 피신청인의 사진
3. 소갑 제3호증   신청인의 남편과 피신청인의 사진
4. 소갑 제4호증   신신청인의 남편과 피신청인의 사진
5. 소갑 제5호증   신청인의 남편의 체크카드 내역

첨부서류

1. 증거소지인의 법인등기부등본
2. 소송위임장 및 담당변호사 지정서

                        2000. 0012.   .
                        신청인의 소송대리인
                        법무법인 00
                        담당변호사 김 0 0

서울가정법원   귀중

1. 증거보전신청서에는 ① 상대방의 표기, ② 증명할 사실, ③ 증거보전의 사유 등을 기재하여야 한다..
2. 신청서는 1부를 법원에 제출한다.
3. 인지는 1,000원을 첩부하며, 별도의 송달료는 납부하지 아니한다.

증거보전 신청서

신 청 인   0 0 0
　　　　　　　00시 00구 00로 000, 000동 0000호

피신청인   0 0 0
　　　　　　　주소불명

증거소지인   0 0 0 0 보안관리자
　　　　　　　00시 00구 000가 000
　　　　　　　전화 : 02-000-000

신 청 취 지

증거소지인은 이 사건 결정을 송달받은 다음 날부터 7일 이내에 별지1 목록 기재 영상녹화물 및 별지2 목록 기재 차량 입·출차 기록이 저장된 매체 을 이 법원에 제출하라.
라는 재판을 구합니다.

신 청 이 유

1. 증명하여야 할 사실

신청인은 신청인의 배우자인 신청외 000와 부정한 행위를 한 피신청인을 상대로 하여 부정행위 등을 원인으로 한 손해배상(기) 청구소송을 제기할 예정에 있는바, 피신청인이 부정한 행위를 한 증거로서 00시 00구 00동 000 건물의 폐쇄회로티이브이(CCTV)에 녹화되어 있는 영상 및 위 000와 피신청인의 차량 입·출차 기록을 확보하여야 하나, 위 각 영상 및 차량 입·출차 기록이 시간이 경과되어 삭제될 우려가 있으므로 위 증거의 보전을 위하여 이 신청에 이른 것입니다.

2. 증거의 표시

별지 목록 기재와 같습니다.

3. 증거보전의 사유

가. 당사자 관계

신청인은 신청외 000와 2000. 00. 00. 혼인신고를 마친 법률상 부부이고, 피신청인은 신청인의 배우자인 위 000와 부정한 행위를 한 자입니다.

나. 혼인생활의 파탄

(1) 신청인과 신청외 000의 혼인 생활은 000가 피신청인을 만나 부정한 행위를 하기 전까지

는 여느 부부처럼 생활하면서 큰 무리 없이 지내왔습니다.

(2) 그러나 신청인은 000가 가정생활에 소홀하면서 귀가 시간이 늦어지는 것을 보고 의아하게 생각하던 중, 우연히 위 0000 건물에 000와 피신청인이 함께 들어가는 것을 보고 000와 피신청인이 부정한 행위를 하고 있다는 것을 알게 되었습니다.

(3) 이에 신청인은 2022. 00. 00. ~ 2022. 00. 00. 9. 000이 근무하는 직장에 찾아갔고, 위 기간동안 000이 퇴근 후에 직장 대표인 피신청인과 각자의 차량을 가지고 위 0000 건물로 들어가 1시간 가량 머문 후 건물에서 나오는 모습을 직접 목격하였습니다(**별지1 목록 관련**).

(4) 신청인은 2022. 00. 00. 위 0000를 찾아가 위 건물 각 호실을 돌면서 피신청인과 000을 찾던 중, 000호에서 흘러나오는 익숙한 (신음)소리를 듣고, 000이 내는 소리임을 알아차렸습니다. 이에 신청인은 501호 앞에서 피신청인과 000이 문을 열고 나올 때까지 기다렸고, 이후 문을 열고 나오는 피신청인과 000을 대면했지만, 뻔뻔스럽게도 피신청인과 000은 부정행위 사실을 부인하였고 신청인이 문밖에서 들었던 000의 (신음)소리조차 TV에서 흘러나온 소리였다는 등의 억지 주장을 하면서 오히려 적반하장으로 나올 뿐이었습니다(**소갑 제4호증 2022. 4. 13.자 사진**).

(5) 한편 신청인은 2000. 00.경 000이 화장품을 들고 집에 와서는, '직장에서 장기근속수당으로 화장품을 받았다'라고 한 말이 떠올라 000과 같은 직장에서 근무하고 있는 신청인의 지인에게 000의 직장에 수당 등이 있는지 물었는바, 000이 근무하고 있는 직장에 따로 수당도 없고 직장에서 직원에게 화장품을 준 사실도 없다는 것을 확인하였습니다. 이에 신청인은 피신청인과 000이 늦어도 2021. 1.경부터 부정한 관계를 이어왔을 것이라는 판단을 하게 되었습니다(**별지2 기재 차량 입·출차 기록 기간 관련**).

다. 소결

위와 같이 신청인은 피신청인을 상대로 부정행위 등을 이유로 손해배상(기) 청구소송을 준비 중에 있는바, 그에 가장 직접적인 증거가 증거소지인에게 있고, 단시일 내에 멸실될 우려가 있어 보전이 필요합니다.

4. 관할에 관하여

신청인은 민사소송법 제376조 (증거보전의 관할) 제1항 소정에 따라 본안 소송 전에 목적물이 있는 곳의 관할인 귀 법원에 이 사건 증거보전 신청에 이른 것입니다.

소 명 방 법

1. 소갑 제1호증　혼인관계증명서
1. 소갑 제2호증　가족관계증명서

1. 소갑 제3호증   주민등록표등본
1. 소갑 제4호증   2022. 00. 00.자 사진

첨 부 서 류

    1. 소송대리권신고서   1부

2022.   00.   00.
신청인의 소송대리인
변호사 000

00지방법원 귀중

[별지1]

목 록

00시 00구 000가 000-00 0000 제1동의 폐쇄회로티이브이(CCTV)에 녹화되어 있는 영상 중,

① 2022. 4. 9.   19:50경부터 20:20경까지, 같은 날 20:50경부터 21:20경까지
② 2022. 4. 8.   17:50경부터 18:20경까지, 같은 날 21:20경부터 21:50경까지
③ 2022. 4. 7.   17:40경부터 18:10경까지, 같은 날 18:40경부터 19:10경까지
④ 2022. 4. 6.   18:00경부터 18:30경까지, 같은 날 19:00경부터 19:30경까지
⑤ 2022. 4. 4.   17:50경부터 18:20경까지, 같은 날 18:40경부터 19:10경까지

위 0000제1동의 주차장, 엘리베이터(상시용 2대, 비상용 1대)의 각 녹화영상.

[별지2]

목　　록

00시 00구 000가 0000-00 (도로명주소:) 0000 제1동 차량 입·출차 기록 중,

2021. 1. 1.부터 조회시점까지의

① 000000 흰색차량 (차량번호: 00가0000),
② 000000 검정색차량 (차량번호: 00두0000),

각 차량의 입·출차 기록

－끝－

제2장
이혼소송을 위한 상대방재산 보전절차

제2장 이혼소송을 위한 상대방재산 보전절차

(1) 의 의

1) 보전처분은 권리 또는 법률관계에 관한 쟁송이 있을 것을 전제로 하여 이에 대한 판결의 집행을 용이하게 하거나 확정판결이 있을 때 까지 손해가 발생하는 것을 방지할 목적으로 일시적으로 현상을 동결하거나 임시적 법률관계를 형성하게 하는 재판이다. 한마디로 말해서 집행보전 또는 손해방지를 위하여 잠정적 조치를 명하는 재판으로서 보전재판이라고 부르고 이러한 처분을 얻기 위한 절차와 그 당부를 다투는 쟁송절차 및 그 처분의 집행절차를 가리켜 보전 소송절차 또는 보전절차라고 부른다.

2) 가사소송에 있어서도 민사소송과 같이 집행권원을 얻을 때까지 상대방의 일반재산의 감소를 막기 위해 그 재산을 가압류 해 놓거나 확정판결 또는 심판의 효력을 얻을 때 까지 현상을 변경할 수 없도록 하는 가처분을 할 필요성이 있어, 가정법원은 가사소송사건 또는 마류 가사비송사건을 본안사건으로 하여 가압류 또는 가처분을 할 수 있다. 이 경우 민사집행법상의 가압류, 가처분 규정을 준용하고 있는데 이를 사전처분과 구별하여 가사소송법상의 가처분, 가압류라고 한다.

(2) 필요성

우리 법제는 원칙적으로 자력구제를 허용하지 아니하므로 권리자가 그 권리를 실현하기 위해서는 가사소송절차를 거쳐서 집행권원을 얻고 다시 강제집행절차를 밟아 권리의 종국적 실현을 얻을 수밖에 없다. 그런데 가사소송절차는 많은 시일이 소요되므로 그 사이에 재산상태가 변하거나 다툼의 대상(계쟁물)이 멸실·처분되는 등 사실상 또는 법률상 변경이 생기게 되면 채권자는 가사소송에서 승소하고도 많은 시간과 노력과 비용을 소비하였을 뿐 권리의 실질적 만족을 얻지 못할 수가 있다. 이러한 결과를 방지하기 위해서는 확정판결을 받기 전에 미리 채무자의 일반재산이나 다툼의 대상(계쟁물)의 현상을 동결시켜 두거나 임시로 잠정적인 법률관계를 형성시켜 두는 조치를 취함으로써 나중에 확정판결을 얻었을 때 그 판결의 집행을 용이하게 하고 그때까지 채권자가 입게 될지도 모르는 손해를 예방할 수 있는 수단이 필요하게 된다.

(3) 특 징

1) 잠정성

보전처분은 확정판결의 집행보전을 위하여 다툼이 있는 법률관계를 잠정적으로 규율하기 위한 처분이므로 잠정적 처분이 된다. 다툼이 있는 권리 또는 법률관계의 존부를 확정적으로 판단하는 것이 아니며 또 보전처분의 집행도 권리의 종국적 실현을 가져오는 것이 아니다.

2) 긴급성

보전처분은 가사소송절차를 거치기 위한 시일의 경과에서 오는 파행을 방지하는 것이 목적이므로 당연히 그 재판절차와 집행절차에서 신속성이 요구된다. 가압류와 다툼의 대상이 되는 가처분 신청에 대한 재판은 변론 없이 할 수 있도록 되어 있고 임시의 지위를 정하기 위한 가처분의 경우만 원칙적으로 변론기일 또는 채무자가 참석할 수 있는 심문기일을 열어야 하는 것으로 되어 있다. 집행절차의 경우에도 본 집행의 경우와 달리 원칙적으로 집행문을 부여 받지 않고 곧 바로 집행을 할 수 있고 채무자에게 보전처분을 송달하기 전에 집행할 수 있으나 그 대신 집행기간은 단기로 제한하여 채권자에게 재판을 고지한 날부터 2주를 넘긴 때에는 집행하지 못하도록 하여 신속한 집행을 꾀하고 있다.

3) 밀행성

보전처분은 채무자의 재산 상태나 다툼의 대상에 관하여 사실상, 법률상 변경이 생기는 것을 막으려는 데 목적이 있으므로 이를 미리 상대방에게 알리게 하면 그 효과를 얻을 수 없으므로 절차는 원칙적으로 상대방이 알 수 없는 상태에서 비밀리에 심리되고 발령되며 그 처분이 송달되기 전에 미리 집행에 착수하게 하는 것이 보통이다.

4) 자유재량성

보전절차에 있어서 긴급성, 밀행성과 재판의 적정이라는 상충되는 이익을 위해 심리방법에 관하여 법원에 많은 재량을 주고 있다. 변론을 거칠 것인가, 서면심리에 의할 것인가, 소명만으로 발령할 것인가, 담보를 제공하게 할 것인가 등이 모두 법원의 자유재량에 속한다.

> **제63조(가압류, 가처분)** ① 가정법원은 제62조에도 불구하고 가사소송사건 또는 마류 가사비송사건을 본안(본안) 사건으로 하여 가압류 또는 가처분을 할 수 있다. 이 경우 「민사집행법」 제276조부터 제312조까지의 규정을 준용한다.
> ② 제1항의 재판은 담보를 제공하게 하지 아니하고 할 수 있다.
> ③ 「민사집행법」 제287조를 준용하는 경우 이 법에 따른 조정신청이 있으면 본안의 제소가 있는 것으로 본다.

가압류는 금전채권이나 금전으로 확산할 수 있는 채권의 집행을 보전할 목적으로 미리 채무자의 재산을 동결시켜 채무자로부터 그 재산에 대한 처분권을 잠정적으로 빼앗는 집행보전제도이다. 이는 채무자의 일반재산의 감소를 방지하기 위한 것으로서 금전채권이나 금전으로 환산할 수 있는 채권에 대한 보전수단이라는 점에서 다툼의 대상(계쟁물)에 대한 청구권보전을 위해 그 현상변경을 금지하는 가처분과 구별되며 단순히 현상을 동결하는데 그친다는 점에서 단행적 가처분과 다르다.

실무상 집행의 대상이 되는 재산의 종류에 따라 부동산가압류, 선박·항공기·자동차·건설기계에 대한 가압류, 채권가압류, 유체동산가압류, 그 밖의 재산권에 대한 가압류로 구분하고 있다.

> **제63조(가압류, 가처분)** ① 가정법원은 제62조에도 불구하고 가사소송사건 또는 마류 가사비송사건을 본안(본안) 사건으로 하여 가압류 또는 가처분을 할 수 있다. 이 경우 「민사집행법」 제276조부터 제312조까지의 규정을 준용한다.
> ② 제1항의 재판은 담보를 제공하게 하지 아니하고 할 수 있다.
> ③ 「민사집행법」 제287조를 준용하는 경우 이 법에 따른 조정신청이 있으면 본안의 제소가 있는 것으로 본다.

민사집행법 제4편의 가처분(협의의 가처분)은 금전채권 이외의 권리 또는 법률관계에 관한 확정판결의 집행을 보전하기 위한 집행보전제도로서 다음 두 가지로 나뉜다.

1) 다툼의 대상에 관한 가처분

채권자가 금전채권 이외의 특정 물건이나 권리를 대상으로 하는 청구권을 가지고 있을 때 그 강제집행 시까지 다툼의 대상(계쟁물)이 멸실·처분되는 등 사실상·법률상 변경이 생기는 것을 막기 위하여 다툼의 대상의 현상을 동결시키는 보전처분이다. 청구권을 보전하기 위한 제도임에는 가압류와 같으나 그 청구권이 금전채권이 아니라는 점과 그 대상이 채무자의 일반재산이 아닌 특정 물건이나 권리라는 점에서 가압류와 구별된다.

가처분 후 본안소송에 관한 확정판결이 있게 되면 그대로 본 집행으로 이전되는 것이 아니고 가처분된 상태에서 따로 청구권 실현을 위한 강제집행을 하게 된다.

2) 임시의 지위를 정하기 위한 가처분

당사자 사이에 현재 다툼이 있는 권리 또는 법률관계가 존재하고 그에 대한 확정판결이 있기까지 현상의 진행을 그대로 방치한다면 권리자가 현저한 손해를 입거나 급박한 위험에 처하는 등 소송의 목적을 달성하기 어려운 경우에 그로인한 위험을 방지하기 위해 잠정적으로 권리 또는 법률관계에 관하여 임시의 지위를 주어 그와 같은 손해를 피하거나 위험을 막을 수 있도록 하는 보전처분이다. 가압류 또는 다툼의 대상에 관한 가처분과는 달리 보전하는 권리 또는 법률관계의 종류는 묻지 아니한다.

단순히 현상을 동결하는 것이 아니라 적극적으로 현상을 변경하여 잠정적으로 나마 새로운 법률관계를 형성하는 점에서 가압류나 다툼의 대상에 관한 가처분과 구별된다. 이와 같이 단순히 현상을 동결함에 그치지 않고 법률관계에 관하여 임시의 조치를 행하는 것이므로 그 집행을 용이하게 하고 그때까지의 손해를 방지하기 위한 임시적인 조치에 그친다.

이 종류의 가처분 중에는 본안판결을 통하여 얻고자 하는 내용과 실질적으로는 동일한 내용의 권리 또는 법률관계를 형성하는 것이 있다. 이를 단행적 가처분 또는 만족적 가처분이라고 부른다. 예컨대 건물의 인도청구권을 본안의 권리로 가지고 있는 자에게 임시로 그 건물점유자의 지위를 준다든지, 해고의 무효를 주장하는 자에게 임금의 계속지급을 명하는 따위의 가처분에 있어서는 권리자는 가처분의 집행만으로도 실질적이 만족을 얻게 되고 구태여 본안소송을 제기할 필요를 느끼지 않게 된다. 그러나 이 경우에도 권리자의 지위는 임시적인 것이므로 채무자의 제소명령이 있는 경우에는 본안의 소를 제기하여야 하고 가처분 신청인이 본안소송에서 패소하면 가처분집행전의 상태로 원상회복시켜야 한다.

3) 특수한 가처분

협의의 보전처분에는 포함되지 않으나 권리자의 권리보전을 위하여 잠정적인 처분을 명하는 제도로서 가사소송법 62조에 의한 판결·심판 또는 조정 전의 사전처분, 가사소송법 63조에 의한 가압류·가처분 등이 있다.

[표] 가압류·가처분절차 도해

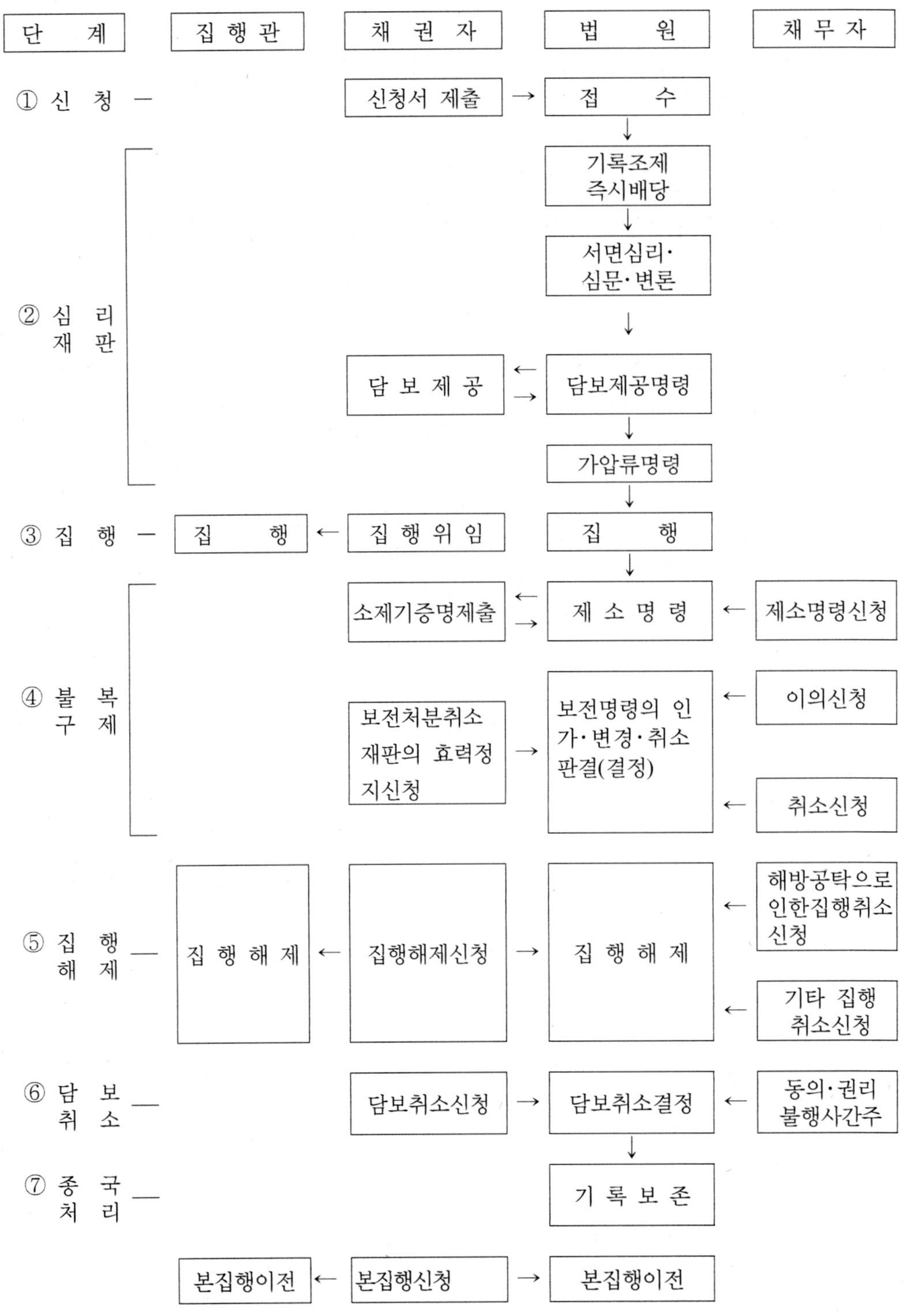

1. 신청서 제출

신청취지와 이유를 적은 서면으로 한다. 신청서에는 ① 인지 10,000원(담보제공을 지급보증위탁계약체결문서를 제출함으로써 하는 것을 허가하여 달라는 신청을 함께 하는 경우에는 그 허가 신청수수료 500원을 포함한 10,500원), ② 송달료 3회분 ③ 가압류신청진술서 또는 가처분신청진술서를 첨부하여 접수하고 이후 법원에서 담보제공명령이 내리면 이에 담보제공을 하면 된다.

2. 심리

심리에 대해서도 민사집행법상 보전처분절차에서의 원칙이 그대로 적용되므로 피보전권리 및 보전의 필요성에 대한 소명이 있어야 한다(민집 279조 2항). 다만 가사사건에서의 피보전권리는 장래에 형성될 것을 전제로 하는 것인 점에 비추어 그 소명에 엄격성을 요구 할 것은 아니다.

3. 담보

가사소송법상의 가압류, 가처분은 담보를 제공하게 하지 아니하고 할 수 있으나(법 63조2항) 실무상 무담보를 명하는 경우는 드물고 다만 채무자가 유책배우자임이 명백하고 피보전권리의 존재가 충분히 소명된 경우에는 담보액을 낮추어 적용하고 있다.

4. 재판

재판의 형식은 결정으로 하고 이에 대한 불복방법은 즉시항고이다.

5. 효력

민사집행법상의 효력과 같아 형성력뿐만 아니라 집행력도 있다. 이점에서 사전처분과 다르다.

[신청취지 기재례]

1) 가압류

채권자가 채무자에 대하여 가지는 위 청구채권의 집행을 보전하기 위하여 채무자 소유의 별지목록기재 부동산을 가압류한다.

1. 채권자가 채무자에 대하여 가지고 있는 위 청구채권의 집행을 보전하기 위하여 채무자의 제3채무자에 대한 별지목록기재 채권을 가압류한다.
2. 제3채무자는 채무자에 대하여 위의 지급을 하여서는 아니 된다.
3. 채무자는 위 채권의 처분과 영수를 하여서는 아니 된다.
라는 재판을 구합니다.

2) 가처분

1. 채권자가 채무자에 대하여 가지고 있는 위 청구채권의 집행을 보전하기 위하여 채무자의 제3채무자에 대한 별지목록기재 채권을 가압류한다.
2. 제3채무자는 채무자에 대하여 위의 지급을 하여서는 아니된다.
3. 채무자는 위 채권의 처분과 영수를 하여서는 아니된다.
라는 재판을 구합니다.

3) 가압류(가처분) 결정에 대한 이의신청

1. 위 당사자 간 00법원 2013카 1235호 신청사건에 관하여 2016. 0. 0. 동원에서 결정한 가압류(가처분)결정을 취소한다.
2. 채권자의 이 사건 가압류(가처분)신청을 기각한다.
3. 소송비용은 채권자의 부담으로 한다.
4. 위 제1항은 가집행할 수 있다.
라는 재판을 구합니다.

4) 부동산가압류 취소신청

> 1. 피신청인의 신청인에 대한 귀원 20○○카단○○○○호 부동산가압류신청사건에 관하여
>   귀원이 20○○. ○○. ○○. 신청인 소유의 별지목록 기재 부동산에 대하여 한 가압류결정
>   은 이를 취소한다.
> 2. 소송비용은 피신청인의 부담으로 한다.
> 3. 위 제1항은 가집행할 수 있다.
> 라는 재판을 구합니다.

[첨부서류 등]

사건	첨부서류	인지액	송달료 (5,200원)	관할법원
가압류	* 가족관계등록부의 증명서 (본안소송 　관련서류 첨부) 1통 * 주민등록표등(초)본 1통 * 부동산목록 1부 * 소명자료	10,000원	당사자별 3회	본안/물건소 재지
가처분	* 가족관계등록부의 증명서(본안소송 　관련서류첨부) 1통 * 주민등록표등(초)본, 공시지가확인 　원, 토지대장, 건축물관리대장, 소 　명자료, 부동산목록 각 1통	10,000원	당사자별 3회	본안/물건소 재지
가압류 이의	* 가압류결정문, 소명자료	10,000원	당사자별 8회	가압류 법원
가압류 취소	* 원인이 된 판결문 등 * 기타 확정증명원, 소명자료	10,000원	당사자별 8회	가압류 법원
해방공탁 에 의한 가압류집 행취소	* 가압류결정등본(가압류집행조서등 　본) 1통 * 공탁서(대조필) 1통	1,000원	당사자별 3회	가압류 법원

담보제공명령 변경신청서

사   건   2019카단 1236 가압류
채 권 자   이 순 자
채 무 자   김 동 길

피보전청구권의 종류와 금액 : 이혼에 따르는 재산분할청구 1억원과 위자료 5천
만원

위 사건에 관하여 채권자는 2016. ○. ○. 귀원에 가압류 명령신청을 하였던 바,
귀원에서는 이에 대한 담보제공명령으로 채권자는 7일 이내에 담보공탁으로 현금 3천
만원을 공탁하라는 명령을 받았습니다.
그러나 채권자는 현재 거의 무자력 상태에 있고 채무자는 상당한 자력을 보유하고
있으면서 채권자를 유기하고 있는 상태에 있고 재산분할 청구액수를 금5천만원으로,
위자료청구액수를 3천만원으로 감액 청구하고자 하오니, 위 현금공탁을 공탁보증보
험증권으로 대체하여 제공할 수 있도록 허가하여 주시기 바랍니다.

첨 부 서 류

1. 소변경신청서사본   1통

2019. ○. ○.

위 채권자   이 순 자(인)

○○가정법원   귀중

부 동 산 가 압 류 신 청 서

채권자   이 ○ ○ (000000-000000)
            서울 서초구 방배동 000000

채무자   김 ○ ○ (000000-000000)
            서울 서초구 방배동 0000000

청구하는 채권의 표시
청구금액 금50,000,000원(재산분할 청구채권 금80,950,737원 중 일부금)

가압류할 부동산의 표시
별지목록표시와 같습니다.

신 청 취 지

채권자가 채무자에 대하여 가지는 위 청구채권의 집행을 보전하기 위하여 채무자
소유의 별지목록기재 부동산을 가압류한다.
라는 재판을 구합니다.

신 청 이 유

1. 당사자의 관계
채권자와 채무자는 200○. ○. ○. 혼인신고를 필한 법률상 부부로서 슬하에 2남을
두고 있습니다.

2. 채권자와 채무자의 결혼생활 및 파탄경위
 가. 채권자는 200○. ○.경 채무자를 처음 만나 교제를 하던 중 원치 않는 임신을
　　하는 바람에 200○. ○. 서둘러 결혼식을 올리고 200○. ○. 혼인신고를
　　하였습니다.
 나. 신혼생활은 시댁에서 시작하였고, 비록 생각지도 않은 임신에 결혼까지 하였지
　　만 채무자의 배우자로서 최선을 다하며 시부모를 모시고 오순도순 살아가겠다
　　고 마음먹었으나 현실은 채권자의 바람대로 되지 않았습니다.
 다. 200○. ○.경 채무자는 시어머니와 심하게 다투고 무작정 만삭이 된 채권자를
　　끌다시피하여 집을 나와 간신히 지하 원룸을 구하여 첫아이를 출산하게 되었던
　　바, 이러한 어려운 상황에서도 채무자는 생활비도 거의 주지 않은 채 바쁘다는
　　핑계로 한달에 고작 3-4일 집에 들어오는게 전부였고, 채무자의 이러한 생활은
　　현재까지도 계속되고 있습니다.

3. 이혼 청구
위와 같은 이유로 채권자는 더 이상 채무자와의 결혼생활을 유지할 수 없게 되었는
바, 이는 민법 제840조 제3호, 제6호 소정의 각 이혼 사유에 해당한다 할 것이므로
이혼을 청구하게 된 것입니다.

4. 위자료 청구
채권자와 채무자의 혼인관계는 위와 같은 채무자와 시부모의 부당한 대우로 인하여
파탄지경에 이르렀습니다. 그렇다면 채권자와 채무자간의 결혼생활기간 및 파탄의
경위, 그에 대한 채무자의 귀책정도, 재산상태 등 제반사정을 참작하여 채무자는
채권자에게 위자료로 금50,000,000원을 지급함이 상당하다 할 것입니다.

5. 재산분할 청구
채권자와 채무자는 결혼 당시 시댁에 들어가서 생활을 하던 중 채무자와 시어머니의
다툼 끝에 시댁을 나와 가지고 있던 2,000여만 원과 시부모의 도움으로 지하 원룸을
얻어 생활하다가 몇 차례 이사를 한 후 시댁에 들어가면서 그 전세보증금과 대출을
통해 현재 채무자 명의로 분양받은 서울 00동 소재 아파트를 소유하고 있는바, 위
아파트는 현재 KB시세 일반거래가 기준으로 3억 6,000만원에 이릅니다. 또한 소극
재산은 채권자가 자녀 양육 및 생활비 등으로 사용하기 위해 대출받은 대출금이
합계 금28,098,525원이고 채무자는 위 아파트의 분양대금으로 사용한 약 1억
7,000만원의 대출금이 있는바, 위 재산의 형성과정 및 결혼기간, 파경에 이른 배경,
채권자가 채무자 없이 홀로 10년간 자녀를 양육한 점 등을 감안하면 적어도 채권자의
기여도는 50%에 이른다 할 것입니다. 현재 채권자의 순재산은 없고 채무만 금
28,098,525원이 있으며, 채무자의 순재산은 위 아파트가 있으므로 채무자는 채권자
에게 재산분할로 금 80,950,737원[3억 6,000만원-1억 7,000만원-28,098,525
원)/2]을 지급하여야 할 것입니다.

6. 결론
채권자는 그동안의 세월을 돌이켜 보면, 마치 무언가에 홀려서 살아 온 것 같습니다.
이제라도 채무자와 그의 가족들로부터 벗어나 새로운 삶을 살고자 이혼 청구를 하고
자 하나 채무자가 유일한 재산인 별지 목록 기재 부동산을 처분할 경우 후일 채권자가
본안소송에서 승소판결을 얻는다 하여도 강제집행의 목적을 달성하기에 어려움이
예견되어 본 신청에 이른 것입니다.

7. 지급보증위탁계약체결문서의 제출에 의한 담보제공의 허가신청
민사소송규칙 제22조에 의하여 채권자는 지급보증위탁계약체결문서의 제출에 의한
담보제공을 병행하여 신청합니다.

소 명 자 료

1. 소갑제1호증	혼인관계증명서
1. 소갑제2호증	가족관계증명서
1. 소갑제3호증	주민등록등본
1. 소갑제4호증	편지
1. 소갑제5호증	각서
1. 소갑제6호증	방문 부재 통보서
1. 소갑제7호증	금전소비대차계약에 대한 해약통고서
1. 소갑제8호증	부동산 등기부등본
1. 소갑제9호증	아파트 시세표

첨 부 서 류

1. 위 소명자료	각 1 통
1. 납 부 서	1 통
1. 가압류진술서	1 통
1. 위임장	1 통

2019. ○. .
채권자의 대리인
변호사 ○ ○ ○

서울가정법원 귀중

가압류신청 진술서

채권자는 가압류 신청과 관련하여 다음 사실을 진술합니다. 다음의 진술과 관련하여 고의로 누락하거나 허위로 진술한 내용이 발견된 경우에는, 그로 인하여 보정명령 없이 신청이 기각되거나 가압류이의절차에서 불이익을 받을 것임을 잘 알고 있습니다.

2019.　　　○.　　.

채권자(소송대리인)　　<u>변호사</u>　○ ○ ○ (날인 또는 서명)

※ 채무자가 여럿인 경우에는 각 채무자별로 따로 작성하여야 합니다.

◇ 다 음 ◇

1. 피보전권리(청구채권)와 관련하여

가. 채무자가 신청서에 기재한 청구채권을 인정하고 있습니까?

   □ 예

   □ 아니오 → 채무자 주장의 요지 :

   ☑ 기타 : **청구채권은 인정하나 공제할 지체상금등이 있다고 하고 있습니다**

나. 채무자의 의사를 언제, 어떠한 방법으로 확인하였습니까? (소명자료 첨부)

2012. 4. 19. 채무자가 발송한 내용증명(소갑제3호증의5)

다. 채권자가 신청서에 기재한 청구금액은 본안소송에서 승소할 수 있는 금액으로 적정하게 산출된 것입니까? (과도한 가압류로 인해 채무자가 손해를 입으면 배상하여야 함)

   ☑ 예　　　　□ 아니오

2. 보전의 필요성과 관련하여

가. 채권자가 채무자의 재산에 대하여 가압류하지 않으면 향후 강제집행이 불가능하거나 매우 곤란해질 사유의 내용은 무엇입니까?

채무자 회사는 별지목록 기재 채권 이외에는 별다른 담보가치 있는 재산이 없어 제3채무자에 대한 채권을 가압류하여 두지 않으면 공사금 청구소송 중에 채무자 회사가 이를 인출할 우려가 있어 후일 강제집행에 어려움이 예견됩니다.

나. 채권자는 신청서에 기재한 청구채권과 관련하여 공정증서 또는 제소전화해조서가 있습니까? **없습니다.**

다. 채권자는 신청서에 기재한 청구채권과 관련하여 취득한 담보가 있습니까?

없습니다.

있다면 이 사건 가압류를 신청한 이유는 무엇입니까?

라. [채무자가 (연대)보증인인 경우] 채권자는 주채무자에 대하여 어떠한 보전조치를 취하였습니까?

마. [다수의 부동산에 대한 가압류신청인 경우] 각 부동산의 가액은 얼마입니까? (소명자료 첨부)

바. [유체동산 또는 채권 가압류신청인 경우] 채무자에게는 가압류할 부동산이 있습니까?

☑ 예 　　　□ 아니오 → 채무자의 주소지 소재 부동산등기부등본 첨부

사. ["예"로 대답한 경우] 가압류할 부동산이 있다면, 부동산이 아닌 유체동산 또는 채권 가압류신청을 하는 이유는 무엇입니까?

☑ 이미 부동산상의 선순위 담보 등이 부동산가액을 초과함 → 부동산등기부등본 및 가액소명자료 첨부

□ 기타 사유 → 내용 :

아. [유체동산가압류 신청인 경우]
① 가압류할 유체동산의 품목, 가액은?
② 채무자의 다른 재산에 대하여 어떠한 보전조치를 취하였습니까? 그 결과는?

3. 본안소송과 관련하여

가. 채권자는 신청서에 기재한 청구채권과 관련하여 채무자를 상대로 본안소송을 제기한 사실이 있습니까?

□ 예 　　☑ 아니오

나. ["예"로 대답한 경우]

① 본안소송을 제기한 법원·사건번호·사건명은?

② 현재 진행상황 또는 소송결과는?

다. ["아니오"로 대답한 경우] 채권자는 본안소송을 제기할 예정입니까?

    ☑ 예 → **본안소송 제기 예정일 : 2012. 5월중으로 제기할 예정입니다**

    □ 아니오 → 사유 :

4. 중복가압류와 관련하여

가. 채권자는 신청서에 기재한 청구채권(금액 불문)을 원인으로, 이 신청 외에 채무자를 상대로 하여 가압류를 신청한 사실이 있습니까? (과거 및 현재 포함)

    □ 예   ☑ 아니오

나. ["예"로 대답한 경우]

① 가압류를 신청한 법원·사건번호·사건명은?

② 현재 진행상황 또는 결과(취하/각하/인용/기각 등)는? (소명자료 첨부)

다. [다른 가압류가 인용된 경우] 추가로 이 사건 가압류를 신청하는 이유는 무엇입니까? (소명자료 첨부)

■ 작성 · 접수방법

1. 청구서에는 수입인지 10,000원을 붙여야 한다.
2. 증지는 대상 부동산 1개당 3,000원(토지와 건물을 같이 가압류하는 경우에는 6,000원, 아파트나 빌라의 경우에는 1개로 보아서 3,000원이다)을 청구서에 붙이지 않고 호치킷이나 클립으로 신청서 상단에 고정해서 제출해야 하는데 이는 법원에서 가압류 결정이 나면 가압류등기집행을 위해 등기소에 촉탁할시 촉탁서에 첨부하여 사용하기 위해서이다.
3. 송달료는 31,200원(=당사자수(2)×5,200(우편료)×3회분)을 송달료취급은행에 납부하고 첨부하여야 한다.
4. 등록세는 지방세이므로 부동산소재지 시, 군, 구청 등록세과를 방문하여 등록세 신고서를 작성해서(부동산가압류신청서 사본을 첨부), 등록세납부고지서를 발급받아 은행 등에 등록세를 납부한 후 영수증을 신청서에 첨부한다. 등록세 세율은 채권금액×0.0024이다
5. 관할 : ① 가압류할 물건의 소재지를 관할하는 가정법원이나 ② 본안의 관할법원이 관할한다. 본안의 관할법원은 본안으로 삼을 법원을 의미하므로 본안소송이 제기 중인 법원이거나 본안소송이 아직 제기되지 않은 경우에는 본안을 제기할 경우인 채권자 또는 채무자 주소지 법원을 의미한다.
6. 신청서는 1부만 제출한다. 다만 가압류신청진술서 1부와 별지목록 4~6부를 신청서에 첨부 한다.
7. 선담보제공을 하지 않은 경우라면 법원은 일정액의 담보를 제공하라는 담보제공명령을 내리는데 이에 따라 보증보험증권 이나 또는 현금을 공탁한 후 그 이행증서를 제출한다.

채 권 가 압 류 신 청 서

채 권 자　　이　○　○(00000-00000)
　　　　　　　서울 서초구 0000
　　　　　　　위 채권자의 대리인　변호사　0000
　　　　　　　서울 서초구 서초동 0000

채 무 자　　전　○　○(000000-000000)
　　　　　　　서울 성동구 00000

제3채무자　　케이비부동산신탁
　　　　　　　서울 강남구 역삼동 000
　　　　　　　대표이사　○　○　○

청구하는 채권의 표시
청구금액 금50,000,000원
(이혼으로 인한 위자료 금30,000,000원 및 재산분할 금20,000,000원의 청구채권)

가압류할 채권의 표시
별지목록표시와 같습니다.

신 청 취 지

1. 채권자가 채무자에 대하여 가지고 있는 위 청구채권의 집행을 보전하기 위하여 채무자의
　　제3채무자에 대한 별지목록기재 채권을 가압류한다.
2. 제3채무자는 채무자에 대하여 위의 지급을 하여서는 아니 된다.
3. 채무자는 위 채권의 처분과 영수를 하여서는 아니 된다.
라는 재판을 구합니다.

신 청 원 인

1. 신분관계
　　채권자와 채무자는 20○○. ○. ○. 혼인신고를 필한 법률상 부부입니다.

2. 파경에 이르게 된 원인

 가. 채권자와 채무자는 신혼초부터 채무자의 과다한 음주와 그로 인한 주벽   으로 자주 다투기 시작하였습니다.

   이에 채권자는 채무자의 술버릇을 고쳐보고자 화도 내보고, 달래도 보았으나 도저히 고쳐지지가 않았고, 결국 술버릇을 고치지 못할 경우에는 이혼에 동의한다는 각서까지 작성하게 한 후, 전문적인 치료를 위하여 가톨릭대학교 강남00병원에서 신경정신과 진료까지 받기도 하였으나 채무자는 조금도 나아지지 않고 오히려 그 정도가 더해 갔습니다.

 나. 채무자는 2000. 0. 0. 왕십리에 사는 친구가 아프다는 이유로 친구 병문안을 가서 하룻 밤을 자고 오겠다고 한 적이 있습니다. 그런데 채무자는 저녁 늦은 시간에 친구 집에서 나와 술을 마셨고, 신청외 000라는 사람과 다음날 새벽 1시 50분부터 2시 30분까지 6통의 통화를 한 후 결국 외박까지 하였습니다.

 다. 채무자는 2000. 0. 0.에도 술을 마시고 외박을 하였고, 채권자가 도대체 어디서 잤냐고 묻자 직장 동료들과 술을 마신 후 자신만 혼자서 술과 커피를 파는 가게에서 잠이 들었는데 그 가게 이름은 기억이 나지 않고, 빨간색 간판에 노란색 글씨가 써져 있는 가게였다고 둘러대기에 급급했습니다.

 라. 이러한 채무자의 행동들은 배우자로서는 도저히 상상도 못할 일이며, 더구나 외박까지 서슴치 않는 것은 채권자에 대한 배려나 존중이 결여된 것이라 할 것이므로, 채권자와 채무자의 파경은 전적으로 채무자에게 귀책이 있다 할 것입니다.

3. 협의이혼의 신청 및 채무자의 일방적인 취하

채권자와 채무자는 위와 같은 이유로 더 이상은 결혼생활을 유지할 수 없다고 판단하여 2000. 0. 0. 서울가정법원에 협의이혼을 신청하였고, 채권자는 채무자로 인하여 파경에 이르게 된 점에 너무도 화가 났으나 부부로서 살아 온 것을 생각하여 채무자가 거처할 집의 보증금 중 일부인 20,000,000원을 부담하여 주었습니다. 그런데 갑자기 채무자는 자신의 부모님을 만난 후 2000. 0. 0. 위 협의이혼신청을 취하하였습니다.

4. 결혼생활의 파탄 및 이혼 청구

채권자는 위와 같이 혼인한 이후 현재까지 채무자의 잘못된 음주습관과 주벽으로 인하여 고통속에서 살아왔습니다. 그럼에도 불구하고 채무자는 자신의 잘못된 습관을 알면서도 이를 극복하지 못하고, 잦은 외박 등으로 인하여 배우자로서의 역할을 하지 못하고 있으므로 더 이상 결혼생활을 유지 할 수 없는 상태입니다.

따라서 채무자의 위와 같은 행위는 민법 제840조 제3호, 제6호 소정의 각 이혼 사유에 해당한다 할 것이므로 이혼을 청구하게 된 것입니다.

5. 위자료 청구

채권자와 채무자의 혼인관계는 채무자의 잘못된 술버릇과 주벽으로 인한 잦은 외박 등으로 인하여 파탄지경에 이르렀고, 이로 인하여 채권자는 이루 말할 수 없는 심한 정신적 고통을 입었습니다.

그렇다면 채권자와 채무자간의 결혼생활기간 및 파탄의 경위, 그에 대한 채무자의 귀책정도, 재산상태 등 제반사정을 참작하여 채무자는 채권자에게 위자료로 금30,000,000원을 지급함이 상당하다 할 것입니다.

6. 재산분할 청구
채권자와 채무자는 20○○. ○. ○.경 결혼한 이후 현재까지 증식된 재산이 전혀 없습니다. 다만, 위 4항과 같이 채권자는 서울가정법원에 협의이혼 신청 당시 채무자가 거처할 집의 보증금 중 20,000,000원을 부담하였던 바, 이는 채권자의 고유재산이므로 채권자에게 분할되어야 할 것입니다.

7. 결론
그러므로 채권자는 채무자를 상대로 이혼 등 청구소송을 제기하였으나, 본안 소송은 많은 시간이 소요되므로 채무자의 유일한 재산인 별지 목록 기재 채권을 가압류하여 두지 않으면 후일 채권자가 본안에서 승소판결을 얻는다 하여도 강제집행의 목적을 달성하기에 어려움이 예견되어 본 신청에 이른 것입니다.

8. 지급보증위탁계약체결문서의 제출에 의한 담보제공의 허가신청
민사소송규칙 제22조에 의하여 채권자는 지급보증위탁계약체결문서의 제출에 의한 담보제공을 병행하여 신청합니다.

소　명　방　법

1. 소갑제1호증	호적등본
1. 소갑제2호증의 1, 2	주민등록초본
1. 소갑제3호증	일기장(채무자)
1. 소갑제4호증	통원/진료확인서
1. 소갑제5호증	접수증명원
1. 소갑제6호증	영수증
1. 소갑제7호증의 1, 2	진술서
1. 소갑제8호증	소장
1. 소갑제9호증	소제기증명원

첨　부　서　류

1.위 소명자료	각 1 통
1.납부서	1 통
1.위임장	1 통

1.부동산등기부등본   1 통
1.법인등기부등본   1 통

20○○.   ○.   .
채권자의 대리인
변호사 ○ ○ ○

서울가정법원   귀중

____

목   록

청구금액   금50,000,000원

채무자가 제3채무자 케이비부동산신탁○○○의 소유인 서울 성동구 하왕십리동 ○○○오피스텔 ○○○호를 임차함에 있어 제3채무자에게 지급한 임대차보증금 반환 청구채권중 위 청구금액에 이르기까지의 금원.

– 이 상 –

■ 작성 · 접수방법

1. 신청서에는 수입인지 10,000원을 붙여야 한다.
2. 송달료는   45,900원(=당사자수(3)×5,200(우편료)×3회분)을   송달료취급은행에   납부하고   첨부하여야 한다.
3. 기타 등록교육세와 증지비용은 없다 단 전세권부 채권가압류 또는 저당권부채권가압류는 등기부상 공시를 위해 부동산 1건당 등록교육세 3,600원 및 증지 3,000원을 제출한다.
4. 관할 : ① 가압류할 물건의 소재지를 관할하는 가정법원이나 ② 본안의 관할법원이 관할한다. 본안의 관할법원은 본안으로 삼을 법원을 의미하므로 본안소송이 제기 중인 법원이거나 본안소송이 아직 제기되지 않은 경우에는 본안을 제기할 경우인 채권자 또는 채무자 주소지 법원을 의미한다.
5. 신청서는 1부만 제출한다. 다만 가압류신청진술서 1부와 별지목록 4∼6부를 신청서에 첨부해서 제출한다.
6. 선담보제공을 하지 않은 경우라면 법원은 일정액의 담보를 제공하라는 담보제공명령을 내리는데 이에 따라 보증보험증권 이나 또는 현금을 공탁한 후 그 이행증서를 제출한다.
7. 채권가압류는 제3자에게 송달되어야 그 효력이 발생한다.

부동산처분금지가처분신청서

　채 권 자　　이　○　　○(00000-00000)
　　　　　　　　등록기준지 : 경기도 ○○군 ○○면 ○○리
　　　　　　　　주　　　　소 : 서울 서초구 서초동 ○○번지

　채 무 자　　전　○　　○(000000-000000)
　　　　　　　　등록기준지 : 경기도 ○○군 ○○면 ○○리
　　　　　　　　주　　　　소 : 서울 서초구 서초동 ○○번지

목적물의 가액 : 금50,000,000원
(이혼에 따른 재산분할을 원인으로 한 소유권이전등기청구권)

가처분할 부동산의 표시
별지목록 기재와 같습니다.

신　청　취　지

채무자는 별지목록 기재 부동산에 대하여 양도, 전세권, 저당권, 임차권의 설정 및 기타 일체의 처분행위를 하여서는 아니 된다.
라는 재판을 구합니다.

신　청　원　인

1. 당사자관계
　채권자와 채무자는 20○○. ○. ○. 혼인신고를 필한 법률상 부부입니다.

2. 파경에 이르게 된 원인
　가. 채권자와 채무자는 신혼초부터 채무자의 과다한 음주와 그로 인한 주벽으로 자주 다투기 시작하였습니다.
　　　이에 채권자는 채무자의 술버릇을 고쳐보고자 화도 내보고, 달래도 보았으나 도저히 고쳐지지가 않았고, 결국 술버릇을 고치지 못할 경우에는 이혼에 동의한다는 각서까지 작성하게 한 후, 전문적인 치료를 위하여 가톨릭대학교 강남00병원에서 신경정신과 진료까지 받기도 하였으나 채무자는 조금도 나아지지 않고 오히려 그 정도가 더해 갔습니다.
　나. 채무자는 20○○. ○. ○. 왕십리에 사는 친구가 아프다는 이유로 병문안을 가서 하룻

밤을 자고 오겠다고 한 적이 있습니다. 그런데 채무자는 저녁 늦은 시간에 병원에서 나와 술을 마셨고, 신청외 000라는 사람과 다음날 새벽 1시 50분부터 2시 30분까지 6통의 통화를 한 후 결국 외박까지 하였습니다.

다. 채무자는 20○○. ○. ○.에도 술을 마시고 외박을 하였고, 채권자가 도대체 어디서 잤냐고 묻자 직장 동료들과 술을 마신 후 자신만 혼자서 술과 커피를 파는 가게에서 잠이 들었는데 그 가게 이름은 기억이 나지 않고, 빨간색 간판에 노란색 글씨가 써져 있는 가게였다고 둘러대기에 급급했습니다.

라. 이러한 채무자의 행동들은 정상적인 가장으로서는 도저히 상상도 못할 일이며 더구나 외박까지 서슴치 않는 것은 채권자에 대한 배려나 존중이 결여된 것이라 할 것이므로, 채권자와 채무자의 파경은 전적으로 채무자에 게 귀책이 있다 할 것입니다.

3. 결혼생활의 파탄 및 이혼 사유
채권자는 위와 같이 혼인한 이후 현재까지 채무자의 잘못된 음주습관과 주벽으로 인하여 고통속에서 살아왔습니다. 그럼에도 불구하고 채무자는 자신의 잘못된 습관을 알면서도 이를 극복하지 못하고, 잦은 외박 등으로 인하여 배우자로서의 역할을 하지 못하고 있으므로 더 이상 결혼생활을 유지 할 수 없는 상태입니다.
따라서 채무자의 위와 같은 행위는 민법 제840조 제3호, 제6호 소정의 각 이혼 사유에 해당한다 할 것입니다.

4. 재산내역
채무자는 현재 채권자 가족들이 살고 있는 주택을 채무자의 부모로부터 상속받았으며 그 외에도 상당한 재산이 있는 듯 하지만 현재 그 정확한 내역을 알지는 못한 상황입니다.

5. 보전의 필요성
따라서 채권자는 채무자를 상대로 이혼 소송을 제기하면서 위자료 및 재산분할, 양육비 등의 청구를 구하려고 하나 별다른 재산을 알 수 없는 상태에서 이혼 후 특별한 주거가 없게될 채권자의 자녀들이 생활을 영위할 최소한의 공간을 확보하고자 이혼에 따른 재산분할을 원인으로 한 별지목록 기재 부동산에 대한 소유권이전등기 청구권을 행사고자 하나 만일 채무자가 이를 알게 된다면 위 부동산에 대한 가장채권을 원인으로 근저당권 설정 및 매매 등의 방법으로 이를 처분, 은익하려 할 우려가 있는 바, 그 보전의 필요성이 있다 할 것입니다.

6. 결론
따라서 채권자는 채무자를 상대로 이혼 등 청구소송을 제기하고자 하나 본안 소송은 많은 시간이 소요될 뿐만 아니라 채무자의 유일한 재산인 별지 목록 기재 부동산을 가압류하여 두지 않으면 후일 채권자가 본안에서 승소판결을 얻는다 하여도 강제집행의 목적을 달성하기에 어려움이 예견되어 본 신청에 이른 것입니다.

8. 지급보증위탁계약체결문서의 제출에 의한 담보제공의 허가신청
민사소송규칙 제22조에 의하여 채권자는 지급보증위탁계약체결문서의 제출에 의한 담보제

공을 병행하여 신청합니다.

소 명 방 법

1. 소갑제1호증	호적등본
1. 소갑제2호증의 1, 2	주민등록초본
1. 소갑제3호증	사실확인서
1. 소갑제4호증	통원/진료확인서
1. 소갑제5호증	접수증명원
1. 소갑제6호증	영수증
1. 소갑제7호증의 1, 2	진술서
1. 소갑제8호증	부동산등기부등본

첨 부 서 류

1.위 소명자료	각 1 통
1.납부서	1 통
1.위임장	1 통
1.가처분진술서	1 통
1.토지 및 건물관리대장	각 1 통

20○○.   ○.   .
채권자의 대리인
변호사 ○ ○ ○

서울가정법원 귀중

목   록

가처분할 부동산의 표시

1. 서울특별시 ○○구 ○○동 ○○번지 대 ○○m²
2. 위 지상 철근콘크리트조 및 벽돌조 슬래브지붕
   1층 주택
   1층 56. 45m²

– 이 상 –

1. 신청서에는 수입인지 10,000원을 붙여야 한다.
2. 증지는 대상 부동산 1개당 3,000원(토지와 건물을 같이 가압류하는 경우에는 6,000원, 아파트나 빌라의 경우에는 1개로 보아서 3,000원이다)을 청구서에 붙이지 않고 호치킷이나 클립으로 신청서 상단에 고정해서 제출해야 하는데 이는 법원에서 가압류 결정이 나면 가압류등기집행을 위해 등기소에 촉탁할시 촉탁서에 첨부하여 사용하기 위해서이다.
3. 송달료는 45,900원(=당사자수(3)×5,200(우편료)×3회분)을 송달료취급은행에 납부하고 첨부하여야 한다.
4. 등록세는 지방세이므로 부동산소재지 시, 군, 구청 등록세과를 방문하여 등록세 신고서를 작성해서(부동산가처분신청서 사본을 첨부), 등록세납부고지서를 발급받아 은행 등에 등록세를 납부한 후 영수증을 신청서에 첨부한다. 등록세 세율은 주택 공시가 또는 건물 시가표준액(토지는 개별공시지가)×0.0024이다.
5. 관할 : 가처분은① 본안의 관할 가정법원 또는 ② 다툼의 대상이 있는 곳을 관할하는 가정법원을 관할로 한다 본안의 관할법원은 본안으로 삼을 법원을 의미하므로 본안소송이 제기 중인 법원이거나 본안소송이 아직 제기 되지 않은 경우에는 본안을 제기할 경우인 채권자 또는 채무자 주소지 법원을 의미한다.
6. 신청서는 1부만 제출한다. 다만 가처분신청진술서 1부와 별지목록 4~6부를 신청서에 첨부해서 제출한다.
7. 선담보제공을 하지 않은 경우라면 법원은 일정액의 담보를 제공하라는 담보제공명령을 내리는데 이에 따라 보증보험증권 이나 또는 현금을 공탁한 후 그 이행증서를 제출한다.
8. 가처분은 법원에 의한 가처분기입등기 촉탁이 이루어져 등기가 될 때 압류의 효력이 발생한다

[서식] 가압류(가처분에 대한 이의신청)

가압류(가처분)결정에 대한 이의신청

신 청 인　　　김 ○ ○ (주민등록번호 :　　　　　) 연락처 :
　　　　　　　주　　　소 : ○○시 ○구 ○동 ○번지

피신청인　　　이 ○ ○ (주민등록번호 :　　　　　) 연락처 :
　　　　　　　주　　　소 : ○○시 ○구 ○동 ○번지

신 청 취 지

1. 위 당사자간 00법원 2018카 1235호 신청사건에 관하여 2016. 0. 0.동원에서 결정한 가압류(가처분)결정을 취소한다.
2. 채권자의 이 사건 가압류(가처분)신청을 기각한다.
3. 소송비용은 채권자의 부담으로 한다.

4. 위 제1항은 가집행할 수 있다.
라는 재판을 구합니다.

신 청 원 인

1. 채권자는 채무자에 대한 공사대금 채권 1억원을 이유로 201○. ○. ○. 채무자 소유의 별지목록 기재 부동산에 가압류 결정을 받았습니다.
2. 그러나 채무자는 채권자에 대한 위 공사대금 채권은 이미 채권자에 대한 채무자의 보증금으로 이미 상계하였기 때문에 이에 관한 채권자 주장의 공사대금 채권 1억원은 소멸한 상태입니다.
3. 따라서 채권자가 이미 소멸한 위 채권을 여전히 존재하고 있다는 듯이 법원을 기망하여 신청취지와 같은 가압류 결정을 받았지만 이 같은 행위는 마땅히 취소되어야 할 것인바, 이에 채무자는 이 사건 신청에 이르게 된 것입니다.

소 명 방 법

1. 소을 제1호증		공사계약서
2. 소을 제2호증		상계통지서
3. 소을 제3호증		가압류결정문

2019. ○. .

위 신청인   김○ ○ (인)

○○지방법원   귀중

■ 작성 · 접수방법

1. 인지 10,000원을 납부하여야 한다.
2. 송달료는 83,200원(=당사자수(2)×5,200(우편료)×8회분)을 송달료취급은행에 납부하고 첨부하여야 한다.
3. 신청서는 법원용 1부와 상대방수의 부본을 제출한다.

제3장
상대방의 의무불이행시
의무이행확보수단

제3장 상대방의 의무불이행시 의무이행확보수단

> **제62조(사전처분)** ① 가사사건의 소의 제기, 심판청구 또는 조정의 신청이 있는 경우에 가정법원, 조정위원회 또는 조정담당판사는 사건을 해결하기 위하여 특히 필요하다고 인정하면 직권으로 또는 당사자의 신청에 의하여 상대방이나 그 밖의 관계인에게 현상(現狀)을 변경하거나 물건을 처분하는 행위의 금지를 명할 수 있고, 사건에 관련된 재산의 보존을 위한 처분, 관계인의 감호(監護)와 양육을 위한 처분 등 적당하다고 인정되는 처분을 할 수 있다.
> ② 제1항의 처분을 할 때에는 제67조 제1항에 따른 제재를 고지하여야 한다.
> ③ 급박한 경우에는 재판장이나 조정장은 단독으로 제1항의 처분을 할 수 있다.
> ④ 제1항과 제3항의 처분에 대하여는 즉시항고를 할 수 있다.
> ⑤ 제1항의 처분은 집행력을 갖지 아니한다.

1. 개 설

(1) 의 의

가사사건의 조정 또는 재판 중 임시처분을 하여야 할 급박한 필요가 있는 경우에 적당한 처분을 할 수 있는 제도가 사전처분이다. 즉 가사사건의 소 제기, 심판청구, 조정의 신청 등이 있는 경우에 법원은 사건의 해결을 위하여 특히 필요하다고 인정한 때에는 직권 또는 당사자의 신청에 의하여 상대방 기타 관계인에 대하여 현상을 변경하거나 물건을 처분하는 행위의 금지를 명할 수 있고, 사건에 관련된 재산의 보존을 위한 처분, 관계인의 감호와 양육을 위한 처분 등 적당하다고 인정되는 처분을 할 수 있다(가사소송법 제62조 제1항). 예컨대 이혼소송이 진행되고 있는 도중에 자녀에 대한 상대방의 친권행사를 정지시키고자 한다거나, 재산분할을 대비하여 상대방 명의의 재산을 처분할 수 없도록 하거나, 양육비 청구를 위하여 재산의 보전이 필요한 경우 등에는 당사자는 법원에 선고 전 처분신청서를 제출할 수 있는 것이다.

(2) 필요성

사전처분은 가사사건의 해결을 위하여 특히 필요하다고 인정되는 경우, 즉 급박한 사정이 있어 적당한 처분을 하여야 필요성이 있는 경우에 하는 것이다.

2. 보전처분과의 구별

(1) 의 의

가사소송법상의 사전처분은 가사사건의 전반에 걸쳐 재판 또는 조정 전에 어떤 임시적 처분을 해야 할 급박한 필요가 있는 경우에 적당한 처분을 할 수 있는 제도인데, 이는 미리 재산상태의 변경을 방지하기 위하여 가사소송 전·후 보전적 조치(가사소송법 제63조)를 취하는 가압류(금전채권이나 금전으로 환산할 수 있는 채권의 집행보전) 또는 가처분(금전채권 이외의 권리 또는 법률관계에 관한 확정판결의 집행보전)과는 다른 제도이다.

(2) 구 분

구 분	사전처분(제62조)	보전처분(가압류·가처분)(제63조)
① 시 기	본안의 소제기 후 사건 종료 전에만 가능하다	본안의 소제기 전·후 관계없이 가능
② 주장여부	신청 없어도 법원 직권으로도 가능함	신청에 의하여만 가능함
③ 관할법원	가사사건이 계속되고있는 가정법원	본안관할법원 또는 물건 소재지관할법원
④ 대상자	상대방, 이해관계인	상대방
⑤ 본안사건 대상	가사소송사건·가사비송사건·조정신청사건 등	가사소송사건·마류가사비송사건·다류가사비송사건은 불가
⑥ 집행력	집행력 없음, 단 과태료제재 등 간접강제가 가능함	집행력 있음
⑦ 담 보	손해의 담보공탁이 없다	손해의 담보공탁이 있다
⑧ 내 용	소극적 처분(처분금지 등) 적극적 처분(감호, 보호, 양육 기타 적당한 처분 등)	소극적 처분(처분금지 등)이 주된 내용임
⑨ 불복방법	즉시항고	이의신청과 기타 절차

3. 사전처분의 요건 및 절차

(1) 요건

1) 적용범위

모든 가사사건을 대상으로 하여 인정된다. 다만 다류 가사소송 사건은 성질상 인정할 실익이 크지 않다.

2) 대상자

사건의 대상자에 한하지 않고 상대방 그 밖의 관계인을 대상으로 한다(법 62조 1항). 가사비송사건에서 당사자의 개념이 반드시 명확한 것은 아니고 가사비송이나 조정절차에서 이해관계인의 참가가 허용되는 점을 고려한 것이다.

3) 시적한계

가사사건의 소의 제기, 심판의 청구, 조정의 신청이 있는 경우에 한하여 할 수 있다(법 62조 1항). 즉 가사사건이 가정법원에 접수된 후 그 종료전에 한하여 할 수 있다.

4) 필요성

사전처분이 필요하다고 인정되는 경우여야 하므로 청구 등이 어느정도 인용될 가능성이 있음을 전제로 한다. 다만 실무에서는 가압류 가처분과 같은 정도의 보전의 필요성이 필요하지는 않고 상대적으로 완화된 기준을 적용한다.

(2) 절차

1) 관할

가사사건이 계속되어 있는 가정법원, 조정위원회, 조정담당판사의 관할에 속한다(법 62조1항). 항소심 법원에서도 할 수 있으며, 상고심은 사실심리를 하기 적당하지 않아 제1심가정법원이 관할 법원이 된다(대법원 2002. 4. 24. 즈합4 결정).

2) 개시

직권 또는 당사자의 신청에 의하여 하고(법 62조 1항), 신청은 서면 또는 말로 할 수 있으며 그 신청에는 1,000원의 인지를 붙여야 한다.

3) 심리

심리는 임의적 변론에 의하며, 변론하지 아니하는 경우에도 당사자, 이해관계인 기타 참고인을 심문할 수 있으며 그 심문에는 직권주의가 적용된다. 사전처분에서는 담보의 제공이 요건이 아니여서 사전처분은 담보의 제공을 명함이 없이 하는 것이 원칙이다.

4) 재판

재판은 결정의 형식으로 하고 그 결정에 대해 즉시 항고를 할 수 있으나(법 62조 4항) 기각되거나 각하된 경우에는 불복할 수 없고 이에 대한 불복은 특별항고로 처리한다.

4. 사전처분으로 신청할 수 있는 처분유형

(1) 감호와 양육을 위한 처분

친권행사 정지 및 친권대행자 선임, 그 대행자로 하여금 자를 양육하게 하는 것, 심신상실자등을 정신병원등에 감금, 요양하도록 명하는 것, 면접교섭을 허용, 제한 혹은 배제하거나 자녀양육비를 지급하도록 하는 것 등이 이에 해당한다.

(2) 재산보존을 위한 처분

이혼 등에 따르는 부부재산분할, 상속재산분할 등의 사건에서 분할대상 재산의 보존을 위하여 재산관리인을 선임하거나 관계인에게 재산의 처분을 금지하는 것이 있고, 기여분결정 사건에서 공동상속인에게 각자의 재산처분을 금지하는 것이 있다.

(3) 현상변경 또는 물건처분행위의 금지

부부의 부양, 협조, 생활비용의 부담에 관한 처분, 재산관리자의 변경청구사건에서 부부재산에서 나오는 수입금의 소비를 금하고 보관을 명하거나 현재의 재산관리자에게 재산의 일반적인 처분을 금지하는 것이 있고, 후견인의 변성, 유언집행자의 해임사건에서 현상유지를 위해 후견인이나 유언집행자의 직무집행을 정지하는 것, 물건의 처분을 금지하는 취지에서 처분금지, 점유이전금지, 또는 임시의 지위를 정하는 것이 있다.

(4) 기타 적당한 처분

원고에의 접근금지(퇴거, 출입금지 포함)등을 명하는 것 등이 있다.

5. 사전처분의 효력

(1) 형성력

사전처분에는 형성력이 있다. 따라서 후견인의 직무집행을 정지하고 대행자를 선임하는 사전처분이 있으면 그 처분에는 대세적 효력이 있어 후견인의 권한행사가 정지되고 그 처분에 반하여 후견인이 한 법률행위는 무권대리행위로 된다.

(2) 집행력

사전처분에는 집행력이 없다(법 62조 5항). 따라서 당사자 또는 관계인이 정당한 이유 없이 위 사전 처분을 위반한 때에는 가정법원은 직권 또는 권리자의 신청에 의한 결정으로 1000만 원 이하의 과태료를 처할 수 있도록(가사소송법 제67조 제1항) 규정하고 있다. 당사자 일방은 법원에 이혼소송을 제기하면서 상대방이 재산을 은닉·처분 등을 하는 것을 금해달라고 청구함으로써 상대방의 재산도피를 막을 수 있다.

> **가사소송법 개정안**
> 현행 가사소송법 규정에 따르면 사전처분에는 집행력이 없지만, 개정안의 경우 가정법원의 사전처분(재판 중 양육비를 지급하게 하는 등의 처분)에 집행력을 부여하여, 양육비 확보를 보다 실효적으로 할 수 있도록 하였다(제140조).

[신청취지 기재례]

1) 친권행사정지 사전처분

> 귀원 2008느20 친권상실조정신청사건이 종결될 때까지 피신청인의 사건본인에 대한 친권자로서의 직무집행을 정지하고 다음의 사람을 그 대행자로 선임한다.
> 라는 결정을 구합니다.

2) 유아인도 사전처분

> 귀원 2008느15 양육자변경심판청구사건의 심판확정시까지 피청구인은 청구인에게 사건본인을 인도하라.
> 라는 결정을 구합니다.

3) 면접교섭 사전처분

피신청인은 신청인에게 ○○가정법원 이혼사건(20○○드단○○)의 판결이 선고될 때
까지 매주 토요일 10:00부터 다음날 22:00까지 사건본인을 면접교섭하게 한다.
라는 재판을 구합니다.

4) 양육비, 부양료 지급 사전처분

피신청인은 신청인에게 사건본인의 양육비(또는 신청인의 생활비나 부양료) 일부로서
2016. ○. ○.부터 ○○가정법원에서 진행 중인 이혼사건(20○○드단 1234 또는 조
정사건)이 종료될 때까지 매월 금 ○○만 원을 그 달 ○일까지 신청인의 주소지에 지
참하거나 통장으로 송금하여 지급하라.
라는 재판을 구합니다.

5) 양육자임시지정 및 양육비 사전처분

1. 신청인은 서울가정법원 2016드단000 이혼 등 사건 판결 선고시까지 사건본인을
   양육한다.
2. 피신청인은 위 사건의 판결 선고시까지 신청인이 사건본인을 양육함에 있어 어떠
   한 방법으로도 방해 행위를 하여서는 아니 된다.
3. 피신청인은 신청인에게 사건본인들의 양육비로 금 300만 원을, 양육비로 금 100
   만 원을 매월 말일에 각 지급하라.
4. 피신청인은 위 신청취지 1회 위반시마다 금 100만 원을 신청인에게 지급한다.
라는 결정을 구합니다.

6) 접근금지가처분

피신청인은 신청인의 주거지 및 직장 등에 100m이내의 접근을 금지한다.
라는 결정을 구합니다.

7) 친권행사정지가처분

> 1. 피신청인은 사건본인 미성년자 ○○○에 대한 친권행사를 귀원 200○드0000호 친
>   권상실선고시까지 이를 정지한다.
> 2. 신청인을 사건본인 ○○○에 대한 친권행사대행자로 선임한다.
> 라는 판결을 구합니다.

[첨부서류 등]

첨부서류	인지액	송달료	관할법원
* 가족관계증명서(신청인, 피신청인) 각 1통 * 혼인관계증명서(신청인, 피신청인) 각 1통 * 주민등록표등(초)본(신청인, 피신청인) 각 　1통	1,000원	당사자별 3회	본안소송이 계속 중인 법원

친권행사정지 사전처분신청

신 청 인　김 갑 돌 (주민등록번호 :　　　　) 연락처 :
　　　　　등록기준지 : ○○시 ○구 ○동 ○번지
　　　　　주　　　　소 : ○○시 ○구 ○동 ○번지

피신청인　이 순 자 (주민등록번호 :　　　　) 연락처 :
　　　　　등록기준지 : ○○시 ○구 ○동 ○번지
　　　　　주　　　　소 : ○○시 ○구 ○동 ○번지

사건본인　김 동 길 (주민등록번호 :　　　　)
　　　　　등록기준지 : ○○시 ○구 ○동 ○번지
　　　　　주　　　　소 : ○○시 ○구 ○동 ○번지

신 청 취 지

귀원 2016너20 친권상실조정신청사건이 종결될 때까지 피신청인의 사건본인에 대한 친권자로서의 직무집행을 정지하고 다음의 사람을 그 대행자로 선임한다.
라는 결정을 구합니다.

신 청 원 인

1. 신청인은 사건본인 김동길의 백부로서 사건본인을 양육하고 있습니다.
2. 피신청인은 사건본인의 부가 사망 후 재혼한 모로서 사건본인의 친권자이나 재혼한 후부(後夫) 사이에 자가 출생한 후부터는 사건본인의 양육비 지급을 소홀히 할 뿐 아니라 사건본인과의 공동상속재산인 별지 목록기재의 부동산을 처분하여 후부(後夫)의 사업자금으로 사용하려고 인근 부동산중개소에 내놓고 있습니다.
3. 그러므로 사건본인을 위하여 신청인은 피신청인을 상대로 귀원에 2008너 20 친권상실 조정신청을 한 바 있으나, 위 조정사건이 종결될 때까지 기다려서는 사건본인에게 회복할 수 없는 손해를 줄 급박한 사정이 있으므로 동 조정사건이 종결될 때까지 피신청인의 사건본인에 대한 친권자로서의 직무집행을 정지하고, 사건본인의 망부와 생전에 친밀한 관계가 있었던 다음의 사람을 그 대행자로 선임하고자 본 신청에 이르게 되었습니다.

다　　음

성 명   김 일 남
주 소   ○○시 ○구 ○동 ○번지
직 업   변 호 사

첨 부 서 류

1. 가족관계증명서   1통
1. 등기부등본   1통
1. 주민등록표등본   2통
1. 소명서류   1통
1. 친권상실조정사건의 접수증명원   1통

2016. ○. ○.
위 신청인 김 갑 돌 (인)

○○가정법원   귀중

■ 작성 · 접수방법

1. 신청인은 당사자이다.
2. 사전처분은 담보제공 없이 함이 원칙이다.
3. 비용은 인지대 500원과 5,200 (우편료)×5회분의 송달료를 취급은행에 납부하고 영수증을 첨부하여야 합니다.
4. 관할법원은 본안을 담당하고 있는 가정법원, 조정위원회 또는 조정담당판사의 관할이다

유아인도 사전처분신청

청 구 인   김 ○ ○(생년월일) 연락처 :
              등록기준지 : ○○시 ○구 ○동 ○번지
              주   소 : ○○시 ○구 ○동 ○번지

피청구인   이 ○ ○ (생년월일) 연락처 :
              등록기준지 : ○○시 ○구 ○동 ○번지
              주   소 : ○○시 ○구 ○동 ○번지

사건본인   김 ○ ○ (생년월일)
              등록기준지 : ○○시 ○구 ○동 ○번지
              주   소 : ○○시 ○구 ○동 ○번지

신 청 취 지

귀원 2016느15 양육자변경심판청구사건의 심판확정시까지 피청구인은 청구인에게 사건본인을 인도하라.
라는 결정을 구합니다.

신 청 원 인

1. 사건본인은 청구인과 피청구인사이에 혼인 중 출생자입니다.
2. 청구인과 피청구인은 2016년 1월 4일 협의이혼하고 사건본인의 친권자는 청구인으로, 양육자는 피청구인을 정하고 청구인은 피청구인에게 양육비로 매월 200,000원을 지급하였습니다.
3. 그런데 피청구인은 얼마 전부터 술집 종업원으로 근무하게 되면서 밤늦게 귀가함은 물론이고 외박하는 날이 잦아 사건본인의 정상적인 양육이 불가능한 상태입니다.
4. 따라서 사건본인의 양육자를 변경하여 신청인이 양육하고자 귀원 2016 느 15호 양육자변경신청을 하였으나 그 심판확정시까지 사건본인의 보호와 양육이 시급하고 이를 위하여서는 사건본인을 청구인에게 임시로 인도함이 필요하므로 본 신청에 이른 것입니다.

첨 부 서 류

1. 가족관계증명서	1통
1. 주민등록표등본	1통
1. 진술서	1통
1. 진술인의 주민등록표등본	1통

2016. ○. ○○.

위 신청인 김 ○ ○ (인)

○○가정법원 귀중

■ 작성 · 접수방법

1. 신청인은 심판사건의 당사자이다.
2. 사전처분은 담보제공 없이 함이 원칙이다.
3. 비용은 인지대 500원과 5,200(우편료)×5회분의 송달료를 취급은행에 납부하고 영수증을 첨부하여야 합니다.
4. 관할법원은 심판사건계속중인 가정법원이다.

유 아 인 도 신 청

신 청 인　1.　이 ○ ○ (李 ○ ○)
　　　　　　　생년월일　　19 년　월　일생(주민등록번호 :　　　　　　　)
　　　　　　　등록기준지 : ○○시 ○구 ○○동 ○○번지
　　　　　　　주　　　소 : 위 같은 동 ○○번지

　　　　　　2.　모 ○ ○ (牟 ○ ○)
　　　　　　　생년월일　　19 년　월　일생(주민등록번호 :　　　　　　　)
　　　　　　　등록기준지 및 주소 : 신청인 1.과 같은 곳

사건본인(유아)　이 유 아 (李 ○ ○)
　　　　　　　등록기준지 및 주소 : 신청인 1.과 같은 곳
　　　　　　　신청인들의 소송대리인 변호사　임 ○ ○
　　　　　　　○○시 ○○구 ○○동 ○○번지(우편번호 :　　　　　)
　　　　　　　(전화번호 :　　　　　　팩스 :　　　　　　　　)

피신청인　1.　안 ○ ○ (安 ○ ○)
　　　　　　　생년월일　　19 년　월　일생
　　　　　　　등록기준지 : ○○시 ○구 ○동 ○번지
　　　　　　　주　　　소 : ○○시 ○구 ○동 ○번지
　　　　　　　송달장소　　○○시 ○구 ○동 ○번지

　　　　　　2.　마 ○ ○ (馬 ○ ○)
　　　　　　　생년월일　　19 년　월　일생
　　　　　　　등록기준지, 주소, 송달주소 : 피신청인 1.과 같은 곳

신 청 취 지

피신청인들은 신청인들에게 사건본인이 유아를 인도한다.
라는 재판을 구합니다.

신 청 원 인

1. 신청인 이○○와 신청인 모○○는 2014. 2. 16. 혼인신고를 필한 부부로서 슬하에 자녀로 이유식과 사건본인 이유아를 낳았는데, 위 이유아가 생후 16개월 될 무렵인 2016. 4. 경 신청인들의 가정불화로 신청인 모○○가 친정으로 돌아가 버리자 신청인 이○○가 2명의 자녀를 양육하기가 어려워 위 이유아를 이웃 사람의 소개로 신청인 모○○의 승낙도 없이 피신청인들에게 양녀로 주었던 것입니다.

2. 그 후 신청인 모○○가 6개월 만에 친정에서 돌아와 보니 위와 같은 사실을 뒤늦게 알게 되었고, 이에 신청인들이 피신청인들에게 수차례 찾아가 유아(사건본인)를 인도해 줄 것을 요청하니 피신청인들은 9개월 동안의 양육비로 상당한 금액을 요구하고 있고, 더욱이 피신청인 안○○는 막노동판에서 잡역인부로 일하는 형편이라 이곳저곳으로 이주를 자주하고 사건본인을 잘 양육시킬 형편도 되지 않는 실정입니다.

3. 그렇다면 피신청인들은 신청인들에게 사건본인 이유아를 마땅히 인도해 주어야 할 것입니다.

첨 부 서 류

1. 가족관계증명서	2통
1. 주민등록표등본	2통
1. 출생증명서	1통
1. 위임장	1통

2016. ○. ○.
신청인들의 소송대리인
변호사 임 ○ ○

○○ 지방법원 귀중

■ 작성 · 접수방법

1. 신청인은 부부 중 일방이고, 상대방은 다른 일방 또는 자를 양육하는 자이다
2. 비용은 인지대 10,000원과 송달료 5,200원×5회분을 납부하고 영수증을 첨부하여야 한다.

접근금지가처분신청서

신 청 인   홍 ○ ○ (000000-0000000)   연락처 :
　　　　　　서울 ○○구 ○○동 ○○번지
　　　　　　송달장소 서울 ○○구 ○○동 ○○번지 ○○아파트 ○동 ○호

피신청인   성 ○ ○ (000000-0000000)   연락처 :
　　　　　　서울 ○○구 ○○동 ○○번지

피보전권리   접근금지이행청구

신 청 취 지

1. 피신청인은 신청인의 의사에 반하여 신청인에게 접근하여서는 아니 된다.
2. 피신청인은 신청인에 대하여 면접 교섭을 강요하거나 폭언 또는 폭력을 행사하는 등의
   방법 및 불안을 느끼게 하는 전화 등으로 신청인의 평온한 생활 및 업무를 방해하여서는
   아니된다.
3. 위 명령을 위반한 피신청인은 위반행위 1회당 금 200만 원씩을 신청인에게 지급한다.
라는 재판을 구합니다.

신 청 이 유

1. 신청인과 피신청인의 관계
   신청인과 피신청인은 혼인신고를 마친 법률상 부부로 슬하에 ○○○(2005년 9월 9일생)
   과 ○○○(20007년 2월 1일생)을 출생한 부모인바, 상호 뜻이 맞지 아니하여 ○○○○
   년 ○월 ○일 서울남부지방법원에서 협의이혼 의사확인을 받아 동년 5. 2. 관할구청에
   이혼신고를 하여 수리된 바 있고, 양인은 이미 ○○○○년 ○월 ○일부터 별거 생활을
   하고 있습니다.
2. 이건 신청에 이른 경위
   가. 피신청인은 협의이혼을 한 다음날 신청인을 찾아와서 서류싱엔 도장을 찍었지만 사실
       은 이혼한 게 아니라고 엉뚱한 소리를 일삼고 수시로 신청인이 경영하는 서울 ○○구
       ○○동 ○○○소재 ○○회사에 찾아와서 "얘기 좀 하자, 술 마시자"라는 등 접근을
       하고 인근에 사람이 없는 틈을 노려 몸을 끌어안고 키스를 요구하는 등 신청인은
       전신에 소름이 끼치고 창피한 생각이 들어 그때마다 완강히 반항을 하고 있습니다.
   나. 신청인이 화가나 있지만 욕설과 폭언을 일삼고 입에 담을 수 없는 험담을 하기도
       합니다.
   다. 신청인은 피신청인의 모습이 한없이 저주스러워 피하게 되면, 신청인의 가족에게
       전화를 하여 심한 욕설과 협박을 하여 신청인은 물론 신청인의 가족들도 더 이상

참을 수 없을 정도로 괴로움을 당하고 있습니다.

라. 아울러 피신청인은 신청인이 만나주지 않는다고 신청인이 재직하는 회사로 방문하여 난동을 부리므로 말미암아 신청인은 할 수 없이 피신청인의 손에 이끌리어 나갔는데, 피신청인은 신청인을 끌고 가 폭력을 행사하고 호텔로 끌고 가려고 수작을 부렸으나 신청인의 강력한 반항으로 뜻을 이루지 못하였습니다.

마. 최근 피신청인은 신청인의 거주지를 밤 12시가 지난 시간에 술을 잔뜩 마시고 방문하여 소란을 피우고 문을 열지 아니하면 문을 부셔 버리겠다고 고함을 하기도 하였으나 경찰에 신고하기까지 하였습니다.

3. 결 어

가. 현재 피신청인은 일반인들이 생각할 수 없는 차원을 넘어서 언제 어떠한 불미스러운 행동을 저지를지 모르고 기습적으로 신청인을 찾아와 위와 같은 방법으로 괴롭힐 것이 분명함으로 신청인은 하루하루 불안한 가운데 공포와 두려움에 떨고 있습니다. 그러므로 신청인은 피신청인에 대하여 신청취지 기재와 같은 재판을 받음으로써 직장생활은 물론 마음 놓고 평온한 사생활을 누리면서 살아갈 수 있을 것임으로 이건 신청을 합니다.

나. 본 가처분에 대한 손해담보조로 제공할 공탁금은 지급보증위탁계약을 체결한 문서를 제출하는 방법에 의하여 담보를 제공할 것을 허가하여 주시기 바랍니다.

첨 부 서 류

1. 소갑제1호증	가족관계증명서	1통
2. 소갑제2호증	주민등록등본	1통
3. 소갑제3호증	혼인관계증명서	1통
4. 소갑제4호증	피해사실에 대한 소명자료	1통

2016.　　○.　　○.

신청인　○　○　○

서울가정법원　귀중

■ 작성 · 접수방법

1. 청구인은 피해 당사자이고, 상대방은 가해자이다.
2. 절차비용은 인지대 2,500원과 송달료 5,200원×3회분을 납부하여야 한다.
3 관할법원은 본안 제소전이면 상대방(피신청인)주소지 관할법원이고, 소제기 중이면 본안소송계속중인 법원에 신청한다.

접근금지가처분신청

신 청 인　　　박 ○ ○ (주민등록번호)
　　　　　　　서울 서초구 ○○동 216-6 ○○아파트 10동 401호
　　　　　　　연락처 :

피신청인　　　이 ○ ○ (주민등록번호)
　　　　　　　서울 서초구 ○○동 356번지 ○○아파트 7동 606호
　　　　　　　송달장소 : 경기도 ○○시 ○○면 ○○리 26, ○○아파트 1동 101호

피보전권리
인격권에 기하여 평온한 사생활을 추구할 권리

신 청 취 지

피신청인은 신청인의 주거지 및 직장 등에 100m 이내의 접근을 금지한다.
라는 결정을 구합니다.

신 청 원 인

1. 당사자관계
　　신청인과 피신청인은 1999. 4. 6. 혼인신고를 하여 2015. 5. 6. 협의 이혼한
　　바 있습니다.
2. 혼인의 파탄에 이르게 된 경위
　　피신청인은 신청인과 같이 일식집을 하며 단란하게 살던 중 피신청인은 주식에
　　빠져 많은 돈을 날리고 또 일식집 운영에는 신경을 쓰지 않고 하여 점차 손님이
　　줄고 하였습니다. 그러자 피신청인은 신청인과 친정식구들에게 돈을 요구하기
　　시작하였고, 상습적으로 1주일에 3회 정도 외박을 하면서 다른 여자와 불륜관계
　　를 가진 바 있으며, 피신청인은 오히려 신청인에게 억지를 부리면서 툭하면 "어떤
　　손님하고 바람났느냐"며 자식이 보는 앞에서 막말을 하여 신청인을 모욕하여 협
　　의이혼을 하였습니다. 그러나 이혼 후에도 피신청인은 신청인을 찾아와 이유 없
　　이 상습적으로 신청인의 온몸을 폭행을 하고 난동을 부리는 등 행패를 저지르고
　　있습니다. 이와 같이 피신청인은 신청인을 찾아와 폭력을 행사하고 난동을 부리
　　게 될 경우 신청인으로서는 유일한 생계수단인 일식집을 운영하여 얻은 수입으로
　　자녀를 양육해야 하는 신청인으로서는 엄청난 피해를 감당할 수 없음이 명백하므
　　로 피 신청인의 신청인에 대한 주거 및 사업장(○○일식당)에 접근금지의 결정을

받기 위하여 이 건 신청에 이른 것입니다.

소 명 방 법

1. 소갑 제1호증   가족관계증명서
1. 소갑 제2호증 1 내지 3   각 진단서
1. 소갑 제3호증 1 내지 3   입원동의서 및 입퇴원 확인서
1. 소갑 제4호증   주민등록등본

첨 부 서 류

1. 위 소명방법   각 1통
1. 위임장   1통
1. 납부서   1통

2016. ○. .
위 신청인 ○ ○ ○   (인)

서울중앙지방법원 귀중

[서식] 사전처분(면접교섭)

사전처분(면접교섭)신청

신 청 인   김 갑 돌 (주민등록번호 :   ) 연락처 :
　　　　　주   소 : ○○시 ○구 ○동 ○번지

피신청인   이 순 자 (주민등록번호 :   ) 연락처 :
　　　　　주   소 : ○○시 ○구 ○동 ○번지

사건본인   김 동 길 (주민등록번호 :   )

신 청 취 지

피신청인은 신청인에게 ○○가정법원 이혼사건(20○○드단○○)의 판결이 선고될 때
까지 매주 토요일 10:00부터 다음날 22:00까지 사건본인을 면접교섭하게 한다.
라는 재판을 구합니다.

신 청 원 인

1. 신청인과 피신청인은 현재 귀원에 이혼소송중에 있으며 사건본인은 현재 같은
   거주지에서 신청인, 피신청인과 함께 생활 하고있습니다. 그러나 피신청인은 같
   은 집에서 함께 거주하고 있음에도 불구하고 신청인이 귀가하면 방문을 걸어 잠그
   고 사건본인을 일체 만나지 못하게 하고 있습니다.
2. 사건본인의 건전한 성장과 발달을 위해서는 사건본인이 어머니뿐만 아니라 아버
   지도 만나야 하며 이 사건의 판결이 선고될 때까지는 상당한 기간이 걸릴 것으로
   예상되므로 이 사건 신청에 이르게 되었습니다.

첨 부 서 류

1. 인우보증서	1통
1. 위임장	1통

2016. ○. ○.
위 신청인　김 ○ ○ (인)

○○가정법원　귀중

■ 작성 · 접수방법

1. 신청서에 인지대와 송달료를 납부하여야 한다.
2. 관할법원은 가사사건이 계속되고 있는 가정법원이다.

사전처분(양육비 또는 부양료지급)신청

신 청 인　이 ㅇ ㅇ (주민등록번호 :　　　　　) 연락처 :
　　　　　주　　　소 : ㅇㅇ시 ㅇ구 ㅇ동 ㅇ번지

피신청인　김 ㅇ ㅇ (주민등록번호 :　　　　　) 연락처 :
　　　　　주　　　소 : ㅇㅇ시 ㅇ구 ㅇ동 ㅇ번지

사건본인　김 ㅇ ㅇ (주민등록번호 :　　　　　)

신 청 취 지

피신청인은 신청인에게 사건본인의 양육비(또는 신청인의 생활비나 부양료) 일부로서 2015. ㅇ. ㅇ.부터 ㅇㅇ가정법원에서 진행 중인 이혼사건(20ㅇㅇ드단 1234 또는 조정사건)이 종료될 때까지 매월 금 ㅇㅇ만원을 그 달 ㅇ일까지 신청인의 주소지에 지참하거나 통장으로 송금하여 지급하라.
라는 재판을 구합니다.

신 청 원 인

1. 신청인과 피신청인은 현재 귀원에 이혼소송 중에 있으며 사건본인은 현재 같은 거주지에서 신청인이 양육하고 있습니다.
2. 그런데 현재 피신청인은 가출한 상태이며 신청인에게 사건본인의 양육비와 신청인의 생활비 일체를 지급하지 않고 있습니다. 이 사건의 판결이 선고될 때까지는 상당한 기간이 걸릴 것으로 예상되고 신청인은 일정한 직업이 없어서 하루하루 생계를 이어가기도 막연하므로 이 사건 신청을 하기에 이르렀습니다.

첨 부 서 류

1. 인우보증서　　　　　　　　　　　　　　　　1통
1. 위임장　　　　　　　　　　　　　　　　　　1통

2016. ㅇ. ㅇ.
위 신청인　이 ㅇ ㅇ (인)

ㅇㅇ가정법원　귀중

> 가사소송법 제63조의2(양육비 직접지급명령) ① 가정법원은 양육비를 정기적으로 지급할 의무가 있는 사람(이하 "양육비채무자"라 한다)이 정당한 사유 없이 2회 이상 양육비를 지급하지 아니한 경우에 정기금 양육비 채권에 관한 집행권원을 가진 채권자(이하 "양육비채권자"라 한다)의 신청에 따라 양육비채무자에 대하여 정기적 급여채무를 부담하는 소득세원천징수의무자(이하 "소득세원천징수의무자"라 한다)에게 양육비채무자의 급여에서 정기적으로 양육비를 공제하여 양육비채권자에게 직접 지급하도록 명할 수 있다.
> ② 제1항에 따른 지급명령(이하 "양육비 직접지급명령"이라 한다)은 「민사집행법」에 따라 압류명령과 전부명령을 동시에 명한 것과 같은 효력이 있고, 위 지급명령에 관하여는 압류명령과 전부명령에 관한 「민사집행법」을 준용한다. 다만, 「민사집행법」 제40조 제1항과 관계없이 해당 양육비 채권 중 기한이 되지 아니한 것에 대하여도 양육비 직접지급명령을 할 수 있다.
> ③ 가정법원은 양육비 직접지급명령의 목적을 달성하지 못할 우려가 있다고 인정할 만한 사정이 있는 경우에는 양육비채권자의 신청에 의하여 양육비 직접지급명령을 취소할 수 있다. 이 경우 양육비 직접지급명령은 장래에 향하여 그 효력을 잃는다.
> ④ 가정법원은 제1항과 제3항의 명령을 양육비채무자와 소득세원천징수의무자에게 송달하여야 한다.
> ⑤ 제1항과 제3항의 신청에 관한 재판에 대하여는 즉시항고를 할 수 있다.
> ⑥ 소득세원천징수의무자는 양육비채무자의 직장 변경 등 주된 소득원의 변경사유가 발생한 경우에는 그 사유가 발생한 날부터 1주일 이내에 가정법원에 변경사실을 통지하여야 한다.

1. 의의 및 성질

1) 이혼 시 미성년자인 자녀에 대한 양육비 지급책임을 부담하게 된 정기금 양육비지급의무자(양육비채무자)가 정당한 사유 없이 2회 이상 양육비를 지급하지 아니한 경우에 양육비채무자의 고용자(소득세원천징수의무자)로 하여금 양육자(양육비채권자)에게 직접 양육비를 지급하도록 명령하여 양육비를 확보하게 하도록 한 제도이다.

2) 양육비 직접지급명령은 장래의 정기금 양육비 채권을 집행채권으로 하여 장래의 정기적
   급여채권에 대하여 압류명령 및 전부명령을 동시에 명한 것과 같은 효력을 인정하는 특
   수한 제도이다.

2. 관할 및 절차

(1) 신청 방법

1) 신 청 인

정기금 양육비 채권자가 신청할 수 있다.

2) 관할 법원

양육비채무자의 보통재판적이 있는 곳의 가정법원, 양육비채무자가 국내에 주소나 거소 등
이 없고, 마지막 주소도 판명되지 않을 때와 같이 보통재판적이 없을 경우에는 소득세원천
징수의무자의 보통재판적이 있는 곳의 가정법원이다.

3) 비 용

인지는 2,000원이고 송달료는 당사자수×5,200원(우편료)×2회분을 납부하여야 한다(송달
료취급은행에 납부하고 영수증을 첨부하여야 한다.).

(2) 신청의 요건

양육비 직접지급명령을 신청하기 위해서는 강제집행의 요건과 강제집행 개시의 요건을 갖
추어야 하는데, 양육비 채권 중 아직 기한이 도래하지 않은 것으로 집행 채권으로 하여 발
령한다는 점에서 압류명령 및 전부명령의 특수한 제도이다.
신청서에는 신청서 외에 집행력 있는 정본, 소득세원천징수의무자가 법인인 때에는 그 자
격증명, 대리인에 의한 신청일 때에는 위임장, 그 밖에 강제집행개시의 요건을 증명하는
서면을 붙여야 한다.

(3) 신청서 작성 방법

1) 신청서 양식에 맞춰 기재한다.

신청취지 중 '소득세원천징수의무자가 양육비상당액을 직접 지급하여야 할 일자'는 양육비
채무자의 급여일로 기재하는 것이 바람직하다. 다만, 양육비 채무자의 급여일을 알 수 없
는 경우에는 집행권원에 양육비지급일로 기재된 일자를 기재하여도 된다.
신청이유에는 2회 이상 양육비가 지급되지 않은 구체적인 내역과 직접지급을 구하고 있는

기한이 도래하지 않은 정기금 양육비 채권의 구체적인 내용을 기재하여야 한다.

2) 양식 기재방법은 다음과 같다.

청구채권목록에는 ① 집행권원에서 지급을 명하고 있는 정기금 양육비채권 중 양육비 직접 지급명령으로 지급받고자 하는 장래의 양육비채권의 내역과 ② 양육비 직접지급명령을 신청하면서 소요된 집행비용의 내역을 기재한다.

※ 양육비 직접지급명령에 의하여 지급받을 수 있는 양육비는 양육비 직접지급명령송달 다음날 이후 지급기가 도래하는 양육비채권이다.

압류채권목록은 양육비채무자가 소득세원천징수의무자에게 대하여 가지고 있는 정기적 급여채권의 내역을 기재하여야 하는바, 특별한 사정이 없으면 신청서양식에 있는 전형적인 문구를 그대로 사용하면 된다. 양육비채무자의 소속부서를 상세히 알고 있는 경우에는 양육비채무자의 소속부서를 기재한다.

(4) 양육비 직접지급명령의 효과

양육비 직접지급명령이 확정되면 양육비 직접지급명령이 소득세원천징수의무자에게 송달된 때로 소급하여 양육비채무자의 정기적 급여채권이 양육비채권자에게 이전되며, 양육비채무자는 양육비채무를 변제한 것으로 보게 된다.

소득세원천징수의무자는 피전부채권인 정기적 급여채권이 존재하는 한 종전의 채권자인 양육비채무자에 부담하는 채무를 양육비채권자에 대하여 부담하게 되며, 양육비채권자에게 직접 이행하여야 한다.

소득세원천징수의무자는 양육비채권자의 직장변경 등 주된 소득원의 변경사유가 발생한 경우에 그 사유가 발생한 날로부터 1주 이내에 가정법원에 변경사실을 통지할 의무가 있다 (가사소송법 제63조의2 제6항).

(5) 소득세원천징수의무자의 진술

양육비채권자는 소득세원천징수의무자로 하여금 양육비 직접지급명령의 송달을 받은 날로부터 1주일 이내에 서면으로 민사집행법 제237조 제1항에 정해진 사항을 진술하게 하도록 가정법원에 신청할 수 있다.

이는 양육비채권자로 하여금 당해 양육비 직접지급명령의 집행으로 양육비채권의 만족이라는 목적을 달성할 수 있을 것인지 여부에 관한 판단자료를 소득세원천징수의무자로부터 얻도록 하기 위한 제도이다.

신청은 서면으로 하여야 하고, 500원의 인지를 붙이는 외에 최고서의 송달료 및 소득세원천징수의무자의 진술서 제출용 우편료를 예납하여야 한다.

진술최고를 신청하는 시기는 양육비 직접지급명령의 신청과 함께 하거나 적어도 양육비 직접지급명령을 발송하기 전이라야 한다.

소득세원천징수의무자가 고의 또는 과실로 허위의 진술을 함으로 말미암아 양육비채권자에게 손해가 발생한 때에는 그 손해를 배상할 의무가 있다.

[예 시]

→ 소득세원천징수의무자는 양육비 직접지급명령이 송달된 후 도래하는 첫 번째 급여지급일인 2009. 12. 20.에는 양육비 직접지급명령이 송달 다음날(2009. 12. 11.) 이후 지급기가 도래한 양육비채권이 없어 소득세원천징수의무자는 양육비채권자에게 양육비 상당액을 직접 지급할 필요가 없고, 그 다음 급여지급일인 2010. 1. 20.에 양육비 직접지급명령 송달 다음날 이후 지급기가 도래한 양육비채권(2009. 12. 31.에 지급하여야 할 양육비)이 있으므로 이를 지급하여야 한다.

→ 집행권원이 미성년자가 성년에 달하는 날의 전날까지의 양육비를 지급하도록 하고 있다면, 집행권원상의 마지막 달의 양육비는 일할 계산하여 지급하면 된다.

(6) 양육비 직접지급명령 취소신청

양육비 직접지급명령은 심판양육자로 하여금 보다 간편하게 양육비를 확보할 수 있도록 하기 위하여 신설된 특수한 제도이므로, 소득세원천징수의무자의 자력이 나빠져서 양육비를 변제받지 못할 경우, 양육비 직접지급명령의 토대가 된 집행권원이 실효된 경우, 양육대상인 미성년인 자가 사망한 경우 등 양육비 직접지급명령의 목적을 달성하지 못할 우려가 있다고 인정할 만한 사정이 있는 때에는 양육비채권자의 신청에 따라 양육비 직접지급명령취소할 수 있다.

양육비 직접지급명령 취소는 양육비 직접지급명령을 발령한 가정법원의 전속관할이고, 양육비 직접지급명령 취소신청서에는 2,000원의 인지를 붙여야 한다.

(7) 소득세원천징수의무자의 유의사항

양육비 직접지급명령이 확정되면 양육비 직접지급명령을 송달받은 때로 소급하여 양육비채무자의 소득세원천징수의무자에 대한 정기적 급여채권이 이전된다.

이 경우 소득세원천징수의무자는 양육비채무자에게 부담하는 정기적 급여채권이 존재하는 한 집행권원상의 양육비채권 상당액을 직접 양육비채권자에게 지급하여야 한다.

다만, 양육비 직접지급명령의 집행채권은 아직 지급기가 도래하지 않은 양육비채권이므로, 그 지급기가 도래한 후에 지급기(급여지급일)가 도래하는 급여채권에서 양육비 상당액을 지급하여야 한다.

[예 시]

양육비채권자가 2009. 12. 1. 양육비 직접지급명령을 신청하여, 같은 달 10. 소득세원천
징수의무자에게 송달되었는데, 양육비직접지급명령에서 소득세원천징수의무자에게 양육비
채무자의 급여일인 매월 20일에 양육비상당액을 지급할 것을 명하고, 양육비 직접지급명령
을 신청한 집행권원상에는 채무자에게 매월 말일에 양육비를 지급하도록 되어 있는 경우
→ 소득세원천징수의무자는 양육비 직접지급명령이 송달된 후 도래하는 첫 번째 급여지급
  일인 2009. 12. 20.에는 양육비 직접지급명령이 송달 다음날(2009. 12. 11.) 이후 지
  급기가 도래한 양육비채권이 없어 소득세원천징수의무자는 양육비채권자에게 양육비 상
  당액을 직접 지급할 필요가 없고, 그 다음 급여지급일인 2010. 1. 20.에 양육비 직접
  지급명령 송달 다음날 이후 지급기가 도래한 양육비채권(2009. 12. 31.에 지급하여야
  할 양육비)이 있으므로 이를 지급하여야 한다.

→ 집행권원이 미성년자가 성년에 달하는 날의 전날까지의 양육비를 지급하도록 하고 있다
  면, 집행권원상의 마지막 달의 양육비는 일할 계산하여 지급하면 된다.
  소득세원천징수의무자는 양육비채무자의 직장변경 등 주된 소득원의 변경사유가 발생한
  경우에는 그 사유가 발생한 날로부터 1주 이내에 가정법원에 변경사실을 통지하여야
  한다(가사소송법 제63조의2 제6항).

[신청취지 기재례]

가) 양육비직접지급명령신청

> 1. 채무자의 소득세원천징수의무자에 대한 '별지' 압류채권목록 기재의 채권을 압류
>   한다.
> 2. 소득세원천징수의무자는 채무자에게 위 채권에 관한 지급을 하여서는 아니 된다.
> 3. 채무자는 위 채권의 처분과 영수를 하여서는 아니 된다.
> 4. 소득세원천징수의무자는 매월 25일에 위 채권에서 별지 청구채권목록 기재의
>   양육비 상당액을 채권자에게 지급하라.
> 라는 결정을 구함

나) 양육비직접지급명령 취소

> 위 당사자 간 ○○법원 즈기 호 신청사건에 관하여 20 . . . 귀원에서 한
> 양육비 직접지급명령을 취소한다.
> 라는 결정을 구합니다.

[첨부서류 등]

첨부서류	신청서	인지액	송달료	관할법원

* 집행력 있는 정본 1통
* 송달(확정)증명서 1통
* 채무자의 주민등록표등(초)본 1통
* 소득세 원천징수 의무자의 자격증명서류
  (법인등기사항전부증명서 등) 1통
* 기타 강제집행개시 요건을 증명하는 서
  면
	1부	2,000원	당사자별
			3회분
				채무자
				주소지

[서식] 소득세원천징수의무자에 대한 진술최고신청서

소득세원천징수의무자에 대한 진술최고 신청서

신 청 인　　　　김 ○ 희 (주민등록번호)　　　　　　(전화)
(채 권 자)　　　　서울 도봉구 우이동 123　　　　　　　(우편번호)

피신청인　　　　　이 ○ 철 (주민등록번호)　　　　　　(전화)
(채 무 자)　　　　서울 동작구 사당동 234　　　　　　　(우편번호)

소득세원천징수의무자　　박 ○ 석 (주민등록번호)　　　(전화)
　　　　　　　　　　서울 서초구 서초1동 345　　　　(우편번호)

위 당사자간 ○○법원 즈기 호 신청사건에 관하여 소득세원천징수의무자에게 가사소
송법 제63조의2 제2항, 민사집행법 제237조에 따라 다음 사항을 진술하도록 명하여
주시기 바랍니다.

다　　음

1. 채권을 인정하는지 여부 및 인정한다면 그 한도
2. 채권에 대하여 지급할 의사가 있는지 여부 및 의사가 있다면 그 한도

3. 채권에 대하여 다른 사람으로부터 청구가 있는지의 여부 및 청구가 있다면 그
   종류
4. 다른 채권자에게 채권을 압류당한 사실이 있는지 여부 및 그 사실이 있다면 그
   청구의 종류

20 . . .

위 신청인   (날인 또는 서명)

○○법원   귀중

[서식] 양육비 직접지급명령 신청서

양육비 직접지급명령 신청서

수입인지
2,000원

채 권 자   홍 ○ 자 (000000-0000000)   (전화 :   )
서울 영등포구 대림동 701 현대아파트 103-1202

채 무 자   최 ○ 봉 (000000-0000000)
서울 도봉구 도봉동 876 래미안아파트 205-903

소득세원천징수의무자 고 ○ 해 (000000-0000000)
서울 강북구 미아동 343 대한빌딩 707호

청구채권 및 그 금액

별지 청구채권 목록 기재와 같음

신 청 취 지

1. 채무자의 소득세원천징수의무자에 대한 '별지' 압류채권목록 기재의 채권을
   압류한다.
2. 소득세원천징수의무자는 채무자에게 위 채권에 관한 지급을 하여서는 아니
   된다.
3. 채무자는 위 채권의 처분과 영수를 하여서는 아니 된다.

4. 소득세원천징수의무자는 매월 25일에 위 채권에서 별지 청구채권목록 기재
   의 양육비 상당액을 채권자에게 지급하라.
라는 결정을 구함

신 청 이 유

1. 채권자는 채무자를 상대로 한 귀원 201○느단 8765호 양육비 심판청구에
   따라 매월 25일에 30만원의 양육비 채권을 가지고 있으며, 채무자는 (주)대
   한물산에 재직하고 있습니다.

2. 그러나 채무자는 위 양육비심판결정에 따른 금전의 지급이행을 정당한 사유
   없이 2개월 이상(2회 이상) 지체하고 있어 채권자가 직접 양육비채권을 확보
   하고자 이건 신청에 이른 것입니다.

첨 부 서 류

    1. 집행력 있는 정본   1통
    1. 송달증명서   1통

                    200○. ○.○.
                    위 채권자 홍 ○ 자 (인)

○ ○ 가 정 법 원 귀중

[별지]

청구채권목록

(집행권원 : ○○법원 호 사건의 조정조서정본)에 표시된 정기금 양육비채권 중
중 아래 금원 및 집행비용

1. 정기금 양육비채권
 (1) 미성년자   (.   . 생)에 대한 양육비 : 20 .   .   .부터 20 .
    .   .까지 월 원씩 매월 일에 지급하여야 할 양육비 중 이 사건 양육비
    직접지급명령 송달 다음날 이후 지급기가 도래하는 양육비
 (2) 미성년자   (.   . 생)에 대한 양육비 : 20 .   .   .부터 20 .
    .   .까지 월 원씩 매월 일에 지급하여야 할 양육비 중 이 사건 양육비
    직접지급명령 송달 다음날 이후 지급기가 도래하는 양육비

2. **집행비용** : 금   원
신청수수료   2,000원
신청서 작성 및 제출비용   원
송달비용   원
자격증명서교부수수료   원
송달증명서신청수수료   원 -끝-

[별지]

압류채권목록

양육비채무자(◇◇지점 근무)가 소득세원천징수의무자로부터 지급받는 다음의 채권
으로서 별지 청구채권목록 기재 금액에 이르기까지의 금액. 다만, 별지 청구채권목록
기재 1의 (1) 및 (2)의 금액에 대하여는 그 정기금 양육비의 지급기가 도래한 후에
지급기(급여지급일)가 도래하는 다음의 채권에 한함.

다   음

1. 매월 수령하는 급료(본봉 및 제수당) 중 제세공과금을 뺀 잔액의 1/2씩
2. 기말수당(상여금) 중 제세공과금을 뺀 잔액의 1/2씩
   ※「다만, 국민기초생활보장법에 의한 최저생계비를 감안하여 민사집행법 시행령
     이 정한 금액에 해당하는 경우에는 이를 제외한 나머지 금액, 표준적인 가구의
     생계비를 감안하여 민사집행법 시행령이 정한 금액에 해당하는 경우에는 이를
     제외한 나머지 금액」

■ 작성 · 접수방법

1. 채권자는 연락처란에 언제든지 연락 가능한 전화번호나 휴대전화번호(팩스번호, 이메일 주소
   등도 포함)를 기재하기 바랍니다.
2. 채권자는 2회 이상 양육비가 지급되지 않은 구체적인 내역과 직접지급을 구하고 있는 기한이
   도래하지 아니한 정기금 양육비 채권의 구체적인 내용을 기재하여야 합니다.
3. 집행력 있는 집행권원은 "확정된 종국판결(심판), 가집행선고 있는 종국판결(심판), 조정조서,
   양육비부담조서" 등이 있습니다.
4. 채무자의 이름과 주소 외에도 소속부서, 직위, 주민등록번호, 군번/순번(군인/군무원의 경우)
   등 채무자를 특정할 수 있는 사항을 기재하시기 바랍니다.
5. 이 신청서를 접수할 때에는 당사자 1인당 2회분의 송달료를 송달료수납은행에 예납하여야 합니다.

양육비 직접지급명령 취소신청서

수입인지
2,000원

채 권 자　김　○　희 (주민등록번호)　　　　　(전화)
　　　　　서울 도봉구 우이동 123　　　　　　(우편번호)

채 무 자　이　○　철 (주민등록번호)　　　　　(전화)
　　　　　서울 동작구 사당동 234　　　　　　(우편번호)

소득세원천징수의무자　박　○　석 (주민등록번호)　　(전화)
　　　　　서울 서초구 서초1동 345　　　　　　(우편번호)

신 청 취 지

위 당사자간 ○○법원 즈기 호 신청사건에 관하여 20 . . . 귀원에서 한 양육비 직접지급명령을 취소한다.
라는 결정을 구함

신 청 이 유

별지와 같음

소 명 방 법

　　1.
　　2.

　　　　　　　20 . . .
　　　　　　　위 신청인　(날인 또는 서명)

○○법원　귀중

1. 신청인은 연락처란에 언제든지 연락 가능한 전화번호나 휴대전화번호(팩스번호, 이메일 주소 등도 포함)를 기재하기 바랍니다.
2. 이 신청서를 접수할 때에는 당사자 1인당 3회분의 송달료를 송달료 수납은행에 납부하여야 합니다.

[서식] 양육비채무자 소득원 변경사유 통지

양육비채무자 소득원 변경사유 통지

사   건   2016즈기○○○ 양육비 직접지급
채 권 자   김○○
채 무 자   이○○
소득세원천징수의무자   박○○

위 사건의 채무자의 주된 소득원에 아래와 같이 변경사유가 있어 이를 알려드립니다.

변 경 사 유

※ 해당란에 √표시
　□ 20 . . . 위 사건의 채무자의 이직
　□ 기타( )

20○○. ○○. ○○.

소득세원천징수의무자 ○○○________(날인 또는 서명)

> 가사소송법 제63조의3(담보제공명령 등) ① 가정법원은 양육비를 정기금으로 지급
> 하게 하는 경우에 그 이행을 확보하기 위하여 양육비채무자에게 상당한 담보의 제
> 공을 명할 수 있다.
> ② 가정법원은 양육비채무자가 정당한 사유 없이 그 이행을 하지 아니하는 경우에
> 는 양육비채권자의 신청에 의하여 양육비채무자에게 상당한 담보의 제공을 명할 수
> 있다.
> ③ 제2항의 결정에 대하여는 즉시항고를 할 수 있다.
> ⑤ 제2항과 제4항의 명령에 관하여는 제64조 제2항을 준용한다.
> ⑥ 제1항과 제2항의 담보에 관하여는 그 성질에 반하지 아니하는 범위에서 「민사소
> 송법」 제120조 제1항, 제122조, 제123조, 제125조 및 제126조를 준용한다.

1. 의의

미성년자의 자에 대한 양육비 지급책임을 부담하게 된 정기금 양육비채무자가 장래에 이행
기가 도래하는 정기금 양육비를 지급하지 않거나 양육비 채무자의 자력이 변동되는 상황에
대비하기 위한 경우, 특히 양육비 채무자가 근로자가 아닌 자영업자 등이어서 양육비 직접
지급명령제도를 이용할 수 없는 경우 등에 그 대안으로 마련 된 것으로 가정법원이 직권으
로 또는 신청에 의해 담보제공을 명령하는 제도이다. 담보제공명령은 직권으로 하는 경우
와 신청에 의해 하는 경우가 있는데 직권으로 하는 경우는 양육비채무자에게 양육비를 정
기금으로 지급하게 하도록 명하는 경우에 발령할 수 있고(법 63조의3 1항), 신청에 의하는
경우는 양육비채무자가 정당한 사유 없이 정기금 양육비채무를 이행하지 아니한 경우에 발
령할 수 있다(법 63조의3 2항).

2. 직권에 의한 담보제공명령

(1) 요건

가정법원이 양육비채무자에게 양육비를 정기금으로 지급하게 하도록 명하는 경우에 직권으
로 발령될 수 있다. 직권에 의해 발령되므로 당사자가 담보제공명령을 구하는 취지를 구하
여도 이는 직권발동을 촉구하는 의미밖에 없다.

(2) 재판

정기금으로 양육비를 지급하게 하는 주문에 부수적 주문 형식으로 발령된다. 부수적 주문으로 발령되므로 본안사건의 불복으로 다투어지게 되고 즉시항고를 할 수는 없다. 결정에 대한 불복이 있을 경우 담보제공명령에 대하여 집행정지력이 인정된다(규칙 120조의9 2항).

(3) 실효성의 확보

담보제공명령을 받고도 정당한 이유 없이 명령에 위반한 자에 대하여 가정법원은 직권으로 또는 권리자의 신청에 따라 1천만 원 이하의 과태료를 부과할 수 있다(법 67조1항). 과태료사건은 담보제공명령을 한 가정법원의 관할에 속하며 과태료의 부과절차는 비송사건절차법에 따른다.

3. 신청에 의한 담보제공명령

(1) 요건
1) 정당한 당사자

가사소송법 63조의3 2항에 따른 담보제공명령을 신청할 수 있는 당사자는 정기금 양육비 채권에 관한 집행권원을 가진 채권자(법63조의2 1항)이다.

2) 정당한 사유없이 정기금 양육비채무를 이행하지 아니할 것

직권에 의한 담보제공명령과 달리 양육비채무의 불이행이 있어야 하고 그 불이행에 정당한 사유가 없어야 한다.

(2) 절차

양육비채무자의 보통재판적이 있는 곳의 가정법원에(규칙 120조의7) 정기금 양육비 채권에 관한 집행권원을 가진 채권자가 서면으로 신청 한다.

1) 신 청 인

정기금 양육비 채권에 관한 집행권원을 가진 양육비채권자가 신청할 수 있다.

2) 관할 법원

양육비채무자의 보통재판권이 있는 곳의 가정법원, 양육비채무자가 국내에 주소나 거소 등이 없고, 마지막 주소도 판명되지 않을 때와 같이 보통재판권이 없을 경우에는, 대법원 소재지의 가정법원에 청구하면 된다.

3) 비용

인지는 1,000원이고, 송달료는 당사자수×5,200원(우편료)×3회분을 납부하여야 한다(송달료취급은행에 납부하고 영수증을 첨부하여야 한다.).

(3) 재판

재판은 결정의 형식으로 하고, 담보제공명령에 대해 즉시항고를 할 수 있다고 규정하고 있으므로 기각이나 각하 결정에 대하여는 불복 할 수 없다고 할 것이며, 즉시항고가 있을 경우 집행을 정지시키는 효력이 있다(규칙 120조의9 2항). 즉시항고기간은 1주일 이내이다. 담보제공명령을 인용하는 결정에 대한 즉시항고가 있을 경우 집행을 정지시키는 효력이 있다(규칙 120조의9 2항).

(4) 실효성의 확보

담보제공명령을 받고도 정당한 이유 없이 명령에 위반한 자에 대하여 가정법원은 직권으로 또는 권리자의 신청에 따라 1천만 원 이하의 과태료를 부과할 수 있다(법 67조1항).

4. 담보제공 및 담보권 실행의 방법

(1) 담보제공의 방법

담보의 제공은 금전 또는 법원이 인정하는 유가증권을 공탁하거나 대법원규칙에 정하는 바에 따라 지급을 보증하겠다는 위탁계약을 맺은 문서를 제출하는 방법으로 하되 당사자들 사이의 약정이 있으면 그 약정에 따라 부동산에 관한 근저당권의 설정, 보증인으로 하여금 보증케 하는 방법 등도 가능하다.

(2) 담보권 실행방법

담보제공의 방법으로 현금공탁이 주로 명하여 질 것인데 이 경우 담보권리자는 담보물에 대하여 질권자와 같은 권리를 가지기 때문에(법 63조의3), 담보권 실행 방법은 직접 출급청구를 하는 경우와 질권실행을 위한 압류 등을 하는 경우의 2가지가 있다.

(3) 담보의 취소와 담보물 변경

담보제공자는 담보의 사유가 소멸된 것을 증명한 때 또는 담보권리자의 동의가 있음을 증명한 때, 권리행사 최고기간이 만료되어 담보권리자의 동의가 있는 것으로 간주된 때 담보취소의 신청을 할 수 있다(가사소송법 제63조의 3 제6항, 민사소송법 제125조).
또는 담보제공자는 공탁한 담보물을 바꾸어 줄 것을 신청할 수 있다(가사소송법 제63조의

3 제6항, 민사소송법 제126조).

담보취소와 담보물변경 신청사건은 담보제공명령을 한 법원 또는 그 기록을 보관하고 있는
법원이 관할하며, 1,000원의 인지를 붙여야 한다.

[신청취지 기재례]

가) 담보제공명령

> 피신청인에 대하여 ○○법원 20 . . . 선고   사건의 확정판결(심판, 조정조서)에 기한
> 정기금 양육비채무 중 이 사건 결정일 다음날 이후 지급기가 도래하는 정기금 양육비채무를
> 담보하기 위하여 상당한 담보를 제공할 것을 명한다.
> 라는 결정을 구합니다.

나) 담보취소신청

> 이 법원 20 즈기○○○ 담보제공명령신청사건에 관하여 신청인이 20 . . . ○○법원
> 공탁관에게 20   년금제○○○호로 공탁한 금   원의 담보를 취소한다.
> 라는 결정을 구합니다.

다) 담보변경신청

> 이 법원 20 . . . 자 20 즈기○○○ 결정 중 담보물 "별지 제1목록 기재 유가증권"을
> "별지 제2목록 기재 유가증권"으로 변경할 것을 명한다.
> 라는 결정을 구합니다.

[첨부서류 등]

첨부서류	인지액	송달료	관할법원
* 집행력 있는 집행정본 또는 사본 1통 * 혼인관계증명서(집행권원이 양육비부담조서인 경우) 1통 * 확정증명서(집행권원이 판결 또는 심판인 경우) 1통 * 채무자의 주민등록표등(초)본 1통	1,000원	당사자별 3회	채무자 주소지

담보제공명령 신청서

수입인지
1,000원

신청인   김 ○ 희 (주민등록번호)
           서울 도봉구 우이동 123

피신청인   이 ○ 철 (주민등록번호)
           서울 동작구 사당동 234

신 청 취 지

피신청인에 대하여 ○○법원 20 . . . 선고   사건의 확정판결(심판, 조정조서)에 기한 정기금 양육비채무 중 이 사건 결정일 다음날 이후 지급기가 도래하는 정기금 양육비채무를 담보하기 위하여 상당한 담보를 제공할 것을 명한다.
라는 결정을 구함

신 청 이 유

- 별 지 -

첨 부 서 류

1. 집행력 있는 집행권원 등본 또는 사본   1통
2. 혼인관계증명서(집행권원이 양육비부담조서인 경우)   1통
3. 확정증명서(집행권원이 판결 또는 심판인 경우)   1통

20 . . .
신청인   ㉑(서명   )
(연락처 :   )

법원 귀중

■ 작성 · 접수방법

1. 신청인은 연락처란에 언제든지 연락 가능한 전화번호나 휴대전화번호(팩스번호, 이메일 주소 등도 포함)를 기재하기 바랍니다.
2. 집행력 있는 집행권원은 "확정된 종국판결(심판), 가집행선고 있는 종국판결(심판), 조정조서, 양육비부담조서" 등이 있습니다.
3. 신청인은 피신청인이 이행하지 아니하는 금전채무액 및 그 기간을 기재하여야 합니다.
4. 이 신청서를 접수할 때에는 당사자 1인당 3회분의 송달료를 송달료수납은행에 예납하여야 합니다.

담보취소(담보물변경)신청서

수입인지
1,000원

신청인   김 ○ 희 (주민등록번호)
서울 도봉구 우이동 123

피신청인   이 ○ 철 (주민등록번호)
서울 동작구 사당동 234

신 청 취 지

(담보취소의 경우)
이 법원 20 즈기○○○ 담보제공명령신청사건에 관하여 신청인이 20 . . . ○○법원 공탁관에게 20 년금제○○○호로 공탁한 금   원의 담보를 취소한다.
라는 결정을 구함.
(담보물변경의 경우)
이 법원 20 . . . 자 20 즈기○○○ 결정 중 담보물 "별지 제1목록 기재 유가증권"을 "별지 제2목록 기재 유가증권"으로 변경할 것을 명한다.
라는 결정을 구함.

신 청 이 유

－ 별 지 －

첨 부 서 류

1. 공탁서 사본   1통
2.

20 . . .
신청인   ㊞ (서명   )
(연락처 :   )

법원 귀중

■ 작성 · 접수방법

1. 신청인은 연락처란에 언제든지 연락 가능한 전화번호나 휴대전화번호(팩스번호, 이메일 주소 등도 포함)를 기재하기 바랍니다.
2. 이 신청서를 접수할 때에는 당사자 1인당 3회분의 송달료를 송달료수납은행에 예납하여야 합니다.

서울가정법원

판　　결

사　　건　　20○○드단 1234호 이혼 등
원　　고　　○ ○ ○ (0000000 － 00000000)
　　　　　　등록기준지 : 서울 ○ ○ ○ 아파트 ○ ○ ○
　　　　　　주　　　소 : 서울 ○○구 ○○동 ○○번지
피　　고　　○ ○ ○ (0000000 － 00000000)
　　　　　　등록기준지 : 서울 ○ ○ ○ 아파트 ○ ○ ○
　　　　　　주　　　소 : 서울 ○○구 ○○동 ○○번지
사건본인　　○ ○ ○ (0000000 － 00000000)
　　　　　　등록기준지 : 서울 ○ ○ ○ 아파트 ○ ○ ○
　　　　　　주　　　소 : 서울 ○○구 ○○동 ○○번지

주　　문

1. 원고와 피고는 이혼한다.
2. 사건본인의 친권자 및 양육자로 원고를 지정한다.
3. 피고는 원고에게
　가. 사건본인에 대한 과거양육비로　　원을 지급하고,
　나. 사건본인에 대한 장래양육비로 20 ． ． ．부터　20 ． ． ．까지 월　씩을
　　　매월 말일에 지급하라.
4. 피고는 제3의 나.항 기재 양육비채무를 담보하기 위하여 이 판결 확정일 다음날부터
　1개월 내에　　원을 원고를 위하여 공탁할 것을 명한다.

청 구 취 지

주문 제1, 2항과 같다.

이　　유

생략

2015. ○월 ○일

판사 ○ ○ ○ 　(인)

> 가사소송법 제63조의3(담보제공명령 등) ④ 제1항이나 제2항에 따라 양육비채무자가 담보를 제공하여야 할 기간 이내에 담보를 제공하지 아니하는 경우에는 가정법원은 양육비채권자의 신청에 의하여 양육비의 전부 또는 일부를 일시금으로 지급하도록 명할 수 있다.

1. 의의

양육비채무자가 담보제공명령을 받고서도 담보를 제공하여야 할 기간내에 담보를 제공하지 아니할 경우 가정법원이 양육비채권자의 신청에 따라 양육비의 전부 또는 일부를 일시금으로 지급하도록 명할 수 있는 제도이다. 이는 정기금 양육비 채권의 이행을 담보하기 위한 특수한 제도라는 점에서 담보제공명령과 제도의 취지를 같이하며, 담보제공명령 불이행시 제재 중 하나이다.

2. 관할

일시금지급명령에 대한 사건은 양육비채무자의 보통재판적이 있는 곳의 가정법원의 전속관할로 한다(규칙 120조의7 1항). 양육비채무자가 국내에 주소나 거소 등이 없고 마지막 주소도 판명되지 않을 때와 같이 보통재판적이 없을 경우에는 대법원소재지의 가정법원의 전속관할로 한다. 사물관할은 단독판사의 관할에 속한다.

3. 당사자

권리자는 정기금 양육비 채권에 대한 집행권원을 자진 채권자이다. 단순히 이해관계인은 신청할 수 있는 당사자로 될 수 없다. 의무자는 정기금 양육비지급의무를 명령받은 채무자이다.

4. 신청

(1) 신 청 인

정기금 양육비채권에 대한 집행권원을 가진 채권자(다만, 양육비채무자가 담보제공명령에 응하지 않을 경우에 한함)가 신청할 수 있다.

(2) 관할 법원

양육비채무자의 보통재판권이 있는 곳의 가정법원, 양육비채무자가 국내에 주소나 거소 등
이 없고, 마지막 주소도 판명되지 않을 때와 같이 보통재판권이 없을 경우에는, 대법원 소
재지의 가정법원이다.

(3) 비 용

인지는 1,000원, 송달료는 당사자수×5,200원(우편료)×3회분을 납부하여야 한다(송달료
취급은행에 납부하고 영수증을 첨부하여야 한다.).

5. 재판

재판은 결정의 형식으로 한다. 일시금의 액수는 양육비가 지급되는 기간 및 액수에 따라
달라질 것이므로 사건에 따라 재판부가 결정한다. 신청에 의한 담보제공명령에 대해 즉시
항고 할 수 있음에 반해 일시금지급명령에 대한 불복방법에 관해 규정이 없으므로 불복할
수 없다고 볼 것이다. 다만 일시금지급명령에 위반하여 감치 재판을 받게 되는 경우 감치
에 대한 불복은 가능하다.

6. 실효성의 확보

일시금지급명령을 받은 사람이 30일 이내에 정당한 사유 없이 의무를 이행하지 아니한 경
우 가정법원은 권리자의 신청에 따라 30일의 범위에서 감치를 명할 수 있다(법 68조 1항).

[신청취지 기재례]

> 피신청인은 신청인에게 ○○법원 20 . . . 선고 사건의 확정판결에 기한 정기금
> 양육비채무 중 이 사건 결정일 다음날 이후부터 20 . . . 까지 사이에 지급기가
> 도래하는 정기금 양육비채무의 지급을 위하여 일시금으로 금   원을 지급하라.
> 라는 결정을 구합니다.

[첨부서류 등]

첨부서류	신청서	인지액	송달료	관할법원
* 집행력 있는 정본 또는 사본 1통 * 확정증명서 (집행권원이 판결 또는 심판인 경우) 1통 * 담보제공명령 등본 또는 사본 1통 * 혼인관계증명서(집행권원이 양육비부담조서인 경우) 쌍방 각 1통 * 채무자의 주민등록표등(초)본 1통	2부	1,000원	당사자별 3회	채무자 주소지

[서식] 일시금지급명령 신청서

일 시 금 지 급 명 령 신 청

신청인(채권자)　　　○○○ (주민등록번호)
　　　　　　　　　　○○시 ○○구 ○○길 ○○(우편번호)
　　　　　　　　　　전화·휴대폰번호:
　　　　　　　　　　팩스번호, 전자우편(e-mail)주소:

피신청인(채무자)　　◇◇◇ (주민등록번호)
　　　　　　　　　　○○시 ○○구 ○○길 ○○(우편번호)
　　　　　　　　　　전화·휴대폰번호:
　　　　　　　　　　팩스번호, 전자우편(e-mail)주소:

신 청 취 지

피신청인은 신청인에게 ○○법원 20 . . . 선고　　　　　사건의 확정판결에 기한 정기금 양육비채무 중 이 사건 결정일 다음날 이후부터 20 . . .까지 사이에 지급기가 도래하는 정기금 양육비채무의 지급을 위하여 일시금으로 금　　　　○○원을 지급하라. 라는 결정을 구합니다.

신 청 이 유

1. 신청인은 피신청인을 상대로 20 . . . ○○법원에 재판상 이혼청구소송을 제기하여 20 . . . 사건본인 □□□에 대한 양육비로 20 . . .부터 사건본인이 성년에 이르기 전날까지 월 50만원을 매월 20일에 지급하는 내용으로 판결이 선고되었고, 위 판결은 20 . . . 확정되었습니다.

2. 그러나 신청인은 피신청인으로부터 현재까지 위 판결에 따른 양육비를 전혀 지급받지 못하여 그 이행을 확보하기 위하여 20 . . ○○법원에 담보제공명령신청을 하였고, 20 . . .에 피신청인은 20 . . .까지 담보를 제공하라는 결정을 송달받았습니다. 그러나 피신청인은 위 담보제공기간 내에 담보를 제공하지 아니하였습니다.

3. 이에 신청인은 가사소송법 제63조의3제4항에 따라 위 양육비의 전부 또는 일부를 일시금으로 지급받기 위하여 이 사건 신청을 하게 되었습니다.

소 명 방 법

1. 판결정본
1. 송달 및 확정증명원
1. 담보제공명령결정문

첨 부 서 류

1. 위 소명방법   각 1통
1. 신청서부본   1통
1. 송달료납부서   1통

20○○. ○. ○.

위 신청인   ○○○ (서명 또는 날인)

○○가정법원 귀중

> **가사소송법 제64조(이행 명령)** ① 가정법원은 판결, 심판, 조정조서, 조정을 갈음하는 결정 또는 양육비부담조서에 의하여 다음 각 호의 어느 하나에 해당하는 의무를 이행하여야 할 사람이 정당한 이유 없이 그 의무를 이행하지 아니하는 경우에는 당사자의 신청에 의하여 일정한 기간 내에 그 의무를 이행할 것을 명할 수 있다.
> 1. 금전의 지급 등 재산상의 의무
> 2. 유아의 인도 의무
> 3. 자녀와의 면접교섭 허용 의무
> ② 제1항의 명령을 할 때에는 특별한 사정이 없으면 미리 당사자를 심문하고 그 의무를 이행하도록 권고하여야 하며, 제67조 제1항 및 제68조에 규정된 제재를 고지하여야 한다.
>
> **제67조(의무 불이행에 대한 제재)** ① 당사자 또는 관계인이 정당한 이유 없이 제29조, 제63조의2 제1항, 제63조의3 제1항·제2항 또는 제64조의 명령이나 제62조의 처분을 위반한 경우에는 가정법원, 조정위원회 또는 조정담당판사는 직권으로 또는 권리자의 신청에 의하여 결정으로 1천만 원 이하의 과태료를 부과할 수 있다.
> ② 제29조에 따른 수검 명령을 받은 사람이 제1항에 따른 제재를 받고도 정당한 이유 없이 다시 수검 명령을 위반한 경우에는 가정법원은 결정으로 30일의 범위에서 그 의무를 이행할 때까지 위반자에 대한 감치를 명할 수 있다.
> ③ 제2항의 결정에 대하여는 즉시항고를 할 수 있다.

1. 개념

(1) 의의

가사사건에 관한 판결에 따라 금전의 지급 등 재산상의 의무, 유아의 인도의무 또는 자녀와의 면접교섭 허용 의무를 이행하여야 할 사람이 정당한 이유 없이 그 의무를 이행하지 않는 경우에 당사자의 신청에 의하여 일정 기간 내에 의무를 이행할 것을 명할 수 있는데 이를 이행명령 이라한다. 이행명령은 재산상의 의무 등의 일정한 가사채무를 과태료, 감치 등의 간접강제의 수단을 통하여 실현함을 목적으로 한다. 가사비송사건의 심판 중 금전의 지급, 물건의 인도, 등기, 그 밖에 의무의 이행을 명하는 심판에는 집행력이 있어 금전의 지급, 물건의 인도 등에 대해서는 당사자가 민사소송법상의 강제집행방법을 선택하든 이행확보제도를 선택하든 자유로이 할 수 있다.

(2) 성질

이행명령은 심판 등으로 성립된 의무의 이행을 촉구하는 것일 뿐이고 새로운 의무를 창설하는 것은 아니므로 민법상 이행의 최고와 유사한 성질을 가지고 있지만 최고의 주체가 개인이 아니라 법원이라는 점에서 차이가 있다.

(3) 이행권고

이행명령을 하려면 미리 당사자에게 그 이행을 권고하고, 불이행시 제재를 고지하여야 하는데 이를 이행권고라 한다.

2. 요건

(1) 이행명령을 할 수 있는 의무

이행명령을 할 수 있는 가사채무는 금전(양육비, 부양료, 위자료)의 지급 등 재산상의 의무, 유아의 인도의무 또는 자녀의 면접교섭 허용 의무에 한 한다. 재산상의 의무여야 하므로 부부의 동거를 명하는 것과 같은 순수한 신분상 의무에 대해서는 이행명령을 할 수 없다. 다만 유아의 인도의무는 유아가 의사능력이 없거나 인도집행에 반대하지 않는 것을 전제로 직접강제가 허용되므로 이행명령의 대상에 포함된다.

이행명령은 권리자의 권리의 실현에 의무자의 적극적인 행위 내지 협력이 필요한 것을 전제로 하므로 단순히 등기 또는 등록절차의 이행을 명하는 것은 이행명령의 대상인 가사채무에 해당하지 않는다.

(2) 당사자

이행명령을 신청할 수 있는 당사자 즉 권리자는 판결, 심판, 조정, 조정을 갈음하는 결정, 양육비부담조서, 재판상 화해 및 화해권고결정에서 정하여진 권리주체 및 그 승계인이고, 이행명령의 상대방 즉 의무자는 판결, 심판, 조정, 조정을 갈음하는 결정, 양육비부담조서, 재판상 화해 및 화해권고결정에서 금전의 지급 등 재산상의 의무, 유아의 인도의무 또는 자녀와의 면접교섭 허용 의무를 명령받은 사람과 그 승계인이다.

(3) 정당한 이유 없이 의무를 이행하지 아니할 것

의무자의 의무불이행에 정당한 이유가 없어야 한다. 이행명령의 대상인 의무가 주로 재산상의 의무이므로 정당한 이유로서는 일반적으로 의무자의 경제적 궁핍이나 곤궁을 예상할 수 있으나, 의무자가 의무의 이행을 위하여 얼마나 성실히 노력하였는가라는 점과 권리자의 경제적 궁핍의 정도를 아울러 고려한다.

3. 절차

(1) 관할

이행명령에 대한 사건은 의무의 이행을 명한 판결, 심판, 조정을 한 가정법원 또는 양육비 부담조서를 작성한 법원 소재지의 가정법원의 전속관할에 속한다. 고등법원의 판결, 심판에 의하여 의무가 성립되는 경우에도 제1심 가정법원이 관할한다(규칙121조). 성질상 단독판사의 직분관할에 속하기 때문에 합의부판결이나 조정위원회의 조정에 기한 이행명령도 단독판사가 관할한다.

(2) 당사자의 신청

이행명령의 당사자 즉 권리자의 신청에 의한다. 신청은 서면 또는 말로 할 수 있고 1,000원의 수수료를 납부하여야 한다.

(3) 심리

법원은 특별한 사정이 없는 한 당사자를 미리 심문하고 그 의무의 이행을 권고하여야 하며, 그 불이행에 대한 과태료 또는 감치의 제재를 고지하여야 한다(가소 제64조). 이행명령은 의무자가 정당한 이유 없이 불복종한 때에는 과태료 또는 감치에 처하게 되므로 이 명령에 의해 불리한 입장에 있는 의무자를 보호할 필요가 있기 때문이다. 하지만 심문을 위한 소환에 의무자가 불응한 경우에는 특별한 사정이 있다고 볼 수 있어 그 진술을 듣지 않고 이행명령을 발할 수 있다. 다만 소환장의 송달 불능으로 인한 경우에는 주소보정을 하여야 하지 송달이 되지 않은 채 이행명령을 발할 수는 없다.

(4) 재판

1) 이행명령 결정은 그 당시에 남아 있는 잔존의무의 범위 내에서 하여야 하나 반드시 그 의무 전부에 대하여 하여야만 하는 것은 아니고 의무의 일부에 대하여서만 이행명령을 할 수도 있다(규칙 123조). 이행명령은 이행의 기간을 정하여야 한다. 이는 법원의 재량에 맡겨져 있기 때문에 기각 결정은 물론 이행명령에 대해서도 불복할 수 없으며 이에 대한 불복은 특별항고로 처리하여야 한다.

2) 이행명령은 판결 등에 의한 의무에 실체법적으로 어떤 영향도 미치지 않으므로 시효중단이나 이행지체등과 같은 사법상 효과를 발생시키지는 않는다.

4. 이행명령에 위반에 대한 제재

(1) 과태료

이행명령을 받고도 정당한 이유 없이 그 명령에 위반한 자에 대하여는 가정법원은 직권 또는 권리자의 신청으로 1,000만 원 이하의 과태료를 부과할 수 있다(법 67조1항). 이때 과태료의 부과는 가정법원이 직권으로 또는 권리자의 신청에 의하여 한다. 그러나 의무자의 이행명령 위반 사실을 가정법원에서 스스로 알기 어려우므로 권리자의 신청에 따라서 이런 처분을 하는 것이 보통이다. 과태료 사건은 이행명령을 한 가정법원의 관할에 속하며, 과태료의 부과절차는 비송사건절차법에 의한다. 다만 검사의 관여에 관한 규정은 적용하지 않는다. 또한, 과태료 처분은 이행명령 위반자에 대한 제재로서 행정벌이다. 이 과태료의 결정에 대해서는 불복하지 못한다(동조 3항).

(2) 감치

① 이행명령에 의하여 금전의 정기적 지급을 명령받은 경우에 의무자가 정당한 이유 없이 그 의무를 3기 이상 이행하지 아니하거나 이행명령의 내용이 유아의 인도의무의 이행을 명하는 것인 경우에 의무자가 이행명령 위반으로 과태료의 제재를 받고도 30일 이내에 그 의무를 이행하지 않는 때에는 가정법원은 권리자의신청에 의하여 의무자에 대하여 30일의 범위에서 감치를 명할 수 있다(법 68조 1항).

> **가사소송법 개정안**
>
> 현재는 법원으로부터 이행명령을 받은 의무자가 '3기(보통 3개월) 이상' 양육비를 지급하지 않을 경우 감치를 명할 수 있으나, 개정안은 가능양육비 지급의무자가 법원으로부터 양육비 이행명령을 받고도 '30일 이내'에 양육비를 지급하지 않으면 감치를 할 수 있도록 감치명령의 요건을 완화하여 양육비 지급의무자의 신속하고 자발적인 의무이행을 유도하였다(제151조).

② 감치를 하는 재판은, 법원 직권으로도 가능한 과태료 부과와 달리 권리자의 신청에 의해서만 진행하며, 이행명령을 한 가정법원의 전속관할에 속한다.

③ 감치의 불처벌 결정에 대해서는 불복하지 못하지만(규칙 135조 3항) 감치결정에 대해서는 고지일부터 3일안에 즉시항고로 불복할 수 있다(법 68조 2항). 이러한 즉시항고는 집행정지의 효력이 없어 감치를 명하는 재판을 한 경우에는 그 확정여부를 기다릴 것 없이 즉시 집행을 명하기 때문에 감치기간이 단기간인 경우 항소심 재판 중에 집행기간이 종료되어 버리기도 한다.

④ 항고심이 원결정을 취소하여 불처벌의 결정을 한 때에는 그 불처벌의 결정에 대해서는 불복하지 못하므로(규칙 135조 3항) 고지와 동시에 확정되는 것이어서 항소심 스스로 의무자의 석방을 명하여야 한다.

⑤ 의무를 이행하고 이를 증명하는 서면을 제출하면 감치의 집행은 당연히 종료되므로 가정법원은 지체 없이 감치시설의 장에게 의무자의 석방을 명하여야 한다(가소규칙 137조). 의무이행사실의 증명은 권리자의 영수증, 확인서와 같은 서면으로 하여야 하고 단순히 의무자의 주장과 진술만으로는 안 된다.

[신청취지 기재례]

가) 이행명령 - 위자료

> 피신청인은 귀원 20○○드단1234호 이혼 청구사건의 확정판결에 기한 의무이행으로서 이 명령이 고지된 날부터 1개월 이내에 신청인에게 금30,000,000원을 지급하라.

나) 이행명령 -재산분할

> 피신청인은 귀원 20○○느단1234호 양육비 심판청구사건의 확정심판에 기한 의무이행으로서 이 명령이 고지된 날부터 1개월 이내에 신청인에게 금5,000,000원을 지급하라.

> 피신청인은 귀원 20○○느합1234호 재산분할 삼판청구사건의 조정조서에 기한 금전지급의무를 이 명령이 고지된 날부터 1개월 내에 이행하라.

다) 이행명령 -양육비

> 피신청인은 귀원 20○○느단1234호 양육비 심판청구사건의 확정심판에 기한 의무이행으로서, 신청인에게 양육비 미지급금 20,800,000원을 분할하여 이행명령서 송달받은 달이 속하는 25일부터 20개월간 매월 25일에 900,000원씩 지급하라.

라) 이행명령 – 유아인도

> 피신청인은 서울가정법원 20○○느단1234호 유아인도 심판청구사건의 확정심판에 기한 의무이행으로서, 이 명령이 고지된 날부터 20일 이내에 신청인에게 사건본인 박○○(남, 000000-0000000)을 인도하라.

마) 이행명령 – 면접교섭

> 피신청인은 귀원 20○○느단1234호 면접교섭권 심판청구사건의 확정심판에 기한 의무이행으로서, 신청인에게 사건본인에 대한 면접교섭허용의무를 이행하라.

[첨부서류 등]

가. 이행명령신청 첨부서류

첨부서류	신청서	인지액	송달료	관할 법원
판결(조정·화해조서 등) 정본 또는 사본 1통 확정(송달)증명서 1통	2부	1,000원	10회분	이행명령의 근거가 된 재판을 한 법원 ※ 고등법원판결은 1심 가정법원 전속관할

나. 이행명령 불이행 등에 따른 감치·과태료 재판신청 첨부서류 등

첨부서류	신청서	인지액	송달료	관할 법원
이행명령 등 정본 또는 사본 1통	2부	1,000원 (과태료 신청은 인지 불요)	10회분	이행명령을 한 법원

[서식] 이행명령신청서

이 행 명 령 신 청

신 청 인   이 ○ ○ (주민등록번호 :   )   연락처 :
　　　　　등록기준지 : 경기도 ○○시 ○구 ○동 ○번지
　　　　　주　　　소 : 서울 ○구 ○동 ○번지

피신청인   김 ○ ○ (주민등록번호 :   )   연락처 :
　　　　　등록기준지 : 충북 ○○시 ○구 ○동 ○번지
　　　　　주　　　소 : 경기도 ○○시 ○구 ○동 ○번지

신 청 취 지

피신청인에 대하여 피신청인이 신청인에 대하여 부담하고 있는 2010. ○. ○. 성립한 귀원 20○○너 1234호 이혼조정 사건의 조정조서 제3항에서 정한 의무이행의 명령을 구합니다.

신 청 원 인

2. 피신청인은 201○. ○. ○. 성립한 귀원 20○○너 1234호 이혼조정 사건의 조정조서 제3항에 의하여 신청인에 대하여 당사자간의 자인 ○○○의 양육비로서 매월 50만원을 지급할 의무가 있습니다.

2. 그러나 피신청인은 귀원의 이행권고에도 불구하고 201○. ○. ○.이후부터 정당한 이유없이 위 양육비를 지급하지 않고 있습니다.

3. 따라서 신청취지와 같이 상대방에 대하여 이행명령을 발하여 주시기 바랍니다.

첨 부 서 류

1. 조정조서사본	1통
2. 송달증명원	1통

2015. ○. ○.

위 신청인 이 ○ ○ (인)

○○지방법원 귀중

■ 작성 · 접수방법

1. 인지 10,000원을 납부하여야 한다.
2. 송달료는 31,200원(=당사자수(2)×5,200(우편료)×3회분)을 송달료취급은행에 납부하고 첨부하여야 한다.
3. 관할 : 당해 의무를 정한 판결, 심판, 조정 등을 한 가정법원을 전속관할로 한다.
4. 신청서 1부를 제출한다. 신청서에는 판결문(조정조서, 심판서)사본과 송달 및 확정증명원을 첨부한다.

이 행 명 령 신 청

신 청 인　　이 ○ ○ (주민등록번호 :　　　) 연락처 :
　　　　　　주　　　소 : 서울 ○구 ○동 ○번지

피신청인　　김 ○ ○ (주민등록번호 :　　　) 연락처 :
　　　　　　주　　　소 : 경기도 ○○시 ○구 ○동 ○번지

신 청 취 지

1. 피신청인은 귀원 20○○. ○. ○. 선고된 20○○드단 1234호 이혼등 청구사건의 확정된
   판결에 기한 의무의 이행으로 신청인에게 신청외 ○○○에 대한 양육비로
   가. 이 명령이 고지된 날로부터 2주이내에 밀린 양육비 금 5,000,000원을　　지급하고,
   나. 이 명령이 고지된 다음달부터 201○. ○. ○.까지 매월 500,000원씩을 매월 25일에
   　　지급하라.
2. 심판비용은 피신청인의 부담으로 한다.
라는 재판을 구합니다.

신 청 원 인

1. 피신처인은 20○○. ○. ○. 귀원 20○○드단 1234호 이혼등 청구사건에서 사건본인의
   부양료로 매월 500,000원씩을 매월 25.에 지급하라는 판결을 받았습니다.
2. 이에 신청인은 위 판결을 받은 직 후 피신청인에게 그 지급을 청구하였지만 피신청인은
   정당한 이유없이 위 부양료를 지급하지 않고 있습니다.
3. 따라서 신청인은 자녀 양육을 위한 비용을 감당하기 어려워 신청취지와 같이 이행명령을
   구하고자 이 사건 신청에 이른 것입니다.

첨 부 서 류

　　1. 판결문사본　　　　　　　　　　　　　　　　　1통
　　2. 송달 및 확정증명원　　　　　　　　　　　　　　1통

2015. ○. ○.

위 신청인   이 순 자 (인)

○○**지방법원   귀중**

1. 인지 10,000원을 납부하여야 한다.
2. 송달료는 31,200원(=당사자수(2)×5,200(우편료)×3회분)을 송달료취급은행에 납부하고
   첨부하여야 한다.
3. 관할 : 당해 의무를 정한 판결, 심판, 조정 등을 한 가정법원을 전속관할로 한다.
4. 신청서 1부를 제출한다. 신청서에는 판결문(조정조서, 심판서)사본과 송달 및 확정증명원을 첨부한다.

[결정례] 이행명령결정

○ ○**법원**
결   정

사   건   20○○즈단 1234호 이행명령
신청인 · 권리자   ○ ○ ○
                    서울 ○ ○ ○ 아파트 ○ ○ ○
피신청인 · 의무자   ○ ○ ○
                    서울 ○ ○ ○ 아파트 ○ ○ ○

주   문

피신청인은 이 법원 20○○. ○. ○. 선고 20○○드합 1234호 위자료청구사건의 확정판결
에 따른 의무의 이행으로서 이 명령이 고지된 날부터 1개월 내에 신청인에게   원을
지급하라.

이   유

신청인의 신청은 이유 있으므로 가사소송법 제64조에 의하여 주문과 같이 결정한다.

2019. ○월 ○일
판사 ○ ○ ○   (인)

감치명령신청서

신 청 인　　이 ○ ○ (주민등록번호 :　　　　) 연락처 :
(권리자)　　주　　　　소 : 서울 ○구 ○동 ○번지

피신청인　　김 ○ ○ (주민등록번호 :　　　　) 연락처 :
(의무자)　　주　　　　소 : 경기도 ○○시 ○구 ○동 ○번지

이행의무의 내용 : 서울가정법원 20○○. ○. ○.자 20○○느단 1234호 양육비청구심판
　　　　　　　　결정에 기한 20○○. ○. ○.부터 20○○. ○. ○.까지 매월 1일 금80만
　　　　　　　　원씩의 지급의무.
이행명령일 : 20○○. ○. ○. 20○○즈기 123 이행명령결정문에 의한 송달일

신 청 취 지

1. 의무자를 감치 30일에 처한다.
2. 신청비용은 의무자가 부담하여야 한다.
라는 재판을 구합니다.

신 청 원 인

1. 권리자는 20○○. ○. ○. 서울가정법원에서 의무자는 사건본인의 양육비로 매월 1일
　　금80만원을 권리자에게 지급하라는 심판(20○○느단 1234호)을 받고, 의무자에게 그
　　이행을 촉구하였으나 이를 이행하지 아니하므로 권리자는 의무이행 명령신청을 하였고
　　귀원에서 그러한 의무를 이행하라는 명령을 내렸습니다.
2. 그러나 의무자는 계속 이를 이행하지 아니하므로 권리자는 참다못해 다시 가정법원에
　　과태료명령신청을 하여 의무자는 귀원으로부터 과태료 금 70만원의 선고를 받았습니다.
　　그런데도 의무자는 시종 의무이행을 거부하고 있으므로 이 사건 신청을 하기에 이르렀습
　　니다.
3. 권리자는 사건본인의 양육을 위하여 양육비의 확보를 긴급히 요구하고 있었으나 이를
　　이행하지 아니하는 의무자에 대하여 응분의 처분을 내려주시기를 간절히 바랍니다.

첨 부 서 류

　　1. 심판결정문사본　　　　　　　　　　　　1통
　　1. 이행결정문사본　　　　　　　　　　　　1통

      1. 주민등록초본   1통

                              2019. ○. ○.
                         위 신청인(권리자)   이 ○ ○ (인)

○○가정법원   귀중

■ 작성 · 접수방법

1. 인지 1,000원을 납부하여야 한다.
2. 송달료는 31,200원(=당사자수(2)×5,200(우편료)×3회분)을 송달료취급은행에 납부하고 첨부하
   여야 한다.
3. 관할 : 이행명령을 내린 가정법원을 전속관할로 한다.
4. 신청서 1부를 제출한다. 신청서에는 판결문(조정조서, 심판서)사본과 이행결정문 사본을 첨부한다.

이행명령 불이행에 따른 과태료부과신청

신 청 인　　○○○ (주민등록번호)
　　　　　　○○시 ○○구 ○○길 ○○(우편번호)
　　　　　　전화 휴대폰번호:
　　　　　　팩스번호, 전자우편(e-mail)주소:

피신청인　　◇◇◇ (주민등록번호)
　　　　　　○○시 ○○구 ○○로 ○○(우편번호)
　　　　　　전화 휴대폰번호:
　　　　　　팩스번호, 전자우편(e-mail)주소:

신 청 취 지

피신청인은 위 당사자 간 ○○가정법원 20○○즈기○○ 이행명령 사건의 이행의무를 위반하였으므로 과태료에 처한다.
라는 결정을 구합니다.

신 청 이 유

1. 신청인은 ○○지방법원 20○○호○○ 협의이혼의사확인신청사건의 집행력 있는 양육비부담조서정본에 기초하여 「미성년 자녀(들)에 대한 양육비로 이혼신고 다음날부터 자녀(들)이 각 성년에 이르기 전날까지 1인당 월 800,000원」의 금전 지급을 받기로 하였으나, 20○○. ○.부터 20○○. ○○.까지 매월 800,000원씩 피신청인이 지급할 양육비 합계 4,000,000원 중 1,350,000원을 지급받지 못하여 이에 ○○가정법원 20○○즈기○○호로 이행명령을 받고, 위 결정은 20○○. ○. ○○. 피신청인에게 송달되었습니다.

2. 위 이행명령에도 불구하고 피신청인은 현재까지 신청인에게 미지급한 양육비를 지급하지 않고 있을 뿐만 아니라, 매월 지급해야할 양육비 800,000원 마저도 지급하지 않고 있습니다. 이에 신청인은 하는 수 없이 가사소송법 제67조 제1항에 의하여 피신청인에 대한 과태료 부과를 신청하는 바입니다.

소 명 방 법

1. 양육비부담조서 사본   1부
1. 이행명령 사본   1부
1. 위 송달증명원   1부
1. 신청서 부본   1부

20○○. ○. ○○.
위 신청인 ○○○   (인)

○○가정법원 귀중

■ 작성·접수방법

1. 인지액 : 없음.
2. 송달료 : 당사자수(2)×5,200원×3회분)을 송달료취급은행에 납부하고 첨부하여야 한다.
3. 관할 : 이행명령을 내린 가정법원을 전속관할로 한다.
4. 신청서 2부를 제출한다.

> 제65조(금전의 임치) ① 판결, 심판, 조정조서 또는 조정을 갈음하는 결정에 의하여 금전을 지급할 의무가 있는 자는 권리자를 위하여 가정법원에 그 금전을 임치(임치)할 것을 신청할 수 있다.
> ② 가정법원은 제1항의 임치신청이 의무를 이행하기에 적합하다고 인정하는 경우에는 허가하여야 한다. 이 경우 그 허가에 대하여는 불복하지 못한다.
> ③ 제2항의 허가가 있는 경우 그 금전을 임치하면 임치된 금액의 범위에서 의무자(의무자)의 의무가 이행된 것으로 본다.

1. 개념

(1) 의의 및 취지

가사사건의 판결, 심판, 조정, 조정을 갈음하는 결정에 의하여 금전지급 의무가 성립된 경우에 그 의무자는 가정법원의 허가를 받아 가정법원에 금전을 임치함으로써 의무를 면할 수 있는데 이를 금전의 임치라고 한다. 가사사건에서는 당사자간에 감정적 갈등으로 서로 직접 대면하기 꺼리는 경우가 많아 가정법원이 후견적 입장에서 중계역활을 함으로써 의무자의 임의이행을 쉽게 하려고 둔 제도이다

(2) 성질

금전의 임치는 금전지급의무자와 가정법원 사이에서 체결되는 제3자(권리자)를 위한 임치 계약이므로 비송사건절차에 따를 필요가 없다. 그러나 금전의 임치에 있어서는 의무자가 금전을 임치한 때에 임치된 금액범위 내에서 의무이행이 간주되는 효과가 발생하고(법 65조 3항), 그 효력 발생에 있어 제3자인 권리자의 수익의 의표시를 요하지 아니한다는 점에서 전형적인 제3자를 위한 계약과는 다르다.

2. 대상 및 절차

(1) 대상

금전임치의 대상은 가정법원의 판결, 심판, 조정, 조정을 갈음하는 결정에 의하여 지급의무가 성립된 금전이다(법 65조 1항). 금전지급의무는 재판이나 조정 등에 의하여 성립된 것이어야 하므로 그에 이르지 전 단계에서의 당사자간의 합의나 계약에 의한 의무 또는 사

전처분이나 가처분에 의한 의무는 금전임치 할 수 없다. 금전에 한하므로 유가증권 등 유체물은 임치의 대상이 될 수 없다.

(2) 절차

1) 관할

판결, 심판, 조정, 조정을 갈음하는 결정을 한 가정법원(고등법원이 한 경우에는 제1심 가정법원)의 전속관할에 속한다(규칙 124조1항). 금전임치허가에 임치할 가정법원을 따로 정하지 아니한 경우에는 그 금전임치를 허가한 가정법원에 임치한다. 이 역시 가정법원 단독판사의 직분관할에 속한다.

2) 신청

의무자가 가정법원에 신청하여 허가를 받아 한다. 이때 의무자는 승계인을 포함하나, 제3자가 대위변제 하기 위해 자신의 이름으로 임치신청을 하는 것은 허용되지 않는다. 신청서에는 1,000원의 인지를 붙여야 한다.

3) 허부의 재판

가정법원은 신청내용이 의무를 이행하기에 적합한 것인지의 여부를 심사하여 허부의 재판을 하며 판단은 재량에 맡겨져 있다. 금전임치신청을 허가한 재판에 대해서는 불복할 수 없다(법 65조 2항). 신청을 각하하거나 기각한 결정에 대해서도 성질상 불복할 수 없다고 할 것이다.

4) 금전의 납부

법원이 허가를 하면 의무자에게 납부지시서를 발부하는데 의무자는 납부지시서에 따라 임치할 금전을 가정법원 세입세출 외 현금출납공무원에게 납부한다.

5) 권리자에 대한 임치금의 지급

권리자는 임치금지급청구서를 제출하여 신청할 수 있다. 다만 임치금의 수령에 조건이 붙거나 반대의무의 이행이 있는 경우 그 조건의 성취 또는 이행을 증명하는 서면을 제출하여야 한다. 임치금을 수령할 권리자는 승계인을 포함하고 금전의 임치는 강제집행과는 성질이 달라 임치금의 수령에 집행문을 부여받아야 하는 것은 아니다.

3. 금전임치의 효력

1) 임치한 때 금액의 범위에서 금전지급의무가 이행된 것으로 되기에(법 65조 3항) 권리자의 수익의 의사표시가 필요한 것은 아니다. 이점이 공탁과 구별된다.

2) 의무자의 임치금 회수에 대해 권리자의 수익의 의사표시가 있기까지 의무자가 자유로이 회수 할 수 있다는 견해와 의무자가 회수 청구 할 수 없다는 견해가 있는데 금전 임치는 임치한때 효과가 발생하는 것이기 때문에 회수청구 할 수 없다는 견해가 타당하다.

3) 임치금은 법원보관금에 준하기 때문에 금전을 임치한 때로부터 5년이 경과하기 까지 권리자의 지급청구 또는 의무자의 회수청구가 없는 경우 국고에 귀속된다.

<table>
<tr><td colspan="3" align="center"><h2>금전임치신청서</h2></td></tr>
<tr><td>신청인의 주소 · 성명</td><td colspan="2">김○○
서울 ○○구 ○○동 ○○번지</td></tr>
<tr><td>상대방의 주소 · 성명</td><td colspan="2">박○○
서울 ○○구 ○○동 ○○번지</td></tr>
<tr><td rowspan="2">집행권원</td><td>표시</td><td>서울가정법원 20○○느단 1234호 양육비 조정조서</td></tr>
<tr><td>내용</td><td>금 15,000,000원
① 원금 : 14,000,000원
② 이자 : 1,000,000원
위 합계 : 15,000,000원</td></tr>
<tr><td>신청인이 이행하여야할 채무액</td><td colspan="2">금 15,000,000원</td></tr>
<tr><td>임치할 금액</td><td colspan="2">금 15,000,000원</td></tr>
<tr><td>임치의 사유</td><td colspan="2">양육비 조정조서에 따른 금전의 지급이행을 전혀하지 않고 있습니다.</td></tr>
<tr><td>반대의무 · 조건의 내용</td><td colspan="2">없습니다</td></tr>
<tr><td colspan="3">위와 같이 금전의 임치를 신청합니다.

2018. ○. ○.
위 신청인 김○○ (인)

○○가정법원 귀중</td></tr>
</table>

■ 작성 · 접수방법

1. 인지 1,000원을 납부하여야 한다.
2. 송달료는 31,200원(=당사자수(2)×5,200(우편료)×3회분)을 송달료취급은행에 납부하고 첨부하여야 한다.
3. 관할 : 당해 의무를 정한 판결, 심판, 조정 등을 한 가정법원을 전속관할로 한다.
4. 신청서 1부를 제출한다. 신청서에는 판결문(조정조서, 심판서)사본을 첨부한다.
5. 집행권원상의 채무이외에도 이행명령을 받은 경우에도 금전의 임치를 할 수 있고 금전의 임치는 금전에 한한다.

> 양육비 이행확보 및 지원에 관한 법률 제7조(양육비이행관리원) ① 미성년 자녀의 양육비 청구와 이행확보 지원 등에 관한 업무를 수행하기 위하여 「건강가정기본법」에 따라 설립된 한국건강가정진흥원(이하 "한국건강가정진흥원"이라 한다)에 양육비이행관리원(이하 "이행관리원"이라 한다)을 둔다.
>
> 건강가정기본법 제34조의2(한국건강가정진흥원의 설립 등) ⑤ 진흥원은 다음 각 호의 사업을 한다.
> 4. 「양육비 이행확보 및 지원에 관한 법률」에 따른 양육비 이행 전담기관 운영

1. 설립목적 및 설립근거 등

가. 설리목적 등

협의상 이혼 또는 재판상 이혼 후 양육비에 대한 권리를 발생하였으나, 비양육자로부터의 양육비가 지급이 안 될 경우가 다량 발생하고 있는 실태였는데, 최근 '양육비 이행관리원'이라는 기관의 설치로 인해 그 해결을 기대하고 있다. 양육비 이행관리원은 미성년 자녀의 양육비 청구와 이행확보 지원 등에 관한 업무 수행 위하여 법률 제12532호로 2014. 3. 24. 공포되고 2015. 3. 25.부터 시행 중인 '양육비이행확보 및 지원에 관한 법률'에 근거하고 있다.

나. 주요기능

주요기능으로는 i) 비양육부·모와 양육부·모의 양육비와 관련한 상담, ii) 양육비 청구 및 이행확보 등을 위한 법률지원, iii) 합의 또는 법원의 판결에 의하여 확정된 양육비 채권 추심지원 및 양육부·모에게 양육비 이전, iv) 양육비 채무 불이행자에 대한 제재조치, v) 한시적 양육비 긴급지원, vi) 양육비 이행의 실효성 확보를 위한 제도 등 연구, vii) 자녀양육비 이행과 관련한 교육 및 홍보, viii) 양육비이행상황 모니터링 등이 있다.

2. 미성년 자녀에 대한 양육 책임

부 또는 모는 혼인상태와 관계없이 미성년 자녀가 건강하게 성장할 수 있도록 의식주, 교육 및 건강 등 모든 생활영역에서 최적의 성장환경을 조성하여야 하며, 비양육부·모는 양육부·모와의 합의 또는 법원의 판결 등에 따라 정하여진 양육비를 양육비 채권자에게 성

실히 지급하여야 한다. 다만, 비양육부·모가 부양능력이 없는 미성년자인 경우에는 그 비양육부·모의 부모가 지급하여야 한다.

3. 양육비이행관리원의 업무

양육비이행관리원은 다음의 업무를 수행한다.
1) 비양육부·모와 양육부·모의 양육비와 관련한 상담
2) 양육비 청구 및 이행확보 등을 위한 법률지원
3) 한시적 양육비 긴급지원
4) 합의 또는 법원의 판결에 의하여 확정된 양육비 채권 추심지원 및 양육부·모에게 양육비 이전
5) 양육비 채무 불이행자에 대한 제재조치
6) 양육비 이행의 실효성 확보를 위한 제도 등 연구
7) 자녀양육비 이행과 관련한 교육 및 홍보
8) 그 밖에 양육비 채무 이행확보를 위하여 필요한 업무

4. 이용대상

가. 신청대상

'양육비이행법'에 따른 만 19세 미만 자녀를 양육하는 한 부모·조손 가족 및 '한부모가족지원법'에 따른 자녀를 양육하는 한 부모·조손가족, 취학 중인 22세 미만 자녀, 군복무 후 복학한 "22세 미만+군 복무기간" 자녀를 양육하는 한 부모·조손가족 등이다.

나. 지원 우선 순위

「표」 지원우선순위

구분	자녀 나이	지원대상
1순위		「국민기초생활 보장법」 제2조 제2호에 따른 수급자, 같은 법 제2호 제11호에 따른 차상위계층, 「한부모 가족지원법」제5조 및 제5조의2에 따른 지원대상자
2순위	자녀의 연령이 만 19세 미만	가구소득이 전국 가구평균소득의 70% 이하인 사람
3순위		가구소득이 전국 가구평균소득의 100% 이하인 사람
4순위		가구소득이 전국 가구평균소득의 150% 이하인 사람
5순위		자녀의 연령이 만 19세 미만인 가구소득이 전국 가구평균소득의 150% 이상인 사람

5. 양육비 이행확보 지원

가. 양육비에 관한 상담 및 협의 성립의 지원

비양육부·모 또는 양육부·모는 당사자 간 양육비 부담 등 협의가 이루어지지 아니할 경우 이행관리원의 장에게 양육비에 관한 상담 또는 협의 성립의 지원을 신청할 수 있으며, 상담 결과 비양육부·모와 양육부·모 간에 양육비 부담 등 협의가 이루어질 경우 이행관리원의 장은 협의한 사항이 이행될 수 있도록 하기 위한 지원을 할 수 있다.

나. 양육비 청구 및 이행확보를 위한 법률지원 등의 신청

양육부·모는 이행관리원의 장에게 자녀의 인지청구 및 양육비 청구를 위한 소송 대리 등 양육비 집행권원 확보를 위한 법률지원을 신청할 수 있으며, 양육비 채권자는 합의 또는 법원의 판결에 의하여 확정된 양육비를 양육비 채무자로부터 지급받지 못할 경우 이행관리원의 장에게 양육비 직접지급명령, 이행명령 신청의 대리 등 양육비 이행확보에 필요한 법률지원이나 양육비 채권 추심지원을 신청할 수 있다. 이에 따르는 비용은 국가가 전부 또는 일부를 예산의 범위에서 지원할 수 있다.

다. 한시적 양육비 긴급지원

1) 긴급지원신청

양육비 청구 및 이행확보를 위한 법률지원 등을 신청한 양육비 채권자는 양육비 채무자가 양육비 채무를 이행하지 아니하여 자녀의 복리가 위태롭게 되었거나 위태롭게 될 우려가 있는 경우에는 이행관리원의 장에게 한시적 양육비 긴급지원을 신청할 수 있으며, 이에 따라 긴급지원 신청을 받은 이행관리원의 장은 긴급지원을 결정할 수 있다. 다만, 이 법에 따른 지원대상자가 「국민기초생활 보장법」 및 「긴급복지지원법」에 따라 동일한 내용의 보호를 받고 있는 경우에는 그 범위에서 이 법에 따른 긴급지원을 하지 아니한다.

2) 기간

긴급지원의 지급기간은 6개월을 넘지 아니하여야 하고, 자녀의 복리를 위하여 추가 지원이 필요한 경우에는 3개월의 범위에서 이를 연장할 수 있다. 다만, 양육비 채무자가 양육비를 지급하면 그 즉시 긴급지원을 종료한다. 이 경우 긴급지원의 대상, 금액, 지급시기 등 지원기준은 대통령령으로 정한다.

3) 금액

자녀 1인당 월 20만원(단, 한부모가족지원법에 따른 양육비를 받고 있는 자는 자녀 1인당 10만원 지원)을 6개월을 원칙으로 지원한다. 다만 요건 충족시 3개월 연장이 가능하다.

라. 양육비 이행확보를 위한 조치

이행관리원의 장은 양육비 이행 지원을 위하여 필요한 경우 양육비 채권자가 「가사소송법」 및 「민사집행법」에 따른 다음 각 호의 신청을 할 때 필요한 법률지원을 하여야 한다.
1) 재산명시 또는 재산조회 신청
2) 양육비 직접지급명령 신청
3) 양육비 담보제공명령 신청
4) 양육비 이행명령 신청
5) 압류명령 신청
6) 추심 또는 전부명령 신청
7) 감치명령 신청 등

마. 양육비 이행확보 지원의 우선 제공

이행관리원의 장은 다음 각 호의 어느 하나에 해당하는 사람에게 우선적으로 양육비 이행 확보 지원을 하여야 한다. 다만, 신청자의 과다, 이행지원 절차의 지연 등 정당한 사유가 있는 경우에는 그러하지 아니하다.
1) 「국민기초생활 보장법」 제2조 제2호에 따른 수급자
2) 「국민기초생활 보장법」 제2조 제11호에 따른 차상위계층
3) 「한부모가족지원법」 제5조 및 제5조의2에 따른 지원대상자
4) 그 밖에 소득수준 등을 고려하여 여성가족부령으로 정하는 사람

■ 양육비 이행확보 및 지원에 관한 법률 시행규칙 [별지 제1호서식] 〈제정 2015.　.　.〉

양육비 이행확보 지원 신청서

※ [　]에는 해당되는 곳에 √표를 합니다.　　　　　　　　　　　　　　　　　　　(앞쪽)

사건번호	접수일자		처리기간	별도안내

신청인 (양육 부·모등)	성명		주민등록번호(외국인등록번호)	세대주와의 관계
	전화번호		휴대전화	전자우편
	주소			

		성 명	신청인과의 관계	생년월일	동거여부 (미동거 사유)	학력·재학여부	특이사항
	가족사항						

피신청인 (양육 부·모 등의 상대방)	혼인 관계	성 명	주민등록번호 (외국인등록번호) 또는 생년월일	주　　소	현재 가구원수	소 득	재 산	월평균 양육비	전화번호
	이혼[ ] 비혼[ ]								

피신청인에 관한 사항은 신청인이 알고 있는 범위에서 기재 바랍니다.
"월평균 양육비"는 비양육부모가 양육부모에게 양육비 명목으로 정기적으로 지급하는 금품을 의미합니다.

양육비 집행권원(양육비 부담조서 또는 양육비 청구소송 등) 유·무	[ ] 유　　　　[ ] 무

지원서비스 선택(복수 선택 가능)	종합지원 서비스 내용
[ ] 양육비이행관리원에 제공 서비스 위임	양육비이행관리원에서 아래의 종합지원 서비스 가운데 신청인이 양육비를 이행받기에 적합하다고 판단되는 지원서비스를 선별하여 순차적으로 지원
[ ] 협의성립 지원	양육부·모와 비양육부·모 당사자 간 협의를 통한 양육비 이행 결정 지원
[ ] 법률 지원	(집행권원이 없는 경우) 자녀인지 청구 소송 / 양육비 청구 소송
[ ] 채권추심 지원 　　(집행권원이 있는 경우에 한함)	(집행권원이 있는 경우) 이행 확보 소송[직접지급명령 신청, 담보제공명령 신청, 이행명령 신청, 감치명령 신청 등], 강제집행

※ 제출 서류 : 뒤쪽 참조

본인은 이 건 업무처리와 관련하여 「전자정부법」 제36조 제1항에 따른 행정정보의 공동이용을 통하여 제출 서류를 확인하는 것에 동의합니다.

신청인(대리 신청인) 성명 :   (서명 또는 인)
신청인과의 관계 :   (대리 신청의 경우)

위와 같이 양육비 이행확보 지원을 신청합니다.

년 월 일
신청인(대리 신청인) 성명 :   (서명 또는 인)
신청인과의 관계 :   (대리 신청의 경우)

양육비이행관리원장 귀하

210mm×297mm(백상지 80g/㎡(재활용품))

【추가 기재 사항】

□ 지원 우선순위
 ※ 해당되는 칸에 체크 하시고 추가 서류를 함께 보내주시면 더 빠르게 지원을 받으실 수 있습니다.

[ ] 1순위 :「국민기초생활 보장법」제2조 제2호에 따른 수급자, 같은 법 제2호제11호에 따른 차상위계층,
    「한부모 가족지원법」제5조 및 제5조의2에 따른 지원대상자
[ ] 2순위 : 가구소득이 전국 가구평균소득의 70% 이하인 사람
[ ] 3순위 : 가구소득이 전국 가구평균소득의 100% 이하인 사람
[ ] 4순위 : 가구소득이 전국 가구평균소득의 150% 미만인 사람
[ ] 5순위 : 전국 가구평균소득 150% 이상 + 자녀가 취학 중인 경우 자녀 연령이 19세 이상 22세 미만
    (군 복무 후 복학한 경우 22세 미만 + 군복무기간)

－ 추가서류
 ■ 우선 지원 1순위 : 국민기초생활수급자 증명서, 차상위 본인부담경감대상자 증명서, 한부모가족 증명서

 ■ 우선 지원 2순위 이하 : 국민건강보험료 납부확인서

제출서류 안내

지원서비스 구분		제출 서류 목록
ㅁ 공통 서류		– 양육비이행확보지원 신청서 　(양육비이행관리원 홈페이지 신청서식에서 다운로드 후 작성) – 개인정보 수집·이용에 관한 동의서 1부(자필서명 필수) – 진술서 1통 – 기본증명서(신청인과 자녀) 각 2통 – 혼인관계증명서(신청인) 2통 　(혼인관계증명서로 이혼사실이 증명되지 않을 경우 제적등본) – 가족관계증명서(신청인과 자녀) 각 2통 – 주민등록등본, 주민등록초본(모두 신청인) 각 2통 – 신분증 앞면 사본(신청인) 2통 – 무료법률지원계약서 1통 – 소송위임장 1통 – 대리인이 신청하는 경우 위임장, 위임인 신분증 앞면 사본 각 1통
ㅁ 추가 서류	협의성립 지원	– 판결문, 양육비 부담조서 등 집행권원 – 양육비 미지급 내역(또는 의무이행 상황을 알 수 있는 통장 거래 내역)
	법률 지원	– 양육비 청구 소송 : 주민등록초본(상대방), 양육비 부담조서(’09.08.09이후 협의 이혼한 경우, 양육비 증액 청구 시 필요) 각 1통 –이행확보 소송 : 양육비 부담조서 등 집행권원 및 송달확정 증명원, 의무이행 상황을 알 수 있는 통장내역 등 각 1통
	채권추심 지원 (집행권원이 있는 경우에 한함)	– 계좌번호가 적힌 통장 사본, 양육비 채무에 관한 서류(집행권원, 송달확정 증명원, 집행문) 각 1통
	한시적 양육비 긴급 지원 (보건복지부 긴급복지지원을 최대 연장하여 받은 후에도 위태로운 상황이 지속될 경우 한시적 양육비 긴급 지원. *기초생활수급자는 중복하여 신청 할 수 없습니다.)	– 한시적 양육비 긴급지원 신청서 1통(별도 작성) – 긴급복지지원 결과통보서 1통(지원기간 반영되어야 함) – 위태롭거나 위태롭게 될 우려가 있는 사유에 대한 증빙자료 – 한부모가족증명서 1통 – 건강보험료 납부확인서 1부(한부모가족증명서 있는 경우 생략) – 집행권원(양육비부담조서 또는 판결문) – 계좌번호가 적힌 통장사본 1부

※ 양육비 이행확보 지원을 위해 필요한 경우 안내된 서류 외에 추가 서류를 요청할 수 있습니다.
※ 행정 정보 제공 동의 등에 따라 양육비이행관리원에서 직접 확보할 수 있는 서류는 제출하지 않아도 무방합니다.

□ 신청대상자
- 자녀가 만 19세 미만인 이혼 또는 미혼 한부모(소득·재산 무관, 조손가족 포함)
  취학 중인 경우 만 22세 미만, 군복무 후 복학한 경우 만 22세 미만 + 군복무기간

□ 양육비 이행지원 절차(당사자별 특성에 따라 지원절차가 달라질 수 있음)
- 자녀 양육 미혼 한부모
- 양육 부 또는 모 : 협의성립 지원 → 자녀 인지 청구 소송 → 양육비 청구 소송(승소 시 집행권원 확보)
- 양육비 채권자(집행권원 확보 후) : 양육비 이행확보소송, 강제집행 또는 채권추심 지원
- 자녀 양육 이혼 한부모
- 양육 부 또는 모 : 협의성립 지원 → 양육비 청구 소송(승소 시 집행권원 확보)
- 양육비 채권자(집행권원 확보 후) : 양육비 이행확보 소송, 강제집행 또는 채권추심 지원

[서식] 무료 법률지원계약서

무료 법률지원 계약서

신청인을 "갑", 양육비이행관리원을 "을"이라 하여 다음과 같이 계약한다.

1. 수임의 범위
가. 갑은 을에게 인지·양육비청구 소송 등의 사건 처리를 위임하고 을은 이를 수임한다.

나. 을은 소속변호사를 선정하여 위 사건의 소송을 수행하도록 하고, 갑은 을이 선정한 소속변호사에게 별도로 작성하여 교부하는 위임장에 기재한 자격과 권한을 수여한다.

2. 성실의무 등
가. 을은 위임의 본지에 따라 선량한 관리자의 주의로서 위임사무를 처리한다.

나. 갑은 을이 위임사무를 처리함에 있어 필요한 협조(을의 요구에 따른 자료제출, 조회 회신 등)를 하여야 한다.

3. 상소심 등 지원 절차
갑이 상소심 사건의 지원을 원할 때에는 별도로 상소심사건 등 법률지원신청서를 을에게 제출하여야 하고, 본 계약서 위 1. 수임의 범위에 상소심 사건을 추가 기재한다.

4. 지원중단

가. 갑에게 다음 각 호의 사유가 있는 때에는 을은 갑에 대한 법률지원을 중단할 수 있다.
  (1) 을에 대하여 위임자로서 배신적인 행위에 의한 소송의 종결
  (2) 갑이 지원대상자가 아님이 밝혀지는 등 법률지원의 사유가 없음이 판명된 때
  (3) 갑이 법률지원계약을 위반한 때
  (4) 갑이 수임변호사의 소송수행에 필요한 협조요청에 불응한 때
  (5) 기타 사정변경으로 법률지원의 실익이나 타당성이 없게 된 때

나. 을이 위 가항에 의하여 지원중단결정을 한 때에는 갑에게 그 사실을 통지하여야 한다. 다
   만, 을이 갑의 책임있는 사유로 연락처를 알 수 없는 때에는 신청서 주소지로 우편발송함으로
   써 지원중단의 효력이 발생한다.

다. 법률지원중단이 되면 을의 갑에 대한 위임사무는 종료되며, 소송진행 중인 때에는 수임변호
   사는 지원 중단 즉시 법원에 사임계를 제출한다.

6. 자료의 유치 및 폐기
   을은 위임사무의 처리를 위하여 갑으로부터 제공받은 자료 및 소송기록 등을 사건기록의 관리
   및 보존에 관한 지침이 정한 보존기간이 경과하면 폐기할 수 있고, 이에 대해 갑은 이의를 제
   기하지 않는다.

7. 기 타
   사건처리에 관하여 이 계약서에 약정되지 아니한 사항은 양육비이행확보지원에 관한 제 규범에
   따르고 적용규정이 없으면 을이 최종 결정한다.

20 .   .   .

갑 : 신청인 성명   (인)

을 : 양육비이행관리원 원장

※ 유의사항 : 을은 위 사건과 관련하여 갑에게 휴대전화, 전자우편, 우편 등의 방법으로 연락 또는 통지한
   다. 갑은 주소, 전화번호 등이 변경되었을 때에는 즉시 을에게 고지하여야 하고, 을은 갑이 신청고지한
   연락처로 연락통지하였으나 송달불능, 통화불능 등으로 연락이 되지 않을 때에는 이로 인하여 발생하는
   모든 손해에 대하여 을은 책임을 지지 아니한다.

[서식] 진술서

진 술 서

진술인 (신청인) 정보	성명		협의조정	원함□ 원하지 않음□
	직장 (현재, 과거 구별하여 기재)		신상공개 여부	상관없음□ 원하지 않음□ (원하지 않음에 표기한 경우 그 사유: 보복 우려 등을 기재해 주십시오.)
	월/연소득 (현재, 과거 구별하여 기재)	※ 신청인이 이혼 후 경제적·정신적으로 어려운 상황에서도 자녀를 포기하지 않고 양육하여 왔음을 소장에 기재하기 위해 필요한 내용 입니다.		
피신청인 정보	직장 (현재, 과거 구별하여 기재)	※ 소장 작성 시 양육비 액수 책정 등에 필요한 사안이므로 결혼생활 당시 및 이혼 후 현재까지 어떤 직역/직종에 종사하였는지 아는 대 로 작성해 주십시오.		
	월/연소득 (현재, 과거 구별하여 기재)	※ 소장 작성 시 양육비 액수 책정 등에 필요한 사안이므로 결혼생활 당시 및 이혼 후 현재까지 어떤 직역/직종에 종사하였는지 아는 대 로 작성해 주십시오.		
혼인신고일	※ 법률혼임을 증명하기 위해 필요하므로 정확한 혼인신고 일자를 기재하여 주십시오.			
이혼사유	※ 이혼신고 일자 및 간략한 이혼사유(경제적 무능력, 가정폭력 등)를 기재하여 주십시오.			
양육비 협의	※ 이혼 등을 하면서 양육비에 관한 협의사항 유무에 대하여 작성하여 주시고(협의방법을 구두로 하였는지 각서 등을 작성하였는지 등), 협의 있었다면 양육비를 어느 정도 지급 하기로 하였는지에 대해 서술하여 주십시오.			
양육비 이행사항	※ 이혼(또는 별거이후) 양육비의 지급이 있었는지, 지급이 있었다면 그 금액, 지급시기(횟 수), 방법(송금 및 현금 등)은 어떠하였는지에 대하여 서술하여 주십시오.			
진술인 (신청인) 현재생활	※ 현재 신청인이 자녀를 어떻게 양육하고 있으며 생활상황은 어떠한지에 대하여 서술하여 주십시오.			
청구 양육비	※ (과거 및 현재) 자녀양육에 소요되는 월 양육비의 액수가 얼마인지(학원비 등 평균적으 로 소요되는 양육비), 피신청인에게 청구하려는 월 양육비는 얼마인지에 대하여 서술하 여 주십시오.			
기타	※ 기타 피신청인과이 과거 혼인생활(혹은 동거) 중 생활비나 양육비를 지급해왔는지, 과거 또는 현재 피신청인과 자녀와의 관계, 양육비지급에 관한 피신청인의 태도, 피신청인의 현재 생활상황 등에 관한 정보 또는 양육비이행관리원에 대한 요청사항 등에 대하여 자 유롭게 서술하여 주십시오.			

※ 진술서상의 기재사항을 누락한 경우, 사실확인을 위해 본원에서 신청인에게 개별연락과정을
거쳐야 하므로 절차진행이 지연되므로, 대략적으로라도 작성하여 주시기 바랍니다.
※ 서술내용 양에 따라 서식 칸은 자유롭게 조정하셔도 됩니다.

진 술 서

진술인 (신청인) 정보	성명		협의조정	원함□ 원하지 않음□
	직장 (현재, 과거 구별하여 기재)		신상공개 여부	상관없음□ 원하지 않음□ (원하지 않음에 표기한 경우 그 사유: 보복 우려 등을 기재해 주십시오.)
	월/연소득 (현재, 과거 구별하여 기재)			
피신청인 정보	직장 (현재, 과거 구별하여 기재)			
	월/연소득 (현재, 과거 구별하여 기재)			
혼인신고일				
이혼사유				
양육비 협의				
양육비 이행사항				
진술인 (신청인) 현재생활				
청구 양육비				
기타				

소 송 위 임 장

원 고
피 고

위 당사자의 ____________ 청구사건에 있어서 원고(피고)는 본원의 소속변호사
ㅇ ㅇ ㅇ 를 소송대리인으로 선임하고 다음의 권한을 위임합니다.

1. 소송행위

2. 반소의 제기 및 응소

3. 재판상 및 재판 외의 화해, 청구의 포기, 인낙, 소송참가, 탈퇴

4. 복대리인의 선임

5. 소의 취하, 상소의 제기 또는 취하

6. 승소금, 화해금 및 목적물의 수령

7. 공탁물의 납부, 공탁물 및 이자의 반환청구와 수령

8. 공탁금출급청구 및 수령행위 일체

9. 담보권행사최고신청, 담보취소신청, 동 신청에 대한 동의, 담보취소결정정본의 수령, 동
   취소결정에 대한 항고권 포기

10. 소송비용액확정결정신청 및 동 금원의 수령

11. 기타 일체의 소송행위

20   .   .   .

위임인 원(피)고   (인)

주소 :

양육비이행관리원장

한시적 양육비 긴급지원 신청서

접수번호	접수일자	처리 기간	10일
성명		주민등록번호	
주 소		전화번호 1	
		전화번호 2	

신청 사유(자녀의 복리가 위태롭거나 위태롭게 될 우려가 있는 사유) 」

	가구주와 의 관계	성명	주민등록번호	동거 여부	건강상태 (장애 · 질병)	비고
양육비 긴급지원 대상자						

「양육비 이행확보 및 지원에 관한 법률」 제14조 및 같은 법 시행규칙 제7조에 따라 위와 같이 신청합니다.

년   월   일

신청인   (서명 또는 인)

양육비이행관리원장 귀하

제출서류	소득 · 재산을 증명할 수 있는 자료 1통 계좌번호가 적힌 통장사본 1통 등.	수수료 없 음

처 리 절 차

신청서 작성	→	접 수	→	조사확인	→	결 재	→	결과통지
신청인		처리기관		처리기관		처리기관		

210mm × 297mm(백상지 80g/㎡)

【참고 사항】

제출서류 안내

(관할 시/군/구) 긴급복지지원 결과통보서 1통
위태롭거나 위태롭게 될 우려가 있는 사유에 대한 증빙자료 1통(의사소견서, 체납 독촉장 등)
건강보험료 납부확인서 1통(한부모가족증명서 있는 경우에는 생략함)
한부모가족증명서 1통
집행권원 1통
계좌번호가 적힌 통장사본 1통
주민등록등본 1통

지원요건 상세안내

한시적 양육비 긴급지원을 받기 위해서는 다음의 요건(1~5)을 모두 충족해야 합니다.

1. 이혼·미혼 등으로 만19세 미만의 미성년 자녀를 직접 양육하면서 양육비이행관리원에 먼저 양육비 이행 지원 신청하신 양육비 채권자 중, 양육비 채무자가 양육비 채무를 이행하지 않고 있는 경우

2. 양육비에 관한 집행권원(양육비부담조서 또는 판결문)이 있는 경우

3. 「긴급복지지원법」에 따른 생계지원을 받은 후에도 위기 상황이 지속되어 자녀의 복리가 위태롭게 되었거나 위태롭게 될 우려가 있는 경우로, 다음 중 어느 하나에 해당될 것
   가. 장애로 인정받지 못한 만성질환, 급성질환, 치과치료, 발달문제, 영양부족 등으로 치료와 식생활 개선이 필요한 경우로서, 갑작스런 자녀의 질병 발생으로 인한 수술비·입원비 마련에 어려움을 겪는 경우 또는 발달과정상의 문제로 긴급한 치료를 요하거나 시급한 장애진단이 필요한 경우 또는 영향불균형으로 인한 자녀 성장발달의 장애가 발생한 경우
   나. 학비 미납 등 경제적 이유로 자녀의 학업에 지장이 있는 경우
   다. 월세 또는 난방비가 2개월 이상 연체되어 있거나 전기료, 수도료 등 공과금이 2개월 이상 체납되어 있는 등 위태로운 거주나 생활환경의 위협으로 인해 자녀성장이 불안정한 경우
   라. 양육비 채권자의 취업으로 제3자에 의한 아이돌봄이 급하게 필요한 경우
   마. 양육비 채권자가 만12세 미만의 자녀를 양육하고 있는 경우
   바. 양육비 채권자가 사고나 질병, 입원 등으로 생계활동이 불가능한 경우
   사. 그 밖에 한시적양육비지급심의위원회에서 지원의 필요성을 인정하는 경우

4. 가구 소득이 「국민기초생활보장법」제2조 제6호에 따른 최저생계비 120% 이하인 경우 또는 「한부모가족지원법」제5조 및 제5조의2에 따른 한부모가족지원대상자인 경우

5. 「국민기초생활보장법」에 따른 생계급여를 받지 않고 있는 경우

긴급지원 연장신청서

신청인	성명		생년월일		전화번호1	
					전화번호2	
	주소				전자우편	

※ 한시적 양육비 긴급지원 연장 사유(해당 사항에 ☑ 체크해 주세요)
- □ 자녀의 질병 발생으로 인한 수술비·입원비 마련에 어려움을 겪는 경우 또는 발달과정 상의 문제로 긴급한 치료를 요하거나 시급한 장애진단이 필요한 경우
- □ 학비 미납 등 경제적 이유로 자녀의 학업에 지장이 있는 경우
- □ 월세 또는 난방비가 2개월 이상 연체되어 있거나 전기료, 수도료 등 공과금이 2개월 이상 체납되어 있는 등, 위태로운 거주나 생활환경의 위협으로 인해 자녀성장이 불안정한 경우
- □ 양육비 채권자의 취업으로 제3자에 의한 아이돌봄이 급하게 필요한 경우
- □ 양육비 채권자가 만12세 미만의 자녀를 양육하고 있는 경우
- □ 양육비 채권자가 사고나 질병, 입원 등으로 생계활동이 불가능한 경우
- □ 기타 사유 :

양육비 긴급지원 대상자	가구주(또는 신청인)와의 관계	성명	생년월일	가구주(또는 신청인)와의 동거 여부	건강상태 (장애 · 질병)	비고

년   월   일

신청인   (서명 또는 인)

양육비이행관리원장 귀하

| 제출서류 | - 위태롭거나 위태롭게 될 우려가 있는 사유에 대한 증빙자료 1통
- 건강보험료 납부확인서 1통(한부모가족증명서가 있는 경우에는 생략함)
- 한부모가족증명서 1통 등 |

개인정보 수집·이용에 관한 동의서

「양육비이행확보 및 지원에 관한 법률」제7조에 근거한 한국건강가정진흥원(양육비이행관리원)은 한국건강가정진흥원(양육비이행관리원)이 제공하는 양육비 이행확보 지원, 한시적 양육비 긴급지원, 양육비 지원 만족도 조사, 양육비 지원 정책자료 활용을 위하여 아래와 같은 개인정보를 수집하고자 합니다. 이용자가 제공한 모든 정보는 목적에 필요한 용도 이외로는 사용되지 않습니다.

1. 개인정보 수집 이용에 관한 사항 {일반동의}

	필수사항	선택사항
개인정보항목	성명, 연락처(전화번호, 휴대전화번호, 전자우편주소) 및 주민등록등(초)본, 가족관계증명서, 혼인관계증명서, 기본증명서 등 이에 준하는 증명력을 가진 문서	가족과의 동거여부, 특이사항, 학력·재학여부
수집·이용 목적	• 양육비 이행확보 지원 • 한시적 양육비 긴급지원	
보유 및 이용기간	피신청인의 양육비 이행확보 지원 신청 취하시 취하 시점 또는 양육비 지급에 대한 의무가 소멸되는 시점까지	
동의 거부 관리 및 불이익 내용	양육비 이행확보 및 한시적 양육비 긴급지원 제한	

* 본인은 상기 내용을 확인하였으며 위와 같이 개인정보 수집·이용에 동의합니다.
  동의함 ☐   동의하지 않음 ☐

2. 민감정보 수집 이용 동의 {별도동의}

민간정보항목	피신청인과 혼인관계, 월평균 양육비, 건강상태, 계좌번호
수집·이용목적	양육비 이행확보 지원 및 한시적 양육비 긴급지원
보유 및 이용기간	피신청인의 양육비 이행확보 지원 신청 취하시 취하 시점 또는 피신청인의 양육비 지급에 대한 의무가 소멸되는 시점까지
동의 거부 관리 및 불이익 내용	양육비 이행확보 및 한시적 양육비 긴급지원 제한

* 본인은 상기 내용을 확인하였으며 위와 같이 민감정보 수집·이용에 동의합니다.

동의함 ☐   동의하지 않음 ☐

3. 고유식별정보 수집 이용 동의 {별도동의}

고유식별정보	주민등록번호(외국인등록번호)
수집·이용목적	양육비 이행확보 및 한시적 양육비 긴급지원
수집근거	양육비 이행확보 및 지원에 관한 법률
보유 및 이용기간	피신청인의 양육비 이행확보 지원 신청 취하시 취하 시점 또는 피신청인의 양육비 지급에 대한 의무가 소멸되는 시점까지
동의 거부 관리 및 불이익 내용	양육비 이행확보 및 한시적 양육비 긴급지원 제한

* 본인은 상기 내용을 확인하였으며 위와 같이 고유식별정보 수집·이용에 동의합니다.
  동의함 ☐   동의하지 않음 ☐

4. 선택적 정보 수집 이용 동의 {별도동의}

선택적 정보 항목	신청인 가족의 미동거 사유, 학력 · 재학여부
수집·이용목적	양육비 이행확보 및 한시적 양육비 긴급지원
보유 및 이용기간	피신청인의 양육비 이행확보 지원 신청 취하 시 취하 시점 또는 피신청인의 양육비 지급에 대한 의무가 소멸되는 시점까지
동의 거부 관리 및 불이익 내용	양육비 이행확보 및 한시적 양육비 긴급지원 제한

* 본인은 상기 내용을 확인하였으며 위와 같이 선택적 정보 수집·이용에 동의합니다.
  동의함 ☐   동의하지 않음 ☐

5. 제3자 정보제공 동의 {별도동의}

제공받는 자	개인정보보호법 제2조 제6호에 규정한 공공기관으로 소득, 기타 자격 관련 원천정보 보유기관, 법률구조법 제3조에 따라 등록된 법인 또는 같은 법 제8조에 따른 대한법률구조공단 등 수탁기관, 양육비 지원 만족도 조사 수탁자
제공하는 항목	1 내지 4항에 해당하는 개인정보
이용목적	양육비 이행확보 지원, 양육비 지원 정책자료 활용

보유 및 이용기간	피신청인의 양육비 이행확보 지원 신청 취하시 취하 시점 또는 피신청인의 양육비 지급의무 소멸시까지
동의거부 관리 및 불이익 내용	양육비 이행확보 및 한시적 양육비 긴급지원 제한

* 본인은 상기 내용을 확인하였으며 위와 같이 제3자 정보 제공 및 취급에 동의합니다.
  동의함 □   동의하지 않음 □

6. 행정정보 공동이용 동의

* 본인은 본 사건의 처리와 관련하여 「전자정부법」 제36조 제1항에 따른 행정정보의 공동이용을 통하여 제출서류를 확인하는 것에 동의합니다.
  동의함 □ 동의하지 않음 □

7. 사례제공 동의

* 본인은 양육비 이행서비스의 홍보 및 개선·발전 등 기타 이에 부합하는 한국건강가정진흥원(양육비이행관리원)의 사업목적을 위한 사례의 수집·이용에 동의합니다.
  동의함 □ 동의하지 않음 □

8. 본인은 본 동의서 내용과 개인정보 수집·처리 및 제3자 제공에 관한 본인의 권리에 대하여 이해하고 서명합니다.

성명(주민번호) :   (서명)

20 .   .   .

한국건강가정진흥원(양육비이행관리원) 이사장 귀하

민사집행법 제70조(채무불이행자명부 등재신청) ① 채무자가 다음 각호 가운데 어느 하나에 해당하면 채권자는 그 채무자를 채무불이행자명부에 올리도록 신청할 수 있다.

1. 금전의 지급을 명한 집행권원이 확정된 후 또는 집행권원을 작성한 후 6월 이내에 채무를 이행하지 아니하는 때. 다만, 제61조 제1항 단서에 규정된 집행권원의 경우를 제외한다.
2. 제68조 제1항 각호의 사유 또는 같은 조 제9항의 사유 가운데 어느 하나에 해당하는 때

② 제1항의 신청을 할 때에는 그 사유를 소명하여야 한다.

③ 제1항의 신청에 대한 재판은 제1항 제1호의 경우에는 채무자의 보통재판적이 있는 곳의 법원이 관할하고, 제1항 제2호의 경우에는 재산명시절차를 실시한 법원이 관할한다.

제68조(채무자의 감치 및 벌칙) ① 채무자가 정당한 사유 없이 다음 각호 가운데 어느 하나에 해당하는 행위를 한 경우에는 법원은 결정으로 20일 이내의 감치(監置)에 처한다.

1. 명시기일 불출석
2. 재산목록 제출 거부
3. 선서 거부

⑨ 채무자가 거짓의 재산목록을 낸 때에는 3년 이하의 징역 또는 500만 원 이하의 벌금에 처한다.

(1) 의의

채무불이행자명부등재절차란 재산명시절차에서 감치 또는 벌칙 대상이 되는 행위를 하거나 채무를 일정한 기간 이내에 이행하지 아니한 채무자에 관한 일정한 사항을 법원의 재판에 따라 등재한 후 법원과 주소지 행정관서에 비치하고 일반인에게 공개하는 절차를 말한다. 이는 채무자에 대하여 간접강제의 효과를 거둠과 동시에 일반인으로 하여금 거래 상대방에 대한 신용조사를 쉽게 하여 거래의 안전을 도모하려는 데 그 목적이 있다.

(2) 절차

1) 채무불이행자명부등재신청(민집 70조)

채무자가 금전의 지급을 명한 집행권원이 확정된 후 또는 집행권원을 작성한 후 6월 이내에 채무를 이행하지 아니하는 때, 채권자는 채무자의 보통재판적이 있는 곳의 법원에 그 채무자를 채무불이행자명부에 등재하도록 신청할 수 있다. 다만 재산명시신청에서 처럼 가집행선고 있는 판결과 가집행선고 있는 배상명령과 같이 아직 확정되지 아니하여 취소의 가능성이 있는 집행권원은 제외된다.

[신청취지 기재례]

1) 채무불이행자명부등재신청

> 채권자를 채무불이행자 명부에 등재한다.
> 라는 재판을 구합니다.

2) 채무불이행자명부말소신청

> 위 당사자간 20○○카불○○○호 채무불이행자 등재신청사건에 관하여, 20○○. ○.
> ○○.자 결정에 의하여 등재한 채무자의 채무불이행자명부의 등재는 이를 말소한다.
> 라는 재판을 구합니다.

[서식] 채무불이행자 명부등재신청서

<h2 style="text-align:center">채무불이행자 명부등재신청</h2>

신청인(채권자)   ○○○(○○○○○-○○○○)
서울시 ○○구 ○○동 ○○
010-1234-5678

피신청인(채무자)   ○○○(○○○○○-○○○○)
경기도 ○○군 ○○읍 ○○

집행권원의 표시

○○지방법원 20○○ 드단 이혼 등 청구사건에 대하여 20○○. ○. ○.에 확정된 판결정본

불이행 채무액

금 20,000,000원(집행권원상의 원금) 및 이에 대한 20○○. ○. ○.부터 연 20%의 이자.

신 청 취 지

채권자를 채무불이행자 명부에 등재한다.
라는 재판을 구합니다.

신 청 이 유

채권자는 ○○지방법원 20○○ 드단 1234 이혼 등 청구사건에 대하여 20○○. ○. ○.에 확정된 판결정본에 의해 위 채무자에게 금원을 지급하도록 고지하였으나 채무자는 이를 전혀 이행하지 않고 있는 바, 이에 채권자는 채무자에 대한 재산을 확인한 결과 강제집행이 가능한 재산이 없어 본 신청에 이르게 된 것입니다.

첨 부 서 류

1. 집행령있는 지급명령확정정본   1통
1. 주민증록초본   1통

20○○. ○. ○.
위 채권자   ○○○   (인)

○○ 지방법원   귀중

<table>
<tr><td>■ 작성·접수방법</td></tr>
</table>

1. 채무불이행자명부등재 결정한 법원에 제출한다.
2. 신청서는 1,000원의 인지와 송달료로 '당사자수×5,200원×5회분'을 납부한 영수증을 붙인다.
3. 신청서 1부를 제출한다.

2) 채무불이행자명부등재신청에 대한 재판

법원은 필요한 경우 이해관계인 그 밖의 참고인을 심문할 수 있으나, 대법원예규는 채권자가 국가, 지방자치단체, 공법인, 금융기관인 때와 채무자의 불출석, 절차의 현저한 지연, 그 밖의 부득이한 사유가 있는 때를 제외하고는 채무자를 반드시 심문하도록 하고 있다.

3) 채무불이행자명부작성 · 비치 · 열람 · 복사

채무불이행자명부등재결정이 내려지면 법원사무관 등은 지체없이 채무불이행자명부를 작성하고, 등재결정을 한 법원에 비치하며, 이 명부의 부본을 채무자의 주소지(채무자가 법인인 때에는 주된 사무소 소재지) 시 · 구 · 읍 · 면의 장에게 보내고, 전국은행연합회의 장에게도 채무불이행자명부의 부본을 보내거나 전자통신매체를 이용하여 그 내용을 통지한다.

4) 채무불이행자명부등재의 말소

채무자의 신청에 따라 변제 그 밖의 사유로 채무의 소멸이 증명된 때에는 사법보좌관은 채무자의 이름을 이 명부에서 말소하는 결정을 한다. 그러나 기한의 유예 · 연기, 이행조건의 변경, 채권자의 말소동의 등의 사유는 이에 해당하지 않는다.

[서식] 채무불이행자 명부말소신청서

채무불이행자 명부말소신청

사　　건　　　20○○ 카명 1245 채무불이행자명부등재
채권자　　　○○○(○○○○○-○○○○)
　　　　　　서울시 ○○구 ○○동 ○○
　　　　　　010-1234-5678

채무자　　　○○○(○○○○○-○○○○)
　　　　　　경기도 ○○군 ○○읍 ○○

신 청 취 지

채무자를 채무불이행자명부에서 말소한다.

신 청 이 유

1. 채권자는 채무자에 대하여 ○○지방법원 20○○ 드단 1234 이혼 등 청구사건에 대하여 20○○. ○. ○.에 확정된 판결정본에 의해 위 채무자에게 금원을 지급하도록 고지하였으나 채무자는 이를 전혀 이행하지 않아, 채무자에 대한 재산을 확인한 결과 강제집행이 가능한 재산이 없어 20○○. ○. ○.경 20○○ 카명 ○○호 채무불이행자명부등재 사건으로 처리한 바 있습니다.

2. 이에 채무자는 채권자에 대해 변제를 하고자 하였으나 채권자가 채무금원금과 법정이자액의 수령을 거절하여 부득이 위 지급명령확정정본상의 채무원금과 이자금을 변제공탁시까지로 계산하여 채무금 전액을 변제공탁을 하였으므로 채무불이행자 명부에서 채무자를 말소하여 주시기 바랍니다.

첨 부 서 류

    1. 변제공탁서   1통
    1. 납부서   1통

20○○. ○. ○.

위 채무자   ○○○   (인)

○○ 지방법원   귀중

■ 작성 · 접수방법

1. 신청서는 1,000원의 인지를 붙인다.
2. 송달료는 당수자수×5회분이다.
3. 관할확인을 위한 채무자의 주민증록초본을 첨부한다.

1. 새로운 양육비이행확보수단 도입배경

양육비이행관리원 출범 이후 양육비 이행 규모는 점차 증가하는 추세이지만, 양육비이행관리원을 이용한 경우에도 양육비 이행률은 낮은 것이 현실인바, 고의적으로 양육비를 지급하지 않는 양육비 채무자에 대해 출국금지, 명단공개, 형사처벌을 통하여 양육비 이행의 실효성을 제고할 필요성이 있다.

이에 「가사소송법」 제68조 제1항 제1호(금전의 정기적 지급을 명령받은 사람이 3기 이상 그 의무를 이행하지 아니한 경우) 또는 제3호(양육비의 일시금 지급명령을 받은 사람이 30일 이내에 그 의무를 이행하지 아니한 경우)에 따른 감치명령 결정을 받았음에도 불구하고 양육비 채무를 이행하지 아니한 양육비 채무자에 대한 출국금지 및 명단 공개 근거와 감치명령 결정을 받은 날부터 1년 이내에 양육비 채무를 이행하지 아니한 경우 처벌할 수 있는 근거를 마련함으로써 양육비 이행의 실효성을 제고하려는 것이다.

가사소송법 제68조(특별한 의무 불이행에 대한 제재)

① 제63조의3제4항 또는 제64조의 명령을 받은 사람이 다음 각 호의 어느 하나에 해당하면 가정법원은 권리자의 신청에 의하여 결정으로 30일의 범위에서 그 의무를 이행할 때까지 의무자에 대한 감치를 명할 수 있다.

1. 금전의 정기적 지급을 명령받은 사람이 정당한 이유 없이 3기(期) 이상 그 의무를 이행하지 아니한 경우

2. 유아의 인도를 명령받은 사람이 제67조 제1항에 따른 제재를 받고도 30일 이내에 정당한 이유 없이 그 의무를 이행하지 아니한 경우

3. 양육비의 일시금 지급명령을 받은 사람이 30일 이내에 정당한 사유 없이 그 의무를 이행하지 아니한 경우

② 제1항의 결정에 대하여는 즉시항고를 할 수 있다.

2. 운전면허 정지처분 요청

양육비 이행확보 및 지원에 관한 법률 제21조의3(운전면허 정지처분 요청)

① 여성가족부장관은 양육비 채무자가 양육비 채무 불이행으로 인하여 「가사소송법」 제68조 제1항 제1호·제3호에 따른 감치명령 결정을 받았음에도 불구하고 양육비 채무를 이행하지 않는 경우에는 위원회의 심의·의결을 거쳐 지방경찰청장(지방경찰청장으로부터 운전면허 정지처분에 관한 권한을 위임받은 자를 포함한다. 이하 이 조에서 같다)에게 해당 양육비 채무자의 운전면허(양육비 채무자가 지방경찰청장으로부터 받은 모든 범위의 운전면허를 포함한다. 이하 이 조에서 같다)의 효력을 정지시킬 것(이하 이 조에서 "운전면허 정지처분"이라 한다)을 요청할 수 있다. 다만, 양육비 채무자가 해당 운전면허를 직접적인 생계유지 목적으로 사용하고 있어 운전면허의 효력을 정지하게 되면 양육비 채무자의 생계유지가 곤란할 것으로 인정되는 경우에는 그러하지 아니하다.

② 제1항에 따른 여성가족부장관의 요청을 받은 지방경찰청장은 정당한 사유가 없으면 이에 협조하여야 한다.

③ 여성가족부장관은 제1항 본문에 따라 운전면허 정지처분 요청을 한 후 해당 양육비 채무자가 양육비를 전부 이행한 때에는 지체 없이 운전면허 정지처분 요청을 철회하여야 한다.

④ 제1항부터 제3항까지에서 규정한 사항 외에 운전면허 정지처분 요청 등에 필요한 사항은 대통령령으로 정한다.

가. 운전면허 정지처분 요청 – 여성가족부장관

(1) 원칙

여성가족부장관은 양육비 채무자가 양육비 채무 불이행으로 인하여 「가사소송법」 제68조 제1항 제1호·제3호에 따른 감치명령 결정을 받았음에도 불구하고 양육비 채무를 이행하지 않는 경우에는 위원회의 심의·의결을 거쳐 지방경찰청장(지방경찰청장으로부터 운전면허 정지처분에 관한 권한을 위임받은 자를 포함한다)에게 해당 양육비 채무자의 운전면허(양육비 채무자가 지방경찰청장으로부터 받은 모든 범위의 운전면허를 포함한다. 이하 이 조에서 같다)의 효력을 정지시킬 것(이하 이 조에서 "운전면허 정지처분"이라 한다)을 요청할 수 있다.

(2) 예외

다만, 양육비 채무자가 해당 운전면허를 직접적인 생계유지 목적으로 사용하고 있어 운전면허의 효력을 정지하게 되면 양육비 채무자의 생계유지가 곤란할 것으로 인정되는 경우에는 그러하지 아니하다(양육비 이행확보 및 지원에 관한 법률 제21조의3).

나. 지방경찰청장의 협조의무

여성가족부장관의 요청을 받은 지방경찰청장은 정당한 사유가 없으면 이에 협조하여야 한다.

다. 운전면허 정지처분 철회요청

여성가족부장관은 운전면허 정지처분 요청을 한 후 해당 양육비 채무자가 양육비를 전부 이행한 때에는 지체 없이 운전면허 정지처분 요청을 철회하여야 한다.

라. 운전면허 정지 또는 철회요청 시 제출서류

여성가족부장관이 법 제21조의3 제1항에 따라 운전면허 정지처분을 요청하거나 그 요청을 철회하는 경우에는 운전면허 정지처분 등 요청서에 법원의 감치명령 결정에 관한 서류를 첨부하여 경찰서장에게 제출해야 한다(같은 법 시행규칙 제9조의4).

■ 양육비 이행확보 및 지원에 관한 법률 시행규칙 [별지 제7호서식] 〈신설 2021. 6. 10.〉

여 성 가 족 부

수신자 ○○경찰서장
(경유)

제 목 **운전면허 정지처분 등 요청서**

「양육비 이행확보 및 지원에 관한 법률」 제21조의3 및 같은 법 시행규칙 제9조의4
 에 따라 아래와 같이 요청합니다.

요청항목	[ ] 운전면허 정지처분(1년 이내)		[ ] 운전면허 정지처분 철회	
대상자	성명		주민등록번호	
	주소		전화번호	
요청(철회) 사유	※ 양육비 의무 위반금액의 불이행 또는 전부 이행 기재			

붙임 : 법원의 감치명령 결정에 관한 서류 1부. 끝.

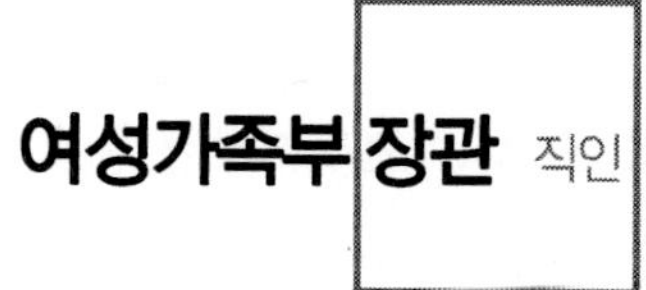

기안자 직위(직급) 서명   검토자 직위(직급) 서명   결재권자 직위(직급) 서명
협조자
시행   처리과명-연도별 일련번호(시행일) 접수   처리과명-연도별 일련번호(접수일)
우   도로명주소   / 홈페이지 주소
전화번호( )   팩스번호( )   / 공무원의 전자우편주소   /공개구분

210mm×297mm[백상지(80g/㎡) 또는 중질지(80g/㎡)]

3. 출국금지 요청 등

가. 출국금지 요청 – 여성가족부장관

여성가족부장관은 양육비 채무 불이행으로 인하여 「가사소송법」 제68조 제1항 제1호 또는 제3호에 따른 감치명령 결정을 받았음에도 불구하고 양육비 채무를 이행하지 아니하는 양육비 채무자 중 대통령령으로 정하는 사람에 대하여 위원회의 심의·의결을 거쳐 법무부장관에게 「출입국관리법」 제4조 제3항에 따라 출국금지를 요청할 수 있다(양육비 이행확보 및 지원에 관한 법률 제21조의4).

나. 출금금지 등 결과 통보 – 법무부장관

법무부장관은 출국금지 요청에 따라 출국금지를 한 경우에는 여성가족부장관에게 그 결과를 정보통신망 등을 통하여 통보하여야 한다.

다. 출국해제 요청 및 사유

여성가족부장관은 양육비 채무의 이행, 양육비 채무자의 재산에 대한 강제집행 등으로 출국금지 사유가 해소된 경우에는 즉시 법무부장관에게 출국금지의 해제를 요청하여야 한다.

4. 명단공개

양육비 이행확보 및 지원에 관한 법률 제21조의5(명단 공개)

① 여성가족부장관은 양육비 채무자가 양육비 채무 불이행으로 인하여 「가사소송법」 제68조 제1항 제1호 또는 제3호에 따른 감치명령 결정을 받았음에도 불구하고 양육비 채무를 이행하지 아니하는 경우에는 양육비 채권자의 신청에 의하여 위원회의 심의·의결을 거쳐 다음 각 호의 정보를 공개할 수 있다. 다만, 양육비 채무자의 사망 등 대통령령으로 정하는 사유가 있는 경우에는 그러하지 아니하다.

1. 양육비 채무자의 성명, 나이 및 직업
2. 양육비 채무자의 주소 또는 근무지(「도로명주소법」 제2조 제5호의 도로명 및 같은 조 제7호의 건물번호까지로 한다)
3. 양육비 채무 불이행기간 및 양육비 채무액

② 여성가족부장관은 제1항에 따라 명단 공개를 할 경우 양육비 채무자에게 3개월 이상의 기간을 정하여 소명 기회를 주어야 한다.

③ 제1항에 따른 공개는 여성가족부 또는 양육비이행관리원의 인터넷 홈페이지에 게시하는 방법이나 「언론중재 및 피해구제 등에 관한 법률」 제2조 제1호에 따른 언론이 요청하는 경우 제1항 각 호의 정보를 제공하는 방법으로 한다.

④ 제1항부터 제3항까지의 규정에 따른 명단 공개 등에 필요한 사항은 대통령령으로 정한다.

가. 명단공개

(1) 원칙

여성가족부장관은 양육비 채무자가 양육비 채무 불이행으로 인하여 「가사소송법」 제68조 제1항 제1호 또는 제3호에 따른 감치명령 결정을 받았음에도 불구하고 양육비 채무를 이행하지 아니하는 경우에는 양육비 채권자의 신청에 의하여 위원회의 심의·의결을 거쳐 다음의 정보를 공개할 수 있다.

(가) 양육비 채무자의 성명, 나이 및 직업
(나) 양육비 채무자의 주소 또는 근무지(「도로명주소법」 제2조 제5호의 도로명 및 같은 조 제7호의 건물번호까지로 한다)
(다) 양육비 채무 불이행기간 및 양육비 채무액

(2) 예외

다만, 양육비 채무자의 사망 등 대통령령으로 정하는 사유가 있는 경우에는 그러하지 아니하다(양육비 이행확보 및 지원에 관한 법률 제21조의5).

나. 채무자에 대한 소명기회 부여

여성가족부장관은 명단 공개를 할 경우 양육비 채무자에게 3개월 이상의 기간을 정하여 소명 기회를 주어야 한다.

다. 명단공개 방법

명단공개는 여성가족부 또는 양육비이행관리원의 인터넷 홈페이지에 게시하는 방법이나 「언론중재 및 피해구제 등에 관한 법률」 제2조 제1호에 따른 언론(방송, 신문, 잡지 등 정기간행물, 뉴스통신 및 인터넷신문을 말한다.)이 요청하는 경우 제1항 각 호의 정보를 제공하는 방법으로 한다.

라. 명단공개 첨부서류

명단 공개를 신청하려는 사람은 명단 공개 신청서에 법원의 감치명령 결정에 관한 서류를 첨부하여 여성가족부장관에게 제출해야 한다(같은 법 시행령 제9조의5).

■ 양육비 이행확보 및 지원에 관한 법률 시행규칙 [별지 제8호서식] 〈신설 2021. 6. 10.〉

명단 공개 신청서

※ 색상이 어두운 칸은 신청인이 적지 아니하며, [　]에는 해당되는 곳에 √표를 합니다.

접수번호			접수일자	
신청인	성명	생년월일	피신청인과의 관계 이혼 [　]　　비혼 [　]	
	연락처		전자우편 주소	
	주소			
피신청인	성명	생년월일	직업	
	연락처		전자우편 주소	
	자택 주소 또는 근무지 주소			
	양육비 채무 불이행 기간		양육비 채무금액	

「양육비 이행확보 및 지원에 관한 법률」제21조의5제1항 및 같은 법 시행규칙 제9조의5에 따라 위와 같이 명단 공개를 신청합니다.

년　　　월　　　일

신청인　　　　　　　　　　　　　　　(서명 또는 인)

여성가족부장관 귀하

첨부서류	법원의 감치명령 결정에 관한 서류	수수료 없음

210mm×297mm[백상지(80g/㎡) 또는 중질지(80g/㎡)]

5. 형사처벌

「가사소송법」제68조 제1항 제1호 또는 제3호에 따른 감치명령 결정을 받았음에도 불구하고 정당한 사유 없이 감치명령 결정을 받은 날부터 1년 이내에 양육비 채무를 이행하지 아니한 사람은 1년 이항의 징역 또는 1천만 원 이하의 벌금에 처해질 수 있다. 다만, 피해자의 명시한 의사에 반하여 공소를 제기할 수 없다.

제4장

가사조사절차

제4장 가사조사절차

1. 의의 및 취지

(1) 의의

사법보좌관과 별도로 법관의 명을 받아 법률이나 대법원규칙에서 정한 사건의 심판에 필요한 자료의 수집, 조사, 그 밖에 필요한 업무를 담당하는 자를 가사조사관이라 한다(법조 54조의3).

(2) 취지

1) 가사소송법이 가사사건의 범위를 제한하여 가정법원의 관할에 전속하게 한 것은, 가사사건은 가정과 친족 간의 평화와 사회생활의 안정에 직접적으로 영향을 미치는 것이기 때문에 전문적인 법원으로 하여금 가정의 평화 및 친족 간에 서로 돕는 미풍양속을 보존하고 발전시키도록 후견적 기능을 발휘하게 하려는 데 그 목적이 있다(법 제1조). 이를 위하여 순수한 민사소송사건으로서의 성질을 가지는 다류 가사소송사건을 제외한 나머지 사건(가류, 나류, 라류, 마류)에 있어서는, 민사소송에서와는 달리 절차의 진행을 당사자의 사적 자치에만 맡겨두지 아니하고, 가정법원이 주도적인 입장에서 직권으로 필요한 사실 및 증거조사를 하며(법 제17조, 제34조, 비송 제11조), 당사자의 임의처분이 가능한 범위 내의 사항에 대하여는 심리에 앞서 반드시 조정을 거치도록 하는(법 제50조) 등의 제도적 장치가 마련되어 있다.

2) 가사사건은 당사자의 가족이나 친족 등의 인간관계에서의 감정이나 갈등에서 비롯되면서도 그 분쟁이나 갈등의 진상과 원인은 사건의 배후에 숨은 채 표면에 나타나지 않는 경우가 많다. 가사사건의 처리에 있어서는 과거로부터 현재에 이르기까지 사안의 진상을 파악하여 이를 과학적으로 검토하고, 배후에 있는 분쟁의 원인을 제거, 해소함으로써 분쟁이 재발하는 것을 방지할 필요가 있고, 그와 같은 사안의 진상파악을 위해서는 사건관계인의 학력, 경력, 생활상태, 재산상태와 성격, 건강, 가정환경 등에 대하여 심리학, 사회학, 경제학, 교육학, 그 밖에 전문적인 지식을 활용하여 조사하여야 한다. 그러나 가정법원의 법관이 언제나 이러한 전문적 지식을 가지고 있는 것은 아니고, 또 그러

한 지식을 가지고 있다고 하더라도 법관이 직접 조사하는 것이 적절하지 않은 점도 있으므로 이들 여러 분야에 관하여 비교적 전문적인 지식과 식견을 가지고 사실을 조사함을 직책으로 하는 독립된 공무원을 둘 필요가 있어 설치된 것이 가사조사관제도이다.[8]

2. 가사조사관의 지정

가사조사관은 법관의 명으로 원칙적으로 조사사무직렬의 조사서기관, 조사사무관, 조사주사, 조사주사보 또는 이에 상당하는 계약직공무원에서 지정한다. 다만, 특별한 사정이 있는 경우에는 법원사무직렬의 법원서기관, 법원사무관, 법원주사, 법원주사보 중에서 지정할 수 있다(법원조사관등규칙 제2조 제2항).

3. 가사조사관의 직무

가사조사관은 심판에 필요한 자료의 수집, 기타 사건의 처리에 필요한 조사업무 등, 가사소송법에 따른 조사업무를 행한다(법조 제54조 제2항 제3호). 이 조사업무에는 사실의 조사, 의무이행상태의 점검과 권고, 당사자 또는 사건관계인의 가정 기타 주위환경의 조정을 위한 조치(규칙 제8조, 제11조, 제122조), 가사사건의 기일에의 출석과 의견진술(규칙 제13조)이 포함된다.

4. 가사조사관의 특성

가사조사관은 조사를 위한 전문적인 지식을(전문성) 갖고서 독립하여 조사하며(독립성), 가사사건의 공평한 처리(중립성)를 위해 법관을 보좌하는(보조성) 법원 공무원이고 당사자 중 한편을 보조하거나 지원하는 사람은 아니다 따라서 그 중립성을 보장하기 위해 민사소송법 중 법원사무관등에 관한 제척, 기피, 회피에 관한 규정을 조사관에게도 준용하고 있다(법4조).

---

8) 법원행정처. 실무제요 가사(Ⅰ). P.113.

1. 조사명령

(1) 의 의

가사조사관은 재판장, 조정장 또는 조정담당판사의 명을 받아 그 명령받은 사항에 관해 조사한다(법 6조, 규칙 8조, 9조). 이와 같이 재판장, 조정장, 또는 조정판사가 사건처리에 필요한 사실을 조사하도록 가사조사관에게 지시하는 것을 조사명령이라고 한다. 조사명령은 재판장, 조정장 또는 조정담당판사의 권한일 뿐 의무는 아니므로 조사명령을 할 것인지 여부는 그 재량에 달려 있다.

(2) 종류

1) 조사명령의 시기에 따른 구분

① 1회 재판기일에 앞서 그 사건의 내용 등을 파악하기 위한 사전조사명령, ② 제1회 이상의 기일을 실시한 후 다음 기일 사이에 행하는 것을 진행 중의 조사명령 또는 기일 간 조사명령, ③ 사건종결 후 이행명령을 발하기 위한 전제로서 의무이행상태를 점검하는 것과 같은 사후조사명령이 있다.

2) 조사명령의 범위에 따른 구분

가사조사관은 재판장의 조사명령을 받아 조사를 하는데, 조사의 대상에 대해서는 제한이 없어 대상이나 방법 등을 특정하지 아니하고 조사관에게 일임하는 것을 포괄조사명령이라 하고, 특정하여 한정된 범위에서 하는 것을 개별조사명령이라 한다.

[심판례] 조사명령

<table>
<tr><td colspan="2" align="center">○ ○ 법 원
조 사 명 령</td></tr>
<tr><td>사　　　　　건</td><td>20○○드단 1234호</td></tr>
<tr><td>원 고(신 청 인)</td><td>김 ○ ○</td></tr>
<tr><td>피 고(피신청인)</td><td>이 ○ ○</td></tr>
<tr><td colspan="2">위 사건에 관하여 조사관은 다음 사항을 조사하여 빠른 시일 내(20○○. . .까지) 서면으로</td></tr>
</table>

보고할 것을 명한다.

조 사 사 항

1. 기본조사 및 자료수집
2. 당사자의 화해의사 및 화해가능성 여부 등
3. 기타(   )

2019. ○월 ○일
판사(조정자) ○ ○ ○   (인)

2. 조사기간

가사조사관은 조사명령에 조사기간이 정하여져 있는 경우에는 그 기간 내에, 정해져 있지 않은 경우에는 그 조사명령을 받은 때로부터 2월내에 조사를 완료하여야 한다.

3. 조사의 착수

(1) 기록검토와 조사목표의 설정

조사명령을 받은 가사조사관은 먼저 기록을 자세히 검토하여 조사방향을 설정하여야 한다. 가사사건은 사건의 종류에 따라 해결방안이 다를 수 있을 뿐 아니라 같은 종류의 사건일지라도 분쟁의 원인은 천차만별이므로 소장, 청구서 또는 신청서와 답변서 등을 검토하여 사건의 유형과 분쟁의 원인을 나름대로 파악하여 이에 맞는 조사방법을 강구하여야 한다.

(2) 조사비용의 확보

가사조사관이 조사를 위하여 지출하는 비용은 소송비용, 심판비용 또는 조정비용에 당연히 포함된다. 단순히 면접조사로 그칠 경우에는 송달료 이외에 달리 비용이 문제될 것은 없으나, 심리검사 등 비용소요가 예상되는 경우에는 그 비용을 예납 받아야 한다. 그러나 이 조사비용의 예납명령은 가사조사관이 할 수 있는 것은 아니고 가정법원, 즉 재판장, 조정장 또는 조정담당판사가 하여야 하며(법 제12조, 민소 제116조, 민소규 제18조 내지 제21조, 가사 제49조, 민소규 제13조 등), 예납금의 보관, 관리는 참여 법원사무관등이 한다.

4. 구체적인 조사사항

가사조사관은 필요에 따라 사건관계인의 학력, 경력, 생활상태, 재산상태와 성격, 건강 및 가정환경 등에 대하여 조사하여야 한다(규칙 제9조 제2항). 여기의 '사건관계인은'은 실질적 의미의 당사자로서의 절차에 관여하는 사람뿐만 아니라 사안의 실정의 조사에 필요하다고 인정되는 모든 사람을 가리킨다고 할 수 있다. 일반적인 조사사항을 구체적으로 살펴보면 다음과 같다.

(1) 사실관계

가사조사관은 먼저 당사자를 면접하여 양쪽의 주장과 답변을 들어 사안의 실정, 즉 사건의 배후에 숨은 진실한 분쟁의 원인이 무엇인지를 조사하여야 한다.

(2) 학력·경력

학력이나 경력은 당사자의 사회적 경력을 포함한 생활사를 말한다. 사람의 과거생활은 현재의 인격형성에 중대한 영향을 미치는 것이며, 양쪽 배우자간의 학력의 차이에 따른 갈등이 재판상 이혼청구의 원인으로 되는 경우와 같이 사건에 따라서는 과거의 어떤 사실이 현재의 분쟁의 실질적인 원인을 이루는 일도 흔히 있을 수 있으므로 이를 염두에 두고 조사하는 것이다.

(3) 생활 및 재산상태

생활 상태와 재산상태는 현재의 생활에 관한 주관적, 객관적인 모든 상황을 가리키는 것으로서 생활수준, 가계담당자, 생활비, 수입의 수단, 경제적 신용도, 동거 여부, 직장, 거주환경, 현재의 보유재산의 내역과 그 형성과정, 생활 만족도 등 모든 사정을 포함하는 것이다. 이에 관한 조사 역시 당사자의 면접, 문서송부촉탁, 출장조사 등의 방법에 의하여 한다.

(4) 성격·건강

성격은 이상성격과 같은 성격적 결함은 물론, 분쟁이나 사안의 실정에 작용한 당사자 그 밖의 관계인의 전인격적인 사항을 포함하는 것이고, 건강은 육체적 건강상태는 물론 정신질환과 같은 정신적 건강상태를 포함하는 개념이다. 이들 사항은 주로 당사자의 면접을 통한 가사조사관의 판단, 생활사의 조사, 일상생활에서의 행동경향 등에 의하여 조사하고, 병력이 있는 경우에는 병원 등에 조회하여 확인한다.

(5) 가정환경 등

가정환경은 주로 가정을 둘러싼 인간관계에서 비롯되는 환경을 말한다. 따라서 자녀의 수, 부모의 유무와 같은 가족관계와 그 화목 여부, 친족관계, 가정결손의 원인 등의 내면적인 사항을 포함한다. 그 밖에 교우관계, 종교, 취미 등의 주변 사정도 여기의 조사사항에 속한다. 이들 사항은 당사자 및 참고인의 면접, 문서송부촉탁, 출장조사 등에 의하여 조사한다.

5. 조사의 방법

(1) 과학적 조사의 원칙

1) 가사조사관은 조사할 사항에 대하여 심리학, 사회학, 경제학, 교육학, 그 밖의 전문적인 지식을 활용하여 조사하여야 한다(규칙 제9조 제2항). 이를 과학적 조사의 원칙이라고 한다.

2) 가사사건은 진실한 분쟁의 원인이 이면에 숨어 있는 경우가 많고, 그 분쟁의 원인이 당사자의 심리적 요인이나 감정적 요인에 결부되어 있는 경우가 많다. 따라서 사안의 실상 등을 파악하고 대응책을 강구함에 있어서는, 단순히 법률적 관점이나 상식적인 사회통념만으로는 부족하고 당사자 등이 처한 상황이나 문제점 등을 파악하기 위하여 인간심리에 대한 과학적 분석과 전문적 식견에 기한 객관적 검토가 필수적이다. 재산분할이나 양육비 청구사건 등에서는 재산상황이나 수입 등에 관하여 경제학, 회계학, 통계학 등의 전문적 지식을 활용하여 객관적, 합리적으로 확인, 산정할 필요가 있다. 가사조사관에게 전문적 지식과 소양이 요구되는 이유도 여기에 있다.

(2) 면접조사

1) 가사조사관이 당사자 그 밖의 관계인을 직접 대면하여 문답을 통하여 사실을 조사하는 것을 면접조사라고 한다. 가사조사관의 조사방법 중 가장 기본적인 것으로 대부분의 사건에서 반드시 행하여지는 조사방법이다. 면접조사는 대화의 방법을 사용하므로 당사자의 주장을 분명하고 자세히 들을 수 있고 그 태도를 직접 관찰하면서 질문을 통하여 사안의 실정에 접근할 수 있는 장점이 있는 반면, 가사조사관의 주관적 편견이 강하게 작용할 수 있다는 단점도 있다.

2) 면접조사에는 한 사람의 가사조사관이 당사자의 한쪽만 조사하는 단독면접, 2인 이상의 가사조사관이 조사하는 공동면접, 당사자 양쪽을 동시에 조사하는 양쪽면접(또는 합동면접)이 있고, 면접 장소에 따라 당사자를 소환하여 하는 소환면접과 가사조사관이 법원 외의 장소에 출장하여 조사하는 임상면접으로 나뉜다.

당사자 양쪽을 동시에 또는 시차를 두고 소환하여 그 중 한쪽을 순차로 단독면접하고, 필요가 있으면 양쪽을 합동 면접하는 방법을 쓰는 것이 일반적이다.

[심판례] 조사기일소환장

○ ○ 법 원
조사기일소환장

사   건   20○○드단 1234호 이혼 및 재산분할
원고(신 청 인)   김 ○ ○
피고(피신청인)   이 ○ ○

위 사건에 관하여 조사할 사항이 있으니 20○○. . . : 이 법원 제○○호 에 출석하시기
바랍니다.

2019. ○월 ○일

가사조사관 ○ ○ ○   (인)

◇유의사항◇

1. 출석할 때에는 신분증을 가져오시고 이 사건에 관하여 제출하는 서면에는 사건번호를
   기재하시기 바랍니다.
2. 소송대리인이 선임되어 있더라도 당사자 본인은 반드시 출석하여야 합니다.
3. 대법원 홈페이지(www.scourt.go.kr)를 이용하시면 재판기일 등 각종 정보를 편리하게
   열람할 수 있습니다.

(3) 출장조사

1) 출장조사는 조사관이 분쟁의 배경인 현장에 직접 방문하여 조사하거나 당사자의 와병,
   수감, 불응 등으로 인해 법원이외의 장소에 출장하여 조사하는 방식이다.

2) 보통의 조사명령 이외에 별도로 재판장 등의 출장조사명령을 받는데 재판장 등은 출장
   조사명령을 명함과 동시에 당사자에게 출장비용의 예납을 명한다. 다만 출장조사의 필
   요성이 긴박함에도 당사자가 소정 기간 내에 출장조사비용을 예납하지 않는 경우에는
   출장비용을 국고에서 대납받아 지출한다(규칙4조1항).

(4) 심리검사

가사조사관이 면접조사만으로는 당사자의 인격이나 사안을 이해하기 어려운 경우에 당사자의 심리를 조사하여 성격상의 이상을 조사하는 것이다. 검사의 대상에는 성격, 적성, 지능, 흥미, 지식, 태도 등이 포함된다.

(5) 사실조사의 촉탁과 문서의 송부촉탁

1) 가사조사관은 필요한 때에 경찰 등 행정기관, 은행, 회사, 학교, 관계인의 고용주 기타 상당하다고 인정되는 단체 또는 개인에게 관계인의 예금, 재산, 수입 기타 사항에 관한 사실조사를 촉탁하고 보고를 요구할 수 있다(법8조).

2) 공무소, 학교, 병원, 기타의 단체 또는 개인에게 그의 관리, 보관하에 있는 문서의 등·초본을 보내줄 것을 촉탁할 수 있다(규칙10조).

6. 조사보고서의 작성

가사조사관이 사실조사를 마친 때에는 조사보고서를 작성하여 재판장에게 보고 하여야 하며(규칙 11조1항), 보고서에는 조사 방법과 결과 및 조사관의 의견을 기재하여야 한다(규칙 11조2항). 조사보고서는 공문원이 작성한 공문서이므로 판결, 심판, 조정의 기초자료가 되고 사실인정을 위한 증거자료가 되므로 굳이 증거목록에 기재하거나 변론에 현출하지 않더라도 증거자료로 쓸수 있고 판결이나 심판에서 가사조사관의 조사보고서로 인용한다.

1. 기일출석과 의견진술

(1) 의의

가정법원, 조정위원회 또는 조정담당판사는 가사조사관을 기일에 출석시켜 의견을 진술하게 할 수 있다(규칙 13조). 이는 일반적으로 조사보고서에 기재되어 있는 결과만으로는 불충분하다고 인정되는 경우에 가사조사관을 기일에 출석케 하여 의견을 듣는 것이다.

(2) 방법 및 효과

가사조사관의 의견진술은 의견의 진술에 불과하므로 진술의 방법에 제한이 없으며 서면으로도 무방하다. 이는 어디까지나 참고의견에 그치기 때문에 가정법원, 조정위원회 또는 조정담당판사가 구속되는 것도 아니다.

2. 조정을 위한 조치

재판장, 조정장 또는 조정담당판사는 사건처리를 위하여 당사자 또는 사건관계인의 가정 그 밖의 환경을 조정할 필요가 있는 때에는 가사조사관으로 하여금 사회복지기관과의 연락 그 밖의 조정조치를 하게 할 수 있고(규칙 12조). 이 경우 가사조사관은 조정의 방법과 결과 및 의견을 기재한 보고서를 작성하여 보고하여야 한다(규칙12조). 이를 조정을 위한 조치 또는 조정조치라 한다.

3. 의무이행상태의 점검과 권고

(1) 점 검

재판장, 조정장 또는 조정담당판사는 가사조사관에게 의무이행상태의 점검을 명할 수 있다(규칙8조). 피후견인의 복리를 위해 후견인을 변경할 필요가 있다고 인정되는 경우 가정법원이 직권으로 후견인을 변경할 수 있는바(민 940조 1항), 이를 위해 가사조사관에게 후견인의 의무이행상태를 점검하도록 명령하는 것 등이 이에 해당한다.

(2) 의무이행실태 조사 및 이행권고

이행명령사건을 관할하는 가정법원은 권리자의 신청이 있는 때에는 이행명령 전이나 후에 가사조사관으로 하여금 의무자의 재산상황과 의무이행의 실태에 관하여 조사하고 의무이행을 권고하게 할 수 있다(규칙 122조). 가사조사관은 명령에 기재된 사항에 대해 의무자에게 전화로 의무이행을 권고, 설득하고, 권고서를 송달하며, 송달만으로 이행되지 않은 경우 의무자를 가정법원에 소환하거나 출장하여 조사한 후 결과를 서면으로 보고한다.

[서식] 가사조사관의 조사보고서 사례

서 울 가 정 법 원
조 사 보 고 서

재판장 판사
조정장　　　　　　　귀하
판　사

2011.　．　．
조사관　　　　(인)

사　　　　　건	2011드합 11234 이혼 및 재산분할 등 (반소 : 2011드합54321)	
당　사　자 성　　　명	원고(반소피고, 이하 '원고') ○ ○ ○	피고(반소원고, 이하 '피고') ○ ○ ○
수명 연월일	2011.　．　．	
조 사 사 항	1. 기본조사 및 자료수집 2. 당사자의 화해 의사 및 화해 가능성 여부 등	

1. 조사요건

조사일시	조사 대상자	조사 장소 및 방법
2011. 1. 7. 09:30	원고, 피고	
2011. 1. 10. 09:30	원고, 피고	
2011. 1. 17. 14:00	원고	가사조사실 소환 면접조사
2011. 2. 11. 09:30	피고	
2011. 2. 15. 13:00	원고, 피고, 사건본인 등	

2. 당사자 인적사항 등

구　분 ＼ 당사자	원　고			피　고		
성별/연령/국적	여	38세	대한민국	남	41세	대한민국
직　　　업	무직, 아르바이트			○○회사 ○○팀 차장		

교 육 정 도	○○소재 ○○대학교 같은 대학원 ○○과 1년 중퇴	○○소재 ○○대학교 ○○과 졸업	
혼 수 별	재 혼	초 혼	
결 연 별	중 매	왼쪽과 같음	
동 거 기 간	2000. 12. ~ 2005. 4. 29. (2002년 12월 혼인신고)	2004년 7월 말까지	
별 거 기 간	2005. 4. 30. ~ 현재	2004년 8월 초부터 ~ 현재	
사건발생 원 인	피고의 부정행위와 폭력행동	반대원인	원고의 가출
발단의 먼 원인	피고의 경제적 무능력	반대원인	원고의 폭력행동
재 산 정 도	경제상황란 참조	경제상황란 참조	
재 산 청 구 액	위자료　　　　○○원 재산분할　　　○○원 양육비 매월　○○원	위자료　　　　○○원 재산분할　　　○○원 양육비 매월　○○원	
직 계 존 속	부(67세)　　모(67세)	부(80세)　　모(사망)	
직 계 비 속	남 1명	여 1명	남 1명	여 ○명
부 양 가 족 수	1명(사건본인)	○ 명	
기타 특기사항			

가. 원고가 사건본인을 양육하고 있다. 원고는 전남편인 ○○○ 사이에서 1녀를 출산하고
　　1996년 협의이혼 하였으며, 1녀는 전남편이 양육하고 있다.
나. 조사 중 쌍방 고성이 심하여 대면조사를 하기 어려워, 1차 조사 이후 각각 일방 소환하여
　　일방조사를 하였다.
다. 관련사건 : 서울가정법원 2000즈단 ○○○ 채권가압류

3. 당사자의 주장, 소명자료
(원고)
　본소 청구취지에서 이혼, 위자료 ○○원, 재산분할 ○○원, 사건본인의 친권자 및 양육자
로 원고를 지정하고 양육비로 매월 ○○원을 청구하였다. 원고는 현재 자신이 사건본인을
양육하고 있으므로 향후에도 계속 자신이 양육해야 한다고 강하게 주장하였고, 조사를
종결할 무렵 위자료는 최소한 ○○원을 받고 싶고 양육비는 금액을 조정할 수 있다고
주장하였다.

(피고)
　반소 청구취지에서 이혼, 위자료 ○○원, 재산분할 ○○원, 사건본인의 친권자 및 양육자
로 피고를 지정하고 양육비로 매월 ○○원을 청구하였다. 특히 피고는 자신이 사건본인을
양육하고 싶다고 강력하게 주장하였다. 면접조사 시 피고가 양육계획서를 조사관에게
직접 제출하여 이를 조사보고서 뒤에 첨부하였다.

4. 결혼 전의 생활내력 및 결혼의 사정

(원고)

　가. ○○도 ○○군에서 교사인 부와 주부인 모 사이에서 ○남 ○녀 중 ○째로 출생하여 학교 졸업 때까지 같은 곳에서 생활하였다.

　나. ○○소재 ○○대학교 같은 대학원 ○○과를 1년 중퇴하고 연애로 ○○○와 초혼으로 1녀를 출산하였다. 1996년에 협의이혼 하였고 1녀는 전남편이 양육하고 있다.

　다. ○○회사에서 2년간 ○○일을 하다가 결혼 중매업체 소개로 피고를 만나 2000년 12월경에 동거하였고 2001년 12월에 결혼식을 하였으며 2002년 12월에 혼인신고를 하였다.

(피고)

　가. ○○도 ○○군에서 회사원인 부와 식당을 운영하던 모 사이에서 ○남 ○녀 중 ○째로 출생하였다. 중학교 2학년 때부터 ○○에서 자취하여 생활하였고, ○○소재 ○○대학교 ○○과를 졸업하였다.

　나. 졸업 후 ○○부터 ○○까지 ○○회사에서 ○○일을 하다가 대리로 퇴직하였고, ○○까지 무직으로 있다가 ○○회사에서 2년간 비정규직으로 일을 하였다.

　다. 결혼 중매업체 소개로 원고를 만나 동거하다가 결혼식을 하였다. 이후 1남을 출산하면서 혼인신고를 하였다.

5. 결혼 후의 생활내력 및 분쟁의 과정과 현상

　가. 결혼 후위 생활내력

　(원고)

　　(1) 서울 ○○구 ○○아파트에서 동거를 시작하였는데, 원고의 부로부터 2,000만 원을 지원받아 집을 임차하였다. 피고와 ○○구에서 한식당을 1년간 운영하다가 수입이 좋지 않아 처분하였다. 그 후 원고는 무직으로 있으면서 주 1~2일 정도 식당에서 아르바이트를 하였다.

　　(2) 결혼 초, 피고가 술을 마시고 때린 적이 있어 심하게 싸운 적은 있으나 그 외에는 특별한 갈등 없이 지냈다. 단, 피고가 자주 직장을 옮겨 다니고 수입일 좋지 않아 경제적으로 어려움이 있었다.

　(피고)

　　(1) 원고와 한식당을 운영하다가 처분하고 ○○공장에서 1개월간 일을 하다가 6개월 간 영업용 택시 운전을 하였으며, 음주운전으로 면허가 취소되어 6개월간 무직으로 있었다. 그 후 과일 노점상을 2개월간 하다가 ○○소재 ○○회사에 취업하여 영업직에 근무하다가 3개월 후 구조조정 되었다. 2003년 7월부터 현재까지 ○○ 소재 ○○회사에서 마케팅 업무를 담당하고 있으며 현재 직급은 차장이다.

　　(2) 결혼 초, 피고는 단란하지는 않았으나 그렇다고 원고와 심하게 싸운 적도 없는, 평범한 결혼 생활을 했다. 단, 원고가 이혼 경력이 있었기 때문에, 피고는 원고가 이혼을 쉽게 생각할지 모른다는 생각에 가끔 불안하기는 했다.

　나. 분쟁의 과정과 현상

(원고)

(1) 동거한 지 1~2년 후, 피고는 술을 마시고 직장 사람들과 싸우고 결근하는 일이 빈번하였으며, 직장을 자주 옮겨 다녔다.

(2) 피고는 생활비를 주지 않고 낚시, 경마 등을 하느라 수입을 탕진하여, 원고는 경제적으로 매우 어려운 생활을 하였으며, 주말에 사건본인을 맡기고 식당에서 아르바이트를 할 수밖에 없었다.

(※ 피고 : 경마장에 몇 번 구경을 하러 갔을 뿐, 탕진할 정도로 도박을 하지는 않았다.)

(3) 친정 부모의 경제적 도움을 받아 어렵게 생활하며, 이혼을 결심하기도 했으나 사건본인을 생각하고 부모의 만류로 계속 살아보기로 하였다.

(피고)

(1) 피고는 회사 사정으로 직장을 오래 다니지 못했는데, 사건본인 출산 후 원고는 계속해서 피고에게 '무능력하다'라면서 모욕적인 말을 하여 기분이 좋지 않았고 '무능력한 시댁'이라면서 부모를 욕하는 말을 하여 자주 싸움을 하였다.

(2) 원고는 부업을 한다고 하면서 사건본인을 친정에 맡기고 양육을 등한시하였고, 수입은 전남편에게 양육비를 보내어 생활이 매우 어려웠다.

(※ 원고 : 부업을 하지 않았다면 생활을 유지하기 어려웠다.)

(3) 원고는 부업을 하고 나서는 피곤하다면서 집안일을 하지 않으려고 했고, 특히 성관계를 거부하여 피고는 불만이 많았다.

다. 별거에 이르게 된 경위 및 별거 후 생활

(원고)

(1) 피고가 2003년 7월부터 회사에 취업하여 원고는 경제적으로 안정될 것을 기대했으나, 계속해서 생활비를 주지 않았고 회사 여사원과 여행을 가서 모텔에 투숙한 것을 신용카드 영수증을 통해 알게 되었다.

(2) 원고는 회사에 찾아가 여사원을 만났는데, 피고는 회사 사람들 앞에서 원고를 때리고 계단 밖으로 밀어서 원고는 3주의 치료를 요하는 상해를 입었다.

(※ 피고 : 원고를 밀지 않았으며, 원고가 흥분하며 계단을 내려가다가 스스로 굴러 떨어진 것이다.)

(3) 이에 원고는 피고와 잠시 떨어져 부부관계에 대해 생각을 하고자 2004년 여름에 친정에 기거하면서 자주 집에 가서 잠을 잤는데, 피고가 반성하는 모습이 없어 결국 본 소송을 제기하게 되었다.

(4) 원고는 2005. 4. 30. 이후 집에 들어가지 않았으며 현재까지 친정 부모 집에서 생활하고 있다. 2005. 5. 15.부터 ○○소재 ○○백화점에서 판매원으로 일을 하다가 2000. ○. ○.부터 현재까지 무직으로 있으면서 친정 부모의 경제적 도움을 받고 있다.

(피고)

(1) 직장 여사원이 어려운 일이 있어 함께 바람 쐬러 갔다가 자동차가 고장이 나는 바람에, 차량을 고치는 동안 모텔에서 기다리고 있다가 집에 돌아왔는데, 원고는 이를 오해하고 바람을 피운다면서 회사에 찾아와 여사원을 폭행하였다.

(2) 그 후 원고는 이혼을 통보하고 2004년 8월, 사건본인을 데리고 친정에서 생활하다가 주말에만 집에 오는 식으로 별거생활을 하였는데, 날짜는 정확하지 않으나 2005년 봄부터는 아예 집에 오지 않았다.

(3) 원고는 친정에서 지내면서 사건본인을 만나지 못하게 하였다. 피고는 소장 부본을 받은 후 '집 나간 사람이 소송을 제기하더니 부당하다'라고 생각하여 결국 반소를 제기하였다.

(※ 원고 : 사건본인을 만나지 못하게 한 적은 없다. 피고는 보고 싶다는 전화를 한 번도 한 적이 없다.)

(※ 피고 : 사건본인이 보고 싶어 수차례 전화 연락하였으나, 원고가 전화를 받지 않았다. 딱 한번 원고와 전화 연결이 되었는데 사건본인에 관하여 물을 틈도 주지 않고 바쁘다며 일방적으로 전화를 끊어 버렸다.)

6. 경제상황

가. 재산상태

(원고 명의)

(1) 적극재산

(가) ○○은행 예금 50만 원 : 생활비 통장

(나) ○○은행 정기예금 3,000만 원

(다) ○○생명 변액보험 2,000만 원(라) 2000년식 ○○ 승용차

(2) 소극재산 : ○○○(동생)으로부터 빌린 900만 원

(※ 피고 : 이 채무는 원고가 집을 나간 후에 발생한 것이다. 모르는 채무다.)

(3) 월수입 : 120∼130만 원(식당 아르바이트)

(피고 명의)

(1) 적극재산

(가) ○○시 ○○구 ○동 ○○아파트 ○도 ○호 임대차보증금 7,000만 원(거주지 보증금)

(나) ○○시 ○○구 ○○동 ○○지구 ○○아파트 ○동 ○호(분양권) : 총 납입금액 1억 5,000만 원

(다) ○○은행 ○동 지점 2,000만 원 : 장기주택마련저축으로 2000년부터 납입

(라) 2000년식 ○○ 승용차

(2) 소극재산 : ○○은행 ○○지점 1억 원(아파트 중도금 대출)

(3) 월수입 : 250∼300만 원(회사 월급)

나. 재산형성의 과정

(원고)

(1) 원고의 부친 도움으로 보증금 2,000만 원 하는 집을 임차하여 생활하다가, 원고 부친이 추가로 5,000만 원을 보태주어 별거 전 임차보증금 7,000만 원 하는 집에서 생활하였다. 피고가 바람을 피우는 것 같아 안정을 찾게 하기 위하여 처음에는 원고 이름으로 임차하였으나, 2000년 ○월에 피고 이름으로 임대차계약을 다시 하였다.

(2) ○○은행 적금은 식당 아르바이트를 하면서 계를 부어 2007년에 받은 곗돈을
정기예금으로 예치한 것이다.

(피고)
(1) 원고가 자발적으로, 살고 있는 집 임대차계약을 피고 이름으로 재계약을 해 준
것은 사실인데, 피고는 "내가 이 집을 보존하기 위해 회사 상사의 모욕을 참아가면
서 열심히 일을 하였다. 그러니 내 노력이 있었기 때문에 이 집을 유지할 수 있었
다."라고 주장하였다.
(2) ○○시 ○○구 ○○동 ○○지구 ○○아파트 ○동 ○호 분양권에 당첨이 되었는데
2000년 8월 계약금 5,000만 원을 내고, 2000년 1월과 2000년 7월에 각 중도금
5,000만 원씩을 대출받아 납입을 했다. 2000년 1월분 공사가 지체되어 아직
납입하지 않고 있다.
(3) ○○은행 ○동 지점에 납입한 장기주택마련저축 2,000만 원은 피고가 회사 월급
으로 납입한 것이다. 피고는 원고가 이혼 경력이 있어 자신과 또 이혼을 할 가능성
이 있다고 생각하고, 이를 원고에게 알리지 않았다고 한다.

7. 가족상황
(원고)

	성명	연령	직업	학력	동거여부	비고
부	○○○	67세	무직	중졸	동거	-
모	○○○	67세	무직	초졸	동거	-
오빠	○○○	○○세	회시원	고졸	비동거	처와 별거중
남동생	○○○	○○세	무직	고졸	비동거	기혼
여동생	○○○	○○세	회사원	고졸	비동거	미혼

(피고)

	성명	연령	직업	학력	동거여부	비고
부	○○○	80세	무직	중졸	비동거	-
모	○○○	사망 (당시 70세)	-	초졸	비동거	-
형	○○○	47세	회시원	고졸	비동거	기혼
동생	○○○	○○세	자영업	고졸	비동거	기혼

8. 양육환경
가. 사건본인 인적사항
(1) 2002년 4월생인 남아로서, 키는 ○○㎝이고, 몸무게는 ○○ kg이며 약간 마르고
왜소한 편이다. 조사관에게 큰 목소리로 인사를 하는 등 비교적 활발한 모습을

보였고, 조사관의 질문에 적극적으로 대답하였다.

(2) 사건본인은 ○○학교 ○학년 ○반에 재학 중이다. 방과 후 ○시부터 ○시까지 ○○학원에 다니고 있다. 학원 수강료는 월 20만 원이며, 주로 원고의 부친이 지원을 해 주고 있다.

(3) 사건본인은 원고와 함께 살고 싶다고 하였고, 그 이유로 '엄마가 불쌍해서 그렇다' 라고 진술하였다.

나. 양육태도

(1) 원고는 사건본인의 학년, 반, 담임교사의 이름 등 기본 정보에 대해 잘 알고 있었으며, 담임교사와도 주기적으로 상담을 하는 등 사건본인의 교육에 대해 많은 관심을 가지고 있었다.

(2) 원고는 사건본인과 눈 맞춤을 잘하였고, 사건본인도 원고와의 친밀한 스킨십(skinship)을 보였다.

(3) 피고는 사건본인을 만나고 싶어 했으나, 사건본인의 생일 등에 전화를 하거나 선물을 보내려는 시도를 한 적은 없었다.

(4) 피고는 사건본인이 초등학교에 다니는 사실은 알고 있었으나, 학교 이름은 모르고 있었고, 그 이유를 원고가 알려주지 않았기 때문이라고 하였다.

(※ 원고 : 원고는 피고가 전화로 물어보았다면 학교를 알려주었을 것이나, 피고로부터 전화를 받은 적이 없다.)

다. 주거환경

(1) 원고는 친정부모의 소유인 ○○구 ○○아파트에 거주하고 있는데 114㎡ 면적에 방이 3개 있다. 사건본인이 혼자 사용하는 방이 따로 있으며, 나머지 방은 원고 및 원고 부모가 각각 사용하고 있다. 사건본인의 방에는 책상과 침대가 마련되어 있고 비교적 잘 정돈되어 있는 상태이다.

(2) 피고는 피고 이름으로 임차한 ○○구 ○○아파트에 혼자 거주하고 있다. 피고가 사건본인을 양육할 것을 확신하여 별거 전 사건본인의 방 비품을 그대로 유지하고 있다. 원고가 책 등을 요구하였으나 보내주지 않고 있다고 하였다. 혼자 살고 있으나 청결하고 비교적 잘 정돈돼 있는 상태이다.

라. 양육 보조자

(1) 원고 부모가 무직으로 집에 있으면서 임대수익으로 생활하고 있기 때문에, 사건본인 양육에 부모가 도움을 줄 수 있다고 하였다. 부모 모두 67세로 비교적 건강한 상태이다.

(2) 피고는 집 근처에 형 내외가 살고 있어, 출근 시 사건본인을 전업 주부인 형수에게 맡길 수 있다고 하였다. 출장조사 시 피고 형수를 면접한바, 형수는 44세이고 과거 어린이집 교사였다고 한다. 형은 47세이고 현재 회사원이다.

마. 별거 후 면접교섭 상황

(1) 별거 후 면접교섭은 이루어지지 않았는데, 그 이유로 원고는 피고가 만나자는 연락을 하지 않았고 양육비를 주지 않기 때문이라고 진술하였고, 피고는 전화를 해도 원고가 받지 않는다고 진술하였다.

(2) 사건본인은 피고가 강제로 자신을 데리고 가지만 않는다면 피고를 만나고 싶다고 하였다.

9. 당사자 심신상태

신체조건	키(㎝)	몸무게(kg)	주량	흡연	종교
원고	○ ○	○ ○	소주 반 병	비흡연	○ ○ 교
피고	○ ○	○ ○	소주 한 병	하루 한 갑	○ ○ 교

가. 원고는 피고와의 별거 및 이 사건 이혼소송 등으로 인한 스트레스로 2000년 위궤양 진단을 받고 현재 ○○병원에서 치료를 받고 있다.

1차 조사 기일에서 원고는 초혼에 실패하였는데 다시 이혼소송을 하게 된 것에 대하여 자신을 한탄하고 피고를 원망하였다. 특히 원고는 피고가 안정적인 직장생활을 시작하게 되자마자 다른 여성과 모텔에 투숙하는 등 바람을 피운 것에 대하여 심한 분노와 배신감을 표출하였다. 이러한 원고의 모습에서, 아직도 피고에 대한 분노감정이 정리된 것으로 보이지 않았다.

나. 피고는 2000년 ○○병원에서 우울증 진단을 받고 월 1회 진찰을 받고 있다. 약물치료 및 상담치료를 병행하고 있고 약물은 일 1회 오전에 투약하고 상담치료는 월 1회 진찰 시 받고 있다. 피고는 조사 중 매우 심한 감정의 기복을 보였으며, 특히 원고에게 폭력적인 언행을 하기도 하였다. 피고는 원고의 가출로 인해 혼인인 파탄되었다고 주장하며, 사건본인을 만나지 못하고 있는 현실에 대해 강한 분노감을 표출하였다.

10. 조사관 의견

가. 원고와 피고 모두 이혼에는 동의하고 있으나, 위자료 및 재산분할의 지급 여부와 액수에서 차이가 있다. 특히 사건본인을 서로 자신이 양육하겠다고 강하게 주장하고 있어 원만한 화해 가능성은 희박하다고 생각한다.

나. 사건본인은 외모는 왜소해 보이지만 적극적이고 밝은 모습을 보였고, 모와 함께 살고 싶다고 진술하였다. 양육환경은 비슷한 상황이나, 원고는 부모와 함께 거주하면서 안정적인 양육지원을 받고 있었다. 특히 원고는 사건본인에 대해 관심이 많았고 자세한 정보를 알고 있었으며, 사건본인과 친밀하게 상호작용하는 것을 관찰할 수 있었다. 이에 비해 피고는 사건본인에 대해서 많은 정보를 가지고 있지는 않았으나 사건본인을 양육하고자 하는 의지가 강했고 안정적인 경제활동을 하고 있었다.

다. 당사자 간 분노감정이 심하여 조사 절차 중 고성과 싸움을 하여 각각 일방조사를 할 수밖에 없었으며, 이러한 당사자의 감정 상태를 고려할 때 이혼 후 면접교섭 등에 있어서 갈등이 계속될 것이 우려되므로 조정조치를 통해 당사자들이 상담을 받으면서 분노감정을 없애고 부모교육을 받을 필요가 있으며, 시범적으로 면접교섭을 하도록 하는 절차가 필요하다고 생각한다.

※ 별지 : 1. 출장조사 시 촬영한 사진들
　　　　　 2. 피고가 제출한 양육 계획서

(별지생략) 끝.

제5장
가사조정

제5장 가사조정

제49조(준용법률)

가사조정에 관하여는 이 법에 특별한 규정이 있는 경우를 제외하고는 「민사조정법」을 준용한다. 다만, 「민사조정법」 제18조 및 제23조는 준용하지 아니한다.

제50조(조정 전치주의) ① 나류 및 다류 가사소송사건과 마류 가사비송사건에 대하여 가정법원에 소를 제기하거나 심판을 청구하려는 사람은 먼저 조정을 신청하여야 한다.
② 제1항의 사건에 관하여 조정을 신청하지 아니하고 소를 제기하거나 심판을 청구한 경우에는 가정법원은 그 사건을 조정에 회부하여야 한다. 다만, 공시송달의 방법이 아니면 당사자의 어느 한쪽 또는 양쪽을 소환할 수 없거나 그 사건을 조정에 회부하더라도 조정이 성립될 수 없다고 인정하는 경우에는 그러하지 아니하다.

제51조(관할) ① 가사조정사건은 그에 상응하는 가사소송사건이나 가사비송사건을 관할하는 가정법원 또는 당사자가 합의로 정한 가정법원이 관할한다.
② 가사조정사건에 관하여는 제13조 제3항부터 제5항까지의 규정을 준용한다.

제52조(조정기관) ① 가사조정사건은 조정장 1명과 2명 이상의 조정위원으로 구성된 조정위원회가 처리한다.
② 조정담당판사는 상당한 이유가 있는 경우에는 당사자가 반대의 의사를 명백하게 표시하지 아니하면 단독으로 조정할 수 있다.

제53조(조정장 등 및 조정위원의 지정) ① 조정장이나 조정담당판사는 가정법원장 또는 가정법원지원장이 그 관할법원의 판사 중에서 지정한다.
② 조정위원회를 구성하는 조정위원은 학식과 덕망이 있는 사람으로서 매년 미리 가정법원장이나 가정법원지원장이 위촉한 사람 또는 당사자가 합의하여 선정한 사람 중에서 각 사건마다 조정장이 지정한다.

제54조(조정위원)

조정위원은 조정위원회에서 하는 조정에 관여할 뿐 아니라 가정법원, 조정위원회 또는 조정담당판사의 촉탁에 따라 다른 조정사건에 관하여 전문적 지식에 따른 의견을 진술하거나 분쟁의 해결을 위하여 사건 관계인의 의견을 듣는다.

제55조(조정의 신청)

조정의 신청에 관하여는 제36조 제2항부터 제5항까지의 규정을 준용한다.

제56조(사실의 사전 조사)
조정장이나 조정담당판사는 특별한 사정이 없으면 조정을 하기 전에 기한을 정하여 가사조사관에게 사건에 관한 사실을 조사하게 하여야 한다.

제57조(관련 사건의 병합신청) ① 조정의 목적인 청구와 제14조에 규정된 관련 관계에 있는 나류, 다류 및 마류 가사사건의 청구는 병합하여 조정신청할 수 있다.
② 당사자 간의 분쟁을 일시에 해결하기 위하여 필요하면 당사자는 조정위원회 또는 조정담당판사의 허가를 받아 조정의 목적인 청구와 관련 있는 민사사건의 청구를 병합하여 조정신청할 수 있다.

제58조(조정의 원칙) ① 조정위원회는 조정을 할 때 당사자의 이익뿐 아니라 조정으로 인하여 영향받게 되는 모든 이해관계인의 이익을 고려하고 분쟁을 평화적·종국적으로 해결할 수 있는 방안을 마련하여 당사자를 설득하여야 한다.
② 자녀의 친권을 행사할 사람의 지정과 변경, 양육 방법의 결정 등 미성년자인 자녀의 이해에 직접적인 관련이 있는 사항을 조정할 때에는 미성년자인 자녀의 복지를 우선적으로 고려하여야 한다.

제59조(조정의 성립) ① 조정은 당사자 사이에 합의된 사항을 조서에 적음으로써 성립한다.
② 조정이나 확정된 조정을 갈음하는 결정은 재판상 화해와 동일한 효력이 있다. 다만, 당사자가 임의로 처분할 수 없는 사항에 대하여는 그러하지 아니하다.

제60조(이의신청 등에 의한 소송으로의 이행)
제57조 제2항에 따라 조정신청된 민사사건의 청구에 관하여는 「민사조정법」 제36조를 준용한다. 이 경우 가정법원은 결정으로 그 민사사건을 관할법원에 이송하여야 한다.

제61조(조정장 등의 의견 첨부)
조정의 목적인 가사사건의 청구에 관하여 「민사조정법」 제36조에 따라 소가 제기된 것으로 의제(擬制)되거나, 제50조 제2항에 따라 조정에 회부된 사건을 다시 가정법원에 회부할 때에는 조정장이나 조정담당판사는 의견을 첨부하여 기록을 관할가정법원에 보내야 한다.

1. 개요

1) 의의

가사조정이란 넓은 의미에서는 가사사건 및 관련 민사사건의 청구에 관하여 당사자의 합의를 유도하기 위한 절차 전반을 가리키고, 좁은 의미로는 당사자 사이에 이루어진 합의 자체를 의미하는데 일반적으로 가사조정이라고 할 때는 넓은 의미로 사용되고 있다.

2) 필요성

가정 내부의 문제 및 친족 사이에 분쟁을 주된 대상으로 하는 가사사건은 관계인의 감정 내지 심리적 갈등에서 비롯되는 비합리성을 그 특징으로 하기 때문에 가정법원이 객관적인 입장에서 당사자 사이에 서로의 인격을 존중하면서 대립된 감정과 모순된 환경의 조정을 통하여 합의를 유도하여 분쟁을 해결함으로서 현재뿐 아니라 장래에도 원만한 인간관관계를 유지하고 새로운 분쟁이 재발하지 않도록 하여야 하므로 가사조정의 필요성이 있다.

2. 조정기관과 보조기관

가정법원에 설치된 조정위원회(조정장 1인과 2인 이상의 조정위원으로 구성)의 조정위원은 학식과 덕망을 갖춘 사회 인사들로 구성되어 있는데, 이들은 가사사건의 분쟁 당사자들의 이익을 고려하고 설득과 타협으로 합리적이고 공평한 조정자 역할을 다하여 가능한 당사자 간의 자주적인 분쟁해결을 도모할 수 있도록 제도의 취지를 살려야 한다고 본다.

3. 관련사건(재산분할, 위자료, 양육자 및 친권자 지정청구)의 병합

조정의 목적인 이혼청구와 동일한 사실관계에 기초하거나 그 당부의 전제가 되는 손해배상청구(재산상 손해, 위자료 등), 재산분할 청구, 친권자 및 양육자 지정 청구를 병합하여 조정 신청할 수 있다. 또한, 당사자 간 분쟁해결을 위하여 필요한 때에는 당사자의 청구로 조정위원회 또는 조정담당판사의 허가를 얻어 조정의 목적인 청구와 관련 있는 민사사건의 청구를 병합하여 조정 신청할 수 있다(가사소송법 제57조, 제14조).

4. 가사조사관의 사전조사

조정장 또는 조정담당판사는 특별한 사정이 없는 한 조정을 행하기 전에 기한을 정하여 가사조사관으로 하여금 사건에 관한 사실의 조사를 하게 하여야 한다(가사소송법 제56조). 그리고 조정장 또는 조정담당판사 및 가사조사관은 사실의 조사를 위하여 필요한 때에는 경찰 기타 관공서, 은행, 학교 기타 상당하다고 인정되는 단체 또는 개인에게 사실의 조사를 촉탁하고 필요한 사항의 보고를 요구할 수 있다(가사소송법 제8조).

[조정절차 흐름도]

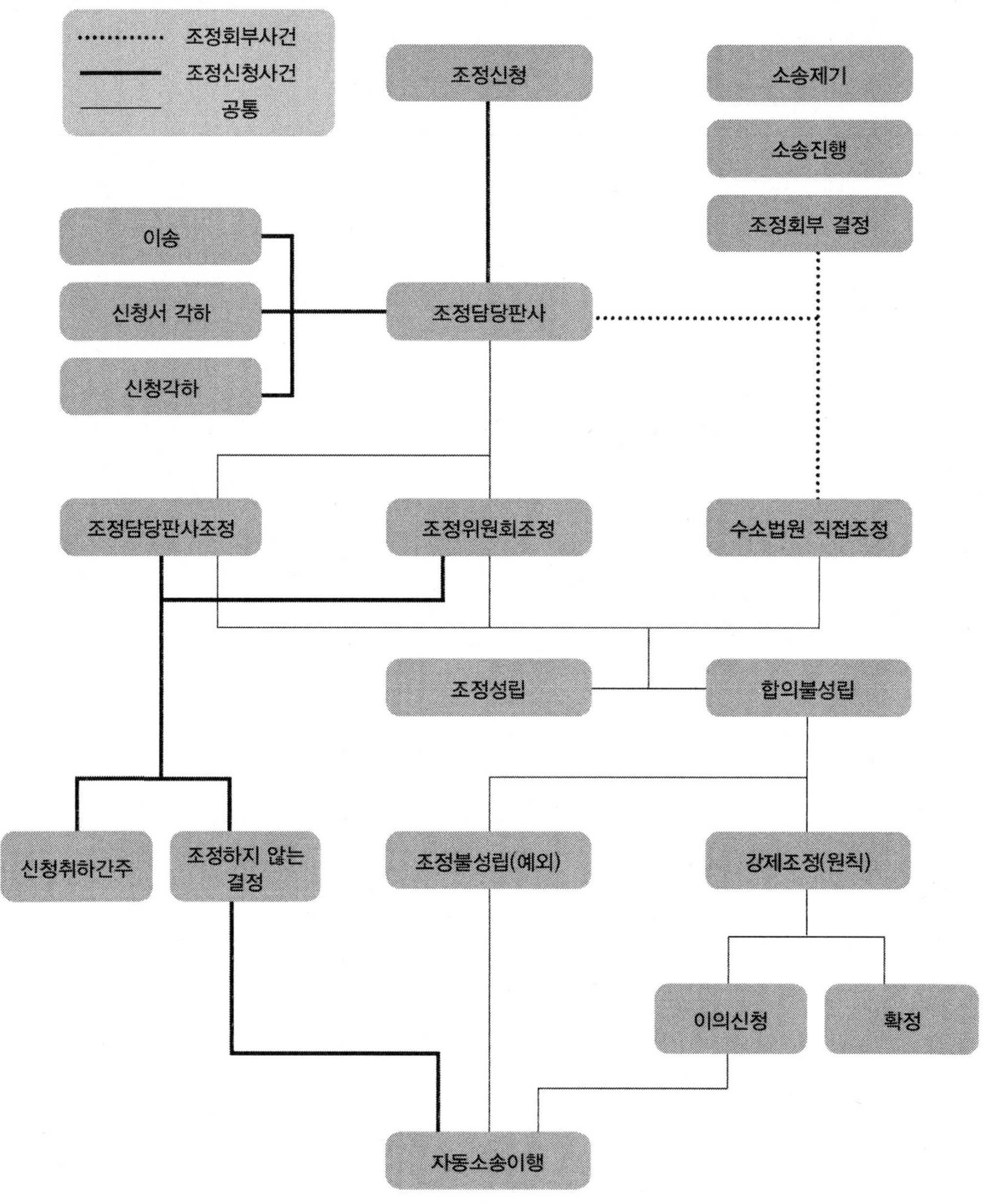

조정회부사건
조정신청사건
공통
조정신청
소송제기
소송진행
조정회부 결정
이송
신청서 각하
신청각하
조정담당판사
조정담당판사조정
조정위원회조정
수소법원 직접조정
조정성립
합의불성립
신청취하간주
조정하지 않는 결정
조정불성립(예외)
강제조정(원칙)
이의신청
확정
자동소송이행

1. 당사자 및 관할

가사조정사건은 그에 상응하는 가사소송사건이나 가사비송사건을 관할하는 가정법원 또는 당사자가 합의로 정한 가정법원의 관할에 속한다(법51조 제1항). 가정법원은 가사조정사건의 전부 또는 일부에 대해 관할권이 없음을 인정한 경우에는 결정으로 관할법원에 이송하여야 한다(법 51조 제2항, 13조 제3항). 토지관할에 위반한 경우뿐만 아니라 가사청구와 관련 없이 가사조정의 대상으로 되지 아니하는 민사사건의 청구에 관하여 가사조정의 신청을 한 경우를 포함한다(법 57조 제2항 참조). 또한 가정법원은 가사조정사건이 그 관할에 속하는 경우에도 현저한 손해 또는 지연을 피하기 위하여 필요한 경우에는 직권 또는 신청에 의하여 사건을 다른 관할 가정법원에 이송할 수 있다(재량이송).

2. 가사조정의 신청

(1) 신청의 방식

1) 가사조정의 신청은 신청인적격을 가지는 사람이 서면 또는 구두로 한다(법 제55조, 제36조 제2항). 구두로 신청하는 때에는 가정법원의 법원사무관등의 앞에서 진술하여야 하고(법 제36조 제4항), 법원사무관등은 조정신청조서를 작성하고 기명날인하여야 한다(같은 조 제5항). 당사자 양쪽이 함께 가정법원에 출석하여 구술로 가사조정신청을 할 수도 있는 바, 이 경우에는 신청당일에 바로 조정기일을 열어야 한다(민조 제15조 제3항).

   가사조정의 신청서 또는 신청조서에는 ① 당사자의 등록기준지·주소·성명·생년월일, 대리인이 청구할 때에는 대리인의 주소와 성명, ② 신청인의 취지와 원인, ③ 신청의 연월일, ④ 가정법원의 표시를 적고, 신청인 또는 대리인이 기명날인하여야 한다. 증거서류가 있는 경우에는 신청과 동시에 이를 제출하여야 한다(민소규 제2조 제1항). 또 가사조정신청서를 제출하는 경우에는 상대방의 수에 상응하는 부본을 제출하여야 한다(같은 조 제2항). 그 밖에 당사자적격, 관할, 신분관계 등의 판단자료로 당사자의 가족관계증명서, 주민등록표등본을 첨부하여야 한다.

2) 가사조정의 신청에는 5,000원의 수수료를 인지로 납부하여야 한다(가수규 제6조 제1항). 여러 개의 가사사건의 청구를 병합하여 가사조정신청을 하더라도 수수료에는 영향이 없다. 다만, 민사사건의 청구를 병합하여 가사조정신청을 하는 경우에는 그 민사사건의 청구에 대하여 민사소송 등 인지법 제2조에 따라 산출한 액의 1/5과 5,000원 중 다액을 수수료로 납부하여야 한다(같은 조 제2항).

(2) 신청의 효과

1) 조정신청서 및 조정신청의 각하

① 조정신청서 각하명령

신청인이 수수료를 납부하지 아니한 때에는 상당한 기간을 정하여 그 기간 내에 납부할 것

을 명하여야 한다. 신청인이 위 명령을 이행하지 아니한 때에는 조정장 또는 조정담당판사
는 명령으로 조정신청서를 각하하여야 한다.

② 조정신청 각하결정

조정절차에서 당사자에게 기일을 통지할 수 없는 때에는 조정장 또는 조정담당판사는 결정
으로 조정신청을 각하할 수 있다(민조 제25조 제1항). 여기에서 '기일을 통지할 수 없는
때'란 공시송달에 의하지 않고는 송달이 불가능한 경우를 의미하는 것으로 해석된다. 민사
조정법 제38조 제2항의 문언에도 불구하고 등기우편에 의한 발송송달로 하는 기일통지는
조정절차에서도 가능하다고 보기 때문이다. 결국, 조정당사자에 대한 기일의 통지가 공시
송달 이외의 방법으로 불가능하면 조정신청을 각하할 수 있다는 것이 된다.

조정신청 각하결정에 대하여는 불복하지 못한다(민조 제25조 제2항). 그러나 조정에 회부
된 사건에서 당사자에게 공시송달에 의하지 아니하고는 가사조정기일통지를 할 수 없는 때
에는 조정신청을 각하할 여지는 없으므로 사건을 다시 수소법원에 회부하여야 한다(조정예
규 제25조 제3항 제1호).

2) 조정계속

조정신청이 각하된 경우를 제외하고, 가사조정신청에 의하여 사건이 가정법원의 조정절차
에 계속되게 되므로 당사자는 조정을 받을 권리가 생기고 가정법원은 조정절차를 진행하여
조정을 성립·불성립시키거나 조정을 갈음하는 결정을 하는 등으로 조정절차를 종료시킬 의
무를 지게 된다.

3. 수소법원의 조정회부

(1) 조정 전치주의

가사조정의 대상인 가사사건에 관하여는 조정 전치주의가 적용되므로, 나류 및 다류 가사
소송사건과 마류 가사비송사건에 관하여 당사자가 가사조정을 신청하지 아니하고 소를 제
기하거나 심판청구를 한 때에는, 가정법원은 조정성립의 가능성이 없다고 인정되는 예외적
인 경우를 제외하고는 직권으로 그 사건을 가사조정에 회부하여야 한다(법 제50조 제2항).

(2) 조정회부의 방식 등

수소법원의 조정회부는 직권에 의한 결정으로 한다. 이 결정에 대하여는 불복할 수 없다.
위 조정회부결정은 사건의 변론종결 또는 심리종결 후에도 할 수 있다(조정예규 제32조).

1. 조정기일 및 조정장소

(1) 조정장 또는 조정담당판사는 조정기일을 정한 다음 당사자와 이해관계인에게 「조정기일 소환장」을 송달함으로써 통지하되, 소환을 받고도 정당한 이유 없이 불출석하면 결정으로 50만 원 이하의 과태료에 처할 수 있고 구인할 수 있다(동법 제66조).

(2) 조정은 가정법원 내 조정실에서 행하되 비공개로 할 수 있다(민사조정법 제20조). 사건의 실정에 따라 법원 외의 적당한 장소에서 현지조정을 할 수도 있다(가사소송규칙 제118조, 민사조정법 제19조). 즉 조정은 조정실, 심문실, 판사실 또는 분쟁에 관련된 현장 기타 적당한 장소이면 어디서든 할 수 있다(민사조정및가사조정에관한사무처리요령 제18조).

2. 조정기일의 세부절차

(1) 가사조정사건은 조정위원회가 처리하는 것이 원칙이지만, 조정담당판사는 상당한 이유가 있을 때에는 당사자가 반대의 의사를 명백하게 표시하지 않는 한 단독으로 조정할 수 있다(가사소송법 제52조 제2항).
조정은 본인 또는 법정대리인이 출석하는 것을 원칙으로 하지만, 특별한 사정이 있을 때에는 조정장 또는 조정담당판사의 허가를 얻어 대리인을 출석하게 하거나 보조인을 동반할 수 있다. 이때에 변호사 아닌 자가 대리인 또는 보조인이 되기 위해서는 조정장 또는 조정담당판사의 허가를 얻어야 한다(가사소송법 제7조). 그리고 조정절차는 비공개로 할 수 있으며(가사소송법 제49조, 민사조정법 제20조), 조정의 성립은 양당사자(신청인과 피신청인)의 합의를 기초로 한다.

(2) 조정위원회가 조정을 함에 있어서는 당사자의 이익 외에 조정으로 인하여 영향을 받게 되는 모든 이해관계인의 이익을 고려하고, 분쟁의 평화적·종국적 해결을 이룩할 수 있는 방안을 마련하여 당사자를 설득하여야 한다(가사소송법 제58조 제1항). 특히 자(子)의 친권을 행사할 자의 지정과 변경, 양육방법의 결정 등 미성년자인 자(子)의 이해와 직접 관련되는 사항을 조정함에 있어서는 미성년자인 자(子)의 복지가 우선적으로 고려되어야 한다(가사소송법 제58조 제2항).

(3) 조정위원회의 의결은 과반수의 의견에 의하되, 가부동수인 경우에는 조정장의 결정에 따른다(민사조정규칙 제14조). 조정위원회의 합의는 공개하지 아니한다(동규칙 제15조). 실무상 조정은 일반적으로 1회의 기일만을 열어 조정이 성립되지 않으면 조정불성립으로 처리하여 절차를 종료시키는 것이 관례이지만, 때로는 계속적인 조정시도를 위하여 기일을 속행하는 수도 있다.

[서식] 기초조사표(조정신청서용 – 신청인)

기초조사표(조정신청서용)

※ 이 표는 상대방에게 송달되지 않고, 조정 또는 심판 진행 시 조기 개입을 위한 참고자료이오니 해당란에 체크하시고, 아시는 범위 내에서 가능한 한 자세히 기재하여 주시기 바랍니다.

사건번호	이름	나이	성별	학력	직업	연락처

기본분류항목	완벽합의	협의 중	완전대립
■ 상대방과 이혼에 합의하였다.			
■ 상대방과 위자료, 재산분할 등 금전문제에 대해 합의하였다.			
■ 상대방과 자녀양육(친권 및 양육자 지정, 면접교섭, 양육비 등) 사항에 대해 합의하였다.			

I 기본정보

1. 신청한 내용에 대해, 이전에 조정이나 심판을 받은 적이 있습니까?
   □ 있다(법원명·사건번호:＿＿＿＿＿＿＿＿＿＿＿＿＿＿＿＿＿＿)
   □ 없다

2. 현재 본 사건 외에 상대방을 상대로 진행 중인 소송이 있습니까?(사전처분 포함)
   □ 있다(＿＿＿＿＿건, 법원명·사건번호:＿＿＿＿＿＿＿＿＿＿＿＿＿)

□ 없다

3. 현재 상대방과 어떻게 지내고 있습니까?
   □ 함께 살고 있다.　　　□ 함께 살지만 각방생활을 한다.
   □ 함께 살지만 집에 가끔 들어온다.　□ 별거 중이다.

4. 현재 당신의 이혼의사는 어느 정도인가요? (이혼의사가 없으면 0, 확고하면 100)
   (______%)
☞ 상대방의 이혼의사는 어느 정도라고 생각하십니까? (______%)

5. 이 사건 신청 이전에 상대방과 대화나 협의를 한 적이 있습니까?
   □ 있다(그 결과는 ______________________________________)
   □ 없다(그 이유는 ______________________________________)

6. 상대방이 법원에서 폭력행사를 할 우려가 있습니까?
   □ 있다　　　　　　　　　　□ 없다
   □ 상대방은 법원 직원 등이 있는 곳에서 (□ 폭력을 행사할 것이다 □ 폭력을 행사하지
     않을 것이다)라고 생각한다.
   □ 상대방은 (□ 흉기 등을 사용한 폭력 행사 □ 욕설, 협박 등 언어폭력 □ 자해행위)의
     위험성이 있다.
   □ 기타(______________________________________)

7. 상대방이 가정폭력을 행사한 적이 있습니까? 있다면, 해당란에 체크하세요. (복수응답 가능)
   □ 있다　　　　　　　　　　　□ 없다(☞ 9번 문항으로)
   □ 경미한 폭행9)　□ 중한 폭행10)　□ 심한 욕설이나 모욕
   □ 상대방의 폭행으로 상처를 입어 치료받은 적이 있다(______년경)
   □ 가정폭력으로 경찰에 신고한 적이 있다(______________년경)
   □ 가정폭력으로 상대방이 형사 처벌이나 공적인 제재를 받은 적이 있다
     (______________년경)

8. 상대방이 가정폭력을 행사한 적이 있다면, 그 대상은 누구였습니까?(복수응답 가능)
   □ 배우자
   □ 자녀
   □ 신청인의 부모 또는 형제
   □ 기타(__________)
   □ 해당 없음

9. 상대방에게 다음과 같은 문제가 있습니까?
   □ 음주 및 주사 □ 알코올중독 □ 마약 복용 □ 기타 약물남용 및 중독 □ 해당 없음

10. 앞으로 소송이 어떻게 진행되기를 원하십니까?(복수응답 가능)
   □ 상대방과 적극적인 조율이나 조정을 통해 사건을 조속히 해결하기를 바란다.
   □ 다소 시간이 걸리더라도 재판을 통해 억울한 심정을 충분히 해소하기를 바란다.
   □ 부부상담 및 치료를 통해 문제해결에 도움을 받기를 바란다.
   □ 이혼과 관련된 자녀문제해결에 도움을 받기를 바란다.
   □ 기타(____________________________________)

11. 신청인이 혼인을 계속하기 어렵다고 생각하는 주된 이유는 무엇입니까?(복수응답 가능)
   □ 배우자 아닌 이성과 동거·출산 □ 배우자 아닌 자와 성관계 □ 기타 부정행위
   □ 장기간 별거 □ 가출 □ 잦은 외박 □ 폭행 □ 폭언/욕설 □ 무시/모욕
   □ 시가/처가와의 갈등 □ 시가/처가에 대한 지나친 의존 □ 마약/약물 중독
   □ 알코올 중독 □ 도박 □ 경제적 무책임 □ 정당한 이유 없는 과도한 채무부담
   □ 정당한 이유 없는 생활비 미지급 □ 가정에 대한 무관심 □ 애정 상실
   □ 대화단절 □ 배우자에 대한 지나친 의심 □ 극복할 수 없는 성격차이
   □ 이혼 강요 □ 과다한 음주 □ 강제적 성관계 요구 □ 성관계 거부
   □ 회복하기 어려운 성기능 장애 □ 회복하기 어려운 정신질환 □ 범죄/구속
   □ 전혼자녀와 갈등 □ 자녀 학대 □ 국내 미입국 □ 해외 거주
   □ 기타(____________________________________)

☞ 미성년 자녀가 없는 경우 Ⅲ. 재산사항으로 이동하여 주시기 바랍니다.

<table>
<tr><td align="center">Ⅱ 양육사항</td></tr>
</table>

12. 친권 및 양육권에 대해 상대방과 합의하였습니까?
   □ 합의하였다
   □ 합의하지 못하였다(그 이유는 ______________________________)

13. 이혼조정신청으로 오기 전까지 누가 주로 자녀를 양육하였습니까?
   □ 신청인 □ 상대방 □ 기타(______________________________)

14. 그동안 자녀가 정기적으로 병원검진을 받거나 치료를 필요로 할 때 누가 주로 데리고 다녔습니까?
   □ 신청인 □ 상대방 □ 기타(______________________________)

15. 그동안 자녀의 학교생활이나 학습적인 부분을 누가 주로 도왔습니까?

---

9) 예컨대, 물건을 집어던지는 행위, 어깨나 목 등을 움켜잡는 행위, 손바닥으로 뺨이나 신체를 툭툭 때리는 행위 등
10) 예컨대, 목을 조르는 행위, 칼이나 흉기 등으로 위협하거나 다치게 하는 행위, 도구나 몽둥이를 이용하여 때리는 행위, 사정없이 마구 때리는 행위 등

(예: 체험활동, 학부모상담, 숙제, 시험 등)
　□ 신청인　□ 상대방　□ 기타(_____________________)

16. 현재 자녀가 누구와 함께 생활하고 있습니까?
　□ 신청인　□ 상대방　□ 기타(_____________________)

17. 현재 자녀와 함께 살고 있지 않다면, 자녀와의 면접교섭은 어떻게 하고 있습니까?
　□ 쌍방 협의하여 자유롭게 만나고 있다.
　□ 정기적으로 월_____회 만나고 있다.
　□ 면접교섭을 하기로 약속했으나 (□상대방의 방해로 □자녀의 거부로) 지켜지지 않는다.
　□ 면접교섭에 대해 협의한 사항이 없다(그 이유는 ___________).
　□ 기타(_____________________)

18. 자녀의 양육비가 지급되고 있습니까?
　□ 이혼조정신청 전과 다름없이 지급되고 있다(지급되는 양육비 평균 금액: 월_____원)
　□ 부정기적으로 지급되고 있다(지급되는 양육비 평균 금액: 월_____원)
　□ _____년 _____월부터 전혀 지급되지 않고 있다.
　□ 기타(_____________________)

19. 신청인과 상대방의 주거상황에 대해 기재하여 주시기 바랍니다.
　■ 신청인　□ 자택　□ 임대(보증금/월세 _____원)　□ 본가
□ 기타(_________)
　■ 상대방　□ 자택　□ 임대(보증금/월세 _____원)　□ 본가
□ 기타(_________)

20. 공공기관이나 친족으로부터 도움을 받고 있습니까?
　■ 신청인　□ 받고 있다 → □ _________로부터 _________를 지급·보조받고 있다.
　　　　　　□ 받고 있지 않다.
　■ 상대방　□ 받고 있다 → □ _________로부터 _________를 지급·보조받고 있다.
　　　　　　□ 받고 있지 않다.

21. 현재 상대방이 양육하는 경우, 자녀에 대해 걱정되는 부분이 있습니까?
　□ 있다　　　　　　　　　　□ 없다
　□ 자녀의 식사, 위생, 생활습관 등이 걱정된다.
　□ 자녀의 학업 및 학습적인 부분이 걱정된다.
　□ 자녀가 장시간 혼자 있는 것이 걱정된다.
　□ 술이나 약물복용으로 자녀를 제대로 돌보지 않는 것이 걱정된다.
　□ 자녀가 폭언 및 폭력에 노출되는 것이 걱정된다.
　□ 기타(_____________________)

22. 현재 신청인이 양육하는 경우, 상대방이 자녀를 강제로 데려갈 것이라는 우려가 있습니까?
　　□ 있다　　　　　　　　　　　　　　　　　□ 없다
　　□ 자녀와 단둘이 있을 경우 강제로 데려갈 우려가 있다(그 이유는 ＿＿＿＿＿＿＿
　　　　＿＿＿)
　　□ 법원 직원 등이 있는 곳에서도 강제로 데려갈 우려가 있다
　　□ 자녀를 강제로 데려가려고 시도한 적이 있다(＿＿＿년 ＿＿＿월경)
　　□ 기타(＿＿＿＿＿＿＿＿＿＿＿＿＿＿＿)

23. 현재 자녀가 부모의 이혼문제로 어려움을 겪고 있다고 생각하십니까?
　　□ 그렇다　　　　　　　　　　　　　　　□ 그렇지 않다
　　□ 말수가 적어짐 □ 대화기피 □ 학교생활에 어려움 □ 학업성적 저하
　　□ 우울증상 □ 공격적 행동 □ 청소년비행 □ 자살시도
　　□ 기타(＿＿＿＿＿＿＿＿＿＿＿＿＿＿＿)

☞ 위자료 및 재산에 관한 청구가 없는 경우 Ⅳ. 기타 항목으로 이동하여 주시기 바랍니다.

Ⅲ 재산사항

24. 위자료에 대한 의견
　　□ 반드시 받아야 한다
　　□ 다른 협의사항이 원만하게 합의된다면 청구하지 않을 생각이다
　　□ 기타(＿＿＿＿＿＿＿＿＿＿＿＿＿＿＿)

25. 상대방과 재산분할에 관한 합의가 이루어졌습니까?
　　□ 합의하였다
　　□ 합의하지 못하였다(그 이유는 ＿＿＿＿＿＿＿＿＿＿＿＿＿＿＿)

26. 현재 생활비가 지급되고 있습니까?
　　□ 정기적으로 지급되고 있다(지급되는 생활비 평균 금액: 월　　 원)
　　□ 부정기적으로 지급되고 있다(지급되는 생활비 평균 금액: 월　 원)
　　□ ＿＿＿＿＿년 ＿＿＿＿월부터 지급되지 않고 있다
　　□ 기타(＿＿＿＿＿＿＿＿＿＿＿＿＿＿＿)

Ⅳ 기타

27. 현재 본 소송과 관련하여 긴박한 사정이나 위기상황이 있습니까?
　　□ 있다(구체적으로 ＿＿＿＿＿＿＿＿＿＿＿＿＿＿＿＿＿＿＿＿＿)

□ 없다

28. 가정문제의 해결을 위해 법원에서 어떤 도움을 받기를 원하십니까?(복수응답 가능)
　　□ 보호나 원조 제공 → □ 원조 제공 유관기관 연계 □ 쉼터 연계 □ 기타(________
　　　　__________)
　　□ 사실조사 → □ 파탄원인 □ 양육환경 □ 재산형성과정 □ 기타(___)
　　□ 자녀양육에 관한 안내(부모교육)
　　□ 전문가와의 상담 → □ 부부상담 □ 자녀상담 □ 가족상담 □ 기타(__________)
　　□ 심리치료(심리치료 대상자:__________)
　　□ 기타(__________________)

29. 재판 중 어떤 임시적 조치를 희망하십니까?
　　□ 임시적 조치는 필요 없다
　　□ 상대방의 접근금지 결정(이유: __________________)
　　□ 자녀와 면접교섭 권고 또는 결정
　　□ 양육비 지급 권고 또는 결정
　　□ 기타(__________________)

30. 상대방에게 우편물을 보내면 받아볼 수 있을 것으로 생각하십니까?
　　□ 있다
　　□ 없다(그 이유는 __________________)

31. 마지막으로, 판사 및 조정위원에게 전달되기 원하는 사항이 있으면 기재하여 주시기 바랍니다.

____
____
____
____
____
____
____
____
____
____
____
____
____
____
____
____
____

◈ 미성년 자녀가 있는 경우 자녀양육안내[11]를 미리 받아야 절차가 신속하게 진행됩니다. ◈

---

11) 재판상 이혼을 청구한 당사자 중에 미성년 자녀가 있는 부모들은 반드시 '자녀양육안내'를 받아야
합니다. 자녀양육안내는 소송 중에 있는 부모들에게 부모의 이혼과정과 지속적인 갈등이 자녀에게
미치는 영향을 알려주고, 가능하면 감정적인 대립을 자제하여 자녀 문제를 원만하게 해결할 수 있도록
돕는데 그 목적이 있습니다.

1. 개 설

가사조정절차는 당사자 사이의 합의를 유도하기 위한 절차이므로 합의의 유도가 불가능 또는 불필요한 상태에 이르거나, 합의에 이르면 목적을 달성하여 종료하게 된다. 따라서 가사조정절차는 합의에 의한 조정의 성립, 조정에 갈음하는 결정, 조정의 불성립, 취하, 각하 등에 의하여 종료 된다.

2. 취 하

조정신청의 취하 또는 소 취하를 하면 조정절차는 종료한다. 또한 조정 신청인이 조정기일에 통산 2회 불출석하는 경우에도 조정신청이 취하된 것으로 간주되어 조정절차는 종료한다(민사조정법 제31조).

3. 각 하

당사자에 대하여 기일을 통지할 수 없는 때에는 결국 당사자의 소환이 불능하여 조정도 진행할 수 없으므로 조정담당판사는 결정으로 조정신청을 각하할 수 있다(동법 제25조 제1항).

4. 부조정(조정을 하지 아니하는 결정)

조정담당판사는 사건이 성질상 조정을 함에 적당하지 아니하다고 인정하거나, 당사자가 부당한 목적으로 조정의 신청을 한 것임을 인정하는 때에는 조정을 하지 아니하는 결정으로 사건을 종결시킬 수 있다(동법 제26조 제1항).

5. 강제조정(조정에 갈음하는 결정)

(1) 당사자 간에 조정이 성립되지 않더라도, 조정담당판사가 상당하다고 인정하는 때 및 조정장이 조정위원회의 의견을 들은 후 직권으로 당사자의 이익 기타 모든 사정을 참작하여 신청인의 신청취지에 반하지 아니하는 한도 내에서 사건의 공평한 해결을 위한 결정을 할 수 있다(동법 제30조).
조정의 피신청인이 조정기일에 연속 2회 불출석하는 경우에도 조정담당 판사 및 조정장은 직권으로써 위와 같은 결정을 할 수 있다(동법 제32조).

(2) 당사자가 2주일 이내에 이의신청을 하면 위 결정은 효력을 상실하지만, 이의신청을 하지 않으면 위 결정은 확정되어 재판상 화해와 동일한 효력을 가진다(동법 제34조, 가사소송법 제59조 제2항).

6. 조정의 불성립(조정에 갈음하는 결정을 하지 않은 때)

조정담당판사는 당사자 사이에 합의가 성립될 가능성이 없거나, 성립된 합의의 내용이 상당하지 아니하다고 인정하는 경우에, 직권으로 조정에 갈음하는 결정(강제조정)을 하지 아니할 때에는 조정이 성립되지 아니한 것으로 사건을 종결시킬 수 있다(동법 제27조).

7. 조정성립

(1) 의의

1) 가사조정은 당사자 사이에 합의가 이루어지고 조정기관이 그 합의가 상당하다고 인정하여 조서에 적음으로써 성립한다(동법 제28조, 가사소송법 제59조 제1항). 즉 조정은 당사자의 합의와 조서의 기재로서 이루어진다. 따라서 단순히 합의가 이루어진 것만으로는 조정이 성립되었다고 할 수 없고 조서에 적기 전에는 언제든지 철회, 취소할 수 있는 반면 조서에 적은 후에는 임의로 철회, 취소할 수 없다.

2) 조정은 당사자의 합의를 전제로 하여 그 합의를 조서에 적음으로써 공증되는 사법상의 계약이고 거기에 재판상 화해와 동일한 효력이 인정되는 것이라고 할 수 있다.

(2) 가사조정의 성립요건

1) 당사자의 합의

당사자의 합의는 원칙적으로 조정기일에 당사자 양쪽이 출석하여 그 의사표시가 합치함으로써 성립한다.

2) 합의내용의 심사

당사자의 합의는 상당하다고 인정되는 것이어야 한다(민조 27조). 따라서 합의 내용이 법률상 무효이거나 방식에 위배된 경우, 당사자가 임의로 처분할 수 없는 사항에 대한 것인 경우, 당사자가 부당한 목적으로 조정신청 한 것은 조정을 하지 아니하는 결정을 하거나 상당한 내용으로 변경하여 조정을 갈음하는 결정을 하거나 조정불성립으로 처리한다.

3) 조서의 기재

당사자의 합의와 조정의 성립은 별개의 개념으로 조정은 조서에 적음으로써 재판상 화해와 동일한 효력을 가지게 된다. 따라서 조서의 기재는 조정의 성립요건이자 효력발생요건이다.

8. 조정의 효력

(1) 효력일반

1) 조정조서는 당사자가 임의로 처분할 수 없는 사항을 제외하고는 재판상 화해와 같은 효력이 있고(법 59조 2항) 재판상 화해는 확정판결과 같은 효력이 있으므로 결국 조정조서에는 일응 기판력, 형성력, 집행력이 있다.

2) 조정은 재판상 화해와 같은 효력이 있고 재판상 화해는 확정판결과 같은 효력이 있을 뿐이므로 조정조서에 기한 집행에 있어서는 집행문을 부여받아야 한다. 조정조서의 집행에 관한 사항은 집행법원인 지방법원의 관할에 속한다.

3) 조정조항이 당사자의 신분관계의 형성, 변경을 내용으로 하는 것인 경우에는 그에 따른 형성력이 생긴다. 다만 조정은 재판상화해와 같은 효력이 인정되는 것이므로 당사자가 임의로 처분할 수 있는 사항에 한정하기 때문에 그 외의 사항에 대해서는 조정이 성립하더라도 형성력이 인정되지 않는다.

(2) 조정성립 후의 사무처리

1) 조정조서는 화해조서 등에 준하여 조정이 성립된 날 즉 조정조서 작성일로부터 7일 이내에 당사자 및 조정철차에 참가한 이해관계인에게 송달 된다(민소규 56조).

2) 조정조항 중에 가족관계등록부에 기록할 것을 촉탁하여야 할 사항이 포함되어 있는 경우에는 그 기록을 촉탁하여야 한다. 따라서 당사자 간에 이혼하기로 조정이 성립되면, 법원은 지체 없이 당사자 또는 사건본인의 가족관계등록사무관장자에게 그 뜻을 통지하여야 하고(가사소송법 제9조, 동규칙 제7조), 조정신청인은 조정조서 성립일로부터 1개월 이내에 조정조서등본과 송달증명을 첨부하여 가족관계등록사무관장자에게 이혼신고를 하여야 한다(가족관계등록법 제81조, 제63조). 물론 상대방도 독자적으로 이혼신고를 할 수 있다(가족관계등록법 제63조 제3항). 이 신고는 보고적 신고로써 1월 이후에 관할관청에 이혼 신청하더라도 과태료가 나올지언정 이혼이 무효로 되지는 않는다.

1. 소송·심판에의 이행

가사조정절차가 ① 조정을 하지 아니하기로 하는 결정이 있는 때 ② 조정불성립으로 종결될 때 ③ 조정을 갈음하는 결정이 이의신청에 의해 효력이 없어져 종료된 때에는, 조정신청을 한 때에 소의 제기 또는 심판 청구가 있는 것으로 간주되므로 사건은 당연히 소송 또는 심판절차로 이송 된다(민조 36조).

2. 소송·심판에의 회부

가사조정절차가 수소법원의 조정회부에 의하여 개시된 경우에 ① 공시송달에 의하지 않고는 기일을 통지할 수 없는 때 ② 당사자 불출석으로 조정기일 2회 이상 진행하지 못한 경우에 조정을 갈음하는 결정을 하지 않은 때 ③ 조정을 하지 아니하는 결정 또는 조정의 불성립으로 종결 된 때 ④ 조정을 갈음하는 결정에 대해 적법한 이의신청이 있는 때 ⑤ 공시송달 이외의 방법으로는 조정을 갈음하는 결정서 정본을 송달할 수 없어 조정을 갈음하는 결정을 취소한 때에는 가사조정절차를 종결하고 사건을 수소법원에 다시 회부하여야 하는데 이를 소송 또는 심판에의 복귀라 한다.

■ 조정조항 사례 ■

(1) 이혼·위자료·재산분할·양육자지정 등의 경우

『1. 신청인과 피신청인은 이혼한다.
 2. 피신청인은 신청인에게 위자료로 2010. 12. 31.까지 1.000만 원을 지급한다.
 3. 신청인은 나머지 청구를 포기한다.
 4. 조정비용은 각자 부담한다.』

『1. 신청인과 피신청인은 이혼한다.
 2. 피신청인은 신청인에게 위자료로 1,000만 원을 지급하되, 2010. 6. 30.부터 2011. 3. 31.까지 매월 말일에 100만 원씩을 10회에 걸쳐 분할하여 지급한다. 피신청인이 위 분할지급을 1회라도 지체할 때에는 기한의 이익을 상실한다.
 3. 신청인은 나머지 청구를 포기한다.
 4. 조정비용은 각자 부담한다.』

『1. 신청인과 피신청인은 지금까지의 불화를 해소하고 혼인관계를 유지하여 부부로서 동거하기로 한다.
 2. 신청인은 나머지 청구를 포기한다.
 3. 조정비용은 각자 부담한다.』

『1. 신청인과 피신청인은 이혼한다.
 2. 사건본인 000(신청인과 피신청인 사이의 미성년자인 자녀)의 친권자 및 양육자로 피신청인을 지정한다.
 3. 피신청인은 신청인에게 별지 목록 기재 부동산에 관하여 재산분할을 원인으로 한 소유권이전등기절차를 이행한다.
 4. 신청인은 나머지 청구를 포기한다.
 5. 조정비용은 각자 부담한다.』

『1. 신청인과 피신청인은 이혼한다.
 2. 사건본인 ○○○(신청인과 피신청인 사이의 미성년자인 자녀)의 친권자 및 양육자로 신청인을 지정한다.
 3. 피신청인은 신청인에게 사건본인의 양육비로 이 조정성립일부터 사건본인이 성년이 될 때까지 매월 말일에 50만 원씩을 지급한다.
 4. ① ㉮ 피신청인은 매월 둘째, 넷째 토요일 15:00부터 그 다음날 17:00까지 피신청인이 원하는 장소에서 사건본인을 면접교섭할 수 있다.
   ㉯ 신청인(양육자)은 사건본인을 위 토요일 15:00 00에서 피신청인에게 인도하고, 피신청인은 그 다음날 17:00 같은 장소에서 사건본인을 신청인에게 다시 인도한다.
   ㉰ 만일 신청인이 ㉯항의 의무를 이행하지 않는 경우에는 그 의무불이행의 회수마다 100만 원의 손해배상금을 피신청인에게 지급한다.
  ② 사건본인이 유치원 또는 초등학교에 취학하기 이전에는, 피신청인은 신청인과 합의하여 1년에 2회씩 피신청인의 휴가기간 중 피신청인이 희망하는 각 7일간 피신청인의 주소지 또는 피신청인이 책임질 수 있는 장소에서 사건본인과 함께 지낼 수 있다.
  ③ 사건본인이 취학한 이후에는, 피신청인은 매년 1월과 2월 사이 및 7월과 8월 사이 사건본인의 방학기간 중 각 1회씩 피신청인이 지정하는 7일 동안 피신청인의 주거지 또는 피신청인이 책임질 수 있는 장소에서 사건본인과 함께 지낼 수 있다.

④ 피신청인은 설·추석 연휴기간 동안 사건본인과 함께 지낼 수 있다.
   5. 신청인은 나머지 청구를 포기한다.
   6. 조정비용은 각자 부담한다.』

『1. 원고와 피고는 이혼한다.
 2. 사건본인의 친권자 및 양육자로 00을 지정한다.
 3. 00은 00에게 사건본인들의 양육비로, 2024. 1. 1.부터 2000. 1. 1.까지는 월 00만원
    씩, 그 다음날부터 2000. 1. 1.까지는 원 00만원씩을 매월 말일에 각 지급한다.
 4. 가. 00은 사건본인이 성년에 달할 때까지 매월 0주 토요일 오전 00:00 시부터 다음날
        오후 00:00시까지 및 여름방학과 겨울방학 기간 중 각 7일간 00의 주거지 또는 00
        가 책임질 수 있는 장소에서 사건본인을 면접교섭할 수 있다.
    나. 00은 면접교섭이 끝난 후 반드시 사건본인을 00의 주거지에 데려다 주어야 하고,
        00은 위 면접교섭에 협조하고 이를 방해하여서는 아니 된다.
 5. 가. 00은 00에게 재산분할로 2000. 00. 00.까지 금 000원을 지급한다. 단 위 지급기일
        까지 위 금원을 지급하지 아니하는 경우에는 미지급금 및 이에 대하여 지급기일 다음
        날부터 다 갚는 때까지 연 00%의 비율에 의한 지연손해금을 가산하여 지급한다.
    나. 00은 000가압류를 해지한다.
    다. 위 가항과 나항은 동시이행한다.
 6. 00은 그 외 나머지 청구를, 00은 그 외 나머지 청구를 각 포기한다.
 7. 쌍방은 향후 상대방에 대하여 이 사건 이혼과 관련하여 위자료, 재산분할 등 일체의 재산
    상청구를 하지 아니한다.
 8. 소송비용 및 조정비용은 각자 부담한다.』

(2) 1해소 등의 경우

『1. 신청인과 피신청인 사이의 1관계를 해소한다.
 2. 피신청인은 신청인에게 피신청인의 주거지에 보관되어 있는 별지 목록 기재 물건을 인도
    하고, 2010. 6. 30.가지 위 자료로 1,000만 원을 지급한다.
 3. 신청인은 나머지 청구를 포기한다.
 4. 조정비용은 각자 부담한다.』

『1. 피신청인은 2010. 8. 31.까지 신청인으로부터 별지 목록 기재 물건(약혼예물로 교부하
    였던 시계, 반지 등)을 인도받음과 동시에 신청인에게 2,000만 원을 지급한다.
 2. 신청인은 2010. 8. 31.까지 피신청인으로부터 2,000만 원을 지급받음과 동시에 별지
    목록 기재 물건(약혼예물로 교부받은 시계, 반지 등)을 피신청인에게 인도한다.
 3. 신청인은 나머지 청구를 포기한다.
 4. 조정비용은 각자 부담한다.』

(3) 그 밖의 경우

『1. 신청인과 피신청인은 2010. 6. 30.까지 별거하기로 한다.
 2. 위 기간 동안 신청인이 사건본인(신청인과 피신청인 사이의 미성년자인 자녀)을 양육한
    다.
 3. 위 기간 동안 피신청인은 신청인에게 매월 말일에 150만 원씩을 부양료로 지급한다.
 4. 신청인은 나머지 청구를 포기한다.
 5. 조정비용은 각자 부담한다.』

[신청취지 사례]

1. 원고와 피고는 이혼한다.

2. 사건본인의 친권행사자 및 양육자로 원고를 지정한다.

3. 피고는 원고에게 위자료로 금 40,000,000원을 지급하라.

4. 피고는 원고에게 위 사건본인에 대한 장래의 양육비로 ○○○○. ○. ○.부터 ○○○○. ○. ○.까지(성년이 될 때까지 등) 매월 금500,000원씩을 매월 말일에 지급하라.

5. 위 제 3항은 가집행할 수 있다.

라는 조정을 구합니다.

소 장

신 청 인   홍 길 동 (洪 ○ ○)
19 년 월 일생(주민등록번호 :   )
등록기준지 : ○○시 ○구 ○○동 ○○번지
주   소 : ○○시 ○구 ○○동 ○○번지
소송대리인 변호사 김 ○ ○
○○시 ○구 ○○동 ○○번지(우편번호 :   )
(전화번호 : 02-525-1007   팩스 : 02-525-2433)

피신청인   신 ○ ○ (申 ○ ○)
19 년 월 일생(주민등록번호 :   )
등록기준지 및 주소 : 원고와 같은 곳

사건본인   홍 마 리 (洪 ○ ○)
20 년 월 일생(주민등록번호 :   )
등록기준지 및 주소 : 원고와 같은 곳

이혼 및 위자료 등 청구의 소

청 구 취 지

1. 원고와 피고는 이혼한다.
2. 사건본인의 친권행사자 및 양육자로 원고를 지정한다.
3. 피고는 원고에게 위자료로 금 40,000,000원을 지급하라.
4. 피고는 원고에게 위 사건본인에 대한 장래의 양육비로 ○○○○. ○. ○.부터 ○○○○. ○. ○.까지(성년이 될 때까지 등) 매월 금500,000원씩을 매월 말일에 지급하라.
5. 위 제 3항은 가집행할 수 있다.
라는 조정을 구합니다.

청 구 원 인

1. 혼인생활 경위 및 혼인파탄 경위
　가. 원고는 ○○년 ○월 경 ○○시 ○구 ○○동 소재 '○○호텔에서 피고와 맞선을 보고 교제 끝에 ○○○○년 ○월 ○일 서울 서초구에 소재한 ○○웨딩홀에서 결혼식을 올리고 2006. 6. 6. 혼인신고를 마친 법률상 부부이며, 슬하에 딸 '홍마리'를 두고 있습니다.

나. 원고와 피고가 교재를 할 당시 원고는 ○○주식회사에 과장으로 재직하면서 성실하게
   직장 생활을 하게 되었고, 6년간의 수고로움으로 인하여 작지만 현재 거주하는 주택
   도 마련하게 되었습니다.
다. 피고는 원고와 결혼한 후 집에서 쉬고 있는 것이 미안하다고 하면서 미용실을 운영하
   고 싶다고 주장하였고, 원고가 거주하는 위 주택을 마련하는데 그동안 저축하였던
   금원을 모두 투자하였고, 이도 부족하여 은행에서 부동산 담보대출을 받는 과정에서
   현재 경제적인 여력이 없기에 미용실을 하고 싶다면 우선 몇 년간 미용기술을 익히면서
   배우고 그 이후에 다시 미용실 운영은 원고와 상의를 하기로 하고 미용기술을 익히기로
   한 것입니다.
라. 피고가 미용기술을 익히기 시작하면서 가끔 집에 오지 못하는 일이 발생하게 되었고,
   월 2회 내지 4회 미용실에서 숙식을 해결한다고 하면서 외박하는 날이 늘어 갔습니다.
마. 또한 미용실을 시작하고 약1년이 지난 시점에서 은행에서 독촉장이 왔는데 원고에게
   금 5천만 원, 피고에게 금 8천만 원이 연체되었으므로 원금과 그 이자를 변제하라는
   것입니다. 피고는 원고의 인감도장을 가지고 있는 점을 계기로 인감증명서를 발급받
   고 ○○은행 ○○지점에서 채무자를 원고로 하여 금 5천만 원을 차용하였고, 피고를
   채무자로 하여 금 8천만 원을 대출받으면서 원고를 보증인으로 기재 한 이후 도합
   1억 3천만 원 대출을 받아서 미용실을 시작하였던 것입니다.
바. 후일에 알게 되었지만 피고는 원고 모르게 아무런 미용 기술도 없으면서 미용실을
   개업하고도 마치 직장생활을 하는 것처럼 원고를 속이고, 이도 부족하여 미용기술이
   부족하므로 직원을 채용하여 미용실 운영을 맡겨 놓고 미용실을 운영하면서 알게
   된 남성과 가까이 지내면서 피고가 외박하는 날은 다른 남자의집에서 외박을 하고
   집에 오지 않았던 것입니다.
   피고의 친구들에게 피고가 결혼 전에 생활이 어떠했는지 궁금하여 질문을 하였더니
   원고와 만나기 전에 수많은 남성들과 교제를 하였으며, 결혼 이후에도 혼인 전에
   사귀었던 남자와 계속 만남을 유지하면서 대출받은 돈과 원고의 급여를 가지고 유흥
   비로 탕진하였던 것입니다.
2. 친권자 및 양육자 지정 및 양육비
   원고와 피고 간에 출생한 딸 ‘홍마리’는 이제 3살이 되었고, 피고가 위와 같은 방탕생활
   과 외도 등을 계속하고 있는 이상 유책 배우자인 피고로서는 딸의 보호, 양육을 잘할
   수 없다 할 것이 분명하고, 그리고 ‘자녀의 복리’ 원칙에서 살펴보더라도 피고는 현재
   또는 장래에 딸의 정서나 심리에 나쁜 영향을 미치게 할 것이 예상되므로 딸의 원만한
   성장과 복지를 보장할 수 없다고 할 것이고, 딸의 직접적 보호, 양육을 위하여 어떤
   면에서는 피고가 여성이므로 적당하다는 사회적인 시각이 존재하나 원고는 보모를 구하
   여 돌보면서 원고의 주택 근처에 원고의 친부모님이 기거하고 있는 관계로 딸의 정서나
   심리에도 안정을 줄 수 있다 하겠습니다. 피고의 혼인생활 경위 등을 볼 때 피고는
   미용실을 운영한다고 딸의 양육도 신경 쓰지 못하였기에 그동안 원고의 친부모님께서
   돌봐주고 있었기에 아이의 양육은 피고보다 원고가 적합하다 할 것입니다.
   또한 사건본인의 양육비로서 장래 발생할 비용에 대하여 공동 부담을 하여야 하므로 현재부
   터 사건본인이 성년이 될 때까지 매월 금 500,000원을 지급하여야 할 것입니다.

3. 위자료의 산정

　　피고의 부정한 행위와 혼인의 파탄 책임이 민법 제840조 제1, 3호 소정의 재판상 이혼
　　사유에 해당된다고 할 것이므로, 원고는 피고에게 마땅히 이혼을 청구할 수 있다 할
　　것이며, 원, 피고 사이의 혼인이 위와 같이 파탄됨으로써 원고가 상당한 정신적 고통을
　　받게 되었음은 경험칙상 인정할 수 있다 할 것이므로 피고는 금전으로서 이를 위자할
　　책임이 있다 할 것인바, 그 액수는 원, 피고의 나이, 혼인기간, 생활정도와 혼인파탄
　　경위 등 제반사정을 참작하여 금 4,000,000원으로 정함이 상당하다 할 것입니다.

4. 결　론

　　그렇다면 원고와 피고는 이혼하고, 피고는 원고에게 위자료로 금 4,000,000원을 지급하
　　고, 위 사건본인에 대한 장래의 양육비로 ○○○○. ○. ○.부터 ○○○○. ○. ○.까지
　　(성년이 될 때까지 등) 매월 금 500,000원씩을 지급하여야 할 것입니다.

입 증 방 법

　　1. 갑제 1호증　　　　　　　가족관계증명서
　　1. 갑제 2호증　　　　　　　주민등록등본
　　1. 갑제 3호증　　　　　　　임대차계약서 사본(미용실)
　　1. 갑제 4호증　　　　　　　은행 연체통보서 사본
　　1. 기타 변론 시 자료를 제출하겠습니다.

첨 부 서 류

　　1. 위 입증서류　　　　　　　　　　　　각 1통
　　1. 소장부본　　　　　　　　　　　　　　1통
　　1. 소송 위임장　　　　　　　　　　　　1통

　　　　　　　　2016.　○.　○.
　　　　　　　　원고 소송대리인
　　　　　　　　변호사　김 ○ ○ (인)

○○ 가정법원　귀중

1. 이혼당사자가 신청인 및 피신청인이고 비용은 인지료 5,000원 및 송달료는 5회분(51,000원)이며, 만일 조정불성립으로 소송으로 이행시에는 인지 180,000원(청구취지에서 위자료 4,000만 원에 대한 인지는 185,000원이다.) 송달료 65.800원의 추가 납부하여야 한다.
2. 관할법원은 피신청인의 주소지를 관할하는 가정법원이다.
3. 조정불성립시 인지 18만원을 추납하는 이유는 위자료 청구액 4,000만원에 대한 인지대가 185,000원 (4,000만원×0.004+5,000원)인데, 조정 신청 시 인지대 5,000원을 납부 하였으므로 부족한 18만원을 추가 납부하는 것이다.

[참조] 조정에 갈음하는 결정조서 양식

○ ○ 법 원

조정에 갈음하는 결정조서

사 건: 200 드단(또는)너 ○○호
원 고: (신청인): 홍 ○ ○ (주민등록번호)
          (주 소)
피 고: (피신청인): 신 ○ ○ (주민등록번호)
          (주 소)

판 사: 기 일: 200 .   .   .
장 소: 공개어부: 공개
원고(신청인) 출석   피고(피신청인) 출석
____

(재판장)판사
다음과 같이 조정에 갈음하는 결정을 하고 이를 고지

청구의 표시(신청인의 표시)

청구취지(신청취지):
청구원인(신청원인):

결 정 사 항

1. 피고는 원고에게 금 000원을   200 . . .까지 지급한다.
2. 원고는 나머지 청구를 포기한다.
3. 소송비용 및 조정비용은 각자의 부담으로 한다.

　　　　　　　　　　법원사무관　　　　　　　　　　(인)
　　　　　　　　　　재판장판사　　　　　　　　　　(인)
----

* 참조: (   ) 는 신청에 의할 경우의 예시임

[참고] 조정결정에 대한 이의신청

조정에 갈음하는 결정에 대하여는 당사자가 조서정본을 송달받은 날부터 2주일 이내 이의를 신청할 수 있고, 적법한 이의 신청이 있으면 그 결정은 효력을 상실한다.

이의 신청은 당사자 또는 조정절차에 참가한 이해관계인, 조정에 갈음하는 결정이 확정되는 경우에 그 효력을 받게 되는 수계인이나 승계인도 이의신청을 할 수 있다. 또한 이의신청인은 당해 심급의 판결 선고 시까지 상대방의 동의를 얻어 이의신청을 취하할 수 있다.

조정에 갈음하는 결정은 이의신청의 취하 이의신청기간의 경과, 이의신청의 각하결정의 확정에 의하여 확정되며, 확정된 조정에 갈음하는 결정은 재판상 화해와 동일한 효력이 있다. 조정회부 된 사건에 있어서 그 전제가 되는 소 또는 심판청구가 취하되면 가사조정절차 역시 종료되고, 당사자 또는 사건본인의 사망으로 소송 또는 심판절차가 종료되는 경우에 조정절차 역시 당연히 종료된다. 이때 사망사실을 간과한 채 대리인 등에 의하여 조정이 성립되더라도 그 조정은 무효이다(대법원 판례).

[서식] 이혼 등 조정신청서(이혼, 양육자지정)

이혼 등 조정신청

신 청 인　　　홍 ○ ○ (洪 ○ ○)

　　　　　　　19 년 ○월 ○일생 (000000-0000000)

　　　　　　　등록기준지 : ○○○○도 ○○군 ○○읍 ○○리 ○○번지

　　　　　　　주　　　소 : 서울 ○○구 ○○동 ○○번지

　　　　　　　송달 장소 : ○○도 ○○시 ○○동 ○○번지

　　　　　　　연 락 처 : 02-525-1007

피신청인   한 ○ ○ (韓 ○ ○)
            19 년 ○월 ○일생(000000-0000000)
            등록기준지 : 위와 같음
            주   소 : 위와 같음

사건본인(미성년자) 1. 한 ○ 일(韓 ○ ○)
                ○○○○년 ○월 ○일생(000000-0000000)
              2. 한 ○ 이(韓 ○ ○)
                ○○○○년 ○월 ○일생(000000-0000000)
          사건본인 1, 2의 등록기준지 및 주소 : 위 원고와 같은 곳

이혼 및 양육자지정 조정신청

<h1 style="text-align:center">청 구 취 지</h1>

1. 원고와 피고는 이혼한다.
2. 사건본인(미성년자)들의 친권행사자 및 양육자로 원고를 지정한다.
3. 소송비용은 피고의 부담으로 한다.
라는 판결을 구합니다.

<h1 style="text-align:center">청 구 원 인</h1>

1. 원고와 피고는 ○○○○년 ○월 ○일 혼인신고를 한 법률상 부부이고 슬하에 사건본인(미성
  년인자)들을 출생한 부모인 바, 원고와 피고는 초등학교 동창으로서 시골 같은 동네에서
  함께 성장하였으며, 만 20세 이후 서로에게 신뢰가 쌓이게 되자 ○○○○년 ○월 ○일
  ○○시 ○○동 소재 ○○웨딩홀에서 혼인을 한 이후 피고는 무역업(오파상)을 하고 원고는
  가정주부로서 사건본인들을 양육하던 중 피고가 사업을 실패하자 부채가 쌓이고 경제적으
  로 파탄에 이르게 되었습니다.

2. 이에 경제적인 어려움을 극복하기 위하여 원고의 명의로 은행에서 금 6천만 원의 대출을
  받고 원고의 부(피고의 장인)에게 금 4천만 원의 금전을 차용하여 원고가 식당을 운영하기
  에 이르렀습니다. 그런데 피고가 사업을 하던 중 사업의 실패로 인하여 발생한 채무에
  대하여 채권자들이 식당을 방문하면서 채무를 변제하라고 피고에게 강요하자 피고는 날마
  다 술을 마시면서 식당운영에는 관여하지 않고, 또한 하루 매출이 발생하여 원고가 금전을
  가지고 있으면 야간에 식당에 방문하여 하루 매출액 전액을 갈취하기를 수차례 반복하고
  있습니다.

3. 피고는 사업을 실패한 이후 ○○○○년 ○월 경 원고를 폭행을 시작으로'세상을 살기 싫다'

는 등 말을 자주하고, 때와 장소를 가리지 아니하고 수차례 원고를 폭행하다가 최근에 와서 위 사건본인을 폭행하기도 하였습니다.

4. ○○○○년 ○월 경 원고는 피고와 도저히 혼인 생활을 유지하기 어려워서 상호 시간을 가지고 혼인관계를 청산할 것인지 아니면 서로 노력하여 다시 새로운 삶을 살아갈 것인지 결정하기로 하고, 원고가 사건본인들과 함께 서울 외곽에 위한 보증금 300만 원에 월세 15만 원의 단칸방을 구하여 이사를 하게 되었고, 최근에 와서 전세 3000만 원의 보증금을 지급하고 서울시 ○○동 소재 단독주택으로 이사하게 되었습니다.

5. 원고는 원고가 운영하는 식당이 일정정도 매출이 발생하여 유치원에 다니는 아이들(사건본인)을 양육하는 데 어려움이 없고, 생활비를 부담할 수 있는 정도에 이르렀으나 최근에 피고의 생활상을 파악한 결과 아직도 술로 시간을 보내고 피고가 거주하던 주택의 전세금마저 모두 날리고 거리를 방황하고 있는 것으로 파악되고 있습니다.

6. 따라서 현재 피고는 자녀들의 양육을 하기 힘들고 혼인관계를 유지하겠다는 의지도 없고 혼인생활을 파탄으로 이끌었으며, 이혼을 하겠다는 말을 자주 하고 있으므로 청구취지와 같이 청구를 하오니 원고가 새로운 삶을 살아갈 수 있도록 판결을 하여 주시기 바랍니다.

첨 부 서 류

1. 갑제1호증	가족관계증명서		1통
2. 갑제2호증	주민등록등본		1통
3. 갑제3호증	사업자등록증 사본		1통
4. 갑제4호증	원고 납세증명서		1통

2018. ○. ○.

원 고 홍 ○ ○ (인)

서울가정법원 귀중

■ 작성·접수방법

1. 당사자 및 관할자 신청서 접수 시 인지대·송달료는 앞에서 본 서식(사례)과 같고, 다만 이 사례의 경우에는 「이혼 및 친권·양육자 지정」만 신청하고 있으므로(위자료 청구는 없음).만약 조정불성립으로 사건이 재판에 회부되면 이혼사건 인지대가 20,000만원 이므로 부족액 15,000원과 송달료 65,800원을 추가 납부하여야 한다.

답 변 서

사   건   2016너 1234 이혼 등 조정신청
신 청 인   홍 길 동
피신청인   너 가 해

위 사건에 관하여 피고 소송대리인은 다음과 같이 답변합니다.

청구취지에 대한 답변

1. 원고의 청구를 기각한다.
2. 소송비용은 원고의 부담으로 한다.
라는 판결을 구합니다.

청구원인에 대한 답변

1. 본안 전 항변
원고는 피고가 주기적으로 폭력을 행사하면서 내연의 관계를 가지고 가정을 도보지 아니한 것으로 표현하고 있습니다. 그러나 사실관계는 아래와 같은 사유로 인하여 사실과 전혀 다릅니다.

- 중 략-

2. 원고의 유책사유
  가. 원고의 유책사유 기재- 사례를 중심으로
  나. 그렇다면 이는 피고가 오히려 민법 제840조 1, 2, 3, 6호의 재판상 이혼 사유를 들어 원고를 상대로 이혼을 청구하는 것은 부당하며, 피고는 이를 받아들일 수 없다 할 것입니다.
3. 결 론
  그러므로 원고의 이 사건 청구를 기각하여 주시기 바랍니다.

첨 부 서 류

2016. ○. ○.
피신청인 소송대리인
변호사 김 ○ ○ (인)

서울가정법원   귀중

제6장
이혼소송의 유형

제6장 이혼소송의 유형

분류	사건의 종류
가류 가사소송사건	진실한 신분관계와 호적부의 기재 등에 의하여 공시되어 있는 외형상 신분관계의 불일치를 이유로 하는 확인의 소. 조정의 대상이 안됨. – 혼인의 무효 – 이혼의 무효 – 인지의 무효 – 친생자관계존부확인 – 입양의 무효 – 파양의 무효
나류 가사소송사건	신분관계의 형성·변경을 목적으로 하는 형성의 소, 조정의 대상이 됨. – 사실상혼인관계존부확인 – 혼인의 취소 – 이혼의 취소 – 재판상 이혼 – 부(父)의 결정 – 친생부인 – 인지의 취소 – 인지에 대한 이의 – 인지청구 – 입양의 취소 – 파양의 취소 – 재판상파양 – 친양자 입양의 취소 – 친양자의 파양
다른 가사소송사건	가류 또는 나류 가사소송사건에 속하는 분쟁을 기초로 하는 재산상의 청구, 조정의 대상이 됨. – 약혼해제 또는 1관계부당파기로 인한 손해배상청구(제3자에 대한 청구를 포함한다) 및 원상회복의 청구 – 혼인의 무효·취소, 이혼의 무효·취소 또는 이혼을 원인으로 하는 손해배상청구(제3자에 대한 청구를 포함한다) 및 원상회복의 청구 – 입양의 무효·취소, 파양의 무효·취소 또는 파양을 원인으로 하는 손해배상청구(제3자에 대한 청구를 포함한다) 및 원상회복의 청구 – 민법 제 839조의3에 따른 재산분할청구권 보전을 위한 사해행위 취소 및 원상회복의 청구

민법 제834조(협의이혼)
부부는 협의에 의하여 이혼할 수 있다.

제835조(성년후견과 협의이혼)
피성년후견인의 협의이혼에 관하여는 제808조 제2항을 준용한다.

제836조(이혼의 성립과 신고방식) ① 협의이혼은 가정법원의 확인을 받아 「가족관계의 등록 등에 관한 법률」의 정한 바에 의하여 신고함으로써 그 효력이 생긴다.
② 전항의 신고는 당사자 쌍방과 성년자인 증인 2인의 연서한 서면으로 하여야 한다.

제836조의2(이혼의 절차) ① 협의이혼을 하려는 자는 가정법원이 제공하는 이혼에 관한 안내를 받아야 하고, 가정법원은 필요한 경우 당사자에게 상담에 관하여 전문적인 지식과 경험을 갖춘 전문상담인의 상담을 받을 것을 권고할 수 있다.
② 가정법원에 이혼의사의 확인을 신청한 당사자는 제1항의 안내를 받은 날부터 다음 각 호의 기간이 지난 후에 이혼의사의 확인을 받을 수 있다.
  1. 양육하여야 할 자(포태 중인 자를 포함한다. 이하 이 조에서 같다)가 있는 경우에는 3개월
  2. 제1호에 해당하지 아니하는 경우에는 1개월
③ 가정법원은 폭력으로 인하여 당사자 일방에게 참을 수 없는 고통이 예상되는 등 이혼을 하여야 할 급박한 사정이 있는 경우에는 제2항의 기간을 단축 또는 면제할 수 있다.
④ 양육하여야 할 자가 있는 경우 당사자는 제837조에 따른 자의 양육과 제909조 제4항에 따른 자의 친권자결정에 관한 협의서 또는 제837조 및 제909조 제4항에 따른 가정법원의 심판정본을 제출하여야 한다.
⑤ 가정법원은 당사자가 협의한 양육비부담에 관한 내용을 확인하는 양육비부담조서를 작성하여야 한다. 이 경우 양육비부담조서의 효력에 대하여는 「가사소송법」 제41조를 준용한다.

제837조(이혼과 자의 양육책임) ① 당사자는 그 자의 양육에 관한 사항을 협의에 의하여 정한다.
② 제1항의 협의는 다음의 사항을 포함하여야 한다. 〈개정 2007.12.21〉
  1. 양육자의 결정

  2. 양육비용의 부담

  3. 면접교섭권의 행사 여부 및 그 방법

③ 제1항에 따른 협의가 자의 복리에 반하는 경우에는 가정법원은 보정을 명하거나 직권으로 그 자의 의사·연령과 부모의 재산상황, 그 밖의 사정을 참작하여 양육에 필요한 사항을 정한다.

④ 양육에 관한 사항의 협의가 이루어지지 아니하거나 협의할 수 없는 때에는 가정법원은 직권으로 또는 당사자의 청구에 따라 이에 관하여 결정한다. 이 경우 가정법원은 제3항의 사정을 참작하여야 한다.

⑤ 가정법원은 자(子)의 복리를 위하여 필요하다고 인정하는 경우에는 부·모·자(子) 및 검사의 청구 또는 직권으로 자(子)의 양육에 관한 사항을 변경하거나 다른 적당한 처분을 할 수 있다.

⑥ 제3항부터 제5항까지의 규정은 양육에 관한 사항 외에는 부모의 권리의무에 변경을 가져오지 아니한다.

제837조의2(면접교섭권) ① 자를 직접 양육하지 아니하는 부모의 일방과 자는 상호 면접교섭할 수 있는 권리를 가진다.

② 가정법원은 자의 복리를 위하여 필요한 때에는 당사자의 청구 또는 직권에 의하여 면접교섭을 제한하거나 배제할 수 있다.

제838조(사기, 강박으로 인한 이혼의 취소청구권)
사기 또는 강박으로 인하여 이혼의 의사표시를 한 자는 그 취소를 가정법원에 청구할 수 있다.

제839조(준용규정)
제823조의 규정은 협의이혼에 준용한다.

제839조의2(재산분할청구권) ① 협의이혼한 자의 일방은 다른 일방에 대하여 재산분할을 청구할 수 있다.

② 제1항의 재산분할에 관하여 협의가 되지 아니하거나 협의할 수 없는 때에는 가정법원은 당사자의 청구에 의하여 당사자 쌍방의 협력으로 이룩한 재산의 액수 기타 사정을 참작하여 분할의 액수와 방법을 정한다.

③ 제1항의 재산분할청구권은 이혼한 날부터 2년을 경과한 때에는 소멸한다.

제839조의3(재산분할청구권 보전을 위한 사해행위취소권) ① 부부의 일방이 다른 일방의 재산분할청구권 행사를 해함을 알면서도 재산권을 목적으로 하는 법률행위를 한 때에는 다른 일방은 제406조 제1항을 준용하여 그 취소 및 원상회복을 가정법원에

1. 협의이혼이란

가. 개념

부부가 자유로운 이혼합의에 의하여 혼인관계를 해소시키는 제도로 협의상 이혼이 성립하려면 부부가 이혼의사의 합치 하에(실질적 요건), 이혼의사확인절차를 거쳐 이혼신고를 하여야 한다(형식적 요건). 재외국민으로 등록된 국민은 재외공관장에게 협의이혼의사확인신청을 하여 서울가정법원으로부터 이혼의사확인을 받은 후 쌍방이 서명 또는 날인한 이혼신고서에 그 확인서등본을 첨부하여 재외공관장 등에게 신고함으로써 이혼의 효력이 발생한다.

나. 협의이혼의사 확인행위가 재판상 이혼사유가 되는지

전설한 바와 같이 협의이혼의 경우 이혼원인의 존부는 심사대의 대상이 되지 않으므로 파탄여부에 관계없이 이혼할 의사만 있으면 된다. 따라서 그 후 신고를 하지 않아 결국 재판상 이혼을 하게 되더라도 협의이혼의사의 확인이 있었다는 것만으로는 재판상 이혼사유가 될 수 없고, 민법 제840조 제6호의 혼인을 유지하기 어려운 중대한 사유로 추정될 수도 없다.

2. 협의이혼의사 확인신청

(1) 이혼의사 확인

협의상 이혼을 하려고 하는 사람은 등록지준지 또는 주소지를 관할하는 가정법원의 확인을 받아 신고하여야 한다. 부부의 주소가 각기 다르거나 등록기준지와 주소가 다른 경우에는 그 중 편리한 곳에 신고하면 된다. 다만 국내에 거주하지 아니하는 경우에 그 확인은 서울가정법원의 관할로 한다(가족등록법 75조 1항). 이러한 이혼의사 확인은 협의이혼에 관한 실질적 심사의 의미가 있는데 이혼하려는 부부가 함께 출석하여 신청서를 제출하여야 하며 다만 부부 한쪽이 재외국민이거나 수감자로서 출석하기 어려운 경우에는 다른 쪽이 출석하여 제출할 수 있다(동법 규칙 제73조).

(2) 이혼에 관한 안내

협의이혼의사의 확인을 신청한 부부는 가정법원이 제공하는 이혼에 관한 안내를 받아야 한다. 즉 협의상 이혼을 하려는 자는 가정법원이 제공하는 이혼에 관한 안내를 받아야 하고 가정법원은 필요한 경우 당사자에게 상담에 관하여 전문적인 지식과 경험을 갖춘 전문상담인의 상담을 받을 것을 권고할 수 있다.

(3) 이혼의사 확인기간(숙려기간)

가정법원이 제공하는 이혼에 관한 안내를 받은 당사자는 그 안내를 받은 날부터 일정한 기간(양육할 자가 있는 경우 3개월, 양육하여야 할 자가 없는 경우 1개월)이 지난 후에 이혼의사의 확인을 받을 수 있다(민 836조의 2). 다만 폭력으로 인하여 당사자 일방에게 참을 수 없는 고통이 예상되는 등 이혼을 하여야 할 급박한 사정이 있는 경우에는 위 기간을 단축 또는 면제할 수 있다.

(4) 당사자의 법원출석

당사자는 확인기일을 법원으로 통지 받고서 출석하게 되는데 확인기일에는 반드시 부부가 함께 본인의 신분증 등과 도장을 가지고 법원에 출석하여야 한다. 이때 확인기일에 불출석하였을 경우에는 2회 확인기일에 출석하면 되나, 2회 확인기일에도 출석하지 않으면 확인신청을 취하 한 것으로 본다. 확인기일에 부부의 이혼의사가 확인되면 법원에서 부부에게 확인서 등본을 1통씩 교부한다.

(5) 자에 대한 양육사항 및 친권자 결정에 관한 협의서나 심판정본 제출

양육하여야 할 자가 있는 당사자는 양육사항 및 친권자 결정에 관한 협의서 또는 가정법원의 심판정본을 제출하여야 한다(민 836조의2). 이는 의무적인 것으로 자녀에 대한 양육사항이나 친권자 등에 관한 사항이 정해지지 않으면 이혼의 학인을 받을 수 없게 된다.

3. 협의이혼 신고

이혼을 하고자 하는 사람은 가정법원으로부터 확인서 등본을 교부 또는 송달받은 날부터 3개월 이내에 그 등본을 첨부하여 신고를 행하여야 하고 3개월의 기간이 경과한 때에는 그 가정법원의 확인은 효력을 상실한다(가족등록법 75조 2항, 3항). 그리고 협의이혼신고서에 가정법원의 이혼의사확인서등본을 첨부한 경우에는 증인 2인의 연서가 있는 것으로 본다(동법 제76조).

4. 협의이혼의 철회

이혼의사확인을 받았다 하더라도 실제 이혼할 의사가 없는 경우에는 이혼신고를 하지 않거나 이혼의사철회표시를 하고자 하는 사람의 등록기준지, 주소지 또는 현재지 시, 구, 읍, 면의 장에게 이혼의사 철회서를 제출할 수 있다. 그러나 이혼신고서가 이혼의사철회서보다 먼저 접수되면 철회서를 제출하였더라도 이혼의 효력이 발생한다.

5. 효과

이혼신고는 창설적 신고로 본다. 따라서 이혼의사 확인을 받았더라도 이혼신고를 하지 않는 한 이혼이 성립하지 않는다.

① 협의이혼을 전제한 재산분할약정의 재판이혼시 적용여부

판례는 "재산분할에 관한 협의는 혼인 중 당사자雙方의 협력으로 이룩한 재산의 분할에 관하여 이미 이혼을 마친 당사자 또는 아직 이혼하지 않은 당사자 사이에 행하여지는 협의를 가리키는 것인바, 그 중 아직 이혼하지 않은 당사자가 장차 협의상 이혼할 것을 약정하면서 이를 전제로 하여 위 재산분할에 관한 협의를 하는 경우에 있어서는, 특별한 사정이 없는 한 장차 당사자 사이에 협의상 이혼이 이루어질 것을 조건으로 하여 조건부 의사표시가 행하여지는 것이라 할 것이므로, 그 협의 후 당사자가 약정한 대로 협의상 이혼이 이루어진 경우에 한하여 그 협의의 효력이 발생하는 것이지, 어떠한 원인으로든지 협의상 이혼이 이루어지지 아니하고 혼인관계가 존속하게 되거나 당사자 일방이 제기한 이혼청구의 소에 의하여 재판상 이혼(화해 또는 조정에 의한 이혼을 포함)이 이루어진 경우에 그 협의는 조건의 불성취로 인하여 효력이 발생하지 않는다."라고 하였다(대법원 2000. 10. 24. 선고 99다33458 판결, 2003. 8. 19. 선고 2001다14061 판결).

그리고 "협의이혼을 전제로 재산분할의 약정을 한 후 재판상 이혼이 이루어진 경우, 재판상 이혼 후 또는 재판상 이혼과 함께 재산분할을 원하는 당사자로서는, 이혼성립 후 새로운 협의가 이루어지지 아니하는 한, 이혼소송과 별도의 절차로 또는 이혼소송절차에 병합하여 가정법원에 재산분할에 관한 심판을 청구하여야 하는 것이지(이에 따라 가정법원이 재산분할의 액수와 방법을 정함에 있어서는 그 협의의 내용과 협의가 이루어진 경위 등을 민법 제839조의2 제2항 소정 '기타 사정'의 하나로서 참작하게 될 것임), 당초의 재산분할에 관한 협의의 효력이 유지됨을 전제로 하여 민사소송으로써 그 협의내용 자체의 이행을 구할 수는 없다."라고 하였다(대법원 1995. 10. 12. 선고 95다23156 판결).

② 협의이혼 합의에 따른 금원수령 후, 불성립되어 재판상이혼 청구시 위자료청구 가능성

서울가정법원 1997. 4. 3. 선고 96드27609 판결에서는 "협의이혼을 하기로 하면서 일정 금원을 수령하고 이후 어떠한 이의도 제기하지 않기로 약정하였으나 협의이혼이 이루어지지 않고 재판상 이혼에 이르게 된 경우, 그와 같은 약정은 특별한 사정이 없는 한 협의이

혼이 이루어질 것을 전제로 하여 한 조건부 의사표시로서 협의이혼이 이루어지지 않은 이
상 그 합의는 조건의 불성취로 인하여 효력이 발생되지 아니하므로, 이로써 재판상 이혼함
으로 인하여 발생하는 위자료 청구권 및 재산분할 청구권이 당연히 소멸된다고 할 수 없
다."고 판시하고 있다.

③ 협의이혼 당시 위자료, 재산분할 등에 관한 합의가 성립되어야 하는지

협의이혼을 할 당시 위자료, 재산분할 등 재산문제가 합의되지 아니한 경우에도 이혼은 가
능하다. 위자료 청구의 경우, 배우자의 책임 있는 사유로 이혼에 이른 경우에 그로 인해
입은 정신적 고통에 대한 배상, 즉 위자료를 상대 배우자에게 청구할 수 있다(민법 제843
조 및 제806조). 협의이혼을 할 때 부부간 재산문제 합의 여부는 법원의 확인사항이 아니
므로 협의이혼 시 위자료에 관한 합의가 성립되지 아니한 경우라도 협의이혼은 가능하다.
이혼 후 법원에 위자료청구소송을 별도로 제기하여 위자료 문제를 다툴 수 있기 때문이다
(가사소송법 제2조 제1항 제1호 다목 2). 이러한 위자료 청구권은 통상 이혼한 때부터 3
년 이내에 행사하지 않으면 시효로 인해 소멸한다(민법 제839조의2).

재산분할의 경우 또한 이혼으로 인해 부부공동생활이 해소되는 경우에 혼인 중 부부간 재
산문제 합의 여부는 법원의 확인사항이 아니다. 따라서 협의이혼 시 재산분할에 관해 합의
되지 않더라도 이혼하는 것은 가능하다. 이혼 후 법원에 재산분할청구심판을 청구해서 재
산분할 문제를 다툴 수 있다(가사소송법 제2조 제1항 제2호 나목 4). 이러한 재산분할청구
권은 이혼한 날부터 2년을 경과하면 소멸한다.

④ 협의이혼 시 자녀들에 대한 양육비 등에 대한 약정의 효력

일반적으로 이혼자인 부모가 그 자녀들에 대한 부양의무의 하나로서 지게 되는 양육책임은
자녀가 성년이 되는 경우에는 이를 부담하지 않게 된다고 할 것이나, 부부가 이혼하면서
자녀들의 양육을 모가 맡아서 하되 부가 자녀들의 취업 또는 결혼시까지 양육비와 생활비
를 지급하기로 약정하였다면 자녀들이 성년이 된 이후에도 취업 내지 결혼하기 전까지는
양육비 등을 지급하여야 한다는 하급심 판례가 있다(서울민사지방법원 1993. 2. 4. 선고
92가합44812 판결).

그리고 위 판례와 유사한 대법원 판례에 의하면 "부부간에 이혼하면서 당초에는 남편이 자
녀의 양육을 맡기로 협정하였으나 사정이 바뀌어 처가 자녀의 양육을 맡기로 양육에 관한
협정을 변경하면서 자녀들에 대한 부양료로써 남편은 자녀들에게 그가 받는 봉급의 80퍼
센트와 700퍼센트의 상여금을 막내인 자녀가 대학을 졸업할 때까지 매월 지급하기로 한
협정이 현저히 형평을 잃은 불공정한 것이어서 무효이거나 그 이행을 강요함이 형평에 반
한다고 할 수 없다."라고 하면서 "부양권리자와 부양의무자 사이에 부양의 방법과 정도에
관하여 협정이 이루어지면 당사자 사이에 다시 협의에 의하여 이를 변경하거나, 법원의 심

판에 의하여 위 협정이 변경, 취소되지 않는 한 부양의무자는 그 협정에 따른 의무를 이행하여야 하는 것이고, 법원이 그 협정을 변경, 취소하려면 그럴 만한 사정의 변경이 있어야 하는 것이므로 부양권리자들이 위 협정의 이행을 구하는 사건에서 법원이 임의로 협정의 내용을 가감하여 부양의무자의 부양의무를 조절할 수는 없다.”라고 하였다(대법원 1992. 3. 31. 선고 90므651, 668 판결).

따라서 협의이혼 시 자녀들에 대한 양육비의 지급에 관한 약정이 존재할 경우 그 약정의 취소, 변경에 대한 별도의 합의가 존재하지 아니하거나 그 외 약정한 사실을 변경, 취소할 만한 사정변경이 없는 한 그 효력은 유지된다.

6. 국제이혼

1) 협의상 국제이혼

국제사법은 이혼의 준거법으로 부부의 동일한 본국법, 부부의 동일한 상거소지법, 부부와 가장 밀접한 관련이 있는 곳의 법을 적용하고 있어 이혼의 준거법 소속국에 협의이혼제도가 있는 경우에는 협의이혼을 할 수 있다. 또한 국제사법에서는 부부 중 일방이 대한민국에 상거소가 있는 대한민국 국민인 경우에는 대한민국 법을 이혼의 준거법으로 규정하고 있으므로 이 경우 한국법에 의한 협의이혼신고를 할 수 있다.

2) 재판상 국제이혼

외국법원의 이혼판결은 민사소송법 제217조에서 정한 요건을 갖추면 효력이 있으므로 외국법원의 이혼판결로서 이혼신고를 할 경우 이혼판결등본, 확정증명서, 번역문을 첨부하에 신고하면 이혼의 효력이 발생한다.

3) 외국인 남성과 한국인 여성사이의 이혼시 관할법원

대법원은 2006. 5. 26. 선고 2005므884 전원합의체 판결에서는 “미합중국 미주리 주에 법률상 주소를 두고 있는 미합중국 국적의 남자(원고)가 대한민국 국적의 여자(피고)와 대한민국에서 혼인한 후, 미합중 국적을 취득한 피고와 거주기한을 정하지 아니하고 대한민국에 거주하다가 피고를 상대로 이혼, 친권자 및 양육자지정 등을 청구한 사안에서 원,피고 모두 대한민국에 상거소를 가지고 있고, 혼인이 대한민국에서 성립되었으며, 그 혼인생활의 대부분이 대한민국에서 형성된 점을 고려하며 위 청구는 대한민국과 실질적 관련이 있다고 볼 수 있으므로 국제사법 제2조 제1항의 규정에 의하여 대한민국 법원이 재판관할권을 가진다고 할 수 있고, 원피고가 선택에 의한 주소를 대한민국에서 형성했고, 피고가 소장보본을 적법하게 송달받고 적극적으로 응소한 점까지 고려하면 국제사법 제2조 제2항에 규정권 ‘국제재판권할의 특수성’을 고려하더라도 대한민국 법원에 재판관할권 행사에 아무런 제한이 없다고 판시고 있다.

4) 이혼신고

국제사법은 이혼의 준거법에 관하여 혼인의 일반적 효력의 준거법과 동일하게 준거법을 복수로 하여 단계적 연결방법을 취하고 있다. 우선 1단계 신분문제에 있어 기본원칙인 본국법주의의 따라 부부의 동일한 본국법에 의하도록 하고, 국적이 다른 부부인 관계로 동일한 본국법이 없는 경우에는 2단계로서 부부의 동일한 사거소지법을 준거법으로 하고 있다. 만약 부부의 동일한 상거소지법도 없는 경우에는 최종 3단계로 부부와 가장 밀접한 관련이 있는 곳의 법을 준거법으로 한다.

5) 국적회복절차

국적회복허가를 신청하려는 자는 국적회복허가신청서 등 필요한 서류들을 작성하여 지방출입국·외국인관서의 장에게 제출하여야 한다. 법무부장관은 국적회복허가 신청을 받으면 이를 심사하여 신청자에게 대하여 국적회복을 허가할 경우 그 사실을 지체 없이 본인과 등록기준지 가족관계등록관서의 장에게 통보하여야 한다.

가) 국적회복허가신청

국적회복허가를 신청하려는 사람은 다음의 서류를 작성하여 지방출입국·외국인관서의 장에게 제출하여야 한다.
· 국적회복허가신청서
· 외국인임을 증명하는 서류
· 가족관계기록사항에 관한 증명서
· 제적등본 또는 그 밖에 본인이 대한민국이_ 국민이었던 사실을 증명하는 서류
· 국적사실의 원인 및 연월일을 증명하는 서류(외국국적을 취득한 때에는 그 국적을 취득한 원인 및 연월일을 증명하는 서류)
· 수반취득을 신청하는 사람이 있는 경우에는 그 관계를 증명하는 서류
· 신원진술서 2통
· 국적회복허가의 통보 및 가족관계등록부의 작성 등에 필요한 다음의 서류
· 국적회복허가 신청자가 자필로 작성한 가족관계통보서
· 국적회복허가 신청자의 부모, 배우자, 자녀, 혼인 또는 미혼, 입양 등의 신분사항에 관한 소명자료
· 국적회복허가 신청자가 출생월일을 새로이 특정할 경우 원 국적국의 대사관 또는 영사관에서 발급한 증명서 등 출생월일에 관한 소명자료

나) 국적회복허가 신청에 대한 심사

법무부장관은 국적회복허가신청을 받으면 심사한 후 국가나 사회에 위해를 끼친 사실이 있는 사람에게는 국적회복을 허가하지 않는다.

[첨부서류 등]

첨부서류	신청서	인지액	송달료	관할 법원
부부 각자의 가족관계증명서, 혼인관계증명서 각 1통 주민등록표등(초)본(주소지 법원에 신청하는 경우) 1통 미성년자녀가 있는 경우 양육과 친권자결정에 관한 협의서 1통과 사본 2통 또는 가정법원의 심판 정본 및 확정증명서 각 3통 재외국민등록부등본(재외국민) 1통 수용증명서(재소자) 1통	1부	없음	일반적인 경우 - 없음 일방이 재외국민, 수감인 경우 송달료 2회분 상당액	주소지 또는 등록 기준지

[서식] 혼인무효확인 청구의 소(국제이혼, 혼인 불합의)

소   장

원 고 이 ○ ○ (주민등록번호)
    등록기준지 : ○○시 ○○구 ○○길 ○○
    주소 : ○○시 ○○구 ○○길 ○○

피 고 텐 △△△ (TEN. △△△)
    19○○년 ○월 ○일생, 여
    국적 : 카자흐스탄
    최후 주소 : ○○시 ○○구 ○○길 ○○(우편번호)

혼인무효확인청구의 소

청 구 취 지

1. 가. 주위적 청구
      원고와 피고 사이에 20○○. ○. ○. ○○시 ○○구청장에게 신고하여 한   혼인은 무효임을 확인한다.
   나. 예비적 청구
      원고와 피고는 이혼한다.

2. 소송비용은 피고가 부담한다.
라는 판결을 구합니다.

청 구 원 인

1. 원고는 19○○. ○.경부터 □□□ 교회에 다니다가 □□□에서 주최하는 국제 합동결혼식절차를 통하여 20○○. ○. ○. 한국 ◎◎회관에서 카자흐스탄 국적의 피고와 결혼식을 거행하고, 20○○. ○. ○. ○○시 ○○구청장에게 혼인신고를 함으로써 가족관계등록부상으로는 피고와 부부로 되어 있습니다.

2. 그런데 원고는 위 결혼식 이전에는 피고를 만나 본 사실이 없고 서로 사진만 본 상태에서 □□□에서 정해주는 절차에 따라 피고와 결혼식을 올렸습니다. 그리고 결혼식 후에도 즉시 혼인생활을 위한 동거에 들어가지 못하는 □□□ 교리에 따라 피고는 원고와 떨어져 ○○시 ○○구 ○○동 ○○ 소재 □□□ 기숙사에서 40일을 지내야 하였고, 그 기간을 도과한 이후에서야 원 피고는 비로소 정식으로 혼인생활에 들어가도록 예정되어 있었습니다.
   따라서 원고는 피고와 결혼식만 올렸을 뿐, 육체관계나 동거 한번 없이 피고의 국내 체류기간 연장을 위하여 20○○. ○. ○. 피고와 혼인신고를 하였던 것입니다.

3. 그러나 피고는 위 □□□의 별거기간을 끝내고 원고와 혼인생활에 들어가기로 예정되어 있던 바로 전날인 20○○. ○. ○. 비자와 여권을 가지고 도망을 가서 지금까지 소재불명상태인바, 출입국사실을 확인해 본 결과 아직 국내 체류 중으로 되어 있었습니다. 피고의 여권은 원래 원고가 보관하고 있었는데 피고가 □□□의 교구장 목사를 통하여 자신의 여권을 돌려 달라고 사정하는 바람에 20○○. ○. ○. 마지못해 피고에게 여권을 주었는데 여권을 받은 바로 다음날 사라진 것입니다.

4. 위와 같은 사실을 종합해 볼 때 피고는 원고와 혼인할 의사 없이 단지 한국에 입국할 목적으로 원고를 기망하여 혼인신고를 한 것으로서 원 피고의 혼인은 혼인 당사자 간에 혼인에 관한 실질적 합의가 결여된 상태에서 이루어진 것으로서 무효라 할 것입니다.
   가사 혼인무효가 인정되지 않는다 하더라도, 민법 제840조 제2호 소정의 재판상이혼사유인

"악의의 유기"에는 해당된다고 할 것입니다.

5. 따라서 원고는 청구취지 기재와 같이 주위적으로는 혼인무효확인을 구하고 예비적으로 재판상 이혼을 구하기 위하여 이 건 소제기에 이르렀습니다.

입 증 방 법

1. 갑 제1호증　　　　　　　　혼인관계증명서
1. 갑 제2호증　　　　　　　　주민등록등본
1. 갑 제3호증　　　　　　　　피고여권사본
1. 갑 제4호증　　　　　　　　가출인신고 접수증
1. 갑 제5호증　　　　　　　　출입국에관한사실증명
1. 갑 제6호증　　　　　　　　원고본인진술서

첨 부 서 류

1. 소장 부본　　　　　　　　　　　1통
1. 위 각 입증방법　　　　　　　　각 1통
1. 위임장　　　　　　　　　　　　1통
1. 납부서　　　　　　　　　　　　1통

20○○년　○월　○일
위　원고　　　　　　(인)

○ ○ 가 정 법 원　　　　귀 중

협의이혼의사 확인신청서

당 사 자   (부) ○ ○ ○ (주민번호)
                등록기준지
                주   소

           (처) ○ ○ ○ (주민번호)
                등록기준지
                주   소

신 청 취 지

위 당사자 사이에는 진의에 따라 서로 이혼하기로 합의하였다.
위와 같이 이혼의사가 확인되었다.
라는 확인을 구함.

첨 부 서 류

1. 남편의 혼인관계증명서와 가족관계증명서 각 1통.
    처의 혼인관계증명서와 가족관계증명서 각 1통.
2. 미성년자가 있는 경우 양육 및 친권자결정에 관한 협의서 1통과 사본 2통 또는 가정법원
   의 심판정본 및 확정증명서 각 3통 (제출___, 미제출___)
3. 주민등록표등본(주소지 관할법원에 신청하는 경우) 1통.
4. 진술요지서(재외공관에 접수한 경우) 1통.   끝.

<table>
<tr><td colspan="2">확인기일</td><td>담당자</td></tr>
<tr><td>1회</td><td>년 월 일 시</td><td rowspan="2">법원주사(보)

○○○   ⑪</td></tr>
<tr><td>2회</td><td>년 월 일 시</td></tr>
</table>

년   월   일
신청인 부 ○ ○ ○ ⑪
       처 ○ ○ ○ ⑪

<table>
<tr><td rowspan="3">확인서등본 및
양육비부담조서정본 교부</td><td>교부일</td></tr>
<tr><td rowspan="2"></td></tr>
</table>

확인서등본 및 양육비부담조서정본 교부	교부일
부 ○○○ ㊞	
처 ○○○ ㊞	

서울가정법원　귀중

1. ※ 해당하는 란에 ○ 표기할 것. 협의하는 부부 양쪽이 이혼에 관한 안내를 받은 후에 협의서는 확인기일 1개월 전까지, 심판정본 및 확정증명서는 확인기일까지 제출할 수 있습니다.
※ 이혼에 관한 안내를 받지 아니한 경우에는 접수한 날부터 3개월이 경과하면 취하한 것으로 봅니다.

☞ 유의사항
이혼당사자의 등록기준지 또는 주소지를 관할하는 가정법원이나 시, 군법원에 출석하여 제출하여야 하며 대리접수는 할 수 없다. 이때 부부가 같이 출석하여야 한다.
신청서 접수후 지정된 확인기일에 출석하여야 하는데 2회 불출석하면 취하한 것으로 본다.

☞ 유의사항 신청시 제출하여야 할 서류
㉮ 협의이혼의사확인신청서 1통
㉯ 남편의 가족관계증명서와 혼인관계증명서 각 1통
처의 가족관계증명서와 혼인관계증명서 각 1통
㉰ 미성년인 자녀(임신 중인 자를 포함하되, 이혼에 관한 안내를 받은 날부터 3개월 또는 법원이 별도로 정한 기간 이내에 성년에 도달하는 자녀는 제외)가 있는 부부는 이혼에 관한 서면 안내를 받은 후 그 자녀의 양육과 친권자결정에 관한 협의서 1통과 사본 2통 또는 가정법원의 심판정본 및 확정증명서 각 3통을 제출하여야 합니다. 미제출 또는 제출지연 시 협의이혼확인이 지연되거나 불확인될 수 있습니다.
특히 이혼신고 다음날부터 미성년인 자녀가 성년에 이르기 전날까지의 기간에 해당하는 양육비에 관하여 협의서를 작성한 경우 양육비부담조서가 작성되어 별도의 재판없이 강제집행을 할 수 있으므로 양육비부담에 관하여 신중한 협의를 하여야 합니다.
㉱ 이혼신고서
이혼신고서는 이혼의사확인신청할 때 제출하는 서류가 아니고 재외공관장 등에게 이혼신고할 때 비로소 제출하는 서류입니다. 그러나, 신청할 때 미리 이혼신고서 뒷면에 기재된 작성방법에 따라 부부가 함께 작성하여 **서명 또는 날인**한 후 각자 1통을 보관하고 있다가 이혼신고할 때 제출하면 편리합니다.
㉲ 부부 중 일방이 다른 외국에 있거나 교도소(구치소)에 수감중인 경우
－ 재외국민등록부등본 1통(재외공관 및 외교통상부 발급) 또는 수용증명서(교도소 및 구치소 발급) 1통을 첨부합니다.

② 신청서를 제출할 재외공관

이혼당사자의 거주지를 관할하는 재외공관에 부부가 함께 출석하여 신청서를 제출하여야 합니다.

부부 중 일방이 다른 외국에 있거나 교도소(구치소)에 수감중인 경우에만 다른 일방이 혼자 출석하여 신청서를 제출하고 안내를 받아야 합니다.

③ 이혼에 관한 안내

재외공관장으로부터 서면으로 안내를 받을 수 있습니다.

④ 이혼숙려기간의 단축 또는 면제

안내를 받은 날부터 미성년인 자녀(임신 중인 자를 포함)가 있는 경우에는 3개월, 성년 도달 전 1개월 후 3개월 이내 사이의 미성년인 자녀가 있는 경우에는 성년이 된 날, 성년 도달 전 1개월 이내의 미성년인 자녀가 있는 경우 및 그 밖의 경우에는 1개월이 경과한 후에 이혼의사의 확인을 받을 수 있으나, 가정폭력 등 급박한 사정이 있어 위 기간의 단축 또는 면제가 필요한 사유가 있는 경우 이를 소명하여 사유서를 제출할 수 있습니다.

⑤ 협의이혼의사의 확인

부부가 함께 본인의 신분증(주민등록증, 운전면허증, 공무원증 및 여권 중 하나)과 도장을 가지고 거주지 관할 재외공관에 출석하여야 합니다. 부부 중 일방이 타국에 거주하는 경우 신청당사자만 출석합니다.

부부 중 일방이 국내에 있으나 서울가정법원 관할 외 주소지에 거주하는 경우 국내거주자는 주민등록표 등(초)본을 제출하여 주소지 관할 법원에서 이혼의사를 확인받을 수 있도록 서울가정법원에 신청할 수 있습니다.

자녀의 복리를 위해서 법원은 자녀의 양육과 친권자결정에 관한 협의에 대하여 보정을 명할 수 있고, 보정에 불응하면 불확인 처리됩니다.

불확인 처리를 받은 경우에는 가정법원에 별도로 재판상 이혼 또는 재판상 친권자지정 등을 청구할 수 있습니다.

자의 양육과 친권자결정에 관한 협의서

사　건　　　　　20○○호　　협의이혼의사확인신청
당 사 자　　　　부 성　　　　　명 ○ ○ ○
　　　　　　　　　주민등록번호

　　　　　　　　모 성　　　　　　명 ○ ○ ○
　　　　　　　　　주민등록번호

협 의 내 용

1. 친권자 및 양육자의 결정 (□에 ✔표시를 하거나 해당 사항을 기재하십시오.)

자녀 이름	성별	생년월일(주민등록번호)	친권자	양육자
	□ 남 □ 여	년　　월　　일 (　　　　–　　　　)	□ 부　　□ 모 □ 부모공동	□ 부　　□ 모 □ 부모공동
	□ 남 □ 여	년　　월　　일 (　　　　–　　　　)	□ 부　　□ 모 □ 부모공동	□ 부　　□ 모 □ 부모공동
	□ 남 □ 여	년　　월　　일 (　　　　–　　　　)	□ 부　　□ 모 □ 부모공동	□ 부　　□ 모 □ 부모공동
	□ 남 □ 여	년　　월　　일 (　　　　–　　　　)	□ 부　　□ 모 □ 부모공동	□ 부　　□ 모 □ 부모공동

2. 양육비용의 부담 (□에 ✔표시를 하거나 해당 사항을 기재 하십시오.)

지급인	□ 부　　□ 모	지급받는 사람	□ 부　　□ 모
지급방식	□ 정기금		□ 일시금
지급액	이혼신고 다음날부터 자녀들이 각성년에 이르기 전날까지 미성년자1인당매월 금　　　　원 　(한글병기:　　　　원)		이혼신고 다음날부터자녀들이 각성년에 이르기 전날까지의 양육비에 관하여 금　　　　원 　(한글병기:　　　　원)
지급일	매월　　일		년　　월　　일
기타			
지급받는 계좌	(　　　) 은행　　　예금주 :　　　　계좌번호 :		

3. 면접교섭권의 행사 여부 및 그 방법 (□에 ✔표시를 하거나 해당 사항을 기재하십시오.)

일 자	시 간	인도 장소	면접 장소	기타(면접교섭시 주의사항)
□ 매월 　째주 　요일	시 　분부터 시 　분까지			
□ 매주 　요일	시 　분부터 시 　분까지			
□ 기타				

첨 부 서 류

1. 근로소득세 원천징수영수증, 사업자등록증 및 사업자소득금액 증명원 등 소득금액을 증명하기 위한 자료 – 부, 모별로 각 1통
2. 위 1항의 소명자료를 첨부할 수 없는 경우에는 부·모 소유 부동산등기부등본 또는 부·모 명의의 임대차계약서, 재산세 납세영수증(증명)
3. 위자료나 재산분할에 관한 합의서가 있는 경우 그 합의서 사본 1통
4. 자의 양육과 친권자결정에 관한 협의서 사본 2통

협의일자 : 　　　년　　월　　일

부 :　　　　　　　(인/서명)　　　모 :　　　　　　　(인/서명)

○ ○ 가정(지방)법원		판사 확인인
확인일자	.　.　.	

1. ※ 미성년인 자녀(임신 중인 자를 포함하되, 이혼에 관한 안내를 받은 날부터 3개월 또는 법원이 별도로 정한 기간 내에 성년이 되는 자는 제외)가 있는 부부가 협의이혼을 할 때는 자녀의 양육과 친권자결정에 관한 협의서를 확인기일 1개월 전까지 제출하여야 합니다.

※ 이혼의사확인신청후 양육과 친권자결정에 관한 협의가 원활하게 이루어 지지 않는 경우에는 신속하게 가정법원에 그 심판을 청구하여야 합니다.

※ 확인기일까지 협의서를 제출하지 아니한 경우 이혼의사확인이 지연되거나 불확인 처리될 수 있고, 협의한 내용이 자녀의 복리에 반하는 경우 가정법원은 보정을 명할 수 있으며 보정에 응하지 않는 경우 불확인 처리됩니다.

※ 이혼신고일 다음날부터 미성년인 자녀들이 각 성년에 이르기 전날까지의 기간에 해당하는 양육비에 관하여는 양육비부담조서가 작성되며, 이혼 후 양육비부담조서에 따른 양육비를 지급하지 않으면 양육비부담조서에 의하여 강제집행할 수 있습니다. 그 외 협의사항은 '별도의 재판절차'를 통하여 과태료, 감치 등의 제재를 받을 수 있고, 강제집행을 할 수 있습니다.

[서식] 이혼(친권자 지정)신고서

이혼(친권자 지정)신고서 (년 월 일)		※ 뒷면의 작성방법을 읽고 기재하시되, 선택항목은 해당 번호에 "O"으로 표시하여 주시기 바랍니다.		

구분			남 편(부)		아 내(처)	
① 이혼당사자 (신고인)	성명	한글	성 / (명)	㉗ 또는 서명	성 / (명)	㉗ 또는 서명
		한자	성 / (명)		성 / (명)	
	본(한자)		전화		본(한자) 전화	
	주민등록번호					
	출생연월일					
	등록기준지					
	주 소					
② 부모 (양부모)	부(양부)성명					
	주민등록번호					
	모(양모)성명					
	주민등록번호					
③기 타 사 항						
④재판확정일자 ( )		년 월 일	법원명		년 월 일	

아래 친권자란은 협의이혼 시에는 법원의 협의이혼의사확인 후에 기재합니다.

⑤ 친권자 지 정	미성년인 자의 성명					
	주민등록번호					
	친권자	① 부 ② 모 ③ 부모	효력 발생일 원인	년 월 일 ① 협의	① 부 ② 모 ③ 부모	효력 발생일 원인	년 월 일 ① 협의

			② 재판			② 재판
미성년인 자의 성명						
주민등록번호						
친권자	① 부 ② 모 ③ 부모	효력 발생일 원인	년 월 일 ① 협의 ② 재판	① 부 ② 모 ③ 부모	효력 발생일 원인	년 월 일 ① 협의 ② 재판
⑥신고인출석여부		① 남편(夫)			② 아내(婦)	
⑦제출인	성 명			주민등록번호		

※ 다음은 국가의 인구정책 수립에 필요한 자료로「통계법」제32조 및 제33조에 따라 성실응답의무가 있으며 개인의 비밀사항이 철저히 보호되므로 사실대로 기입하여 주시기 바랍니다.

⑧실제결혼(동거) 생활 시작일		년 월 일부터	⑨실제이혼연월일	년 월 일부터
⑩20세 미만 자녀 수		명	⑪이혼의 종류	① 협의이혼 ② 재판에의한이혼
⑫이혼 사유(택일)		① 배우자 부정 ② 정신적·육체적 학대 ③ 가족간 불화 ④ 경제문제 ⑤ 성격차이 ⑥ 건강문제 ⑦ 기타		
⑬국적	남편	① 대한민국 (출생 시 국 적 취 득) ② 대한민국 [귀화 (수반포함)· 인지 국적취득, 이전국적 :] ③ 외국(국적)	처	① 대한민국 (출생 시 국 적 취 득) ② 대한민국 [귀화 (수반포함)·인지 국적취득, 이전국적 :] ③ 외국(국적)
⑭최종졸업학교	남편	① 무학 ② 초등학교 ③ 중학교 ④ 고등학교 ⑤ 대학(교) ⑥ 대학원 이상	처	① 무학 ② 초등학교 ③ 중학교 ④ 고등학교 ⑤ 대학(교) ⑥ 대학원 이상
⑮직업	남편	① 관리자 ② 전문가 및 관련종사자 ③ 사무종사자 ④ 서비스종사자 ⑤ 판매종사자 ⑥ 농림어업 숙련 종사자 ⑦ 기능원 및 관련 기능 종사자 ⑧ 장치·기계 조작 및 조립 종사자 ⑨ 단순노무 종사자 ⑩ 학생 ⑪ 가사 ⑫ 군인 ⑬ 무직	처	① 관리자 ② 전문가 및 관련종사자 ③ 사무종사자 ④ 서비스종사자 ⑤ 판매종사자 ⑥ 농림어업 숙련 종사자 ⑦ 기능원 및 관련 기능종사자 ⑧ 장치·기계 조작 및 조립 종사자 ⑨ 단순노무 종사자 ⑩ 학생 ⑪ 가사 ⑫ 군인 ⑬ 무직

1. ※ 등록기준지 : 각 란의 해당자가 외국인인 경우에는 그 국적을 기재합니다.
※ 주민등록번호 : 각 란의 해당자가 외국인인 경우에는 외국인등록번호(국내거소신고번호 또는 출생연월일)를
    기재합니다.
①란 : 협의이혼신고의 경우 반드시 당사자 쌍방이 서명(또는 기명날인) 하여야 하나, 재판상 이혼신고의 경우
    에는 일방이 서명(또는 기명날인)하여 신고할 수 있습니다.
②란 : 이혼당사자의 부모가 주민등록번호가 없는 경우에는 등록기준지(본적)를 기재합니다.   이혼당사자가
    양자인 경우 양부모의 인적사항을 기재하며, 이혼당사자의 부모가 외국인인 경우에는 주민등록번호란에
    외국인등록번호(또는 출생년월일) 및 국적을 기재합니다.
③란 : 아래의 사항 및 가족관계등록부에 기록을 분명하게 하는 데 특히 필요한 사항을 기재합니다.
    – 신고사건으로 인하여 신분의 변경이 있게 되는 사람이 있을 경우에 그 사람의 성명, 생년월일, 등록기준
      지 및 신분변경의 사유
    – 금치산자가 협의상 이혼을 하는 경우에는 동의자의 성명, 서명(또는 날인) 및 생년월일
④란 : 이혼판결(화해, 조정)의 경우에만 기재하고, 협의이혼의 경우에는 기재하지 않습니다.
    : 조정성립, 조정에 갈음하는 결정, 화해성립이나 화해권고결정에 따른 이혼신고의 경우에는 "재판확정일
      자"아래의 ( )안에 "조정성립", "조정에 갈음하는 결정확정" 또는 "화해성립", "화해권고결정"이라고
      기재하고, "연월일"란에 그 성립(확정)일을 기재합니다.
⑤란 : 협의이혼의사확인 신청시에는 기재하지 아니하며, 법원의 이혼의사확인 후에 정하여진 친권자를 기재합
    니다. 지정효력발생일은 협의이혼의 경우 이혼신고일, 재판상이혼의 경우에는 재판 확정일을 기재합니
    다. 원인은 당사자의 협의에 의해 지정한 때에는 "①협의"에, 직권 또는 신청에 의해 법원이 결정한
    때에는 "②재판"에 "○"으로 표시하고, 그 내용을 증명하는 서면을 첨부하여야 합니다. 자녀가 3명
    이상인 경우 별지 기재 후 간인하여 첨부합니다. 임신 중인 자의 경우에는 출생신고 시 친권자 지정
    신고를 합니다.
⑥란 : 출석한 신고인의 해당번호에 ○표시를 합니다.
⑦란 : 제출자(신고인 여부 불문)의 성명 및 주민등록번호 기재[접수담당공무원은 신분증과 대조]
⑧란, ⑨란 : 가족관계등록부상 신고일이나 재판확정일과는 관계없이 실제로 결혼(동거)생활을 시작한 날과
    사실상 이혼(별거)생활을 시작한 날을 기재합니다.
⑭란 : 교육과학기술부장관이 인정하는 모든 정규교육기관을 기준으로 기재하되 각급 학교의 재학 또는 중퇴자
    는 졸업한 최종 학교의 해당번호에 ○표시를 합니다.
    〈예시〉 대학교 3학년 재학(중퇴) → 고등학교에 ○표시
⑮란 : 이혼할 당시의 주된 직업을 기준으로 기재합니다.

    ☞ 첨부서류
1. 협의이혼 : 협의이혼의사확인서 등본 1부.
2. 재판이혼 : 판결등본 및 확정증명서 각 1부(조정·화해 성립의 경우는 조서등본 및 송달증명서).
3. 외국법원의 이혼판결에 의한 재판상 이혼
 – 이혼판결의 정본 또는 등본과 판결확정증명서 각 1부.
 – 패소한 피고가 우리나라 국민인 경우에 그 피고가 공시송달에 의하지 아니하고 소송의 개시에 필요한
   소환 또는 명령의 송달을 받았거나 또는 이를 받지 아니하고도 응소한 사실을 증명하는 서면 1부(판결에
   의하여 이점이 명백하지 아니한 경우에 한한다).
 – 위 각 서류의 번역문 1부.
※ 아래 4항은 가족관계등록관서에서 전산으로 그 내용을 확인할 수 있는 경우 첨부를 생략합니다.
4. 이혼 당사자 각각의 가족관계등록부의 가족관계증명서, 혼인관계증명서 각 1통.
5. 사건본인이 외국인인 경우
 – 한국 방식에 의한 이혼 : 협의이혼의 경우는 국적을 증명하는 서면(여권 또는 외국인등록증) 원본 재판이혼

　　의 경우는 국적을 증명하는 서면(여권 또는 외국인등록증) 사본

　－ 외국 방식에 의한 이혼 : 이혼증서 등본 및 국적을 증명하는 서면(여권 또는 외국인등록증) 사본 각 1부

6. 친권자지정과 관련한 소명자료

－ 협의에 의한 경우 친권자지정 협의서등본 1부.

－ 법원이 결정한 경우 심판서 정본 및 확정 증명서 1부.

7. 신분확인[가족관계등록예규 제23호에 의함]

① 재판상 이혼신고(증서등본에 의한 이혼신고 포함)

－ 신고인이 출석한 경우 : 신분증명서

－ 제출인이 출석한 경우 : 제출인의 신분증명서

－ 우편제출의 경우 : 신고인의 신분증명서 사본

② 협의이혼신고

－ 신고인이 출석한 경우 : 신고인 일방의 신분증명서

－ 신고인 불출석, 제출인 출석의 경우 : 제출인의 신분증명서 및 신고인 일방의 신분증명서 또는 서명공증 또는 인감증명서(신고인의 신분증명서 없이 신고서에 신고인이 서명한 경우 서명공증, 신고서에 인감 날인한 경우 인감증명)

－ 우편제출의 경우 : 신고인 일방의 서명공증 또는 인감증명서(신고서에 서명한 경우 서명공증, 인감을 날인한 경우는 인감증명서).

이혼 숙려기간 면제(단축) 사유서

20   호   협의이혼의사확인신청

    당사자   ○ ○ ○ (-   )
    주 소

위 사건에 관하여 20 . . . :   로 이혼의사 확인기일이 지정되었으나 다음과
같은 사유로 이혼의사 확인까지 필요한 기간을 면제(단축)하여 주시기 바랍니다.

다 음

사유 : 1. 가정 폭력으로 인하여 당사자 일방에게 참을 수 없는 고통이 예상됨( )
      2. 기타 이혼을 하여야 할 급박한 사정이 있는 경우(상세히 적을 것)

첨 부 서 류

1.

       20   .   .   .
       위 당사자   (날인 또는 서명)
       (연락처 :   )
       (상대 배우자 연락처 :   )

○○지방법원 귀중

협의이혼의사철회서

<table>
<tr><td rowspan="8">당
사
자</td><td rowspan="4">남편</td><td>성   명</td><td></td></tr>
<tr><td>주민등록번호</td><td></td></tr>
<tr><td>등 록 기 준 지</td><td></td></tr>
<tr><td>주   소</td><td></td></tr>
<tr><td rowspan="4">아내</td><td>성   명</td><td></td></tr>
<tr><td>주민등록번호</td><td></td></tr>
<tr><td>등 록 기 준 지</td><td></td></tr>
<tr><td>주   소</td><td></td></tr>
<tr><td colspan="3">확 인 법 원</td><td>법원</td></tr>
<tr><td colspan="3">확 인 년 월 일</td><td>20 년 월 일</td></tr>
</table>

위와 같이 이혼의사 확인을 받았으나, 본인은 이혼할 의사가 없으므로 이혼의사를 철회합니다.

20 년 월 일

위 철회인 성 명 :　　　　　　　(서명 또는 날인)
연락처 :

장 귀하

1. 의의

> 제815조(혼인의 무효) 1. 당사자 간에 혼인의 합의가 없는 때 2. 혼인이 제809조 제1항의 규정을 위반한 때 3. 당사자 간에 직계인척관계(直系姻戚關係)가 있거나 있었던 때 4. 당사자 간에 양부모계의 직계혈족관계가 있었던 때

혼인의 무효는 혼인성립 이전의 단계에서 그 성립요건의 하자로 인하여 유효한 혼인이 성립하지 않은 것을 말한다. 무엇이 혼인을 무효로 하는 성립요건의 하자인가에 관하여는 다툼이 있지만 민법 제815조는 혼인무효의 사유로 4가지를 규정하고 있고, 이는 어느 것이나 혼인의 성립에 관한 실체상의 하자라고 할 수 있으며, 크게 당사자 사이에 혼인의 합의가 없는 때(①)와 근친일 때(②~④)로 구분된다. 따라서 혼인신고를 하지 않고 남녀가 동거하는 경우는 혼인의 불성립일 뿐이고 혼인무효 사유는 아니다.

【판시사항】

혼인신고를 하였으나 이중호적에 등재된 경우의 혼인성립의 효력 유무(대법원 1991. 12. 10. 선고 91므344 판결)

【판결요지】

혼인은 호적법에 따라 호적공무원이 그 신고를 수리함으로써 유효하게 성립되는 것이며 호적부에의 기재는 그 유효요건이 아니어서 호적에 적법하게 기재되는 여부는 혼인성립의 효과에 영향을 미치는 것은 아니므로 부부가 일단 혼인신고를 하였다면 그 혼인관계는 성립된 것이고 그 호적의 기재가 무효한 이중호적에 의하였다 하여 그 효력이 좌우되는 것은 아니다.

2. 혼인 무효사유

이미 성립한 혼인이 무효로 되는 경우는 아래와 같다(제815조).

(1) 당사자 간에 혼인의 합의가 없는 때

혼인의 합의는 법률상 유효한 혼인을 성립케 하는 합의를 말한다(대법원 1983. 9. 27선고 83므22 판결). 따라서 양성간의 정신적 육체적 관계를 맺을 의사와 혼인신고의 의사가 필요하므로, ① 어떠한 방편을 위해서 하는 것으로 육체적, 정신적 결합을 가질 의사가 전혀 없는 경우, ② 당사자의 일방 또는 쌍방이 혼인신고 전에 혼인의사를 철회하였을 때, ③ 당사자 일방 또는 쌍방이 혼인신고에 기재된 자와 혼인의사가 없고 동거의 사실도 없는 때 ④ 인장을 위조하고 혼인신고서를 위조하여 혼인한 것처럼 신고한 경우 ⑤ 외견상 1관계와 같은 관계를 유지하여 왔다하더라도 혼인의사 없는 당사자 모르게 신고한 경우 ⑥ 혼인의 합의가 없는 가장혼인 등은 무효이나, 이와 달리 ① 혼인의 합의가 있는 이상 대리인이 될 수 없는 미성년자가 혼인신고를 하였거나 절차에 위배하여 신고한 경우, ② 당사자의 서명 날인이 없거나 권원 없이 작성된 혼인시고서가 수리된 경우처럼 다소 절차상의 흠이 있는 혼인신고라도 실체상의 혼인관계와 부합되는 경우라면 혼인의 효력을 부인하지 않고 있다.

혼인의사 결여 대표사례	중국 조선족 여자들이 참다운 부부관계를 설정할 의사 없이 우리나라에 들어와 취업하기 위한 방법으로 우리나라 남자와 위장결혼을 한 경우(대법원 2003. 10. 9. 2003도3800 판결).
	해외이주, 가족수당 수령 등 목적의 가장혼인
	혼인신고서를 제출하기 전에 혼인의사를 철회한 경우(대법원 1983. 12. 27. 선고 83므28 판결).
	일방적인 혼인신고 후 혼인의 실체 없이 몇 차례 육체관계로 아이를 출산한 경우(대법원 1993. 9. 14. 93므430 판결).

(2) 당사자 사이가 근친일 때

1) 당사자간에 8촌이내의 혈족관계에 있는 경우

혈족(8촌까지)간의 혼인은 무효이다. 혈족은 직계혈족, 방계혈족으로 나누어지고 부계혈족과 모계혈족도 포함한다. 자연혈족외에 법정혈족도 포함되는데 친양자의 경우 입양이 성립됨으로써 입양전의 친족관계는 종료하지만 혼인의 경우에 있어서는 혈족관계가 있는 것과 동일하게 다루어지므로 친양자의 종전혈족도 포함된다.

2) 당사자 간에 직계인척관계가 있거나 있었던 때

직계인척이란 배우자의 직계혈족 중 존속을 말한다. 즉, 처의 어머니, 남편의 아버지 등이
다. 현재 직계인척관계에 있는 경우 외에 과거에 직계인척관계에 있었던 경우를 포함한다.

3) 당사자 간에 양부모계의 직계혈족관계가 있었던 때

양자는 양부모계의 직계혈족관계에 있었던 때에도 혼인을 무효로 한다. ① 현재 양친자관
계가 존속하는 경우에는 위 1)에 따라 양부모계의 8촌 이내의 혈족 사이에도 자연혈족과
마찬가지로 혼인이 금지되고(민 809조 1항), 그것이 잘못 수리된 경우 혼인무효의 사유가
되지만 ② 양친자관계가 해소되고 종전의 양가혈족과의 혼인을 하는 경우에는 혼인무효의
범위를 감축시켜 금지범위는 6촌 이내로 축소되면(민 809조 3항) 그것이 잘못 수리된 경
우 직계혈족관계에 있었던 때에 한하여 무효로 된다.

(3) 민법시행전의 관습상의 혼인

민법시행 전에 성립된 관습상의 혼인에 대해서도 민법의 규정에 따른 무효의 사유가 있는
때에는 혼인무효의 소를 제기 할 수 있다(제정민법 부칙 2조). 그러나 관습법상의 무효사
유가 있더라도 그 사유가 민법이 정한 무효사유에 해당하지 않는 경우에는 그 혼인은 유효
하다(대법원 1980. 1. 29. 선고 79므11).

3. 관할

① 부부가 같은 가정법원의 관할구역 내에 주소가 있을 시 그 가정법원이, ② 부부가 마지
막으로 같은 주소지를 가졌던 법원의 관할구역 내에 부부 중 일방의 주소가 있을 때 그 가
정법원이 ③ 위 각 경우에 해당하지 아니하는 경우로 부부 중 어느 한 쪽이 다른 한쪽을
상대로 하는 경우 상대방 주소지의 가정법원이 ④ 부부 모두를 상대로 하는 경우에는 부부
중 어느 한쪽의 주소지 가정법원이 ⑤ 부부 중 일방이 사망한 경우 생존한 다른 한쪽의 주
소지 가정법원이 ⑥ 부부가 모두 사망한 경우 부부 중 한쪽의 마지막 주소지의 가정법원이
각각 관할 법원으로 되고 그 관할은 전속관할이며(법22조), 혼인 무효의 소는 단독판사의
관할에 속한다(사물관할규칙3조).

4. 당사자

(1) 원고적격

당사자, 법정대리인 또는 4촌 이내의 친족은 언제든지 혼인무효의 소를 제기할 수 있다(제
23조). 법정대리인은 당사자의 법정대리인을 말한다.

(2) 피고적격

부부의 일방이 소를 제기할 때에는 배우자가 상대방으로 되고(제24조 제1항), 제3자가 제기할 때에는 부부를 상대방으로 하고, 부부 중 일방이 사망한 때에는 생존자를 상대방으로 한다(동조 제2항).

5. 심리

1) 혼인신고 자체는 당사자 한쪽이 하더라도 가능하기 때문에 혼인무효 소송에서 상대방이 원고의 동의 없이 임의로 혼인신고서를 작성해 신고하였다는 주장을 하는 경우가 많으므로 신고자가 사문서위조나 공전자기록부실기재죄 등으로 처벌을 받았다면 원고의 유력한 증거가 되나, 그런 사실이 없는 경우에는 혼인신고를 접수한 관서에 문서송부촉탁을 하거나 신고서에 기재된 증인에 대한 증인신문 등을 통해 가리는 경우가 많다.

2) 협의이혼 등으로 이미 해소된 혼인관계의 무효확인이 허용되는지 여부에 대해 판례의 태도는 일정하지 않다.

3) 경우에 따라서는 혼인무효의 소를 제기하는 것이 신의칙에 위반되는 것으로 권리남용에 해당될 수도 있다.

6. 혼인무효의 효과

(1) 혼인무효를 인용한 확정판결은 제3자에게도 효력이 있어 어느 누구도 혼인의 유효를 주장하지 못하나, 청구를 기각한 확정판결에 대해서는 그 소송의 변론에 참가하지 못한 데에 정당한 사유가 있는 사람에게는 미치지 아니하여 그 사람이 다시 소를 제기할 수 있고 그 밖의 사람은 효력이 미쳐 소를 다시 제기할 수 없다.

(2) 혼인이 무효가 되면 혼인당사자는 처음부터 부부가 아닌 것으로 되기 때문에(소급효) 혼인으로 발생되는 법률관계가 전부 무효로 되어 혼인 중에 출생한 자녀는 혼인 외의 자가 되며 당사자는 무효의 원인을 제공한, 즉 '과실 있는 상대방'에 대하여 재산적·정신적 손해배상을 청구할 수 있게 된다. 따라서 실무상으로 위자료청구를 병합청구하며 이 경우 손해배상청구는 다류 가사소송사건으로 조정전치주의가 적용된다. 그러나 무효인 혼인이더라도 부부공동체로서의 생활관계가 있고, 당사자 간에 혼인의 합의가 있게 되면, 즉 추인(사후동의)에 의하여 혼인당초부터 소급하여 유효한 혼인으로 된다.

(3) 혼인무효판결이 확정되면 효력이 처음부터 생기지 않는 경우여서 신고의 대상으로 되지 않고 정정의 대상이 되어 가정법원 사무관 등은 당사자 또는 사건본인의 등록기준지의 가족관계등록사무를 처리하는 자에게 그 뜻을 통지하여 가족관계등록부를 정정한다(가소규칙 제7조). 당사자(원고)는 판결확정일로부터 1월내에 가족관계등록부정정신청을 하여야 하고(가등 107조), 이를 해태한 경우 5만 원 이하의 과태료가 부과되므로, 가족관계등록사무를 처리하는 사람은 신청 의무자에게 정정의 신청을 최고하고(가등 108조), 통지를 할 수 없거나 통지 하였음에도 신청하지 않을 경우 감독법원의 허가하에 가족관계등록부정정을 할 수 있다(가등 18조).

[청구취지 사례] 혼인 무효 확인(배우자 상대)

1. 원고와 피고 사이에 2008. ○. ○. 서울 ○○구청장에게 신고하여 한 혼인은 무효임을 확인한다.
2. 소송비용은 피고의 부담으로 한다.
라는 판결을 구합니다.

[청구취지 사례] 혼인 무효 확인(망 배우자 상대)

1. 원고와 소외 망 ○○○(71○○○○-1047○○, 등록기준지 : 경기도 ○○군 ○○면 ○○리 ○○번지) 사이에 2010. ○. ○. ○○구청장에게 신고하여 한 혼인은 무효임을 확인한다.
2. 소송비용은 국가가 부담한다.
라는 판결을 구합니다.

[청구취지 사례] 혼인 무효 확인(제3자가 부부일방을 상대로)

1. 피고와 소외 망 ○○○(71○○○○-1047○○, 등록기준지 : 경기도 ○○군 ○○면 ○○리 ○○번지) 사이에 2010. ○. ○. ○○구청장에게 신고하여 한 혼인은 무효임을 확인한다.
2. 소송비용은 피고들의 부담으로 한다.
라는 판결을 구합니다.

[청구취지 사례] 혼인 무효 확인(제3자가 부부를 상대로)

1. 피고들 사이에 2019. ○. ○. ○○구청장에게 신고하여 한 혼인은 무효임을
   확인한다.
2. 소송비용은 피고들의 부담으로 한다.
라는 판결을 구합니다.

[청구취지 사례] 혼인 무효 확인(제3자가 검사를 상대로)

1. 피고와 소외 망 김○○(72○○○○-1048○○. 등록기준지 : 경기도 ○○군
   ○○면 ○○리 ○○번지)과 같은 망 박○○(76○○○○-2008○○, 등록기준 지
   : 위와 같은곳) 사이에 2019. ○. ○. ○○구청장에게 신고하여 한 혼인은 무효임을
   확인한다.
2. 소송비용은 국가의 부담으로 한다.
라는 판결을 구합니다.

☞ 유의사항

피고란에 '서울○○지방검찰청 검사'라고 기재한다.

[청구취지 사례] 혼인 무효청구(예비적 이혼청구)

1. 주위적 청구
   원고와 피고 사이에 2018. ○. ○. 서울 ○○구청장에게 신고하여 한 혼인은 무효임
   을 확인한다.
   소송비용은 피고의 부담으로 한다.
2. 예비적 청구
   원고와 피고는 이혼한다.
   소송비용은 피고의 부담으로 한다.

[청구취지 사례] 혼인 무효 확인(국제혼인)

1. 원고와 피고 사이에 2019 ○. ○. 중화인민공화국 흑룡강성 공증처에서 혼인등
   기를 하고 혼인증서를 받아 2019. ○. ○. 서울 ○○ 구청장에게 그 증서등본을
   제출하여 한 혼인은 무효임을 확인한다.
2. 소송비용은 피고의 부담으로 한다.
라는 판결을 구합니다.

소　　장

원　고　　　　홍　○　○
　　　　　　　○○○○년　월　일생(주민등록번호 :　　　　　　　)
　　　　　　　등록기준지 : 서울 서초구 ○○동 ○○번지
　　　　　　　주　　　소 : 서울 서초구 ○○동 ○○번지 ○○아파트 ○○동
　　　　　　　　　　　○○호(우편번호 :　)

피　고　　　　신　○　○
　　　　　　　○○○○년　월　일생(주민등록번호 :　　　　　　　)
　　　　　　　주　　　소 : 서울 ○○구 ○○동 ○○번지
　　　　　　　(우편번호 :　　　　　)

혼인무효 확인청구의 소

청 구 취 지

1. 원고와 피고 사이에 ○○○○년 ○월 ○일 서울 서초구 구청장에서 신고하여 한 혼인은
무효임을 확인한다.
2. 소송비용은 피고의 부담으로 한다.
라는 판결을 구합니다.

청 구 원 인

1. 원고와 피고는 동일한 직장 선후배로서 회사에서 회식을 하거나 업무관계로 계속 만나게
되었습니다.

2. 자주 피고와 만나게 되면서 피고는 원고에게 결혼을 하자고 결혼을 신청 하였으나 원고는
피고와 혼인을 결정하지 못하여 이를 계속 미루던 차에 원고는 다른 이성을 만나게 되었습
니다. 원고가 피고를 만나지 아니하고 다른 남성을 사귄다는 말을 듣게 된 피고는 원고와
피고가 마치 결혼을 한 사이처럼 보이기 위하여 원고 모르게 원고와 피고간의 혼인신고를
하여 두면 어쩔 수 없이 서로 혼인할 것으로 생각하여 일방적으로 ○○○○년 ○월 ○일
원고의 등록기준지인 서울 서초구 구청장에게 마치 원고와 피고가 혼인한 것처럼 혼인신고
를 한 것입니다.

3. 이러한 사실을 전혀 모르던 원고는 회사 내부에 원고가 피고와 혼인을 하였다는 소문이
돌고 가족등록정리까지 끝났다는 소문이 있기에 이를 확인하기 위하여 원고의 가족관계등
록부를 발급하여 확인한 결과 뜻밖에도 피고와 혼인한 것처럼 혼인신고가 되어 있는 것을
알게 되었습니다.

4. 위와 같이 ○○○○년 ○월 ○일 서울 서초구 구청장에게 신고 된 피고의 혼인신고는 원고의
의사에 의하지 않고 이루어진 것이므로 이를 시정하기 위하여 이 건 소를 제기합니다.

입 증 방 법

갑제 1호증   혼인관계증명서
갑제 2호증   주민등록등본

첨 부 서 류

1. 위 입증방법   각 1통
1. 소장부본   1통
1. 소송위임장   1통
1. 납부서   1통

2019. ○. .
원고 소송대리인
변호사 ○ ○ ○

서울가정법원 귀중

■ 작성 · 접수방법

1. 소장에는 혼인무효(가류사건) 수입인지 20,000원을 붙여야 합니다.
2. 송달료는 124,800원(=당사자수2명×5,200(우편료)×12회분)을 송달료 취급은행에 납부하고 영수증을 첨부하여야 한다.
3. 혼인의 무효사유로는 민법 제815조에 다음과 같이 규정하고 있습니다.
   - 당사자 간에 혼인의 합의가 없을 때
   - 당사자 간에 8촌 이내의 혈족
   - 당사자 간에 직계 인척관계가 있거나 또는 있었던 때
   - 당사자 간에 양부모계의 직계혈족관계가 있었던 때
4. 혼인관계소송의 관할(가사소송법 제22조) 혼인의 무효나 취소, 이혼의 무효나 취소 및 재판상 이혼의 소는 다음 각 호의 가정법원의 전속관할에 속한다.
   - 부부가 같은 가정법원의 관할구역 내에 보통재판적이 있을 때에는 그 가정법원
   - 부부가 최후의 보통의 주소지를 가졌던 가정법원의 관할구역 내에 부부 중 일방의 보통재판적이 있을 때에는 그 가정법원
   - 위에 해당되지 아니하는 경우로서 부부의 일방이 타방을 상대로 하는 때에는 상대방의 보통재판적 소재지, 부부의 쌍방을 상대로 하는 때에는 부부 중 일방의 최후의 주소지의 가정법원
   - 부부 중 일방이 사망한 경우에는 생존한 타방의 보통재판적소재지 가정법원
   - 부부 쌍방이 사망한 경우에는 부부 중 일방의 최후의 주소지의 가정법원
5. 혼인무효 및 이혼무효의 소의 제기권자(가사소송법 제23조)
   당사자, 법정대리인 또는 4촌 이내의 친족은 언제든지 혼인무효나 이혼무효의 소를 제기할 수 있다.
6. 법원용 1부 상대방용 부본 1부 합계 2부의 소장을 관할 가정법원에 접수한다.

소　　장

원　고　　　　　홍 ○ ○
　　　　　　　　○○○○년　월　일생(주민등록번호 :　　　　　　　)
　　　　　　　　등록기준지 : 서울 서초구 ○○동 ○○번지
　　　　　　　　주　　　소 : 서울 서초구 ○○동 ○○번지 ○○아파트 ○○동
　　　　　　　　　　　　　　○○호(우편번호 :　　)

피　고　　　　　신 ○ ○
　　　　　　　　○○○○년　월　일생(주민등록번호 :　　　　　　　　)
　　　　　　　　주　　　소 : 서울 ○○구 ○○동 ○○번지
　　　　　　　　(우편번호 :　　　　　　)

혼인무효 등 청구의 소

청 구 취 지

1. 원고와 피고 사이에 20○○년 ○월 ○일 서울 서초구 구청장에서 신고하여 한 혼인은 무효임을 확인한다.
2. 피고는 원고에게 금 30,000,000원 및 소장 부본 송달 다음날부터 완제일까지 연 20%의 비율에 의한 금원을 지급하라.
3. 소송비용은 피고의 부담으로 한다.
4. 제2항은 가집행할 수 있다
라는 판결을 구합니다.

청 구 원 인

1. 원고와 피고는 동일한 직장 선후배로서 회사에서 회식을 하거나 업무관계로 계속 만나게 되었습니다.
2. 자주 피고와 만나게 되면서 피고는 원고에게 결혼을 하자고 결혼을 신청 하였으나 원고는 피고와 혼인을 결정하지 못하여 이를 계속 미루던 차에 원고는 다른 이성을 만나게 되었습니다. 원고가 피고를 만나지 아니하고 다른 남성을 사귄다는 말을 듣게 된 피고는 원고와 피고가 마치 결혼을 한 사이처럼 보이기 위하여 원고 모르게 원고와 피고간의 혼인신고를 하여 두면 어쩔 수 없이 서로 혼인할 것으로 생각하여 일방적으로 ○○○○년 ○월 ○일 원고의 등록기준지인 서울 서초구 구청장에게 마치 원고와 피고가 혼인한 것처럼 혼인신고를 한 것입니다.
3. 이러한 사실을 전혀 모르던 원고는 소외 ○○○와 결혼을 준비 하던 중에 소외 회사 내부에

원고가 피고와 혼인을 하였다는 소문이 돌고 가족등록정리까지 끝났다는 소문이 있기에 이를 확인하기 위하여 원고의 가족관계등록부를 발급하여 확인한 결과 뜻밖에도 피고와 혼인한 것처럼 혼인신고가 되어 있는 것을 알게 되었고 이로인해 소외 ○○○와의 관계도 끝나게 되었습니다. 이후 원고는 정신적 충격을 받고 심한 우울증에 시달렸을 뿐만 아니라 직장생활을 하는데도 크나큰 어려움을 격고 있는 바, 이러한 피해를 금전으로 산정하기는 어렸지만 우선 금 3천만원이 상당하다고 할 것입니다.

4. 위와 같이 원고는 ○○○○년 ○월 ○일 서울 서초구 구청장에게 신고 된 피고의 혼인신고 는 원고의 의사에 의하지 않고 이루어진 것이므로 혼인무효를 구함은 물론 피고의 불법행 위에 기한 손해배상금 3,000만원을 청구하기 위하여 이 건 소를 제기합니다.

입 증 방 법

갑제 1호증	제적등본
갑제 2호증	주민등록등본
갑제 3호증	가족관계증명서
갑제 4호증	진단서

첨 부 서 류

1. 위 입증방법	각 1통
1. 소장부본	1통
1. 소송위임장	1통
1. 납부서	1통

2019.　　○.　　○.

원고 소송대리인

변호사　　○　○　○

서울가정법원　귀중

1. 소장에는 ① 혼인무효(가류사건) 수입인지 20,000원, ② 위자료(다류사건) 140,000(=3천만원×4.5/1000 +5,000) 모두 가사소송사건으로 병합청구이므로 흡수관계에 따라 다액인 인지액 140,000원을 첨부하면 된다.
2. 송달료는 124,800원(=당사자수×5,200(우편료)×12회분)을 송달료 취급은행에 납부하고 영수증을 첨부한다.
3. 소장은 법원용 1부와 상대방용 1부 합계 2부를 관할 가정법원에 접수한다.
4. 다음 각 호의 가정법원의 전속관할에 속한다.
    - 부부가 같은 가정법원의 관할구역 내에 보통재판적이 있을 때에는 그 가정법원
    - 부부가 최후의 보통의 주소지를 가졌던 가정법원의 관할구역 내에 부부 중 일방의 보통재판적이 있을 때에는 그 가정법원
    - 위에 해당되지 아니하는 경우로서 부부의 일방이 타방을 상대로 하는 때에는 상대방의 보통재판적 소재지, 부부의 쌍방을 상대로 하는 때에는 부부 중 일방의 최후의 주소지의 가정법원
    - 부부 중 일방이 사망한 경우에는 생존한 타방의 보통재판적소재지 가정법원
    - 부부 쌍방이 사망한 경우에는 부부 중 일방의 최후의 주소지의 가정법원.

[서식] 혼인무효신고서

[양식 제12호]

<table>
<tr><td colspan="2" rowspan="2">혼 인 무 효 신 고 서
(2011년 12월   일)</td><td colspan="2">※ 아래의 작성방법을 읽고 기재하시되,
선택항목은 해당번호에 "○"으로
표시하여 주시기 바랍니다.</td></tr>
</table>

구 분			남 편(부)			아 내(처)		
① 당사자	성 명	한글	김○○	본 (한자)	김해 金海	김○○	본 (한자)	경주 慶州
		한자	金○○			金○○		
	주민등록번호		330315-			520901-		
	출생연월일		33. 3. 15.			52. 9. 1.		
	등록기준지		부산 ○○구 ○○동 171-3			부산 ○○구 ○○동 171-3		
	주 소		충남 ○○시 ○○동 37-15			경기도 ○○시 ○○동 468-1 ○○아파트 106-803		
② 부모(양부모)	부(양부)성명		김○○			김○○		
	주민등록번호							
	모(양모)성명		영○○			신○○		
	주민등록번호							

<table>
<tr><td>③기 타 사 항</td><td colspan="3"></td></tr>
<tr><td>④재판확정일자
(2011. 12. 13.)</td><td>2011년 12 월 13일</td><td>법원명</td><td>대전지방법원
논산지원</td></tr>
</table>

⑤ 친권자 지 정	미성년자성명	없음		없음	
	주민등록번호	–		–	
	친권자	① 부 ② 모 ③ 부모	지정일자 / 년 월 일 / 원인 ( )법원의 결정	①부 ②모 ③부모	지정일자 / 년 월 일 / 원인 ( )법원의 결정

⑥ 신고인	성 명	김○○	주민등록번호	520901-○○○○○○
	자 격	① 소 제기자(원고) ② 소의상대방 ③ 기타(자격:)		
	주 소	경기도 ○○시 ○○동 468-1 ○○아파트 106-803	전화 010-5027-○○○○	이메일:

⑦제출인	성 명		주민등록번호	–

※ 등록기준지 : 각 란의 해당자가 외국인인 경우에는 그 국적을 기재합니다.
※ 주민등록번호 : 각 란의 해당자가 외국인인 경우에는 외국인등록번호(국내거소
　　　　　　　　신고번호 또는 출생연월일)를 기재합니다.
①란 : 법 제25조 제2항에 따라 주민등록번호란에 주민등록번호를 기재한 때에는 출
　　　생연월일의 기재를 생략할 수 있습니다.
②란 : 당사자의 부모가 주민등록번호가 없는 경우에는 등록기준지(본적)를 기재
　　　합니다.
　　　당사자가 양자인 경우 양부모의 성명·주민등록번호를 기재하며, 당사자의
　　　부모가 외국인인 경우에는 주민등록번호란에 외국인등록번호(또는 출생년
　　　월일) 및 국적을 기재합니다.
③란 : 아래의 사항 및 가족관계등록부에 기록을 분명하게 하는데 특히 필요한 사항
　　　을 기재합니다.
　　　– 신고사건으로 신분의 변경이 있게 되는 자가 있을 경우에는 그 자의 성
　　　　명, 생년월일, 등록기준지 및 신분변경의 사유
⑤란 : 혼인취소재판에서 지정된 친권자를 기재합니다.
⑦란 : 제출자(신고인 여부 불문)의 성명 및 주민등록번호 기재[접수담당공무원은
　　　신분증과 대조]

1. 혼인취소재판의 등본 및 확정증명서 각 1부.
**※ 아래 2항은 가족관계등록관서에서 전산으로 그 내용을 확인할 수 있는 경
우 첨부를 생략합니다.**
2. 혼인취소 당사자의 가족관계등록부의 기본증명서, 혼인관계증명서 각 1통.
3. 신분확인[가족관계등록예규 제23호에 의함]
　– 신고인이 출석한 경우 : 신분증명서
　– 제출인이 출석한 경우 : 제출인의 신분증명서

※ 타인의 서명 또는 인장을 도용하여 허위의 신고서를 제출하거나, 허위신고를 하여 가족관계등
　록부에 부실의 사실을 기록하게 하는 경우에는 형법에 의하여 5년 이하의 징역 또는 1천만
　원 이하의 벌금에 처해집니다.

1. 의의 및 성질

혼인이 이혼에 의하여 해소된 것으로 가족관계등록부기재가 이루어져 있으나, 그 이혼이 성립요건의 하자로 인하여 혼인해소의 효력이 발생하지 않는 것을 말한다. 예를 들면 부적법한 이혼신고, 이혼의 의사가 없이 이혼신고만을 한 경우 등이 있다. 이혼무효의 소에 관하여는 민법에는 규정이 없고 가사소송법에 규정을 두고 있다(법 2조1항 가류 2호). 재판상 이혼의 무효는 있을 수 없으며 이혼무효는 항상 협의이혼의 무효만을 의미한다.

2. 이혼무효의 사유

(1) 협의상 이혼 무효

혼인의 무효와는 달리, 이혼의 무효에 관하여는 민법에 아무 규정이 없어 무엇이 이혼무효의 사유로 되는지가 문제 되는데, 협의상이혼(민 제834조)과 재판상이혼(민 제840조) 중 재판상이혼은 청구인용의 판결이 확정되면 가족관계등록부 기재와는 관계없이 그 자체로써 이혼의 효력이 발생하기 때문에 당사자의 이혼신고는 단순히 보고적인 것에 불과하다. 다만 사망한 자를 상대로 한 확정판결이나 확정되지 아니한 판결에 기하여 가족관계등록부 기재가 이루어진 경우와 같이 극히 예외적인 경우에만 이혼의 무효가 문제될 수 있을 뿐이다. 이와 달리 협의상 이혼은 가정법원의 확인을 받아 가족관계의 등록 등에 관한 법률에 정한 바에 따라 당사자 양쪽과 성년자인 증인 두 명이 연서한 서면으로 신고 하면 효력이 생긴다. 이 신고는 창설적인 것이므로 당사자 사이에 이혼의 합의를 당연히 전제 하기 때문에 이혼의 무효는 실질적 요건으로서의 이혼의 합의가 없는 경우와 형식적 요건으로서의 신고가 없거나 흠이 있는 경우 등이 있다.

(2) 구체적인 이혼의 무효 사유

1) 이혼신고가 되었지만 합의가 없거나 합의가 사기 강박에 의한 경우

이혼의 신고가 있었지만 이혼의 합의가 없었던 경우에는 그 이혼이 무효임은 명백하다(대법원 1961. 4. 27.선고 4293민상536). 이혼의사는 이혼의사의 확인 후에도 신고서 작성 시는 물론 신고서 제출 시에도 존재하여야 하고, 제3자가 제출한 이혼신고, 의사무능력자의 이혼의 합의등도 무효이다. 그러나 이혼의 합의가 있었으나 그 합의가 사기, 강박으로 인한 것인 때에는 이혼취소사유로 될 뿐이다(민 838조).

2) 가장이혼

가) 가장이혼

당사자가 혼인생활을 폐기하려는 의사없이 강제집행면탈이나 해외이주 등의 수단으로 통모하여 이혼하는 경우에 이혼의사를 이혼신고서의 제출에 관한 합의로 보는 형식의사설과 부부공동생활을 해소하려는 의사로 보는 실질의사설 사이에 그 효력에 대해 차이가 있는데 판례는 가장이혼이라도 당사자 간에 일시적으로나마 법률상 부부관계를 해소할 의사는 있었다는 이유로 이혼신고가 유효하다고 하고 있다.

나) 공전자기록등불실기재죄 성부

「형법」 제228조 제1항은 "공무원에 대하여 허위신고를 하여 공정증서 원본 또는 이와 동일한 전자기록 등 특수매체기록에 불실의 사실을 기재 또는 기록하게 한 자는 5년 이하의 징역 또는 1천만원 이하의 벌금에 처한다."라고 규정하고 있다.

공전자기록등불실기재죄에서 '허위의 신고'의 의미에 관하여 판례는 "형법 제228조 제1항이 규정하는 공전자기록등불실기재죄는 공무원에게 허위의 신고를 하여 공전자기록에 불실의 사실을 기록하게 함으로써 성립하고 '허위의 신고'란 진실에 반하는 사실을 신고하는 것을 말한다."고 하였다12). 그런데 가장이혼이 위 규정에 위반하여 공정증서원본불실기재죄가 성립되는지에 관하여 판례는 "협의상 이혼이 가장이혼으로서 무효로 인정되려면 누구나 납득할 만한 특별한 사정이 인정되어야 하고, 그렇지 않으면 이혼 당사자간에 일시적으로나마 법률상 적법한 이혼을 할 의사가 있었다고 보는 것이 이혼신고의 법률상 및 사실상의 중대성에 비추어 상당하고,13) 협의상 이혼의 의사표시가 기망에 의하여 이루어진 것일지라도 그것이 취소되기까지는 유효하게 존재하는 것이므로, 협의상 이혼의사의 합치에 따라 이혼신고를 하여 호적(현재 가족관계등록부)에 그 협의상 이혼사실이 기재되었다면, 이는 공정증서원본불실기재죄(현재 공전자기록등불실기재죄)에 정한 불실의 사실에 해당하지 않는다."라고 하였습니다14).

3) 이혼신고서의 증인의 서명이 위조된 경우

초기에는 신고가 수리된 이상 효력이 있다고 하였으나(대법원 1962. 11. 15. 62다610) 그 후에는 이혼신고서의 진정성립 여부를 확임함이 없이 한쪽만에 의한 이혼신고를 수리한 것은 무효라고 하였다(대법원 1975. 9. 23. 선고75므11판결). 그러나 가정법원에서 당사자를 출석과 진술(가등규74조), 확인신청서에 이혼신고서 첨부(가등규 73조4항), 이혼신고와 확인서등본을 당사자에게 교부(가등규78조3항) 등 규정으로 인하여 현재는 일방신고로

---

12) 대법원 2011. 5. 13. 선고 2011도1415 판결.
13) 대법원 1993. 6. 11.선고, 93므171 판결.
14) 대법원 1997. 1. 24. 선고 95도448 판결.

인한 문제가 발생할 여지가 거의 없게 되었다.

4) 외국에서 이혼판결을 받아서 한 이혼

부부 중 일방이 취업차 미국에 가서 상대방을 상대로 이혼소송을 제기하면서 상대방이 마치 미국인 변호사를 선임하여 응소한 것처럼 조작하여 이혼판결이 확정되어 이를 기초로 호적에 기재된 경우 이런 이혼판결은 우리나라에서 효력이 없어 이혼은 무효이다(서울가판 1993. 12. 9. 92드68848).

5) 무효이혼의 추인

무효인 이혼의 추인을 인정할 것인지에 관하여는 견해의 대립이 있지만 혼인무효의 추인을 인정한다면 이혼무효의 추인도 인정할 수 있어야 할 것이다.

3. 관할

혼인무효의 소와 같다 즉 ① 부부가 같은 가정법원의 관할구역 내에 주소가 있을 시 그 가정법원이, ② 부부가 마지막으로 같은 주소지를 가졌던 법원의 관할 구역 내에 부부 중 일방의 주소가 있을 때 그 가정법원이 ③ 위 각 경우에 해당하지 아니하는 경우로 부부 중 어느 한 쪽이 다른 한쪽을 상대로 하는 경우 상대방이 주소지의 가정법원이 ④ 부부 모두를 상대로 하는 경우에는 부부 중 어느 한쪽의 주소지 가정법원이 ⑤ 부부 중 일방이 사망한 경우 생존한 다른 한쪽의 주소지 가정법원이 ⑥ 부부가 모두 사망한 경우 부부 중 한쪽의 마지막 주소지의 가정법원이 각각 관할 법원으로 된다.

4. 당사자

이혼무효의 소의 원고는 이혼당사자, 그 법정대리인, 4촌 이내의 친족이다(가소 제23조). 피고는 남편 또는 아내 기타의 경우(사망)에는 검사이다.

5. 심 리

기본적으로 혼인무효의 소에서와 같다.

6. 확정판결의 효과

이혼의 무효는 당연무효이며, 가정법원에 이혼무효확인의 소송을 제기할 수 있다. 협의이혼 무효청구를 인용하는 확정판결은 제3자에게도 효력이 있다. 이혼무효가 판결로 확정되었을 때에는 소를 제기한 자가 판결확정일로부터 1개월 이내에 판결의 등본 및 확정증명원을 첨부하여 등록부의 정정을 신청하여야 한다(가족등록법 107조). 이를 해태한 경우 5만원 이하의 과태료가 부과된다(동법 122조).

[청구취지 기재례]

(1) 이혼무효 등 청구의 소(타방배우자를 상대로)

> 1. 원고와 피고사이에 20○○. ○. ○. ○○구청장에게 신고한 협의이혼신고는 무효임을 확인한다.
> 2. 소송비용은 피고의 부담으로 한다.
> 라는 판결을 구합니다.

(2) 이혼무효 등 청구의 소(국제이혼)

> 1. 미합중국 캘리포니아주 로스엔젤레스시 상급법원이 원고와 피고 사이에 이혼청구사건(사건번호 D-758079호)에 관한 2012년 1월 13일에 한 "원고와 피고는 이혼한다"라는 판결은 대한민국에 있어서는 효력이 없음을 확인한다.
> 2. 소송비용은 피고의 부담으로 한다.
> 라는 판결을 구합니다.

[첨부서류 등]

첨부서류	인지액	송달료	관할법원	비고
* 혼인관계증명서(원고, 피고) 각 1통 * 가족관계증명서(원고, 피고) 각 1통 * 주민등록표등(초)본(원고, 피고) 각 1통 * 소명자료(판결문 등) * 혼인신고서 사본 1부	20,000원	당사자별 12회	① 쌍방공통 주소지 ② 쌍방최후 공통 주소지 ③ 상대방 주소지	일방이 서울 이외의 지역에 거주시엔 쌍방의 주민등록초본(주소이력) 제출

이 혼 무 효 확 인

원 고   홍 ○ ○(전화 :   )
              19○○년 ○월 ○일생
              등록기준지
              주   소
              (우편번호 :   )
피 고   김 ○ ○
              19○○년 ○월 ○일생
              등록기준지
              주   소
              (우편번호 :   )

청 구 취 지

1. 원고와 피고의 이혼신고(20○○년 ○월 ○일 ○○시 ○○구청장 접수)는 무효임을 확인한
   다.
라는 판결을 구합니다.

청 구 원 인

1. 원고와 피고는 20○○년 ○월 ○일 혼인하여 그 후 계속하여 오늘에 이르기까지 동거하고
   있습니다.
2. 원고는 피고와 협의이혼에 관한 협의를 한 바 없고, 협의이혼을 위하여 법원에 다녀온
   적도 없습니다.
3. 그런데 원고도 모르는 사이에 피고는 20○○년 ○월 ○일 ○○시에 ○○구청장에게 원고
   와 피고의 협의이혼신고를 하였습니다.
4. 원고와 피고의 협의이혼은 원고가 전혀 모르는 사실이고 또한 원고는 이혼할 의사가 없기
   때문에 위 협의이혼은 무효이므로 이건 청구에 이른 것입니다.

첨 부 서 류

1. 가족관계증명서(부의 것, 처의 것)　　　　　각 1통
2. 주민등록등본(부의 것, 처의 것)　　　　　　각 1통

2019.　ㅇ.　ㅇ.
위 원고　홍 ㅇ ㅇ　(인)

서울가정법원　귀중 [ㅇㅇ지방법원(지원) 귀중]

■ 작성 · 접수방법

1. 소장에는 수입인지 20,000원(가류사건)을 붙여야 한다.
2. 송달료는 124,800원(=당사자수×5,200(우편료)×12회분)을 송달료취급은행에 납부하고 첨부하여야 한다.
3. 원고 : 당사자, 법정대리인 또는 4촌이내의 친족.
   피고 : 부부일방이 제소시 그 배우자를 피고로 하며, 제3자가 제소시 부부가 피고들이된다.
4. 다음 각 호의 가정법원의 전속관할에 속한다.
   - 부부가 같은 가정법원의 관할구역 내에 보통재판적이 있을 때에는 그 가정법원
   - 부부가 최후의 보통의 주소지를 가졌던 가정법원의 관할구역 내에 부부 중 일방의 보통재판적이 있을 때에는 그 가정법원
   - 위에 해당되지 아니하는 경우로서 부부의 일방이 타방을 상대로 하는 때에는 상대방의 보통재판적소재지, 부부의 쌍방을 상대로 하는 때에는 부부 중 일방의 최후의 주소지의 가정법원
   - 부부 중 일방이 사망한 경우에는 생존한 타방의 보통재판적소재지 가정법원
   - 부부 쌍방이 사망한 경우에는 부부 중 일방의 최후의 주소지의 가정법원.
5. 법원용 1부, 상대방 1부 합계 2부를 관할 가정법원에 접수한다.

1. 의의 등

가. 의의

사실혼은 주관적으로는 혼인의사를 가지고 객관적으로는 부부공동생활의 실체를 갖추고 있으면서도 혼인신고를 하지 아니하여 법률혼으로 인정받지 못하는 상태에 있는 남녀의 결합관계를 의미하는데 남녀가 사회적으로 부부관계를 공시하면서도 법률상혼인관계가 성립되지 않고 있으면 상대방(주로 여자)의 희생이 클 뿐만 아니라 출생자는 혼인 외의 자로 취급받을 수밖에 없게 된다.

따라서 가사소송법 제2조 제1항에서 나류사건 제1호로 사실상혼인관계존부확인 사건을 규정하고, 가족관계의 등록 등에 관한 법률 72조는 사실상 혼인관계 존재확인의 재판이 확정된 경우에 소를 제기한 사람은 혼인신고를 하여야 한다고 규정하여 일정한 경우 사실혼 관계에 있는 당사자의 일방적 신고에 의하여 사실혼이 법률혼으로 격상될 수 있는 길을 열어주고 있는 것이다.

[법률혼, 사실혼, 동거 비교]

> **▶ 법률혼**
>
> 법률혼이란 남녀가 혼인의사의 합치와 함께 가족관계등록등에 관한 법률이 정한 바에 따라 신고한 경우를 법률혼이라 한다(민법 제812~814조).
>
> **▶ 사실혼**
>
> 사실혼이란 객관적으로 부부로서 혼인 생활을 하고 있고 혼인의 의사가 있지만 혼인신고를 하지 않아 법률혼으로 인정되지 않는 관계를 말한다.
>
> **▶ 동거**
>
> 성관계를 맺는 남녀가 혼인 의사 없이 주거와 생활을 공유하는 관계를 말한다.

	법률혼	사실혼	동거
친족관계인정	O	X	X
동거, 협조, 부양의무	O	O	X
정조의 의무	O	X	X
배우자 상속권	O	X[15]	X
자녀 출생시	혼인중의 자	혼인외 자	혼인외 자
자녀의 상속, 부양, 양육비 청구	O	O	O
공동생활비 부담책임	O	O	X
연금수급권	O	각 연금법에 따라 다름	X
재산분할 청구권	O	O	X
파경시 상대방이나 제3자에 대한 위자료 청구권	O	O	책임있는 상대에 손해배상 청구 가능

나. 당사자 일방에 의한 혼인신고

사실혼관계 있는 당사자 일방이 혼인신고를 한 경우, 상대방의 혼인의사가 불분명한 경우에도 그 혼인의사의 존재를 추정할 수 있으므로, 혼인의사를 명백히 철회하였다거나 당사자 사이에 사실혼관계를 해소하기로 합의하였다는 등의 사정이 인정되지 아니하는 경우에는 그 혼인을 무효라고 할 수 없다.[16]

다만, 혼인 후 사실혼관계에 있었으나 일방이 뇌졸중으로 혼수상태에 빠져 있는 사잉에 혼인신고가 이루어졌다면 특별한 사실이 없는 한 위 신고에 의한 혼인은 무효이다.[17]

다. 당사자 일방에 의한 사실혼 해소

사실상 혼인관계는 사실상의 관계를 기초로 하여 존재하는 것이므로 당사자 일방의 의사에 의하여 해소될 수 있다. 다만, 사실상 혼인관계에 있는 부부관계가 정당한 이유 없이 파기된 경우에, 당사자 일방은 과실 있는 상대방에 대하여 채무불이행으로 인한 손해배상을 청구할 수 있는 동시에 불법행위로 인한 손해배상을 청구할 수 있다.

---

15) 주택임대차보호법상 요건에 해당할 경우 임차권 상속인과 공동승계 인정.
16) 대법원 2004. 4. 11. 선고 99므1329 판결.
17) 대법원 1996. 6. 28. 선고 94므1089 판결.

> **【판시사항】**
>
> 사실혼 관계당사자 이외의 제3자가 사실혼 파기에 가담한 경우에는 그 제3자에게는 불법행위로 인한 손해배상 책임만이 있을 뿐 채무불이행으로 인한 손해배상의 책임이 있다고는 할 수 없다(대법원 1970. 4. 28. 선고 69므37 판결).
>
> **【판결요지】**
>
> 사실혼관계당사자 이외의 제3자가 사실혼파기에 가담한 경우에는 그 제3자에게는 불법행위로 인한 손해배상책임만이 있을 뿐이므로 채무불이행으로 인한 손해배상책임을 물을 수 있다는 전제하에 그 제3자의 불법행위로 인한 손해배상채무의 소멸시효완성의 항변을 배척하였음은 위법이다.

그러나 사실혼 관계 당사자 이외의 제3자가 사실혼의 파기에 가담한 경우에는 그 제3자에게는 불법행위로 인한 손해배상책임만 있을 뿐 채무불이행으로 이한 손해배상의 책임은 없다.

2. 정당한 당사자

1) 사실상혼인관계존부확인의 소의 당사자적격에 관하여는 특별한 규정이 없으므로 확인소송의 일반원칙에 따라 사실상혼인관계의 존부에 관하여 확인의 이익을 가지는 자에게 원고적격이 있고, 반대의 이익을 가지는 자에게 피고적격이 있다.

2) 부부의 일방이 다른 한쪽을 상대로 소를 제기하는 것이 일반적이지만 사실상 혼인관계존부확인의 소를 확인소송으로 보는 이상 제3자가 사실혼관계에 있는 부부 양쪽을 상대방으로 하거나 부부 양쪽이 제3자를 상대방으로 하여 소를 제기하는 것도 확인의 이익이 있는 한 가능하므로 부부 양쪽과 제3자가 소송의 당사자로 된 때에는 부부 양쪽은 필수적 공동소송인으로 된다고 할 것이다.

3) 사실상혼인관계에 있던 부부 중 일방이 사망한 경우에 생존한 타방이 검사를 상대방으로 하여 소를 제기할 수 있는지에 관하여는, 이를 부정하는 견해와 인지청구나 친생자관계존부확인청구에 관한 규정을 유추하여 사망사실을 안 날로부터 2년 내에 검사를 상대로 소를 제기할 수 있다는 견해가 대립되어 있다. 판례는 이를 인정하고 있다(대법원 1995. 3. 28. 선고 94므1447).

3. 관 할

(1) 토지관할

사실상혼인관계존부확인의 소는 피고의 보통재판적소재지 가정법원의 관할에 속한다(제13조 제1항). 이는 임의관할이다. 따라서 합의관할이나 응소관할에 관한 민소법의 규정이 적용된다.

(2) 사물관할

사실상혼인관계존부확인의 소는 단독판사의 사물관할에 속한다(민사 및 가사소송의 사물관할에 관한규칙 제3조).

4. 심 리

(1) 조정전치

소를 제기하고자 하는 사람은 조정을 먼저 신청해야 하고 조정을 신청하지 아니하고 소를 제기한때에는 공시송달이 아니면 당사자를 소환할 수 없거나 조정이 성립될 수 없다고 인정하는 경우를 제외하고는 직권으로 조정에 회부하여야 한다(법 50조).

(2) 확인의 이익

1) 사실혼 부부 서로 간

부부의 한쪽이 다른 한쪽을 상대로 하는 경우에는 확인의 이익이 있다고 볼 것이다. 그러나 사실상 혼인관계 존재 확인청구가 인용되기 위해서는 변론종결시까지 사실혼관계가 유지 존속되어야만 하고 그 도중에 한쪽의 의사에 의해 사실혼관계가 해소되면 과거의 사실혼관계의 존재확인을 구하는 것이 되어 확인의 이익이 부정된다. 다만 과거의 사실혼관계가 당사자 및 제3자사이의 현재 또는 잠재적 분쟁의 전제가 되어 그 존부 확인청구가 분쟁을 일거에 해결하는 유효적절한 수단인 경우에는 예외적으로 확인의 이익이 있다(대법원 1995. 11. 14 선고 95므694 판결).

2) 제3자와 사실혼 부부간

소의 이익이 있는 가에 대해서는 견해대립이 있는데 판례는 부부 양쪽이 모두 사망한 경우 제3자가 그 혼인신고를 할 수 있는 방법이 없으므로 위 사망한 당사자의 혼인신고를 하기 위하여 그들 사이에 과거의 혼인사실의 존재 확인을 구함은 확인의 이익이 없어 부적법하고(대법원 1988. 4. 12. 선고 87므 104), 사실상 혼인관계 존재확인의 확정판결을 받았더라도 그에 기한 혼인신고를 하기에 앞서 상대방이 먼저 제3자와 혼인신고를 하여 버리면

그 제3자와의 혼인신고가 유효하다고 하여(대법원 1973. 1. 16. 선고 72므25) 부정하는
견해를 취하고 있는 것으로 보인다.

3) 과거의 혼인관계 존부

사실혼 배우자의 일방이 사망한 경우 생존하는 당사자가 혼인신고를 하기 위한 목적으로서
는 사망자와의 과거의 사실혼관계 존재확인을 구할 소의 이익이 있다고는 할 수 없고, 이
러한 과거의 사실혼관계가 생존하는 당사자와 사망자와 제3자 사이의 현재적 또는 잠재적
분쟁의 전제가 되어 있어 그 존부확인청구가 이들 수많은 분쟁을 일거에 해결하는 유효적
절한 수단일 수 있는 경우에는 확인의 이익이 인정될 수 있는 것이지만, 그러한 유효
적절한 수단이라고 할 수 없는 경우에는 확인의 이익이 부정되어야 한다.[18]
다만, 혼인, 입양과 같은 신분관계나 회사의 설립, 주주총회의 결의무효, 취소와 같은 사단
적 관계, 행정처분과 같은 행정관계와 같이 그것을 전제로 하여 수많은 법률관계가 발생하
고 그에 관하여 일일이 개별적으로 확인을 구하는 번잡한 절차를 반복하는 것보다 과거의
법률관계 그 자체의 확인을 구하는 편이 관련된 분쟁을 일거에 해결하는 유효적절한
수단일 수 있는 경우에는 예외적으로 확인의 이익이 인정된다.[19]

5. 사실혼의 범위 등

(1) 사실혼의 범위

사실혼의 관계에서도 유책하게 사실혼관계를 파탄시킨 상대방에게는 위자료를 청구할 수
있는바, 사실혼 관계가 성립하였는지 사실혼의 성립 범위가 문제된다고 할 수 있다.
이에 대하여 서울가정법원은 2015. 8. 20. 선고 2014드단20076 판결에서, 사실혼관계에
대한 인정법리를 다음과 같이 판시하였습니다. "사실혼이란 당사자 사이에 혼인의 의사가
있고 사회적으로 정당시되는 실질적인 혼인생활을 공공연하게 영위하고 있으면서도 그 형
식적 요건인 혼인신고를 하지 않았기 때문에 법률상 부부로 인정되지 아니하는 남녀의 결
합관계를 의미한다.
따라서 사실혼에 해당하여 법률혼에 준하는 보호를 받기 위하여는 단순한 동기 또는
간헐적인 정교관계를 맺고 있다는 사정만으로는 부족하고,[20] 그 당사자 사이에 주관
적으로 혼인의 의사가 있고 객관적으로 사회관념상 가족질서적인 면에서 부부공동생
활을 인정할 만한 혼인생활의 실제가 존재하여야 한다." 이러한 재판부의 판시취지에
비추어 볼 때, 상대방과 사이에 비록 동거를 하면서 간헐적인 성관계를 맺었다고 하더

---

18) 대법원 1995. 11. 14. 선고 95므694 판결.
19) 대법원 1995. 3. 28. 선고 94므1447 판결.
20) 대법원 1984. 8. 21. 선고 84므45 판결.

라도, 결혼식을 올렸다거나, 부부로 호칭한다거나, 가족들에게 사실혼 관계라고 알린
다거나, 서로의 가족모임에 함께 참석하는 등의 사실혼 관계를 인정할 만한 정황도 드
러나 있지 아니할 사실혼의 부당파기로 인한 손해배상청구를 할 수 없을 것으로 보인
다.

> **【판시사항】**
>
> 당사자가 결혼식을 올린 후 신혼여행까지 다녀왔으나 부부공동생활을 하기에까지 이르지
> 아니한 단계에서 일방 당사자의 귀책사유로 파탄에 이른 경우, 사실혼 부당파기에 있어서와
> 마찬가지로 귀책 당사자에게 정신적 손해배상을 청구할 수 있는지 여부(대법원 1998. 12.
> 8. 선고 98므961 판결)
>
> **【판결요지】**
>
> 일반적으로 결혼식(또는 혼례식)이라 함은 특별한 사정이 없는 한 혼인할 것을 전제로 한
> 남녀의 결합이 결혼으로서 사회적으로 공인되기 위하여 거치는 관습적인 의식이라고 할
> 것이므로, 당사자가 결혼식을 올린 후 신혼여행까지 다녀온 경우라면 단순히 장래에 결혼할
> 것을 약속한 정도인 약혼의 단계는 이미 지났다고 할 수 있으나, 이어 부부공동생활을
> 하기에까지 이르지 못하였다면 사실혼으로서도 아직 완성되지 않았다고 할 것이나, 이와
> 같이 사실혼으로 완성되지 못한 경우라고 하더라도 통상의 경우라면 부부공동생활로 이어
> 지는 것이 보통이고, 또 그 단계에서의 남녀 간의 결합의 정도는 약혼 단계와는 확연히
> 구별되는 것으로서 사실혼에 이른 남녀 간의 결합과 크게 다를 바가 없다고 할 것이므로,
> 이러한 단계에서 일방 당사자에게 책임 있는 사유로 파탄에 이른 경우라면 다른 당사자는
> 사실혼의 부당 파기에 있어서와 마찬가지로 책임 있는 일방 당사자에 대하여 그로 인한
> 정신적인 손해의 배상을 구할 수 있다.

(2) 사실혼의 법적보호

사실혼은 가족관계등록부에 공시되지 않기 때문에 성년의제, 배우자 상속권, 친생자추정
등은 인정되지 않는다. 다만, 혼인에 준하는 관계로서 보호는 되기 때문에 부부간의 부양,
혼인비용분담, 일사가사채무의 연대책임, 재산분할, 제3자의 불법행위에 의한 생명침해의
경우 배우자의 지위에서의 위자료청구권 등이 인정된다.

6. 확정판결의 효력

1) 확정판결은 제3자에게도 효력이 있고 그 청구를 기각한 확정판결은 그 소송의 사실심의 변론종결 전에 참가하지 못한데 대하여 정당한 사유가 있지 아니한 다른 제소권자에게도 효력이 미친다(법 21조 1항 2항).

2) 사실상혼인관계 존재 확인판결이 확정된 때에는 소를 제기한 사람은 상대방의 협력 없이도 단독으로 혼인신고를 할 수 있다(가등 72조). 원고는 판결확정일로부터 1월 이내에 판결등본과 확정증명원을 첨부하여 아무 곳이나 가까운 시, 구, 읍, 면사무소에 혼인신고를 하여야 한다.

3) 당사자가 확인판결에 기하여 가족관계의 등록 등에 관한 법률 72조의 절차에 따라 혼인신고를 함으로써 법률혼으로 되고 직권으로 가족관계등록부에 기록할 성질의 것은 아니다. 따라서 사실상 혼인관계 존부 확인의 청구를 인용한 판결이 확정되더라도 가족관계등록사무를 처리하는 사람에게 통지할 필요는 없다(규칙 7조 1항 1호 단서). 확인판결에 의하여 혼인신고가 이루어지면 혼외 자는 준정이 되어 혼인중의 친생자가 되고, 당사자가 이혼하기 전에 일방배우자가 사망하면 생존배우자가 법률상 배우자로서 상속권을 가지게 된다.

7. 사실혼 중 출생한 미성년 자녀에 대한 양육권지정

사실혼관계에 있는 자들 사이에서 출생한 자(子)는 '혼인 외의 출생자'로서 그 모(母)와의 관계에서는 인지(認知)나 출생신고를 기다리지 않고 자의 출생으로 당연히 법률상의 친자관계가 인정될 수 있지만(대법원 1967. 10. 4. 선고 67다1791 판결), 부자관계는 부(父)의 인지에 의하여서만 발생하게 된다(대법원 1997. 2. 14. 선고 96므738 판결).

그러나 부가 자를 인지한 경우에는 자는 생모뿐만 아니라 부와도 법률상 친자관계가 인정되므로 친권자 및 양육자를 정할 필요가 있게 되며 이러한 경우 친권자 및 양육자의 지정은 원칙적으로 부모사이의 협의로 정하되, 협의할 수 없거나 협의가 이루어지지 않은 경우에는 당사자의 청구를 통해 가정법원이 지정하게 된다(민법 제909조 제4항).

한편 사실혼 관계에 있던 당사자 일방의 상대방과의 사이에서 출산한 자에 대한 과거 및 장래의 양육비 청구에 대해, 인지는 그 자가 출생한 때에 소급하여 효력이 생기고 혼인 외 출생자의 아버지가 인지하는 때에는 부양의무도 그 자가 출생한 때로부터 효력이 있다 할 것이며, 이 경우 어떠한 사정으로 인하여 부모 중 어느 한쪽만이 자녀를 양육하게 된 경우에 그와 같은 일방에 의한 양육이 그 양육자의 일방적이고 이기적인 목적이나 동기에서 비롯한 것이라거나 자녀의 이익을 위하여 도움이 되지 아니하거나 그 양육비를 상대방에게 부담시키는 것이 오히려 형평에 어긋나게 되는 등 특별한 사정이 있는 경우를 제외하고는 양육하는 일방은 상대방에 대하여 현재 및 장래에 있어서의 양육비 중 적정 금액의 분담을 청구할 수 있음은 물론이고, 부모의 자녀양육의무는 특별한 사정이 없는 한 자녀의 출생과 동시에 발생하는 것이므로 과거의 양육비에 대하여도 상대방이 분담함이 상당하다고 인정되는 경우는 그 비용의 상환을 청구할 수 있다고 보아야 할 것이다(서울고등법원 2012. 10. 10. 선고 2012르1641판결).

8. 사실혼당사자의 사망과 재산분할청구권

사실혼에 관하여는 법률혼에 대한 「민법」의 규정 중 재산상속 등 혼인신고를 전제로 하는 규정은 유추적용 할 수 없으나, 동거, 부양, 협조, 정조의 의무 등 법률혼에 준하는 일정한 효력이 인정된다. 법률혼에 있어서 혼인 중 일방 배우자가 사망하면 상대방 배우자는 사망한 배우자의 재산을 상속하게 되는 반면, 사실혼관계에 있어서는 사실혼 배우자 일방이 사망한 경우에는 상대방 배우자에게 상속권이 인정되지 않기 때문에 생존한 사실혼 배우자를 보호하기 위하여 생존 배우자에게 상속인을 상대로 하는 재산분할청구권을 인정하여야 한다는 견해가 제기되고 있다.

판례는 "법률상 혼인관계가 일방 당사자의 사망으로 인하여 종료된 경우에도 생존 배우자에게 재산분할청구권이 인정되지 아니하고 단지 상속에 관한 법률 규정에 따라서 망인의 재산에 대한 상속권만이 인정된다는 점 등에 비추어 보면, 사실혼관계가 일방 당사자의 사망으로 인하여 종료된 경우에는 그 상대방에게 재산분할청구권이 인정된다고 할 수 없다." 라고 하여 사실혼 관계에 있어 배우자 일방이 사망한 경우 상대방 배우자에게 재산분할청구권을 인정하고 있지 않는다(대법원 2006. 3. 24. 선고 2005두15595판결). 따라서 사실혼당사자의 사망의 경우 재산분할을 청구할 수 없다. 다만,「민법」제1057조의2에서는 피상속인에 대하여 상속권을 주장하는 자가 없는 때에는 가정법원은 피상속인과 생계를 같이 하고 있던 자, 피상속인의 요양간호를 한 자 기타 피상속인과 특별한 연고가 있던 자의 청구에 의하여 상속재산의 전부 또는 일부를 분여할 수 있다고 규정하고 있는 바, 만일 사망한 사실혼 배우자의 상속권을 주장하는 자가 없는 경우에는 상대방 사실혼 배우자가 민법 제1057조의2에 따라 특별연고자로서 상속재산에 대한 분여청구를 할 수 있다.

[청구취지 기재례]

가) 사실혼 부당파기

1. 피고는 원고에게 금 50,000,000원 및 이에 대해 2008. 5. 27.부터 이건
   소장부본 송달일까지는 연5푼의, 그 다음날부터 완제일까지는 연 12%의 각
   비율에 의한 금원을 지급하라.
2. 소송비용은 피고의 부담으로 한다.
3. 위 제1항은 가집행할 수 있다.
라는 판결을 구합니다.

1. 피고는 원고에게,
   가. 위자료로 금 50,000,000원 및 이에 대하여 이 사건 소장 부본 송달 다음날
       부터 다 갚는 날까지 연 12%의 비율에 의한 금원을,
   나. 재산분할을 원인으로 금 186,938,930원 및 이 사건 판결확정일 다음날부터
       다 갚는 날까지 연 5%의 비율에 의한 금원을 각 지급하라.
2. 소송비용은 피고의 부담으로 한다.
3. 제1항은 가집행할 수 있다.
라는 판결을 구합니다.

나) 사실상 혼인관계존재 확인의 소

1. 원고와 소외 망 신○○과 사이에 2006. 8. 15.부터 2008. 6. 6.까지 사실상혼
   인관계가 존재함을 확인한다.
2. 소송비용은 국가의 부담으로 한다.
라는 판결을 구합니다.

[첨부서류 등]

사건	첨부서류	인지액	송달료	관할법원
사실혼관계 부당파기로 인한 손해배상청구	* 가족관계증명서(원고, 피고) 각 1통 * 주민등록표등(초)본(원고, 피고) 각 1통 * 혼인관계증명서(원고, 피고) 각 1통	인지액 산정에 따라	당사자별 12회	상대방 주소지
사실상혼인관계존 부환인	* 기본증명서(원고, 피고) 각 1통 * 가족관계증명서(원고, 피고) 각 1통 * 주민등록표등(초)본(원고, 피고) 각 1통	20,000원	당사자 별 12회	피고 주소지

소　　장

원　고　　　　홍 ○ ○ (한문)
　　　　　　　19　년　월　일생 (주민등록번호:　　　　　　　　)
　　　　　　　등록기준지 : ○○시 ○○구 ○○○동 ○○번지
　　　　　　　주　　　소 : 위 같은 곳 ○○번지

　　　　　　　소송대리인 변호사　한 ○ ○
　　　　　　　○○시 ○○구 ○○동 1가 ○○번지(우편번호 :　　　　　)
　　　　　　　(전화번호 :　　　　　　　　　팩스 :　　　　　　)

피　고　　　　○○지방검찰청 검사

사실상혼인관계존재 확인의 소

청 구 취 지

1. 원고와 소외 망 신○○과 사이에 2006. 8. 15.부터 2008. 6. 6.까지 사실상혼인관계가
　존재함을 확인한다.
2. 소송비용은 국가의 부담으로 한다.
라는 판결을 구합니다.

청 구 원 인

1. 원고는 2005. 5.경 소외 망 신○○(사망 전 본적　○○시　○○구　○○동 852)을 만나
　교제해 오다가, 혼인신고를 하지 않은 채 2006년 8. 중순경부터 혼인생활을 시작하여
　○○시 ○○구 ○○동 ○○번지에서 시댁식구들과 함께 단란한 가정생활을 영위하여 왔습
　니다.

2. 원고는 위 신○○의 생전에 결혼식을 올리고 혼인신고를 하고자 하였으나 위 신○○의
　친정 오빠인 소외 신○○의 반대로 결혼식을 올리지 못하게 되자, 위 신○○는 후일에
　결혼식을 올리기로 하자면서 뒤로 미루다가 지금까지 결혼식 및 혼인신고를 하지 못하였습
　니다.

3. 그런데 원고와 위 신○○는 2008. 6. 6. 여름휴가 기간 동안 강원도 삼척을 다녀오던
　중 승용차가 가드레일을 추돌하는 사고가 발생하여 신○○는 즉사하게 된 것입니다.

4. 그러므로 원고는 검사를 상대방으로 하여 원고와 위 망 신○○ 사이에 사실상혼인관계가
　있음의 확인을 구하기 위하여 이 사건 소를 제기합니다.

입 증 방 법

1. 갑제 1호증의 1, 2   가족관계증명서
1. 갑제 2호증의 1, 2   각 기본증명서
1. 갑제 3호증   주민등록등본
1. 갑제 4호증   확인서(사고 증명원)
1. 그 밖의 입증방법은 변론 시 추후 제출하겠습니다.

첨 부 서 류

1. 위 입증방법   각 1통
1. 소장부본   1통
1. 소송위임장   1통
1. 납부서   1통

2016 .   ○.   ○.

원고 소송대리인

변호사 한 ○ ○

가정지방법원 귀중

■ 작성 · 접수방법

1. 소장에는 수입인지 20,000원(나류 가사소송)을 붙여야 한다.
2. 송달료는 124,800원(=당사자수×5,200(우편료)×12회분)을 송달료취급은행에 납부하고 첨부하여야 한다.
3. 당사자 : 당사자 일방이 사망한 경우 사망 사실을 안 날부터 2년 안에 검사를 상대로 소를 제기하여야 한다.
4. 관할 : 피고의 보통재판적소재지 가정법원이며, 단독판사의 사물관할에 속한다.
5. 소장은 법원용 1부, 상대방수에 맞는 부본수를 제출한다.
6. 접수후 조정전치주의에 따라 조정기일을 진행한 후 재판이 진행된다.

사실상 혼인관계 존부확인청구의 소

원　고　　　홍 ○ ○ (19　년　월　일생 : 주민등록번호:　　　　)
　　　　　　등록기준지 : ○○시 ○○구 ○○○동 ○○번지
　　　　　　주　　　소 : 서울 ○○구　○○번지

피　고　　　장 ○ ○ (19　년　월　일생 : 주민등록번호:　　　　)
　　　　　　등록기준지 : ○○시 ○○구 ○○○동 ○○번지
　　　　　　주　　　소 : 서울 서대문구 ○○번지

청 구 취 지

1. 원고와 피고 사이에는 사실상 혼인관계가 존재함(존재하지 아니함)을 확인한다.
2. 피고는 원고에게 위자료로 금 ○○원을 지급하고, 재산분할로 금 ○○원을 지급하라.
3. 소송비용은 피고의 부담으로 한다.
4. 위 2항은 가집행할 수 있다.
라는 판결을 구합니다.

청 구 원 인

1. 당사자 관계

　원고는 2005. 5.경 소외 민○○의 중매로 서로 알게되어 교제해 오다가, 혼인신고를 하지 않은 채 2006년 8. 중순경부터 혼인생활을 시작하여 ○○시 ○○구 ○○동 ○○번지에서 시댁식구들과 함께 단란한 가정생활을 영위하여 왔습니다.

2. 이 사건의 경위

　그런데 피고는 2008. 6. 6.경부터 자기는 아기를 갖지 않는다는 등 트집을 잡의면서 직장을 핑계로 외박을 일삼더니 그 해 5. 15.부터는 가출을 한 후 집에 돌아오지 않은 채 혼인신고에도 협조하지 않고 있습니다.

3. 결론

　그러므로 원고는 불안한 마음으로 이 사건 청구를 하기에 이른 것입니다.

입 증 방 법

　1. 갑제 1호중의 1, 2　　　가족관계등로부등본

1. 갑제 2호증   주민등록등본
1. 갑제 3호증   결혼사진
1. 갑제 4호증   사실확인서

첨 부 서 류

1. 위 입증방법   각 1통
1. 소장부본   1통
1. 납부서   1통

2015 .   0.   0.

원고 홍 ○ ○

가정지방법원 귀중

소　　장

원　　고　　김 ○ ○ (700000-0000000)　연락처 :
　　　　　　과천시 ○○동 ○ 주공아파트 ○○○동 ○○○호
　　　　　　전화·휴대폰번호 : 000-000-0000

피　　고　　이 ○ ○ (711111-1111111)　연락처 :
　　　　　　서울 노원구 ○○동 ○○ 아파트 ○단지 ○○○-○○○

손해배상(기) 청구의 소

청 구 취 지

1. 피고는 원고에게 금 50,000,000원 및 이에 대해 2008. 5. 27.부터 이건 소장부본 송달일
   까지는 연5푼의, 그 다음날부터 완제일까지는 연 2할의 각 비율에 의한 금원을 지급하라.
2. 소송비용은 피고의 부담으로 한다.
3. 위 제1항은 가집행할 수 있다.
라는 판결을 구합니다.

청 구 원 인

1. 당사자 관계
   원고는 피고의 부당한 사실혼관계 및 혼인예약(약혼) 파기를 당한 피해자이고, 피고는
   원고와 혼인을 전제로 1년 이상 동거관계를 유지하며 혼례식 날짜까지 정해진 상황에서
   별다른 사유없이 사실혼관계 및 혼인예약을 중단해버려 원고에게 심한 정신적, 물적 피해
   를 준 가해자입니다.

2. 혼인을 전제로 한 사실혼관계
   가. ○○동 빌라에서 동거를 시작함
   (1) 원고는 2007. 3.경 우연히 친구들과 나이트클럽에 놀러갔다가 거기서 피고를 만나 알게
       되었는데, 당시 피고가 원고를 배려하는 태도가 너무 마음에 들어 이후 자주 연락하며
       교제하기 시작하였습니다.
   (2) 6개월여 교제를 하던 중 피고는 원고에게 결혼하자는 말을 하여 이후 혼인을 전제로
       2007. 9.경부터 피고는 원고가 사는 서울 강남구 ○○동 빌라(이하 '○○동 빌라'라함)에
       들어와 서로 동거하기에 이르렀습니다.
       원고와 피고의 관계에 대하여는 원고 와 피고의 각 직장 동료와 친구들 모두가 자연스레
       알게 되었으며 곧 결혼할 관계였다는 것은 주변 사람들에게 주지의 사실이 된 상태였습
       니다(갑제2호증 증인진술서).
   (3) 위 피고와의 동거가 시작되면서 원고는 신혼살림을 위하여 새로이 침대, 소파, 컴퓨터,

책상, TV책상, 화장대, 식탁, 식기류일체, 소파테이블, 밥솥, 정수기 등 살림살이 약 1,500만 원 가량을 원고가 돈을 들여 장만해 놓았습니다.

나. 혼례식 일자를 정함

(1) 원고와 피고는 ○○동 빌라에서 동거하다가 2007. 11.경 구체적으로 결혼식 올리는 문제를 논의하게 되면서부터, 동년 11.중순경 성북구 ○○에 사시는 피고 부모님을 찾아뵙고 인사를 드리고, 이어 12. 중순경 경북 ○○에 사시는 원고의 부모님과 피고 부모님과의 상견례를 진행토록 하였으며, 이에 따라 원고와 피고의 혼례식 날짜를 2008. 5. 29.로 정하기에 이른 것입니다.

(2) 이에 따라 원고는 피고와 상의하여 2008. 1. 9. 여행사에 신혼여행 계약을 체결하고, 이어 서초동 ○○뷔페 예식장과 예식장이용계약을 하고, 한복을 맞추고, 모든 결혼을 위한 준비를 했고, 2008. 3. 7. 새로이 신혼살림을 할 아파트로 서울 중랑구 ○○동 ○○○ ○○아파트 ○○○동 ○○○호를 전세보증금 1억 4,000만 원에 임차하는 임대차 계약을 체결하고(계약명의는 원고의 친동생 김○○임) 입주하는 등으로 모든 준비를 완벽히 하였습니다(갑제3호증의1,2 국외여행계약서, 갑4호증 예식장사용계약서, 갑제5호증 한복계약서, 갑제6호증 임대차계약서).

(3) 위 ○○동아파트에 2008. 3. 7. 입주하면서 원고는 자비를 들여 김치냉장고(137만 원), 디지털TV(212만 원), 장롱(203만 원), 세탁기(131만 원), 한복(135만 원), 도합 818만 원 상당도 구입하였습니다(갑제7호증 내지 9호증). 그 때 피고는 이 ○○동아파트에 들어와 원고에게 결혼약정을 일방적으로 파기하고 자신의 짐을 싸서 나가던 2008. 5. 27.까지 동거하였던 것입니다.

3. 결혼식전 부당한 약혼 파기

가. 피고주장의 혼인예약 파기 사유

(1) 원고와 피고는 1년 이상을 동거해 오면서 급기야 양가부모님의 승낙하에 2008. 5. 29.자로 결혼식을 정하고, 이 준비를 위하여 원고는 많은 비용을 감당하며 준비를 한 것이고, 이후 결혼에 대한 부푼 기대를 하여 왔습니다.

그런데 피고는 2008. 4. 중순경부터 5. 27. 헤어지기까지 거의 매일 새벽 4 : 00경 술을 먹고 귀가하였는데, 이로 인하여 원고와 약간의 말다툼이 있었습니다.

(2) 2008. 4. 10. 혼례식을 1달여를 남겨놓은 시기에, 갑자기 피고는 원고에게 향후 결혼이후의 조건이라며 이 조건이 들어지지 않을시 결혼은 무효로 한다고 엄포를 놓으면서 그 조건을 말하였는데, 그 내용은 첫째, 혼인신고는 결혼식 이후 2년 뒤에 한다. 둘째, 아이는 2년 뒤에 갖는다. 셋째, 생활비는 반반 부담하되 자기 돈은 자기가 관리해야 한다는 것이었는데, 이들은 여자입장에서 받아들일 수 없는 조건이기에 받아들이기 힘들다고 했습니다.

(3) 원고는 일정 시간이 지나면 피고의 생각이 달라지리라 기대하면서도 한편 이래서는 안 되겠다싶어 원고는 다니던 직장도 그만두고 피고와의 관계가 좋아지도록 노력을 하였습니다.

그러나 피고는 5. 27. 원고에게 다시 한 번 위 조건들을 제시하며 수락 여부에 대한 확답을 하라고 추궁하여, 원고가 "너무 심한 것이 아니냐"고 하자 당일 묵동아파트에서 자신의 짐을 싸서 나가 버린 것입니다.

이에 원고가 피고를 붙잡고 매달리며 '왜 그러느냐'며 수차 울며 애원하였지만 붙잡고 매달리는 원고에게 주먹을 휘두르며 "결혼하지 말자"며 끝내 짐을 싸갖고 나간 것입니다.

나. 피고의 의도된 파기

원고의 계속적인 화해적인 태도에도 불구하고 피고는 위 조건들을 이행하지 않을 것이라면 아예 미리 헤어지는 것이 좋다며, 너무도 쉽게 관계 청산을 선언한 것인데, 위 5. 27. 헤어지기 이전에 이미 피고는 다른 곳(현재의 피고주소지)에 들어갈 집을 마련한 상태였던 것과 다른 여자가 생겼다는 사실을 알게 되었습니다.

4. 손해배상의 범위(위자료)

가. 원고의 상처

(1) 원고는 위 이해할 수 없는 피고의 행동으로 인하여 마음의 상처를 깊이 입고, 아무리 생각해도 피고의 행동에 대하여 이해할 수가 없어 심한 분노를 느끼고 있고, 상상할 수 없는 충격을 받았습니다.

피고는 달랑 자신의 짐만을 가지고 들어와서 떠날 때 달랑 자신의 짐만 가지고 떠났고 원고를 이용만 한 것입니다.

(2) 그러나 ① 원고는 초혼인 점,

② 그간 원고는 피고를 신랑이라며 부모님을 비롯 주위 친구, 직장동료들에게 소개까지 하였는데 결혼식이 예정된 상황에서 일방적으로 결혼파기를 당하여 여자로서 도저히 다른 사람과의 관계형성이 정상화되기 어렵게 되어 있고,

③ 무엇보다도 결혼을 전제로 하였지만 성관계를 지속적으로 맺으면서 '동거'를 해온 상황에서 결혼파기는 여자에게 감당할 수 없는 너무도 큰 수치를 느낄 수밖에 없는 점,

④ 신혼집을 위하여 전세금 1억 4,000만원의 전세아파트를 마련하고 신혼살림 마련하느라 금전적으로 너무도 큰 손실을 봤고,(중간 생략)

⑤ 피고가 내세운 결혼조건이 통상 남녀가 좋아하는 감정과 사랑만으로 결합되는 순수성을 결여한 너무도 비인격적인 조건이라는 점 등을 감안해 볼 때 너무도 감당하기 힘든 큰 고통을 받은 것입니다.

나. 손해배상금액

이와 같이 상호 결혼을 전제로 동거한 경위와 혼례식 날짜가 정하여졌음에도 갑작스럽게 이상한 조건을 내세워 결혼파기요구로 약혼관계가 해지가 되는 상황은 결과적으로 피고가 받는 피해가 거의 없는데 반하여, 원고는 결혼을 꿈꾸며 동거라는 삶속에서 여성이 받는 파혼으로 받는 정신적 충격, 그리고 피고에 비할 데 없이 많은 금전적 손실을 감안하여 보았을 때 이의 위자금은 최소한 5,000만원 상당이 되어야 할 것입니다.

5. 결 론

그렇다면 피고는 원고에게 위 금 50,000,00원을 이 건 소장 송달 다음날부터 완제일까지 소송촉진등에관한특례법 소정의 연 2할의 각 비율에 의한 지연 손해금을 지급하여야 할 것입니다.

입 증 방 법

1. 갑 제 1 호증		주민등록초본(피고)
1. 갑 제 2 호증		증인진술서(박 ○ ○)
1. 갑 제 3 호증		증인진술서(장 ○ ○)
1. 갑 제 4 호증의	1	국외여행계약서
	2	신혼여행일정표
1. 갑 제 5 호증		예식장 사용계약서
1. 갑 제 6 호증		한복계약서
1. 갑 제 7 호증		부동산임대차계약서
1. 갑 제 8 호증의	1	인터넷쇼핑몰 가격표(TV)
	2	사 진
1. 갑 제 9 호증의	1	인터넷쇼핑몰 가격표(김치냉장고)
	2	사 진
1. 갑 제10 호증의	1	인터넷쇼핑몰 가격표(드럼세탁기)
	2	사진(세탁기)
	3	사진(장농)

첨 부 서 류

1. 송달납부서	1부
1. 소장 부본	1부

2018. ○. ○.
위 원고 김 ○ ○

서울가정법원 귀중

1. 사실혼이 부당하게 파기된 경우 피해자는 사실상혼인관계부존재확인의 소와 그 부당파기로 인한 손해배상청구 또는 원상회복청구를 병합하여 청구할 수 있다. 이 경우 제3자(부당파기에 가담하거나 원인을 제공한 시부모나 장인, 장모등)에 대한 손해배상청구도 병합하여 1개의 소장에서 청구할 수 있다.

민법 제816조(혼인취소의 사유)

혼인은 다음 각 호의 어느 하나의 경우에는 법원에 그 취소를 청구할 수 있다.

1. 혼인이 제807조 내지 제809조(제815조의 규정에 의하여 혼인의 무효사유에 해당하는 경우를 제외한다. 이하 제817조 및 제820조에서 같다) 또는 제810조의 규정에 위반한 때
2. 혼인당시 당사자 일방에 부부생활을 계속할 수 없는 악질 기타 중대사유있음을 알지 못한 때
3. 사기 또는 강박으로 인하여 혼인의 의사표시를 한 때

제817조(연령위반혼인 등의 취소청구권자)

혼인이 제807조, 제808조의 규정에 위반한 때에는 당사자 또는 그 법정대리인이 그 취소를 청구할 수 있고 제809조의 규정에 위반한 때에는 당사자, 그 직계존속 또는 4촌 이내의 방계혈족이 그 취소를 청구할 수 있다.

제818조(중혼의 취소청구권자)

당사자 및 그 배우자, 직계혈족, 4촌 이내의 방계혈족 또는 검사는 제810조를 위반한 혼인의 취소를 청구할 수 있다.

제819조(동의 없는 혼인의 취소청구권의 소멸)

제808조를 위반한 혼인은 그 당사자가 19세가 된 후 또는 성년후견종료의 심판이 있은 후 3개월이 지나거나 혼인 중에 임신한 경우에는 그 취소를 청구하지 못한다.

제820조(근친혼 등의 취소청구권의 소멸)

제809조의 규정에 위반한 혼인은 그 당사자간에 혼인 중 포태한 때에는 그 취소를 청구하지 못한다.

제822조(악질 등 사유에 의한 혼인취소청구권의 소멸)

제816조 제2호의 규정에 해당하는 사유있는 혼인은 상대방이 그 사유있음을 안 날로부터 6월을 경과한 때에는 그 취소를 청구하지 못한다.

제823조(사기, 강박으로 인한 혼인취소청구권의 소멸)

사기 또는 강박으로 인한 혼인은 사기를 안 날 또는 강박을 면한 날로부터 3월을 경과한 때에는 그 취소를 청구하지 못한다.

제824조(혼인취소의 효력)
혼인의 취소의 효력은 기왕에 소급하지 아니한다.

제824조의2(혼인의 취소와 자의 양육 등)
제837조 및 제837조의2의 규정은 혼인의 취소의 경우에 자의 양육책임과 면접교섭권에 관하여 이를 준용한다.

제825조(혼인취소와 손해배상청구권)
제806조의 규정은 혼인의 무효 또는 취소의 경우에 준용한다.

1. 의의

혼인의 취소는 혼인의 성립과정에 일정한 하자가 있는 경우에 그 혼인의 효력을 장래에 향하여 소멸시키는 것을 말한다. 혼인은 부부생활이라는 사실관계가 매우 중요하기 때문에 취소원인이 존재하더라도 소로써 그 효력을 소멸시킬 때까지는 여전히 존속한다. 따라서 혼인은 취소의 소의 판결이 없는 이상 유효하게 존속하고 그 청구를 인용하는 판결이 확정되더라도 소급효는 인정되지 않고 장래에 향하여 소멸한다. 또한, 혼인의 취소는 법원에 청구하여서만, 즉 소에 의해서만 주장할 수 있는 것으로서 그 법적 성질은 형성의 소이다. 또, 그 취소의 효력은 일반 법률행위의 취소와는 달리 기왕에 소급하지 않고 장래에 향하여서만 효력이 있다(민 제824조). 가사소송법상 나류 제2호 사건으로서 조정의 대상이 되지만 성질상 당사자의 임의처분이 허용되지 아니하므로 조정이나 화해로 처리될 수 없다.

2. 혼인취소의 사유

(1) 혼인적령미달자의 혼인(민 817조 807조)

1) 의의

만 18세가 되지 않은 자의 혼인은 취소할 수 있다(민 807조, 816조 제1호).

2) 취소권자

혼인적령 미달자의 혼인은 각 당사자 또는 그 법정대리인이 취소할 수 있다.

3) 취소권의 소멸

취소권의 소멸에 대해서는 정면으로 규정하고 있지 않지만 혼인적령 미달자의 혼인도 제
819조를 유추 해석하여 혼인적령에 달한 경우 또는 자를 포태하면 취소할 수 없다고 해석
하는 견해가 있다.

(2) 혼인동의 결여(민 819조)

1) 의의

미성년자가 부모 후견인 또는 친족회의 동의를 받지 않고 혼인한 때 취소할 수 있다. 혼인
동의권자는 부모, 후견인의 순서로 된다.

2) 취소권자

당사자 또는 그 법정대리인이 그 취소를 청구할 수 있다(민 817조). 다만 혼인에 의하여
미성년자는 성년의제가 되어 더 이상 친권자의 친권에 따르지 않으므로 혼인전의 친권자는
취소권이 없다고 해석한다.

3) 취소권의 소멸

동의권자의 동의 없이 혼인한 경우 미성년자가 성년에 달한 때에는 혼인취소를 청구하지
못한다(민 819조).

(3) 무효혼 이외의 근친혼(민 817조)

1) 취소혼인 근친혼

무효혼에 해당하는 경우 이외의 근친혼은 혼인취소 사유가 된다. 따라서 ① 인척과의 혼인
중 직계인척과의 혼인은 무효혼이지만 직계인척 이외의 인척과의 혼인은 혼인취소사유로
된다(민 816조 제1호). ② 양자가 양부모계의 8촌이내의 혈족과 혼인한 경우는 혼인무효
이지만 입양 관계가 소멸한 경우 양자가 양부모계의 혈족이었던 자(양친자관계 종료 후 혼
인하거나 또는 혼인 후 양친자관계의 해소의 경우)와 혼인을 하는 경우에도 무효혼의 범위
를 축소시켜 양부모계의 직계혈족관계에 있었던 경우에는 무효혼이 되나 그 외의 경우에는
혼인취소 사유가 된다. 그러나 혈족(8촌 이내)과의 혼인은 무효이므로 혈족관계가 존속하
고 있는 한 혈족과의 혼인은 원칙적으로 취소혼에 해당하는 경우가 없다.

2) 취소권자

취소혼인 근친혼에 대해서는 당사자, 그 직계존속, 또는 4촌이내의 방계혈족이 그 취소를
청구할 수 있다(민 817조).

3) 취소권의 소멸

취소혼에 해당하는 근친혼이라도 자를 포태한 경우 취소를 할 수 없다(민 820조). 따라서 형부와 처제의 혼인은 취소사유에 해당하는 혼인이므로 혼인 후 자를 포태하면 그 혼인을 취소할 수 없다.

(4) 중혼
1) 의의

배우자 있는 자는 혼인하지 못하며 이를 위반하여 중혼을 하면 후혼이 혼인취소 사유로 된다(민 816조 제1호).

2) 취소권자

중혼의 당사자 및 그 배우자, 직계존속, 4촌 이내의 방계혈족 또는 검사가 그 취소를 청구할 수 있다(민 제818조).

3) 취소권의 소멸

중혼의 취소기간에는 특별한 제한이 없다. 그리고 자를 포태하면 취소하지 못한다는 등의 규정도 중혼에는 적용되지 않는다. 판례는 중혼자가 사망한 후에도 생존 배우자가 중혼취소를 하는 것을 허용한다.

(5) 사기, 강박에 의한 혼인
1) 의의

사기 또는 강박으로 인한 혼인은 사기를 안 날 또는 강박을 면한 날로부터 3월 내에 취소할 수 있다(민 816조 제3호). 이는 민법총칙에 의한 취소가 아니라 가족법 자체에 의한 취소사유이다. 따라서 당사자나 제3자의 사기 강박을 불문하며, 재판상 취소해야 하고, 취소하더라도 제3자 보호규정이 없으며, 취소에 소급효가 없는 점(민 824조)등은 총칙에 의한 취소와는 다르다.

2) 취소권자 및 취소기간

취소청구권자는 당사자이며 사기를 안날 또는 강박을 면한 날로부터 3개월이 경과하면 취소하지 못한다(민 823조).

(6) 악질 등 중대한 사유가 있는 혼인

1) 의의

혼인당시 당사자 일방에 부부생활을 계속할 수 없는 악질 기타 중대한 사유 있음을 알지 못한 때에는 상대방은 그 사유 있음을 안 날로부터 6월내에 취소할 수 있다(민 816조 제2호).

2) 취소기간

취소청구권자는 당사자에 한하며, 그 사유 있음을 안 날로부터 6월이 경과하면 취소하지 못한다(민 822조).

(7) 혼인에서의 상대방에 대한 고지의무

대법원은 "민법 제816조 제3호가 규정하는 '사기'에는 혼인의 당사자 일방 또는 제3자가 적극적으로 허위의 사실을 고지한 경우뿐만 아니라 소극적으로 고지를 하지 아니하거나 침묵한 경우도 포함된다. (…) 혼인의 당사자 일방 또는 제3자가 출산의 경력을 고지하지 아니한 경우에 그것이 상대방의 혼인의 의사결정에 영향을 미칠 수 있었을 것이라는 사정만을 들어 일률적으로 고지의무를 인정하고 제3호 혼인취소사유에 해당한다고 하여서는 아니 되고, 출산의 경위와 출산한 자녀의 생존 여부 및 그에 대한 양육책임이나 부양책임의 존부, 실제 양육이나 교류가 이루어졌는지 여부와 시기 및 정도, 법률상 또는 사실상으로 양육자가 변경될 가능성이 있는지, 출산 경력을 고지하지 않은 것이 적극적으로 이루어졌는지 아니면 소극적인 것에 불과하였는지 등을 면밀하게 살펴봄으로써 출산의 경력이나 경위가 알려질 경우 당사자의 명예 또는 사생활 비밀의 본질적 부분이 침해될 우려가 있는지, 사회통념상 당사자나 제3자에게 그에 대한 고지를 기대할 수 있는지와 이를 고지하지 아니한 것이 신의성실 의무에 비추어 비난받을 정도라고 할 수 있는지까지 심리한 다음, 그러한 사정들을 종합적으로 고려하여 신중하게 고지의무의 인정여부와 위반 여부를 판단함으로써 당사자 일방의 명예 또는 사생활 비밀의 보장과 상대방 당사자의 혼인 의사결정의 자유 사이에 균형과 조화를 도모하여야 한다"(대법원 2016. 2. 18. 선고 2015므654, 661 판결 참조)라고 하였다.

따라서 당사자가 성장과정에서 본인의 의사와 무관하게 아동성폭력범죄 등의 피해를 당해 임신을 하고 출산까지 하였으나 이후 자녀와의 관계가 단절되고 상당한 기간 동안 양육이나 교류 등이 전혀 이루어지지 않은 경우 등의 사유라면, 출산의 경력이나 경위는 개인의 내밀한 영역에 속하는 것으로서 당사자의 명예 또는 사생활 비밀의 본질적 부분에 해당하고, 나아가 사회통념상 당사자나 제3자에게 그에 대한 고지를 기대할 수 있다거나 이를 고지하지 아니한 것이 신의성실 의무에 비추어 비난받을 정도라고 단정할 수도 없으므로, 단순히 출산의 경력을 고지하지 않았다고 하여 그것이 곧바로 민법 제816조 제3호 에서 정한 혼인취소사유에 해당한다고 보아서는 아니 된다.

3. 정당한 당사자

(1) 원고적격

혼인취소의 소의 원고적격은 그 취소사유에 따라 다르다. 그중 원고적격이 법정되어 있는
것은 다음과 같다.

① 혼인적령(18세미만)위반의 경우 : 당사자 또는 그 법정대리인(민 819조).

② 미성년자 피성년후견인이 부모 또는 후견인의 동의 없이 혼인한 경우 : 당사자 또는 그
법정대리인(민 816조).

③ 근친혼의 경우 : 당사자, 그 직계존속 또는 4촌 이내의 방계혈족(민 817조).

④ 중혼의 경우 : 당사자, 그 배우자, 직계존속, 4촌 이내의 방계혈족, 검사(민816조).

⑤ 당사자 일방에 혼인을 계속할 수 없는 악질 기타 중대한 사유가 있음을 알지 못한 때와
사기 또는 강박으로 인하여 혼인의 의사표시를 한 때의 혼인취소 청구권자에 관하여는 아
무런 규정이 없으나, 성질상 그 혼인의 의사표시를 한 자에 한하여 원고적격이 있다고 할
것이다.

(2) 피고적격

부부의 일방이 소를 제기할 때에는 배우자를 상대방으로 하고 제3자, 즉 위 ③ 내지 ⑤의
경우에 당사자 이외의 자가 소를 제기할 때에는 부부를 상대방으로 하되, 부부의 일방이
사망한 때에는 검사를 상대방으로 한다(제24조 제1항, 제2항, 제3항).

부부를 상대방으로 한다는 것은 부부 쌍방이 필요적 공동소송인으로서 공동피고로 된다는
의미이다.

4. 관 할

(1) 토지관할

혼인취소의 소의 토지관할은 혼인무효의 소의 그것과 같다. 즉, ① 부부가 같은 가정법원
의 관할구역 내에 보통재판적이 있을 때에는 그 가정법원이, ② 부부가 최후의 공통의 주
소지를 가졌던 가정법원의 관할구역 내에 부부 중 일방의 보통재판적이 있을 때에는 그 가
정법원이, ③ 위의 각 경우에 해당하지 아니하는 경우로서 부부의 일방이 타방을 상대방으
로 하는 때에는 상대방의 보통재판적소재지의 가정법원이, ④ 부부의 일방이 사망한 경우
에는 생존한 타방의 보통재판적소재지의 가정법원이, ⑤ 부부 쌍방이 사망한 경우에는 부
부 중 일방의 최후의 주소지의 가정법원이, 각각 관할법원으로 되고, 그 관할은 전속관할
이다(제22조).

(2) 사물관할

혼인취소의 소는 가정법원 합의부의 사물관할에 속한다(민사 및 가사소송의 사물관할에 관한 규칙 제2조 제2항).

5. 심 리

(1) 조정전치

혼인취소의 소는 조정전치주의의 적용을 받는다(제50조). 그러나 혼인 취소의 소의 소송물에 관하여는 사실상 당사자의 임의처분이 허용되지 아니하므로 조정은 소송물 자체에 관한 것이 아니라 예컨대, 부부의 일방이 타방을 상대방으로 하는 경우에 그들 사이의 인간관계를 조정하여 혼인관계를 유지시키기로 합의하여 소 또는 조정신청을 취하하게 하거나 혼인을 취소하는 대신 일방이 타방에게 위자료를 지급하고 협의이혼 하도록 하는 것과 같이, 간접적이고 우회적인 조정이어야 한다.

(2) 제척기간

1) 혼인취소의 사유에 따라서는 제척기간의 제한을 받는다. 즉, ① 동의 없는 혼인의 경우에는 그 당사자가 성년에 달한 후 또는 금치산선고의 취소가 있은 후 3개월이 경과하거나 혼인 중에 포태한 때, ② 근친혼의 경우에는 당사자가 혼인중의 자를 출산한 때, ③ 혼인을 계속할 수 없는 악질 기타 중대한 사유 있는 경우에는 그 사유 있음을 안 날부터 6월을 경과한 때, ④ 사기, 강박으로 인한 혼인의사표시의 경우에는 사기를 안 날 또는 강박을 면한 날로부터 3월을 경과한 때에는 각각 그 혼인의 취소를 청구하지 못한다.

2) 혼인적령미달의 경우와 중혼의 경우에는 각각 제척기간의 정함이 없다. 그러나 혼인적령미달의 경우에는 동의 없는 혼인의 경우를 유추 적용하여, 당사자가 혼인적령에 도달한 후 3월이 경과하거나 혼인 중에 포태한 때에는 그 혼인의 취소를 청구하지 못한다고 해석하여야 할 것이다.

혼인취소권 소멸규정이 있는 경우	혼인취소권 소멸규정이 없는 경우
1. 혼인동의 결여(성년에 달한 후 또는 금치산선고의 취소가 있은 후 3월경과, 혼인 중 포태한 때) 2. 취소사유인 근친혼인 경우(자를 포태한 때) 3. 악질 기타 중대한 사유가 있는 혼인(혼인사유를 안날부터 6월) 4. 사기나 강박에 의한 혼인(사기를 안날 또는 강박을 면할 날부터 3월경과)	1. 혼인적령 미달자의 혼인(단 이 경우에도 해석론에 의해 혼인적령에 도달하거나 포태한 때 소멸한다고 해석하는 것이 통설이다) 2. 중혼인 경우 취소권의 행사기간에는 제한이 없다. 다만 장기간이 경과한 후의 취소주장은 예외적으로 권리남용이 될 여지는 있다.

(3) 소의 이익

1) 이혼의 효과와 혼인취소의 효과는 장래에 향하여 혼인의 효력이 소멸한다는 점에서 동일하므로 당사자가 이미 이혼에 의하여 혼인관계를 해소한 때에는 혼인취소의 소를 제기할 이익은 없다고 하여야 할 것이다.

2) 중혼자의 사망으로 중혼관계가 해소되었다 하여도 전혼의 배우자는 생존하는 동안 중혼당사자의 한쪽을 상대로 혼인취소를 구할 수 있음은 분명하다(대법원 1986. 6. 24. 선고 86므9). 이는 중혼자가 사망한 후에라도 그 사망에 의하여 중혼으로 인하여 형성된 신분관계가 소멸하는 것은 아니기 때문이다. 또 전술한 바와 같이, 당사자의 일방 또는 쌍방이 사망한 때에는 일정한 범위 내에서 소의 이익이 인정되지 않는 경우가 있다.

(4) 손해배상 및 친권자지정 등에 관한 협의의 권고

1) 손해배상

혼인무효의 경우와 같이 혼인취소의 경우에도 선의의 당사자는 과실 있는 상대방 또는 사기, 강박에 가담한 제3자에 대해 손해배상을 청구할 수 있다.
「민법」 제843조 및 제839조의2에서 이혼한 자의 일방은 다른 일방에 대하여 재산분할을 청구할 수 있고, 재산분할에 관하여 협의가 되지 아니하거나 협의할 수 없는 때에는 가정법원은 당사자의 청구에 의하여 당사자 쌍방의 협력으로 이룩한 재산의 액수 기타 사정을 참작하여 분할의 액수와 방법을 정한다고 규정하고 있다. 종전에는 이혼 시 재산분할은 주로 위자료로써 해결해왔으나, 「민법」은 위와 같이 별도의 재산분할청구권에 관한 규정을 두고 있으며, 판례도 "위자료청구권과 재산분할청구권은 그 성질을 달리하기 때문에 위자료청구와 함께 재산분할청구를 할 수도 있고, 혼인 중에 부부가 협력하여 이룩한 재산이 있는 경우에는 혼인관계의 파탄에 책임이 있는 배우자라도 재산의 분할을 청구할 수 있다."라고 하였다(대법원 1993. 5. 11.자 93스6 결정).

또한, 재산분할청구권의 법적 성질에 대하여 판례는 "이혼에 있어서 재산분할은 부부가 혼인 중에 가지고 있었던 실질상의 공동재산을 청산하여 분배함과 동시에 이혼 후에 상대방의 생활유지에 이바지하는 데 있지만, 분할자의 유책행위에 의하여 이혼함으로 인하여 입게 되는 정신적 손해(위자료)를 배상하기 위한 급부로서의 성질까지 포함하여 분할할 수도 있다."라고 하였다(대법원 2005. 1. 28. 2004다58963 판결).

그리고 분할대상 재산은 당사자가 함께 협력하여 이룩한 재산만이 그 대상이 되므로, 혼인 전부터 각자 소유하고 있던 재산이나 일방이 상속·증여 등으로 취득한 재산 등 특유재산은 원칙적으로 분할의 대상이 되지 아니하나, 그 특유재산의 유지에 협력하여 그 감소를 방지하였거나 그 증식에 협력하였다고 인정되는 경우에는 분할의 대상이 될 수 있다(대법원 1996. 2. 9. 선고 94므635, 1998. 2. 13. 97므1486, 1493 등 판결). 청산의 비율이나 방법은 일률적인 기준이 있는 것이 아니고 재산형성에 있어서의 기여도, 혼인의 기간, 혼인 중 생활정도, 혼인파탄의 유책성(有責性), 현재의 생활상황, 장래의 전망, 피부양자 유무, 이혼위자료의 유무 등을 고려하여 정하게 되며, 예컨대, 남편이 가사에 불충실한 행위를 하였다고 하더라도 그 사정은 재산분할액수와 방법을 정함에 있어서 참작사유가 될 수 있을지언정 그 사정만으로 남편이 재산형성에 기여하지 않았다고 단정할 수 없습니다. 또한, 재산분할액 산정의 기초가 되는 재산의 가액은 반드시 시가감정에 의하여야 하는 것은 아니지만, 객관성과 합리성이 있는 자료에 의하여 평가하여야 한다(대법원 1995. 10. 12. 선고 95므175 판결, 1999. 6. 11. 선고 96므1397 판결).

2) 친권자지정

혼인의 취소에는 소급효가 없어 자녀와의 관계는 그대로 유지되기 때문에 가정법원은 미성년자인 자녀가 있는 부부의 혼인취소의 청구를 심리할 때에는 청구가 인용 될 경우를 대비하여 친권자로 지정될 사람, 양육과 면접교섭권에 대해 미리 협의하도록 권고하거나(법 25조1항), 혼인이 취소된 경우 직권으로 친권자를 정하게 되는데, 당사자는 양육에 관한 청구, 면접교섭권의 청구, 재산분할 청구를 할 수 있다.

(5) 관련사건의 병합

혼인취소의 청구에는 흔히 다류 가사소송사건인 위자료 또는 원상회복의 청구가 병합될 수 있고 혼인무효나 재판상 이혼청구가 예비적 또는 선택적으로 병합되거나 반소로 청구될 수도 있다. 마류 가사비송사건인 자녀의 양육에 관한 처분과 변경, 면접교섭권의 제한 또는 배제, 친권자의 지정, 재산분할에 관한 처분 등의 청구가 관련사건으로 병합될 수 있다.

6. 확정판결의 효과

(1) 확정판결은 제3자에게도 효력이 있기 때문에(법 21조1항) 혼인은 확정적으로 해소된다.

(2) 혼인취소에는 소급효가 없다(민 824조). 즉 혼인취소는 혼인에 의해 발생하는 신분관계를 장래에 향하여서만 소멸시키고 그때까지 발생한 신분관계에는 영향을 미치지 않기 때문에 혼인취소의 효과는 이혼의 효과에 준한다고 할 수 있다. 따라서 혼인 중 출생자는 혼인이 취소되어도 혼인 중 출생자의 신분이 유지되며, 배우자간의 재산상속도 그 혼인이 취소되더라도 유효하고, 미성년자의 혼인에 따른 성년의제의 효력도 혼인취소로 인해 영향 받지 않는다.

(3) 혼인에 의해 형성된 인척관계는 혼인취소에 의해 즉시 소멸한다(민 775조 1항). 또한 혼인취소의 경우에도 책임 있는 상대방에게 손해배상청구를 할 수 있으며(법 2조 1항 다류사건 2호), 그 외에 재산분할청구도 할 수 있다.

(4) 판결이 확정된 때에는 법원사무관등은 혼인이 취소된 부부의 등록기준지의 가족관계등록사무를 처리하는 사람에게 그 뜻을 통지하여야 한다(규칙 7조 1항). 원고는 혼인취소의 판결확정일로부터 1월 이내에 판결등본과 확정증명원을 첨부하여 시, 구, 읍, 면사무소에 가족관계등록 정정 신고를 하여야 한다. 그 신고가 없는 경우에는 가족관계등록사무를 처리하는 사람이 신고의무자에게 신고를 최고하고 그 기간경과 후에는 법원의 허가를 받아 지권으로 등록부에 기록을 하게 된다(가등 38조, 18조 2항).

7. 혼인에서의 상대방에 대한 고지의무

대법원은 "민법 제816조 제3호가 규정하는 '사기'에는 혼인의 당사자 일방 또는 제3자가 적극적으로 허위의 사실을 고지한 경우뿐만 아니라 소극적으로 고지를 하지 아니하거나 침묵한 경우도 포함된다. (...) 혼인의 당사자 일방 또는 제3자가 출산의 경력을 고지하지 아니한 경우에 그것이 상대방의 혼인의 의사결정에 영향을 미칠 수 있었을 것이라는 사정만을 들어 일률적으로 고지의무를 인정하고 제3호 혼인취소사유에 해당한다고 하여서는 아니되고, 출산의 경위와 출산한 자녀의 생존 여부 및 그에 대한 양육책임이나 부양책임의 존부, 실제 양육이나 교류가 이루어졌는지 여부와 시기 및 정도, 법률상 또는 사실상으로 양육자가 변경될 가능성이 있는지, 출산 경력을 고지하지 않은 것이 적극적으로 이루어졌는지 아니면 소극적인 것에 불과하였는지 등을 면밀하게 살펴봄으로써 출산의 경력이나 경위가 알려질 경우 당사자의 명예 또는 사생활 비밀의 본질적 부분이 침해될 우려가 있는지,

사회통념상 당사자나 제3자에게 그에 대한 고지를 기대할 수 있는지와 이를 고지하지 아니한 것이 신의성실 의무에 비추어 비난받을 정도라고 할 수 있는지까지 심리한 다음, 그러한 사정들을 종합적으로 고려하여 신중하게 고지의무의 인정여부와 위반 여부를 판단함으로써 당사자 일방의 명예 또는 사생활 비밀의 보장과 상대방 당사자의 혼인 의사결정의 자유 사이에 균형과 조화를 도모하여야 한다"(대법원 2016. 2. 18. 선고 2015므654, 661 판결 참조)라고 하였다.

따라서 당사자가 성장과정에서 본인의 의사와 무관하게 아동성폭력범죄 등의 피해를 당해 임신을 하고 출산까지 하였으나 이후 자녀와의 관계가 단절되고 상당한 기간 동안 양육이나 교류 등이 전혀 이루어지지 않은 경우 등의 사유라면, 출산의 경력이나 경위는 개인의 내밀한 영역에 속하는 것으로서 당사자의 명예 또는 사생활 비밀의 본질적 부분에 해당하고, 나아가 사회통념상 당사자나 제3자에게 그에 대한 고지를 기대할 수 있다거나 이를 고지하지 아니한 것이 신의성실 의무에 비추어 비난받을 정도라고 단정할 수도 없으므로, 단순히 출산의 경력을 고지하지 않았다고 하여 그것이 곧바로 민법 제816조 제3호 에서 정한 혼인취소사유에 해당한다고 보아서는 아니 된다.

[청구취지 기재례]

(1) 혼인취소청구

> 1. 원고와 피고의 혼인신고(20 ○○년 ○월 ○일 ○○시 ○○구청장 접수)는 이를 취소한다.
> 2. 소송비용은 피고의 부담으로 한다.
> 라는 판결을 구합니다.

(2) 이혼무효확인과 혼인취소청구가 병합된 경우의 소

> 1. 원고와 피고 신○○ 사이에 20○○. ○. ○. 서울 동작구청장에게 신고하여 이루어진 이혼은 무효임을 확인한다.
> 2. 피고 신○○과 피고 이○○과 사이에 20○○. ○. ○. 서울 강남구청장에게 신고하여 된 혼인을 취소한다.
> 3. 소송비용은 피고들이 부담하여야 한다.
> 라는 판결을 구합니다.

(3) 당사자에 의한 혼인의 취소

1. 원고와 피고 사이의 2000. 0. 0.자 00시장에게 한 혼인신고는 이를 취소한 다.
2. 소송비용은 피고의 부담으로 한다.
라는 판결을 구합니다.

(4) 제3자에 의한 혼인의 취소

1. 원고 김00와 피고 이00 사이의 2000. 0. 0.자 00시장에게 한 혼인신고
   는 이를 취소한다.
2. 소송비용은 피고들 부담으로 한다.
라는 판결을 구합니다.

[첨부서류 등]

첨부서류	신청서	인지액	송달료	관할법원
* 혼인관계증명서(원고, 피고) 각 1통 * 가족관계증명서(원고, 피고) 각 1통 * 주민등록표등(초)본(원고, 피고) 각 1통 * 혼인신고서 사본 1부	2부	20,000원	당사자별 12회	상대방 주소지

혼인의 취소청구

원 고   홍 ○ ○ (전화)
         19 ○○년 ○월 ○일생 (주민등록번호 :   )
         등록기준지
         주   소
         (우편번호   )

피 고   신 ○ ○
         19 ○○년 ○월 ○일생 (주민등록번호 :   )
         등록기준지
         주   소
         (우편번호   )

청 구 취 지

1. 원고와 피고의 혼인신고(20 ○○년 ○월 ○일 ○○시 ○○구청장 접수)는 이를 취소한다.
2. 소송비용은 피고의 부담으로 한다.
라는 판결을 구합니다.

청 구 원 인

1. 원고는 피고는 소외 ○○○의 중매로 약 2개월 전(20 ○○년 ○월 ○일) 결혼식을 올리고 20○○년 ○월 ○일 혼인신고를 마친 법률상의 부부입니다.

2. 피고는 20○○년 ○월 ○일 무단가출하여 며칠씩 그 행방을 감추는가 하면 술을 마신 다음날에는 칼을 들고 가족들을 모두 죽이겠다는 협박을 일삼아서 정신병원에 문의한 결과 정신병을 가지고 있으며, 후일에 알게 되었지만 결혼 전에는 정신분열증으로 ○○정신병원에 입원한 사실도 있으며, 갈수록 증세가 심하여 앞으로 결혼생활을 같이 할 수 없는 실정입니다.

3. 위와 같이 피고는 결혼 전부터 악질이 있음에도 불구하고 이를 숨기고 원고와 결혼하였으므로 청구취지와 같이 할 수 없는 실정입니다.

첨 부 서 류

1. 혼인관계증명서	1통
2. 주민등록등본	1통
3. 입원사실증명서	1통
4. 진단서	1통

2019 . ○. ○.

위 원고 홍 길 동(인)

서울가정법원   귀중

■ 작성 · 접수방법

1. 소장에는 수입인지 20,000원(나류사건)을 붙여야 한다.
2. 송달료는 124,800원(=당사자수×5,200(우편료)×12회분)을 송달료취급은행에 납부하고 첨부하여야 한다.
3. 당사자 : 부부의 일방이 소를 제기할 때에는 배우자를 상대방으로 하고 제3자(당사자 이외의 자)가 소를 제기할 때에는 부부를 상대방으로 하되, 부부의 일방이 사망한 때에는 검사를 상대방으로 한다.
4. 관할 : ① 부부가 같은 가정법원의 관할구역 내에 있을 때에는 그 가정법원이, ② 부부가 최후의 공통의 주소지를 가졌던 가정법원의 관할구역 내에 부부 중 일방이 있을 때에는 그 가정법원이, ③ 위의 각 경우에 해당하지 아니하는 경우로서 부부의 일방이 타방을 상대방으로 하는 때에는 상대방의 보통재판적소재지의 가정법원이, ④ 부부의 일방이 사망한 경우에는 생존한 타방의 보통재판적소재지의 가정법원이, ⑤ 부부 쌍방이 사망한 경우에는 부부 중 일방의 최후의 주소지의 가정법원을 관할법원으로 한다.
5. 소장은 법원용 1부, 상대방수에 맞는 부본수를 제출한다.
6. 접수후 조정전치주의에 따라 조정기일 진행한 후 재판이 진행된다.

소　　　장

원　고　　　이 ○ ○ (주민등록번호 :　　　　　　)
　　　　　　　등록기준지: 경기도 ○○군 ○○면 ○○리 ○○번지
　　　　　　　주　　　소: 서울 ○○구 ○○동 ○○번지
　　　　　　　전　　　화:

피　고　　　1. 신 ○ ○(주민등록번호 :　　　　　　)
　　　　　　　등록기준지: 강원도 ○○군 ○○면 ○○리 ○○번지
　　　　　　　주　　　소: 서울 ○○구 ○○동 ○○아파트 ○○동 ○○호

　　　　　　　2. 이 ○ ○(주민등록번호 :　　　　　　)
　　　　　　　등록기준지: 경기도 ○○군 ○○면 ○○리 ○○번지
　　　　　　　주　　　소: 서울 ○○구 ○○동 ○○아파트 ○○동 ○○호

청 구 취 지

1. 피고 신○○과 피고 이○○ 사이의 혼인신고(20 ○○년 ○월 ○일 ○○시 ○○구청장 접수)는 이를 취소한다.
2. 소송비용은 피고들의 부담으로 한다.
라는 판결을 구합니다.

청 구 원 인

1. 당사자의 지위
　원고는 피고 이○○의 친부이고. 피고 신○○는 20○○년 ○월 ○일 피고 이○○과 혼인신고를 마친 법률상의 부부입니다.

2. 이 사건의 경위
　피고 신○○는 원고의 딸인 이○○과 20○○년 ○월 ○일 혼인신고를 하였지만 피고 이○○는 아직 미성년자로서 원고의 동의 없이 혼인신고를 한 것입니다.

3. 결론
　이에 원고는 20○○년 ○월 ○일자로 신고된 피고들간의 위 혼인신고가 민법 제808조에 위반하였음을 이유로 피고들 사이의 혼인의 취소를 구하기 위하여 이 사건 청구에 이른 것입니다.

<h2 align="center">입 증 방 법</h2>

1. 갑제1호증	혼인관계증명서
1. 갑제2호증	제적등본
1. 갑제3호증	가족관계증명서
1. 갑제4호증	주민등록초본

2015 . ○. ○.
위 원고 이 ○ ○ (인)

서울가정법원 귀중

1. 소장에는 수입인지 20,000원(나류사건)을 붙여야 한다.
2. 송달료는 124,800원(=당사자수×47500(우편료)×12회분)을 송달료취급은행에 납부하고 첨부하여야 한다.
3. 당사자 : 제3자(당사자 이외의 자)가 소를 제기할 때에는 부부를 상대방으로 한다.
4. 관할 : 부부가 같은 가정법원의 관할구역 내에 있을 때에는 그 가정법원을 관할로 한다.
5. 소장은 법원용 1부, 상대방수에 맞는 부본수를 제출한다.
6. 접수후 조정전치주의에 따라 조정기일 진행한 후 재판이 진행된다.

1. 의의

이혼의 취소는 협의상이혼의 성립과정에 하자가 있는 경우에 그 이혼의 효력을 소급하여 소멸시키는 것을 말한다. 재판상 이혼은 재판절차를 거쳐 판결로 선고된 것이므로 상소나 재심에 의하지 않고는 그 취소를 요구할 수 없기 때문에 여기서 이혼취소는 항상 협의이혼의 취소만을 의미한다. 가사소송법상 나류 제3호 소송사건으로서 조정의 대상이 되나 임의처분이 허용되지는 않는다. 또한, 이혼의 취소는 가정법원에 청구하여서만, 즉 소에 의하여서만 주장할 수 있는 것으로서 형성의 소이다. 이혼의 취소는 혼인의 취소와는 달리, 그 소급효를 제한하는 규정은 없으므로 이혼취소의 판결이 확정되면 이혼은 당초부터 그 효력이 없었던 것으로 된다.

2. 이혼의 취소 사유

이혼취소의 사유는 사기 또는 강박으로 인하여 이혼의 의사표시를 한 때 뿐이다(민838조). 그 밖의 협의이혼 성립요건상의 흠은 경우에 따라 이혼무효의 사유로 될 수 있을 뿐 이혼취소의 사유로는 되지 않는다.

3. 정당한 당사자

(1) 원고적격

사기 또는 강박으로 인하여 이혼의 의사표시를 한 당사자가 원고적격자이고, 그 밖의 제3자는 이혼취소의 소를 제기할 수 없다.

(2) 피고적격

이혼의 타방 당사자가 피고적격을 가진다(제24조 제4항, 제1항). 다만, 상대방으로 될 자가 사망한 때에는 검사가 상대방으로 된다(동조 제4항, 제3항).

4. 관 할

(1) 토지관할

이혼취소의 소의 당사자적격이 이혼당사자 및 검사에 한정되므로 제22조의 규정은 제한적으로만 적용된다. 즉, ① 부부가 같은 가정법원의 관할구역 내에 보통재판적이 있을 때에는 상대방의 보통재판적소재지의 가정법원이, ② 부부가 최후의 공통의 주소지를 가졌던 가정법원의 관할구역 내에 부부 중 일방의 보통재판적이 있을 때에는 그 가정법원이, ③ 위의 각 경우에 해당하지 아니하는 때에는 상대방의 보통재판적소재지의 가정법원이, ④ 부부의 일방이 사망한 경우에는 생존한 타방의 보통재판적소재지의 가정법원이, 각각 관할법원으로 되고, 그 관할은 전속관할이다(제22조).

(2) 사물관할

이혼취소의 소는 가정법원 합의부의 사물관할에 속한다(민사 및 가사소송의 사물관할에 관한규칙 제2조 제2항).

5. 심 리

(1) 조정전치

이혼취소의 소는 조정전치주의 적용을 받는다(법 50조). 그러나 이혼취소의 소의 소송물에 대해서도 당사자의 임의처분이 허용되지 않는다고 해석되므로 조정은 혼인취소에서와 같이 소송물 자체에 관한 것이 아니라, 당사자가 취하하여 이혼의 효력을 유지하기로 한다거나 반대로 이혼이 유효하게 성립된 것을 전제로 새로이 혼인신고를 하여 혼인관계를 회복하도록 하는 것 같이 간접적이고 우회적인 조정이어야 한다.

(2) 제척기간

당사자가 사기를 안 날 또는 강박을 면한 날로부터 3월을 경과한 때에는 이혼취소청구권은 소멸한다(민법 제839조, 제823조). 이는 제척기간이다.

(3) 관련사건의 병합

이혼무효의 청구가 선택적으로 병합하거나 이혼취소의 청구가 인용될 것을 전제로 하여 부부간의 동거, 부양, 협조, 생활비용의 분담에 관한 처분의 청구를 병합한다.

6. 확정판결의 효과

1) 청구를 인용한 확정판결은 제3자에게도 효력이 있다(법 21조 1항). 그 청구를 기각한 판결은 이혼취소의 소에 다른 제소권자가 있을 수 없으므로 그 확정과 동시에 대세적 효력을 가지는 결과로 된다.

2) 판결이 확정된 때에는 가정법원의 법원 사무관등은 바로 이혼이 취소된 부부의 등록기

준지 가족관계등록사무를 처리하는 사람에게 그 뜻을 통지하여야 한다(규칙 7조 1항).

[청구취지 기재례]

(1) 이혼취소청구의 소

1. 원고와 피고 사이에 2008. 4. 15. 서울 ○○구청장에게 신고하여 한 이혼은 이를 취소한다.
2. 소송비용은 피고의 부담으로 한다.
라는 판결을 구합니다.

(2) 이혼취소청구의 소 – 조정

신청인과 피신청인 사이에 ○○년 ○월 ○일 서울특별시 종로구청장에게 신고하여 한 이혼은 이를 취소한다.
라는 조정을 구합니다.

[첨부서류 등]

첨부서류	인지액	송달료	관할법원	비고
* 혼인관계증명서(원고, 피고) 각 1통 * 가족관계증명서(원고, 피고) 각 1통 * 주민등록표등(초)본(원고, 피고) 각 1통 * 미성년자녀가 있는 경우–기본증명서, 가족관계증명서(자녀) 각 1통 * 혼인신고서 사본 1부	20,000 원	당사자별 12회	① 쌍방 공통 주소지 ② 쌍방 최후 공통 주소지 ③ 상대방 주소지	일방이 서울이 외의 지역에 거주 시엔 쌍방의 주민등록초본 (주소이력) 제출

소　　장

원　고　　　이 ○ ○ (주민등록번호　　　　　　)
　　　　　　1967년 2월 1일생 (연락처　　　　　)
　　　　　　등록기준지
　　　　　　주　　　　소

피　고　　　김 ○ ○ (주민등록번호　　　　　　)
　　　　　　1965년 3월 10일생 (연락처　　　　　)
　　　　　　등록기준지
　　　　　　주　　　　소

이혼취소청구의 소

청 구 취 지

1. 원고와 피고 사이에 2008. 4. 15. 서울 ○○구청장에게 신고하여 한 이혼은 이를 취소한
   다.
2. 소송비용은 피고의 부담으로 한다.
라는 판결을 구합니다.

청 구 원 인

1. 당사자의 혼인과 이혼
2. 구체적 사유는 중략 ……
3. 위와 같은 제반사정에 따라 원고는 피고에게 완전히 속아 마음에도 없는 협의이혼을 하였
   습니다. 따라서 서울 ○○구청장에게 2008. . .자에 한 이혼신고는 원고가 피고로부터
   기망을 당하여 이혼의 의사표시를 한 것이므로 이를 취소하여 주시기 바랍니다.

입 증 방 법

　　1. 갑제 1호증 1, 2　　　　　　각 가족관계증명서
　　1. 갑제 2호증　　　　　　　　　기본증명서
　　1. 갑제 3호증　　　　　　　　　합의서

첨 부 서 류

1. 위 입증방법   각 1통
1. 소장부본   1통
1. 납부서   1통

2015 . ○. ○.
위 원고 ○ ○ ○

서울가정법원 귀중

■ 작성 · 접수방법

1. 소장에는 인지 20,000원을 납부한다.
2. 송달료 124,800원[당사자수(2명)×5,200원(1회 1인 송달료)×12회분]을 납부하여야 한다.

민법 제840조(재판상 이혼원인)

부부의 일방은 다음 각호의 사유가 있는 경우에는 가정법원에 이혼을 청구할 수 있다.

1. 배우자에 부정한 행위가 있었을 때
2. 배우자가 악의로 다른 일방을 유기한 때
3. 배우자 또는 그 직계존속으로부터 심히 부당한 대우를 받았을 때
4. 자기의 직계존속이 배우자로부터 심히 부당한 대우를 받았을 때
5. 배우자의 생사가 3년 이상 분명하지 아니한 때
6. 기타 혼인을 계속하기 어려운 중대한 사유가 있을 때

제841조(부정으로 인한 이혼청구권의 소멸)

전조 제1호의 사유는 다른 일방이 사전동의나 사후 용서를 한 때 또는 이를 안 날로부터 6월, 그 사유있은 날로부터 2년을 경과한 때에는 이혼을 청구하지 못한다.

제842조(기타 원인으로 인한 이혼청구권의 소멸)

제840조 제6호의 사유는 다른 일방이 이를 안 날로부터 6월, 그 사유있은 날로부터 2년을 경과하면 이혼을 청구하지 못한다.

제843조(준용규정)

재판상 이혼에 따른 손해배상책임에 관하여는 제806조를 준용하고, 재판상 이혼에 따른 자녀의 양육책임 등에 관하여는 제837조를 준용하며, 재판상 이혼에 따른 면접교섭권에 관하여는 제837조의2를 준용하고, 재판상 이혼에 따른 재산분할청구권에 관하여는 제839조의2를 준용하며, 재판상 이혼에 따른 재산분할청구권 보전을 위한 사해행위취소권에 관하여는 제839조의3을 준용한다.

제806조(약혼해제와 손해배상청구권) ① 약혼을 해제한 때에는 당사자 일방은 과실있는 상대방에 대하여 이로 인한 손해의 배상을 청구할 수 있다.

② 전항의 경우에는 재산상 손해외에 정신상 고통에 대하여도 손해배상의 책임이 있다.

③ 정신상 고통에 대한 배상청구권은 양도 또는 승계하지 못한다. 그러나 당사자간에 이미 그 배상에 관한 계약이 성립되거나 소를 제기한 후에는 그러하지 아니하다.

1. 의의 및 성질

(1) 이혼은 배우자 쌍방이 장래에 향하여 혼인을 종료, 해소시키는 제도이다. 우리나라 현행법이 인정하는 이혼의 형태는 협의상 이혼, 조정이혼, 재판상 이혼 3가지인데 그 중 재판상이혼은 법이 정한 이혼원인이 있는데도 당사자 사이에 이혼의 합의가 이루어지지 않는 경우에 판결에 의하여 이혼의 효과를 발생시키는 것을 말한다.

(2) 재판상이혼은 소로써만 청구할 수 있고 그 청구인용 판결의 확정에 의하여 당사자 간의 혼인이 해소되는 효과가 발생되는 것으로서 형성의 소이다. 이혼소송은 항상 재판상 이혼이라고 말할 수 있는데 왜냐하면 협의상 이혼의 경우 당사자가 협의로 하는 이혼이어서 특별히 이혼원인이 없더라도 이혼하기로 당사자끼리 합의만 하면 이혼은 가능하기 때문이다.

〈표〉 협의상이혼과 재판상이혼의 차이

구분	협의이혼	재판상 이혼
이혼사유 필요여부	불필요	필요
법원의 관여	이혼의사의 존부확인	이혼사유의 존부확인
관할	등록기준지, 주소지	주소지
사건의 종류	가족관계등록비송사건	가사소송사건(나류)
이혼신고	창설적신고	보고적 신고
불복	이혼무효, 이혼취소	상소, 재심
제소기간	규정없다	6월, 2년(사유별로 규정)
본인출석여부	필요	불필요
이혼철회	가능	불가
재산분할청구기간	신고일부터 2년	확정일부터 2년
이혼신고기간	확인서 교부, 송달일부터 3개월(제척기간)	판결확정일부터 1개월(훈시기간)
신고기간위반시	확인서 효력상실 (이혼효력상실)	과태료 5만원(이혼효력 유지)

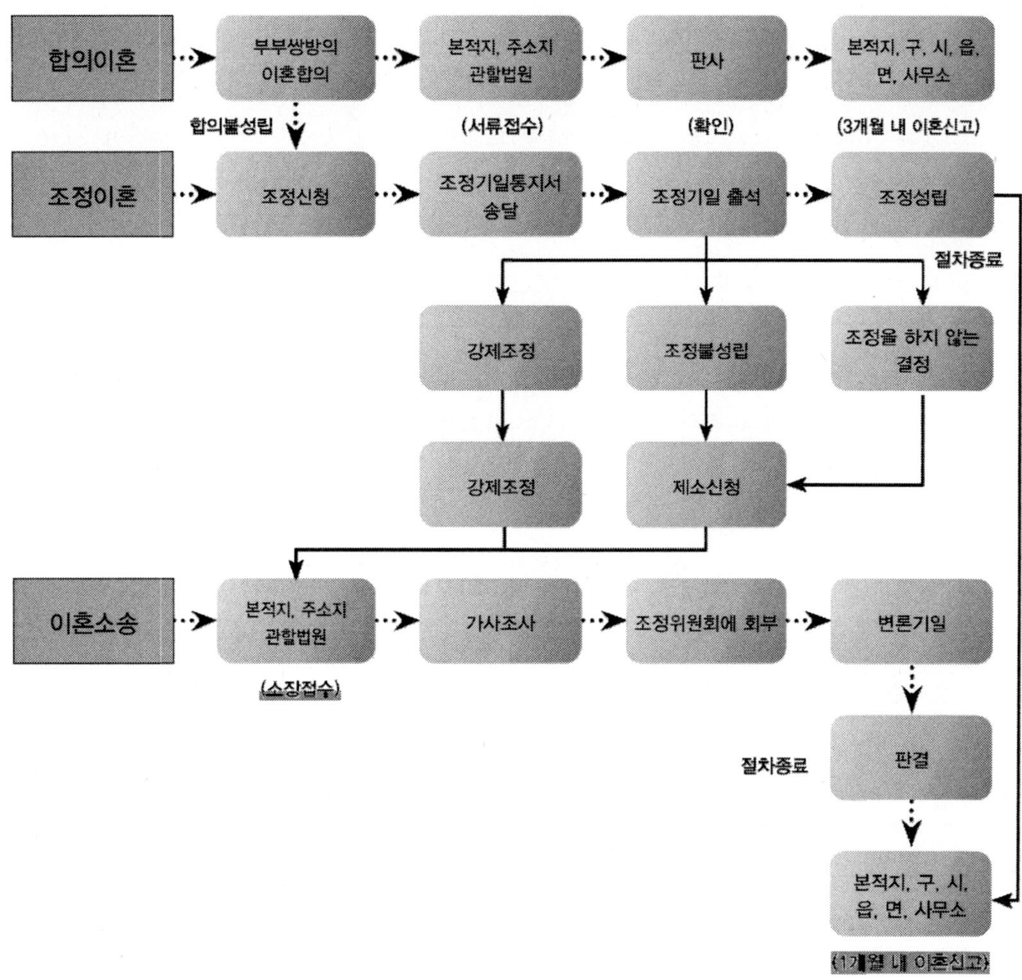

2. 이혼소송의 특칙

가사소송은 특별민사소송에 해당하므로 가사소송절차에는 가사소송법 및 규칙이 민사소송법 및 규칙의 특별법령으로서 우선하여 적용되지만, 그 밖의 사항에는 민사소송관계법령이 적용된다(법 제12조, 규칙 제14조).

가사소송법 및 규칙이 민사소송절차에 대한 관계에서 특례로 규정하고 있는 것은 ① 관할의 전속(법 제2조 제1항, 제22조, 제26조, 제30조), ② 당사자적격의 법정(법 제23조, 제24조, 제27조, 제28조, 제31조), ③ 본인 출석주의(법 제7조, 제66조), ④ 관련사건의 병합(법 제14조), ⑤ 필수적 공동소송인의 추가·피고경정의 시적 제한의 확장(법 제15조), ⑥ 가사조사관에 의한 사실조사(법 제6조), ⑦ 사실조사의 촉탁(법 제8조), ⑧ 사정에 의한 항소기각의 판결(법 제19조 제3항), ⑨ 보도 금지(법 제10조), ⑩ 기록의 열람 등의 제한(법 제10조의2), ⑪ 이행명령과 그 위반에 대한 제재(법 제64조, 제67조, 제68조) 등을 들 수 있다. 또한 가류 및 나류 가사소송사건에만 적용되는 특칙으로는 ① 소송절차의 승계(법 제16조), ② 변론주의의 제한(법 제12조 단서)과 직권조사(법 제17조), ③ 기판력의 주관적 범위의 확장(법 제21조), ④ 부모와 자 관계소송에서의 혈액형 등의 수검 명령(법 제29조, 제67조) 등이 있으며, 나류 및 다류 가사소송사건에만 적용되는 특칙으로는 조정전치주의(법 제50조)를 들 수 있다.

〈표〉 가사사건의 사건별 부호문자 (위 규칙 별표)

사 건 별	부호문자	사 건 별	부호문자
가사조정사건	너	가사재항고사건	스
가사비송 합의사건	느합	가사특별항고사건	으
가사비송 단독사건	느단	가사신청 합의사건	즈합
가사제1심소송 합의사건	드합	가사신청 단독사건	즈단
가사제1심소송 단독사건	드단	가사공조사건	츠
가사항소사건	르	감치·과태료재판사건	정
가사상고사건	므	감치·과태료항고사건	정로
가사항고사건	브	감치·과태료특별항고사건	정모
가사가압류가처분(합의)	즈합	의무불이행자감치등사건	정드
가사가압류가처분(단독)	즈단	의무불이행자감치등항고사건	정브
가족관계등록(호적)비송	호파	의무불이행자감치재항고사건	정스
기타 가사신청사건	즈기		

3. 재판상 이혼의 사유

(1) 개 설

1) 민법 제840조는 재판상 이혼원인으로 ① 배우자에 부정한 행위가 있었을 때 ② 배우자가 악의로 다른 일방을 유기한 때 ③ 배우자가 또는 그 직계존속으로부터 심히 부당한 대우를 받았을 때 ④ 자기의 직계존속이 배우자로부터 심히 부당한 대우를 받았을 때 ⑤ 배우자의 생사가 3년 이상 분명하지 아니한 때 ⑥ 기타 혼인을 계속하기 어려운 중대한 사유가 있을 때 등 6가지를 들고 있다.

2) 재판상 이혼사유를 어떻게 규정할 것인가에 대해서는 유책주의(일방에게 귀책사유가 있어야 이혼을 인정하는)와 파탄주의(객관적인 혼인파탄의 사실이 있으면 이혼을 인정하

는)로 나뉘는데 우리민법 840조는 제1호 내지 제5호에서 개별적 구체적 이혼사유로서 유책주의적 이혼사유를 규정한 반면 제6호에서 '혼인을 계속하기 어려운 중대한 사유'를 규정하여 파탄주의 이혼사유를 규정하고 있다. 따라서 이들 상호관계에 대해 견해대립이 있다.

(2) 부정한 행위(민 840조 1호)

1) 의의

부정한 행위란 간통을 포함하되 그보다 넓은 개념으로 간통까지는 아니하나 부부의 정조의무에 충실하지 아니한 일체의 부정한 행위를 포함하며(대법원 1987. 5. 26. 선고 87므5,6 판결), 이른바 간통보다는 넓은 개념으로서 부정한 행위인지의 여부는 각 구체적 사안에 따라 그 정도와 상황을 참작하여 평가하여야 한다. 따라서 가령 고령이고 중풍으로 정교능력이 없어 실제로 정교를 갖지는 못하였다 하더라도 배우자 아닌 자와 동거한 행위는 배우자로서의 정조의무에 충실치 못한 것으로서 부정한 행위에 해당한다. 위 사유는 혼인을 전제로 하기 때문에 약혼의 경우에는 해당되지 않는다.

2) 내용

① 외형적으로 혼인의 순결성을 해치는 행위가 있어야 하고, 그것이 내심적으로 자유로운 의사에 따라 행하여져야한다(강간, 강박, 심신상실에서 성적관계를 맺은 경우에는 이혼사유가 되지 않는다)

② 부와 처간에 차이가 있는 것은 아니며, 일회성이든 계속적인 것이든 불문한다. 다만 혼인중의 행위여야 하므로 혼인전의 행위는 그것이 약혼중의 행위라 하더라도 부정한 행위라 할 수 없다(1991. 9. 13. 선고 87므5,6판결).

3) 이혼청구권의 소멸

부정에 대해 사전동의나 사후용서를 한때에는 이혼청구를 할 수 없다(민 841조).

4) 제척기간

이혼청구권은 부정을 안날부터 6월, 사유 있은 날부터 2년을 경과하면 소멸하며 이는 제척기간이다(민 841조).

(3) 배우자의 악의의 유기(민 840조 2호)

1) 의의

악의의 유기란 배우자가 정당한 이유 없이 서로 부양하고 협조하여야 할 민법상 기본적 의무를 포기하고 다른 한쪽을 버린 경우를 뜻한다(대법원 1998. 4. 10. 선고 96므143판결). 다만, 아내가 남편의 폭행을 견디다 못해 가출한 경우에는 해당되지 아니한다.

2) 내용

① '악의'란 적극적으로 그 결과를 의욕하거나 인용하고 있어서 사회적으로 비난 받을 만한 윤리적 요소를 포함한 심리상태를 의미하는 것으로 합의에 의한 별거는 악의가 아니다.

② '유기'란 상대방을 내쫓거나 두고 나가 버리든가 상대방으로 하여금 나가게 만든 다음 돌아오지 못하게 함으로써 동거에 응하지 않는 것을 말한다.

③ 동거, 부양, 협조의무를 모두 위반하여야만 본호가 적용된다고 해석하기 보다는 각 의무가 관념상으로도 별개인 점에 비추어 부양의무의 이행여부를 따질 필요 없이 동거의무의 위반 자체만으로도 악의의 유기가 된다고 보아야 할 것이다.

④ 일시적 가출에 불과하고 부부생활을 폐지하기 위해 가출한 것이 아니라면 악의의 유기가 아니다(대판 1986. 6. 24.85므6).

3) 기간

악의의 유기를 원인으로 하는 재판상 이혼청구권은 법률상 그 행사기간의 제한이 없는 형성권으로서 10년의 제척기간이 걸린다고 하더라도 악의의 유기가 이혼청구 당시까지 존속되고 있는 경우에는 기간경과에 의해 이혼청구권이 소멸할 여지는 없다(대판 1998. 4. 10. 96므1434).

> ※ 이혼청구의 기간에는 특별한 제한이 없으며 현재 그 사유가 존재하는 한 이혼청구권은 소멸하는 것은 아니다.

(4) 배우자 또는 그 직계존속에 의한 심히 부당한 대우(민 840조 3호)

1) 의의

혼인 당사자의 한쪽이 배우자로부터 혼인관계의 지속을 강요하는 것이 가혹하다고 여겨질 정도의 폭행이나 학대 또는 중대한 모욕을 받았을 경우를 말한다(2004. 2. 27.선고 2003므1890판결).

2) 내용

혼인관계의 지속을 강요하는 것이 가혹하다고 여겨질 정도인지는 구체적 사안에 따라 그 정도와 사회통념 신분 지위 등을 참작하여 평가하여야 하는데, 노예적인 가사노동, 직장인으로서 본분을 다할 수 없게끔 하는 행패, 처가 남편을 정신병환자로 몰아 병원에 강제 입원시킨 행위, 배우자에 대한 무고, 처가 임신불능임을 트집 잡아 남편이 처에게 이혼을 요구하면서 자살한다고 농약을 마시는 등 소동을 벌인 경우 등에 그 예이다.

그 외 단 2회의 폭행이라도 그로 인한 상해의 정도가 중하고 결국 그것이 파판에 이르게 된 원인이 된 경우에는 부당한 대우로 인정된다.

그러나 부부싸움 중의 감정 격화로 인한 경미한 폭행이나 모욕, 부분별한 행동을 제지하기 위한 경미한 폭행, 폭언은 있었으나 유형력의 행사는 없었으며 신혼초기 적응과정에서 겪는 일시적인 장애에 직면한 정도인 경우 등의 사유는 대법원이 부당한 행위로 보지 아니한 사례가 있음에 주의를 요한다.

(5) 자기의 직계존속이 배우자로부터 심히 부당한 대우를 받았을 때(민 840조 4호)

1) 의의

혼인 당사자 한쪽의 직계존속이 상대방 배우자로부터 혼인관계의 지속을 강요하는 것이 가혹하다고 여겨질 정도의 폭행이나 학대 또는 중대한 모욕을 받았을 경우를 말한다.

2) 내용

남편이 처에게 지참금을 가지고 오지 아니하였다는 이유로 불만을 품고 계속 구타하여 상처를 입힌 일이 있을 뿐 아니라 처의 아버지에게까지 행패를 부린 행위는 배우자 및 그 직계존속을 심히 부당하게 대우한 경우에 해당한다(대판 1986. 5. 27.선고 86므14).

[배우자의 가정폭력범죄에 대한 구제절차 및 법원의 가정보호사건의 처리절차]

가정폭력범죄의 신고 · 고소

* **신고**
* 누구든지 가정폭력범죄를 알게 된 경우에는 수사기관(예를 들어 파출소나 경찰서 등)에 신고할 수 있습니다(「가정폭력범죄의 처벌 등에 관한 특례법」 제4조 제1항).
* 이 외에도 다음 어느 하나에 해당하는 사람이 직무를 수행하면서 가정폭력범죄를 알게 된 경우에는 정당한 사유가 없으면 즉시 수사기관에 신고해야 합니다(「가정폭력범죄의 처벌 등에 관한 특례법」 제4조 제2항).

1. 아동의 교육과 보호를 담당하는 기관의 종사자와 그 기관장
2. 아동, 60세 이상의 노인, 그 밖에 정상적인 판단능력이 결여된 사람의 치료 등을 담당하는 의료인 및 의료기관의 기관장
3. 「노인복지법」에 따른 노인복지시설, 「아동복지법」에 따른 아동복지시설, 「장애인복지법」에 따른 장애인복지시설의 종사자와 그 기관장
4. 「다문화가족지원법」에 따른 다문화가족지원센터의 전문인력과 그 장
5. 「결혼중개업의 관리에 관한 법률」에 따른 국제결혼중개업자와 그 종사자
6. 「소방기본법」에 따른 구조대.구급대의 대원
7. 「사회복지사업법」에 따른 사회복지 전담공무원
8. 「건강가정기본법」에 따른 건강가정지원센터의 종사자와 그 센터의 장

※ 위의 항목 중 어느 하나에 해당하는 사람으로서 그 직무를 수행하면서 가정폭력범죄를 알게 된 경우에도 신고를 하지 아니한 사람에게는 300만원 이하의 과태료를 부과합니다(「가정폭력범죄의 처벌 등에 관한 특례법」 제66조제1호).

▪ 또한 「아동복지법」에 따른 아동상담소, 「가정폭력방지 및 피해자보호 등에 관한 법률」에 따른 가정폭력 관련 상담소 및 보호시설, 「성폭력방지 및 피해자보호 등에 관한 법률」에 따른 성폭력 피해상담소 및 보호시설에 근무하는 상담원과 그 기관장은 피해자 또는 피해자의 법정대리인 등과의 상담을 통하여 가정폭력범죄를 알게 된 경우에는 가정폭력피해자의 명시적인 반대의견 이 없으면 즉시 신고해야 합니다(「가정폭력범죄의 처벌 등에 관한 특례법」 제4조 제3항).

▪ 고소

▪ 피해자 또는 그 법정대리인은 가정폭력범죄를 범한 사람 및 가정구성원인 공범(이하 "가정폭력 행위자"라 함)을 고소할 수 있습니다. 이 때 피해자의 법정대리인이 가정폭력행위자인 경우 또는 가정폭력행위자와 공동으로 가정폭력범죄를 범한 경우에는 피해자의 친족이 고소할 수 있습니다(「가정폭력범죄의 처벌 등에 관한 특례법」 제6조 제1항).

▪ 피해자는 가정폭력행위자가 자기의 직계존속(아버지, 어머니 등) 또는 배우자의 직계존속(시부 모, 장인 · 장모 등)인 경우에도 고소할 수 있습니다(「가정폭력범죄의 처벌 등에 관한 특례법」 제6조 제2항).

▪ 한편, 피해자에게 고소할 법정대리인이나 친족이 없는 경우에 이해관계인이 신청하면 검사는 10일 이내에 고소권자를 지정해야 합니다(「가정폭력범죄의 처벌 등에 관한 특례법」 제6조 제3 항).

가정폭력범죄의 처리절차

▪ 경찰단계
▪ 응급조치

》 진행 중인 가정폭력범죄에 대해 신고를 받은 사법경찰관리는 즉시 현장에 나가서 다음 어느 하나에 해당하는 조치를 해야 합니다(「가정폭력범죄의 처벌 등에 관한 특례법」 제5조).
1. 폭력행위의 제지, 가정폭력행위자 · 피해자의 분리 및 범죄수사
2. 피해자를 가정폭력관련상담소 또는 보호시설로 인도(피해자가 동의한 경우만 해당함)

3. 긴급치료가 필요한 피해자를 의료기관으로 인도
4. 폭력행위 재발 시 임시조치(「가정폭력범죄의 처벌 등에 관한 특례법」 제8조)를 신청할 수 있음을 통보

▪ 긴급임시조치

▷ 사법경찰관은 응급조치에도 불구하고 가정폭력범죄가 재발될 우려가 있고, 긴급을 요하여 법원의 임시조치 결정을 받을 수 없을 때에는 직권 또는 피해자나 그 법정대리인의 신청에 따라 다음의 어느 하나에 해당하는 조치(이하 "긴급임시조치"라 함)를 할 수 있습니다(「가정폭력범죄의 처벌 등에 관한 특례법」 제8조의2제1항 및 제29조 제1항제1호·제2호·제3호).

√ 피해자 또는 가정구성원의 주거 또는 점유하는 방실(房室)로부터의 퇴거 등 격리

√ 피해자 또는 가정구성원의 주거, 직장 등에서 100미터 이내의 접근 금지

√ 피해자 또는 가정구성원에 대한 전기통신(「전기통신기본법」 제2조제1호)을 이용한 접근 금지

▷ 사법경찰관은 긴급임시조치를 한 때에는 즉시 범죄사실의 요지, 긴급임시조치가 필요한 사유 등을 기재한 긴급임시조치결정서를 작성해야 합니다(「가정폭력범죄의 처벌 등에 관한 특례법」 제8조의2제2항 및 제3항).

▪ 사건송치

▷ 사법경찰관은 가정폭력범죄를 신속히 수사해서 사건을 검사에게 송치해야 합니다(「가정폭력범죄의 처벌 등에 관한 특례법」 제7조 전단).

▪ 검찰단계
▪ 임시조치의 청구

▷ 검사는 가정폭력범죄가 재발될 우려가 있다고 인정하는 경우에는 직권으로 또는 사법경찰관의 신청에 의해 다음의 임시조치를 해 줄 것을 법원에 청구할 수 있습니다(「가정폭력범죄의 처벌 등에 관한 특례법」 제8조 제1항 및 제29조 제1항제1호·제2호·제3호).

1. 피해자 또는 가정구성원의 주거 또는 점유하는 방실(房室)로부터의 퇴거 등 격리
2. 피해자 또는 가정구성원의 주거, 직장 등에서 100미터 이내의 접근금지
3. 피해자 또는 가정구성원에 대한 전기통신(「전기통신기본법」 제2조제1호)을 이용한 접근금지

▷ 검사는 가정폭력행위자가 위의 임시조치를 위반해서 가정폭력범죄가 재발될 우려가 있다고 인정하는 경우에는 직권으로 그 가정폭력행위자를 국가경찰관서의 유치장 또는 구치소에 유치하는 임시조치를 법원에 청구할 수 있습니다(「가정폭력범죄의 처벌 등에 관한 특례법」 제8조 제2항).

▪ 사법경찰관의 긴급임시조치에 따른 임시조치 청구

▷ 사법경찰관이 긴급임시조치를 한 때에는 지체 없이 검사에게 임시조치를 신청해야 합니다(「가정폭력범죄의 처벌 등에 관한 특례법」 제8조의3제1항).

▷ 사법경찰관으로부터 임시조치의 신청을 받은 검사는 사법경찰관이 긴급임시조치를 한 때부터 48시간 이내에 긴급임시조치결정서를 첨부하여 법원에 임시조치를 청구해야 합니다(「가정폭력범죄의 처벌 등에 관한 특례법」 제8조의3제1항).

√ 검사가 임시조치를 청구하지 않거나 법원이 임시조치의 결정을 하지 않은 때에는 즉시 긴급임
시조치를 취소해야 합니다(「가정폭력범죄의 처벌 등에 관한 특례법」 제8조의3제2항).

▪ 수사종결 및 기소 등

» 검사는 가정폭력범죄 사건의 성질, 동기 및 결과, 가정폭력행위자의 성행(性行) 등을 고려해서
사건을 다음과 같이 처리합니다.

상담조건부 기소유예	가정폭력범죄사실은 인정되지만 형사처벌을 받을 정도는 아니며, 가정폭력행위자의 성행(性行)교정을 위해 필요하다고 인정하는 경우(「가정폭력범죄의 처벌 등에 관한 특례법」 제9조의2).
형사기소	형사처벌을 받아야 할 사안인 경우(「형사소송법」 제246조) ※ 사안의 중대성에 따라 벌금형 등 약식명령을 청구할 수 있음(「형사소송법」 제448조 및 제449조)
가정 보호 사건 처리	다음 사안에서 사건의 성질·동기 및 결과, 가정폭력행위자의 성행 등을 고려해서 「가정폭력범죄의 처벌 등에 관한 특례법」에 따른 보호처분을 하는 것이 적절하다고 인정하는 경우(「가정폭력범죄의 처벌 등에 관한 특례법」 제9조). 1. 피해자의 고소가 있어야 공소를 제기할 수 있는 가정폭력범죄에서 피해자의 고소가 없거나 취소된 경우 2. 피해자의 명시적인 의사에 반해 공소를 제기할 수 없는 가정폭력범죄에서 피해자가 처벌을 희망하지 않는다는 명시적 의사표시를 하였거나 처벌을 희망하는 의사표시를 철회한 경우

▪ 법원단계: 가정보호사건의 처리

※ 형사기소가 되면 법원에서 「형사소송법」상 절차에 따라 사건을 진행한 후 집행유예, 벌금형,
징역형 등의 처벌을 받게 됩니다. 아래에서는 「가정폭력범죄의 처벌 등에 관한 특례법」에
따라 가정법원에서 가정보호사건을 처리하는 절차에 대해 알아보겠습니다.

▪ 조사·심리

» 판사는 가정보호사건의 조사·심리에 필요하다고 인정하는 경우에는 기일을 정해 가정폭력행
위자, 피해자, 가정구성원이나 그 밖의 참고인을 소환할 수 있으며, 행위자가 정당한 이유
없이 소환에 응하지 않으면 동행영장을 발부할 수 있습니다(「가정폭력범죄의 처벌 등에 관한
특례법」 제24조).

» 가정보호사건의 심리는 비공개로 진행될 수 있으며(「가정폭력범죄의 처벌 등에 관한 특례법」
제32조), 특별한 사유가 없으면 송치받거나 이송받은 날부터 3개월 이내에 처분을 결정해야
합니다(「가정폭력범죄의 처벌 등에 관한 특례법」 제38조).

▪ 임시조치

» 판사는 가정보호사건의 원활한 조사·심리 또는 피해자 보호를 위해 필요하다고 인정하는

경우에는 결정으로 가정폭력행위자에게 다음의 어느 하나에 해당하는 임시조치를 할 수 있습니다(「가정폭력범죄의 처벌 등에 관한 특례법」 제29조 제1항).

1. 피해자 또는 가정구성원의 주거 또는 점유하는 방실(房室)로부터의 퇴거 등 격리
2. 피해자 또는 가정구성원의 주거, 직장 등에서 100미터 이내의 접근 금지
3. 피해자 또는 가정구성원에 대한 전기통신(「전기통신기본법」 제2조제1호)을 이용한 접근금지
4. 의료기관이나 그 밖의 요양소에의 위탁
5. 국가경찰관서의 유치장 또는 구치소에의 유치
※ 위 1.부터 3.까지의 임시조치기간은 2개월(2회 연장, 최장 6개월까지 가능), 4. 및 5.의 임시조치기간은 1개월(1회 연장, 최장 2개월까지 가능)을 초과할 수 없습니다(「가정폭력범죄의 처벌 등에 관한 특례법」 제29조 제5항 본문).

■ 불처분 결정

》판사는 심리 결과 다음 어느 하나에 해당하는 경우 처분을 하지 않는다는 결정을 해야 합니다(「가정폭력범죄의 처벌 등에 관한 특례법」 제37조 제1항).

1. 보호처분을 할 수 없거나 할 필요가 없다고 인정하는 경우
2. 사건의 성질·동기 및 결과, 행위자의 성행·습벽(習癖) 등에 비추어 가정보호사건으로 처리하는 것이 적당하지 않다고 인정하는 경우

■ 보호처분

》판사는 심리 결과 보호처분이 필요하다고 인정하는 경우에는 결정으로 다음의 어느 하나 또는 둘 이상에 해당하는 처분을 할 수 있습니다(「가정폭력범죄의 처벌 등에 관한 특례법」 제40조).

1. 가정폭력행위자가 피해자 또는 가정구성원에게 접근하는 행위의 제한
2. 가정폭력행위자가 피해자 또는 가정구성원에게 전기통신(「전기통신기본법」 제2조제1호)을 이용해서 접근하는 행위의 제한
3. 가정폭력행위자가 피해자의 친권자인 경우 피해자에 대한 친권 행사의 제한(이 경우에는 피해자를 다른 친권자나 친족 또는 적당한 시설로 인도할 수 있음)
4. 「보호관찰 등에 관한 법률」에 따른 사회봉사·수강명령
5. 「보호관찰 등에 관한 법률」에 따른 보호관찰
6. 「가정폭력방지 및 피해자 보호 등에 관한 법률」에서 정하는 보호시설에의 위탁감호
7. 의료기관에의 치료위탁
8. 상담소등에의 상담위탁
※ 위 4.를 제외한 나머지 보호처분의 기간은 6개월(1회 연장, 최장 1년까지 가능)을 초과할 수 없으며, 위 4.의 사회봉사·수강명령의 시간은 각각 200시간(1회 연장, 최장 400시간까지 가능)을 초과할 수 없습니다(「가정폭력범죄의 처벌 등에 관한 특례법」 제41조 및 제45조).
》위 1.부터 3.에 해당하는 보호처분을 받고도 이를 이행하지 않으면 2년 이하의 징역이나 2천만원 이하의 벌금 또는 구류에 처해집니다(「가정폭력범죄의 처벌 등에 관한 특례법」 제63조 제1항 제1호).

■ 항고·재항고

◈ 다음의 경우에는 가정법원 본원합의부(가정법원이 설치되지 않은 지역은 지방법원 본원합의부를 말함. 이하 같음)에 항고할 수 있습니다(「가정폭력범죄의 처벌 등에 관한 특례법」 제49조).

항고 사유	항고인
임시조치, 보호처분, 보호처분의 변경·취소에 있어 그 결정에 영향을 미칠 법령 위반이 있거나 중대한 사실 오인(誤認)이 있거나 그 결정이 현저히 부당한 경우	검사, 가정폭력행위자, 법정대리인 또는 보조인
법원의 불처분 결정이 현저히 부당한 경우	검사, 피해자 또는 그 법정대리인

◈ 항고의 기각 결정에 대해서는 그 결정이 법령에 위반된 경우에만 대법원에 재항고할 수 있습니다(「가정폭력범죄의 처벌 등에 관한 특례법」 제52조 제1항).

⁂ 배상신청

◈ 피해자는 가정보호사건이 계속(繫屬)된 제1심 법원에 다음의 금전 지급이나 배상명령을 신청할 수 있고, 피해자의 신청이 없더라도 법원이 직권으로 위 배상명령을 내릴 수도 있습니다(「가정폭력범죄의 처벌 등에 관한 특례법」 제56조 및 제57조).
1. 피해자 또는 가정구성원의 부양에 필요한 금전의 지급
2. 가정보호사건으로 인해 발생한 직접적인 물적 피해 및 치료비 손해의 배상
◈ 배상명령은 보호처분의 결정과 동시에 해야 하며, 가집행(假執行)할 수 있음을 선고할 수 있습니다(「가정폭력범죄의 처벌 등에 관한 특례법」 제58조).
◈ 확정된 배상명령 또는 가집행선고 있는 배상명령이 기재된 보호처분결정서의 정본은 「민사집행법」에 따른 강제집행에 관해 집행력 있는 민사판결의 정본과 동일한 효력을 가지므로(「가정폭력범죄의 처벌 등에 관한 특례법」 제61조 제1항), 가정폭력행위자가 배상명령을 이행하지 않으면 강제집행을 통해 권리를 실현할 수 있습니다.

참고: 가정폭력과 민사상 손해배상

가정폭력으로 인해 정신상 고통을 입은 피해자는 「가정폭력범죄의 처벌 등에 관한 특례법」상의 고소와는 별도로 그 가정폭력행위자에 대해 정신상 고통에 대한 손해배상을 청구할 수 있습니다(「민법」 제750조 및 제751조).

(6) 배우자의 생사가 3년 이상 분명하지 아니한 때(민 840조 5호)

1) 의의

배우자의 생사가 3년 이상 분명하지 아니한 때에는 이미 혼인은 파탄된 것으로 봄이 상당하므로 상대방 배우자는 이혼을 청구 할 수 있다. 이 경우 생사불명의 책임여부는 불문한다.

2) 내용

① 배우자가 3년 이상 생사 불명인 것과 동시에 현재도 생사불명이어야 한다.

② 생사불명이란 생존도 사망도 증명할 수 없는 경우로서 원인이나 생사가 불명하게 된 사유가 누구의 책임에 기한 것인지는 묻지 않는다.

③ 3년이란 기간의 기산점은 잔류 배우자에게 알려져 있는 본인 생존의 일자 즉 최후의 소식이 있었을 때이다.

(7) 혼인을 계속하기 어려운 중대한 사유가 있을 때(민 840조 6호)

1) 의의

부부간의 애정과 신뢰가 바탕이 되어야 할 혼인의 본질에 상응하는 부부공동 생활관계가 회복할 수 없을 정도로 파탄되고 그 혼인생활의 계속을 강제하는 것이 한쪽 배우자에게 참을 수 없는 고통이 되는 경우를 말한다(2005.12.23. 선고 96므143판결). 이를 판단 할 때 그 파탄의 정도, 혼인계속의사의 유무, 파탄의 원인에 관한 당사자의 책임유무, 혼인생활의 기간, 자녀의 유무 등 제반사정을 두루 고려하여야 한다.

2) 이혼사유에 해당하는 경우

불치의 정신병(95므90), 불치의 조울증(96므608), 과도한 신앙생활(96므851), 성불능, 성교거부(2002므74), 악질적 범죄행위(74므1), 상습적 도박 등으로 인한 경제파탄(91므559), 오랜 기간 별거하면서 각자 다른 사람과 동거하는 경우 등은 이혼사유가 된다.

3) 이혼사유에 해당하지 않는 경우

신앙차이(81므26), 임신불능(89므367), 이혼의 합의를 하고 재산을 주었다는 사실자체(96므226), 치료가 가능한 정신병적 증세(2004므74), 약혼상태의 부정과 임신사실(91므85), 애정상실, 대가족생활에서 오는 불화, 사업실패로 인한 채무부담, 단순한 이혼합의사실의 존재만으로는 이혼사유가 되지 않는다.

4) 제척기간

혼인을 계속하기 어려운 중대한 사유의 경우 그 사유를 안날부터 6월, 사유있은 날부터 2

년이 경과하면 이혼을 청구하지 못한다(민 842조).

(8) 이혼 합의사실의 존재가 재판상 이혼사유에 해당하는지 여부

혼인생활 중 부부가 일시 이혼에 합의하고 위자료 명목의 금전을 지급하거나 재산분배를 하였다고 하더라도 그것으로 인하여 부부관계가 돌이킬 수 없을 정도로 파탄되어 부부 쌍방이 이혼의 의사로 사실상 부부관계의 실체를 해소한 채 생활하여 왔다는 등의 특별한 사정이 없다면 그러한 이혼합의 사실의 존재만으로는 이를 민법 제840조 제6호 의 재판상 이혼사유인 혼인을 계속할 수 없는 중대한 사유에 해당한다고 할 수 없다(대법원 1996. 4. 26. 선고 96므226 판결).

4. 정당한 당사자

재판상이혼은 부부만이 당사자적격을 가진다. 즉, 부부 중 일방이 원고로 되어 타방을 상대방으로 하여 청구하는 것이고, 제3자는 당사자로 될 수 없다. 혼인은 당사자 일방의 사망으로 인하여 해소되는 것이므로 검사를 상대방으로 할 여지는 없다. 다만, 재심에 있어서는 확정판결을 받은 당사자의 일방이 사망한 때에는 검사에게 재심피고적격이 인정됨은 전술한 바와 같다.

5. 관 할

(1) 토지관할

재판상이혼청구의 소의 토지관할은 부부생활의 실태에 따라 달라진다. 즉, ① 부부가 같은 가정법원의 관할구역 내에 보통재판적이 있을 때에는 그 가정법원이, ② 부부가 최후의 공통의 주소지를 가졌던 가정법원의 관할구역 내에 부부 중 일방의 보통재판적이 있을 때에는 그 가정법원이, ③ 위의 각 경우에 해당하지 아니하는 때에는 상대방의 보통재판적소재지의 가정법원이, 각각 관할법원으로 되고, 그 관할은 전속 관할이다(제22조).

(2) 사물관할

재판상 이혼의 소는 단독판사의 사물관할에 속한다(민사 및 가사소송의 사물관할에 관한규칙 제2조 제2항).

6. 심 리

(1) 조정전치

1) 재판상 이혼사건은 나류 가사소송사건으로 조정 전치주의의 적용을 받는다(법 50조). 따라서 재판상 이혼을 하고자 하는 자는 우선 가정법원에 조정을 신청하여야 하고 만약 조정신청을 하지 않고 이혼의 소를 제기한 때에는 가정법원은 그 사건을 조정에 회부하여야 한다. 하지만 배우자의 생사불명을 이혼원인으로 하는 경우나 그 사건이 조정에 회부되더라도 조정이 성립될 가망이 없다고 인정될 경우에는 조정에 회부하지 아니할 수 있다.

2) 조정에서 당사자 간에 이혼의 합의가 성립하여 이 사실이 조서에 기재되면 조정이혼이 성립하고 이 기재는 재판상의 화해와 동일한 효력이 있으며 혼인은 종료된다. 조정을 신청한 자는 조정성립의 날로부터 1월내에 이혼신고를 하여야 하고 이는 보고적 신고이다.

3) 조정절차에서 부부 사이의 의견대립으로 조정이 성립되지 아니 할 경우 조정위원회 조정담당판사는 조정에 갈음하는 결정(강제조정결정)을 할 수 있다. 이 강제조정결정은 송달 후 2주일 내에 이의신청이 없으면 재판상 화해와 동일한 효력이 있다.

4) 당해사건에 대한 조정을 하지 않기로 하는 결정이 있거나 조정이 성립되지 않은 것으로 종결된 경우 또는 조정에 갈음하는 결정이 이의신청에 의해 그 효력을 상실한 경우에 조정신청을 한 때 소가 제기된 것으로 본다(가족등록법 78조).

(2) 제척기간

재판상이혼원인 중 일부에는 제척기간의 정함이 있다. 즉 ① 배우자의 부정행위가 있었을 때(민법 제840조 제1호)의 경우에는 다른 일방이 사전 동의나 사후 용서를 한 때 또는 이를 안 날로부터 6월, 그 사유 있음을 안 날로부터 2년을 경과한 때에는 이혼을 청구하지 못하고(민법 제841조), ② 기타 혼인을 계속하기 어려운 중대한 있을 때(민법 제840조 제6호)의 경우에는 다른 일방이 그 사유 있음을 안 날로부터 6월, 그 사유 있는 날로부터 2년을 경과하면 이혼을 청구하지 못한다(민법 제842조). ③ 그 밖의 이혼원인의 경우 제척기간의 규정이 없으나 이혼청구권은 형성권이므로 10년의 제척기간에 걸린다.

(3) 당사자의 사망

이혼소송 중 당사자가 사망한 경우에 이혼청구권은 일신전속권이므로 이혼소송은 종료된다. 즉 재판상의 이혼청구권은 부부의 일신전속의 권리이므로 이혼 소송 계속 중 배우자의 일방이 사망한 때에는 상속인이 그 절차를 수계할 수 없음은 물론이고 그러한 경우 검사가 이를 수계할 수 있는 특별한 규정도 없으므로 이혼소송은 종료되고, 이혼소송과 재산분할

청구가 병합된 경우에 배우자 일방이 사망하면 이혼의 성립을 전제로 하여 이혼소송에 부대한 재산분할 청구 역시 이를 유지할 이익이 상실되어 이혼소송의 종료와 동시에 종료된다(대판 1994. 10. 28. 94므246 판결).

(4) 친권자 지정 등

가정법원은 미성년자인 자녀가 있는 부부의 재판상 이혼의 청구를 심리할 때에는 그 청구가 인용될 경우를 대비하여 ① 미성년자인 자녀의 친권자로 지정될 사람, ② 미성년자인 자녀에 대한 양육과 면접교섭권에 관하여 부모에게 미리 협의하도록 권고하여야 하고 직권으로 친권자를 정한다(민 909조 5항). 이혼을 하는 부부는 그 자녀의 양육에 관한 사항을 협의에 의하여 정하고(민 843조 837조 1항), 위 협의가 이루어지지 아니하거나 협의할 수 없는 때에는 가정법원은 직권 또는 당사자의 청구에 따라 양육에 관한 사항을 결정하며, 자녀의 복리를 위하여 필요하다고 인정되는 경우에는 부, 모, 자녀 및 검사의 청구 또는 직권에 의하여 자녀의 양육에 관한 사항을 변경하거나 다른 적당한 처분을 할 수 있다.

(5) 관련사건의 병합

재판상 이혼에는 다류 가사소송사건인 손해배상청구와 마류 가사비송사건인 재산분할 및 자녀의 친권자 및 양육자 지정청구 등이 병합될 수 있다. 또한 재판상 이혼청구가 혼인의 무효나 취소의 청구에 선택적 또는 예비적으로 병합되거나 반소로 청구될 수 있다.

7. 확정판결

(1) 재판상 이혼청구를 인용한 확정판결은 원고가 내세우는 이혼청구권의 존재를 확정하고 혼인을 장래에 향하여 해소시키는 효력이 있다. 따라서 부부사이의 모든 권리, 의무관계가 소멸하고 혼인으로 배우자의 혈족과의 사이에 발생한 인척관계도 소멸한다(민 775조 1항). 소멸하는 시점은 인용판결의 확정시점인데 이점이 가족관계의 등록등에 관한 법률에 따라 신고하여야 효력이 발생하는 협의상 이혼과 다른 점이다. 따라서 이혼청구를 인용한 판결이 확정되고 나서 이혼신고를 하지 않고 있는 사이에 당사자 일방이 사망하였더라도 상대방은 그 재산을 상속할 수 없다. 그러나 부모자녀 관계는 영향이 없어 친자사이의 부양, 상속 등은 모두 인정된다. 반면에 기각한 판결이 확정되면 당사자 사이에 혼인관계는 유지되므로 서로 동거, 부양, 협조하여야 할 부부로서의 의무를 계속 부담하여야 한다.

(2) 재판상 이혼청구를 인용한 판결이 확정된 후 다시 이혼청구소송을 제기하면 이미 혼인관계는 해소 되었으므로 다시 이혼소송을 제기한 당사자는 권리보호이익이 없어 각하된다. 반면 기각한 판결이 확정된 후 다시 이혼청구소송이 제기된 경우에는 재판상 이혼

마다 소송물이 다르다는 전제에 서는 한 기판력은 다른 사유에는 미치지 못할뿐만 아니
라 새로 발생한 사유가 있을 경우에도 기판력에 의해 확정된 법률효과를 다툴 수 있다.

(3) 재판상 이혼청구를 인용한 확정판결은 형성판결로 제3자에게도 효력이 있다. 기각한
판결은 배우자 이외의 다른 제소권자가 없으므로 제3자에 대한 제소금지의 효력이나
기판력은 문제될 여지가 없다.

(4) 이혼심판은 선고로 그 효력이 생긴다. 가정법원의 판결에 불복이 있으면 판결정본이
송달된 날부터 14일내에 항소 할 수 있지만 항소법원은 항소가 이유 있더라도 제1심
판결을 취소하거나 변경하는 것이 사회정의나 형평의 이념에 배치되거나 가정의 평화
와 미풍양속의 유지에 적합하지 않다고 인정되는 경우에 항소를 기각할 수 있다(법 19
조 3항). 그리고 항소법원의 판결에 대해 불복이 있으면 판결 정본이 송달된 날부터
14일내에 상고할 수 있다.

(5) 판결이 확정된 때 가정법원의 법원사무관등은 바로 이혼된 부부의 등록기준지의 가족
관계등록사무를 처리하는 사람에게 그 뜻을 통지하여야 하고(규칙 7조 1항), 이혼의
소를 제기한 자는 이혼판결 확정일로부터 1월 이내에 판결서 등본과 확정증명원을 첨
부하여 시, 군, 구에 이혼신고를 하여야 한다. 또한 상대방도 신고할 수 있다(가족등록
법 78조, 58조).

8. 유책배우자의 이혼청구

1) 문제점

유책배우자도 이혼을 청구할 수 있는가에 대해 파탄주의 이혼법 하에서 유책배우자의 이혼
청구를 긍정하게 되면 신의성실의 원칙에 반해 이른 바, 축출이혼 등이 가능하게 되어 여
성의 지위를 열악하게 만든다는 이유로 원칙적으로 부정하되 예외적으로 긍정하는 견해가
유력하지만, 이를 부정한다면 자유의사를 기초로 하여야 하는 혼인의 계속을 강제하게 된
다는 점을 이유로 긍정하는 견해도 있다. 판례는 주된 책임이 있는 배우자의 이혼청구는
신의칙에 어긋난다는 이유로 원칙적으로는 유책배우자의 이혼청구를 배척하고 다만 예외적
으로 다음의 3가지 유형에서 이혼청구를 긍정하는데 이는 판례가 기본적으로 유책주의적
태도를 취하고 있기 때문이다.

2) 판례의 태도

가. 원칙 - 부정

혼인생활이 파탄에 이른 것이 일방의 책임사유에 기한 경우에는 설사 그 후 상대방에게 이
혼사유가 될 만한 잘못이 있어도 그것이 청구인의 유책사유에 비롯된 것이라면 이혼청구권
이 부인된다.

민법 제840조 제6호 소정의 이혼사유에 관하여 오로지 또는 주로 책임이 있는 일방 당사자가 하는 이혼청구는 원칙상 허용되지 않는다(대판 1989. 6. 27. 88므740 판결).

나. 예외 - 긍정

혼인의 파탄을 자초한 자에게 재판상이혼청구권을 인정하는 것은 혼인제도가 요구하고 있는 도덕성에 근본적으로 배치되고 배우자 일방의 의사에 의한 이혼 내지 축출이혼을 시인하는 부당한 결과가 도기 때문에 이혼의 파탄에도 불구하고 이혼을 희망하지 않고 있는 상대방 배부아의 의사에 반하여서는 이혼을 할 수 없도록 하려는 것일 뿐, 상대방 배우자에게도 그 혼인을 계속할 의사가 없음이 객관적으로 명백한 경우에까지 파탄된 혼인의 계속을 강제하려는 취지는 아니다.

① 상대방도 이혼의 의사가 있는 경우

① 을녀가 본심, 반심청구로써 각 이혼심판을 청구하고 있다면 두 사람 모두 혼인을 계속 할 의사가 없음이 명백하다고 할 것이므로 비록 을녀가 가출 등의 잘못이 있다 하더라도 이미 파탄된 혼인의 해소를 바라는 을녀의 이혼청구(반심)는 이를 인용함이 마땅하다(대판 1987. 12. 8. 87므44 판결).
② 유책배우자의 이혼제기에 대하여 상대 배우자도 이혼의 반소를 제기하거나 오기나 보복적 감정에서 표면적으로는 이혼에 불응하고 있기는 하나 실제에 있어서는 혼인의 계속과는 도저히 양립할 수 없는 행위를 하는 등 그 이혼의의사가 객관적으로 명백한 경우에는 비록 혼인의 파탄에 관해 전적인 책임이 있는 배우자의 청구라 할지라도 인용함이 상당하다(대판1987. 4. 14. 86므28)

② 쌍방의 귀책으로 혼인이 파탄된 경우 책임을 비교하여 상대적으로 책임이 무겁지 않은 쪽의 이혼청구는 인정하며, 쌍방의 책임이 동일한 경우도 인정한다(쌍방이 타인과 사실혼을 맺은 경우 등).

① 혼인관계가 파탄에 이르렀음이 인정되는 경우에는 원고의 책임이 피고의 책임보다 더 무겁다고 인정되지 아니하는 한 원고의 이혼청구는 인용되어야 하는 것이다(대판 1994. 5. 27. 94므130 판결).

② 청구인과 피청구인이 모두 타인과 사실혼관계를 맺고 그 사이에 자녀를 출산하고 있다면 위 양인이 다시 부부로 돌아가는 것은 불가능하고 위 부부관계의 파탄은 모두에게 책임이 있는 것이어서 이는 민법 제840조6호의 기타 혼인을 계속하기 어려운 중대한 사유 있는 때에 해당한다(대판1986. 3. 25. 85므85).

③ 혼인이 완전히 파탄된 후에 부정행위 등의 사유가 있는 경우

① 혼인파탄의 원인이 직접적으로는 갑남의 다른 여자와의 동거에 있다 하더라도 다른 여자와의 동거가 배우자와 사이에 이혼합의가 있은 후의 일이라면 이를 가지고 위 혼인파탄의 주된 책임이 갑남에게 있다고 할 수 없다(대판 1987. 12. 22. 86므90 판결).

② 혼인관계에 있어 유책성은 혼인파탄의 원인이 된 사실에 기초하여 평가할 일이며 혼인관계가 완전히 파탄된 뒤에 있은 일을 가지고 따질 것은 아니다(대판 2004. 2. 27. 2003므1890).

③ 상대방의 허영, 냉대, 혼인생활거부 등의 귀책사유로 인하여 파경에 이른 뒤 유책배우자가 다른 여자와 부정한 관계를 맺는 등 쌍방의 책임으로 파경이 심화되어 부부관계를 정상으로 되돌릴 수 없을 만큼 중대한 상태가 야기되었을 뿐만 아니라 상대배우자가 내심으로는 유책배우자와의 혼인을 계속할 의사가 없으면서도 표면상으로만 이혼에 불응하고 있다면 비록 유책배우자에게 다른 여자와 부정한 관계를 맺은 잘못이 있다 하더라도 이미 파탄된 혼인의 해소를 바라는 유책배우자의 이혼청구는 인용함이 상당하다(대판 1987. 9. 22. 86므87).

9. 이혼소송과 관련된 문제

(1) 이혼의 자녀에 대한 효과

1) 친권자 지정

가. 의의

협의이혼의 경우 부모의 협의로 친권자를 정하여야 하고 협의할 수 없거나 협의가 이루어지지 아니하는 경우에는 가정법원은 직권으로 또는 당사자의 청구에 따라 친권자를 지정하여야 한다. 반면 재판상 이혼의 경우는 가정법원이 직권으로 친권자를 지정한다(민 909조 5항).

나. 내용

① 협의이혼에서 당사자의 협의로 친권자를 정하는 경우에는 단독친권이든 공동친권이든 가능하다고 보지만 가정법원이 정하는 경우에는 부모 일방을 친권자로 지정한다.

② 친권자 지정의 기준은 자의 복리를 최우선의 기준으로 고려한다.

③ 자가 13세 이상인 경우 가정법원은 심판에 앞서 그 자의 의견을 들어야 하지만, 자의 의견을 들을 수 없거나 자의 의견을 듣는 것이 자의 복지를 해할만한 특별한 사정이 있다고 인정되는 때에는 그러하지 아니하다(가소규칙 100조).

> **가사소송법 개정안**
> 가정법원이 친권자나 양육권자를 지정하는 재판을 할 경우 현재는 만13세 이상 미성년자의 경우에만 진술을 청취하도록 하고 있지만, 개정안은 자녀의 연령을 불문하고 미성년 자녀의 진술을 의무적으로 청취하도록 하여 자녀의 목소리가 정확하게 반영할 수 있게 하였다(제20조).

④ 양육에 관한 사항으로서 친권자와 별도로 양육자를 정할 수 있다.

다. 효과

친권자로 정해진 부나 모가 법정대리인이 되고 친권자로 지정되지 못한 부나 모는 법정대리인이 되지는 못하지만 자와의 관계에서 상속이나 부양의 권리의무에는 영향이 없다.

라. 친권자의 변경

친권자를 지정한 후에도 자의 복리를 위해 친권자를 변경할 필요가 있는 경우에는 부모의 협의로는 할 수 없고 가정법원에 청구를 하여(4촌 이내의 친족이 청구한다), 가정법원의 심판을 받아 변경할 수 있다.

마. 친권상실 선고 - 재혼한 모 또는 부의 친권행사 가능성 여부

① 문제의 소재

부모님이 이혼한 후 어머니는 재혼하였고, 슬하에 자녀는 미성년자로서 아버지, 할머니와 함께 살고 있던 중 아버지가 교통사고로 사망하자 어머니가 미성년자녀의 친권자임을 주장하며 미성년 자녀 앞으로 나온 아버지의 사망보상금을 수령·관리할 권한이 있다고 주장할 경우 그에 어떻게 대처를 해야 하는지 등이 문제가 되는 경우가 많습니다.

② 판례의 태도

아버지의 사망으로 인한 손해배상금은 미성년인 자녀에게 상속되지만, 아직 미성년자이므로 그 재산을 관리할 친권자 또는 후견인이 있어야 한다. 현행 민법에 의하면 이 경우 친권자는 어머니가 되므로 재혼한 어머니이더라도 손해배상금을 수령·관리하겠다는 주장은 일응 하자가 없는 듯 보인다.

그러나 부 또는 모가 친권을 남용하거나 현저한 비행 기타 친권을 행사시킬 수 없는 중대한 사유가 있을 때에는 법원은 민법 제777조의 규정에 의한 자(子)의 친족 또는 검사의 청구에 의하여 그 친권의 상실을 선고할 수 있고, 법정대리인인 친권자가 부적당한 관리로 인하여 자의 재산을 위태하게 한 때에는 법원은 민법 제777조의 규정에 의한 자의 친족의 청구에 의하여 그 법률행위의 대리권과 재산관리권의 상실을 선고 할 수 있다(민법 제924조, 제925조). 그런데 어떤 행위가 '친권의 남용' 혹은 '현저한 비행'이 되느냐 하는 것은 구체적 사안에 따라 판단되어야 할 구체적인 문제이고, 획일적인 기준이 있는 것은 아니다.

친권의 남용은 친권자로서의 양육, 재산관리 등의 권리의무를 부당하게 행사하여 자의 복지를 해하는 것이다. 즉, 외관상 친권자가 자의 재산을 부당하게 처분하는 것으로 보이더라도 친권자의 그 동기가 병을 치료하기 위한 것이나, 자의 적당한 생활 및 교육을 위한 것이었다면 친권남용이라고 보지 않습니다. 현저한 비행에 해당하는 경우로는 성적 품행

(性的品行)이 나쁘거나, 음주·도박 등으로 인하여 자의 보호·교육에 해(害)가 되고, 자에게 불이익을 주는 경우라고 할 수 있습니다. 기타 친권을 행사시킬 수 없는 중대한 사유로는 장기간 자녀를 보호·양육하지 않고 방치한 경우나, 장기간 행방불명인 경우가 이에 해당될 수 있다.

친권상실선고에 있어 고려하여야 할 요소에 관한 판례를 보면, "친권은 미성년인 자의 양육과 감호 및 재산관리를 적절히 함으로써 그의 복리를 확보하도록 하기 위한 부모의 권리이자 의무의 성격을 갖는 것으로서, 민법 제924조에 의한 친권상실선고사유의 해당여부를 판단함에 있어서도 친권의 목적이 자녀의 복리보호에 있다는 점이 판단의 기초가 되어야 하고, 설사 친권자에게 간통 등의 비행이 있어 자녀들의 정서나 교육 등에 악영향을 줄 여지가 있다 하더라도 친권의 대상인 자녀의 나이나 건강상태를 비롯하여 관계인들이 처해 있는 여러 구체적 사정을 고려하여 비행을 저지른 친권자를 대신하여 다른 사람으로 하여금 친권을 행사하거나 후견을 하게 하는 것이 자녀의 복리를 위하여 보다 낫다고 인정되는 경우가 아니라면 섣불리 친권상실을 인정하여서는 안 되고, 자녀들의 양육과 보호에 관한 의무를 소홀히 하지 아니한 모의 간통행위로 말미암아 부가 사망하는 결과가 초래된 사실만으로서는 모에 대한 친권상실선고사유에 해당한다고 볼 수 없다."라고 하였다(대법원 1993. 3. 4.자 93스3 결정).

또한 과거에 다른 남자들과 불의의 관계를 맺은 일이 있었으나 현재는 이를 끊고 그 자녀의 감호·양육에 힘쓰고 있는 경우에는 그러한 사실만으로 현저한 비행 또는 친권남용이라 할 수 없다고 하였다(대법원 1959. 4. 16. 선고 4291민상659 판결).

한편, 친권상실청구의 소송을 제기한 경우 판결이 있을 때까지는 상당한 시일을 요하므로 자의 이익을 위하여 필요한 경우 법원은 신청에 의하여 친권자의 친권행사를 정지시키거나, 친권대행자를 선임하는 사전처분을 할 수 있으며, 친권상실의 선고가 있으면, 후견이 개시되는데, 귀하의 할머니가 유일한 직계존속이거나 아니면 직계존속 중 가장 연장자라면 미성년 자녀의 법정후견인이 된다(민법 제932조, 제935조).

2) 양육에 관한 사항

가. 의의

이혼 후의 자녀의 양육자가 누가 될 것인가 또는 양육을 어떻게 할 것인가 등 양육에 관한 사항은 우선 부모의 협의로 정한다. 그 협의에는 양육자의 결정, 양육비용의 부담, 면접교섭권의 행사 여부 및 그 방법 등이 포함되어야 한다(민 837조 2항).

나. 절차

협의이혼의 경우 당사자 간에 양육사항에 대해 협의를 하여야 하고 협의가 이루어지지 아
니하거나 협의할 수 없는 때에는 가정법원이 직권 또는 당사자의 청구에 의해 이를 정하며
이혼의사 확인절차에서 양육에 관한 협의서나 심판정본을 제출해야 한다. 재판상이혼의 경
우에는 먼저 당사자 간에 양육사항에 대해 협의를 하고 협의가 이루어지지 아니하거나 협
의할 수 없는 때에는 가정법원이 직권으로 또는 당사자의 청구에 의해 정한다(민 837조).

다. 내용

① 양육자는 부모의 일방으로 정할 수도 있고 부모의 공동양육으로 할 수도 있다.
② 양육권자로 지정되지 못한 부모도 양육에 관한 것 이외의 부모로서의 권리의무에 변경
　　이 생기는 것은 아니므로 양육권이 없는 부 또는 모와 자녀간에도 부양 청구권이나 상
　　속권, 미성년자녀에 대한 혼인동의권 등은 여전히 인정된다.
③ 친권자와 양육자가 다른 경우 양육과 관련된 사항의 범위 내에서는 친권자의 친권이 제
　　한된다. 예를 들어 친권자로 지정받지 못하였으나 양육권을 가지고 있는 부모 일방은
　　타방에 대해 유아인도청구권을 행사 할 수 있다.

라. 변경

일단 정해진 양육사항이나 양육자의 변경청구도 가능하다. 즉 가정법원은 자의 복리를 위
해 필요하다고 인정하는 경우에는 부, 모, 자, 및 검사의 청구 또는 직권으로 자의 양육에
관한 사항을 변경하거나 다른 적당한 처분을 할 수 있다.

3) 자녀 양육비 문제

가. 의의

양육비 부담에 대해서도 이혼시에 당사자간에 정해야 한다. 그 절차나 비용은 양육사항의
결정에 관한 것과 동일하다. 양육비는 양육자가 단독으로 부담하는 것이 아니다. 양육비는
부양이므로 부양의무자가 부담하므로 원칙적으로 부모가 공동부담한다(양육자가 노동력을
제공한 것도 양육비를 부담한 것으로 된다). 따라서 부모의 일방만이 양육비를 부담한 경
우 그 타방에 대해 양육비를 청구할 수 있다.

나. 과거양육비 청구 및 소멸시효진행여부

① 과거양육비청구

종전 판례는 "부모는 모두 자식을 부양할 의무가 있는 것이므로, 생모도 그 자를 부양할
의무가 있다 할 것이고, 따라서 자기의 고유의 의무를 이행한데 불과하며 또한 스스로 자
진하여 부양하여 왔고 또 부양하려 한다면 과거의 양육비나 장래의 양육비를 청구하지 못

한다."라고 하였다(대법원 1979. 5. 8. 선고 79므3 판결).

그러나 대법원은 위 판례를 변경하여 "어떠한 사정으로 인하여 부모 중 어느 한 쪽만이 자녀를 양육하게 된 경우에, 그와 같은 일방에 의한 양육이 그 양육자의 일방적이고 이기적인 목적이나 동기에서 비롯된 것이라거나, 자녀의 이익을 위하여 도움이 되지 아니하거나, 그 양육비를 상대방에게 부담시키는 것이 오히려 형평에 어긋나게 되는 등 특별한 사정이 있는 경우를 제외하고는 양육하는 일방은 상대방에 대하여 현재 및 장래의 양육비 중 적정금액의 분담을 청구할 수 있음은 물론이고, 부모의 자녀양육의무는 특별한 사정이 없는 한 자녀의 출생과 동시에 발생하는 것이므로 과거의 양육비에 대하여도 상대방이 분담함이 상당하다고 인정되는 경우에는 그 비용의 상환을 청구할 수 있다. 다만 한 쪽의 양육자가 양육비를 청구하기 이전의 과거의 양육비 모두를 상대방에게 부담시키게 되면 상대방은 예상하지 못하였던 양육비를 일시에 부담하게 되어 지나치고 가혹하며 신의성실의 원칙이나 형평의 원칙에도 어긋날 수도 있으므로, 이와 같은 경우에는 반드시 이행청구 이후의 양육비와 동일한 기준에서 정할 필요는 없고, 부모 중 한쪽이 자녀를 양육하게 된 경위와 그에 소요된 비용의 액수, 그 상대방이 부양의무를 인식한 것인지 여부와 그 시기, 그것이 양육에 소요된 통상의 생활비인지 아니면 이례적이고 불가피하게 소요된 다액의 특별한 비용(치료비 등)인지 여부와 당사자들의 재산상황이나 경제적 능력과 부담의 형평성 등 여러 사정을 고려하여 적절하다고 인정되는 분담의 범위를 정할 수 있다."라고 하였다(대법원 1994. 5. 13.자 92스21 결정).

② 소멸시효진행여부

민법 제860조는 "인지는 그자의 출생 시에 소급하여 효력이 생긴다. 그러나 제삼자의 취득한 권리를 해하지 못한다."라고 규정함으로써 인지의 소급효를 규정하고 있습니다. 따라서 부가 자를 인지한 경우에 부는 피인지자인 자의 출생 시부터 양육의무를 지는 것이 되어, 혼자 아이를 양육해온 모는 부에 대하여 과거의 양육비를 청구할 수 있다. 다만 과거 양육비의 소멸시효 진행 여부와 관련하여, 판례는 "양육자가 상대방에 대하여 자녀 양육비의 지급을 구할 권리는 당초에는 기본적으로 친족 관계를 바탕으로 하여 인정되는 하나의 추상적인 법적 지위이었던 것이 당사자 사이의 협의 또는 당해 양육비의 내용 등을 재량적·형성적으로 정하는 가정법원의 심판에 의하여 구체적인 청구권으로 전환됨으로써 비로소 보다 뚜렷하게 독립한 재산적 권리로서의 성질을 가지게 된다. 이와 같이 당사자의 협의 또는 가정법원의 심판에 의하여 구체적인 지급청구권으로서 성립하기 전에는 과거의 양육비에 관한 권리는 양육자가 그 권리를 행사할 수 있는 재산권에 해당한다고 할 수 없고, 따라서 이에 대하여는 소멸시효가 진행할 여지가 없다고 보아야 한다."고 판시하였다. (대결 2011. 7. 29. 2008스67)

다. 양육비 청구권 및 양육비 지급의 종료시점

① 양육비청구권

자가 사망한 경우 사망 전까지 양육비는 상환청구 할 수가 있으나 사망이후의 양육비는 상환청구할 수 없으며(대법원 1995. 4. 25. 94므536), ② 이혼 시 양육자로 지정되지 않은 부모 일방이 임의로 양육한 경우 상대방에게 양육비를 청구할 수 없다(대결 2006. 4. 17. 2005스18). ③ 가정법원의 심판에 의해 구체적으로 확정된 양육비 채권 중 이미 이행기가 도달한 부분에 관하여 이를 상계하는 방법으로 처분하는 것은 허용된다(대판 2006. 7. 13. 2006므751).

② 양육비청구권의 종료시점

민법 제4조는 2011. 3. 7. 법률 제10429호로 개정되어 2013. 7. 1.부터 시행되었으며, 그 내용은 성년의 연령을 19세로 변경하였다. 이 경우 2013. 7. 1. 이전에 양육비 지급 재판이 확정되었다면 자에 대한 양육비를 19세까지 받을 수 있을 것인지, 20세까지 받을 수 있을 것인지 문제가 된다.

이에 대하여 판례는 "이혼한 부부 중 일방이 미성년자의 자녀에 대한 양육자 지정청구와 함께 장래의 이행을 청구하는 소로서 양육비 지급을 동시에 청구할 수 있고, 위와 같은 청구에 따라 장래의 양육비 지급을 명한 확정판결이나 이와 동일한 효력이 있는 조정조서나 화해권고결정 등에서 사건본인이 성년에 이르는 전날까지 양육비 지급을 명한 경우 재판의 확정 후 사건본인이 성년에 도달하기 전에 법률의 개정으로 성년에 이르는 연령이 변경되었다면 변경된 성년 연령이 양육비를 지급하는 종료 기준시점이 된다. 따라서 2011. 3. 7. 법률 제10429호로 개정되어 2013.7.1.부터 시행된 민법 제4조에 의하여 성년에 이르는 연령이 종전 20세에서 19세로 변경되었으므로 법 시행 이전에 장래의 양육비 지급을 명하는 재판이 확정되었더라도 법 시행 당시 사건본인이 아직 성년에 도달하지 아니한 이상 양육비 종료 시점은 개정된 민법 규정에 따라 사건본인이 19세에 이르기 전날까지로 봄이 타당하다."고 판단한 바 있다. (대결 2016. 4. 22. 2016으2)

따라서 법 시행 이전에 확정된 재판이더라도, 개정된 규정의 적용을 받아 만 19세에 이르기 전날까지의 양육비를 지급 받을 수 있다.

라. 파산시 양육비채권의 면책가능성

양육비채권은 재단채권임과 동시에 비면책채권이므로 면책되지 않는다. 단, 개인파산절차에서는 현실적으로 환가와 배당이라는 절차가 진행되지 않으므로 파산관재인이 선임되더라도 재산이 없어 재단채권인 양육비채권에 대한 수시변제는 이루어지지 않을 것이다.[21]

마. 협의이혼을 전제로한 양육비지급약정의 효력

판례는 위와 같은 사안에서 "이에 대하여 원고는, 피고와 사이에 사건본인에 대한 양육비 일시금 지급 약정이 있었고, 이와 별도의 양육비 청구 소송을 제기하지 않기로 하였으므로 이 부분 청구가 부제소합의에 반하거나 부당하다고 주장하나, 원고와 피고 사이에 선행하여야 하는 협의 이혼이 이루어지지 않았을 뿐만 아니라 원고와 피고 사이의 양육비 일시금 지급 약정이 원고와 피고의 재산 및 소득상황, 사건본인이 처한 사정과 일시금의 액수 등을 고려해 보면 사건본인의 복리에 현저히 반하므로 위 약정은 효력이 없다."고 판시하였다. (부산가정법원 2015. 10. 16. 선고 2014드단201540, 11709) 즉 양육비에 관한 협정이 있더라도 자녀의 복리에 비추어 사정변경 등을 이유로 이를 변경할 필요성이 있을 때에는 기존 협정과 달리 정할 수도 있으며, 또한 본 사안의 경우 협의 이혼을 전제로 한 것이었으므로, 선행하여야 하는 협의 이혼이 이루어지지 않은 경우 더더욱 양육비 지급에 대한 약정은 구속력이 없다고 볼 수 있다.

바. 한부모가족에 대한 양육비지원제도

한부모가족지원법 제11조, 제12조에 의하여 최저생계비, 소득수준 등에 따라 복지 급여 신청이 가능합니다. 이러한 복지 급여에는 아동양육비가 포함된다. 한부모가족 지원대상자로서 복지 급여 등 지원을 받기 위해서는 지원대상자 또는 그 친족, 한부모가족복지시설의 종사자, 사회복지 전담 공무원, 지원대상자의 자녀가 재학하는 학교의 교사 중 해당하는 사람이 거주지역 주민센터에 관련 서류를 구비하여 신청하여야 한다. (한부모가족지원법 제11조 제1항, 제3항, 동법 시행령 제12조 제2항)

복지급여의 종류에는 아동양육비로 만12세 미만 아동을 양육하는 한부모가족 아동 1인당 월 10만원, 추가 아동양육비로 만5세 이하 아동을 양육하는 조손가족 및 만25세 이상 미혼 한부모가족 아동 1인당 월5만원, 아동교육지원비로 중고등학생 자녀를 양육하는 한부모

---

21) 채무자 회생 및 파산에 관한 법률
　　제566조 (면책의 효력)
　　면책을 받은 채무자는 파산절차에 의한 배당을 제외하고는 파산채권자에 대한 채무의 전부에 관하여 그 책임이 면제된다. 다만, 다음 각호의 청구권에 대하여는 책임이 면제되지 아니한다. [개정 2010.1.22 제9935호(취업 후 학자금 상환 특별법)]
　　1. 조세
　　2. 벌금 · 과료 · 형사소송비용 · 추징금 및 과태료
　　3. 채무자가 고의로 가한 불법행위로 인한 손해배상
　　4. 채무자가 중대한 과실로 타인의 생명 또는 신체를 침해한 불법행위로 인하여 발생한 손해배상
　　　5. 채무자의 근로자의 임금 · 퇴직금 및 재해보상금
　　6. 채무자의 근로자의 임치금 및 신원보증금
　　7. 채무자가 악의로 채권자목록에 기재하지 아니한 청구권. 다만, 채권자가 파산선고가 있음을 안 때에는 그러하지 아니하다.
　　8. 채무자가 양육자 또는 부양의무자로서 부담하여야 하는 비용
　　9. 「취업 후 학자금 상환 특별법」에 따른 취업 후 상환 학자금대출 원리금

가족 아동 1인당 연5만원, 생활보조금으로 한부모가족복지시설 입소 한부모가족 월 5만원의 급여를 지원받을 수 있다. (한부모가족지원법 제5조, 제5조의2 제2항 및 제12조 및 동법 시행규칙 제3조, 제3조의2 및 제6조에 의한 여성가족부 고시 제2015 -74호)

사. 양육비산정기준 및 양육비계산방법
(1) 서울가정법원 양육비산정기준표
서울가정법원은 2012. 5. 30. 양육비 산정기준표를 제정 · 공표한 이래 2014. 5. 30.과 2017. 11. 17. 두 차례 개정을 한바 있다. 그 동안 양육비 산정기준표는 서울가정법원뿐만 아니라, 전국 가정법원의 재판실무에서 양육비 산정의 중요한 기준으로 정착되었다. 한편, 양육비 산정기준표가 개정된 지 4년이 경과하였고 그 동안 물가 및 국민 소득의 상승, 영유아 보육지원제도의 개선 등 변화된 사회 · 경제적 사정들을 반영하여 양육비 산정기준표를 개정할 필요성이 생겼다.

이에 서울가정법원은 2020년부터 기존 비상설 양육비위원회를 서울가정법원 가사소년재판 연구회 산하 '양육비산정기준연구분과'로 상설화하여 새로운 양육비 산정기준을 연구해왔고, 공청회 등을 통해 법원 안팎의 의견을 폭넓게 수렴하여 보다 적정하고 내실 있는 양육비 산정기준표를 마련하였다. 서울가정법원은 개정된 양육비 산정기준표를 2021. 12. 22. 공표하고 2022. 3. 1.부터 시행하고 있다.

개정된 양육비 산정기준표는 자녀에게 이혼 전과 동일한 수준의 양육환경을 유지하고 소득이 없더라도 필요 최소한의 양육비 책임은 분담한다는 기존 양육비 산정의 기본원칙은 유지하였고, 여기에 사회 전반의 물가 상승률을 반영하여 전체적인 양육비 액수를 증액하였고,[22] 부모의 합산 소득구간 중 고소득층 구간과 자녀의 나이 구간을 보다 세분화하였으며, 양육비 가중 및 감산 요소를 보완하여 더욱 내실 있는 양육비 산정이 이루어지도록 하였다. 자녀의 나이 구간 역시 초등학교 저학년과 고학년의 돌봄 비용, 사교육비 등의 차이를 고려해 변경됐다. 기존 '만 6세 이상 만 11세 이하' 구간은 '만 6세 이상 만 8세 이하', '만 9세 이상 만 11세 이하'로 나뉘어 현실을 반영할 수 있도록 수정되었다.

---

22) 2017년 양육비 산정기준표에 따른 최저 표준양육비는 53만2000원이었다. 하지만 개정된 2021년 기준표에서는 최저 표준양육비가 62만1000원으로 8만9000원 상승했다. 이에 따라 0~2세 자녀를 둔, 합산소득 0~199만원 미만 부모의 경우, 평균 양육비는 62만1000원이 된다. 한편, 고소득층의 평균 양육비 구간도 달라졌다. 기존에 '990만원 이상'으로 명시됐던 부모 합산 소득 기준이 '900만~999만원', '1000만~1199만원', 그리고 '1200만원 이상' 등으로 세분화됐고 그에 따른 양육비 기준도 높였다.

[2021 양육비 산정기준표]

자녀 만 나이	0~199만 원 평균양육비(원) 양육비 구간	200~299만 원 평균양육비(원) 양육비 구간	300~399만 원 평균양육비(원) 양육비 구간	400~499만 원 평균양육비(원) 양육비 구간	500~599만 원 평균양육비(원) 양육비 구간	600~699만 원 평균양육비(원) 양육비 구간	700~799만 원 평균양육비(원) 양육비 구간	800~899만 원 평균양육비(원) 양육비 구간	900~999만 원 평균양육비(원) 양육비 구간	1,000~1,199만 원 평균양육비(원) 양육비 구간	1,200만 원 이상 평균양육비(원) 양육비 구간
0~2세	621,000 264,000~686,000	752,000 687,000~848,000	945,000 849,000~1,021,000	1,098,000 1,022,000~1,171,000	1,245,000 1,172,000~1,323,000	1,401,000 1,324,000~1,491,000	1,582,000 1,492,000~1,685,000	1,789,000 1,686,000~1,893,000	1,997,000 1,894,000~2,046,000	2,095,000 2,047,000~2,151,000	2,207,000 2,152,000 이상
3~5세	631,000 268,000~695,000	759,000 696,000~854,000	949,000 855,000~1,031,000	1,113,000 1,032,000~1,189,000	1,266,000 1,190,000~1,344,000	1,422,000 1,345,000~1,510,000	1,598,000 1,511,000~1,702,000	1,807,000 1,703,000~1,912,000	2,017,000 1,913,000~2,066,000	2,116,000 2,067,000~2,180,000	2,245,000 2,181,000 이상
6~8세	648,000 272,000~707,000	767,000 708,000~863,000	959,000 864,000~1,049,000	1,140,000 1,050,000~1,216,000	1,292,000 1,217,000~1,385,000	1,479,000 1,386,000~1,546,000	1,614,000 1,547,000~1,732,000	1,850,000 1,733,000~1,957,000	2,065,000 1,958,000~2,101,000	2,137,000 2,102,000~2,224,000	2,312,000 2,225,000 이상
9~11세	667,000 281,000~724,000	782,000 725,000~885,000	988,000 886,000~1,075,000	1,163,000 1,076,000~1,240,000	1,318,000 1,241,000~1,406,000	1,494,000 1,407,000~1,562,000	1,630,000 1,563,000~1,758,000	1,887,000 1,759,000~2,012,000	2,137,000 2,013,000~2,158,000	2,180,000 2,159,000~2,292,000	2,405,000 2,293,000 이상
12~14세	679,000 295,000~734,000	790,000 735,000~894,000	998,000 895,000~1,139,000	1,280,000 1,140,000~1,351,000	1,423,000 1,352,000~1,510,000	1,598,000 1,511,000~1,654,000	1,711,000 1,655,000~1,847,000	1,984,000 1,848,000~2,071,000	2,159,000 2,072,000~2,191,000	2,223,000 2,192,000~2,349,000	2,476,000 2,350,000 이상
15~18세	703,000 319,000~830,000	957,000 831,000~1,092,000	1,227,000 1,093,000~1,314,000	1,402,000 1,315,000~1,503,000	1,604,000 1,504,000~1,699,000	1,794,000 1,700,000~1,879,000	1,964,000 1,880,000~2,063,000	2,163,000 2,064,000~2,204,000	2,246,000 2,205,000~2,393,000	2,540,000 2,394,000~2,711,000	2,883,000 2,712,000 이상

▶ 기본원칙

1. 자녀에게 이혼 전과 동일한 수준의 양육환경을 유지하여 주는 것이 바람직함
2. 부모는 현재 소득이 없더라도 최소한의 자녀 양육비에 대하여 책임을 분담한다.

▶ 산정기준표 설명

1. 산정기준표의 표준양비는 양육자녀가 2인인 4인 가구 기준 자녀 1인당 평균양육비임
2. 부모합산소득은 세전소득으로 근로소득, 사업소득, 부동산 임대소득, 이자수입, 정부보조금, 연금 등을 모두 합한 순수입의 총액이다
3. 표준양육비에 아래 가산. 감산요소 등을 고려하여 양육비 총액을 확정할 수 있음
1) 부모의 재산상황(가산 또는 감산)
2) 자녀의 거주지역(도시지역은 가산, 농어촌지역 등은 감산)
3) 자녀의 수(자녀가 1인인 경우 가산, 3안 이상인 경우 감산)
4) 고액의 치료비
5) 고액의 교육비(부모가 합의하였거나 사건본인의 복리를 위하여 합리적으로 필요한 범위)
6) 비양육자의 개인회생(회생절차 진행 중 감산, 종료 후 가산 고려)

위 기준표의 가로축은 부부합산소득을 말한다. 이때의 소득은 위 산정기준표 설명에서 보

듯 세후소득이 아닌 세전 소득을 의미하며, 그 소득에는 근로소득, 영업소득, 부동산임대
소득, 이자소득, 정부보조금, 연금은 물론 불법으로 생기는 소득까지도 모두 포함하는 개
념이다(양육비 산정기준표는 부부의 소득비율로 계산하여 적용하는 것이 원칙). 그리고 세
로축은 미성년자의 만 나이를 의미한다. 가로축과 세포축이 만나는 구간은 그 부모의 합산
소득에 해당하는 가정에서 해당 나이대의 자녀 1명에 들어가는 통상 양육비를 가리킨다.

[양육비 산정절차 흐름도]

표준양육비 결정

(양육비 산정기준표상 자녀 나이, 부모 합산 소득의 교차점)

양육비 총액 확정

(표준양육비에 개별 사정에 의한 가산, 감산요소를 적용)

양육비 분담비율 결정

(부모 합산 소득 중 양육자와 비양육자의 소득비율)

비양육자가 지급할 양육비 산정

(양육비 총액 X 비양육자의 양육비 분담비율)

[표준양육비 결정 예시]

양육비 산정기준표에서 각 자녀에 상응하는 나이 구간(세로축)과 부모의 합산 소득 구간 (가로축)의 교차점이 각 자녀의 표준양육비 구간이다. 2021년 양육비 산정기준표의 표준양 육비는 양육 자녀 2인인 4인 가구를 기준으로 자녀 1인당 평균양육비를 나타낸다. 양육비 산정기준표의 소득은 근로소득, 사업소득, 부동산 임대수입, 이자수입, 정부보조금, 연금 등을 모두 포함한 순수입 총액으로서 세전소득을 기준으로 하여 산출한다. 예를 들어 양육 자녀 2인 중 1인의 나이가 7세이며, 양육자의 근로소득이 월 150만 원(세전), 비양육자의 근로소득이 월 200만 원(세전), 임대수입이 월 100만 원(세전)인 경우, 양육비 산정기준표 의 세로축에서 6~8세 구간을, 가로축에서 400~499만 원구간(=150만 원+200만 원+100 만 원)을 적용하여 자녀 나이 구간과 부모 합산 소득 구간의 교차점인 105,000~121,600 원의 범위에서 표준양육비를 정한다.

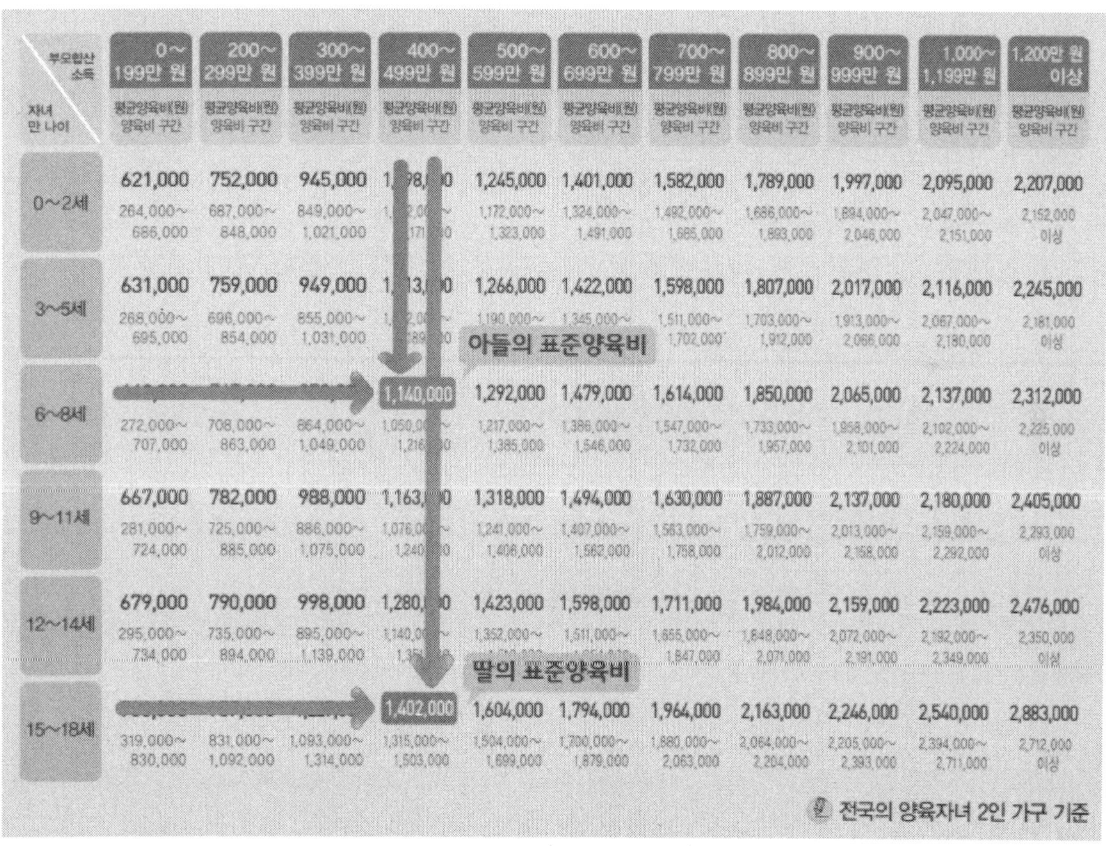

자녀 만 나이	0~199만 원 평균양육비(원) 양육비 구간	200~299만 원 평균양육비(원) 양육비 구간	300~399만 원 평균양육비(원) 양육비 구간	400~499만 원 평균양육비(원) 양육비 구간	500~599만 원 평균양육비(원) 양육비 구간	600~699만 원 평균양육비(원) 양육비 구간	700~799만 원 평균양육비(원) 양육비 구간	800~899만 원 평균양육비(원) 양육비 구간	900~999만 원 평균양육비(원) 양육비 구간	1,000~1,199만 원 평균양육비(원) 양육비 구간	1,200만 원 이상 평균양육비(원) 양육비 구간
0~2세	621,000 264,000~686,000	752,000 687,000~848,000	945,000 849,000~1,021,000	[illegible] [illegible]~1,171,000	1,245,000 1,172,000~1,323,000	1,401,000 1,324,000~1,491,000	1,582,000 1,492,000~1,685,000	1,789,000 1,686,000~1,893,000	1,997,000 1,894,000~2,046,000	2,095,000 2,047,000~2,151,000	2,207,000 2,152,000 이상
3~5세	631,000 268,000~695,000	759,000 696,000~854,000	949,000 855,000~1,031,000	[illegible] [illegible]	1,266,000 1,190,000~[illegible]	1,422,000 1,345,000~[illegible]	1,598,000 1,511,000~1,702,000	1,807,000 1,703,000~1,912,000	2,017,000 1,913,000~2,066,000	2,116,000 2,067,000~2,180,000	2,245,000 2,181,000 이상
6~8세	[illegible] 272,000~707,000	[illegible] 708,000~863,000	[illegible] 864,000~1,049,000	1,140,000 1,050,000~1,216,000	1,292,000 1,217,000~1,385,000	1,479,000 1,386,000~1,546,000	1,614,000 1,547,000~1,732,000	1,850,000 1,733,000~1,957,000	2,065,000 1,958,000~2,101,000	2,137,000 2,102,000~2,224,000	2,312,000 2,225,000 이상
9~11세	667,000 281,000~724,000	782,000 725,000~885,000	988,000 886,000~1,075,000	1,163,000 1,076,000~1,240,000	1,318,000 1,241,000~1,406,000	1,494,000 1,407,000~1,562,000	1,630,000 1,563,000~1,758,000	1,887,000 1,759,000~2,012,000	2,137,000 2,013,000~2,158,000	2,180,000 2,159,000~2,292,000	2,405,000 2,293,000 이상
12~14세	679,000 295,000~734,000	790,000 735,000~894,000	998,000 895,000~1,139,000	1,280,000 1,140,000~[illegible]	1,423,000 1,352,000~[illegible]	1,598,000 1,511,000~[illegible]	1,711,000 1,655,000~1,847,000	1,984,000 1,848,000~2,071,000	2,159,000 2,072,000~2,191,000	2,223,000 2,192,000~2,349,000	2,476,000 2,350,000 이상
15~18세	[illegible] 319,000~830,000	[illegible] 831,000~1,092,000	[illegible] 1,093,000~1,314,000	1,402,000 1,315,000~1,503,000	1,604,000 1,504,000~1,699,000	1,794,000 1,700,000~1,879,000	1,964,000 1,880,000~2,063,000	2,163,000 2,064,000~2,204,000	2,246,000 2,205,000~2,393,000	2,540,000 2,394,000~2,711,000	2,883,000 2,712,000 이상

▶ 가족구성원 : 양육자, 비양육자, 만 15세인 딸 1인, 만 8세인 아들 1인인 4인 가구
▶ 부모의 월평균 세전소득 : 양육자 180만원, 비양육자 270만원, 합산소득 450만원

1. 표준양육비 결정
가. 딸의 표준양육비 : 1,402,000원
    (자녀 나이 15~18세 및 부모합산소득 400만원 ~ 499만원 교차구간)
나. 아들의 표준양육비 : 1,140,000원
    (자녀 나이 6~8세 및 부모합산소득 400만원 ~ 499만원의 교차구간)
다. 딸, 아들의 표준양육비 합계 : 2,542,000원(=1,402,000원 + 1,140,000원)

2. 양육비 총액확정
가산, 감산요소가 있다면 결정된 표준양육비에 이를 고려하여 양육비 총액 확정
– 가산, 감산 요소가 없다면 2,542,000원

3. 양육비 분담비율 결정
비양육자의 양육비 분담비율 : 60%(=270만원/(180만원+270만원))

4. 비양육자가 지급할 양육비 산정
양육비 총액 × 비양육자의 양육비 분담비율의 방식으로 산정
– 비양육바가 지급할 양육비 : 1,525,200원(2,542,000원 × 60%)

적용예시 1)

양육비 산정기준표 상의 양육비를 가산·감산하는 요소에 대하여 ① 부모의 재산 상황, ② 거주지역(도시는 가산, 농어촌은 감산), ③ 자녀 수(자녀 1명인 경우 가산, 자녀 3명 이상인 경우 감산), ④ 고액의 치료비(중증 질환, 장애, 특이체질 등으로 인한 치료비)가 소요되는 경우, ⑤ 고액의 교육비(유학비, 예체능 등 특기교습비 등)가 소요되는 경우(부모가 합의하였거나 사건본인의 복리를 위하여 합리적으로 필요한 범위 내인 경우), ⑥ 부모의 일방이 개인회생절차에 있는 경우 등이 그 요소로 확정되었다.

가감산 요소

1. 재산상황
부모의 재산상황을 고려할 때 기준표가 불합리하다고 판단되는 경우에는 양육비를 조정할 수 있다.

2. 자녀 수
2021년 양육비 산정기준표는 통계자료 표본의 절반을 넘는 가구가 양육자녀 2인인 점을 고려하여 양육자녀 2인 가구의 자녀 1인당 평균 양육비를 기준으로 삼았으- 20 -므로, 자녀의 수가 이와 달라지는 경우 양육비 산정기준표에 따른 양육비 산정시 가산 또는 감산 절차가 필요하다. 양육자녀 수별 평균 양육비 차이에 관한 통계자료에 의하면, 양육비 산정기준표상 표준양육비를 1로 보았을 때, 양육자녀가 1인인 경우는 1.065, 3인 이상인 경우는 0.783의 비율을 각 적용하여 양육비를 산출할 수 있음은 앞서 본 바와 같다.

3. 자녀의 거주지역
2017년 양육비 산정기준표와 마찬가지로 자녀의 거주지역이 도시인지 농어촌인지 구별하지 않고 하나의 산정기준표로 작성하여 공표하되, 자녀의 거주지역이라는개별 요소를 양육비의 가산감산 요소로 적시하였다. 지역별 평균 양육비 차이에 관한 통계자료에 의하면, 양육비 산정기준표상 표준양육비를 1로 보았을 때, 자녀의 거주지역이 도시인 경우는 1.079, 농어촌인 경우는0.835의 비율을 적용하여 양육비를 일응 산출할 수 있는데, 거주지역을 도시와 농어촌으로 단순화한 위 가감 비율을 그대로 적용하기보다 구체적인 사건에서 자녀의거주지역의 물가 등 경제 여건을 가늠할 수 있는 자료가 드러난다면, 이를 기초로양육비를 가감하는 것이 바람직할 것이다.

4. 고액의 치료비가 드는 경우
양육비 산정기준표의 표준양육비는 통상적인 교육비를 포함하고 있으므로, 사교육비를 지출한다는 사정만을 들어 양육비의 가산을 주장하긴 어려울 것이다. 그러나 부모가 이혼 전에 통상적인 교육비를 초과하는 고액의 교육비를 지출하기로 합의한 경우에는 이를 양육비 가산 요소로 삼을 수 있다. 이혼을 하면서 양육자로 지정받은 부모 일방이 비양육친의 동의 없이 고액의 교육비, 예컨대 외국 유학비- 21 -나 예체능 등 특기 교육비를 지출하고 있거나 지출하려고 하는 경우에도 그 교육이자녀의 적성과 재능 등에 비추어 볼 때 자녀의 복리를 위하여 합리적인 범위에서필요한 교육에 해당한다고 인정할 수 있다면, 이를 양육비 가산 요소로 참작할 수있다.

5. 고액의 교육비가 드는 경우(부모가 합의하였거나 자녀의 복리를 위하여 합리적으로 필요한 범위 내인 경우)
기준표에는 이미 통상적인 교육비가 포함되어 있으므로 사교육비를 지출한다고 하여 가산을

주장하기는 어려우나, 이혼 전 통상적인 교육비를 초과하는 고액의 교육비를 지출하기로
합의한 경우에는 가산 요소로 삼을 수 있다. 다만 이혼을 하면서 양육자 일방이 비양육자의
동의 없이 외국 유학이나 예체능 특기 교육비를 지출하는 경우에도 자녀의 적성과 재능에
비추어 합리적인 범위에서 필요한 교육에 해당하는 경우에는 가산 요소로 참작할 수 있다.
한편, 양육자를 신뢰하지 못한다면서 학원비, 교육비 등을 직접 지급하거나 본인이 지급한
양육비에 대한 사용내역을 요구하는 것도 금지되었다. 비양육자는 양육권을 포기한 상태이
기 때문에 더 이상의 부당산 간섭은 양육자와 자녀들에게 혼선만 초래하기 때문이다.

6. 비양육자의 개인회생

비양육자가 회생절차를 진행 중이거나 회생계획인가결정을 받은 상황이라면, 이를 양육비
산정시 감산 요소로 참작할 수 있을 것이다. 왜냐하면 양육비 산정기준표에 의하여 산정한
양육비가 비양육자의 상황에 비추어 과도하여 이를 그대로 회생채권으로 삼을 경우 회생계획
인가결정을 받지 못하거나 회생절차 전체가 폐지된다면, 이는 오히려 결과적으로 양육자에
게 불이익이 될 위험이 있기 때문이다. 다만, 위 사정을 양육비 산정의 감산 요소로 삼을
것인지 여부는 회생계획안의 내용, 비양육자의 재산 및 채무 현황, 양육자와 비양육자의
의사 등을 종합적으로 고려하여야 할 것이다. 한편, 회생절차가 종료된 시기부터는 앞서와
같이 감산된 부분을 전보하기 위하여 회생절차 중 양육비를 감산한 사정을 양육비 가산
요소로 참작할 수 있을 것이다.

- 표준양육비 결정(자녀 나이, 부모 합산소득의 교차점)
- 양육비 총약 확정(가감산요소 적용)
- 양육비 분담비율 결정(부부의 소득비율)
- 비양육자가 지급할 양육비 산정(양육비 총액 × 비양육자의 분담비율)

딸 : 만 16세 (단, 희귀질환으로 월 40만 원의 치료비 소요)
아들 : 만 8세
원고 소득 : 월 150만 원 근로소득
피고 소득 : 월 180만 원 근로소득, 월 20만 원 임대소득(상속받은 부동산)

부모 합산 소득 : 150만 원 + 180만 원 + 20만 원 = 350만 원

딸의 표준 양육비 : 1,227,000원 (평균값 적용)
아들의 표준 양육비 : 988,000원 (평균값 적용)
자녀들 표준 양육비 : 위 합계 2,215,000원

원고가 양육할 경우 피고가 분담할 양육비 :

2,215,000원 + 400,000원 - 2,615,000원 (딸 치료비 포함)
2,615,000원 X 200/350 - 약 1,494,000원 (1인당 747,000원)

단, 위 예시는 양육비 산정기준표 해설서에 기재된 예시인데, 위 예시와 같은 상황에서라면 실무에서는 좀 더 복잡한 상황을 고려해야한다.

양육비는 자녀 별로 다르게 산정할 수도 있고 같은 금액으로 산정할 수도 있다. 따라서 해설서에는 나와 있지 않지만 자녀 1인당 747,000원으로 하지 않고 딸의 경우 약 93만 원, 아들의 경우 약 56만 원으로 산정할 수도 있을 것이다.

자녀 2명(3~5세)
아버지 수입 4,000,000원
어머니 수입 3,000,000원
총 양육비 1,598,000원

위 표에서 부모의 총수입은 700만원이고, 자녀가 3~5세 라면 필요한 양육비는 1,598,000원으로 되어있다. 이를 기준으로 양자가 부담해야할 금액을 계산해 보면 다음과 같다.

비양육인 아버지 : 1,598,000원 x 4/7 = 913,140원
양육자인 어머니 : 1,598,000원 x 3/7 _= 684,850원

하지만 위 구간의 괄호 안에 있는 금액이 당사자간에 가감산방법으로 조정될 수 있다.

적용예시 2)

자녀 1인(만 11세)
아버지 수입 : 500만원
어머니 수입 : 300만원

만 11세 자녀를 둔 아내의 월 소득이 세전 300만원, 남편의 월 소득이 세전 500만원인 부부의 양육비는 아래와 같은 방식으로 책정된다.

양육비 산정기준표에 따라 부모 합산 소득이 800만원 이상인 만 11세 자녀에게는 188만 7000원의 양육비가 필요하다.

아내가 양육을 담당한다고 가정했을 때, 남편의 양육비 부담률은 부부의 월 소득

합산 금액인 800만원 중 500만원으로 62.5%가 됩니다. 따라서 남편은 188만 7000원의 62.5%인 117만 9375원을 아내에게 지급해야 하며, 이를 제외한 나머지 비용은 아내가 부담해야 한다.

적용예시 3)

가족관계 : 원고, 피고, 만 10세 딸 1인
소득 : 1) 원고는 혼인 기간 동안 자녀 양육과 가사노동을 하였고, 이혼을 결정하고 구직활동 중
     2) 피고는 월 평균 200만 원의 세전소득
양육자 : 원고

가. 표준양육비 결정
- 부모 합산 소득 : 200만 원
- 표준양육비 : 725,000원

자녀나이 9~11세, 부모 합산 소득 200~299만 원의 교차점인 725,000 ~ 885,000원구간에 해당, 부모 합산 소득이 200만 원으로 해당 소득 구간 중 최소액이므로 구간의 최저값인 725,000원으로 결정

나. 양육비 총액 확정
자녀가 1인이라는 가산요소를 고려하여 725,000원 이상에서 양육비가 정하여질것이다. 앞서 가산요소 항목에서 보았듯이, 통계자료에 의하면 자녀가 1인인 경우에는 자녀 2인 기준인 양육비 산정기준표의 표준양육비를 1로 보았을 때 1.065의 비율로 양육비가 증가하므로, 위 표준양육비에서 약 6.5% 가산한 772,000원 가량에서 양육비가 확정될 것이다.

다. 양육비 분담비율 결정
한편 양육자인 원고가 정당한 사정으로 인하여 수입을 얻지 못하고 있으므로, 피고는 자녀의 최저양육비 281,000만 원의 1/2을 제외한 나머지 금액의 양육비를 부담한다. 라. 비양육자가 지급할 양육비 산정 따라서 피고의 양육비 분담액은 다른 특별한 사정이 없는 한 631,000원 {= 772,000원- (281,000원 × 1/2)} 가량의 금액에서 법관이 재량으로 정한다.

라. 비양육자가 지급할 양육비 산정
따라서 피고의 양육비 분담액은 다른 특별한 사정이 없는 한 631,000원{= 772,000원- (281,000원 × 1/2)} 가량의 금액에서 법관이 재량으로 정한다.

(2) 양육비 산정시 고려사항

[2021년 양육비 산정기준표에서 종전 양육비 산정기준표와 달라진 사항]

2021년 양육비 산정기준표에서는 종전 2017년 양육비 산정기준표와 비교하여 부모 합산 소득 구간의 조정, 자녀의 나이 구간 조정, 가구소득 대비 양육비 비율표의 추가, 양육비의 증가, 가산·감산 요소의 수정의 변화가 있다.

① 부모 합산 소득 구간의 조정

종전 양육비 산정기준표에서는 부모 합산 소득 구간 중 최고 소득 구간이 900만 원 이상으로 설정되어 있었지만, 2021년 양육비 산정기준표에서는 이를 좀 더 세분화하여 900~999만 원, 1,000~1,199만원, 1,200만원 이상 구간이 설정되었다. 이는 그 동안은 이혼 소송 전 고소득 가정에서 자녀 양육비(특히 교육비)로 상당한 금원을 지출하다가 이혼 소송 중에 비양육 일방부모가 양육비 산정기준표상의 양육비를 분담하는 것을 주장하는 경우가 많았는데, '부모가 이혼하더라도 자녀에게는 이혼 전과 동일한 수준의 양육환경을 유지하여 주는 것'이라는 양육비 산정의 기본원칙에 보다 충실하고자 한 것으로 볼 수 있다. 또한, 1200만원 이상의 부부 합산 소득에 대해서는 가구소득 대비 양육비 비율표를 추가 적용하여 적정한 양육비 산출이 이루어질 수 있도록 하였다.

② 자녀의 나이 구간 조정

기존 양육비 산정 기준표는 초등학교 재학 기간에 해당하는 6세 이상 11세 이하를 한 구간으로 설정하였으나, 개정된 2021년 양육비 산정기준표에서는 6세 이상 8세 이하, 9세 이상 11세 이하로 나누어 설정하였다. 그 이유는 초등학교 저학년과 고학년의 사교육비, 돌봄비용의 차이를 반영하기 위함이다.

③ 가구소득 대비 양육비 비율표의 추가

각 가구 소득구간에서 양육비가 차지하는 비중을 쉽게 확인할 수 있도록 이를 비율로 표시한 비율표가 따로 작성되었다. 특히 부부 합산 소득 구간이 1,200만 원 이상인 경우에 해당 비율에 따라 양육비를 산출할 경우, 양육비가 상당히 상승할 것이므로, '이혼 전과 동일한 수준의 양육환경 유지'에 도움이 될 것으로 보인다.

④ 양육비의 증가

사회 전반의 물가상승률 등이 반영 되어 종전 양육비 산정기준표에 비하여 2021년 양육비 산정기준표상 자녀 1인당 월평균 양육비가 전체적으로 조금씩 증가하였다.

⑤ 가산 · 감산 요소의 수정

양육비 산정기준표 상의 양육비를 가산·감산하는 요소에 대하여 부모의 재산 상황, 거주지역(도시는 가산, 농어촌은 감산), 자녀 수(자녀 1명인 경우 가산, 자녀 3명 이상인 경우 감산), 고액의 치료비(중증 질환, 장애, 특이체질 등으로 인한 치료비)가 소요되는 경우, 고액의 교육비(유학비, 예체능 등 특기교습비 등)가 소요되는 경우(부모가 합의하였거나 사건본인의 복리를 위하여 합리적으로 필요한 범위 내인 경우), 부모의 일방이 개인회생절차에 있는 경우 등이 그 요소로 확정되었다.

다) 양육비 산정기준표의 법적구속력

양육비 산정기준표는 가이드라인에 불과하여 법적인 구속력이 없다. 따라서 당사자는 위 기준표와 관계없이 합의할 수도 있고, 재산분할을 많이 주는 대신 양육비는 소액으로 합의할 수도 있다. 법원에서도 양육비산정 시 반드시 꼭 위 양육비산정기준에 따라 산정해야하는 것은 아니며, 참고의 기준이 될 뿐이다. 따라서 이전에 판결이나 심판으로 인정된 양육비가 개정된 양육비 산정기준보다 적거나 많다고 하더라도, 양육비 산정기준이 변경되었다는 이유만으로는 양육비 변경 사유라고 주장하기 어렵다.

4) 면접교섭권

가. 의의

자를 직접양육하지 아니하는 부모의 일방과 자가 상호 면접, 서신교환, 또는 접촉하는 권리이다(민 837조의2). 종전에는 자를 양육하지 않는 부모 중 일방은 면접교섭권을 갖는다고 규정하여 이를 부모의 권리로 규정하였으나 2007년 개정에 의해 자를 직접양육하지 않는 부모의 일방과 자는 상호 면접교섭할 수 있는 권리를 갖는다고 규정함으로써 부모의 권리임과 동시에 자녀의 권리라는 점을 분명히 하고 있다.

나. 행사방법

협의이혼의 경우 당사자는 면접교섭권의 행사 여부 및 그 방법에 관해 협의를 하여 이혼의사 확인 시까지 가정법원에 그 협의서를 제출하여야 한다. 재판상 이혼의 경우도 협의이혼과 같이 당사자의 협의로 정하고 협의가 이루어지지 않거나 협의 할 수 없을 때에는 가정법원은 직권 또는 당사자의 청구에 따라 결정한다.

다. 내용

자녀를 상면하고 대화할 수 있는 권리를 포함하며, 구체적으로 서신, 사진의 교환, 전화, 주말의 숙박, 휴가 중의 일정기간의 체류 등이 있다. 다만 가정법원은 자의 복리를 위해 필요한 때에는 당사자의 청구 또는 직권에 의해 면접교섭권을 제한하거나 배제할 수 있다

(제837조의2 제2항).

라. 침해에 대한 구제

면접교섭권을 방해하면 이행명령을 신청할 수 있고(법 64조), 간접강제의 방법으로 1000만 원 이하의 과태료에 처할 수 있는 외에(법 67조), 자의 복리를 현저하게 해하는 경우에는 양육자의 변경 또는 친권상실사유가 될 수 있다.

마. 비양육친의 일방의 면접교섭권

민법 제837조 제1항·제2항 및 제4항은 "이혼을 하는 경우 부부가 합의해서 다음과 같은 자녀의 양육에 관한 사항을 결정해야 하고, 합의할 수 없거나 합의가 이루어지지 않는 경우에는 가정법원이 직권으로 또는 당사자의 청구에 따라 양육에 관한 사항을 결정합니다."고 규정하고 있습니다. 본 조에 의하여 면접교섭권의 행사 여부 및 그 방법을 양육권 지정에 있어 그 내용으로 정하게 된다.

따라서 자를 직접 양육하지 않는 부모의 일방과 그 자는 면접교섭권에 근거하여 상호 면접, 서신교환, 또는 접촉을 할 수 있게 된다. 이는 고유권, 절대권, 일신전속적 권리로서 양도할 수 없고 영속적 권리로서 소멸하거나 포기할 수 없으나 가정법원이 자의 복리를 위해 당사자의 청구 또는 직권으로 제한·배제하는 것은 가능하다. 이러한 면접교섭권의 침해가 있을 경우 상대방에게 이행명령 및 과태료 처분이 가능하며, 면접교섭권 침해 사실은 양육권의 변경 또는 친권상실의 사유가 될 수도 있다.

바. 형제간의 면접교섭권 인정여부

종전에는 부모에게만 면접교섭권을 인정하고 있었는데, 이는 자녀를 면접교섭권의 객체로만 인식하는 문제가 있어 2007년 개정 시에 자녀에게도 면접교섭권을 인정하게 되었다. 또한 판례는 "민법상 명문으로 형제에 대한 면접교섭권을 인정하고 있지는 아니하나 형제에 대한 면접교섭권은 헌법상 행복추구권 또는 헌법 제36조 제1항에서 규정한 개인의 존엄을 기반으로 하는 가족생활에서 도출되는 헌법상의 권리로서 특별한 사정이 없는 한 부모가 이혼한 전 배우자에 대한 적대적인 감정을 이유로 자녀들이 서로 면접 교섭하는 것을 막는 것은 부모의 권리남용이고, 병과 정이 서로를 정기적으로 면접 교섭하는 것을 간절히 원하고 있다는 등의 이유로, 병과 정의 면접교섭을 인정한다."고 하였다. (수원지방법원 2013. 6. 28. 2013브33 결정)

서울가정법원

이음누리(면접교섭센터) 이용신청서

1. 인적사항

사 건 번 호		
소송상지위	원고(신청인)	피고(피신청인)
이 름(성별)		
생 년 월 일		
연락처(HP)		
직 업		
현 거 주 지		

자 녀	이름	성별	생년월일	취학상태(학년)	현재양육자

2. 이용안내

· 이음누리를 이용하기 전에 반드시 이음누리를 방문하여 사전면담을 받아야 합니다.
  (이음누리 : 서울가정법원 1층, 전화예약 및 문의 02-2055-7490)
· 쌍방이 가능한(합의된) 사전면담 가능 시간을 적어주시기 바랍니다.
  (평일 및 토·일요일 가능, 명절 연휴 및 공유일 제외)

1순위		요일	시간	(오전/오후)	시	분
2순위		요일	시간	(오전/오후)	시	분

(원고/피고 모두 가능한 사전면담 요일과 시간을 순위별로 적어주시기 바랍니다)

· 사전면담결과 면접교섭위원이 부적당하다고 판단하는 경우 및 이음누리 이용규칙을 어길
  시에는 이음누리의 이용이 엄격히 제한되거나 불가능할 수 있습니다.

서울가정법원 면접교섭센터 이음누리　　귀중

(2) 이혼의 재산상 효과

1) 재산분할

협의상 이혼이나 재판상 이혼의 경우 그 일방은 다른 일방에 대해 재산분할 청구할 수 있고 이 재산분할에 관하여 협의가 되지 아니하거나 협의할 수 없는 때에는 가정법원은 당사자의 청구에 의해 당사자 쌍방의 협력으로 이룩한 재산의 액수 기타 사정을 참작하여 분할의 액수와 방법을 정한다(민 839조의2). 이는 부부공동재산의 청산을 위하는 것과 함께 이혼 후의 부양을 위한 것으로 보고 있다(청산 및 부양설).

2) 위자료(손해배상)

가. 의의

재판상 이혼의 경우 이혼하게 된데에 유책한 배우자에 대해 위자료를 청구할 수 있다(민 843조). 일반적으로 이혼에 따른 위자료에는 ① 이혼원인인 개별적인 위법, 유책행위로 인한 정신적 고통에 대한 위자료와 ② 이혼 그 자체로 인한 정신적 고통을 위로하기 위한 위자료가 있다.

한편, 민법은 위자료청구에 관해 특히 제751조와 제752조를 두고, 약혼해제의 경우 과실있는 상대방이 위자료지급 의무가 있음을 규정하고(제806조), 이 규정을 혼인의 무효와 취소(제825조), 재판상 이혼(제843조). 입양의 무효와 취소(제897조), 재판상 파양(제908조)의 경우에 준용하고 있다.

〈표〉 재산분할과 위자료의 비교

구분	재산분할	위자료
목적	혼인재산의 청산 및 부양	이혼에 의한 정신적고통 배상
당사자	부부의 일방	부부와 친족 등 제3자
유책배우자	청구가능	불가
사건	가사비송사건(마류4호)	가사소송사건(다류2호)
조정	가능	가능
기간	이혼후 2년(제척기간)	안날로3년, 행위시부터10년
가집행	불가	가능

나. 내용 및 법적성격

가) 내용

위자료에는 이혼자체로 인해 받은 정신적 고통에 대한 배상도 포함하고, 배우자뿐만 아니라 제3자가 이혼에 책임이 있을 때 이혼에 책임이 있는 사람에게 위자료 청구를 할 수 있어 배우자와 간통한 사람이나 부당한 대우를 한 배우자의 시댁 식구들에게도 위자료를 청구할 수 있다. 위자료를 확실하게 받아내기 위해서는 상대방이 재산을 도피시키지 못하도록 사전조치로 가압류나 가처분 등 보전처분을 해야 한다.

나) 법적성격

이혼에 따른 위자료청구권의 법적 성질에 관하여는 불법행위로 인한 손해배상청구권이라는 주장과 채무불이행으로 인한 손해배상청구권이라는 주장이 대립한다. 이에 대한 우리나라와 일본의 통설은 불법행위로 인한 손해배상청구권이라는 입장이며, 우리나라 판례의 태도도 같다.[23]

다. 관할

가사소송법 베2조 제1항에 규정에 따르면 위자료청구소송은 가정법원의 전속관할사건에 속한다(다류 가사소송사건).

한편, 혼인관계가 존속하고 있는 중 부부관계는 그대로 유지하며 재판상 이혼청구는 제기치 아니한 상황에서 배우자 또는 제3자에 대한 위자료청구를 한 사건은 이혼을 원인으로 한 것이 아니므로 이는 가정법원의 관할에 해당하지 아니하고 민사사건으로 손해배상청구일 뿐이며, 이와는 달리 이혼소송과 별도로 혼인관계의 파탄에 책임이 있는 제3자만을 피고로 하는 손해배상청구사건은 다류 가사소송사건으로서 가정법원의 전속관할에 속한다.

【판시사항】

이혼을 원인으로 하는 제3자에 대한 손해배상청구가 가정법원의 전속관할에 속하는지 여부(대법원 2010. 3. 25. 선고 2009다102964 판결)

【판결요지】

이혼을 원인으로 하는 손해배상청구는 제3자에 대한 청구를 포함하여 가사소송법 제2조 제1항 (가)목 (3) 다류 2호의 가사소송사건으로서 가정법원의 전속관할에 속

---

23) 대법원 1993. 5. 27. 선고 92므143 판결.

한다.

그런데 원심이 인용한 제1심판결 이유에 의하면, 원고의 피고에 대한 이 사건 청구
는 피고와 원고의 배우자 사이의 부정한 행위로 인하여 원고가 배우자와 협의이혼
을 함으로써 원고의 혼인관계가 파탄에 이르렀음을 원인으로 위자료 3,000만 원
및 이에 대한 지연손해금의 지급을 구하는 손해배상청구임을 알 수 있는바, 이러한
청구는 이혼을 원인으로 하는 제3자에 대한 손해배상청구에 해당하고, 가정법원의
전속관할에 속한다.

그렇다면 서울서부지방법원에 제기된 이 사건 소는 전속관할을 위반하여 제기된 것
이므로 원심으로서는 이 사건 청구에 대하여 본안판단을 한 제1심판결을 취소하고
이 사건을 피고의 보통재판적 소재지 가정법원인 서울가정법원에 이송했어야 하는
데, 원심은 그러한 조치를 취하지 아니하고 이 사건 청구에 대하여 본안판단을 하고
말았으니, 이러한 원심판결에는 전속관할에 관한 법리를 오해하여 판결에 영향을
미친 위법이 있다.

그러므로 상고이유에 대한 판단을 생략한 채 직권으로 원심판결을 파기하고, 제1심
판결을 취소하며, 사건을 다시 심리·판단하게 하기 위하여 관할법원인 서울가정법
원에 이송하기로 하여 관여 법관의 일치된 의견으로 주문과 같이 판결한다.

라. 위자료 산정기준

위자료의 액수산정은 혼인생활이 파탄에 이르기까지의 과정, 유책배우자의 행위에 대한 비
난정도, 당사자의 경제적 상황, 혼인생활 파탄이후의 정황 등을 종합적으로 고려하여 정하
게 되므로 일률적으로 위자료의 액수가 얼마라고 단정할 수는 없고 개인에 따라서 그 액수
가 다르다.

이에 대하여 대법원은 위자료 산정기준에 대하여 "유책배우자에 대한 위자료 수액을
산정함에 있어서는, 유책행위에 이르게 된 경위와 정도, 혼인관계파탄의 원인과 책임,
배우자의 연령과 재산상태 등 변론에 나타나는 모든 사정을 참작하여 법원이 직권으
로 정하는 것이다."라고 판시하고 있는데,[24] 법원이 참고적인 자료로 활용하고 있는
위자료 산정의 기준은 아래와 같다.

---

24) 대법원 2004.07.09. 선고 2003므2251 판결.

위자료산정인자		기준점수
청구인의 나이(세)	30미만	6~8
	30~39	8~10
	40~49	9~11
	50~59	10~12
	60이상	16~20
혼인기간(년)	5미만	6~8
	5~14	8~10
	15~24	9~11
	25~29	12~14
	30~34	13~15
	35이상	18~20
자녀수(명)	0	7~9
	1	8~10
	2	10~12
	3이상	13~15
이혼원인	6호	6~8
	1, 6호	11~13
	2, 6호	8~10
	3, 6호	8~10
	1, 2, 6호	14~16
	2, 3, 6호	9~11
	그밖의 경우	6~20
* 기타		-10~10
총점		

총점별 위자료 기준액 (만원)

25이하	26~35	36~45	46~55	56~65	66~70	71~75	76이상
1,000이하	1~2,000	2~3,000	3~4,000	4~5,000	5~7,000	7~9,000	9~10,000

특별참작사유	
위자료산정액	

* 기타 : 위자료 청구인의 파탄의 원인에 대한 책임의 존부, 재산상태 등을 예로 들 수 있다.

※ 출처 : 가사사건의 제문제 (대한변호사협회변호사연수원. 2008. 7월판. 51기특별연수)

마. 구체적인 이혼위자료 액수

구제척인 위자료 액수는 이혼사유나 정신적 고통의 크기, 배우자가 가지고 있는 재산의 정도, 능력, 학력 등을 감안해서 청구하나 실무상 보통 3,000만원에서 5,000만원을 청구하는 것이 일반적이다. 다만, 혼인기간이 5년 이내의 단기인 경우에는 1,000만원 정도로 결정되는 경우도 있음에 주의하여야 한다.

바. 소멸시효

위자료의 법적성격을 불법행위라고 판단할 경우 불법행위로 인한 손해배상청구권은 피해자나 법정대리인이 그 손해 및 가해자를 안 날로부터 3년(민법 제766조 제1항) 또는 불법행위를 한 날로부터 10년(동조 2항)으로 소멸한다.

사. 위자료청구소송 중 당사자의 사망
가) 이혼 후 위자료청구소송 중 사망

민법 제806조 제3항은 약혼해제로 인한 손해배상청구권과 관련하여 "정신적 고통에 대한 배상청구권은 양도 또는 승계하지 못한다.고 규정하며 단서에서 그러나 당사자간에 이미 그 배상에 관한 계약이 성립되거나 소를 제기한 후에는 그러하지 아니하다."고 규정하고 있는데, 이를 민법 제843조가 재판상 이혼에도 준용하고 있다.

그 결과 재판상이혼이나 협의이혼 불문하고 당사자가 이혼 후 위자료청구소송을 제기하여 그 소 계속 중 당사자 일방이 사망한 경우 위자료청구권은 자녀 등 상속인에게 상속되고 그에 따라 소송절차는 중단된다. 따라서 법원은 망인의 상속인으로 하여금 소송수계를 하도록 하여 절차를 속행하여야 한다.

> **【판시사항】**
>
> 이혼소송 계속 중 배우자 일방의 사망과 이혼소송 절차의 종료 여부(대법원 1982. 10. 12. 선고 81므53 판결)
>
> **【판결요지】**
>
> 재판상 이혼청구권은 부부의 일신전속의 권리이므로 이혼소송계속 중 배우자의 일방이 사망한 경우에는 상속인이 그 소송절차를 수계할 수 없음은 물론이고, 또 그러한 경우에 검사가 이를 수계할 수 있는 특별한 규정도 없으므로 이 사건 소송은 청구인의 사망과 동시에 종료하였다고 해석함이 상당하다.
> 나. 이혼심판청구인의 사망사실을 간과한 채 이 사건 항소가 불변기간인 항소기간

도과 후에 제기된 부적법한 것이라 하여 항소를 각하한 원심판결은 당연무효이나, 민사소송은 두 당사자의 대립을 그 본질적 형태로 하는 것이므로 사망한 자를 상대로 상고를 제기할 수 없고 피청구인이 이미 사망한 청구인을 상대로 하여 한 상고는 결국 부적법하고 그 흠결이 보정될 수 없는 것이어서 각하할 것이다.

나) 이혼청구와 병합된 경우

이혼위자료청구권은 원칙적으로 일신전속적인 권리이기 때문에 양도나 상속 등 승계가 되지 아니한다. 다만 이는 행사상 일신전속권이고 귀속상 일진전속권은 아니기 때문에 그 청구권자가 위지료의 지급을 구하는 소송을 제기함으로써 청구권을 행사할 의사가 외부적으로 명백하게 된 이상 양도, 상속 등 승계가 가능하다. 그 결과 이혼소송은 종료되지만 위자료청구소송은 상속인에게 수계된다.

【판시사항】

이혼위자료청구권이 행사상 일신전속권으로서 승계가 가능한지 여부(대법원 1993. 5. 27. 선고 92므143 판결)

【판결요지】

이혼위자료청구권은 상대방 배우자의 유책불법한 행위에 의하여 혼인관계가 파탄상태에 이르러 이혼하게 된 경우 그로 인하여 입게 된 정신적 고통을 위자하기 위한 손해배상청구권으로서 이혼시점에서 확정, 평가되고 이혼에 의하여 비로소 창설되는 것이 아니며, 이혼위자료청구권의 양도 내지 승계의 가능 여부에 관하여 민법 제806조 제3항은 약혼해제로 인한 손해배상청구권에 관하여 정신상 고통에 대한 손해배상청구권은 양도 또는 승계하지 못하지만 당사자간에 배상에 관한 계약이 성립되거나 소를 제기한 후에는 그러하지 아니하다고 규정하고 같은 법 제843조가 위 규정을 재판상 이혼의 경우에 준용하고 있으므로 이혼위자료청구권은 원칙적으로 일신전속적 권리로서 양도나 상속 등 승계가 되지 아니하나 이는 행사상 일신전속권이고 귀속상 일신전속권은 아니라 할 것인바, 그 청구권자가 위자료의 지급을 구하는 소송을 제기함으로써 청구권을 행사할 의사가 외부적 객관적으로 명백하게 된 이상 양도나 상속 등 승계가 가능하다.

[청구취지 사례] 이혼

1. 원고와 피고는 이혼한다.
2. 소송비용은 피고의 부담으로 한다.
라는 판결을 구합니다.

[청구취지 사례] 이혼 등

1. 원고와 피고는 이혼한다.
2. 피고는 원고에게
   가. 위자료로서 금 30,000,000원을 지급하고,
   나. 별지목록 기재 각 물건을 인도하라.
3. 사건본인의 양육자로 원고를 지정한다.
4. 소송비용은 피고의 부담으로 한다.
5. 위 제2항은 가집행 할 수 있다.
라는 판결을 구합니다.

[청구취지 사례] 이혼, 위자료, 재산분할, 양육자지정

1. 원고와 피고는 이혼한다.
2. 피고는 원고에게
   가. 위자료로서 금 50,000,000원 및 이에 대한 이건 소장부본 송달 다음날부터 판결
       선고일 까지는 연5푼 그 다음날부터 완제일까지는 연2할의 각 비율에 의한 금원을
       지급하고,
   나. 재산분할로서 금 100,000,000원 및 이에 대한 이 판결확정일 다음날부터 완제일까지
       연 2할의 비율에 의한 금원을 지급하라.
3. 사건본인의 친권행사자 및 양육자로 원고를 지정한다.
4. 소송비용은 피고의 부담으로 한다.
5. 위 제2항은 가집행 할 수 있다.
라는 판결을 구합니다.

[청구취지 사례] 이혼, 위자료, 재산분할, 양육자지정, 양육비

1. 원고와 피고는 이혼한다.
2. 피고는 원고에게 위자료로서 금 50,000,000원 및 이에 대한 이 사건 소장부본 송달 다음날
   부터 완제일까지 연 20%의 비율에 의한 금원을 지급하라.
3. 피고는 원고에게 재산분할로서 금 100,000,000원을 지급하라.
4. 사건본인들의 친권행사자 및 양육자로 원고를 지정한다.
5. 피고는 원고에게 사건본인들의 양육비로서 20○○. ○. ○.부터 각 성년이 될 때까지
   매월 금 400,000원을 지급하라.
6. 위 제2항은 가집행 할 수 있다.
7. 소송비용은 피고의 부담으로 한다.
라는 판결을 구합니다.

[청구취지 사례] 이혼, 위자료, 재산분할, 양육자지정, 면접교섭청구

1. 원고와 피고는 이혼한다.
2. 피고는 원고에게 위자료로서 금 50,000,000원 및 이에 대한 이 사건 소장부본 송달 다음날
   부터 완제일까지 연 20%의 비율에 의한 금원을 지급하라.
3. 피고는 원고에게 재산분할로서 금 100,000,000원을 지급하라.
4. 사건본인들의 친권행사자 및 양육자로 원고를 지정한다.
5. 피고는 원고에게 사건본인들을 매월 첫째 주 토요일 12:00부터 그 다음날 18:00까지
   원고의 집에서 면접할 것을 허락한다.
6. 위 제2항은 가집행 할 수 있다.
7. 소송비용은 피고의 부담으로 한다.
라는 판결을 구합니다.

[청구취지 사례] 이혼, 위자료, 사건본인 인도, 양육자지정, 양육비

1. 원고와 피고는 이혼한다.
2. 피고는 원고에게 위자료로서 금 50,000,000원 및 이에 대한 이 사건 소장부본 송달 다음날
   부터 완제일까지 연 20%의 비율에 의한 금원을 지급하라.
3. 피고는 원고에게 사건본인들을 인도하라
4. 사건본인들의 친권행사자 및 양육자로 원고를 지정한다.
5. 피고는 원고에게 사건본인들에 대한 양육비로서, 사건본인들을 인도한 날로부터 사건본인
   각 1인에 대하여 매월 금 400,000원을 지급하라.
6. 위 제2항 및 제3항은 가집행 할 수 있다.
7. 소송비용은 피고의 부담으로 한다.
라는 판결을 구합니다.

[첨부서류 등]

첨부서류	신청서	인지액	송달료	관할 법원
기본증명서(원고, 피고) 각 1통 혼인관계증명서(원고, 피고) 각 1통 가족관계증명서(원고, 피고) 각 1통 주민등록표등(초)본(원고, 피고) 각 1통 미성년자녀가 있는 경우-기본증명서, 　가족관계증명서(자녀) 각 1통 혼인신고서 사본 1부	2부	20,000원	124,800원	① 쌍방공통 주소지 ② 쌍방최후 공통 주소지 ③ 상대방주소지 ※ 일방이 서울이 외의 지역에 거주시엔 쌍방의 주민등록초본(주소이력) 제출

소　　　　　장

원 고　　　○ ○ ○ (주민등록번호)
　　　　　등록기준지 및 주소 : ○○시 ○○구 ○○길 ○○(우편번호)
　　　　　○○시 ○○구 ○○길 ○○(우편번호)

피 고　　　△ △ △ (여, 190○. ○. ○.생)
　　　　　등록기준지 : 원고와 같음
　　　　　주소 : 중화인민공화국 ○○성 ○○시 ○구 ○○진 ○○촌

이혼청구의 소

청 구 취 지

1. 원고와 피고는 이혼한다.
2. 소송비용은 피고의 부담으로 한다.
라는 판결을 구합니다.

청 구 원 인

1. 원고는 인천 「☆☆☆」에 근무하던 조선족 소외 □□□을 통해 중화인민공화국 국적의
   피고를 소개받고 중화인민공화국을 방문하여 피고를 만나 그 곳에서 혼인식을 거행한
   후, ○○○○. ○. ○. 중화인민공화국법에 의하여 혼인증서를 작성한 다음 혼자 귀국하여
   ○○○○. ○. ○. 그 증서 등본을 등록기준지지 호적관청에 제출하여 혼인신고를 함으로
   써 원·피고는 법률상 부부가 되었습니다.
2. 혼인신고 후 원고는 피고를 국내로 데려오기 위하여 서류를 구비하고 다시 중국을 방문하
   여 피고를 찾아갔으나, 피고가 다른 남자와 동거하고 있는 현장을 목격하게 되었고 아울러
   그들이 원·피고의 혼인이전부터 사실상 부부관계에 있었음을 알게 되어 피고에게 혼인파기
   를 선언하고 원고 혼자 귀국하였습니다.
   그 후로 원고와 피고는 완전히 연락이 단절되어 한번도 만난 사실이 없는데, 원고가 최근
   이 건 소송을 준비하며 피고의 출입국에 관한 사실증명을 발급 받아 보니, 피고는 ○○○
   ○. ○. ○. 한국에 입국하여 현재도 한국에 체류하고 있는 것으로 기재되어 있었습니다.
3. 따라서 위와 같은 사유에 비추어 볼 때 원·피고의 혼인관계는 피고의 귀책사유로 인하여
   완전히 파탄되어 회복불가능의 상태라고 할 것이므로 원고는 민법 제840조 제1호, 제6호
   에 의하여 재판상 이혼 청구를 하고자 이 건 소송에 이르렀습니다.

입 증 방 법

1. 갑 제 1호증   혼인관계증명서
1. 갑 제 2호증   거민 신분증
1. 갑 제 3호증   상주인구등기표
1. 갑 제 4호증   국적 공증서
1. 갑 제 5호증   친족관계 공증서
1. 갑 제 6호증   출입국에 관한 사실증명

첨 부 서 류

1. 소장 부본   1통
1. 위 각 입증방법   각 1통
1. 위임장   1통
1. 납부서   1통

20○○년 ○월 ○일

위 원고 ○ ○ ○ (인)

○ ○ 가 정 법 원 귀 중

■ 작성 · 접수방법

1. 위 사건은 재판상이혼(나류), 친권행사자지정(마류) 청구가 병합된 사건으로 인지비용은 가사소송과 비송이 병합하는 경우 흡수법칙에 따라 가장 다액에 의한다. 따라서 소장에는 수입인지 20,000원(나류사건)을 붙여야 한다.
2. 송달료는 124,800원(=당사자수×5,200(우편료)×12회분)을 송달료취급은행에 납부하고 첨부하여야 한다.
3. 관할 : ① 부부가 같은 가정법원의 관할구역 내에 보통재판적이 있을 때에는 그 가정법원이, ② 부부가 최후의 공통의 주소지를 가졌던 가정법원의 관할구역 내에 부부 중 일방의 보통재판적이 있을 때에는 그 가정법원이, ③ 위의 각 경우에 해당하지 아니하는 때에는 상대방의 보통재판적소재지의 가정법원이, 각각 관할법원으로 된다
4. 소장은 법원용 1부, 상대방수에 맞는 부본수를 제출한다.
5. 소장 접수후 나류, 마류 사건은 조정전치주의가 적용된다(실부상 소송이 제기되면 법원은 우선 소정기일을 정해 우선 진행하고 조정이 성립되지 않으면 이후 변론기일을 정해 재판을 진행한다).
6. 재판상이혼을 하려면 민법 제840조에 규정된 다음과 같은 이혼사유가 있을 때에 소를 제기할 수 있다.
- 배우자에게 부정한 행위가 있었을 때
- 배우자가 악의로 다른 일방을 유기한 때
- 배우자 또는 그 직계존속으로부터 심히 부당한 대우를 받았을 때
- 자기의 직계존속이 배우자로부터 심히 부당한 대우를 받았을 때
- 배우자의 생사가 3년 이상 분명하지 아니한 때
- 기타 혼인을 계속하기 어려운 중대한 사유가 있을 때

이 혼 소 송 청 구

원 고　　　홍 길 동 (전화　　　　　　)
　　　　　주민등록번호
　　　　　주소
　　　　　송달장소
　　　　　등록기준지

피 고　　　김 갑 순
　　　　　주민등록번호
　　　　　주소
　　　　　송달장소
　　　　　등록기준지

청 구 취 지

1. 원고와 피고는 이혼한다.
2. 원고와 피고의 자녀 (　　)의 친권자로 원고(피고)를 지정한다.
3. 소송비용은 피고의 부담으로 한다.
라는 판결을 구합니다.

청 구 원 인

유의사항

1. 이혼소송은 가사소송법 제50조 제2항에 따라 재판을 받기 전에 조정절차를 거치 는 것이 원칙이고, 많은 사건이 조정절차에서 원만하게 합의되어 조기에 종결됩니다.

2. 서로의 감정을 상하게 하거나 갈등을 고조시켜 원만한 조정에 방해가 되지 않도록 조정기일 전에는 이 소장 외에 준비서면 등을 더 제출하는 것을 삼가주시기 바랍니다.

3. 구체적인 사정은 조정기일에 출석하여 진술할 수 있고, 만일 조정이 성립되지 않아 소송절차로 이행할 경우 준비서면을 제출하여 이 소장에 기재하지 못한 구체적인 청구원인을 주장하거나 추가로 증거를 제출할 수 있습니다.

---

25) 혼인관계증명서에 기재된 혼인신고일 또는 혼인증서제출일을 기재하시면 됩니다.

> 청구하고자 하는 부분의 □안에 V표시를 하시고, _______ 부분은 필요한 경우
> 직접 기재하시기 바랍니다.

1. 원고와 피고는 _________년 ___월 ___일 혼인신고를 마쳤다.[25]

원고와 피고는 (□ 동거 중/□ _____년 __월 __일부터 별거 중/□기타: _________)이다.

2. 이혼

가. 원고는 아래와 같은 재판상 이혼원인이 있어 이 사건 이혼 청구를 하였다
(중복 체크 가능, 민법 제840조 참조).

□ 피고가 부정한 행위를 하였음(제1호)

□ 피고가 악의로 원고를 유기하였음(제2호)

□ 원고가 피고 또는 그 부모로부터 부당한 대우를 받았음(제3호)

□ 원고의 부모가 피고로부터 부당한 대우를 받았음(제4호)

□ 피고의 생사가 3년 이상 불분명함(제5호)

□ 기타 혼인을 계속하기 어려운 중대한 사유가 있음(제6호)

☞ **아래 나.항은 이혼에 관하여 상대방과 합의를 기대/예상하는 경우에는 기재하지
않아도 됩니다.**

나. 이혼의 계기가 된 **결정적인 사정 3~4개**는 다음과 같다.

□ 배우자 아닌 자와 동거/출산   □ 배우자 아닌 자와 성관계   □ 기타 부정행위

□ 장기간 별거   □ 가출   □ 잦은 외박

□ 폭행   □ 욕설/폭언   □ 무시/모욕

□ 시가/처가와의 갈등   □ 시가/처가에 대한 지나친 의존

□ 마약/약물 중독   □ 알코올 중독   □ 도박   □ 게임 중독

□ 정당한 이유 없는 과도한 채무 부담

□ 정당한 이유 없는 생활비 미지급   □ 사치/낭비   □ 기타 경제적 무책임

□ 가정에 대한 무관심   □ 애정 상실   □ 대화 단절   □ 극복할 수 없는 성격 차이

□ 원치 않는 성관계 요구   □ 성관계 거부   □ 회복하기 어려운 성적 문제

□ 회복하기 어려운 정신질환   □ 배우자에 대한 지나친 의심

□ 범죄/구속 □ 과도한 음주

□ 전혼 자녀와의 갈등 □ 종교적인 갈등 □ 자녀 학대 □ 이혼 강요

□ 국내 미입국 □ 해외 거주

□ 기타(배우자 아닌 피고의 책임 있는 사유도 여기에 기재하시기 바랍니다):

첨 부 서 류

1. 가족관계증명서   2통
2. 기본증명서   2통
2. 혼인관계증명서   2통
2. 주민등록등본   2통

2015 . ○ . ○.
위 원고 홍 길 동   (인)

서울가정법원 귀중 [○○지방법원(지원) 귀중]

---

1. 위 사건은 재판상이혼(나류), 친권행사자지정(마류) 청구가 병합된 사건으로 인지비용은 가사소송과 비송이 병합하는 경우 흡수법칙에 따라 가장 다액에 의한다. 따라서 소장에는 수입인지 20,000원(나류사건)을 붙여야 한다.
2. 송달료는 124,800원(=당사자수×5,200(우편료)×12회분)을 송달료취급은행에 납부하고 첨부하여야 한다.
3. 관할 : ① 부부가 같은 가정법원의 관할구역 내에 보통재판적이 있을 때에는 그 가정법원이, ② 부부가 최후의 공통의 주소지를 가졌던 가정법원의 관할구역 내에 부부 중 일방의 보통재판적이 있을 때에는 그 가정법원이, ③ 위의 각 경우에 해당하지 아니하는 때에는 상대방의 보통재판적소재지의 가정법원이, 각각 관할법원으로 된다
4. 소장은 법원용 1부, 상대방수에 맞는 부본수를 제출한다.
5. 소장 접수후 나류, 마류 사건은 조정전치주의가 적용된다(실무상 소송이 제기되면 법원은 우선 조정기일을 정해 우선 진행하고 조정이 성립되지 않으면 이후 변론기일을 정해 재판을 진행한다).
6. 재판상이혼을 하려면 민법 제840조에 규정된 다음과 같은 이혼사유가 있을 때에 소를 제기할 수 있다.
- 배우자에게 부정한 행위가 있었을 때
- 배우자가 악의로 다른 일방을 유기한 때
- 배우자 또는 그 직계존속으로부터 심히 부당한 대우를 받았을 때
- 자기의 직계존속이 배우자로부터 심히 부당한 대우를 받았을 때
- 배우자의 생사가 3년 이상 분명하지 아니한 때
- 기타 혼인을 계속하기 어려운 중대한 사유가 있을 때

소　　장

원　고　　　홍 길 동 (洪 ○ ○)
　　　　　　19　년　월　일생(주민등록번호 :　　　　　　　　)
　　　　　　등록기준지 : ○○시 ○구 ○○동 ○○번지
　　　　　　주　　　　소 : ○○시 ○구 ○○동 ○○번지
　　　　　　소송대리인 변호사　백 ○ ○
　　　　　　○○시 ○구 ○○동 ○○번지(우편번호 :　　　　　　)
　　　　　　(전화번호 : 02-525-1007　팩스 : 02-525-2433)

피　고　　　신 ○ ○ (申 ○ ○)
　　　　　　19　년　월　일생(주민등록번호 :　　　　　　　　)
　　　　　　등록기준지 및 주소 : 원고와 같은 곳
사건본인　　홍 마 리 (洪 ○ ○)
　　　　　　20　년　월　일생(주민등록번호 :　　　　　　　　)
　　　　　　등록기준지 및 주소 : 원고와 같은 곳

이혼 및 위자료 등 청구의 소

청 구 취 지

1. 원고와 피고는 이혼한다.
2. 사건본인의 친권행사자 및 양육자로 원고를 지정한다.
3. 피고는 원고에게 위자료로 금 40,000,000원을 지급하라.
4. 피고는 원고에게 위 사건본인에 대한 장래의 양육비로 ○○○○. ○. ○.부터 ○○○○.
　○. ○.까지(성년이 될 때까지 등) 매월 금500,000원씩을 매월 말일에 지급하라.
5. 위 제 3항은 가집행할 수 있다.
라는 판결을 구합니다.

청 구 원 인

1. 혼인생활 경위 및 혼인파탄 경위
　가. 원고는 ○○년 ○월 경 ○○시 ○구 ○○동 소재 '○○호텔에서 피고와 맞선을 보고
　　　교제 끝에 ○○○○년 ○월 ○일 서울 서초구에 소재한 ○○웨딩홀에서 결혼식을 올리
　　　고 2006. 6. 6. 혼인신고를 마친 법률상 부부이며, 슬하에 딸 '홍마리'를 두고 있습니
　　　다.
　나. 원고와 피고가 교재를 할 당시 원고는 ○○주식회사에 과장으로 재직하면서 성실하게

직장 생활을 하게 되었고, 6년간의 수고로움으로 인하여 작지만 현재 거주하는 주택도
마련하게 되었습니다.

다. 피고는 원고와 결혼한 후 집에서 쉬고 있는 것이 미안하다고 하면서 미용실을 운영하고
싶다고 주장하였고, 원고가 거주하는 위 주택을 마련하는데 그동안 저축하였던 금원을
모두 투자하였고, 이도 부족하여 은행에서 부동산 담보대출을 받는 과정에서 현재 경제
적인 여력이 없기에 미용실을 하고 싶다면 우선 몇 년간 미용기술을 익히면서 배우고
그 이후에 다시 미용실 운영은 원고와 상의를 하기로 하고 미용기술을 익히기로 한
것입니다.

라. 피고가 미용기술을 익히기 시작하면서 가끔 집에 오지 못하는 일이 발생하게 되었고,
월 2회 내지 4회 미용실에서 숙식을 해결한다고 하면서 외박하는 날이 늘어 갔습니다.

마. 또한 미용실을 시작하고 약1년이 지난 시점에서 은행에서 독촉장이 왔는데 원고에게
금 5천만 원, 피고에게 금 8천만 원이 연체되었으므로 원금과 그 이자를 변제하라는
것입니다. 피고는 원고의 인감도장을 가지고 있는 점을 계기로 인감증명서를 발급받고
○○은행 ○○지점에서 채무자를 원고로 하여 금 5천만 원을 차용하였고, 피고를 채무
자로 하여 금 8천만 원을 대출받으면서 원고를 보증인으로 기재 한 이후 도합 1억
3천만 원 대출을 받아서 미용실을 시작하였던 것입니다.

바. 후일에 알게 되었지만 피고는 원고 모르게 아무런 미용 기술도 없으면서 미용실을
개업하고도 마치 직장생활을 하는 것처럼 원고를 속이고, 이도 부족하여 미용기술이
부족하므로 직원을 채용하여 미용실 운영을 맡겨 놓고 미용실을 운영하면서 알게 된
남성과 가까이 지내면서 피고가 외박하는 날은 다른 남자의집에서 외박을 하고 집에
오지 않았던 것입니다.
피고의 친구들에게 피고가 결혼 전에 생활이 어떠했는지 궁금하여 질문을 하였더니
원고와 만나기 전에 수많은 남성들과 교제를 하였으며, 결혼 이후에도 혼인 전에 사귀
었던 남자와 계속 만남을 유지하면서 대출받은 돈과 원고의 급여를 가지고 유흥비로
탕진하였던 것입니다.

2. 친권자 및 양육자 지정 및 양육비
원고와 피고 간에 출생한 딸 '홍마리'는 이제 3살이 되었고, 피고가 위와 같은 방탕생활과
외도 등을 계속하고 있는 이상 유책 배우자인 피고로서는 딸의 보호, 양육을 잘할 수
없다 할 것이 분명하고, 그리고 '자녀의 복리' 원칙에서 살펴보더라도 피고는 현재 또는
장래에 딸의 정서나 심리에 나쁜 영향을 미치게 할 것이 예상되므로 딸의 원만한 성장과
복지를 보장할 수 없다고 할 것이고, 딸의 직접적 보호, 양육을 위하여 어떤 면에서는
피고가 여성이므로 적당하다는 사회적인 시각이 존재하나 원고는 보모를 구하여 돌보면서
원고의 주택 근처에 원고의 친부모님이 기거하고 있는 관계로 딸의 정서나 심리에도 안정
을 줄 수 있다 하겠습니다. 피고의혼인생활 경위 등을 볼 때 피고는 미용실을 운영한다고
딸의 양육도 신경 쓰지 못하였기에 그동안 원고의 친부모님께서 돌봐주고 있었기에 아이
의 양육은 피고보다 원고가 적합하다 할 것입니다.
또한 사건본인의 양육비로서 장래 발생할 비용에 대하여 공동 부담을 하여야 하므로 현재
부터 사건본인이 성년이 될 때까지 매월 금 500,000원을 지급하여야 할 것입니다.

3. 위자료의 산정

　피고의 부정한 행위와 혼인의 파탄 책임이 민법 제840조 제1, 3호 소정의 재판상 이혼 사유에 해당된다고 할 것이므로, 원고는 피고에게 마땅히 이혼을 청구할 수 있다 할 것이며, 원, 피고 사이의 혼인이 위와 같이 파탄됨으로써 원고가 상당한 정신적 고통을 받게 되었음은 경험칙상 인정할 수 있다 할 것이므로 피고는 금전으로서 이를 위자할 책임이 있다 할 것인바, 그 액수는 원, 피고의 나이, 혼인기간, 생활정도와 혼인파탄 경위 등 제반사정을 참작하여 금 40,000,000원으로 정함이 상당하다 할 것입니다.

4. 결　론

　그렇다면 원고와 피고는 이혼하고, 피고는 원고에게 위자료로 금 40,000,000원을 지급하고, 위 사건본인에 대한 장래의 양육비로 ○○○○. ○. ○.부터 ○○○○. ○. ○.까지(성년이 될 때까지 등) 매월 금 500,000원씩을 지급하여야 할 것입니다.

입 증 방 법

1. 갑제 1호증　　　　　　　가족관계증명서
1. 갑제 2호증　　　　　　　주민등록등본
1. 갑제 3호증　　　　　　　임대차계약서 사본(미용실)
1. 갑제 4호증　　　　　　　은행 연체통보서 사본
1. 기타 변론 시 자료를 제출하겠습니다.

첨 부 서 류

1. 위 입증서류　　　　　　　　　　　　　　각 1통
1. 소장부본　　　　　　　　　　　　　　　　1통
1. 소송 위임장　　　　　　　　　　　　　　1통

2018.　　○.　　○.
원고 소송대리인
변호사　백 ○ ○ (인)

서울가정법원　귀중

1. 위 사건은 재판상이혼(나류), 위자료(다류), 친권자 및 양육자지정(마류), 양육비(마류) 청구가 병합된 사건으로 인지비용은 가사소송과 비송이 병합하는 경우 흡수법칙에 따라 가장 다액에 의한다. 따라서 위자료 4,000만원에 대한 인지액 185,000원(4,000만원×0.0045 + 5,000원)을 인지액으로 첨부하여야 한다.
2. 송달료는 124,800원(=당사자수×5,200(우편료)×12회분)을 송달료취급은행에 납부하고 첨부하여야 한다.
3. 관할 : ① 부부가 같은 가정법원의 관할구역 내에 보통재판적이 있을 때에는 그 가정법원이, ② 부부가 최후의 공통의 주소지를 가졌던 가정법원의 관할구역 내에 부부 중 일방의 보통재판적이 있을 때에는 그 가정법원이, ③ 위의 각 경우에 해당하지 아니하는 때에는 상대방의 보통재판적소재지의 가정법원이, 각각 관할법원으로 된다
4. 소장은 법원용 1부, 상대방수에 맞는 부본수를 제출한다.

소　장

(이혼, 위자료, 재산분할, 미성년자녀)

원　　　고　성명:　　　　　　　　　　　　☎
주민등록번호
주　　　　소26)
송 달 장 소27)
등록 기준지28)

피　　　고　성명:　　　　　　　　　　　　☎
주민등록번호
주　　　　소
송 달 장 소
등록 기준지
□ 별지 당사자표시서에 기재 있음29)

사건본인(미성년자녀)30)
1. 성명:　　　　　　　주민등록번호:
주　　　　소
등록기준지
2. 성명:　　　　　　　주민등록번호:
주　　　　소
등록기준지
□ 별지 당사자표시서에 기재 있음

청 구 취 지

청구하고자 하는 부분의 □안에 V표시를 하시고, ＿＿＿＿＿ 부분은 필요한 경우 직접 기재하시기 바랍니다.
피고가 여러 명인 경우, 배우자 이외의 피고에 대한 청구취지는 별지로 작성한 후 첨부하시면 됩니다.

1. 원고와 피고는 이혼한다.

2. □ 피고는 원고에게 위자료31)로 ＿＿＿＿＿＿원 및 이에 대하여 이 사건 소장 부본 송달일 다

음날부터 다 갚는 날까지 연 20%의 비율로 계산한 돈을 지급하라.

3. □ 피고는 원고에게 재산분할32)로 다음과 같이 이행하라.

　가. □ __________원 및 이에 대하여 이 판결 확정일 다음날부터 다 갚는 날까지 연 5%
　　　의 비율로 계산한 돈을 지급하라.

　나. □ 아래 기재 부동산(□전부 / □지분 ________)에 관하여 이 판결 확　　정일
　　　재산분할을 원인으로 한 소유권이전등기절차를 이행하라.

　　　부동산의 표시33) : ____

　다. □ 기타 : ____

4. □ 사건본인(들)에 대한 친권자 및 양육자로 (□원고 / □피고)를 지정한다.
　　(기타 : ____)

5. □ (□원고 / □피고)는 (□원고 / □피고)에게 사건본인(들)에 대한 양육비로 다음과 같
　　이 지급하라.

　가. □ ________________부터 사건본인(들)이 (각) 성년에 이르기 전날까지 매월 _____일에
　　　사건본인 1인당 매월 __________원의 비율로 계산한 돈

　나. □ 기타 : ____

6. □ (□원고 / □피고)는 다음과 같이 사건본인(들)을 면접교섭한다.

일　자	시　간
□ 매월 ______째 주	_____요일 ____시부터 _____요일 ____시까지
□ 매주	_____요일 ____시부터 _____요일 ____시까지
□	기타 :

7. 소송비용은 피고가 부담한다.

청 구 원 인

유의사항

1. 이혼소송은 가사소송법 제50조 제2항에 따라 재판을 받기 전에 조정절차를 거치는 것이 원칙이고, 많은 사건이 조정절차에서 원만하게 합의되어 조기에 종결됩니다.
2. 서로의 감정을 상하게 하거나 갈등을 고조시켜 원만한 조정에 방해가 되지 않도록 조정기일 전에는 이 소장 외에 준비서면 등을 더 제출하는 것을 삼가주시기 바랍니다.
3. 구체적인 사정은 조정기일에 출석하여 진술할 수 있고, 만일 조정이 성립되지 않아 소송절차로 이행할 경우 준비서면을 제출하여 이 소장에 기재하지 못한 구체적인 청구원인을 주장하거나 추가로 증거를 제출할 수 있습니다.

1. 원고와 피고는 _________년 ___월 ___일 혼인신고를 마쳤다.[34]

   원고와 피고는 (□ 동거 중/□ _____년 __월 __일부터 별거 중/□기타: _________)이다.

2. 이혼 및 위자료

가. 원고는 아래와 같은 재판상 이혼원인이 있어 이 사건 이혼 청구를 하였다(중복 체크 가능, 민법 제840조 참조).

  □ 피고가 부정한 행위를 하였음(제1호)

  □ 피고가 악의로 원고를 유기하였음(제2호)

  □ 원고가 피고 또는 그 부모로부터 부당한 대우를 받았음(제3호)

  □ 원고의 부모가 피고로부터 부당한 대우를 받았음(제4호)

  □ 피고의 생사가 3년 이상 불분명함(제5호)

  □ 기타 혼인을 계속하기 어려운 중대한 사유가 있음(제6호)

☞ 아래 나.항은 이혼 및 위자료에 관하여 상대방과 합의를 기대/예상하는 경우에는 기재하지 않아도 됩니다.

나. 이혼의 계기가 된 **결정적인 사정 3~4개**는 다음과 같다.

  □ 배우자 아닌 자와 동거/출산   □ 배우자 아닌 자와 성관계   □ 기타 부정행위

  □ 장기간 별거   □ 가출   □ 잦은 외박

  □ 폭행   □ 욕설/폭언   □ 무시/모욕

  □ 시가/처가와의 갈등   □ 시가/처가에 대한 지나친 의존

□ 마약/약물 중독   □ 알코올 중독   □ 도박   □ 게임 중독

□ 정당한 이유 없는 과도한 채무 부담   □ 정당한 이유 없는 생활비 미지급

□ 사치/낭비   □ 기타 경제적 무책임

□ 가정에 대한 무관심   □ 애정 상실   □ 대화 단절   □ 극복할 수 없는 성격 차이

□ 원치 않는 성관계 요구   □ 성관계 거부   □ 회복하기 어려운 성적 문제

□ 회복하기 어려운 정신질환   □ 배우자에 대한 지나친 의심   □ 범죄/구속

□ 과도한 음주

□ 전혼 자녀와의 갈등   □ 종교적인 갈등   □ 자녀 학대   □ 이혼 강요

□ 국내 미입국   □ 해외 거주

□   기타(배우자   아닌   피고의   책임   있는   사유도   여기에   기재하시기   바랍니다):

____

____

____

☞ 아래 3.항은 재산분할청구를 하는 경우에만 기재하시기 바랍니다.

3. 재산분할청구

분할하고자 하는, 현재 보유 중인 재산은 별지 "재산내역표"에 기재된 것과 같다.

다음과 같은 사정(중복 체크 가능)을 고려하여 볼 때, 위 재산에 대한 원고의 기여도는 ___%이다.

□ 원고의 소득활동/특별한 수익

□ 원고의 재산관리(가사담당 및 자녀양육 포함)

□ 원고의 혼전 재산/부모의 지원/상속

□ 피고의 혼전 채무 변제

□ 피고의 재산 감소 행위

□ 기타: _______________________________________

☞ 아래 4.~6.항은 미성년 자녀가 있는 경우에만 기재하시기 바랍니다.

4. 친권자 및 양육자 지정에 관한 의견

사건본인(들)에 대하여 청구취지 기재와 같이 친권자 및 양육자 지정이 필요한 이유는 다음과 같다(중복 체크 가능).

□ 과거부터 현재까지 계속하여 양육하여 왔다.

□ (현재는 양육하고 있지 않으나) 과거에 주된 양육자였다.

　□ 별거 이후 혼자 양육하고 있다.

　□ 사건본인(들)이 함께 살기를 희망한다.

　□ 양육환경(주거 환경, 보조 양육자, 경제적 안정성 등)이 보다 양호하다.

　□ 사건본인(들)과 보다 친밀한 관계이다.

　□ 기타: _______________________________________

5. 양육비 산정에 관한 의견

(현재 파악되지 않은 상대방의 직업, 수입 등은 기재하지 않아도 됩니다)

　가. 원고의 직업은 _________, 수입은 월________원(□ 세금 공제 전 / □ 세금 공제 후)이고, 피고의 직업은 _________, 수입은 월________원(□ 세금 공제 전 / □ 세금 공제 후)이다.

　나. (과거 양육비를 청구하는 경우) 과거 양육비 산정 기간은 _________부터 _________까지 ___년 ___개월이다.

　다. 기타 양육비 산정에 고려할 사항: _______________________________

____

6. 면접교섭에 관한 의견

희망 인도 장소: 사건본인(들)을 _________에서 인도하고 인도받기를 희망한다.

면접교섭 시 참고사항: _______________________________________

____

____

<h1 align="center">첨 부 서 류</h1>

1. 원고의 기본증명서, 혼인관계증명서, 가족관계증명서, 주민등록등본 각 1통

2. 피고의 기본증명서, 혼인관계증명서, 가족관계증명서, 주민등록등본 각 1통

3. 원고 및 피고의 각 주소변동 사항이 모두 나타나 있는 주민등록초본 각 1통

　(원, 피고 중 일방의 주소가 서울이 아닌 경우에만 제출하시면 됩니다)

4. 사건본인(들)에 대한 (각) 기본증명서, 가족관계증명서, 주민등록등본 각 1통

5. 입증자료 (갑 제____호증 ~ 갑 제____호증)

　(입증자료는 "갑 제1호증", "갑 제2호증"과 같이 순서대로 번호를 기재하여 제출하시면 됩니다)

※ 소장에는 판결문, 진단서 등 객관적이고 명백한 증거만 첨부하여 제출하시고, 특히 증인진
술서는 증거 제출을 삼가주시기 바랍니다. 기타 필요한 나머지 증거는 이후 소송절차에서
제출하시기 바랍니다.

※ 상대방의 재산내역 파악 등을 위해 필요한 경우, 별도로 금융거래정보 제출명령 등을
신청하시기 바랍니다.

201 .   .   .

원 고   인 / 서명

서울가정법원 귀중

■ 작성 · 접수방법

1. 위 사건은 재판상이혼(나류), 위자료(다류), 친권자 및 양육자지정(마류), 양육비(마류) 청구가 병합된 사건으
로 인지비용은 가사소송과 비송이 병합하는 경우 흡수법칙에 따라 가장 다액에 의한다. 따라서 위자료
4,000만원에 대한 인지액 185,000원(4,000만원×0.0045+5,000원)을 인지액으로 첨부하여야 한다.
2. 송달료는 124,800원(=당사자수×5,200(우편료)×12회분)을 송달료취급은행에 납부하고 첨부하
여야 한다.
3. 관할 : ① 부부가 같은 가정법원의 관할구역 내에 보통재판적이 있을 때에는 그 가정법원이, ② 부부가
최후의 공통의 주소지를 가졌던 가정법원의 관할구역 내에 부부 중 일방의 보통재판적이 있을 때에는
그 가정법원이, ③ 위의 각 경우에 해당하지 아니하는 때에는 상대방의 보통재판적소재지의 가정법원이,
각각 관할법원으로 된다
4. 소장은 법원용 1부, 상대방수에 맞는 부본수를 제출한다.

---

26) 주민등록상 주소를 기재하시기 바랍니다.
27) 우편물을 받는 곳이 주소와 다를 경우에 기재하시기 바랍니다.
28) 등록기준지는 가족관계증명서 및 혼인관계증명서 맨 앞장 위에 기재되어 있으므로 이를
참고하여 기재하시고, 외국인일 경우에는 국적을 기재하시면 됩니다.
29) 피고나 사건본인의 수가 많은 경우 별지로 당사자표시서를 작성한 후 첨부하시면 됩니다.
30) 원고와 피고 사이에 미성년 자녀(만 19세가 되지 아니한 자)가 있는 경우에 기재하시기
바랍니다.
31) 위자료를 청구할 경우, 뒤에 있는 '위자료 금액에 따른 수입인지금액표'를 참조하여 위자
료 금액에 따른 인지를 매입하여 소장에 붙여 주시기 바랍니다.
32) 재산분할로 현금의 지급을 청구하는 경우에는 위 3의 가항에, 부동산 소유권의 이전을
청구하는 경우에는 나항에, 그 외의 재산, 예를 들어 지분, 주식, 특허권 등의 지적재산권,
동산 등의 명의이전 또는 인도를 청구하는 경우에는 다항에 각 기재하시고, 기재할 칸이
부족한 경우에는 별지(부동산 목록 등)를 사용하시기 바랍니다. 다만, 부동산 목록을 작
성하실 경우에는 부동산등기부 등본의 부동산표시를 기재하셔야 합니다.
33) 부동산의 소재 지번 등
34) 혼인관계증명서에 기재된 혼인신고일 또는 혼인증서제출일을 기재하시면 됩니다.

반 소 장

사   건   2013드합 445호 이혼등 청구사건
원고(반소피고)   홍 길 동
                    등록기준지 : ○○시 ○구 ○○동 ○○번지
                    주   소 : ○○시 ○구 ○○동 ○○번지

피고(반소원고)   김 갑 순
                    등록기준지 : ○○시 ○구 ○○동 ○○번지
                    주   소 : ○○시 ○구 ○○동 ○○번지

사 건 본 인   홍 ○ ○(주민등록번호   )
                    등록기준지 : ○○시 ○구 ○○동 ○○번지
                    주   소 : ○○시 ○구 ○○동 ○○번지

위 당사자간 귀원 2015드합 445호 이혼등 청구사건에 관하여 피고(반소원고)는 아래와 같이 반소를 제기합니다.

반 소 청 구 취 지

1. 반소에 기하여 원고(반소피고)와 피고(반소원고)는 이혼한다.
2. 원고(반소피고)는 피고(반소원고)에게 위자료로 금 5,000만원 및 이에 대하여 반소장 부본 송달 다음날로부터 완제일까지 연 20%의 비율에 의한 금원을 지급하라.
3. 원고(반소피고)는 피고(반소원고)에게 재산분할로 금 2억원을 지급하라.
4. 피고(반소원고)를 사건본인의 친권자 및 양육권자로 지정한다.
5. 소송비용은 본소, 반소 모두 원고(반소피고)의 부담으로 한다.
6. 제2항은 가집행할 수 있다.
라는 판결을 구합니다.

반 소 청 구 원 인

1. 당사자의 지위

   반소원고(이하 '피고'라 합니다)와 반소피고(이하 '원고'라 합니다)는 20○○. ○. ○. 혼인신고를 한 당사자로서 법률상 부부입니다.

2. 이 사건의 경위

   가. 원고는 피고와 결혼 이후에도 별다른 직업없이 지내왔으며 생활비는 피고가 직장을 다니면서 혼자 부담하며 살아왔습니다.

   나. 그런데 원고는 그 와중에서도 소외 ○○○와 부정행위를 저지르는 등 가정에 불성실 하였으나 원고는 사건본인을 위하여 열심히 일을 하면서 어떻게 하든지 가정을 유지하 려고 노력하였습니다.
   그러나 원고는 오히려 피고가 부정행위를 하였다면서 일방적으로 이혼소송을 제기하 여 피고에게 이루 말로 할 수 없는 고통을 주고 있는 바, 이에 피고는 더 이상 참을 수 없어 원고를 상대로 이혼을 청구하게 되었습니다.

3. 위자료 청구

   원고는 혼인기간 동안 피고가 부정행위를 하였다면서 피고에게 정신적 육체적 고통을 계속해서 가하였기 때문에 원고는 이를 위자해야 할 것이므로 피고는 혼인생활의 정도와 피고와 원고의 지위 및 재산상태 등 여러 정상을 감안하여 위자료 금 50,000,000원이 상당하다고 할 것입니다.

4. 재산분할

   원고와 피고가 결혼할 당시 아무 재산이 없었기 때문에 현재 원고 명의로 되어있는 빌라에 대해 피고는 재산분할을 청구 할 수 있는 바, 빌라의 현재 시가인 금 4억원의 절반인 금 2억원을 재산분할로 청구하도록 하겠습니다.

5. 친권행사자 및 양육자 지정

   사건본인의 나이가 어려 피고인 엄마의 보호가 절대적으로 필요할 뿐만 아니라 위와 같은 원고의 사정을 보더라도 사건본인의 친권행사 및 양육자로 피고를 지정함이 사건본 인의 복지를 위해 타당하다 할 것입니다.

6. 결론

   이상에서 본 바와 같이 원고는 피고에게 부정한 행위와 의심으로 피고를 괴롭히고 그것 도 모자라 이혼소송을 제기하여 피고에게 상처를 남겼으므로 이에 피고도 원고에 대해 이혼소송을 제기하는 것입니다.

입 증 방 법

1. 을제1호증	예금거래내역
1. 을제2호증	공동사용계약서
1. 을제3호증	등기부등본
1. 을제4호증	인증서

2015 . ○ . ○ .

위 피고(반소원고) 김 갑 순   (인)

서울가정법원 귀중 [○○지방법원(지원) 귀중]

■ 작성 · 접수방법

1. 위 사건은 재판상이혼(나류), 위자료(다류), 친권자 및 양육자지정(마류), 재산분할(마류) 청구가 병합된 사건으로 인지비용은 가사소송과 비송이 병합하는 경우 흡수법칙에 따라 가장 다액에 의한다. 따라서 위자료 5,000만원에 대한 인지액 230,000원(5,000만원×0.0045+5,000원)을 인지액으로 첨부하여야 한다.
2. 송달료는 124,800원(=당사자수×5,200(우편료)×12회분)을 송달료취급은행에 납부하고 첨부하여야 한다.
3. 관할 : ① 부부가 같은 가정법원의 관할구역 내에 보통재판적이 있을 때에는 그 가정법원이, ② 부부가 최후의 공통의 주소지를 가졌던 가정법원의 관할구역 내에 부부 중 일방의 보통재판적이 있을 때에는 그 가정법원이, ③ 위의 각 경우에 해당하지 아니하는 때에는 상대방의 보통재판적소재지의 가정법원이, 각각 관할법원으로 된다
4. 반소장은 법원용 1부, 상대방수에 맞는 부본수를 본소진행법원의 접수실에 제출한다.

소 장

원   고 성명: ☎
주민등록번호
주   소35)
송 달 장 소36)
등록 기준지37)

피   고 성명: ☎
주민등록번호
주   소
송 달 장 소
등록 기준지
□ 별지 당사자표시서에 기재 있음38)
청 구 취 지

청구하고자 하는 부분의 □안에 V표시를 하시고, ____ 부분은 필요한 경우 직접 기재하시기
바랍니다.
피고가 여러 명인 경우, 배우자 이외의 피고에 대한 청구취지는 별지로 작성한 후 첨부하시
면 됩니다.

---

1. 원고와 피고는 이혼한다.
2. □ 피고는 원고에게 위자료39)로 _________원 및 이에 대하여 이 사건 소장 부본
   송달일 다음날부터 다 갚는 날까지 연 20%의 비율로 계산한 돈을 지급하라.
3. □ 피고는 원고에게 재산분할40)로 다음과 같이 이행하라.
   가. □ _________원 및 이에 대하여 이 판결 확정일 다음날부터 다 갚는 날까지 연
      5%의 비율로 계산한 돈을 지급하라.
   나. □ 아래 기재 부동산(□전부 / □지분 ______)에 관하여 이 판결 확   정일 재산분할
      을 원인으로 한 소유권이전등기절차를 이행하라.
      부동산의 표시41): _________ ______________________________
   다. □ 기타: ______________________________
4. 소송비용은 피고가 부담한다.

청 구 원 인

유의사항
1. 이혼소송은 가사소송법 제50조 제2항에 따라 재판을 받기 전에 조정절차를 거치는 것이 원칙이고, 많은 사건이 조정절차에서 원만하게 합의되어 조기에 종결됩니다.
2. 서로의 감정을 상하게 하거나 갈등을 고조시켜 원만한 조정에 방해가 되지 않도록 조정기일 전에는 이 소장 외에 준비서면 등을 더 제출하는 것을 삼가주시기 바랍니다.
3. 구체적인 사정은 조정기일에 출석하여 진술할 수 있고, 만일 조정이 성립되지 않아 소송절차로 이행할 경우 준비서면을 제출하여 이 소장에 기재하지 못한 구체적인 청구원인을 주장하거나 추가로 증거를 제출할 수 있습니다.

1. 원고와 피고는 _________년 __월 __일 혼인신고를 마쳤다.[42)]
   원고와 피고는 (□ 동거 중/□ _____년 __월 __일부터 별거 중/□기타: _________)이다.

2. 이혼 및 위자료
   가. 원고는 아래와 같은 재판상 이혼원인이 있어 이 사건 이혼 청구를 하였다(중복 체크 가능, 민법 제840조 참조).
   - □ 피고가 부정한 행위를 하였음(제1호)
   - □ 피고가 악의로 원고를 유기하였음(제2호)
   - □ 원고가 피고 또는 그 부모로부터 부당한 대우를 받았음(제3호)
   - □ 원고의 부모가 피고로부터 부당한 대우를 받았음(제4호)
   - □ 피고의 생사가 3년 이상 불분명함(제5호)
   - □ 기타 혼인을 계속하기 어려운 중대한 사유가 있음(제6호)

   ☞ 아래 나.항은 이혼 및 위자료에 관하여 상대방과 합의를 기대/예상하는 경우에는 기재하지 않아도 됩니다.
   나. 이혼의 계기가 된 결정적인 사정 3~4개는 다음과 같다.
   - □ 배우자 아닌 자와 동거/출산 □ 배우자 아닌 자와 성관계 □ 기타 부정행위
   - □ 장기간 별거 □ 가출 □ 잦은 외박
   - □ 폭행 □ 욕설/폭언 □ 무시/모욕
   - □ 시가/처가와의 갈등 □ 시가/처가에 대한 지나친 의존
   - □ 마약/약물 중독 □ 알코올 중독 □ 도박 □ 게임 중독
   - □ 정당한 이유 없는 과도한 채무 부담 □ 정당한 이유 없는 생활비 미지급

　　□ 사치/낭비　　□ 기타 경제적 무책임

　　□ 가정에 대한 무관심　　□ 애정 상실　　□ 대화 단절

　　□ 극복할 수 없는 성격 차이

　　□ 원치 않는 성관계 요구　　□ 성관계 거부　　□ 회복하기 어려운 성적 문제

　　□ 회복하기 어려운 정신질환　　□ 배우자에 대한 지나친 의심

　　□ 범죄/구속　　□ 과도한 음주

　　□ 전혼 자녀와의 갈등　　□ 종교적인 갈등　　□ 자녀 학대　　□ 이혼 강요

　　□ 국내 미입국　　□ 해외 거주

　　□ 기타(배우자 아닌 피고의 책임 있는 사유도 여기에 기재하시기 바랍니다):

　　　____

　　　____

　　　____

3. 재산분할청구

　분할하고자 하는, 현재 보유 중인 재산은 별지 "재산내역표"에 기재된 것과 같다.

　다음과 같은 사정(중복 체크 가능)을 고려하여 볼 때, 위 재산에 대한 원고의 기여도는

　______%이다.

　　□ 원고의 소득활동/특별한 수익

　　□ 원고의 재산관리(가사담당 및 자녀양육 포함)

　　□ 원고의 혼전 재산/부모의 지원/상속

　　□ 피고의 혼전 채무 변제

　　□ 피고의 재산 감소 행위

　　□ 기타:

　　　____

<h2 align="center">첨 부 서 류</h2>

1. 원고의 기본증명서, 혼인관계증명서, 가족관계증명서, 주민등록등본 각 1통
2. 피고의 기본증명서, 혼인관계증명서, 가족관계증명서, 주민등록등본 각 1통
3. 원고 및 피고의 각 주소변동 사항이 모두 나타나 있는 주민등록초본 각 1통
　(원, 피고 중 일방의 주소가 서울이 아닌 경우에만 제출하시면 됩니다)
4. 입증자료 (갑 제____호증 ~ 갑 제____호증)
　(입증자료는 "갑 제1호증", "갑 제2호증"과 같이 순서대로 번호를 기재하여 제출하시면
　됩니다)
※ 소장에는 판결문, 진단서 등 객관적이고 명백한 증거만 첨부하여 제출하시고, 특히 증인진
　술서는 증거 제출을 삼가주시기 바랍니다. 기타 필요한 나머지 증거는 이후 소송절차에서
　제출하시기 바랍니다.
※ 상대방의 재산내역 파악 등을 위해 필요한 경우, 별도로 금융거래정보 제출명령 등을
　신청하시기 바랍니다.

201 ． ． ．

원 고 　　　　　　　　　　　　　　인 / 서명

서울가정법원　귀중

---

35) 주민등록상 주소를 기재하시기 바랍니다.
36) 우편물을 받는 곳이 주소와 다를 경우에 기재하시기 바랍니다.
37) 등록기준지는 가족관계증명서 및 혼인관계증명서 맨 앞장 위에 기재되어 있으므로 이를 참고하여 기재하시고, 외국인일 경우에는 국적을 기재하시면 됩니다.
38) 피고의 수가 많은 경우 별지로 당사자표시서를 작성한 후 첨부하시면 됩니다.
39) 위자료를 청구할 경우, 뒤에 있는 '위자료 금액에 따른 수입인지금액표'를 참조하여 위자료 금액에 따른 인지를 매입하여 소장에 붙여 주시기 바랍니다.
40) 재산분할로 현금의 지급을 청구하는 경우에는 위 3의 가항에, 부동산 소유권의 이전을 청구하는 경우에는 나항에, 그 외의 재산, 예를 들어 지분, 주식, 특허권 등의 지적재산권, 동산 등의 명의이전 또는 인도를 청구하는 경우에는 다항에 각 기재하시고, 기재할 칸이 부족한 경우에는 별지(부동산 목록 등)를 사용하시기 바랍니다. 다만, 부동산 목록을 작 성하실 경우에는 부동산등기부 등본의 부동산표시를 기재하셔야 합니다.
41) 부동산의 소재 지번 등
42) 혼인관계증명서에 기재된 혼인신고일 또는 혼인증서제출일을 기재하시면 됩니다.

재산내역표

※ 원고와 피고의 현재 재산내역에 대해서 알고 있는 내용만 기재하시기 바랍니다. 다만, 자신의 주거래은행, 보험회사 등은 반드시 밝히시기 바랍니다. 상대방의 재산내역 중 알지 못하는 부분에 대하여는 별도의 증거신청을 통하여 재산내역을 확인하고 보완하시기 바랍니다.

			재산의 표시	시가 또는 잔액(원)
원고	재산	1		
		2		
		3		
		4		
		5		
	소 계			
	채무	1		
		2		
		3		
		4		
		5		
	소 계			
원고의 순재산 (재산에서 채무를 공제: A)				
피고	재산	1		
		2		
		3		
		4		
		5		
	소 계			
	채무	1		
		2		
		3		
		4		
		5		
	소 계			
피고의 순재산 (재산에서 채무를 공제: B)				
원, 피고의 순재산 합계 (A+B)				

재산내역표 기재요령

1. 재 산

가. 부동산: '재산의 표시'란에 소재지번 등을 기재하고, '시가 또는 잔액'란에 원고가 알고 있는 현재 시가를 기재한 후, 부동산등기부 등본 및 시가 입증 자료(가급적 감정서, 인터넷 KB 부동산 시세, 공시지가 등 객관적 자료를 제출하고, 이러한 자료가 없을 경우 공인중개사의 확인서 등을 제출)를 첨부하시기 바랍니다.

나. 예금 채권: '재산의 표시'란에 금융기관의 명칭, 계좌번호를 기재하고, '시가 또는 잔액'란에 현재 예금 잔액을 기재한 후, 예금통장사본, 계좌내역, 잔액조회서 등의 자료를 첨부하시기 바랍니다.

다. 임대차보증금반환 채권: '재산의 표시'란에 부동산의 소재지번을 기재하고, '시가 또는 잔액'란에 임대차보증금 금액을 기재한 후, 임대차계약서 사본을 첨부하시기 바랍니다.

라. 주식: '재산의 표시'란에 회사의 명칭, 주식의 수 등을 기재하고, '시가 또는 잔액'란에 현재 시가를 기재한 후 주식예탁통장 사본 및 시가 입증 자료를 첨부하시기 바랍니다.

마. 특허권 등의 지적재산권: '재산의 표시'란에 다른 특허권 등과 구분이 가능한 정도로 권리를 표시하고, '시가 또는 잔액'란에 원고가 알고 있는 시가를 기재하시기 바랍니다.

바. 동산: '재산의 표시'란에 동산의 종류 및 수량, 현재 있는 장소 등을 기재하고, '시가 또는 잔액'란에 원고가 알고 있는 시가를 기재하시기 바랍니다.

사. 자동차: '재산의 표시'란에 차량번호와 모델명, 출고된 연도 등을 기재하고, '시가 또는 잔액'란에 원고가 알고 있는 현재 시가를 기재한 후, 자동차등록증 사본, 중고차 시세를 알 수 있는 자료를 첨부하시기 바랍니다.

아. 보험: '재산의 표시'란에 보험회사, 보험의 종류 및 명칭 등을 기재하시고, '시가 또는 잔액'란에 현재 예상해약환급금을 기재한 후, 예상해약환급금확인서 등의 자료를 첨부하시기 바랍니다.

2. 채 무

가. 사인 간 채무: '재산의 표시'란에 채권자 성명, 차용 일시 등을 기재하고, '시가 및 잔액'란에 현재 채무액을 기재한 후 차용증 사본 등을 첨부하시기 바랍니다.

나. 금융기관 채무: '재산의 표시'란에 대출 금융기관의 명칭, 대출일 등을 기재하고, '시가 및 잔액'란에 현재 남아 있는 대출액을 기재한 후, 대출확인서 등의 자료를 첨부하시기 바랍니다.

다. 임대차보증금반환 채무: '재산의 표시'란에 부동산의 소재지번을 기재하고, '시가 또는 잔액'란에 임대차보증금 금액을 기재한 후, 임대차계약서 사본을 첨부하시기 바랍니다.

협의이혼의사확인신청서

당사자 부 성 명 : 김 ○ ○ (金 ○ ○)
      주민등록번호 :
      등록기준지 : 경기도 ○○시 ○○동 ○○번지
      주   소 : 서울 ○○구 ○○동 ○○번지
      연 락 처 : 536-4124 (010-000-0000)

     처 성 명 : 박 ○ ○ (朴 ○ ○)
      주민등록번호 :
      등록기준지 : 경기도 ○○시 ○○동 ○○번지
      주   소 : 서울 ○○구 ○○동 ○○번지
      연 락 처 : 536-4124 (011-000-0000)

청 구 취 지

위 당사자 사이에는 진의에 따라 서로 이혼하기로 합의하였다.
위와 같이 이혼의사가 확인되었다.
라는 확인을 구함.

첨 부 서 류

1. 남편과 처의 혼인관계증명서와 가족관계증명서 각 1통
1. 이혼신고서 3통
1. 주민등록표등본(주소지 관할법원에 신청하는 경우) 1통
1. 진술요지서(재외공관에 접수한 경우) 1통

2015. ○. .

위 부 김 ○ ○ (인)
처 박 ○ ○ (인)

서울가정법원 귀중

이혼조정신청서

신 청 인　　부 홍 길 동 ○ ○(주민등록번호　　　　)
　　　　　　　등록기준지 : ○○시 ○구 ○○동 ○○번지
　　　　　　　주　　　소 : ○○시 ○구 ○○동 ○○번지

상 대 방　　처 김 갑 순
　　　　　　　등록기준지 및 주소 위 신청인과 같음

사 건 본 인　　홍 ○ ○(주민등록번호　　　　)
　　　　　　　등록기준지 및 주소 위 신청인과 같음

신 청 취 지

1. 신청인과 피신청인은 이혼한다.
2. 신청인과 피신청인의 자 홍○○의 양육 및 친권자로 신청인을 지정한다.
라는 조정을 구합니다.

신 청 이 유

1. 당사자의 지위
　　신청인과 피신청인은 19○○. ○. ○. 혼인신고를 한 당사자로서 법률상 부부입니다.

2. 이 사건의 경위

　　신청인과 피신청인은 결혼한 이후 10년간 서로 성격의 불일치로 계속해서 불화속에
　　살다가 현재 별거중에 있으며 서로간에 이혼을 하기로 합의는 하였지만 위자료 등 제반
　　문제에 대해 합의가 이루어지지 않아 합의이혼에는 이르지 못하고 있습니다.

3. 결론
　　따라서 본 이혼조정에 이르게 된 것입니다.

입 증 방 법

　　　1. 갑제 1호증　　　　　　　　　가족관계증명서
　　　1. 갑제 2호증　　　　　　　　　제적등본

1. 갑제 3호증   혼인관계증명서
1. 갑제 4호증   주민등록표등본
1. 갑제 5호증   사실확인서

2015 . 0 . 0 .
위 신 청 인 홍 길 동   (인)

서울가정법원 귀중 [○○지방법원(지원) 귀중]

조정에 갈음한 결정에 대한 이의신청서

사　　　건　　　　2015머 1234호 이혼조정
신 청 인　　　　홍 길 동
피신청인　　　　김 갑 순

위 당사자간 귀원 2013머 1234호 이혼조정 신청사건에 관하여 동 법원에서 한 조정에 갈음하는 결정을 20○○. ○. ○. 송달 받았으나, 신청인은 이 결정에 불복이므로 이의신청합니다.

2015 . ○. ○.
위 신 청 인　홍 길 동　　(인)

서울가정법원　귀중 [○○지방법원(지원)　귀중]

■ 작성 · 접수방법

1. 인지대등 비용은 없다.
2. 조정정본이 송달된 날부터 2주일 이내에 이의신청서 2부를 강제조정을 내린 법원에 제출하여야 한다.

유아 인도청구

청 구 인   홍 길 동
                     등록기준지 및 주소

상 대 방   김 갑 순
                     등록기준지 및 주소

사 건 본 인   김 ○ ○(2013. 0. 0생 주민등록번호:)

청 구 취 지

1. 상대방은 사건본인을 청구인에게 인도하라.
2. 신청비용은 상대방이 부담하여야 한다.
3. 제1항은 가집행할 수 있다.
라는 판결을 구합니다.

청 구 원 인

1. 청구인 ○○○과 상대방 □□□은 20○○. ○. ○. 혼인신고를 마친 법률상 부부로서 20○○. ○. ○. 아들인 사건본인 ◇◇◇을 출산하였습니다.

2. 청구인과 상대방은 20○○. ○. ○. 가정법원의 조정으로 이혼하여 사건본인의 친권자를 청구인으로 정하고 청구인이 양육하기로 하였습니다.

3. 그 후 청구인이 사건본인을 양육하여 왔습니다만, 20○○년 ○월 ○일 상대방이 찾아와서 할머니 △△△가 사건본인을 보고싶어 한다며 데리고 간 후 상대방은 청구인이 재혼을 하고 그 사이에 아이를 낳았다고 하여 현실적으로 사건본인을 양육한다는 것이 곤란하다고 주장하며 아직까지 사건본인을 청구인에게 인도하지 않고 있습니다.

4. 그러나 상대방이 주장하는 사실은 터무니없는 낭설이고 사건본인뿐만 아니라 현재 재혼하여 살고 있는 남편도 같이 살기를 원하고 있으며 또한 청구인은 친권자인 동시에 양육자로서 사건본인을 양육할 충분한 능력과 자격이 있으므로 청구인에게 사건본인을 인도할

것을 구하기 위하여 청구취지와 같이 심판을 구하는 바입니다.

입 증 방 법

1. 가족관계증명서
1. 주민등록표등본
1. 등기부등본
1. 판결 및 각서

2015 . ○. ○.
청 구 인 홍 길 동   (인)

서울가정법원 귀중 [○○지방법원(지원) 귀중]

1. 서론

1) 의의

재산분할은 부부가 혼인공동생활 중에 형성된 재산에 대하여 이혼시 그 기여도에 따라 분할해 달라는 것으로 당사자의 협의로 정하는 것이 원칙이고, 협의가 되지 아니하거나 협의할 수 없는 때 가정법원은 당사자의 청구에 의하여 당사자 쌍방의 협력으로 이룩한 재산의 액수 기타 사정을 참작하여 분할의 액수와 방법을 정한다(민 839조의2, 843조). 한편, 이러한 재산분할청구는 가사소송법 마류가사비송사건으로 분류되고 있다.

2) 성질

재산분할청구권의 성질에 대해 학설은 ① 혼인중에 취득한 부부재산을 청산하는 것으로서 잠재적 지분의 반환으로 보는 청산설, ② 부부공동재산의 청산을 위하는 것과 함께 이혼 후의 부양을 위한 것으로 보는 청산 및 부양설, ③ 청산과 이혼 후의 부양 외에 이혼위자료의 성질도 갖는다는 청산과 부양 및 위자료지급설등이 있는데 판례는 청산적 성질과 부양적 성질을 모두 갖는다고 보고 있다.

3) 재산분할청구권의 발생

재산분할은 협의상 이혼, 재판상 이혼, 또는 혼인취소에 의해 혼인관계가 해소되는 효과로서 인정되는 것이므로 이혼이 성립되거나 혼인취소의 판결이 확정된 후에 청구하는 것이 원칙이고 혼인관계가 해소되지도 않은 상태에서 청구할 수는 없다. 다만 재판상 이혼 또는 혼인취소의 소에는 마류 가사비송사건의 청구를 병합하여 제기할 수 있으므로(법14조1항) 재판상 이혼이나 혼인취소의 청구가 인용될 것을 전제로 미리 분할의 청구를 할 수 있고, 상대방도 반소의 형태로 재산분할을 청구할 수 있다.

4) 재산분할재판의 형태

가사소송법상 이혼청구는 나류 가사소송사건임에 반해 재산분할청구는 마류 가사비송사건이다. 일반적으로 소송과 비용은 서로 다른 성질로 인하여 한 절차에서 병합하여 심리될 수 없음이 원칙이다. 그러나 가사소송법은 제14조 제1항에서 특칙을 두어 이혼청구와 재산분할청구를 병합할 수 있도록 하였고, 제4항에서는 심판이 아닌 판결로 재판하도록 규정하고 있다.

   – 이혼청구와 병합 시(가사소송과 가사비송의 병합) : 소송(원고/피고), 판결, 항소, 상고

   – 이혼 후 재산분할만 청구(가사비송사건) : 비송(청구인/상대방), 심판, 항고, 재항고

  등 양자는 절차와 용어가 다르다.

2. 관할

(1) 상대방의 보통재판적 소재지의 가정법원의 토지관할에 속하고(법 제46조 본문), 가정법원 단독판사의 사물관할에 속하게 된다. 다만 소가가 5천만원을 초과하는 위자료 청구사건은 합의부의 사물관할에 속하므로 만일 이혼, 재산분할 청구와 병합하여 5천만원을 초과하는 위자료 청구를 하였다면 합의부에서 심리하게 된다.

(2) 그러나 이미 이루어진 재산분할에 관한 약정의 이행을 구하는 것이나, 외국에서 재산분할을 명하는 판결을 받고 그 집행판결의 청구를 하는 것은 민사소송으로서 지방법원의 관할에 속한다.

3. 정당한 당사자

(1) 부부 중 일방이 다른 일방을 상대방으로 하여 청구하여야 한다(규칙 제96조). 여기서 '부부'라 함은 협의상 이혼한 당사자, 재판상 이혼한 당사자 또는 재판상 이혼청구가 인용됨으로써 이혼하게 되는 당사자, 혼인이 취소된 당사자 또는 혼인취소의 청구가 인용됨으로써 부부관계가 해소되는 당사자 등을 의미하며, 재산분할에 관한 규정은 사실혼관계에도 준용할 수 있다는 것이 통설과 판례이다(대법원 1995. 3. 28. 선고 94므1584판결).

(2) 그러나 중혼적 사실혼 배우자에 대해서는 법률혼이 존속중인 상태에서 부부의 한쪽이 제3자와 혼인의 의사로 실질적인 혼인생활을 하고 있다면 특별한 사정이 없는 한 법률혼에 준하는 보호를 할 수 없으므로(대법원 1995. 9. 26.. 선고 94므1638판결) 원칙적으로 분할청구 할 수 없다고 해석된다.

(3) 또한 혼인해소는 당사자의 생존 중의 해소의 경우에만 인정되므로 부부 일방의 사망에 의한 혼인해소의 경우에는 재산분할 청구 할 수 없고 이 경우 법률상의 부부인 경우 상속으로 다루어야 한다.

4. 심리

(1) 조정전치

마류 가사비송사건은 조정 전치주의의 적용을 받는다(법 50조). 따라서 당사자는 심판청구에 앞서 가사조정을 신청하여야 하고 당사자가 조정을 신청하지 않고 심판청구를 하면 가정법원이 직권으로 조정에 회부하여야 한다.

(2) 당사자 사망에 따른 절차의 종료

법률혼이 지속되는 동안(이혼소송이 제기되기 전) 일방이 사망하면 상속이 개시되므로 분할청구 할 여지가 없게 될 것이고, 이혼소송과 재산분할청구가 병합된 경우 소송 중 일방이 사망하면 이혼소송은 종료되고 이를 전제로 한 재산분할청구 역시 상실되어 이혼소송의 종료와 동시에 종료한다(대법원 1994. 10. 28. 94므246판결).

(3) 제척기간

재산분할청구권은 이혼한 날부터 2년이 경과한 때에는 소멸한다(민 839조의2, 3항). 이는 제척기간이다. 혼인취소의 경우 명문규정은 없으나 이를 유추하여 혼인취소의 판결이 확정된 후 2년이 경과하면 재산분할청구권은 소멸한다고 본다.

(4) 재산명시, 재산조회

법원은 재산분할청구사건을 위하여 특히 필요하다고 인정하는 경우에는 직권 또는 당사자의 신청에 의해 당사자에게 재산상태를 구체적으로 밝힌 재산목록을 제출하도록 명할 수 있고, 법원이 체출된 목록만으로는 해결이 곤란하다고 인정할 경우에는 직권으로 또는 당사자의 신청에 의해 재산에 관한 조회를 할 수 있다.

5. 재산분할의 대상

(1) 개관 등

1) 개관

이혼시 무엇을 재산분할의 대상이 되는지에 관한 논쟁이 많다. 일반적으로 이혼 시 재산분할의 대상의 되는 재산은 첫째 특유재산부분이다. 특유재산은 혼인 전부터 부부 각자가 소유하고 있었거나, 혼인 중 한쪽이 상속, 증여 등으로 취득한 재산으로서 위 재산의 형성에 상대방 배우자의 어떠한 기여가 없는 재산을 지칭한다.

다만 이러한 특유재산이라고 하더라도 부부 한쪽이 그 특유재산의 유지에 적극적으로 기여를 하였거나 그 재산의 감소를 방지하였다거나 나아가 그 증식에 협력하였다는 등의 사실이 인정될 경우 이 또한 재산분할의 대상의 될 수 있음에 유의하여야 한다. 둘째, 부부 중 한쪽 명의로 되어있지만 그 재산이 혼인 중 부부의 공동노력으로 형성된 재산의 경우에는 그 명의가 누구로 되어있는지 여부와 상관없이 당연히 재산분할 대상이 된 다는 점 또한 유의하여야 할 것이다.

또한, 연금이나 퇴직금 등, 예를 들어 근로자퇴직급여보장법, 공무원연금법, 군인연금법, 사립학교교직원연금법 등이 각각 규정하고 있는 퇴직급여 또한 일정기간 근무하는데 상대방 배우자의 협력이 기여한 것이 인정된다면 이 또한 재산분할의 대상이 된다는 점에 유의하여야 한다.
그 외 부부의 어느 한쪽이 혼인생활 등 제3자에 대하여 채무를 부담하게 되는 경우 그 채무 중 부부의 일상가사와 관련되어 있거나 또는 부부의 공동재산의 형성에 수반되어 발생한 것이라면 이 또한 재산분할의 대상이 됨에 유의하여야 할 것이다. 이하에서는 각각의 사유에 대한 판례의 태도 등의 각 살펴보기로 한다.

가) 대상
이혼 시 재산분할은 원칙적으로 혼인 중 취득하거나 쌍방의 노력으로 형성한 재산이 대상이 된다.

나) 혼인 중 취득한 재산 및 쌍방의 협력으로 취득한 재산
여기서 혼인중이라 함은 혼인신고일자가 기준은 아니고 사실상 혼인공동체의 성립일자를 기준으로 한다. 따라서 법률혼 이전에 사실혼관계가 선행되었다면 그 사실혼의 성립시가 기준이 된다.
또한 혼인의 종료시점은 실질적인 혼인공동체의 와해 즉, 별거시를 의미한다. 다만, 특별한 사건 없이 이혼소송에 이른 경우에는 이혼소송을 제기한 무렵을 파탄 시로 본다.
따라서 별거 후 또는 이혼소송 제기 후 일방배우자의 노동에 의하여 얻은 수입, 일방배우자가 임의로 부담한 채무 등은 원칙적으로 재산분할의 대상에 포함되지 아니한다. 그러나 일방배우자가 별거 후에 취득한 재산이라고 하더라도 그것이 별거 전에 쌍방의 협력에 의하여 형성된 유무형의 자원을 기초로 한 것이라면 재산분할의 대상이 된다.

2) 재산분할의 방법

(가) 재산분할실무(원칙 청산적 요소 / 부양적 요소 가미)
재산분할은 원칙상 혼인 중 형성된 재산의 청산을 주된 요소로 하며, 혼인해소시의 이혼급부는 원칙적으로 부부재산의 청산과 이혼위자료로 해결한다. 그러나 그것만으로는 생계유지가 충분하지 않은 경우에는 부양적 재산분할이 보충적으로 인정되는 것이 현재 법원의

실무이다.

따라서 대부분 청산적 요소를 기본으로 하여 이혼 이후 당사자들의 생활보장에 대한 배려 등 부양적 요소를 가미하는 방법으로 재산분할의 범위가 정해진다고 보면 된다.

> 재산분할 청구 사건에 있어서는 혼인 중에 이룩한 재산관계의 청산뿐 아니라 이혼 이후 당사자들의 생활보장에 대한 배려 등 부양적 요소 등도 함께 고려할 대상이 된다(대법원 2013. 6. 20. 선고 2010므4071,4088 전원합의체 판결)

(나) 위자료와 재산분할의 관계

위자료와 재산분할은 그 근거 및 성질을 달리한다. 즉 양자는 전혀 별개의 것이므로 위자료적 요소를 재산분할에 있어서 직접적으로 참작할 것은 아니다.

(2) 적극재산

1) 특유재산

가) 원칙

재산분할의 대상은 쌍방의 노력으로 취득한 재산이므로 위의 원칙에 따를 때 부부의 일방이 혼인 전에 취득하여 소유하고 있던 재산, 부부의 일방이 혼인 중 상속 및 증여 등에 의하여 취득한 재산은 원칙적으로 재산분할에서 제외되며, 실무상 이를 특유재산이라고 한다.

나) 예외

전설한 바와 같이 이는 분할의 대상에서 제외됨이 원칙이나 예외적으로 다른 일방이 적극적으로 특유재산의 유지에 협력하여 감소를 방지하였거나 증식에 협력하였다고 인정되는 경우에는 대상이 될 수 있다(대법원 1993. 5. 25. 92므501). 또한, 부부일방이 혼인 중 제3자에게 부담한 채무는 일상가사에 관한 것 이외에는 원칙으로 그 개인의 채무로서 청산의 대상이 되지 않으나 그것이 공동재산의 형성에 수반하여 부담한 채무인 경우에는 청산의 대상이 된다."라고 하였다(대법원 1993. 5. 25. 선고 92므501 판결, 1998. 2. 13. 선고 97므1486 판결).

그리고 "가사를 전담하는 외에 가업으로 24시간 개점하는 잡화상연쇄점에서 경리업무를 전담하면서 잡화상경영에 참가하여 가사비용의 조달에 협력하였다면 특유재산의 감소방지에 일정한 기여를 하였다고 할 수 있어 특유재산이 재산분할의 대상이 된다."라고 본 경우가 있다(대법원 1994. 5. 13. 선고 93므1020 판결, 2002. 8. 28.자 2002스36 결정).

다만, 법원이 이에 위와 같은 이유로 특유재산에 대하여 재산분할을 인정한다고 하더라도 그 비율은 혼인 중 형성된 재산의 분할비율보다 낮게 인정되고 있다.

2) 가사노동에 의한 기여를 통해 형성한 재산

재산형성에 대한 협력으로 인정하여 재산분할청구의 대상이 된다. 따라서 이는 특유재산의 추정을 번복시키기 위한 요건과는 다르다. 부부 중 일방이 상속받은 재산이거나 이미 처분한 상속재산을 기초로 형성된 부동산이더라도 이를 취득하고 유지함에 있어 상대방의 가사노동 등이 직·간접으로 기여한 것이라면 재산분할의 대상이 된다(대판 1998. 4. 10. 96므1434).

3) 향후 수령할 퇴직금 및 공무원의 퇴직연금 등

가) 퇴직연금, 공무원연금

종전 판례는 "향후 수령할 퇴직연금은 여명을 확정할 수 없으므로, 이를 바로 분할대상재산에 포함시킬 수는 없고, 이를 참작하여 분할액수와 방법을 정함이 상당하다."라고 판단해 왔다(대법원 1997. 3. 14. 선고 96므1533, 1540 판결, 2002. 8. 28.자 2002스36 결정). 그러나 2014년 전원합의체 판결을 통하여 "재산분할제도의 취지에 비추어 허용될 수 없는 경우가 아니라면, 이미 발생한 공무원 퇴직연금수급권도 부동산 등과 마찬가지로 재산분할의 대상에 포함될 수 있다고 봄이 상당하다. 그리고 구체적으로는 연금수급권자인 배우자가 매월 수령할 퇴직연금액 중 일정 비율에 해당하는 금액을 상대방 배우자에게 정기적으로 지급하는 방식의 재산분할도 가능하다."라고 판단하였다(2014. 7. 16. 선고 2012므2888 전원합의체).

따라서 이혼소송의 사실심 변론종결 당시에 부부 일방이 공무원 퇴직연금을 실제 수령하고 있는 경우에는 이미 발생한 공무원 퇴직연금수급권에 대한 재산분할청구도 가능하다고 할 것이다. 참고로 2016. 1. 1.부터 시행되는 개정 공무원연금법에서는 배우자가 공무원으로서 재직한 기간 중의 혼인 기간이 5년 이상인 경우 i) 공무원이었던 배우자와 이혼했을 것, ii) 혼인기간 중 연금을 납부한 기간이 5년 이상일 것, iii) 이혼한 배우자가 퇴직연금 또는 조기퇴직연금 수급권자가 되고 65세가 이른 날부터, iv) 3년 이내에 연금관리공단에 분할연금 지급신청을 할 것 등의 요건 하에 분할연금을 청구할 수 있는 것으로 규정하고 있습니다(제46조의3 이하).

나) 퇴직금

① 문제의 소재

부부 중 일방이 직장에서 근무하다가 퇴직하여 이혼 당시에는 이미 퇴직금(명예퇴직금 포함)을 수령하여 소지하고 있는 경우에는 청산의 대상으로 삼을 수 있다. 그런데 만일 이혼 당시 퇴직하지 아니하여 장래 퇴직금을 수령할 수 있는 지위에 있음에 불과할 경우에도 재산분할에서의 처리가 문제될 수 있다.

② 장래 수령할 퇴직금의 재산분할에서의 처리

결론부터 말하면, 재직중인 남편이 장래 수령할 퇴직금도 재산분할의 대상에 포함시킬 수 있다.

종전 판례는 부부 일방이 아직 퇴직하지 아니한 채 직장에 근무하고 있는 경우에는 그의 퇴직일과 수령할 퇴직금이 확정되었다는 등의 특별한 사정이 없는 한 장래의 퇴직금은 재산분할의 대상이 되지 않고, 단지 민법 제839조의2 제2항 소정의 재산분할의 액수와 방법을 정하는데 필요한 '기타 사정'으로만 참작하면 족하는 것으로 판단해 왔다(대법원 1998. 6. 12. 선고 98므213 판결, 2002. 8. 28.자 2002스36 결정).

그러나 2014년 전원합의체 판결을 통하여 "비록 이혼 당시 부부 일방이 아직 재직 중이어서 실제 퇴직급여를 수령하지 않았더라도 이혼소송의 사실심 변론종결 시에 이미 잠재적으로 존재하여 그 경제적 가치의 현실적 평가가 가능한 재산인 퇴직급여채권은 재산분할의 대상에 포함시킬 수 있으며, 구체적으로는 이혼소송의 사실심 변론종결시를 기준으로 그 시점에서 퇴직할 경우 수령할 수 있을 것으로 예상되는 퇴직급여 상당액의 채권이 그 대상이 된다."라고 하여 종전 판례를 변경하여(대법원 2014. 7. 16. 선고 2013므2250 전원합의체), 이 또한 재산분할의 대상이 되었다는 점에 유의하여야 한다.

4) 영업권

영업권도 분할대상이 되나 독자적 재산가치가 있어야 하고 독자적인 재산가치를 갖는 것이 아닌 영업상의 이익에 대해서는 대상이 되지 않는다(대판 1993. 12. 28. 93므409).

5) 명의신탁재산 등

가. 명의신탁재산

재산분할청구권에 관하여 「민법」 제839조의2는 "①협의상 이혼한 자의 일방은 다른 일방에 대하여 재산분할을 청구할 수 있다. ②제1항의 재산분할에 관하여 협의가 되지 아니하거나 협의할 수 없는 때에는 가정법원은 당사자의 청구에 의하여 당사자 쌍방의 협력으로 이룩한 재산의 액수 기타 사정을 참작하여 분할의 액수와 방법을 정한다. ③제1항의 재산분할청구권은 이혼한 날부터 2년을 경과한 때에는 소멸한다."라고 규정하고 있고, 위 규정은 같은 법 제843조에 의하여 재판상 이혼의 경우에도 준용되고 있다.

그런데 부부일방이 제3자에게 명의신탁한 부동산도 재산분할청구의 대상이 되는지에 관하여 판례는 "제3자 명의의 재산이더라도 그것이 부부 중 일방에 의하여 명의신탁된 재산 또는 부부의 일방이 실질적으로 지배하고 있는 재산으로서 부부 쌍방의 협력에 의하여 형성된 것이거나 부부 쌍방의 협력에 의하여 형성된 유형, 무형의 자원에 기한 것이라면 그와 같은 사정도 참작하여야 한다는 의미에서 재산분할의 대상이 된다."라고 하였다(대법원 1998. 4. 10. 선고 96므1434 판결).

이것은 재산분할제도의 목적이 부부 중 누구 명의로 되어 있건 간에 쌍방의 협력으로 이룩한 실질적인 부부의 공동재산을 청산하는데 있다고 할 것이므로, 나아가 부부 이외의 제3자 명의의 재산이라고 하더라도 그것이 부부의 협력으로 이룩한 실질적인 공동재산으로 인정되는 경우에는 재산분할의 대상으로 삼을 수 있다는 취지로 보입니다. 다만, 제3자 명의의 재산이 순수한 의미에서 부부의 일방이 명의신탁한 재산이라고 하더라도 그에 대하여 직접 재산분할을 명하는 경우 제3자는 당해 소송의 피고가 아니므로 그 재산을 직접 분할하는 현물분할이나 경매분할을 명하면 집행불능에 이르게 될 것입니다. 결국 제3자 명의의 재산도 재산분할의 대상이 된다는 것은 그 재산형성에 대한 부부 일방의 기여도를 「민법」 제839조의2 제2항 소정의 기타의 사정으로 참작하여야 한다는 의미로 이해할 수 있을 듯하다.

나) 합유재산

상대방 배우자와 제3자의 합유재산도 재산분할의 대상에 포함된다. 그러나 직접 당해 재산의 분할을 명할 수는 없고 그 지분의 가액을 산정하여 이를 분할의 대상으로 삼거나 다른 재산의 분할에 참작하는 방법으로 대상에 포함하는 것이 재판실무이다.[43]

6) 재산분할 재판확정 후 재산이 추가로 발견된 경우

재판에서 재산분할 대상인지 여부가 전혀 심리된 바 없는 재산이 재판확정 후 추가로 발견된 경우에는 이에 대하여 추가로 재산분할청구를 할 수 있다고 본다(대판 2003. 2. 28. 2000므582). 다만, 2년의 제척기간이 도과되어서는 아니 된다.

7) 부부의 일방이 별거 후에 취득한 재산

재산분할 제도는 이혼 등의 경우에 부부가 혼인 중 공동으로 형성한 재산을 청산·분배하는 것을 주된 목적으로 하는 것으로서, 부부 쌍방의 협력으로 이룩한 적극재산 및 그 형성에 수반하여 부담하거나 부부 공동생활관계에서 필요한 비용 등을 조달하는 과정에서 부담한 채무를 분할하여 각자에게 귀속될 몫을 정하기 위한 것이므로(대법원 2013. 6. 20. 선고 2010므4071, 4088 전원합의체 판결 참조), 부부 일방에 의하여 생긴 적극재산이나 채무로서 상대방은 그 형성이나 유지 또는 부담과 무관한 경우에는 이를 재산분할 대상인 재

---

43) 대법원 2009. 12. 11. 선고 2009스23 결정.

산에 포함할 것이 아니다.

그러므로 재판상 이혼에 따른 재산분할에 있어 분할의 대상이 되는 재산과 그 액수는 이혼소송의 사실심 변론종결일을 기준으로 하여 정하는 것이 원칙이지만(대법원 2000. 5. 2.자 2000스13 결정 참조), 혼인관계가 파탄된 이후 변론종결일 사이에 생긴 재산관계의 변동이 부부 중 일방에 의한 후발적 사정에 의한 것으로서 혼인 중 공동으로 형성한 재산관계와 무관하다는 등 특별한 사정이 있는 경우에는 그 변동된 재산은 재산분할 대상에서 제외하여야 할 것이다.[44]

> 재판상 이혼에 이부부의 일방이 별거 후에 취득한 재산이라도 그것이 별거 전에 쌍방의 협력에 의하여 형성된 무형 유형의 자원에 기초한 것이라면 재산분할의 대상이 된다(대판 2000. 9. 22. 99므906).

현재 실무는 이혼소송의 사실심 변론종결시를 기준으로 하면서도 다음과 같이 유연하게 처리하고 있다.

가) 별거당시 재산을 별거 후 부부 일방이 처분한 경우

별거당시 재산을 별거 후 부부 일방이 처분한 경우 사실심 변론종결시를 기준으로 할 경우 당해 재산은 존재하지 아니하지만 이때에도 매각대금 등의 사용용도가 명확하지 않고 그에 대한 입증이 없을 경우 당해 재산 또는 처분에 따른 금원을 그대로 보유하고 있는 것으로 처리하며 채권도 이와 같다. 또한, 혼인관계가 파탄된 이후 일방이 채권을 변제받았음에도 보유 여부 및 사용용도에 대한 입증이 없는 경우 변제받은 금원을 그대로 보유하고 있는 것으로 처리한다.

나) 별거 후 부부 일방이 차용금 채무 등을 부담하는 경우

별거 후 부부 일방이 차용금 채무 등을 부담하는 경우 사실심 변론종결시를 기준으로 할 경우 당해 채무를 소극재산으로 포함시켜야 하지만, 그 채무가 자녀의 양육비 및 부부의 혼인공동체존속을 위한 비용에 사용되었다고 볼만한 사정이 없다면 그 채무를 분할대상에서 제외하여야 한다. 실무에서는 당사자 일방이 금융계좌에서 인출하거나 부동산을 처분할 경우 그 용도가 생활비나 양육비, 부부공동재산의 유지 및 형성 비용 등으로 사용된 경우 외에는 인출금이나 부동산 처분대금을 그대로 보유하고 있는 것으로 추정한다.

---

44) 대법원 2013. 11. 28. 선고 2013므1455,1462 판결

재산분할의 대상이 되는, 부부 일방이 혼인생활 중에 부담한 제3자에 대한 채무의 범위(대법원 2005. 8. 19. 선고 2003므1166,1173 판결)

【판시이유】

혼인생활 중에 부부의 일방이 제3자에게 부담한 채무는 일상가사에 관한 것이거나 공동재산의 형성에 수반하여 부담한 것인 경우에 한하여 부부 공동으로 부담한 채무로서 청산의 대상이 되는 것이고, 부부가 혼인 중에 이룬 공동재산을 부부 중의 일방이 별거 중에 임의매각한 경우 그 매각대금이 재산분할의 대상이 되어야 할 것임은 소론과 같다.

그러나 파탄 이전의 정상적인 혼인생활 중에 주 수입원으로 영위하였던 사업상의 거래관계에서 발생하여 상대방도 용인하였던 채무는 결국 부부 공동의 이익을 위한 것으로 공동재산의 형성에 수반하여 부담한 것이라고 평가되어야 할 것이고, 혼인관계가 사실상 파탄에 이른 후에 부부 일방이 공동재산을 처분하였다고 하더라도 그 매각이 적정한 시가에 따라 이루어졌고 그 대금으로 부부 공동으로 부담하여야 하는 동액 상당의 채무를 변제하였다면 그 매각대금을 재산분할의 대상이 되는 재산의 가액에 산입할 수는 없으며, 혼인생활 중에 부부의 일방이 부담하였다가 이미 변제하여 파탄 이전에 소멸한 채무에 대하여까지 단지 그 채무의 사용처가 불명하다는 이유로 이를 일방이 개인적으로 탕진한 후 공동재산으로 개인의 채무를 변제한 것으로 보아 그 액수를 재산분할 대상이 되는 재산의 가액에 산입할 수는 없다고 할 것이다.

원심판결 이유에 의하면, 원심은 그 판시와 같이 원고와 피고(반소원고, 이하 '피고'라 한다)가 혼인 당시 별다른 재산이 없었는데 피고가 상당한 부동산을 상속받은 후 그 부동산을 처분하거나 담보로 제공하여 받은 돈으로 사업을 영위하면서 다른 부동산을 취득하고 일부 채무를 변제한 과정 등을 자세히 인정한 다음, 이 사건에서 피고의 부동산의 매각, 채무의 부담, 그 변제 등이 모두 혼인 중의 공동재산의 형성 과정에서 이루어진 것으로 보아, 이 사건 변론종결 당시 피고 명의로 남아 있던 적극재산만이 이 사건 이혼에 따른 재산분할의 대상이 되고 피고 명의로 남아 있던 소극재산도 전액 재산분할의 대상이 된다고 판단하였는바, 기록에 비추어 살펴보면, 원심의 위와 같은 사실인정 및 판단은 위 법리에 따른 것으로서 모두 옳다고 수긍이 가고, 거기에 상고이유의 주장과 같이 채증법칙을 위배하여 사실을 오인하거나, 심리를 다하지 아니하거나, 재산분할의 대상이 되는 재산의 범위에 관한 법리를 오해한 잘못이 있다고 할 수 없다.

나아가 법원이 재산분할의 방법 등을 정함에 있어서 그 모든 사정을 개별적·구체적으로 일일이 특정하여 설시하여야 하는 것은 아니고(대법원 1998. 2. 13. 선고 97므1486, 1493 판결 참조), 원심이 최종적으로 재산분할의 대상이 되는 적극재산과 소극재산을 확정하여 설시한 데에는 그에 반하는 원고의 주장을 배척하는 취지가 포함된 것이라 할 것이므로, 원심판결에 상고이유의 주장과 같은 재산분할의 대상이 되는 재산인지에 관한 원고의 여러 주장에 대하여 판단을 유탈한 잘못이 있다고 할 수 없다.

8) 자격증 등 무형재산

가) 문제의 소재

혼인 중 취득한 의사, 변호사, 박사학위는 자격증은 재산적 가치는 있지만 이를 금전으로 환산하기 지극히 곤란한 무형재산이 재산분할의 대상재산에 포함되는지 만일 포함된다면 그 가치평가 방법이 문제될 수 있다.

나) 법원의 태도

이에 대하여 법원은 재교수로써의 재산취득능력은 재산분할의 액수와 방법을 정하는데 필요한 기타사정으로 참작하고(대판 1998. 6. 12. 98므213), 의사자격증에 대해서도 장래수입증가를 가져올 수 있는 잠재적 재산으로 고려하고 있다(서울가정법원 1991. 6. 13 91드1220)고 판시하며, 이러한 자격증에 대한 가치평가시 재산분할의 액수와 방법을 정하는데 필요한 기타 사정으로 참작함으로써 충분하다고 판다하고 있다.

9) 국민연금

국민연금에 대해서는 국민연금법이 별도로 규정하고 있다. 즉, 국민연금법 제64조는 "배우자의 가입기간 중의 혼인 기간[45])이 5년 이상 인자가 ⅰ) 배우자와 이혼하였을 것, ⅱ) 배우자였던 사람이 노령연금[46]) 수급권자일 것, ⅲ) 자신이 나이가 60세가 되

---

45) 여기서 혼인기간과 관련하여서는 별거, 가출 등의 사유로 인하여 실질적인 혼인관계가 존배하지 아니하였던 기간이 존재하였다면 그 기간만큼을 혼인기간에서 제외하여야 한다. 즉, 혼인기간은 실질적인 혼인기간만이 산입된다.

46) 노령연금이란 국민연금 급여 중의 하나로서 기본적인 노후생활을 보장하기 위해 지급되

었을 것, iv) 5년 이내에 국민연금관리공단에 분할연금 신청을 하였을 것(5년이 지나면 받지 못함) 등의 요건을 갖추면 그때부터 그가 생존하는 동안 배우자였던 자의 노령연금을 분할한 일정한 금액의 연금을 받을 수 있다고 규정하고 있다.

■ 국민연금법 시행규칙 [별지 제15호서식] 〈개정 2020. 1. 31.〉

분할연금 지급(선)청구서

※ 2쪽의 작성방법 및 유의사항을 읽고 작성하여 주시기 바라며, [ ]에는 해당되는 곳에 √표를 합니다. (1쪽)

접수번호	접수일시		처리기간	30일

분할연금 수급권자 (선청구자)	성명		주민등록번호 (외국인등록번호 · 국내거소신고번호)	
	전화번호(자택)		휴대전화번호	
	주소			
	전자우편주소(e-mail)			

노령연금 수급권자	성명	주민등록번호	혼인 유지기간

선청구 분할 비율 별도결정	선청구 여부	분할 비율 별도결정 여부
	[ ] 선청구	[ ] 있음 [ ] 없음

급여액 결정 · 변경 내역 수신방법	[ ] 문서 [ ] 전자우편주소(e-mail) [ ] 문서 및 전자우편주소(e-mail)

지급계좌	일반계좌	금융기관	계좌번호
	전용계좌(압류방지용)	금융기관	계좌번호
	※ 전용계좌는 국민연금 급여 압류방지를 위해 금융기관에 별도로 개설된 계좌를 말합니다. 월 급여액이 입금한도인 월 185만원을 초과할 것으로 예상되는 경우에는 일반계좌도 함께 기재하시기 바랍니다.		

※ 급여	발생급여	①	②	③	선택

는 연금이다. 가입기간과 납부보험료에 따라 산정되는 기본연금액에 가족수당격인 부양가족연금을 더한 금액을 평생 동안 지급하며, 수급자가 연금을 받던 중 사망하면 배우자 등 유족에게 지급된다.

선택	(발생일)	(/ /) (/ /) (/ /)	급여 (발생일)	(/ /)

대리인	성명		주민등록번호	
	전화번호(자택)		휴대전화번호	수급권자(선청구자)와의 관계
	주소			
	수급권자(선청구자) 확인 (인)		기관장 확인 (인)	

「국민연금법 시행규칙」 제22조 제2항에 따라 위와 같이 분할연금의 지급을 청구합니다.

년   월   일

청구인(대리인)

(서명 또는 인)

국민연금공단 이사장 귀하

210mm×297mm[백상지(80g/㎡) 또는 중질지(80g/㎡)]

청구인 제출서류	1. 주민등록증 등 청구인의 신분증 사본 1부(주민등록증 등 신분증을 제시함으로써 갈음 할 수 있습니다) 2. 분할연금 수급권자(선청구자)의 신분증 사본 1부(대리인이 청구하는 경우에만 해당합니다) 3. 혼인관계증명서에 대한 상세증명서(주민등록번호를 포함합니다) 1부	수수료 없음

작성방법 및 유의사항

> ※ 분할연금 선청구제도 : 분할연금 수급 연령에 도달하기 이전에 이혼하는 경우, 이혼의 효력이 발생한 때부터 분할연금을 미리 청구하는 제도입니다. 미리 청구하셔도 분할연금은 수급권이 발생한 이후부터 지급해드립니다.
>
> ※ 분할 비율 : 원칙적으로 당사자간 50:50으로 균등하여 나누게 되어 있으며, 예외적으로 민법 제839조의2 또는 제843조에 따라 연금의 분할에 대하여 별도로 결정된 경우에는 분할 비율을 달리합니다. 이 경우에는 별지 제15호의2서식에 따라 혼인 기간·연금 분할 비율 신고서를 제출하셔야 합니다.

1. 색상이 어두운 란과 "※"표시란은 적지 마십시오.
2. 여러 건의 분할연금을 청구하시는 경우에는 청구서를 각각 제출하셔야 합니다.
3. 성명, 주민등록번호, 전화번호, 주민등록표상의 주소를 반드시 적으십시오.
4. "급여액 결정·변경내역 수신방법"란에는 해당 수급권자가 희망하는 방법을 선택합니다.
   ※ 급여액 결정·변경내역은「국민연금법 시행규칙」제22조 제10항에 따라 공단이 지급할 급여액을 결정하거나 이를 변경하면 그 사실을 해당 수급권자에게 통지하는 내용을 말합니다.
5. 지급계좌는 반드시 입출금이 가능한 것이어야 합니다.
6. 서식상의 "노령연금 수급권자"에는 분할연금 선청구에 따라 전 배우자의 노령연금 수급권이 아직 발생하지 않은 자(노령연금 수급 예정자)도 포함합니다.
7. "혼인 유지기간"란은 배우자의 국민연금 가입기간 중의 혼인기간을 적으십시오.
8. "선택급여"란은 「국민연금법 시행규칙」 제25조에 따른 급여 선택의 신고를 해야 하는 경우에 급여의 종류 및 발생일을 적으십시오.
9. "대리인"란은 수급권자(선청구자)의 해외체류, 수감 등으로 대리인이 청구하는 경우에 적으십시오.
   ※ 기관장 확인은 재외공관장, 교도소장 등 그 해당 기관장이 확인하는 경우를 말합니다.
10. 수급권자(선청구자) 또는 유족은 「국민연금법」 제121조 제1항에 따라 수급권 소멸 사실 등을 신고하여야 합니다.

처리절차

분할연금 지급 청구는 아래와 같이 처리됩니다.

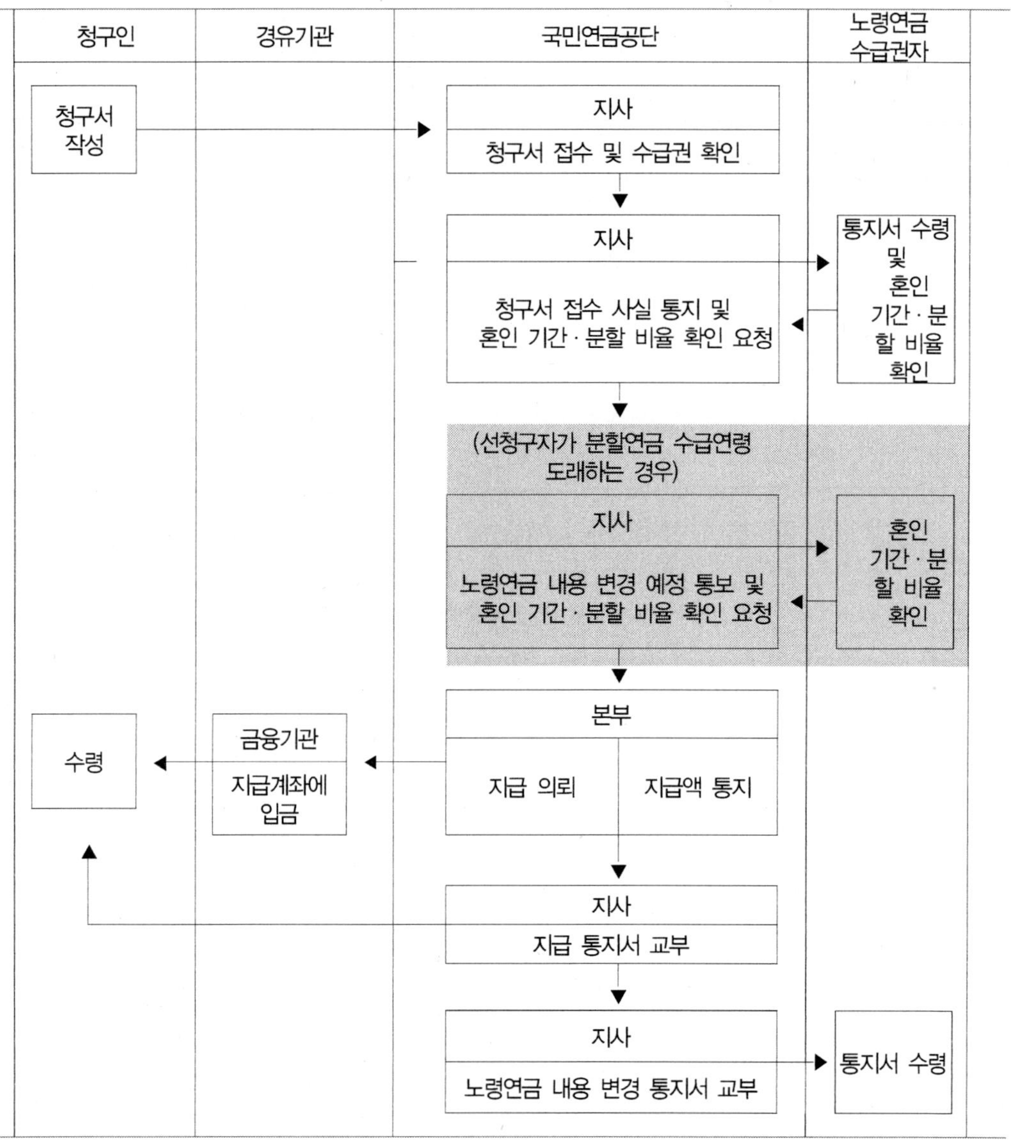

10) 군인연금

군인연금은 다른 공적연금과는 다르게 분할연금청구제도가 인정되지 아니하다가 2019. 11. 19. 군인연금 또한 분할지급이 가능하도록 군인과 이혼한 사람에게 분할연금수급권을 부여하는 내용의 군인연금법이 국회 본회의를 통과하면서 위 법이 시행되는 2010. 6. 11.부터 배우자의 직업이 군인인 경우에도 군인연금에 대하여 분할연금청구제도를 통하여 연금의 일정비율을 연금형태 그대로 재산분할로 받을 수 있게 되었다. 이 제도를 통한 군인연금을 분할지급받기 위해서는 ⅰ) 상대방 배우자의 직업이 군인일 것, ⅱ) 별거기간 등을 제외하고 온인기간이 만 5년 이상일 것 등의 요건을 충족하여야 한다.[47)

11) 보험청구권, 손해배상청구권 등

일방배우자가 혼인 중 교통사고로 인하여 수령한 교통안전보험금, 생명보험 주식회사의 보험금은 재산분할의 대상에 포함되지 아니한다.

12) 복권당첨금

복권당첨금음 부부가 공동으로 협력하여 이룩한 재산이 아니기 때문에 재산분할의 대상이 되지 않는다.

(3) 소극재산

1) 개관

재산분할의 원칙은 적극재산뿐만 아니라 소극재산에 대하여도 동등하게 적용된다. 따라서 부부 일방이 혼인 중 제3자에게 부담한 채무는 일상가사에 관한 것 이외에는 원칙적으로 채무로서 청산의 대상이 되지 않으나 그것이 공동재산의 형성에 수반하여 부담한 채무인 경우에는 재산분할의 대상이 되므로 소극재산으로 계산되어 분할대상인 적극재산에서 공제된다.

한편, 부부일방이 위와 같이 청산의 대상이 되는 채무를 부담하고 있어 총재산가액에서 위 채무액을 공제하면 남는 금액이 없는 경우에는 재산분할의 대상이 되는 재산이 없는 결과가 되어 상대방배우자는 재산분할청구를 할 수 없다.

---

47) 참고로 군인인 배우자가 군인연금을 연금형태로 지급받기 위해서는 재직기간이 만 20년 이상이 되어야 하며, 혼인기간 5년을 계산할 때 종기는 협의이혼의 경우에는 이혼신고를 마친 날까지를 의미하고 재판상이혼의 경우에는 조정조사가 작성된 날 또는 화해권고결정이 확정된 날 그리고 판결에 의하여 종결된 경우에는 판결이 확정된 날을 의미한다.

부부가 이혼할 때 雙方의 소극재산 총액이 적극재산 총액을 초과하여 재산분할을 한 결과가 결국 채무의 분담을 정하는 것이 되는 경우에도 재산분할 청구를 받아들일 수 있는지 여부(적극) 및 이 경우 채무를 분담하게 할지 여부와 분담의 방법 등을 정하는 기준(대법원 2013. 6. 20. 선고 2010므4071,4088 전원합의체 판결)

【판결요지】

[다수의견] 이혼 당사자 각자가 보유한 적극재산에서 소극재산을 공제하는 등으로 재산상태를 따져 본 결과 재산분할 청구의 상대방이 그에게 귀속되어야 할 몫보다 더 많은 적극재산을 보유하고 있거나 소극재산의 부담이 더 적은 경우에는 적극재산을 분배하거나 소극재산을 분담하도록 하는 재산분할은 어느 것이나 가능하다고 보아야 하고, 후자의 경우라고 하여 당연히 재산분할 청구가 배척되어야 한다고 할 것은 아니다. 그러므로 소극재산의 총액이 적극재산의 총액을 초과하여 재산분할을 한 결과가 결국 채무의 분담을 정하는 것이 되는 경우에도 법원은 채무의 성질, 채권자와의 관계, 물적 담보의 존부 등 일체의 사정을 참작하여 이를 분담하게 하는 것이 적합하다고 인정되면 구체적인 분담의 방법 등을 정하여 재산분할 청구를 받아들일 수 있다 할 것이다. 그것이 부부가 혼인 중 형성한 재산관계를 이혼에 즈음하여 청산하는 것을 본질로 하는 재산분할 제도의 취지에 맞고, 당사자 사이의 실질적 공평에도 부합한다. 다만 재산분할 청구 사건에 있어서는 혼인 중에 이룩한 재산관계의 청산뿐 아니라 이혼 이후 당사자들의 생활보장에 대한 배려 등 부양적 요소 등도 함께 고려할 대상이 되므로, 재산분할에 의하여 채무를 분담하게 되면 그로써 채무초과 상태가 되거나 기존의 채무초과 상태가 더욱 악화되는 것과 같은 경우에는 채무부담의 경위, 용처, 채무의 내용과 금액, 혼인생활의 과정, 당사자의 경제적 활동능력과 장래의 전망 등 제반 사정을 종합적으로 고려하여 채무를 분담하게 할지 여부 및 분담의 방법 등을 정할 것이고, 적극재산을 분할할 때처럼 재산형성에 대한 기여도 등을 중심으로 일률적인 비율을 정하여 당연히 분할 귀속되게 하여야 한다는 취지는 아니라는 점을 덧붙여 밝혀 둔다.

1) 일반적인 채무

일반채무가운데 ① 일상가사와 관련된 채무, 공동재산형성을 위해 부담한 채무는 청산의 대상이 된다. ② 채무부담을 통하여 재산을 취득한 경우 그 취득한 특정 적극 재산이 이혼 시에는 남아 있지 않더라고 그 채무부담행위가 부부 공동의 이익을 위한 것으로 인정될 때에는 혼인 중의 공동재산의 형성 유지에 수반하는 것으로 보아 청산의 대상으로 하고 있다.

2) 임차보증금반환채무

임차보증금은 ① 부동산을 구입하면서 이를 타인에게 임차하여 임차보증금으로 구입자금의 일부를 충당한 경우에는 이는 청산의 대상이 되는 채무이지만(대판 1999. 6. 11. 96므1397) ② 타인에게 임차한 주택을 재산분할로 받은 경우 분할 받은 배우자가 임차인에 대한 보증금반환채무를 승계하느냐는 별개의 문제이다. 따라서 그 부동산이 주택임대차보호법에 따라 임대인의 지위가 당연히 승계는 등의 특별사정이 없는 한 임차보증금반환채무가 분할 받은 당사자에 면책적으로 인수되는 것은 아니다(대판 1997. 8. 22. 96므912).

3) 부부 중 일방이 타인에 대하여 보증채무를 부담하는 경우

보증채무는 장래에 현실화여부가 불분명하고, 만일 주채무자가 변제를 하지 않아 보증채무를 이행하게 된다 하더라도 주채무자에 대한 구상권을 보유하게 되기 때문에 특별한 사정이 없는 한 소극재산으로 인정되지 않는다.
다만, 주채무자의 무자력으로 인하여 보증인인 부부일방이 이를 이행할 수밖에 없고, 사후구상의 가능성도 기대할 수 없는 예외적인 경우에는 소극재산으로 공제될 여지는 있다.

4) 부부가 각각 주채무자와 연대보증인으로 되어 있는 경우

부부가 각각 주채무자와 연대보증인으로 되어 있는 경우 원칙적으로 주채무자의 소극재산에 해당한다. 하지만 이를 사후에 누가 변제하는가에 따라 사정이 달라질 수 있기 때문에 당사자의 재산가액, 채권자와의 인적관계, 변제가능성 등 변론종결 당시의 사정을 고려하여 어느 일방의 소극재산으로 포함시키거나 분할대상 재산에서 배제하는 것으로 결론을 내릴 수밖에 없다.[48]

5) 영업상 채무를 소극재산으로 주장하는 경우

사업을 하는 일방 당사자의 영업상의 채무는 실무상 다른 특별한 사정이 존재하지 않는 한 그 채무상당의 물품 또는 판매대금채권이 현존하고 있다고 보아 영업거래상의 채무만을 별도로 소극재산에 포함시키지 아니한다.

---

[48] 서울가정법원 2004. 4. 22. 선고 2002르2424 판결.

6) 조세채무

분할대상의 되는 재산의 형성 등에 지출된 세금인 소득세, 상속세, 증여세, 재산세 등의 경우 공동재산의 형성에 수반하여 지출된 채무로 인정되어 분할대상이 되는 소극재산으로 보아야 한다. 그러나 이혼 및 재산분할 사건에서 위자료 및 재산분할금을 지급하기 위하여 부동산의 처분이 불가피하다 하여 그 처분에 관하여 부과될 양도소득세 상당액을 분할대상재산의 가액에서 미리 공제하여야 한다고 볼 수 없다.[49]

7) 보험계약대출금채무

통상 보험회사에 보험금을 불입하고 그 불입금액의 범위 내에서 대출을 받는 보험계약대출금채무는 보험계약대출의 성격상 대출금의 액수를 넘는 보험금의 지급이 예정되어 있으므로 별도로 재산분할의 대상에 포함되는 채무가 아니다.

8) 사인에 대한 채권/채무

실무상 제3자에 대한 사적인 채권, 채무는 그에 대한 증거가 제출된다고 하더라도 분할대상 재산에 포함시키지 않는 경우가 많다.

특히, 지인이나 형제자매, 부모로부터 차용하였다고 주장하는 내용에 관하여 그 진실성을 담보할 수 없거나 증여인지 채무인지 여부가 불확실하다고 판단될 경우 이를 분할대상에서 제외한다.

또한, 상대방에게 대여금, 영업상의 미수금 등 채권이 있으므로 이를 적극재산에 포함하여야 한다는 주장에 대하여도 당사자와의 관계 변제가능성 등을 고려하여 증여로 볼 수 있거나 악성채권으로 회수가능성이 낮다고 인정되면 분할대상 재산에서 배제한다.

6. 분할대상 재산과 액수산정의 시기

재산분할 대상인 부동산의 가액판정 시기와 관련하여 판례는 "재판상 이혼시의 재산분할에 있어 분할의 대상이 되는 재산과 그 액수는 이혼소송의 사실심 변론종결일을 기준으로 하여 정하여야 하므로, 법원은 변론종결일까지 기록에 나타난 객관적인 자료에 의하여 개개의 공동재산의 가액을 정하여야 하고, 부부 각자에게 귀속하게 한 재산가액의 비율과 법원이 인정한 그들 각자의 재산분할 비율이 다를 경우에는 그 차액을 금전으로 지급 · 청산하게 하여야 한다."고 하며, "그럼에도 불구하고 원심이 시가감정 이후에 전반적인 부동산가격이 하락하였다거나 특정 재산의 가격의 하락이 환율의 변동에 기인한다는 등 그 판시와 같은 이유만으로 피고에게 그 스스로 정한 재산분할 비율에 초과하여 귀속받은 재산 상당

---

49) 대법원 1994. 12. 2. 선고 94므901,94므918 판결.

의 금원을 원고에게 지급·청산할 것을 명할 필요가 없다고 판단한 것은 재산분할에 관한 법리를 오해한 나머지 판결에 영향을 미친 잘못을 저지른 것이라 할 것이고, 원심의 판단 취지를 위와 같은 경제사정으로 인하여 원심변론 종결 당시에는 재산분할비율과 각자에게 귀속되는 재산의 가액비율이 근사하게 되었음을 전제로 하고 있는 것으로 본다고 하더라도, 시가감정 등 객관적인 자료에 의하지 아니하고 위와 같은 막연하고 불명확한 사유만을 근거로 귀속되는 재산의 가액비율을 그 같이 인정을 할 수도 없는 것이다.”고 판시하였다 (대법원 2000. 9. 22. 선고 99므906 판결).

가. 평가방법

분할대상이 되는 재산은 적극재산이거나 소극재산이거나 그 액수가 대략적으로나마 확정되어야 하며, 이때 재산분할액 사정의 기초가 되는 재산의 가액은 반드시 시가감 정에 의하여 인정하여야 하는 것은 아니지만 객관성과 합리성이 있는 자료에 의하여 평가하여야 한다.[50]

나. 아파트, 자동차 등

아파트, 자동차 등에 대한 시가산정은 실무상 각종 인터넷사이트(KB부동산실거래가 조회, 국토교통부공시가 등)의 시가 제공정보를 활용하고 있다.

다. 주식

주식은 증감변동하는 속성을 지니고 있어 정확한 가액을 산정하는데 어려움이 있다. 그러나 보통 상장주식의 경우에는 변론종결인의 거래소의 종가를 기준으로 계산하고, 비상장 주식의 경우에는 객관적 교환가치가 적절하게 반영된 거래의 시례가 있는 경 우 그 거래가격을 시가로 보아 주식의 가액을 평가하며,[51] 그러한 거래사례가 없는 경우에는 객관성과 합리성이 있는 자료에 의하여 가액을 평가하는데,[52] 일반적으로 순자산가치 평가법으로 불리는 방법을 취하고 있다.

7. 재산분할에 있어 가사노동의 평가

부부 일방의 특유재산은 원칙적으로 재산분할청구의 대상에서 제외됩니다. 따라서 민법 제 839조의2 재산분할청구의 판단 대상이 되는 재산은 당사자 쌍방의 협력으로 이루어진 재 산으로 한정됩니다. 다만 판례는 부부 일방의 특유재산이라 하더라도 “다른 일방이 적극적

---

50) 대법원 1999. 6. 11. 선고 96므1397 판결.
51) 대법원 2001. 9. 28. 선고 2001도319 판결.
52) 대법원 1999. 6. 11. 선고 96므1397 판결.

으로 그 특유재산의 유지에 협력하여 그 감소를 방지하였거나 그 증식에 협력하였다고 인정되는 경우"에는 분할의 대상이 될 수 있다고 하여 일방의 특유재산에 대한 재산분할청구 대상 여부 판단에 있어 다소 개방적인 태도를 취하고 있다. (대법원 2002. 8. 28. 2002스 36 결정)

이 중 처의 헌신적인 가사노동이 재산 취득, 유지 및 증가에 직접, 간접적으로 기여한 것으로 인정되는지 문제될 수 있습니다. 판례는 "민법 제839조의2에 규정된 재산분할 제도는 부부가 혼인 중에 취득한 실질적인 공동재산을 청산 분배하는 것을 주된 목적으로 하는 것이므로 부부가 협의에 의하여 이혼할 때 쌍방의 협력으로 이룩한 재산이 있는 한, 처가 가사노동을 분담하는 등으로 내조를 함으로써 부의 재산의 유지 또는 증가에 기여하였다면 쌍방의 협력으로 이룩된 재산은 재산분할의 대상이 된다"고 판시하였다. (대법원 1993. 5. 11. 93스6 결정) 따라서 처의 가사노동도 재산분할 과정에서 고려될 수 있다.

8. 재산분할대상 부동산 허위양도시 강제집행면탈제 성부

형법」 제327조에는 "강제집행을 면할 목적으로 재산을 은닉, 손괴, 허위양도 또는 허위의 채무를 부담하여 채권자를 해한 자는 3년 이하의 징역 또는 1천만원 이하의 벌금에 처한다"라고 규정하고 있다.

강제집행면탈죄가 성립하기 위해서는 채권자의 권리가 해하여지는 결과가 발생하여야만 하는지 여부와 관련하여 대법원 2008.06.26. 선고 2008도3184 판결[강제집행면탈]에서는 "형법 제327조의 강제집행면탈죄는 위태범으로서 현실적으로 민사집행법에 의한 강제집행 또는 가압류, 가처분의 집행을 받을 우려가 있는 객관적인 상태 아래, 즉 채권자가 본안 또는 보전소송을 제기하거나 제기할 태세를 보이고 있는 상태에서 주관적으로 강제집행을 면탈하려는 목적으로 재산을 은닉, 손괴, 허위양도하거나 허위의 채무를 부담하여 채권자를 해할 위험이 있으면 성립하는 것이고, 반드시 채권자를 해하는 결과가 야기되거나 행위자가 어떤 이득을 취하여야 범죄가 성립하는 것은 아니며, 현실적으로 강제집행을 받을 우려가 있는 상태에서 강제집행을 면탈할 목적으로 허위의 채무를 부담하는 등의 행위를 하는 경우에는 달리 특별한 사정이 없는 한 채권자를 해할 위험이 있다고 보아야 한다 (대법원 1996. 1. 26. 선고 95도2526 판결 등 참조)."라고 판시하였다.

따라서 소유권이전등기를 경료하지 아니하더라도 허위의 외관을 만들어 소유권이전등기를 경료하기 위한 가등기를 경료한다는 등의 행위는 상대방의 재산분할청구권을 해하는 행위에 해당하여 강제집행면탈죄가 성립할 수 있다.

9. 재산분할의 비율

가. 분할비율을 정하는 요소

재산분할을 함에 있어서 반드시 비율적으로 접근할 필요는 없다. 그러나 대부분의 하급심 판결은 당사자 쌍방이 가진 재산을 확정한 뒤 순재산(적극재산에서 소극재산을 공제한 재산가액)을 구하고, 여기에 재산분할의 비율을 정한 다음 청구인이 보유하고 있는 순재산에서 위 비율에 따른 금액에 모자라는 부분을 상대방으로부터 금전적으로 지급받도록 하는 방식을 취하고 있다.

나. 재산분할의 비율

(1) 의미

재산분할비율은 개별재산에 대한 기여도를 일컫는 것이 아니라, 기여도 그 밖의 모든 사정을 고려하여 전체로서의 형성된 재산에 대하여 상대방 배우자로부터 분할 받을 수 있는 비율을 의미한다.[53]

(2) 분할비율

재산분할의 비율을 정하는 경우 통설 및 판례의 견해인 청산 및 부양설에 따를 때 가장 중요한 요소는 재산의 형성 및 유지에 대한 기여도이고 그 외 보충적으로 부양적 요소가 고려된다.

실무상 재산분할의 비율은 재산의 형성 및 유지에 대한 기여도를 기초로 하되, 부양적 측면, 혼인의 파탄경위, 분할대상 재산에 포함할 수 없는 유무형의 자산, 자녀를 누가 양육하도록 정하였는지 여부, 양육비가 향후 제대로 지급될 수 있는 지의 여부(양육비의 지급가능성이 현실적으로 낮은 경우 양육비의 금액을 낮추고 재산분할의 비율을 높이는 방법에 의하기도 함) 등을 종합적으로 고려하여 그 비율을 정한다.

현재 법원은 혼인 기간에 대하여 보다 큰 가중치를 두고 있으며, 보통 20년 이상 혼인생활을 유지한 가정주부의 경우에는 분할 대상 재산의 50%까지 권리를 인정하고 있다. 또한, 우리 법원은 부부가 맞벌이인데 그 소득수분이 크게 차이가 나지 않은 경우이거나 일방만 경제활동을 하고 다른 일방은 가사와 육아에 전담한 경우 통상 부부 각자의 기여도를 50:50으로 보고 있다.

(3) 기타 고려요소

가) 혼인 전 수입 및 원조

재산의 취득에 있어 일방배우자의 혼인 전 수입 또는 재산이 더해졌거나 일방 배우자 부모

---

53) 대법원 2002. 9. 4. 선고 2001므718 판결.

의 원조를 받은 경우 이 점은 분할비율 산정 시 참작된다.

나) 기여의 형태

분할비율 산정 시 당사자의 수입활동에 의한 직접적 재산적 기여인가, 아니면 가사 육아에 의한 간접적 기여인가에 따라 분할비율을 달리하는 것이 실무의 입장이다. 그러나 전업주부라고 하더라도 육아, 교육, 재테크 등의 통한 역할 증대로 인하여 그들의 가사노동에 대한 가치에 대한 인식 변화로 인하여 전업주부의 재산분할비율이 높아지고 있는 추세이다.

다) 나이, 혼인기간

위 두 요소 모두 분할비율 산정 시 고려요소이다. 나이가 많을수록, 혼인기간이 길수록 재산분할의 비율이 높아진다. 이는 결혼기간이 늘어남에 따라 재산분할의 대상이 되는 재산이 증가하고, 기여도 또한 높아진다고 평가되기 때문이다.

라) 자녀양육

전설한 바와 같이 미성년인 자녀의 양육자로 지정된 사정은 재산분할비율 산정 시 고려요소가 된다. 그러나 이혼하는 부부의 자녀들이 이미 모두 성년에 달한 경우, 부(부)가 자녀들에게 부양의무를 진다하더라도 이는 어디까지나 부(부)와 자녀들 사이의 법률관계일 뿐, 이를 부부의 이혼으로 인하여 이혼 배우자에게 지급할 위자료나 재산분할의 액수를 정하는 데 참작할 사정으로 볼 수는 없다.54)

마) 혼인비용분담의무의 이행

과거의 혼인비용분담의무의 이행 상태도 재산분할비율 산정시 고려요소가 된다.

바) 생활비 미지급

혼인 중 상대방배우자가 생활비를 미지급한 사정도 재산분할비율 산정 시 고려요소가 된다.

다. 분할방법

재산분할청구사건은 일반 민사사건과 달리 비송사건의 성질상 그 분할방법은 특별한 제한이 없다. 법원이 후견적 입장에서 상당하다고 인정하는 방법에 의할 수 있으므로 당사자가 특별한 방법으로 분할할 것을 청구하더라도 법원은 이에 구속되지 않고 타당하다고 고려되는 방법에 의하여 분할할 것을 명할 수 있다.

---

54) 대법원 2003. 8. 19. 선고 2003므941 판결.

보통의 경우 특정재산을 일방이 소유로 하고 그 일방으로 하여금 다른 일방에게 일정액의 금전을 지급하게 하는 분할방법이 실무상 가장 많이 사용되고 있다. 그 외 현물분할도 가능하고 경매분할도 가능하나, 경매분할의 경우 실무상 거의 사용되지 않고 있다.

10. 이혼확정 후 일방 사망 시 재산분할청구소송 가부

이혼 확정 후 어느 일방이 사망하였더라도 다른 일방은 사망한 자의 상속인들을 상대로 재산분할을 청구할 수 있다고 봄이 상당하고, 이와 반대의 경우 즉 사망한 일방의 상속인들은 피상속인이 재산분할청구권을 행사하지 않은 채 사망하였다면, 상속인들은 피상속인의 재산분할청구권을 행사할 수 없다고 봄이 타당하다.

【판시사항】

이혼 확정 후 어느 일방이 사망한 경우 다른 일방이 사망한 자의 상속인들을 상대로 재산분할을 청구할 수 있는지 여부(서울가정법원 2010. 7. 13.자 2009느합289 심판)

【심판요지】

(1) 재산분할청구권의 성격
재산분할청구권은 부부라는 특별한 신분관계를 기초로 하여 인정되는 권리라는 '신분적 요소'와 혼인 중 부부쌍방의 협력에 의하여 형성된 재산을 각자의 기여도에 따라 분할하는 절차라는 '재산적 요소'를 모두 갖추고 있으나, 신분적 요소는 그 형성과정에만 관련이 될 뿐, 재산분할을 청구할 수 있는 단계에 이르면 탈락하게 된다. 즉, 재산분할의 청구로 인하여 당사자들의 재산에만 영향을 줄 뿐 신분관계에는 아무런 영향도 주지 못한다. 재판실무상 이혼과 동시에 재산분할을 청구할 수 있기는 하나 이는 당사자 사이의 분쟁을 불필요하게 두 번으로 나누어 할 필요가 없다는 점에서 인정되고 있을 뿐이며, 민법 제839조의2 제1항에 따르면 재산분할청구는 원칙적으로 이혼을 전제로 하는 것이므로, 이혼확정 전에 이혼과 동시에 청구될 수 있다는 점을 들어 신분적 요소를 따로 고려할 필요는 없다.
아울러 위 두 요소에서 비롯되어, 학술상으로는 재산분할청구권이 '부양을 갈음하는 의미'와 '공동재산의 청산이라는 의미'를 갖는 것으로 파악되는 것이 일반적이기는 하나, 부부였던 자들에게 상대방에 대한 관계에서 이혼 후 장래에 대한 부양의무가 인정되지 않고 있는 우리 법제상으로는 '부양을 갈음하는 의미'란 분할받은 재산을 생계를 위한 자산으로 삼을 수 있다는 의미에서 어느 정도 참작할 요소가 되는 것에 지나지 않을 뿐, 그 자체가 원래의 요건이라거나 그 점에만 기초하여 재산분할청구권의 성립 여부와 내용을 결정할 수는 없다. 즉 재산이 있더라도 그에 대한 기여도가 전혀 없는 경우까지 오로지 부양적 의미가 있다는 이유만으로 동 청구권을 인정할 수는 없는 것이다. 따라서 이러한 개념상의 구분에 의하여 재산분할청구권을 분리하여 생각할 수 없고, 아울러 형성 이후 단계에서 신분적 요소를 고려할 필요는 없으며, 따라서 상속성도 당연히 인정된다.

(2) 재산분할청구권의 형성시기

나아가 재산분할청구권의 형성시기에 관하여 살펴보면, 위 조 제3항에서, " 제1항의 재산분할청구권은 이혼한 날부터 2년을 경과한 때에는 소멸한다"고 규정하고 있는 점에 비추어, 이혼한 날 형성되는 것이라 할 수 있다. 왜냐하면 행사에 의하여 재산분할청구권이 형성된다고 볼 경우, 당사자가 이혼한 날부터 이를 행사하지 않은 상태로 2년이 도과하면 형성되지도 않은 권리가 위 규정에 의하여 소멸한다는 것이 되기 때문이며, 그렇다고 하여 위 규정이 '행사하여 형성된 경우'에 국한되어 적용되고, 행사를 통하여 형성되지 않은 경우에는 적용되지 않는다고 양분하여 해석될 수도 없기 때문이다. 판단컨대, 재판상 이혼시의 재산분할에 있어 분할의 대상이 되는 재산과 그 액수 산정의 기준시기가 이혼소송의 사실심 변론종결일인 점을 고려하면, 원칙적으로 재산분할청구권의 내용은 이혼 이전의 사정만을 기초로 하여 이혼한 날 확정되어 형성되는 것이며, 재산분할 없이 이혼만 하는 경우에는 이혼한 날 제반 고려요소에 대해 정확히 말할 수 없는 상황이기 때문에 마치 그것이 형성되기 전의 것처럼 보이는 것일 뿐, 결코 이혼 이후의 어떤 요건이 구비되어야 비로소 형성되는 것이라 할 수 없다.

(3) 재산분할청구권의 행사상 일신전속성

한편, 재산분할청구권은 순수한 재산상의 청구권과 달리 반드시 그 당사자에 의하여 청구되어야 하고 타인이 일방을 대신하여 또는 대위하여 청구할 수 없는 것이라는 의미에서의 행사상의 일신전속권으로 봄이 상당한데, 이 점은 신분상의 권리이기 때문이 아니라, 비록 형성 이후에는 신분적 요소가 대부분 탈락하지만 혼인관계에서 근거를 둔 권리라는 점에서 당사자의 의사가 절대적으로 존중되어야 한다는 점 때문에 그러하다. 이러한 점들을 고려하면, 재산분할청구권 및 상대방에게 재산을 분할해주어야 할 채무의 상속성은 인정되나, 피상속인이 행사하지 않았다면 그 상속인들이 행사할 수는 없다.

다만, 행사상의 일신전속권이라 하더라도, 그 전속권으로서의 성질은 행사를 하는 면, 즉 능동적으로 행사하는 면에 국한되어야 하고, 상대방으로부터 재산분할청구를 당하는 면, 즉 수동적인 면에까지 위와 같은 성격을 확장할 수는 없다. 이는 상대방으로부터 재산분할청구권 행사를 당하는 것까지도 행사라고 할 수 없기 때문이며 이와 동시에 피상속인의 사망이라는 우연한 결과 때문에 상대방의 재산분할청구권 행사가 방해되어서는 안되기 때문이다.

(4) 관련조문의 검토

위 같은 조 제1항에서는 "협의상 이혼한 자의 일방은 다른 일방에 대하여 재산분할을 청구할 수 있다"라고 하고 있으므로 이 점을 살펴보면, 민법에서는 통상 '일방'보다는 '당사자일방'이라는 용어가 더 많이 사용되고 있고, 이 경우의 일방은 반드시 생존한 상태의 그 일방에 국한되는 것이 아니라, 그 승계인도 포함하는 것으로 해석됨이 상당하나, 제4편 친족에 관한 규정에서는 '당사자일방' 보다 '일방'이라는 용어가 주로 사용되고 있고, 그것도 '부모의 일방'이나 '부부의 일방'과 같이 한정어와 함께 사용되는데, 일반적으로 이러한 경우의 '일방'은 해당자만을 지칭하여 그 지위가 상속되거나 승계된 경우의 다른 자까지 포함한다고 보기는

어렵고, 통상 그 다른 자에게 별도의 청구권을 인정할 경우 이를 명확히 규정하는 형식을
취하고 있다.

이러한 점을 고려하여 위 규정을 살펴보면, '이혼한 자의 일방'이라고 되어 있으므로 이를
문언대로만 해석할 경우 그 일방이 생존해 있을 것을 전제로 하여 그 해당자만을 지칭한다고
해석할 여지가 있으나, 상술한 대로 재산분할청구권은 혼인관계의 청산을 전제로 하는 것으로
이미 신분적 요소는 거의 탈락하고 재산적 요소만 남아 있다는 점에서 반드시 이와 같이
한정하여 해석함이 상당하다고 할 수 없고, 나아가 만일 이와 같이 한정한다면, 이혼 후 일방이
사망하면 어떠한 경우에도 재산분할이 청구될 수 없다고 하여야 할 터인데, 그간 실무상 일단
어느 일방이 소의 제기 등의 방식으로 행사한 후 사망하면 그 권리가 상속된다고 처리되어
온 점에 비추어 보더라도 이와 같은 해석은 더이상 상당하지 못하다. 따라서 위 조문에서의
'일방'은 위와 같은 의미로 한정하여 해석할 수 없다.

나아가 가사소송규칙 제96조는, " 민법 제839조의2 제2항(제843조의 규정에 의하여 준용되
는 경우 및 혼인취소를 원인으로 하는 경우를 포함한다)의 규정에 의한 재산분할의 심판은,
부부 중 일방이 다른 일방을 상대방으로 하여 청구하여야 한다"고 규정하고 있기는 하나,
재산분할청구권을 규정한 근거규정인 민법 제839조의2 제1항을 위와 같이 제한 해석할 수
없는 이상, 위 규정만으로는 당사자의 권리를 제약할 수 없을 터이므로, 역시 이 사건과 같은
경우에 청구인의 청구를 제한할 근거가 되지 못한다.

이러한 점을 종합하면, 이혼 확정 후 어느 일방이 사망하였더라도 다른 일방은 사망한 자의
상속인들을 상대로 재산분할을 청구할 수 있다고 봄이 상당하고, 이와 반대의 경우 즉 사망한
일방의 상속인들은 피상속인이 재산분할청구권을 행사하지 않은 채 사망하였다면, 상속인들
은 피상속인의 재산분할청구권을 행사할 수 없다고 봄이 타당하다.

(5) 법령의 합목적적인 해석의 점에 따른 판단

나아가 살피건대, 이혼으로 인한 재산분할에 따른 일방의 권리는 이미 우리 법제에 확고한
위치를 차지하는 것으로, 당사자들에게는 법에서 정한 바에 따라 이혼 후 2년 내에 이를
행사할 정당한 권리가 있고, 상술한 바대로 그 부양적 성격은 권리 자체에서 내재되어 있다기
보다는 결과의 면에서 그러한 것이기는 하나, 실제로 당사자들은 재산분할을 통하여 얻은
재산을 기반으로 생활하여 나가야 하는데, 상대방이 사망하였다는 극히 우연한 사정으로 이러
한 권리를 박탈하는 것은 타당하지 못하다. 만약 위와 같은 사정으로 재산분할청구권을 행사하
지 못한다면, 사망한 자의 상속인들은 그 결과로 재산분할을 해주어야 할 의무를 면함으로써
이득을 얻게 되는데, 법령의 합목적적인 해석의 면에서도, 위와 같은 사정으로 분할대상이
되어야 할 재산에 대한 권리를 사망자의 상속인들에게 귀속시키는 것보다는 위 '일방'을 한정하
여 해석하지 아니함으로써 원래의 권리자인 상대방 일방에게 귀속시키는 것이 훨씬 더 옳다.
따라서 재산분할청구권은 이혼 후 2년이라는 기간 내라면 상대방 또는 그의 상속인들을 상대
로 하여 청구할 수 있다고 봄이 상당하다.

11. 재산분할청구권 포기

당사자가 '혼인 중 향후 일체의 재산분할청구권을 포기하겠다.'는 의사표시를 한 경우 이 역시 재산분할에 관한 약정의 하나로 볼 수 있는데, 대법원은 이 경우에 한하여 혼인이 해소되기 전에 미리 재산분할청구권을 포기하는 것은 성질성 허용되지 않는다고 판시하고 있다.

12. 제척기간

재산분할청구권은 이혼한 날부터 2년이 경과한 때에는 소멸하고, 이는 제척기간이다. 혼인취소의 경우에는 명문의 규정이 없으나, 이를 유추 적용하여 혼인취소의 판결이 확정된 후 2년이 경과하면 재산분할청구권은 소멸한다고 해석할 수 있다.

13. 과세

재산분할에 따른 증여세, 재산분할에 따른 재산의 이전으로 인한 양도소득세, 취득세는 부과할 수 없으나, 등록세는 부과대상이 된다.

14. 심판

가정법원이 재산분할을 인용하는 심판을 함에 금전의 지급, 그 밖에 의무이행을 동시에 명할 수 있고(규칙 97조), 확정된 심판에는 일반적으로 형성력과 집행력이 있다. 그러나 기판력은 없다.

[청구취지 기재례]
1) 재산분할청구

> 피청구인은 청구인에게 재산분할로 200,000,000원 및 이에 대한 이 심판확정 다음날부터 다 갚는 날까지 연 20%의 비율에 의한 금원을 지급하라.

> 피청구인은 청구인에게 별지목록 기재 부동산중 2분의1 지분에 관하여 이 심판 확정일자 재산분할을 원인으로 한 소유권이전등기절차를 이행하라.

> 별지목록 기재 부동산을 경매에 부쳐 그 대금으로 경매비용을 공제한 나머지 금액을 청구인에게 2분의1, 피청구인에게 2분의1 비율로 분할한다.

2) 재산분할청구 - 면접교섭과 병합

1. 피청구인은 청구인에게 재산분할로서 금 ○○○원 및 이에 대한 이 심판 확정 다음날부터 다 갚는 날까지 연20%의 비율에 의한 금원을 지급하라.
2. 피청구인은 청구인에게 청구인과 피청구인 사이에 출생한 사건본인을 매월 첫째 주, 셋째주 토요일 12:00부터 그 다음날 18:00까지 청구인의 집에서 면접할 것을 허락한다.
3. 소송비용은 피청구인의 부담으로 한다.
4. 위 제1항은 가집행할 수 있다.
라는 재판을 구합니다.

3) 재산분할청구 - 이혼과 병합

1. 원고와 피고는 이혼한다.
2. 피고는 원고에게 재산분할로서 금 ○○○원을 지급하라.
3. 소송비용은 피고의 부담으로 한다.
라는 판결을 구합니다.

재 산 분 할 심 판 청 구

청구인   김 ○ ○ (주민등록번호)
            등록기준지 : ○○시 ○○구 ○○길 ○○
            주소 : ○○시 ○○구 ○○길 ○○(우편번호)
            전화 :

상대방   박 △ △ (주민등록번호)
            등록기준지 : ○○시 ○○구 ○○길 ○○
            주소 : ○○시 ○○구 ○○길 ○○(우편번호)
            전화 :

청 구 취 지

1. 상대방은 청구인에게 재산분할로서 금○○○원 및 이에 대하여 20○○. ○. ○. 부터 이 사건 제 1심 판결 선고일 까지는 연 5%, 그 다음날부터 완제일까지는 연 12%의 각 비율에 의한 금원을 지급하라.
2. 심판비용은 상대방의 부담으로 한다.
라는 심판을 구합니다.

청 구 원 인

1. 협의 이혼 경위
　청구인과 상대방은 중매로 만나 1980. ○. ○. 결혼식을 올리고 1980. ○. ○. 혼인신고를 하여 그 사이에 소외 박□□(현재 만 14세)을 두었으나, 20○○. ○. ○. 협의 이혼하였습니다. 청구인과 상대방의 혼인생활은 상대방의 잦은 폭행과 다른 여자들과의 불륜관계로 인하여 파탄에 이르렀고 청구인은 상대방으로 인해 신경 쇠약으로 정신과 치료까지 받을 정도가 되어 더 이상 상대방과 혼인생활을 계속할 수 없어 금○○○원을 위자료로 받고 협의 이혼하게 되었으며, 재산분할에 대해서는 합의한 바 없습니다. 그리고 위 박□□은 청구인이 양육할 형편이 되지 않아 상대방이 양육하고 있습니다.
　(증거 : 갑 제 1호증의 1,2 (각 혼인관계증명서), 갑 제 3호증(위자료합의서))

2. 재산분할 청구
　가. 재산분할 대상
　　청구인과 상대방의 혼인 중 취득한 재산으로 상대방 명의로 된 ○○시 ○○구 ○○동

○○ ◎◎아파트에 대한 전세보증금 ○○○원의 반환 채권이 있습니다. {증거: 갑
제 4호증(아파트 전세 계약서)}

나. 재산형성경위 및 청구인의 기여도
  (1) 상대방은 결혼당시부터 특별한 직업 없이 무위도식하고 있었으므로 1980.초 청구
    인이 보증금 없이 월세 ○○○원에 조그만 건물을 임차하여 피아노 학원을 운영하여
    생계를 꾸려 나갔고 피아노학원 안에 방 1칸 마련하여 살림집으로도 사용하였습니다.
  (2) 그러다가 1980년 가을 상대방은 ☆☆석탄공사 강원도 태백지사에 광부로 취직되어
    1990.년경까지 근무하였습니다. 그런데 태백시에 청구인의 친정집이 있었으므로
    청구인은 처음 1년간은 상대방과 함께 친정살이를 하다가 1980년 가을 친정어머니
    의 도움으로 피아노 4대를 구입하여 월세 4만원의 방을 얻어 피아노 교습소를 차려
    1990년 태백시를 떠날 때까지 피아노를 9대까지 늘려가며 피아노 교습소를 운영하
    였습니다. {증거 : 갑 제 5호증(경력증명서), 위 기간동안 월 소득은 상대방이 ○○○
    원정도, 청구인이 ○○○원 정도였습니다.
  (3) 상대방은 1990. 가을경 인천시 소재 ◇◇지지(주)에 취직하여 6개월 정도 근무하다
    그만두고 ★★건설(주)에서 5개월 정도 근무하였고 다시 ◑◑건설(주)로 옮겨 7개월
    정도 근무하다가 1990. ○.부터 지금까지 ◑◑개발(주)이라는 건설회사에 근무하고
    있으며 월 평균 소득은 ○○○원 상당이었습니다. 청구인은 1990년경 인천으로
    이사하면서 ○○○원(권리금+ 전세금)에 피아노학원을 인수하여 운영하였고 전세금
    ○○○원에 아파트를 임차하여 살림집으로 사용하였으며 그 당시 피아노 학원으로
    인한 수입은 월 ○○○원 상당이었습니다. 그런데 사정상 9개월만에 피아노 학원을
    정리하고 서울로 이사를 했고 학원 전세보증금과 인천의 아파트 전세보증금을 합하
    여 7,500만원에 아파트 전세를 얻었습니다. 그리고 서울에서도 집에서 소규모를
    피아노 교습을 하여(10명 정도) 월 ○○○원 상당의 수입을 얻었습니다.
  (4) 그 후 1990. ○. ○. 상대방의 현 주소지인 위 ◎◎아파트로 이사하면서 그 전의
    아파트 전세보증금 ○○○원중 ○○○원은 위 ◎◎아파트의 전세보증금으로 쓰고
    ○○○원은 이사비용으로 사용하였으며 나머지 ○○○원은 상대방명의로 예금을 했
    는데 청구인에 대한 위자료로 사용된 듯합니다.
  (5) 위와 같은 사실을 종합해 보면 청구인의 재산형성에 대한 기여도는 상대방보다
    높아 60% 정도로 봄이 상당하므로 청구인은 상대방에게 재산분할로서 ○○○원을
    청구하고자 합니다.

3. 결 론
  따라서 청구인은 상대방에게 재산분할로서 금 ○○○원 및 이에 대하여 협의이혼일인
  2000. ○. ○.부터 이 사건 제 1심 판결 선고일까지는 민법 소정의 연 5%의, 그 다음날
  부터 완제일까지는 소송촉진등에관한특례법 소정의 연 12%의 비율에 의한 지연손해금의
  지급을 구하고자 이 건 소제기에 이르렀습니다.

입 증 방 법

1. 갑 제1호증의 1,2   각 혼인관계증명서
1. 갑 제2호증의 1,2   각 주민등록등본
1. 갑 제3호증   위자료 합의서
1. 갑 제4호증   아파트 전세 계약서
1. 갑 제5호증   경력 증명서

첨 부 서 류

1. 위 각 입증방법   각 1통
1. 심판 청구서 부본   1통
1. 위임장   1통
1. 납부서   1통

20○○년 ○월 ○일

위 청구인 ○ ○ ○ (인)

○ ○ 가 정 법 원 귀 중

■ 작성 · 접수방법

1. 수입인지 10,000원(재산분할청구)을 붙여야 한다.
2. 송달료는 124,800원(=당사자수(2)×5,200(우편료)×12회분)을 송달료취급은행에 납부하고 첨부하여야 한다.
3. 관할 : 상대방 주소지를 관할하는 가정법원을 관할법원으로 한다.
4. 청구서는 법원용 1부, 상대방수에 맞는 부본수를 제출한다.

재산분할 및 면접교섭 청구서

청구인　　　　김 ○ ○ (주민번호)　연락처 :
　　　　　　　등록기준지 :
　　　　　　　주　　　소 :

피청구인　　　박 ○ ○ (주민번호)　연락처 :
　　　　　　　등록기준지 :
　　　　　　　주　　　소 :

사건본인　　　박 △ △ (주민번호)　연락처 :
　　　　　　　등록기준지 :
　　　　　　　주　　　소 :

재산분할 및 면접교섭 청구

청 구 취 지

1. 피청구인은 청구인에게 재산분할로서 금 ○○○원 및 이에 대한 이 심판 확정 다음날부터 다 갚는 날까지 연 12%의 비율에 의한 금원을 지급하라.
2. 피청구인은 청구인에게 청구인과 피청구인 사이에 출생한 사건본인을 매월 첫째주, 셋째주 토요일 12:00부터 그 다음날 18:00까지 청구인의 집에서 면접할 것을 허락한다.
3. 소송비용은 피청구인의 부담으로 한다.
4. 위 제1항은 가집행할 수 있다.
라는 재판을 구합니다.

청 구 원 인

1. 당사자 지위
　　청구인과 피청구인은 20○○. ○. ○. 혼인을 한 부부로서 20○○. ○. ○. 사건본인 박△△을 출산 하였고 이후 20○○. ○. ○. 협의이혼을 한 당사자들입니다.

2. 협의이혼에 대하여
　　청구인은 피청구인의 가족들에게 지속적으로 모욕을 당하였을 뿐 만 아니라 청구인으로부터 폭행을 당하는 등 도저히 더 이상 혼인생활을 유지할 수 없어서 20○○. ○. ○. 협의이혼을 하게 되었습니다.

3. 재산분할
   가. 전세보증금
      청구인과 피청구인이 살던 서울 ○○구 ○○동 ○○번지 주택에 입주 당시 전세보증금
      으로 지급한 금 ○○만원은 피청구인의 특유재산입니다.
   나. 정기적금
      결혼 후 청구인명의로 든 정기적금은 만기에 환급받는 금원이 ○○만원인 것으로 알고
      있습니다.
   다. 소결
      따라서 피청구인은 청구인에게 청구인 특유재산 ○○만원 및 공유재산 중 절반 ○○만
      원에 해당하는 금 ○○만원을 지급하여야 합니다.

4. 면접교섭에 관하여
   위에서 본 봐와 같이 이 사건에서 청구인과 피청구인이 협의이혼에 이르게 된 이유는
   전적으로 피청구인 측 귀책에 인한 것이고 더구나 피청구인은 청구인과 사건본인과의
   관계를 단절하기 위해 갖은 방법으로 면접교섭을 방해하고 있습니다. 따라서 아직 유아인
   사건본인의 올바른 생활과 복리를 위해서라도 청구인의 사건본인에 대한 면접교섭을 구하
   고자 합니다.

3. 결 론

입 증 방 법

        1. 갑제 1호증   가족관계증명서
        1. 갑제 2호증   주민등록등본
        1. 갑제 3호증   합의서
        1. 갑제 4호증   부동산등기부등본
        1. 갑제 5호증   전세계약서
        1. 기타 유리한 자료

첨 부 서 류

        1. 위 각 입증방법   각1통
        1. 청구서 부본   1통
        1. 납부서   1통

2015.   ○.   .

위 청구인 김 ○ ○ (인)

서울가정법원 귀중

---

1. 수입인지 20,000원(=재산분할청구 1만원+면접교섭권 1만원)을 붙여야 한다.
2.   송달료는124,800원(=당사자수(2)×5,200(우편료)×12회분)을   송달료취급은행에   납부하고   첨부
   하여야 한다.
3. 관할 : 상대방 주소지를 관할하는 가정법원을 관할법원으로 한다.
4. 청구서는 법원용 1부, 상대방수에 맞는 부본수를 제출한다.

[서식] 부부재산관리자 변경심판청구

부부재산관리자 변경심판청구

청구인(처)   ○ ○ ○ (주민번호)
         등록기준지 :
         주   소 :

상대방(남편)   ○ ○ ○ (주민번호)
         등록기준지 :
         주   소 :

청 구 취 지

별지목록 기재 재산의 관리자를 청구인으로 변경한다.
는 심판을 구합니다.

청 구 원 인

1. 청구취지 기재 재산은 청구인의 소유이지만 청구인과 상대방이 혼인할 당시 상대방이
   관리하기로 약정하고 오늘날까지 상대방이 관리하여 왔습니다.

2. 그런데 상대방은 위 재산을 스스로 관리하지 아니하고 고용인에게 모두 맡기고 관리를
   게을리하여 재산이 낡아지고 소실되고 있습니다.

3. 이에 가정을 지키면서 남편과 원만하게 재산관리문제를 처리할 수 있도록 이 사건 청구에
   이른 것입니다.

입 증 방 법

1. 갑제 1호증 1,2   각 가족관계등록부등본
1. 갑제 2호증 1,2   각 주민등록등본
1. 갑제 3호증 1 내지 5   각 재산파손 증명서와 사진

첨 부 서 류

1. 위 각 입증방법   각1통
1. 청구서 부본   1통
1. 납부서   1통

2015.   ○.   .
위 청구인 ○ ○ ○ (인)

서울가정법원 귀중

1. 의의

(1) 약혼이 당사자의 일방 또는 제3자의 과실로 인하여 해제되거나 사실혼이 당사자의 일 방 또는 제3자의 책임 있는 사유로 인하여 파기된 경우에 상대방이 그로 인한 손해배 상을 청구하거나 혼인을 전제로 하여 교부하였던 물건의 반환을 구하는 것을 말한다. 손해배상청구는 제3자에 대한 것을 포함하지만, 원상회복은 당사자 사이의 것에 한정 된다.

(2) 약혼은 장차 혼인하여 부부가 되기로 하는 남녀 간의 예약으로써, 특별한 형식을 거칠 필요없이 장차 혼인을 체결하려는 당사자 사이에 합의면 있으면 성립한다. 따라서 혼 인적령에 달하지 못한 자나 피성년후견인이 적법한 동의 없이 약혼하더라도 그 약혼이 당연히 무효로 되거나 취소할 수 있는 것은 아니며 재산상의 예약과는 달리 약혼당사 자는 그 약혼의 강제이행을 청구할 수도 없는 것(민법 제802조)이어서 당사자의 일방 은 약혼해제사유(민법 제804조)의 유무에 관계없이 언제든지 상대방에 대한 의사표시 로써 이를 해제할 수 있다(민법 제805조). 그 해제에 과실 있는 때에는 상대방에 대한 손해배상의 책임을 지게 된다(민법 제806조). 또 약혼을 할 때는 그 증표로 반지나 시 계 등의 예물을 교환하거나 예식을 거행하여 그 의사를 명백히 하는 경우가 많아서 약 혼이 해제되면 그 예물의 반환이 문제된다.
다만, 약혼은 연애관계에서 오가는 말과는 달리 진지한 혼인의사의 합치를 인정할만한 공연성, 객관성(약혼식, 예물교환 등)은 구비하어야 하며, 육체적관계의 존재가 반드시 약혼의 성립에 결부되는 것은 아니다.

(3) 사실혼 역시 당사자가 언제든지 해소 할 수 있으나 사실혼의 파기 내지 해소가 부당한 (정당한 사유가 없는) 때에는 혼인파탄에 준하여 유책당사자(과실 있는 당사자)에게 상 대방이 손해배상을 청구할 수 있고 경우에 따라 예물 등의 반환을 청구할 수도 있다. 즉 사실혼관계의 해소는 부부 일방이 아무런 제약 없이 자유로이 할 수 있으며 그에게 유책사유가 있다고 하여 사실혼관계를 해소할 수 없는 것은 아니다(대판 1977. 3. 22. 선고 75므28).

2. 약혼의 효과

(1) 이행청구

약혼의 효과로써 혼인의 강제이행을 청구할 수 없다는 점에 유의하여야 한다(민 제803조).[55]

(2) 약혼해제의 정당사유

민법 제804조는 약혼해제(파혼)에 이르게 된 사유(1. 약혼 후 자격정지 이상의 형을 선고받은 경우, 2. 약혼 후 성년후견개시나 한정후견개시의 심판을 받은 경우, 3. 성병, 불치의 정신병, 그 밖의 불치의 병질(病疾)이 있는 경우, 4. 약혼 후 다른 사람과 약혼이나 혼인을 한 경우, 5. 약혼 후 다른 사람과 간음(姦淫)한 경우, 6. 약혼 후 1년 이상 생사(生死)가 불명한 경우, 7. 정당한 이유 없이 혼인을 거절하거나 그 시기를 늦추는 경우, 8. 그 밖에 중대한 사유가 있는 경우)를 규정하고 있다. 약혼해제의 정당사유란 일반적으로 혼인 후 부부생활을 원만하게 영위하는데 장애가 되는 사유로서, 이혼원인과 사실혼파기의 정당사유보다 넓은 개념으로 보면 된다.

따라서 약혼 시 자신의 학력, 경력 및 직업 등을 상대방에게 사실대로 고지할 신의성실의 원칙상 의무가 있고, 약혼 시 학력과 직장에서의 직종, 직급 등을 속인 것이 후에 밝혀진 경우 상대방의 약혼해제가 적법하며, 약혼 시 학력 등을 속인 당사자는 위자료 지급의무가 있다.[56]

3. 손해배상청구

(1) 요건

약혼해제로 인한 손해배상은 상대방에게 과실 있음을 요건으로 하며, 민법 제806조는 약혼해제로 인한 재산상, 정신상 손해배상책임을 규정하고 있다(민법 제806조 제1항). 과실이 있다는 것은 약혼해제에 정당한 사유가 없다는 것을 뜻하는바, 민법 제804조 소정의 약혼해제사유가 있는 때에는 일응 정당한 사유가 있고 따라서 과실이 없는 경우에 해당한다고 할 수 있다.

(2) 법적성질

일반불법행위로 인한 손해배상이라는 견해, 채무불이행책임으로서의 손해배상이라는 견해,

---

55) 민법 제803조(약혼의 강제이행금지)
    약혼은 강제이행을 청구하지 못한다.
56) 대법원 1995. 12. 8. 94므1676,1683 판결.

민법이 특별히 인정한 법정책임이라는 견해가 대립한다.

① 채무불이행책임인 경우에는 손해배상을 청구하는 자는 약혼의 성립만을 주장 입증하면 되고, 상대방은 약혼 해제에 과실 없음을 주장 입증하지 못하는 한 손해배상책임을 면할 수 없게 되며, 소멸시효는 10년임에 비하여, ② 불법행위책임인 경우에는 손해배상을 청구하는 자가 상대방의 과실 있음을 주장 입증하여야 하고, 소멸시효는 원칙적으로 3년이다.

(4) 손해배상의 범위

손해배상의 범위에는 어느 경우에나 재산상의 손해 외에 정신적 고통에 대한 위자료가 포함된다(민법 제806조 제2항). 재산적 손해에는 사실혼 관계의 성립유지와 인과관계가 있는 모든 손해를 포함하며(대판 88므146), 정신적 손해는 유책행위에 이르게 된 경위와 정도, 파탄의 원인과 책임, 당사자의 연령, 직업, 가족상황, 재산상태, 동거기간 등 여러 사정을 참작하여 액수를 정하게 된다.

【판시사항】

사실혼 관계 파탄의 유책당사자에게 결혼식 비용의 배상책임이 있다고 본 사례(대법원 1984. 9. 25. 선고 84므77 판결)

【판결요지】

혼례식 내지 결혼식은 특별한 사정이 없는 한 혼인할 것을 전제로 남녀의 결합이 결혼으로서 사회적으로 공인되기 위한 관습적인 의식이므로 당사자가 거식후 부부 공동체로서 실태를 갖추어 공동생활을 하는 것이라고 사회적으로 인정될 수 없는 단시일내에 사실혼에 이르지 못하고 그 관계가 해소되어 그 결혼식이 무의미하게 되어 그에 소요된 비용도 무용의 지출이라고 보아지는 경우에는 그 비용을 지출한 당사자는 사실혼관계 파탄의 유책당사자에게 그 배상을 구할 수 있다.

【판시사항】

약혼과 사실혼의 성립요건 및 당사자가 결혼식을 올린 후 신혼여행까지 다녀왔으나 부부공동생활을 하기에까지 이르지 아니한 단계에서 일방 당사자의 귀책사유로 파탄에 이른 경우, 사실혼 부당파기에 있어서와 마찬가지로 귀책 당사자에게 정신적 손해배상을 청구할 수 있는지 여부(대법원 1998. 12. 8. 선고 98므961 판결)

일반적으로 약혼은 특별한 형식을 거칠 필요 없이 장차 혼인을 체결하려는 당사자 사이에 합의가 있으면 성립하는 데 비하여, 사실혼은 주관적으로는 혼인의 의사가 있고, 또 객관적으로는 사회통념상 가족질서의 면에서 부부공동생활을 인정할 만한 실체가 있는 경우에 성립한다.

또한, 일반적으로 결혼식(또는 혼례식)이라 함은 특별한 사정이 없는 한 혼인할 것을 전제로 한 남녀의 결합이 결혼으로서 사회적으로 공인되기 위하여 거치는 관습적인 의식이라고 할 것이므로, 당사자가 결혼식을 올린 후 신혼여행까지 다녀온 경우라면 단순히 장래에 결혼할 것을 약속한 정도인 약혼의 단계는 이미 지났다고 할 수 있으나, 이어 부부공동생활을 하기에까지 이르지 못하였다면 사실혼으로서도 아직 완성되지 않았다고 할 것이나, 이와 같이 사실혼으로 완성되지 못한 경우라고 하더라도 통상의 경우라면 부부공동생활로 이어지는 것이 보통이고, 또 그 단계에서의 남녀 간의 결합의 정도는 약혼 단계와는 확연히 구별되는 것으로서 사실혼에 이른 남녀 간의 결합과 크게 다를 바가 없다고 할 것이므로, 이러한 단계에서 일방 당사자에게 책임 있는 사유로 파탄에 이른 경우라면 다른 당사자는 사실혼의 부당 파기에 있어서와 마찬가지로 책임 있는 일방 당사자에 대하여 그로 인한 정신적인 손해의 배상을 구할 수 있다.

4. 원상회복청구

(1) 의의

약혼해제 또는 사실혼관계부당파기의 경우에는 문자 그대로 약혼 또는 사실혼관계의 성립 이전의 상태로의 회복은 있을 수 없으므로 여기에서의 원상회복은 약혼 또는 사실혼관계 성립의 증표 내지 수단으로서 상대방에게 교부한 금품 또는 상대방의 점유 하에 있는 자기 소유물건의 반환을 의미한다.

(2) 약혼예물의 성질

약혼 시에 교환하는 금전을 포함한 약혼예물의 성질에 관하여는 여러 가지 견해가 있으나 통설 및 판례(대법원 1976. 12. 28. 선고 76므41,42 판결 등)는 혼인의 불성립을 해제조건으로 하는 증여의 일종으로 본다. 따라서 약혼이 해제되면 해제조건의 성취에 의하여 증여의 효력이 소멸하므로 그 원상회복으로서 상대방에게 예물의 반환을 청구할 수 있게 되는 반면에, 일단 혼인이 성립되어 상당기간 계속된 경우에는 그 후 혼인이 해소되더라도 그 예물의 반환을 청구할 수 없다(대법원 1994. 12. 27. 선고 94므895 판결). 다만, 약혼해제에 관하여 과실 있는 유책자는 신의성실의 원칙(또는 권리남용의 법리)상 그가 제공한 약혼예물반환청구권이 없다.

(3) 원상회복의 범위 등

가. 원상회복의 범위

원상회복청구는 당사자 사이의 청구에 한하여 인정되고 제3자에 대한 청구는 허용되지 않는다. 따라서 제3자가 점유하는 물건의 반환을 청구하는 것은 지방법원의 관할에 속하는 민사사건일 뿐 다류 가사소송사건에는 해당하지 않는다.

나. 약혼자와 불륜행각을 한 제3자의 책임

제3자가 사기, 협박, 폭행 등 위법한 수단을 사용하여 관계를 맺은 것이 아니라면 원칙적으로 제3자는 불법행위책임이 없다.

5. 정당한 당사자

약혼해제 또는 1관계부당파기로 인한 손해배상청구나 원상회복청구는 그 본질이 민사소송으로서 이행의 소이므로 일반원칙에 따라 약혼 또는 1이 부당파기로 인하여 그 청구권이 있다고 주장하는 약혼 또는 1의 일방 당사자가 원고적격자이고, 그 의무자라고 지정된 당사자 및 제3자가 피고적격자이다.

약혼해제로 인한 정신적 고통에 대한 손해배상청구권은 이를 양도하거나 승계하지 못함이 원칙이지만, 당사자 간에 그 배상에 관한 계약이 성립하거나 소를 제기한 후에야 이를 양도 또는 승계할 수 있으므로(민법 제806조 제3항) 약혼당사자의 일방이 사망한 경우에 그 상속인이 사망자의 위자료를 청구할 수는 없다. 다만 그 사망전에 손해배상청구권의 의사표시를 한 때에는 상속인이 당사자가 되어 손해배상청구를 할 수 있다고 할 것이다.

6. 관할법원

관할법원은 피고의 주소지를 관할하는 가정법원이다(법 13조). 다만 판례에 따르면 혼인예약불이행으로 인한 손해배상청구는 재산권상의 청구로서 금전의 급여를 목적으로 하는 것이므로 청구인의 주소지를 관할하는 법원에 제기할 수 있다고 한다(대결 1967. 2. 28. 67스1). 이러한 배상채무는 금전의 급여를 목적으로 하는 지참채무(채권자 주소지에서 지급하는)이기 때문이다.

소　　장

원　고　　　이 ○ ○
　　　　　　　○○ 년　 월　 일생 (주민등록번호 :　　　　　　)
　　　　　　　주　소　　　　○시　○구　○동　○번지

피　고　　　김 ○ ○
　　　　　　　○○ 년　 월　 일생 (주민등록번호 :　　　　　　)
　　　　　　　주　소　　　　○시　○구　○동　○번지

약혼해제로 인한 손해배상청구의 소

청 구 취 지

1. 피고는 원고에 대하여 금 50,000,000원과 이에 대하여 소장부본 송달일까지는 연 5%,
   그 다음날부터 다 갚는 날까지는 연 12%의 각 비율에 의한 돈을 지급하라.
2. 소송비용은 피고의 부담으로 한다.
3. 제1항에 대하여서는 가집행할 수 있다.
라는 판결을 구합니다.

청 구 원 인

1. 혼인 외 합의 성립
   원고와 피고는 양가의 친지 되는 김이순의 소개로 2008년 4월 12일 맞선을 보고 교재를
   하던 중 서로가 좋아하게 되었고 같은 해 10월 24일에는 서로 선물을 교환하고 친지들
   앞에서 약혼식을 거행하였습니다. 그래서 원고는 피고의 가정에 피고는 원고의 집에 때때
   로 드나들었고, 장래의 설계를 하면서 결혼일을 같은 해 12월 25일로 결정하고 결혼식장
   을 원·피고와 같이 예약하고 피고연의 준비, 청첩장 등을 매일 같이 바쁘게 준비하게
   되었습니다.

2. 약혼의 해제
   그러나 원고와 피고와의 결혼에 대하여 처음부터 별로 적극적이 아니었던 피고의 어머니
   는 결혼식 날이 다가옴에 따라서 원고의 용모와 옷차림 등에 흥을 보면서 점차 반대의
   태도를 나타나게 되었습니다.
   홀어머니 밑에 자라난 피고는 어머니의 강력한 태도에 눌려 망설이고 있다가 결국 결혼
   식 일주일 남짓 앞둔 같은 날 12월 17일 원고에 대하여 약혼의 해제를 제의하여 왔습니

다만 원고는 이를 번의(飜意)할 것을 강력히 요구하였습니다.

그러나 피고는 이에 응하지 아니하고 원고 가(家)에서 준 선물을 원고에게 일방적으로 반환하고 약혼을 파기하였습니다.

3. 정신적 손해

　원고는 결혼일자를 정하여 친척이나 친구들에게 알리고, 11월말에는 다니던 회사를 퇴직하고 결혼식 초청장을 발송하고 신혼살림도구 등을 구입하는 등 결혼준비가 거의 완료된 때에 돌연 피고의 일방적인 약혼의 부당파기에 의하여 원고는 심대한 정신적 피해를 입었습니다.

　결혼식직전에 약혼을 파기당한 원고의 정신적 고통은 말로 헤아릴 수 없지만 그것을 금전으로 평가하면 금 50,000,000원으로도 부족할 것입니다.

　따라서 원고는 청구취지와 같은 판결을 구하는 바입니다.

첨 부 서 류

1. 약혼사진	1통
2. 결혼초정장	1통
3. 결혼예식장계약서 사본	1통
4. 주민등록표등본(원, 피고)	각 1통

○○ . ○. ○.

위 원고　이 ○ ○ (인)

서울가정법원　귀중

■ 작성 · 접수방법

1. 다류 가사소송사건은 민사소송에 따른 것이므로 민사소송법 등 인지액에 근거한다. 즉 이 사건의 경우는 손해배상청구액이 5,000만원이므로 5,000만원×0.0045+5,000원=230,000원의 인지를 첨부하여야 한다.
2. 송달료는 124,800원(=당사자수×5,200(우편료)×12회분)을 송달료취급은행에 납부하고 첨부하여야 한다.
3. 관할 : 피고의 보통재판적 소재지 가정법원(가정법원 및 가정지원이 설치되지 않은 지역은 해당 지방법원 및 지방법원 지원)을 관할법원으로 한다.
4. 소장은 법원용 1부, 상대방수에 맞는 부본수를 가사과에 제출한다.

소   장

원 고   김 ㅇ ㅇ (700000 : 0000000)
             과천시 ㅇㅇ동 ㅇ 주공아파트 ㅇㅇㅇ동 ㅇㅇㅇ호
             전화·휴대폰번호 : ㅇㅇㅇ- ㅇㅇㅇ- ㅇㅇㅇㅇ

피 고   이 ㅇ ㅇ (711111 : 1111111)
             서울 노원구 ㅇㅇ동 ㅇㅇ아파트 ㅇ단지 ㅇㅇㅇ- ㅇㅇㅇㅇ

손해배상(기)청구의 소

청 구 취 지

1. 피고는 원고에게 금 50,000,000원 및 이에 대해 2008. 4. 27.부터 이건 소장부본 송달일
   까지는 연 5푼의, 그 다음날부터 완제일까지는 연 2할의 각 비율에 의한 금원을 지급하라.
2. 소송비용은 피고의 부담으로 한다.
3. 위 제1항은 가집행할 수 있다.
라는 판결을 구합니다.

청 구 원 인

1. 당사자 관계
   원고는 피고의 부당한 1관계 및 혼인예약(약혼) 파기를 당한 피해자이고, 피고는 원고와
   혼인을 전제로 1년 이상 동거관계를 유지하며 혼례식 날짜까지 정해진 상황에서 별다른
   사유 없이 1관계 및 혼인예약을 중단해 버려 원고에게 심한 정신적, 물적 피해를 준
   가해자입니다.

2. 혼인을 전제로 한 1관계
   가. ㅇㅇ동 빌라에서 동거를 시작함
   (1) 원고는 2006. 3.경 우연히 친구들과 나이트클럽에 놀러갔다가 거기서 피고를 만나
       알게 되었는데, 당시 피고가 원고를 배려하는 태도가 너무 마음에 들어 이후 자주
       연락하며 교제하기 시작하였습니다.
   (2) 9개월여 교제를 하던 중 피고는 원고에게 결혼하자는 말을 하여 이후 혼인을 전제로
       2006. 12.경부터 피고는 원고가 사는 서울 강남구 ㅇㅇ동 빌라(이하 'ㅇㅇ동 빌라'라
       함)에 들어와 서로 동거하기에 이르렀습니다.
       원고와 피고의 관계에 대하여는 원고 와 피고의 각 직장 동료와 친구들 모두 자연스레
       알게 되었으며 곧 결혼할 관계였다는 것은 주변 사람들에게 주지의 사실이 된 상태였습

니다(갑제2호증 증인진술서).

(3) 위 피고와의 동거가 시작되면서 원고는 신혼살림을 위하여 새로이 침대, 소파, 컴퓨터, 책상, TV책상, 화장대, 식탁, 식기류일체, 소파테이블, 밥솥, 정수기 등 살림살이 약 1,500만 원 가량을 원고가 돈을 들여 장만해 놓았습니다.

나. 혼례식 일자를 정함

(1) 원고와 피고는 ○○동 빌라에서 동거하다가 2007. 11.경 구체적으로 결혼식 올리는 문제를 논의하게 되면서부터, 11.중순경 성북구 ○○에 사시는 피고 부모님을 찾아뵙고 인사를 드리고, 이어 12. 중순경 경북 ○○에 사시는 원고의 부모님과 피고 부모님과의 상견례를 진행토록 하였으며, 이에 따라 원고와 피고의 혼례식 날짜를 2008. 5. 29.로 정하기에 이른 것입니다.

(2) 이에 따라 원고는 피고와 상의하여 2008. 1. 9. 여행사에 신혼여행 계약을 체결하고, 이어 서초동 ○○뷔페 예식장과 예식장이용계약을 하고, 한복을 맞추고, 모든 결혼을 위한 준비를 했고, 2008. 3. 7. 새로이 신혼살림을 할 아파트로 서울 중랑구 ○○동 ○○○○○아파트 ○○○동 ○○○호를 전세보증금 1억 4,000만원에 임차하는 임대차 계약을 체결하고(계약명의는 원고의 친동생 김○○임) 입주하는 등으로 모든 준비를 완벽히 하였습니다(갑 제3호증의1, 2 국외여행계약서, 갑4호증 예식장사용계약서, 갑제5호증 한복계약서, 갑제6호증 임대차계약서).

(3) 위 ○○동 아파트에 2008. 3. 7. 입주하면서 원고는 자비를 들여 김치냉장고(137만원), 디지털TV(212만원), 장롱(203만원), 세탁기(131만원), 한복(135만원), 도합 818만원 상당도 구입하였습니다(갑제7호증 내지 9호증).
그 때 피고는 이 ○○동 아파트에 들어와 원고에게 결혼약정을 일방적으로 파기하고 자신을 짐을 싸서 나가던 2008. 4. 27.까지 동거하였던 것입니다.

3. 결혼식전 부당한 약혼 파기

(1) 원고와 피고는 1년 이상을 동거해 오면서 급기야 양가부모님의 승낙 하에 2008. 5. 29.자로 결혼식을 정하고, 이 준비를 위하여 원고는 많은 비용을 감당하며 준비를 한 것이고, 이후 결혼에 대한 부푼 기대를 하여 왔습니다. 그런데 피고는 2008. 4. 초순경부터 4. 27. 헤어지기까지 거의 매일 새벽 4:00경 술을 먹고 귀가하였는데, 이로 인하여 원고와 약간의 말다툼이 있었습니다.

(2) 2008. 4. 10. 혼례식을 1달여를 남겨놓은 시기에, 갑자기 피고는 원고에게 향후 결혼이후의 조건이라며 이 조건을 들어주지 않을 시 결혼은 무효로 한다고 엄포를 놓으면서 그 조건을 말하였는데, 그 내용은 첫째, 혼인신고는 결혼식 이후 2년 뒤에 한다. 둘째, 아이는 2년 뒤에 갖는다. 셋째, 생활비는 반반 부담하되 자기 돈은 자기가 관리해야 한다는 것이었는데, 이들은 여자입장에서 받아들일 수 없는 조건이기에 받아들이기 힘들다고 했습니다.

(3) 원고는 일정 시간이 지나면 피고의 생각이 달라지리라 기대하면서도 한편 이래서는 안 되겠다싶어 원고는 다니던 직장도 그만두고 피고와의 관계가 좋아지도록 노력을

하였습니다.

그러나 피고는 4. 27. 원고에게 다시 한 번 위 조건들을 제시하며 수락 여부에 대한 확답을 하라고 추궁하여, 원고가 "너무 심한 것이 아니냐"고 하자 당일 ○○동 아파트에서 자신의 짐을 싸서 나가 버린 것입니다.

이에 원고가 피고를 붙잡고 매달리며 '왜 그러느냐'며 수차 울며 애원하였지만 붙잡고 매달리는 원고에게 주먹을 휘두르며 "결혼하지 말자"며 끝내 짐을 싸갖고 나간 것입니다.

나. 피고의 의도된 파기

원고의 계속적인 화해적인 태도에도 불구하고 피고는 위 조건들을 이행하지 않을 것이라면 아예 미리 헤어지는 것이 좋다며, 너무도 쉽게 관계 청산을 선언한 것인데, 위 4. 27. 헤어지기 이전에 이미 피고는 다른 곳(현재의 피고주소지)에 들어갈 집을 마련한 상태였던 것과 다른 여자가 생겼다는 사실을 알게 되었습니다.

4. 손해배상의 범위(위자료)

가. 원고의 상처

(1) 원고는 위 이해할 수 없는 피고의 행동으로 인하여 마음의 상처를 깊이 입고, 아무리 생각해도 피고의 행동에 대하여 이해할 수가 없어 심한 분노를 느끼고 있고, 상상할 수 없는 충격을 받았습니다.

피고는 달랑 자신의 짐만을 가지고 들어와서 떠날 때 달랑 자신의 짐만 가지고 떠났고 원고를 이용만 한 것입니다.

(2) 그러나 ① 원고는 초혼인 점,

② 그간 원고는 피고를 신랑이라며 부모님을 비롯하여 주위 친구, 직장동료들에게 소개까지 하였는데 결혼식이 예정된 상황에서 일방적으로 결혼파기를 당하여 여자로서 도저히 다른 사람과의 관계형성이 정상화되기 어렵게 되어 있고,

③ 무엇보다도 결혼을 전제로 하였지만 성관계를 지속적으로 맺으면서 '동거'를 해온 상황에서 결혼파기는 여자에게 감당할 수 없는 너무도 큰 수치를 느낄 수밖에 없는 점,

④ 신혼집을 위하여 전세금 1억 4,000만원의 전세아파트를 마련하고 신혼살림 마련하느라 금전적으로 너무도 큰 손실을 받고,(중간 생략)

⑤ 피고가 내세운 결혼조건이 통상 남녀가 좋아하는 감정과 사랑만으로 결합되는 순수성을 결여한 너무도 비인격적인 조건이라는 점 등을 감안해 볼 때 너무도 감당하기 힘든 큰 고통을 받은 것입니다.

나. 손해배상금액

이와 같이 상호 결혼을 전제로 동거한 경위와 혼례식 날짜가 정하여졌음에도 갑작스럽게 이상한 조건을 내세워 결혼파기요구로 약혼관계가 해지가 되는 상황은 결과적으로 피고가 받는 피해가 거의 없는데 반하여, 원고는 결혼을 꿈꾸며 동거라는 삶속에서 여성이 받는 파혼으로 받는 정신적 충격, 그리고 피고에 비할 데 없이 많은 금전적 손실을 감안하여 보았을 때 이의 위자금은 최소한 5,000만원 상당이 되어야 할 것입니다.

5. 결 론

그렇다면 피고는 원고에게 위 금 50,000,000원을 이 건 소장 송달 다음날부터 완제일까지 소송촉진등에관한특례법 소정의 연 2할의 각 비율에 의한 지연 손해금을 지급하여야 할 것입니다.

입 증 방 법

1. 갑 제1호중	주민등록초본(피고)
1. 갑 제2호중	증인진술서(박○○)
1. 갑 제3호중	증인진술서(장○○)
1. 갑 제4호중의 1	국외여행계약서
2	신혼여행일정표
1. 갑 제5호중	예식장 사용계약서
1. 갑 제6호중	한복계약서
1. 갑 제7호중	부동산임대차계약서
1. 갑 제8호중의 1	인터넷쇼핑몰 가격표(TV)
2	사진
1. 갑 제9호중의 1	인터넷쇼핑몰 가격표(김치냉장고)
2	사진
1. 갑 제10호중의 1	인터넷쇼핑몰 가격표(드럼세탁기)
2	사진(세탁기)
3	사진(장롱)

첨 부 서 류

1. 송달납부서	1부
1. 소장 부본	1부

2015 . 1. .

위 원고 김 ○ ○

서울가정법원   귀중

1. 다류 가사소송사건은 민사소송에 따른 것이므로 민사소송법 등 인지액에 근거한다. 즉 이 사건의 경우는 손해배상청구액이 5,000만원이므로 5,000만원×0.0045+5,000원=230,000원의 인지를 첨부하여야 한다.
2. 송달료는   124,800원(=당사자수×5,200(우편료)×12회분)을 송달료취급은행에 납부하고 첨부하여야 한다.
3. 관할 : 피고의 보통재판적 소재지 가정법원(가정법원 및 가정지원이 설치되지 않은 지역은 해당 지방법원 및 지방법원 지원)을 관할법원으로 한다
4. 소장은 법원용 1부, 상대방수에 맞는 부본수를 가사과에 제출한다.

[서식] 부당파기에 따른 위자료청구(재산분할 청구 병합)

소   장

원 고 김 ○ ○ (700000 : 0000000)
     등록기준지 : 서울 ○○구 ○○동 ○○○호
     주 소 : 과천시 ○○동 ○ 주공아파트 ○○○동 ○○○호
     전화·휴대폰번호 : ○○○- ○○○- ○○○○

피 고 이 ○ ○ (711111 : 1111111)
     등록기준지 : 서울 ○○구 ○○동 ○○○호
     주 소 : 서울 노원구 ○○동 ○○아파트 ○○동 ○○호

위자료 등 청구의 소

청 구 취 지

1. 피고는 원고에게 금 50,000,000원 및 이에 대해 이 사건 소장부본 송달일 다음날부터 다 갚는 날까지 연 20%의 비율에 의한 금원을 지급하라.
2. 피고는 원고에게 별지목록 기재 부동산 중 2분의 1지분에 관하여 재산분할을 원인으로 하는 소유권이전등기절차를 이행하라.
3. 소송비용은 피고의 부담으로 한다.
4. 위 제1항은 가집행할 수 있다.
라는 판결을 구합니다.

<h1 align="center">청 구 원 인</h1>

1. 당사자 관계

원고는 피고의 부당한 1관계 및 혼인예약(약혼) 파기를 당한 피해자이고, 피고는 원고와 혼인을 전제로 1년 이상 동거관계를 유지하며 혼례식 날짜까지 정해진 상황에서 별다른 사유 없이 1관계 및 혼인예약을 중단해 버려 원고에게 심한 정신적, 물적 피해를 준 가해자 입니다.

2. 혼인을 전제로 한 1관계

(1) 원고와 피고는 9개월여 교제를 하던 중 피고는 원고에게 결혼하자는 말을 하여 이후 혼인을 전제로 2006. 12.경부터 피고는 원고가 사는 서울 강남구 ○○동 빌라(이하 '○○동 빌라'라함)에 들어와 서로 동거하기에 이르렀습니다.

(2) 원고와 피고는 ○○동 빌라에서 동거하다가 2007. 11.경 구체적으로 결혼식 올리는 문제를 논의하게 되면서부터, 11.중순경 성북구 ○○에 사시는 피고 부모님을 찾아뵙고 인사를 드리고, 이어 12. 중순경 경북 ○○에 사시는 원고의 부모님과 피고 부모님과의 상견례를 진행토록 하였으며, 이에 따라 원고와 피고의 혼례식 날짜를 2008. 5. 29.로 정하기에 이른 것입니다.

(3) 그러던 중 피고는 20○○. ○. ○. 갑자기 집을 나가서는 원고에게 다른 사람이 생겼다고 하면서 이별 통보를 하였는데 그 이전에도 수시로 일을 핑계로 외박을 하였지만 원고는 이를 참고 지내 왔었습니다.

3. 재산분할 청구

원고와 피고는 위 1 관계중 별지 부동산을 마련하였고 그 명의는 피고 명의로 하였는바, 이에 재산분할을 원인으로 하여 별지목록 기재 부동산 중 2분의 1지분에 관한 소유권이전등기를 청구하고자 합니다.

4. 위자료 청구

이상과 같이 피고의 유책사유로 인하여 1관계가 부당파기됨으로서 원고는 이루 말할 수 없는 고통을 겪었습니다. 따라서 피고는 이중 정신적 고통에 대하여 금전으로나마 위자할 의무가 있으므로 1 부당파기의 경위를 감안 하였을 때 금 5천만원이 위자료로서 상당하다고 할 것입니다.

5. 결론

따라서 피고는 원고에게 위 금 50,000,000원을 이 사건 소장 송달 다음날부터 완제일까지 소송촉진등에관한특례법 소정의 연 2할의 각 비율에 의한 지연 손해금을 지급하고, 별지목록 기재 부동산 중 2분의 1지분에 관하여 소유권이전등기절차를 이행하여야 할 것입니다.

입 증 방 법

1. 갑 제1호증   주민등록초본(피고)
1. 갑 제2호증   증인진술서
1. 갑 제3호증   등기부등본

첨 부 서 류

1. 송달납부서   1부
1. 소장 부본   1부

2015 . ○. ○.

위 원고   김 ○ ○

서울가정법원 귀중

■ 작성 · 접수방법

1. 다류 가사소송사건은 민사소송에 따른 것이므로 민사소송법 등 인지액에 근거한다. 즉 이 사건의 경우는 손해배상청구액이 5,000만원이므로 5,000만원×0.0045+5,000원=230,000원의 인지를 첨부하여야 한다.
2. 송달료는 124,800원(=당사자수×5,200(우편료)×12회분)을 송달료취급은행에 납부하고 첨부하여야 한다.
3. 관할 : 피고의 보통재판적 소재지 가정법원(가정법원 및 가정지원이 설치되지 않은 지역은 해당 지방법원 및 지방법원 지원)을 관할법원으로 한다
4. 소장은 법원용 1부, 상대방수에 맞는 부본수를 가사과에 제출한다.

1. 의의

약혼해제로 인한 손해배상청구에 관한 규정(민법 제806조)은 혼인의 무효 또는 취소의 경우(민법 제825조)와 재판이혼의 경우(민법 제843조)에 각각 준용된다. 협의상이혼이나 이혼의 무효 또는 취소의 경우에는 명문의 규정이 없으나 마찬가지로 보아야 할 것이고, 원상회복의 청구도 같다.

2. 손해배상청구

(1) 이혼을 원인으로 하는 손해배상청구

1) 재판상 이혼

재판상이혼에 있어서도 재산상의 손해배상청구가 가능하지만, 실무상 그 예를 찾아보기 힘들고 주로 정신상의 손해배상청구(위자료)가 문제된다.

정신상의 손해배상청구(위자료)에 관한 성질에 대해서는 불법행위설, 채무불이행설이 있으나 실무는 불법행위책임으로 구성하고 있다. 손해배상청구는 이혼 그 자체로 인한 정신상 고통에 대한 것이고, 그 외 재판상 이혼을 이루는 개별적인 사유로 인한 손해배상청구는 민사사건이다.

2) 협의상 이혼

재판상이혼에 있어서의 손해배상을 불법행위책임으로 본다면 협의상이혼에 있어서도 당사자의 일방에게 귀책사유가 있는 이상 마찬가지로 불법행위로 인한 손해배상책임이 있음은 당연하다.

3) 소멸시효의 기산점

이혼을 원인으로 하는 손해배상 청구권의 소멸시효의 기산점은 혼인이 해소된 때이다.

(2) 혼인 및 이혼의 무효취소를 원인으로 하는 손해배상청구

1) 혼인의 무효, 취소

① 혼인무효에 있어 당사자 간에 일정한 친족관계가 있음을 혼인무효의 원인으로 하는 경우에는 손해배상이 문제될 여지는 없고, 당사자 간에 혼인의 합의가 없었음에도 일방이

혼인 신고를 한 경우에 문제 된다.

② 혼인취소는 소급효가 없으므로 이혼과 다를 바 없어 혼인이 사기나 강박으로 해소된 경우 그 해소가 취소에 의한 것이거나 이혼에 의한 것이거나 불문하고 손해배상 청구를 할 수 있다(대법원 1977. 1. 25. 선고 76다2223 판결).

2) 이혼의 무효, 취소

이혼의 무효, 취소의 경우에도 손해배상청구를 할 수 있지만 이는 정상적인 혼인관계로의 복귀를 구하는 것이므로 상대방에 대한 손해배상청구가 권리의 남용이 될 수도 있다.

(3) 제3자에 대한 손해배상청구

혼인의 무효·취소, 이혼의 무효·취소, 이혼의 원인을 제공한 제3자에 대한 손해배상청구는 순수한 불법행위책임이다.

3. 원상회복청구

(1) 혼인의 무효

혼인의 무효에서는 당사자가 무효인 혼인기간 중에 부부로서의 공동생활을 영위하여 온 경우에 한하여 원상회복이 문제될 수 있고 법적구성은 1관계에서와 같다고 할 수 있다.

(2) 이혼

이혼에서 부부공동재산의 청산은 재산분할로 처리하여야 하므로 원상회복청구는 결국 부부 개인의 특유재산의 반환문제가 된다.

(3) 혼인의 취소, 이혼의 무효, 취소

혼인의 취소는 소급효가 없으므로 이혼과 동일하게 해석할 것이고, 이혼의 무효 취소에서는 이혼에 따라 상대방에게 급부한 물건의 반환이 문제 될 것이다.

(4) 제3자에 대한 원상회복청구

제3자에 대한 원상회복청구는 민사사건임을 주의해야 한다.

혼인무효로 인한 손해배상청구의 소

원 고   김 ○ ○(주민등록번호 :   )
              등록기준지
              주   소

피 고   왕 ○ ○(주민등록번호 :   )
              등록기준지
              주   소
              연 락 처

청 구 취 지

1. 피고는 원고에게 위자료로 금 5천만원 및 이에 대하여 이 사건 소장부본 송달일까지는
   연 5%의 그 다음날부터 다 갚는 날까지 연 12%의 비율로 계산한 금원을 각 지급하라.
2. 소송비용은 피고의 부담으로 한다.
3. 제1항은 가집행할 수 있다.
라는 판결을 구합니다.

청 구 원 인

1. 원고와 소외 ○○○은 2005. 10. 6. 혼인신고를 마친 법률상 부부이다(2009. 3. 가장이
   혼).

2. 피고는 조선족으로 원고에게 국적을 취득할 목적으로 접근하여 혼인신고하여 가족관계등
   록부에 등재해 주면 1,000만원을 주기로 하고 2009. 10. 5.자 혼인신고하여 법률상 부부
   가 되었습니다.

3. 그러나 이러한 행위는 범죄행위로 관계기관으로부터 조사를 받고 발각되어 원고와 피고는
   형사처벌을 받았습니다.
   이로 인하여 원고는 생업은 물론 정신적 피해도 상당하다고 할 수 있으므로 청구취지와
   같은 판결을 구합니다.

입 증 방 법

1. 갑 제1호증	가족관계증명서
1. 갑 제2호증	주민등록 등록 및 초본
1. 갑 제3호증	형사판결문
1. 갑 제4호증	혼인관계증명서
1. 갑 제5호증	미성년자가 있는 경우 그 자녀 각자의 기본증명서, 가족관계증명서

첨 부 서 류

1. 위의 입증방법	각 1통
1. 납부서	

2016. 1.

위 원고   ○○○

서울가정법원   귀중

■ 작성 · 접수방법

1. 다류 가사소송사건은 민사소송에 따른 것이므로 민사소송법 등 인지액에 근거한다. 즉 이 사건의 경우는 손해배상청구액이 5,000만원이므로 5,000만원×0.0045+5,000원=230,000원의 인지를 첨부하여야 한다.
2. 송달료는 124,800원(=당사자수×5,200(우편료)×12회분)을 송달료취급은행에 납부하고 첨부하여야 한다.
3. 관할 : 관할법원은 쌍방주소지로 한다. 쌍방주소지란 일방최후주소지 또는 상대방 주소지를 말한다.
4. 소장은 법원용 1부, 상대방수에 맞는 부본수를 가사과에 제출한다.

> 민법 제839조의3(재산분할청구권 보전을 위한 사해행위취소권) ① 부부의 일방이 다른 일방의 재산분할청구권 행사를 해함을 알면서도 재산권을 목적으로 하는 법률행위를 한 때에는 다른 일방은 제406조 제1항을 준용하여 그 취소 및 원상회복을 가정법원에 청구할 수 있다. ② 제1항의 소는 제406조 제2항의 기간 내에 제기하여야 한다.

1. 의의 및 성질

(1) 의의

재산 명의자가 아닌 배우자의 부부재산에 대한 잠재적 권리보호 강화를 위하고 재산분할의 적정 및 형평성을 위해, 부부의 일방이 상대방 배우자의 재산분할청구권 행사를 해함을 알고 사해행위를 한 때에는 상대방 배우자가 그 취소 및 원상회복을 법원에 청구할 수 있도록, 민법 제839조의3은 "부부의 일방이 다른 일방의 재산분할청구권 행사를 해함을 알면서도 재산권을 목적으로 하는 법률행위를 한 때에는 다른 일방은 민법 제406조(채권자 취소권) 제1항을 준용하여 그 취소 및 원상회복을 가정법원에 청구할 수 있다"라고 하여 재산분할청구권 보전을 위한 사해행위 취소권을 규정하고 있다. 민법 제839조의3을 준용하는 동법 제843조에 의해, 협의상 이혼뿐만 아니라 재판상 이혼 시에도 가능합니다. 또한 가사소송 다류사건으로서 조정전치주의가 적용된다.

(2) 취지

부부간에 불화가 생기면 재산을 가진 일방은 앞으로의 이혼소송 등에 대비하기 위해 재산을 빼돌려 두는 경우가 많아 선의의 당사자는 소송을 하여도 실질적으로 재산분할에서 만족을 얻기 곤란한 경우가 있다. 이러한 재산회피, 면탈행위를 방지하기 위해 가사소송법에서는 가압류, 가처분 같은 보전처분제도를 인정할 뿐만 아니라 사전처분까지 인정하고 있지만 이러한 보전처분제도는 목적재산의 명의가 일방에 남아 있는 경우에만 가능하고 제3자 명의로 넘어간 경우에는 불가능하기 때문에 이러한 사해행위취소제도가 도입된 것이다.

(3) 성질

위 청구의 법률적 성질은 민법의 채권자취소권과 같이 사해행위를 취소하고(형성권) 동시에 일탈된 재산의 회복을 청구하는 것(원상회복청구권)을 내용으로 하는 권리라고 할 것이므로(병합설), 원상회복만을 청구하는 것이 아니라 취소도 함께 소구하여야 한다(대판 2004. 8. 30. 선고 2004다21923).

2. 정당한 당사자

(1) 원고적격

부부의 한쪽으로서 재산분할을 청구할 수 있는 당사자에게 원고적격이 있다(협의상 이혼
또는 재판상 이혼한 배우자, 혼인이 취소된 배우자).

(2) 피고적격

사해행위 취소청구는 수익자 또는 전득자에 대한 관계에서 상대적으로 법률행위를 무효로
하는 것이므로 피고적격은 수익자 또는 전득자에게 있고(대법원 2004. 8. 30. 선고 2004
다21923 판결), 상대방 배우자에게는 피고적격이 없다. 채권자취소권은 수익자나 전득자
에 대한 관계에서만 상대적으로 법률행위를 무효로 하는 제도이기 때문이다.

3. 관할

(1) 토지관할

1) 피고가 되는 수익자 또는 전득자의 보통재판적이 있는 곳의 가정법원에 토지관할이 있다.
2) 재판상 이혼청구에 사해행위 취소청구를 병합하여 제기하는 경우에는 가사소송사건 중
   1개의 청구에 대하여 관할권이 있는 가정법원에 병합하여 소를 제기할 수 있다(법 14
   조 2항). 재판상 이혼청구의 토지관할은 전속관할이므로(법 22조) 사행행위 취소와 이
   혼청구의 토지관할이 서로 다른 경우에는 전속관할인 이혼사건의 관할법원에 사해행위
   취소사건까지 관련사건으로 병합하여 제소할 수 있다.

(2) 사물관할

1) 소송목적의 값이 5,000만원을 초과하는 것은 가정법원의 합의부에 속하고, 그 밖의 경
   우에는 가정법원의 단독판사의 사물관할에 속한다(사물관할 규칙 제3조).
2) 민사소송인 사해행위 취소청구의 소송목적의 값은 법률행위의 목적의 값을 한도로 한
   원고의 채권액이다(인지규칙 19조 2항). 따라서 사해행위 취소만 제기되는 경우에는 취
   소되는 법률행위의 목적의 가액을 한도로 한 원고의 재산분할청구액을 기준으로 하고,
   취소청구와 원상회복청구가 병합되어 제기 될 경우에는 취소되는 법률행위 목적의 가액
   을 한도로 한 원고의 재산분할청구액과 원상회복청구의 가액을 한도로 한 원고의 재산
   분할청구액 중 다액을 기준으로 한다(인지규칙 20조 12조 9호).

4. 요건

(1) 피보전권리

1) 보전될 권리

보전될 권리는 원칙적으로 금전채권이어야 한다. 이혼시의 재산분할청구권은 당사자간의 협의나 법원의 심판으로 그 구체적인 내용이 형성되기 전에는 그 범위나 내용이 불명확, 불확정적이기는 하지만 분할 방법에서 현금지급을 명할 가능성이 항상 내포되어 있으므로 채권의 성질이 불확정적이라는 이유로 피보전권리 적격을 부정할 수는 없다.

2) 성립시기

민법 839조의3조 규정취지에 비추어 재산분할청구나 이혼 제기가 그 선행요건이 아니기에 아직 이혼의 효과가 발생하지 않았더라도 이혼 및 재산분할청구와 병합하여 그 재산분할청구권을 보전하기 위해 사해행위 취소소송을 제기할 수 있다. 더 나아가 이혼 또는 재산분할청구를 하지 않았더라도 이혼의 협의단계 또는 재판상 이혼청구와 같이 이혼의 개연성이 인정되고 분할청구권의 행사를 위한 기초가 마련된 경우에도 사해행위 취소 청구를 할 수 있을 것이다.

(2) 사해행위

부부의 한쪽이 재산권에 관한 법률행위를 함으로써 다른 한쪽의 재산분할청구권 행사를 해하게 되는 것을 말한다.

(3) 채무자의 악의

부부의 한쪽이 상대방을 해함을 알고 하여야 한다. 그러나 그 행위로 이익을 받은 자나 재산을 전득한 자가 채권자를 해함을 알지 못한 경위 취소청구를 할 수 없다. 다만 채무자의 악의가 인정되면 전득자 또는 수익자의 악의는 추정된다(대법원 1991. 2. 12. 선고 90다16279 판결).

(4) 취소대상

혼인 중 부부의 협력으로 형성된 재산에 한정되는지 아니면 특유재산도 포함하는지에 대해서는 견해가 나누어진다.

5. 심리

(1) 제척기간

취소소송은 취소원인을 안날로부터 1년, 법률행위가 있은 날로부터 5년내에 제기하여야 한다(민 839조의3 2항). 한편 사해행위 취소청구는 피보전권리를 전제로 하는 것인 바, 이혼 후 2년이 경과하면 재산분할청구권 행사의 제척기간이 도과되어 재산분할 청구권을 행사할 수 없게 되므로 사해행위 취소권을 행사할 여지도 없을 것이다.

(2) 관련사건의 병합

여러 개의 가사소송사건의 청구의 원인이 동일한 사실관계에 기초하거나 1개의 청구의 당부가 다른 청구의 전제가 된 경우에는 1개의 소로 제기할 수 있으므로(법 14조1항), 이혼으로 인한 재산분할청구사건과 재산분할청구권을 보전하기 위한 사해행위 취소청구사건은 당사자가 서로 다르지만 사실상 또는 법률상 같은 원인에서 비롯된 것이므로 관련사건으로 병합할 수 있다 할 것이다.

[청구취지 기재례]

> 1. 피고와 소외 ○○○ 사이에 서울 강남구 신사동 1626-2(대 360㎡) 부동산에 관하여 20○○. ○○. ○. 체결한 부동산매매계약을 취소한다.
> 2. 피고는 원고에게 위 부동산에 관하여 ○○지방법원 ○○등기소 20○○. ○○. ○○. 접수 제 ○○○호로써 20○○. ○○. ○. 매매를 원인으로 마친 소유권이전등기의 말소등기절차를 이행하라.
> 3. 소송비용은 피고의 부담으로 한다.
> 라는 판결을 구합니다.

<h1 align="center">소　　장</h1>

원　고　　　　김 ○ ○ (주민등록번호)

　　　　　　　　○○시 ○○구 ○○동 ○○ (우편번호 ○○○-○○○)

　　　　　　　　전화·휴대폰번호 :

　　　　　　　　팩스번호, (e-mail)주소 :

피　고　　　　이 ○ ○ (주민등록번호 또는 한자)

　　　　　　　　○○시 ○○구 ○○동 ○○ (우편번호 ○○○-○○○)

　　　　　　　　전화·휴대폰번호 :

　　　　　　　　팩스번호, (e-mail)주소 :

재산분할청구권 보전을 위한 사해행위 취소 및 원상회복청구의 소

<h2 align="center">청 구 취 지</h2>

1. 피고와 소외 ○○○ 사이에 서울 강남구 신사동 1626-2(대 360㎡) 부동산에 관하여 20○○. ○○. ○. 체결한 부동산매매계약을 취소한다.

2. 피고는 원고에게 위 부동산에 관하여 ○○지방법원 ○○등기소 20○○. ○○. ○○. 접수 제 ○○○호로써 20○○. ○○. ○. 매매를 원인으로 마친 소유권이전등기의 말소등기절차를 이행하라.

3. 소송비용은 피고의 부담으로 한다.

라는 판결을 구합니다.

<h2 align="center">청 구 원 인</h2>

1. 원고와 소외 ○○○는 2005. 2. 6. 혼인신고를 한 법률상 부부관계인데 남편은 법률상 배우자로서 정조의무를 다하지 못하고 소외 ○○○와 불륜관계를 계속하여 가정생활을 소홀히 할 뿐 아니라 원고를 구타와 폭언으로 학대하면서 사흘이 멀다 하고 외박을 하는 등 원고를 괴롭히고 있습니다.

2. 원고는 남편이 서초동 ○○ 모텔에서 불륜관계에 있던 소외 ○○○와 정사현장을 목격하고 남편과 소외 ○○○를 간통으로 고소를 하였습니다.

3. 그 후 등기소에서 이전등기를 필했다는 우편물이 송달되어 원고는 등기부 등본을 열람해보니 남편명의의 이 사건 부동산이 피고(원고와 피고는 사촌간임)에게 이전되어 있었습니다.

4. 이와 같은 이전등기는 장차 원고와 남편이 이혼시 재산분할을 원고에게 불리하게 하려고 남편은 피고와 짜고 한 것이 명백하오니 이 사건 부동산의 매매계약을 취소하고 이전등기는 말소되어야 하므로 이 소를 청구하기에 이르렀습니다.

<h2 align="center">입 증 방 법</h2>

1. 갑 제1호증	혼인관계증명서
1. 갑 제2호증	부동산등기부등본
1. 갑 제3호증	토지대장등본
1. 갑 제4호증	건출물대장등본
1. 갑 제5호증	간통고소장사본

<h2 align="center">첨 부 서 류</h2>

1. 위 입증방법	각 1통
1. 소장부본	1통
1. 송달료납부서	1통

2015 . 1. 0.

위 원고 0 0 0   (인)

○○가정법원 귀중

■ 작성 · 접수방법

1. 다류 가사소송사건은 민사소송에 따른 것이므로 민사소송법 등 인지액에 근거한다. 즉 인지는 목적물(이전된 부동산, 즉 재산분할대상의 재산)의 과세표준을 근거로 하여 인지계산을 한다.
2. 송달료는 124,800원(=당사자수(2)×5,200(우편료)×12회분)을 송달료취급은행에 납부하고 첨부하여야 한다.
3. 관할 : 피고가 되는 수익자 또는 전득자의 보통재판적 소재지 가정법원(가정법원 및 가정지원이 설치되지 않은 지역은 해당 지방법원 및 지방법원 지원)을 관할법원으로 한다.
4. 소장은 법원용 1부, 상대방수에 맞는 부본수를 가사과에 제출한다.

[별지]

<h2 align="center">부동산의 표시</h2>

서울 강남구 신사동 1626-2

대 360㎡

1. 친권자의 지정 및 변경 심판

(1) 서론

1) 의 의

혼인 외의 자가 인지된 경우와 부모가 이혼하는 경우에는 부모의 협의로 친권자를 정하고, 협의할 수 없거나 협의가 이루어지지 아니하는 경우에는 가정법원은 직권으로 또는 당사자의 청구에 따라 친권자를 정한다. 다만 부모의 협의가 자녀의 복리에 반하는 경우 가정법원은 보정을 명하거나 직권으로 친권자를 정한다(민법 제909조 제4항).

2) 취 지

친권은 부모와 자녀가 공동생활을 영위하기 위해 원칙적으로 부모가 혼인 중에는 공동으로 행사함이 원칙이다. 그런데 부모가 이혼하거나 혼인 외의 자가 인지되는 경우에는 그와 같은 취지가 유지될 수 없으므로 자녀의 복리를 위해 부모의 협의 또는 가정법원이 직권이나 당사자의 청구에 의해 친권자를 정하도록 한 것이다.

3) 성 질

친권은 부모의 고유한 권리이자 의무이므로 당사자의 협의나 심판 등으로 이를 소멸시키거나 당사자가 임의로 이를 포기할 수 있는 성질의 것이 아니다. 다만 법률행위대리권과 재산관리권은 법원의 허가를 받아 사퇴할 수 있을 뿐이다. 따라서 부모의 한쪽을 친권자로 지정하거나 이를 변경하는 것은 친권 그 자체의 귀속을 변경하는 것이 아니라 다른 한쪽의 친권행사를 정지시키는 것일 뿐 그 친권을 소멸시키는 것은 아니다.

4) 친권과 양육권의 관계

친권의 내용은 친권자가 미성년자인 자를 보호, 양육할 권리의무 등 신분에 관한 사항과 자의 법률행위 대리를 비롯한 재산에 관한 사항을 포함하므로, 일반적으로 양육권은 친권에 포함되는 구성요소이다. 단 양육에 관한 가정법원의 처분에 의하여 친권행사자와 양육자가 분리될 수 있다.

(2) 친권자의 지정

1) 개 설

2011년의 개정은 이혼 등으로 단독친권자로 정해진 부모의 일방이 사망하거나 친권을 상실하는 등 친권을 행사할 수 없는 경우에 가정법원의 심리를 거쳐 친권자로 정해지지 않았던 부모의 다른 일방을 친권자로 지정하거나 후견이 개시되도록 하고 입양이 취소되거나 파양된 경우 또는 양부모가 사망한 경우에도 가정법원의 심리를 거쳐 친생부모 또는 모가 당연히 친권자가 됨으로써 미성년자의 복리에 악영향을 미치는 것을 방지하고 이혼 등으로 단독친권자로 정해진 부모의 일방이 유언으로 미성년자의 후견인을 지정한 경우라도 미성년자의 복리를 위하여 필요하다고 인정되면 후견을 종료하고 친권자로 정해지지 않았던 부모의 다른 일방을 친권자로 지정할 수 있게 하여 미성년자의 복리를 증진시키려는 취지에 기한 것이다.

2) 단독친권자의 사망, 입양취소, 파양 또는 양부모의 사망의 경우에 가정법원이 미성년자의 법정대리인을 선임한다(민 909조의2).

① 인지나 이혼 후 단독친권자로 지정된 친(親)이 사망한 경우

종래 친권자 지정에 의하여 다른 일방이 친권이 소멸하였으므로 후견이 개시된다는 견해와 부모의 다른 일방이 친권자로 된다는 견해가 나뉘었다. 그런데 2011년 개정에 의해 단독친권자로 정하여진 부모의 일방이 사망한 경우 생존하는 부 또는 모, 미성년자, 미성년자의 친족은 그 사실을 안날부터 1개월 사망한 날부터 6개월 내에 가정법원에 생존하는 부 또는 모를 친권자로 지정할 것을 청구할 수 있다(민 909조의1 제1항).

② 입양 취소, 파양 또는 양부모 쌍방이 사망한 경우

후견이 개시될 것인지 아니면 파양에 준하여 친생부모의 친권이 부활한다고 볼 것인지에 대해 종래 논란이 있었다. 하지만 2011년 개정에 의해 입양이 취소되거나 파양된 경우 또는 양부모가 모두 사망한 경우 친생부모 일방 또는 쌍방, 미성년자, 미성년자의 친족은 그 사실을 안날부터 1개월, 입양이 취소되거나 파양된 날 또는 양부모가 모두 사망한 날부터 6개월 내에 가정법원에 친생부모 일방 또는 쌍방을 친권자로 지정할 것을 청구 할 수 있다. 다만 친양자의 양부모가 사망한 경우에는 그러하지 아니하다(민 909조의2 제2항).

③ 기간 내 친권자 지정의 청구가 없는 경우의 미성년후견인 선임

기간 내에 친권자 지정의 청구가 없을 때에는 가정법원은 직권으로 또는 미성년자, 미성년자의 친족, 이해관계인, 검사, 지방자치단체의 장의 청구에 의하여 미성년후견인을 선임할 수 있다. 이 경우 생존하는 부 또는 모, 친생부모 일방 또는 쌍방의 소재를 모

르거나 그가 정당한 사유 없이 소환에 응하지 아니하는 경우를 제외하고 그에게 의견을 진술할 기회를 주어야 한다(민 909조의2 제3항).

④ 가정법원이 친권자 지정청구 또는 후견인 선임청구를 기각 할 때
가정법원은 직권으로 미성년후견인을 선임하거나 생존하는 부 또는 모, 친생부모 일방 또는 쌍방을 친권자로 지정하여야 한다(민 909조의2 제4항).

⑤ 단독친권자 사망, 입양이 취소 또는 파양, 양부모 모두가 사망한 경우
가정법원은 직권으로 또는 미성년자, 미성년자의 친족, 이해관계인, 검사, 지방자치단체장의 청구에 의해 친권자가 지정되거나 미성년후견인이 선임될 때 까지 그 의무를 대행할 사람을 선임할 수 있다. 이 경우 그 의무를 대행할 사람에 대해 25조 및 954조를 준용한다.

⑥ 미성년후견인이 선임된 경우
가정법원은 미성년후견인이 선임된 경우라도 양육상황이나 그 밖의 사정을 고려하여 미성년자의 복리를 위하여 필요하면 생존하는 부 또는 모, 친생부모 일방 또는 쌍방, 미성년자의 청구에 의해 후견을 종료하고 생존하는 부 또는 모, 친생부모 일방 또는 쌍방을 친권자로 지정할 수 있다(민 909조의2 제6항).

⑦ 친권자 지정의 기준에 관한 조항 신설
가정법원이 친권자를 지정함에 있어서는 자의 복리를 우선적으로 고려하여야 한다. 이를 위하여 가정법원은 관련 분야의 전문가나 사회복지기관으로부터 자문을 받을 수 있다(민 912조 제2항).

3) 단독친권자에게 친권의 상실, 소재불명 등 친권을 행사할 수 없는 중대한 사유가 있는 경우에 가정법원이 미성년자 법정대리인을 선임한다(민 927조의2).
① 인지나 이혼 등으로 단독친권자로 된 부 또는 모 양부모 쌍방에게 친권상실의 선고 또는 대리권과 재산관리권 상실의 선고가 있거나 대리권과 재산관리권을 사퇴한 경우 또는 소재불명 등 친권을 행사할 수 없는 중대한 사유가 있는 경우 단독친권자 사망한 경우에 관한 제909조의2가 준용된다.

② 위에 따라 친권자가 지정되거나 미성년후견인이 선임된 후 단독친권자이었던 부 또는 모, 양부모 일방 또는 쌍방에게 실권의 회복, 사퇴한 권리의 회복 또는 소재불명이던 부 또는 모가 발견되는 등 친권을 행사할 수 있게 된 경우에 가정법원은 그 부모 일방

또는 쌍방, 미성년자, 미성년자의 친족의 청구에 의해 친권자를 새로 지정할 수 있다
(민 927조의2 제2항).

4) 단독친권자가 유언으로 지정한 미성년자의 후견인이 선임된 경우라도 가정법원이 미성
년자의 복리를 위하여 필요하다고 인정하면 생존하는 부 또는 모, 미성년자의 청구에 의하
여 후견을 종료하고 생존하는 부 또는 모를 친권자로 지정할 수 있다(민 931조 제2항).

(2) 친권자의 변경

1) 의 의

당사자의 협의나 심판으로 친권자가 지정된 경우에도 자녀의 복리를 위해 필요하다고 인정
되는 경우에는 자녀의 4촌 이내의 친족의 청구에 따라 가정법원이 정하여진 친권자를 다른
한쪽으로 변경할 수 있다(민 909조 6항). 자녀의 4촌 이내의 친족의 청구가 있어야 하는
점에서 직권으로도 변경할 수 있는 양육에 관한 처분과 다르다. 따라서 지정된 친권자를
변경하고자 하는 경우에는 가정법원의 친권자변경심판서의 등본과 확정증명서를 첨부하여
신고하야야 하고 협의에 의한 친권자변경신고를 할 수는 없다.

2) 성 질

친권자의 변경은 앞에 한 친권자지정의 취소와 새로운 친권자지정으로서의 성질을 갖는다.
친권자 변경은 횟수의 제한이 없지만 친권자를 자주 변경하는 것은 불가피한 사정이 없는
한 바람직하지 않을 것이다.

(3) 정당한 당사자

1) 친권자지정청구는 부모의 한쪽이 다른 한쪽을 상대방으로 하여 청구하여야 하고(규칙
   제99조 제1항), 친권자 변경청구는 부모의 한쪽이 친권자로 정하여진 다른 한쪽을 상
   대방으로 청구하거나(규칙99조1항), 자녀의 4촌 이내의 친족이 부모 중 친권자로 정하
   여진 한쪽을 상대로 청구하여야 한다(민 909조6항).
2) 친권자지정, 변경청구와 아울러 제3자에 대한 자녀의 인도를 구하는 경우에는 부모 아
   닌 제3자에게도 상대방적격이 인정된다(규칙 99조 2항).

(4) 관 할

상대방의 보통재판적 소재지의 가정법원의 관할에 속하며(법 제46조 본문), 가정법원 단독
판사의 사물관할에 속한다.

(5) 심리

1) 조정전치

마류 가사비송사건은 조정 전치주의의 적용을 받는다(법 50조). 따라서 당사자는 심판청구에 앞서 가사조정을 신청하여야 하고 당사자가 조정을 신청하지 않고 심판청구를 하면 가정법원이 직권으로 조정에 회부하여야 한다.

2) 자녀 의견의 청취

자녀가 15세 이상인 경우에는 자녀의 의견을 들을 수 없거나 자녀의 의견을 듣는 것이 오히려 자녀의 복지를 해할 만한 특별한 사정이 있다고 인정되는 때를 제외하고는 심판에 앞서 그 자녀의 의견을 들어야 한다(가소규칙 100조).

3) 친권자 지정 및 변경의 기준

친권은 부모의 권리이자 의무이고 자녀의 복지에 직접적인 영향을 미치는 것이므로 친권자의 지정, 변경에는 부모보다 자녀의 복리를 우선하게 되고 그 밖에 자녀의 성별, 연령과 부모의 애정, 양육의사의 유무, 양육에 필요한 경제적 능력의 유무, 모와 자녀 사이의 친밀도, 자녀의 의사등도 모든 요소를 종합적으로 고려하여야 한다(대법원 2010. 5. 13. 2009으1458).

(6) 이혼 시 자녀양육권자를 정하는 방법

「민법」은 이혼 시 자녀의 양육 및 친권에 관하여 어머니에게도 동등한 권리를 부여하고 있는바, 이혼 시 자녀의 양육 및 친권에 관한 사항은 이혼당사자가 협의하여 정하고, 협의가 되지 않거나 협의할 수 없는 때에는 당사자의 청구 또는 직권에 의하여 가정법원이 정하도록 규정하였다(민법 제837조). 가정법원은 당사자의 청구 또는 직권에 의하여 자녀의 연령, 부모의 재산상황, 자녀에 대한 부모의 애정정도, 자녀의 의사 등 여러 가지 사정을 참작하여 친권자 및 양육에 관한 사항을 정하게 된다.

참고로 양육비에 관하여 판례는 "실제로 양육을 담당하는 이혼한 모에게 전혀 수입이 없어 자녀들의 양육비를 분담할 형편이 못되는 것이 아닌 이상, 이혼한 부와 함께 모도 양육비의 일부를 부담하도록 하였다 하여도 경험칙과 논리칙에 어긋나는 것은 아니며, 이혼한 부모 사이에 미성년의 3자녀에 대한 양육자로 모를 지정하고 부가 부담해야 할 양육비는 도시가구의 평균소비지출액과 당사자들의 각 재산정도와 수입 등 제반 사정을 참작하여 양육비로 예상되는 금액의 3분지 2 정도인 월 329,810원이 상당하다."라고 하였으며(대법원 1992. 1. 21. 선고 91므689 판결), "원고가 사건본인을 양육한 것이 일방적이고 이기적인 목적이나 동기에서 비롯된 것이라거나 사건본인의 이익을 위하여 도움이 되지 아니하거나,

그 양육비를 피고에게 부담시키는 것이 오히려 형평에 어긋나게 되는 등의 특별한 사정이 있다고 볼 아무런 자료가 없다면, 피고에게 사건본인의 양육비를 분담하게 한 것은 정당하다."라고 하였다(대법원 1995. 4. 25. 선고 94므536 판결).

(7) 심판

① 한쪽이 친권자로 지정되면 다른 한쪽의 친권은 소멸된다는 견해와 소멸되지 않고 정지될 뿐이고 잠재적인 친권자임에는 변함이 없다는 견해가 있으나 친권자 지정심판은 친권을 창설하거나 소멸시키는 것이 아니라 지정되지 않은 자의 친권행사를 정지시키고 지정된 자 단독으로 친권을 행사는 것을 허용하는 것으로 보아야 한다.

② 지정 또는 변경심판이 확정되면 청구인 또는 친권자로 지정된 자가 1월 이내에 가족관계등록신고를 할 의무가 있지만(가등 79조), 가족관계등록등부 기록의 촉탁이 있는 때에는 가족관계등록사무를 처리하는 공무원은 당사자의 신고를 기다릴 필요없이 바로 기록을 하여야 한다.

[청구취지 사례] 친권자 지정

> 사건본인의 친권자로 청구인을 지정한다.

> 사건본인의 친권자로 청구인과 피청구인을 공동으로 지정한다.

[청구취지 사례] 친권자변경

> 사건본인의 친권자를 청구인으로 변경한다.

> 사건본인의 친권자를 청구인에서 청구인과 피청구인이 공동친권자로 되는 것으로 변경한다.

친권자 및 양육자 지정심판청구서

청 구 인　　　김 ○ ○ (주민번호)
　　　　　　　등록기준지 :
　　　　　　　주　　　소 :
　　　　　　　연 락 처 :

피청구인　　　이 ○ ○ (주민번호)
　　　　　　　등록기준지 :
　　　　　　　주　　　소 :

사건본인　　　김 ○ ○ (주민번호, 당○세)
　　　　　　　등록기준지 및 주소 : 피청구인과 같다

친권자 및 양육자지정 심판청구

청 구 취 지

1. 사건본인에 대한 친권자 및 양육자로 청구인을 지정한다.
2. 소송비용은 피청구인의 부담으로 한다.
라는 판결을 구합니다.

청 구 원 인

1. 당사자의 관계
　 청구인과 피청구인은 20○○. ○. ○. 혼인신고를 하고 20○○. ○. ○. 사건본인을 출산
　 하였고 이후 20○○. ○. ○. 재판상 이혼을 한 당사자들입니다.

2. 피청구인과의 재판상 이혼
　 피청구인은 매일 새벽까지 술을 마시고 늦게 귀가를 하다가 급기야 다른 여자를 사귀어서
　 는 가출을 하였습니다. 청구인은 혼인생활을 지속하기 위해 노력을 하였지만 더 이상
　 피청구인과의 혼인생활이 의미가 없게 되어서 20○○. ○. ○. 이혼소송을 제기하여 이혼
　 판결을 받았습니다.

3. 친권행사자 지정청구

　　그런데 청구인은 위 재판상 이혼과정에서 사건본인들의 친권행사를 청구인으로 지정해
달라는 청구를 하여야 했지만 법을 잘몰라 청구하지 않아 친권행사자가 지정되지 않은
상태로 지내 왔습니다. 따라서 청구인은 사건본인의 친권행사자 및 양육자로 지정받기
위해 이 사건 심판청구에 이른 것입니다.

입 증 방 법

1. 갑제1호증	가족관계증명서
1. 갑제2호증	주민등록등본
1. 갑제3호증	제적등본
1. 갑제4호증	혼인관계증명서
1. 갑제5호증	사실확인서

20ㅇㅇ.　　ㅇ.　　.

위 청구인　김 ㅇ ㅇ　(인)

서울가정법원　귀중

■　작성 · 접수방법

1. 청구서에는 수입인지 20,000원{=친권자 지정(마류5호) 1만원+ 양육자지정(마류3호) 1만원}을 붙여야
한다.
2. 송달료는 124,800원(=당사자수(2)×5,200(우편료)×12회분)을 송달료취급은행에 납부하고
첨부하여야 한다.
3. 관할 : 상대방 주소지를 관할하는 가정법원을 관할법원으로 한다.
4. 청구서 법원용 1부, 상대방수에 맞는 부본수를 제출한다.

2. 양육자의 지정 및 변경 심판

(1) 개 설

1) 양육에 관한 사항

이혼 및 혼인취소, 자녀가 인지된 경우에 그 자녀의 양육자가 누가 될 것인가 또는 양육을 어떻게 할 것인가 등 양육에 관한 사항은 부모의 협의에 따라 정하는 것을 원칙으로 하고 (민 837조1항), 그 협의에는 양육자의 결정, 양육비용의 부담, 면접교섭권의 행사 여부 및 그 방법 등이 반드시 포함되어야 한다(민 837조 2항). 다만 위 협의가 자녀의 복리에 반하는 때에는 가정법원은 보정을 명하거나 직권으로 그 자녀의 의사, 연령과 부모의 재산상황, 그 밖의 사정을 참작하여 양육에 필요한 사항을 정할 수 있다(민법 제837조 제3항). 그리고 당사자 간의 협의가 이루어지지 아니하거나 협의할 수 없는 때에는 당사자가 가정법원에 청구하여 정하거나 또는 청구가 없더라도 가정법원이 직권으로 양육에 관한 사항을 지정할 수 있다(민 837조 4항 전단). 직권으로 정하는 경우 자의 의사, 연령과 부모의 재산상황 그 밖의 사정을 참작하여야 한다(민 837조 4항 후단).

2) 양육자 지정

미성년자 자녀의 양육자를 지정하는 방법은 경우에 따라 다른데 부모의 한쪽을 지정하는 경우, 부모의 양쪽을 지정하는 경우, 제3자를 지정하는 경우가 있다. 다만 부모 중 한쪽을 양육자로 지정하는 경우에도 친권자로 지정하는 자를 동시에 양육자로 지정하는 경우가 일반적이나 부모 중 한쪽이 친권자로 지정되고 다른 쪽을 양육자로 지정하는 경우도 있다.

3) 양육사항의 변경

일단 정해진 양육사항이나 양육자의 변경청구도 가능하다. 즉 가정법원은 자의 복리를 위해 필요하다고 인정하는 경우에는 부, 모, 자 및 검사의 청구 또는 직권으로 자의 양육에 관한 사항을 변경하거나 다른 적당한 처분을 할 수 있다(민 837조 5항). 검사가 변경청구를 할 수 있다는 점과 가정법원의 직권으로도 가능한 점이 특징이다.

(2) 관 할

상대방의 보통재판적 소재지의 가정법원의 관할에 속하며(법 제46조 본문), 가정법원 단독 판사의 사물관할에 속한다.

(3) 정당한 당사자

1) 양육자지정은 부모 중 일방이 다른 일방을 상대로 하여 청구할 수 있다(규칙 제99조 제

1항). 청구인이 자신을 양육자로 지정하여 줄 것을 바라는 것이 일반적이지만 상대방 또는 제3자를 양육자로 지정해줄 것을 구하는 경우도 있다. 부모 외에 제3자를 양육자로 정하는 경우에는 제3자에게 특별한 의무를 지우게 되는 것이므로 양쪽 당사자는 원칙적으로 부모이고 제3자는 이해관계인으로 참가시켜서 그의 동의를 구하거나 의사를 확인한 후 지정하게 된다.

2) 양육자 변경은 아버지, 어머니, 자녀 및 검사가 청구할 수 있다(민837조5항).

(4) 심 리.

1) 자녀 의견의 청취

자녀가 15세 이상인 경우에는 자녀의 의견을 들을 수 없거나 자녀의 의견을 듣는 것이 오히려 자녀의 복지를 해할 만한 특별한 사정이 있다고 인정되는 때를 제외하고는 심리에 앞서 그 자녀의 의견을 들어야 한다(가소규칙 100조).

2) 양육자 지정의 기준

양육자를 지정함에 있어 제일 우선적으로 고려되어야 할 사항은 부모의 권리가 아닌 자녀의 복리이므로(대법원 1991. 7. 23. 90므828) 양육자를 지정함에 있어 자녀의 복리를 최우선적으로 고려하게 된다.

(5) 심 판

1) 부모의 한쪽이나, 양쪽, 또는 제3자를 양육자로 지정할 수 있다. 양육은 친권의 일부이고 친권에 따르는 것은 미성년의 자녀이므로 양육기간에 특별한 정함이 없으면(성년에 달하기까지 적당한 기간을 정해 양육에 관한 처분할 수도 있다) 양육기간은 자녀가 성년에 달할 때까지로 된다.

2) 양육자가 심판에 따라 지정된 후에도 가정법원은 위 협의가 자녀의 복리에 반하거나 자녀의 복리를 위하여 필요하다고 인정하는 경우 양육자를 변경하거나 다른 적당한 처분을 할 수 있고 부모가 협의하여 변경할 수 도 있다.

3) 양육권은 미성년 자녀에 대한 권리이자 의무이므로 권리자인 부모라 하더라도 이를 포기할 수 없다. 포기한다는 각서를 작성하는 등의 포기의사를 표시하였더라도 무효라 본다.

4) 청구권자는 선고심판에 대해 고지 받은 날로부터 14일 이내에 즉시항고 할 수 있고(법 제43조, 가소규 제36조), 청구인은 기각심판에 대해 즉시항고할 수 있다(가소규 제27조). 항고법원은 1심 재판절차에 따라 심판하되 이에 대해 대법원에 재항고 할 수 있다.

[청구취지 사례] 양육자 지정 및 변경청구

[서식] 이혼 및 양육자지정청구

소　　　　　장

원　　　고　　　김 ○ ○ (주민번호) 연락처 :
　　　　　　　　19 ○○.　○.　○. 생
　　　　　　　　등록기준지 :
　　　　　　　　주　　　소 :

피　　　고　　　이 ○ ○ (주민번호) 연락처 :
　　　　　　　　19 ○○.　○.　○. 생
　　　　　　　　등록기준지 :
　　　　　　　　주　　　소 :

사건본인　　　김 ○ ○ (주민번호, 당○세)
　　　　　　　　20 ○○.　○.　○. 생
　　　　　　　　등록기준지 및 주소 : 원고와 같다

이혼 및 양육자지정 청구의 소

청 구 취 지

1. 원고와 피고는 이혼한다.
2. 원고를 사건본인 김○○의 양육자로 지정한다.
3. 소송비용은 피고의 부담으로 한다.
라는 판결을 구합니다.

청 구 원 인

1. 당사자의 관계

   원고와 피고는 20○○. ○. ○. 처음 만나 동거를 시작하다가 피고는 20○○. ○. ○. 사건본인을 출산하였고 이후 20○○. ○. ○. 혼인신고를 하였습니다.
2. 이혼사유

   그런데 피고는 이후 새벽까지 술을 마시고 늦게 귀가를 하다가 급기야 다른 남자를 사귀어서는 가출을 하였습니다. 원고는 그 동안 혼인생활을 지속하기 위해 노력을 하였지만 이제는 더 이상 피고와의 혼인생활이 의미가 없게 되었습니다.
3. 결 어

   따라서 위와같은 사유는 민법 제840조 제1호 제6호의 혼인을 계속하기 어려운 중대한 사유에 해당한다 할 것이고 원고는 피고와 이혼하고 사건본인을 키우면서 살고자 청구취지와 같은 판결을 구하고자 이 사건 청구에 이르게 된 것입니다.

입 증 방 법

1. 갑제1호증	가족관계증명서
1. 갑제2호증	주민등록등본
1. 갑제3호증	제적등본
1. 갑제4호증	혼인관계증명서
1. 갑제5호증	사실확인서

20○○. ○. .

위 청구인 김 ○ ○ (인)

서울가정법원 귀중

---

1. 위 사건은 재판상이혼(나류), 양육자지정,변경,양육비청구(마류) 청구가 병합된 사건으로 인지비용은 가사소송과 비송이 병합하는 경우 흡수법칙에 따라 나류 20,000원과 마류 10,000원 중 가장 다액에

의한다. 따라서 소장에는 수입인지 20,000원(나류사건)을 붙여야 한다.

2. 송달료는 124,800원(=당사자수(2)×5,200(우편료)×12회분)을 송달료취급은행에 납부하고
   첨부하여야 한다.

3. 관할 : 사례의 경우 가사소송 나류 재판상이혼청구와 병합이므로 관할은 재판상이혼청구가 전속관할이
   된다. 따라서 ① 부부가 같은 가정법원의 관할구역 내에 보통재판적이 있을 때에는 그 가정법원이, ②
   부부가 최후의 공통의 주소지를 가졌던 가정법원의 관할구역 내에 부부 중 일방의 보통재판적이 있을
   때에는 그 가정법원이, ③ 위의 각 경우에 해당하지 아니하는 때에는 상대방의 보통재판적소재지의
   가정법원이, 각각 관할법원으로 된다

4. 소장은 법원용 1부, 상대방수에 맞는 부본수를 제출한다. 가사비송(라류, 마류)에서는 청구인과
   피청구인으로 칭하는 반면, 가사소송(가류, 나류, 다류)과 병합청구하는 경우에는 원고, 피고로 칭한다.

[서식] 친권행사자 및 양육자지정심판청구서

친권행사자 및 양육자지정심판청구

청 구 인   김 ○ ○ (주민번호) 연락처 :
    19 ○○. ○. ○. 생
    등록기준지 :
    주   소 :

상 대 방   이 ○ ○ (주민번호) 연락처 :
    19 ○○. ○. ○. 생
    등록기준지 :
    주   소 :

사건본인   이 ○ ○ (주민번호) 연락처 :
    20 ○○. ○. ○. 생
    등록기준지 및 주소 : 상대방과 같다

청 구 취 지

1. 사건본인의 친권행사자 및 양육자로 청구인을 지정한다.
2. 상대방은 사건본인을 청구인에게 인도한다.
3. 상대방은 사건본인의 양육비로서 청구인에게 20○○.　.　.부터 사건본인이 만 20세에
   이를 때까지 매월 말일에 금 500,000원씩을 지급한다.
4. 소송비용은 상대방의 부담으로 한다.

라는 심판을 구합니다.

<h1 align="center">청 구 원 인</h1>

1. 당사자의 관계
   (혼인 및 자녀 출산 관계와 이혼 경위를 자세하게 서술한다.)
2. 친권자 및 양육자 지정의 이유
   (구체적으로 청구인이 사건본인에 대한 친권자 및 양육자로 지정되어야 할 정당한 이유에
   대하여 서술한다.)
3. 결 어

<h1 align="center">첨 부 서 류</h1>

1. 가족관계증명서	각 1통
1. 주민등록등본	각 1통
1. 재직증명서	1통
1. 진술서	1통
1. 납부서	1통

2015.   ○.   .
위 청구인 김 ○ ○ (인)

서울가정법원 귀중

■ 작성·접수방법

1. 청구서에는 수입인지 20,000원(=친권자지정(마류5호)1만원+양육자지정, 유아인도, 양육비청구는 모두
   (마류3호) 양육에 관한 처분의 내용이므로 청구는 1건으로 수입인지 10,000원을 붙여야 한다).
2. 송달료는 124,800원(=당사자수(2)×5,200(우편료)×12회분)을 송달료취급은행에 납부하고
   첨부하여야 한다.
3. 관할 : 상대방 주소지를 관할하는 가정법원을 관할법원으로 한다.
4. 청구서는 법원용 1부, 상대방수에 맞는 부본수를 제출한다.

양육자지정 및 유아인도 조정신청

신 청 인   ○ ○ ○ (주민번호)
등록기준지 :
주　　　소 :

피신청인(상대방)   이 ○ ○ (주민번호)
등록기준지 :
주　　　소 :

사 건 본 인   이 ○ ○ (주민번호)
등록기준지 및 주소 : 상대방과 같다

청 구 취 지

1. 사건본인의 양육자로 신청인을 지정하고, 피신청인은 사건본인을 신청인에게　인도한다.
2. 신청비용은 각자가 부담한다.
는 조정을 구합니다.

청 구 원 인

1. 당사자의 관계
   신청인은 20○○ ○. ○. 피신청인과 혼인하여 20○○ ○. ○. 사건본인을 출생하였습니다.
2. 양육자지정 및 유아인도 신청의 이유
   남편은 결혼생활을 하던 중 가족의 부양의무를 제대로 이행하지 않아 신청인이 생계유지를 위해 지방에 내려가 일을 하여 사건본인의 양육비를 송금하여 왔고 양육은 남편이 하여 왔습니다. 그후 신청인은 남편과 이혼하고 20○○ ○. ○. 신청외 ○○○와 재혼하였고 사건본인은 남편과 협의하여 신청인이 양육하기로 하였는데 20○○ ○. ○. 남편이 갑자기 사건본인을 데리고 가버렸습니다.
3. 결　어

이에 신청인은 사건본인을 정상적으로 양육하기 위하여 이 사건 신청을 하기에 이른 것입니다.

첨 부 서 류

1. 가족관계등록부	각 1통
1. 주민등록표등본	각 1통
1. 진술서	1통
1. 납부서	1통

2015.   ○.   .

위 청구인   ○ ○ ○   (인)

서울가정법원   귀중

■ **작성 · 접수방법**

1. 양육자지정, 유아인도, 양육비청구는 모두 마류3호 양육에 관한 처분의 내용이므로 청구는 1건으로 수입인지 10,000원(마류사건)을 붙여야 한다.
2. 송달료는 124,800원(=당사자수(2)×5,200(우편료)×12회분)을 송달료취급은행에 납부하고 첨부하여야 한다.
3. 관할 : 상대방 주소지를 관할하는 가정법원을 관할법원으로 한다.
4. 청구서는 법원용 1부, 상대방수에 맞는 부본수를 제출한다.

양육자변경 및 양육비 심판청구

청 구 인   김 ○ ○ (주민번호) 연락처 :
            등록기준지 :
            주   소 :

피청구인   이 ○ ○ (주민번호) 연락처 :
            등록기준지 :
            주   소 :

사건본인   이 ○ ○ (주민번호, 당○세)
            등록기준지 및 주소 : 위 피청구인과 같음

청 구 취 지

1. 사건본인의 양육자로 피청구인 이○○을 청구인으로 변경한다.
2. 피청구인 이○○은 사건본인을 청구인에게 인도하라.
3. 피청구인 이○○은 사건본인의 양육비로서 청구인에게 20○○.　.　.부터 사건본인이 만 20세에 이를 때까지 매월 금 500,000원씩을 지급하라.
4. 심판비용은 피청구인의 부담으로 한다.
5. 제2항 및 제3항은 가집행 할 수 있다.
라는 판결을 구합니다.

청 구 원 인

1. 당사자의 관계
   청구인과 피청구인은 20○○. ○. ○. 20○○. ○. ○. 혼인신고를 마친 부부로서 20○○. ○. ○. 아들인 사건본인을 출산하였습니다.
2. 양육자 변경 및 양육비 청구의 이유
   사건본인을 출산한 이후 피청구인은 회사일을 핑계로 외박이 많았을 뿐만 아니라 폭언과 폭행을 일삼았습니다. 따라서 청구인은 피청구인과 20○○. ○. ○. 협의이혼을 하면서 사건본인의 양육자를 피청구인으로 정하였지만 이혼이후 피청구인은 재혼을 하면서 사건본인을 자신의 모친에게 맡겨서 현재 사건본인을 피청구인의 모친이 보살피고 있지만 연로한데다 노환까지 있어 손자를 돌보는데 적합하지 않은 상황입니다.
3. 결　어

따라서 사건본인의 장래를 위하여 청구인이 사건본인을 양육하는 것이 타당하며 아울러 사건본인이 성년에 이를 때까지의 생활비를 청구취지와 같이 지급받고자 이 사건 청구에 이른 것입니다.

입 증 방 법

1. 갑제1호증	가족관계증명서
1. 갑제2호증	주민등록등본
1. 갑제3호증	제적등본
1. 갑제4호증	혼인관계증명서
1. 갑제5호증	사실확인서

20○○. ○. .

위 청구인 김 ○ ○ (인)

서울가정법원 귀중

■ 작성 · 접수방법

1. 양육자지정, 유아인도, 양육비청구는 모두 마류3호 양육에 관한 처분의 내용이므로 청구는 1건으로 수입인지 10,000원(마류사건)을 붙여야 한다.
2. 송달료는 124,800원(=당사자수(2)×5,200(우편료)×12회분)을 송달료취급은행에 납부하고 첨부하여야 한다.
3. 관할 : 상대방 주소지를 관할하는 가정법원을 관할법원으로 한다.
4. 청구서는 법원용 1부, 상대방수에 맞는 부본수를 제출한다.

친권행사 및 양육자변경청구

청구인   홍 ○ ○ (19　.　.　.생)
　　　　　　등록기준지 : ○○도 ○○군 ○○읍 ○○리 ○○번지
　　　　　　주　　　　소 : 서울 ○○시 ○○동 ○○번지 (우편번호 :　　)
　　　　　　전화(휴대폰)번호 : (02) 525-1007, (010)　　-
　　　　　　팩스번호 : (02) 525-2433, 이메일 주소 :

상대방   신 ○ ○ (19　.　.　.생)
　　　　　　등록기준지 : ○○○○도 ○○군 ○○읍 ○○리 ○○번지
　　　　　　주　　　　소 : 서울시 ○○구 ○○동 ○○번지

사건본인   1. 홍 동 일 (19　.　.　.생)
　　　　　　2. 홍 승 일 (19　.　.　.생)
　　　　　　사전본인들의 등록기준지 및 주소 : 상대방과 같음.

청 구 취 지

1. 청구인과 상대방 사이에서 출생한 사건본인 홍동일, 동 홍승일의 친권을 행사할 자 및 양육자를 상대방으로부터 청구인으로 변경한다.
2. 재판비용은 상대방의 부담으로 한다.
라는 심판을 구합니다.

청 구 이 유

1. 청구인과 상대방은 ○○○○년 ○월 ○일 혼인신고를 마치고 법률상의 부부로서 그 사이에 자인 사건본인 홍동일, 홍승일을 두었습니다.

2. 상대방은 혼인행활 중에 청구인이 사업에 실패하여 수입이 없다고 구박을 하면서도 청구인 몰래 다른 남자를 만나면서 사실상의 혼인생활을 유지하였습니다.
　그러나 청구인은 가장으로서 가장의 역할을 다하지 못하게 되자 이에 상대방은 청구인에게 협의 이혼을 요구하였고, 상대방의 뜻에 따라서 협의 이혼과 위 사건본인들의 친권과 양육권을 모두 피청구인으로 합의하였습니다.

3. 위 사건본인들의 친권행사자 및 양육권자를 상대방을 지정하기로 협의하면서 청구인은 위 사건본인들과 정기적인 만남을 가지게 하겠다고 상대방이 약속하였으나 이 약속은 상대방의 방해로 현재 지켜지지 않고 있으며, 상대방은 청구인과 협의 이혼을 한 이후 바로 다른 남자와 동거를 시작하였고, 동거 6개월이 지난 시점에서는 재혼을 하고 위 사건본인들에게는 아빠라고 호칭하도록 하였습니다.

4. 문제는 상대방이 재혼을 하면서 남자(소외 김개동)측에서 아이들이 있었는데 이 아이들과 위 사건본인들은 나이가 서로 비슷하여 매일 다투게 되었고, 아이들이 다투게 되면 위 소외 김개동은 위 사건본인들에게 회초리로 매를 때리고 '밥 먹는 것이 아깝다' 또는 '차라리 집을 나가라'라는 등의 폭언을 서슴치 아니하고 있으나 상대방은 아무런 대응을 하지 못하고 있습니다.

5. ○○○○년 ○월 어느 날 위 사건본인 홍동일이 청구인을 찾아와서 청구인과 함께 살고 싶다는 말을 남기고 돌아가면서 사건본인의 엉덩이를 보았는데 아직도 선명하게 시퍼런 멍 자국이 남아있어서 그 이유를 물어보니 소외 김개동이 위 사건본인 홍동일에게 회초리로 이유 없이 구타하였다는 것입니다.

6. 청구인은 상대방과 이혼 이후 약 2년 동안 열심히 직장생활을 하여 현재 월 200만원의 수입이 있고, 작지만 주택을 마련하였기에 위 사건본인들과 함께 생활을 하는 데에는 어려움이 없으며 이들을 양육하는데 사용되는 비용도 무리가 없는 상태입니다.

7. 결론적으로 상대방은 위 사건본인들의 친생모이지만 사건본인들 이외에 두 명의 아이들이 있고, 상대방이 사건본인들에 대한 소외 김개동의 폭력에 대응하지 못하고 있으며, 무엇보다도 사건본인들이 청구인과 함께 생활을 희망하고 있으며, 청구인은 사건본인의 양육을 하는 데에는 경제적인 어려움이 없다 할 것입니다.

따라서 청구인은 청구취지와 같은 심판을 구하기 위하여 이 청구를 합니다.

첨 부 서 류

1. 가족관계증명서	2통
1. 주민등록등본	2통
1. 진단서사본	1통
1. 납부서	1통
1. 위임장	1통

2015. 1. .

청구인 홍 ○ ○   (인)

서울가정법원 귀중

■ 작성 · 접수방법

1. 청구서에는 수입인지 20,000원(= 친권행사자변경(마류5호) 1만원 + 양육자 변경(마류 3호)을 붙여야 한다.
2. 송달료는 124,800원(=당사자수(2)×5,200(우편료)×12회분)을 송달료취급은행에 납부하고 첨부하여야 한다.
3. 관할 : 상대방 주소지를 관할하는 가정법원을 관할법원으로 한다.
4. 청구서는 법원용 1부, 상대방수에 맞는 부본수를 제출한다.

3. 친권상실 선고 등의 심판

(1) 개 설

친권의 상실 등에 관한 사건은 친권, 법률행위 대리권, 재산관리권의 상실선고 및 실권회복의 선고를 말한다. 이들 사건은 친권자의 지정, 변경이나 양육자의 지정과 같이 부모의 친권과 관련된 분쟁이기는 하나 부모 이외에 친족이나 검사 등 제3자의 개입이 전제되어 있고 부모의 혼인이 계속 중인지가 문제되지 않으며, 당사자의 협의에 다른 처리가 허용되지 않고 반드시 심판에 따라야만 한다는 점에서 차이가 있다.

(2) 의 의

부 또는 모가 친권을 남용하거나 현저한 비행 기타 친권을 행사시킬 수 없는 중대한 사유가 있는 때에는 법원은 청구에 의하여 친권상실을 선고할 수 있다(민법 제924조). 친권은 자녀에 대한 권리일 뿐만 아니라 의무이므로 자녀의 복리를 우선해야 한다. 따라서 이 같은 의무에 위반할 경우 친권의 배제가 허용되는 것이다. 또한, 친권자가 부적당한 관리로 인하여 자녀의 재산을 위태하게 한 때에는 가정법원이 자녀의 친족의 청구에 따라 법률행위의 대리권과 재산관리권의 상실을 선고할 수 있다(민 925조).

(3) 상실사유

1) 친권상실사유

가) 친권남용

친권의 남용이 있는 경우인데, 이는 친권자가 친권의 내용인 권리를 행사함에 있어서 그 본래의 취지 및 목적을 일탈하거나(적극적 남용), 혹은 의도적으로 이를 행사하지 않음으로써(소극적 남용) 자녀의 복리를 현저하게 침해하는 것을 의미한다. 자녀를 학대하는 등의 신상에 관한 남용 외에 자녀의 재산을 불이익하게 처분하는 것도 이에 해당한다. 친권남용에 의해 재산을 처분하는 경우 이는 친권상실사유가 될 뿐만 아니라 이미 행한 처분행위를 상대방이 사정을 알고 있는 경우에는 무효로 될 수 있지만 그러한 친권남용이 있다 하더라도 친권상실선고를 청구하여 법원의 친권상실선고가 있어야만 친권상실이 된다.

나) 현저한 비행

친권자의 현저한 비행이 있는 경우인데, 이는 친권자의 심각한 소행불량을 의미한다. 즉 부정행위 등으로 인하여 구체적으로 사건본인의 신상에 현저하게 나쁜 영향을 미쳐야 할 것이다. 구체적으로 도박이나 범죄행위 등이 이에 해당할 수 있으며 친권자의 간통도 이에 해당할 수 있으나 판례는 간통이 당연히 친권상실사유가 되는 것은 아니라고 하고 있다(판결).

다) 기타 중대한 사유

기타 친권을 행사시킬 수 없는 중대한 사유가 있는 경우이다. 중대한 사유란 친권자의 행방불명이나 생사불명, 정신병 등의 중병 또는 장기입원, 심신상실, 복역 등이 있을 것이며 그 외에 자를 유기하는 것 등도 이에 해당할 것이다.

2) 법률행위대리권, 재산관리권 상실사유

부적당한 관리로 자녀의 재산을 위태하게 한 때 즉 적극적으로 부당한 행위를 하거나 소극적으로 적당한 조치를 취하지 아니하여 자녀의 재산을 멸실 또는 감소시켰거나 그러한 위험이 있는 것을 말한다.

(4) 당 사 자

1) 청구인적격

친권상실에 대해 민법 제924조는 민법 제777조 소정의 친족 또는 검사에게 친권상실선고사건의 청구적격을 인정하고 있다. 이중 아동, 청소년 대상 성범죄 사건을 수사하는 검사는 그 사건의 가해자가 피해아동, 청소년의 친권자인 경우에 친권상실선고를 하여서는 아니 될 특별한 사정이 있는 경우 이외에는 가정법원에 친권상실선고를 청구하여야 하며(아동, 청소년 성보호에 관한 법률 14조), 아동복지법 제12조는 시·도지사, 시장·군수·구청장에게도 그 청구적격을 인정하고 있다. 반면 자녀 자신에게는 청구인 적격이 인정되지 않으며, 친권상실선고의 청구권을 포기하는 계약은 무효인 바, 이를 포기하더라도 청구인적격에는 문제가 되지 않는다. 또한, 법률행위 대리권, 재산관리권의 상실선고는 민법 777조에 따른 자의 친족이 청구할 수 있다.

2) 상대방적격

문제가 된 당해 친권자가 상대방적격자이다(규칙 101조 1항). 부모가 공동으로 친권을 행사하는 경우에도 친권 등의 상실은 개별적으로 하여야 하므로 부모 모두의 친권이나 법률행위 대리권, 재산관리권의 상실선고를 청구하는 것은 단지 두 개의 사건이 병합된 것에 불과하다.

(5) 관 할

친권상실선고사건은 상대방이 되는 친권자의 주소지의 가정법원의 관할에 속하고(법 제46조), 가정법원 합의부의 사물관할에 속한다(민사및가사소송의사물관할에관한규칙 제3조 제2호).

(6) 심 리

1) 조정전치

친권 등의 상실선고청구권의 포기는 허용되지 않는 것이어서 친권, 법률행위 대리권, 재산관리권의 상실선고는 당사자가 임의로 처분할 수 없는 사항에 해당하므로 친권상실선고청구권의 포기를 내용으로 하는 조정은 허용되지 않는다. 따라서 조정은 친권행사의 적정을 위한 수단의 마련을 위한 간접적이고 우회적인 것에 불과하다.

2) 사전처분과 대행자의 선임

친권, 법률행위 대리권, 재산관리권의 상실선고의 심판청구가 있는 경우 가정법원은 직권으로 또는 당사자의 신청에 의해 사전처분으로 상대방의 친권, 법률행위 대리권, 재산관리권의 행사를 정지 시킬 수 있다(법 62조 1항). 그 행사정지의 사전처분에 의해 친권을 행사할 자가 없을 경우 대행자를 사전처분에서 동시에 지정하여야 한다(규칙 102조 1항). 이는 친권에 따르는 자녀의 보호에 공백이 생기지 않도록 하기 위한 것이다.

(7) 심 판

1) 심판이 확정되면 친권자는 그 권한이나 의무를 상실한다. 따라서 공동친권자 중의 한쪽의 친권이 상실되면 다른 쪽이 단독친권자로 되고 공동친권자 모두의 친권이 상실되거나 단독친권자의 친권이 상실되고 다른 아버지 또는 어머니가 없어 친권을 행사할 자가 없게 되면 후견이 개시된다.

2) 친권자의 권리의무는 실권회복선고의 심판에 의하지 아니하고는 당연히 회복되는 것이 아니라는 점에서 친권자지정의 심판에 의해 친권자로 지정되지 아니한 자의 친권행사가 정지되는 것과 비교된다.

3) 청구를 기각한 심판에 대해 청구인이 즉시항고를 할 수 있다(규칙94조1항). 인용한 심판에 대해서는 상대방 또는 민법 925조에 규정한 자(자녀의 친족)는 즉시항고 할 수 있다(규칙 103조). 자녀의 친족에게는 심판이 고지되지 아니하므로 자녀의 친족이 하는 즉시항고는 청구인 또는 상대방이 최후로 심판을 고지받은 날부터 14일 이내에 하여야 한다(법43조5항).

4) 심판이 확정되면 가정법원의 법원사무관등은 자녀의 등록기준지의 가족관계등록사무를 처리하는 사람에게 그 가족관계등록부에 기록할 것을 촉탁하여야 한다(규칙 5조 1항).

[청구취지 사례] 친권 상실 청구

1. 피청구인의 사건본인에 대한 친권을 상실한다.
2. 심판비용은 피청구인의 부담으로 한다.
라는 심판을 구합니다.

[청구취지 사례] 법률행위대리권, 재산관리권 상실 청구

1. 피청구인의 사건본인에 대한 법률행위대리권 및 재산관리권을 상실한다.
2. 심판비용은 피청구인의 부담으로 한다.
라는 심판을 구합니다.

[청구취지 사례] 친권 회복청구

1. 피청구인의 사건본인에 대한 친권을 회복한다.
2. 심판비용은 피청구인의 부담으로 한다.
라는 심판을 구합니다.

[청구취지 사례] 법률행위대리권, 재산관리권 회복 청구

1. 피청구인의 사건본인에 대한 법률행위대리권 및 재산관리권을 회복한다.
2. 심판비용은 피청구인의 부담으로 한다.
라는 심판을 구합니다.

친권행사정지 사전처분신청

신 청 인   김 갑 돌 (주민등록번호 :   )
                     등록기준지 : ○○시 ○구 ○동 ○번지
                     주   소 : ○○시 ○구 ○동 ○번지

피신청인   이 순 자 (주민등록번호 :   )
                     등록기준지 : ○○시 ○구 ○동 ○번지
                     주   소 : ○○시 ○구 ○동 ○번지

사건본인   김 동 길 (주민등록번호 :   )
                     등록기준지 : ○○시 ○구 ○동 ○번지
                     주   소 : ○○시 ○구 ○동 ○번지

신 청 취 지

귀원 2008너20 친권상실조정신청사건이 종결될 때까지 피신청인의 사건본인에 대한 친권자로서의 직무집행을 정지하고 다음의 사람을 그 대행자로 선임한다.
라는 결정을 구합니다.

신 청 원 인

1. 신청인은 사건본인 김동길의 백부로서 사건본인을 양육하고 있습니다.

2. 피신청인은 사건본인의 부가 사망 후 재혼한 모로서 사건본인의 친권자이나 재혼한 후부(後夫) 사이에 자가 출생한 후부터는 사건본인의 양육비 지급을 소홀히 할 뿐 아니라 사건본인과의 공동상속재산인 별지 목록기재의 부동산을 처분하여 후부(後夫)의 사업자금으로 사용하려고 인근 부동산중개소에 내놓고 있습니다.

3. 그러므로 사건본인을 위하여 신청인은 피신청인을 상대로 권원에 2008너20 친권상실조정

신청을 한 바 있으나, 위 조정사건이 종결될 때까지 기다려서는 사건본인에게 회복할 수 없는 손해를 줄 급박한 사정이 있으므로 동 조정사건이 종결될 때까지 피신청인의 사건본인에 대한 친권자로서의 직무집행을 정지하고, 사건본인의 망부와 생전에 친밀한 관계가 있었던 다음의 사람을 그 대행자로 선임하고자 본 신청에 이르게 되었습니다.

다   음

성 명 김 일 남
주 소 ○○시 ○구 ○동 ○번지
직 업 변 호 사

첨 부 서 류

1. 가족관계증명서	1통
1. 등기부등본	1통
1. 주민등록표등본	2통
1. 소명서류	1통
1. 친권상실조정사건의 접수증명원	1통

○○. ○○. ○○.

위 신청인 김 갑 돌 (인)

○○가정법원 귀중

■ 작성 · 접수방법

1. 신청인은 당사자이다
 사전처분은 담보제공 없이 함이 원칙이다.
 비용은 인지대 500원과 5,200(우편료)×5회분의 송달료를 취급은행에 납부하고 영수증을 첨부하여야 한다.
 관할법원은 본안을 담당하고 있는 가정법원, 조정위원회 또는 조정담당판사의 관할이다.

서울가정법원
결   정

사   건   20○○즈기 1234호 사전처분
(20○○느합 1234호 친권상실선고)

신청인(청구인)   ○ ○ ○ (0000000 － 00000000)
서울 ○ ○ ○ 아파트 ○ ○ ○
대리인 변호사 ○ ○ ○

피신청인(자녀)   ○ ○ ○ (0000000 － 00000000)
서울 ○○구 ○○동 ○○번지

주   문

이 법원 20○○ 느합 ○○사건의 심판 고지 시까지, 피신청인의 사건본인에 대한 친권행사를 정지하고 다음의 사람을 그 대행자로 선임한다.

다   음

성   명   ○ ○ ○
주   소   서울 ○○구 ○○동 ○○번지
직   업   ○ ○ ○

이   유

이 사건의 해결을 위하여 특히 필요하다고 인정되므로, 가사소송법 제62조 제1항에 따라 주문과 같이 결정한다.

2015. ○월 ○일

재판장 판사 ○ ○ ○　　(인)
판사 ○ ○ ○　　(인)
판사 ○ ○ ○　　(인)

주의 : 이 결정에 대하여는 고지받은 날로부터 1주일 이내에 즉시항고를 할 수 있고, 이 결정이 확정되어 효력이 생긴 후에 이 결정에서 정한 처분에 위반한 때에는 결정으로 1천만원 이하의 과태료를 부과할 수 있다.

친권상실심판청구

청 구 인   김 ○ ○ (주민번호) 연락처 :
             19 ○○.   ○.   ○. 생
             등록기준지 :
             주   소 :

피청구인   박 ○ ○ (주민번호) 연락처 :
             19 ○○.   ○.   ○. 생
             등록기준지 :
             주   소 :

사건본인   김 ○ ○ (주민번호)
             1999.   2.   6. 생
             등록기준지 및 주소 : 피청구인과 같다.

청 구 취 지

1. 피청구인의 사건본인에 대한 친권을 상실한다.
2. 사건본인의 후견인으로 ○○시 ○구 ○동 ○○에 박○○을 선임한다.
3. 심판비용은 피청구인의 부담으로 한다.
라는 심판을 구합니다.

청 구 원 인

1. 당사자의 지위
   청구인의 자인 청구외 망 김◇◇는 19○○. ○. ○. 피청구인과 결혼하고 동거 중 20○○.
   ○. ○. 사건본인 김○○을 출산하고 양육해온 자입니다.

2. 이 사건의 경위
   그런데 20○○. ○. ○. 위 김◇◇이 교통사고로 사망하자 피청구인은 남편의 보상금을
   전부 수령하여서는 다른 남자와 가출하여 버리고 사건본인을 남겨 두어서 청구인이 현재
   사건 본인을 키우고 있는 바, 피청구인은 자녀의 양육에 관해 일체 관여를 하지 않고
   있으며 자녀도 모를 불신하여 할아버지인 청구인 밑에서 양육받기를 바라고 있는 상황입
   니다. 더구나 사건본인이 20○○. ○. ○. 교통사고를 당하여 병원에 입원하게 되었는데도
   피청구인은 사건본인을 간호도 하지 않은 채 보험사 직원과 마음대로 합의하고 손해배상
   금으로 나온 금 500만원을 수령해 갔습니다.

3. 결론

따라서 상대방의 위와같은 사정은 친권을 행사할 수 없는 중대한 사유에 해당하고 피청구인이 사건본인에 대한 친권, 법률행위대리권, 재산관리권을 상실할 경우 현재까지 사건본인을 양육해온 청구인이 후견인이 되어 그 권리를 행사 함이 타당 한 바, 청구인은 청구취지와 같이 피청구인의 사건본인에 대한 친권, 법률행위대리권 및 재산관리권의 상실선고를 구하고 청구인이 사건본인의 후견인으로 선임되고자 이 사건 청구에 이른 것입니다.

입 증 방 법

1. 갑제1호증	가족관계증명서
1. 갑제2호증	주민등록등본
1. 갑제3호증	제적등본
1. 갑제4호증	혼인관계증명서
1. 갑제5호증	보험금수령내역서
1. 갑제6호증	진술서

2013. ○. .

위 청구인 김 ○ ○ (인)

서울가정법원 귀중

■ 작성 · 접수방법

1. 청구서에는 수입인지 10,000원(마류6호사건)을 붙여야 한다.
2. 송달료는 124,800원(=당사자수(2)×5,200(우편료)×12회분)을 송달료취급은행에 납부하고 첨부하여야 한다.
3. 관할 : 상대방 주소지를 관할하는 가정법원을 관할 법원으로 한다.
4. 청구서는 법원용 1부, 상대방수에 맞는 부본수를 제출한다.

친권상실선고 심판청구

청 구 인   김 ○ ○ (주민번호)
                 등록기준지
                 주   소

상 대 방   이 ○ ○ (주민번호)
                 등록기준지
                 주   소

청 구 취 지

상대방은 청구 외 김 △ △(. . . 생)에 대한 친권을 상실한다.
라는 심판을 구합니다.

청 구 원 인

1. 당사자의 지위
   청구 외 망 김◇◇는 19○○. ○. ○. 상대방과 결혼하고 동거 중 20○○. ○. ○. 청구외
   김△△을 출산하고 양육해온 자입니다.

2. 이 사건의 경위
   그런데 20○○. ○. ○. 위 김◇◇이 교통사고로 사망하자 상대방은 자녀도 만나지 않고
   남편의 보상금을 전부 수령하여 거의 다 소비하는 등 자녀의 양육에 관해 전혀 노력하지
   않고 있으며 자녀도 모를 불신하여 할아버지인 청구인 밑에서 양육받기를 바라고 있는
   상황입니다.

3. 결론
   따라서 상대방의 위와같은 사정은 친권을 행사할 수 없는 중대한 사유에 해당하는 바,
   청구인은 이 사건 청구에 이른 것입니다.

첨 부 서 류

1. 기족관계등록부등본　　　　　　　　　　　　2통
1. 주민등록표등본　　　　　　　　　　　　　　1통
1. 제적등본　　　　　　　　　　　　　　　　　1통
1. 진술서　　　　　　　　　　　　　　　　　　1통

2013.　○.　　○.

위　청구인　김 ○ ○　　(인)

서울가정법원　귀중

1. 청구서에는 수입인지 10,000원(마류6호사건)을 붙여야 한다.
2. 송달료는 124,800원(=당사자수(2)×5,200(우편료)×12회분)을 송달료취급은행에 납부하고 첨부하여야 한다.
3. 관할 : 상대방 주소지를 관할하는 가정법원을 관할 법원으로 한다.
4. 청구서는 법원용 1부, 상대방수에 맞는 부본수를 제출한다.

친권자의 법률행위대리권 및 재산관리권상실선고의 심판청구

청 구 인 김 ○ ○ (주민번호) 연락처 :
      19 ○○년 ○월 ○ 일생
      등록기준지 :
      주   소 :

피청구인 박 ○ ○ (주민번호) 연락처 :
      19 ○○년 ○월 ○ 일생
      등록기준지 :
      주   소 :

사건본인 1. 박 ○ ○ (주민번호)
      2. 박 ○ ○ (주민번호)
      3. 박 ○ ○ (주민번호)
       등록기준지 : ○○시 ○○구 ○○동 ○○
       주   소 : ○○시 ○○구 ○○동 ○○
       전   화 : ○○○ － ○○○○

청 구 취 지

1. 피청구인의 사건본인들에 대한 친권 중 법률행위 대리권 및 재산관리권을 상실한다.
2. 심판비용은 피청구인의 부담으로 한다.
라는 심판을 구합니다.

청 구 원 인

1. 당사자들의 신분관계
 청구인은 사건본인들의 외조부이며, 피청구인은 사건본인들의 법률상 부입니다.
2. 법률행위 대리권 및 재산관리권 상실선고의 원인
 (피청구인이 사건본인들에 대한 대리권 및 재산관리권이 상실되어야 상당한 이유를 자세하게 서술함)

3. 결   어

입 증 방 법

1. 갑제 1호증 1내지 2   각 가족관계증명서
1. 갑제 2호증 1,2   각 주민등록등본
1. 갑제 3호증의 1내지 5   각 등기부등본
1. 갑제 4호증   확인서
1. 갑제 5호증   진술서

첨 부 서 류

1. 위 입증방법   각 1통
1. 청구서 부본   1통
1. 납부서   1통

2015   ○.   .
위 청구인   김 ○ ○   (인)

○○법원   귀중

4. 실권회복의 심판

(1) 의 의

실권회복은 친권상실선고 또는 법률행위 대리권, 재산관리권의 상실선고로 상실된 친권자로서의 권한을 회복시키는 것을 말한다. 이는 상실선고의 원인이 소멸한 것을 요건으로 한다(민법 제926조). 원인이 소멸하였다는 것은 단순히 현재의 사정만을 가리키는 것이 아니라 다시 친권 등을 행사하게 하더라도 향후에는 친권을 남용하거나 비행을 저지르지 아니하고 자녀의 재산을 위태하게 하지도 않을 것으로 인정되는 것을 의미한다. 또한, 친권 등의 상실선고의 심판으로 상실된 친권자로서의 권리는 실권회복선고의 심판에 의하지 아니하고는 회복되지 않기 때문에 친권 등을 상실한 당사자는 회복의 심판을 받아야만 한다.

(2) 당사자

친권 등이 상실된 본인 또는 그의 친족이 청구인 적격자이고(민 926조) 그 청구당시 친권이나 법률행위 대리권, 재산관리권을 행사하거나 대행하고 있는 자가 상대방적격자이다(규칙 101조 2항). 상대방으로 되어야 할 자가 없는 경우에는 검사를 상대로 청구할 수 있다.

(3) 관 할

친권회복선고사건은 상대방이 되는 친권자의 주소지의 가정법원의 관할에 속하고(법 제46조), 가정법원 합의부의 사물관할에 속한다(민사및가사소송의사물관할에관한규칙 제3조 제2호).

(4) 심 리

실권회복선고는 당사자가 임의로 처분할 수 없는 사항에 해당하므로 조정은 허용되지 않는다.

(5) 심 판

심판이 확정되면 실권자는 그때부터 친권 또는 법률행위 대리권, 관리권을 회복하며, 후견이 개시되어 있는 경우에는 후견이 종료한다. 기각한 심판에 대해 청구인이(규칙 94조), 인용한 심판에는 상대방 또는 자녀의 친족이 즉시항고를 할 수 있다(규칙 103조).

5. 친권의 일시정지와 일부제한

(1) 서 론

친권은 자녀의 복리를 우선적으로 고려하여 행사되어야 하는데 이에 반하는 부적절한 친권행사에 대한 법적 대응으로 종래 친권의 전면적 또는 부분적 제한이 인정될 뿐이었다. 그러나 2014년 민법 개정에서 부모의 학대나 개인적 신념으로 자녀의 생명, 신체 등에 위해가 발생하는 경우에 개개의 사안별로 자녀의 생명 등을 보호하기 위하여 필요한 최소한의 친권제한 조치가 가능하도록 하기 위하여 친권제한의 유형으로 기존의 전면적 제한인 친권의 상실과 부분적 제한인 대리권, 재산관리권의 상실에 친권의 일시정지 및 일부제한이 추가 되었다.

(2) 친권의 일시정지

1) 의 의

친권의 일시정지란 친권을 일정기간 동안 행사할 수 없게 하는 것으로 친권자로서의 법적지위를 전면적으로 그러나 한시적으로 배제하는 조치이다. 친권제한사유가 단기간 내에 소멸할 개연성이 있는 경우에 필요한 최소한의 제한조치이다.

2) 청구인

자녀, 자녀의 친족, 검사, 지방자치단체의 장, 미성년후견인 또는 미성연후견감독인이 청구할 수 있다.

3) 요 건

거소의 지정이나 징계, 그 밖의 신상에 관한 결정 등 특정한 사항에 관하여 친권자가 친권을 행사하는 것이 곤란하거나 부적당한 사유가 있어 자녀의 복리를 해치거나 해칠 우려가 있는 경우에 할 수 있다(민법 제924조 제1항).

4) 심 판

친권의 일시정지가 선고되면 친권자는 법원이 정한 기간 동안 친권을 행사하지 못하지만 그 기간이 지나면 당연히 친권을 다시 행사 할 수 있다. 공동친권자 중 1인에 대하여 친권의 일시정지가 선고되면 다른 친권자가 단독친권자로 되며(민법 제909조 제3항), 부모 모두에 대하여 친권의 일시정지가 선고되면 미성년후견이 개시되는데 후견인의 임무는 제한된 기간에 한정된다.

친권 일시정지 심판 청구

청 구 인 　○ ○ ○
　　　　　　주민등록번호
　　　　　　주소
　　　　　　등록기준지
　　　　　　☎ : (휴대전화)　　　　　　　　(집전화)

상 대 방 　○ ○ ○
　　　　　　주민등록번호
　　　　　　주소
　　　　　　등록기준지

사건본인 　○ ○ ○
　　　　　　주민등록번호
　　　　　　주소
　　　　　　등록기준지

청 구 취 지

'상대방에게 20○○. ○○. ○○.까지 사건본인에 대한 친권 행사의 정지를 명한다.　심판비용은
상대방이 부담한다.' 라는 심판을 구합니다.

청 구 이 유

(청구사유를 구체적으로 기재해 주십시오.)

첨 부 서 류

　1. 청구인의 가족관계증명서, 주민등록등본　　　　　　　　　　　　각 1통
　2. 상대방의 가족관계증명서, 주민등록등본　　　　　　　　　　　　각 1통
　3. 사건본인의 기본증명서, 가족관계증명서, 주민등록등본　　　　　각 1통
　4. 기타(소명자료)　　　　　　　　　　　　　　　　　　　　　　　　1통
　5. 청구서 부본　　　　　　　　　　　　　　　　　　　　　　　　　1통

　　　　　　　　　　　　　　20 　 .　 .　 .
　　　　　　　　　　　　　　위 청구인　　　　　　　　(인)

○○가정법원　　귀중

1. 관할법원은 상대방의 주소지 가정(지방, 지원)법원입니다.
2. 청구서에는 사건본인의 수를 기준으로 1명 당 수입인지 10,000원을 붙여야 합니다. 다만, 부모 쌍방에 대한 청구는 그 2배의 수입인지를 붙여야 합니다.
3. 송달료는 당사자수×5,200원(우편료)×12회분을 송달료취급은행에 납부하고 납부서를 첨부하여야 합니다.

(3) 친권의 일부제한

1) 의 의

친권의 일부제한이란 문제가 되는 개별적인 사항에 한하여 친권을 행사할 수 없게 하는 것으로 친권자로서의 법적지위를 부분적으로 배제하는 조치이다. 친권을 전부 상실시킬 필요가 없이 일정한 사항에 관한 제한만으로 자녀의 복리를 충분히 보호할 수 있는 경우에 필요한 최소한의 제한조치로 기능할 수 있는데 대리권, 재산관리권의 상실과는 선택적 관계에 있는 반면, 친권자의 동의를 갈음하는 재판에 대해서는 보충적이다.

2) 청구인

자녀, 자녀의 친족, 검사, 지방자치단체의 장의 청구할 수 있다(민법 제924조의2).

3) 요 건

거소의 지정이나 징계, 그 밖의 신상에 관한 결정 등 특정한 사항에 관하여 친권자가 친권을 행사하는 것이 곤란하거나 부적당한 사유가 있어 자녀의 복리를 해치거나 해칠 우려가 있는 경우에 할 수 있다(민법 제924조 제1항).

4) 심 판

친권자는 가정법원의 선고에 의하여 제한된 범위에서 친권을 행사할 수 없지만, 제한되지 않는 사항에 대해서 친권을 행사할 수 있음은 물론이다.

<h1 align="center">친권 일부제한 심판 청구</h1>

청 구 인   ○ ○ ○
        주민등록번호
        주소
        등록기준지
        ☎ : (휴대전화)　　　　　　　(집전화)

상 대 방   ○ ○ ○
        주민등록번호
        주소
        등록기준지

사건본인   ○ ○ ○
        주민등록번호
        주소
        등록기준지

<h2 align="center">청 구 취 지</h2>

'상대방에게 사건본인에 대한 친권 중 거소의 지정에 관한 권한 (징계권의 행사, 신상에 관한 결정 등 기타 사항) 행사의 정지를 명한다. 심판비용은 상대방이 부담한다.' 라는 심판을 구합니다.

<h2 align="center">청 구 이 유</h2>

(청구사유를 구체적으로 기재해 주십시오.)

<h2 align="center">첨 부 서 류</h2>

1. 청구인의 가족관계증명서, 주민등록등본　　　　　　　　　　각 1통
2. 상대방의 가족관계증명서, 주민등록등본　　　　　　　　　　각 1통
3. 사건본인의 기본증명서, 가족관계증명서, 주민등록등본　　　각 1통
4. 기타(소명자료)　　　　　　　　　　　　　　　　　　　　　　1통
5. 청구서 부본　　　　　　　　　　　　　　　　　　　　　　　　1통

20 ．　　．　　．
위 청구인　　　　　　　(인)

○○**가정법원**　　**귀중**

1. 관할법원은 상대방의 주소지 가정(지방, 지원)법원입니다.
2. 청구서에는 사건본인의 수를 기준으로 1명 당 수입인지 10,000원을 붙여야 합니다. 다만, 부모 쌍방에 대한 청구는 그 2배의 수입인지를 붙여야 합니다.
3. 송달료 124,800원[=당사자수(2)×5,200원(우편료)×12회분]을 송달료취급은행에 납부하고 납부서를 첨부하여야 합니다.
4. ☎ 란에는 연락 가능한 휴대전화번호(전화번호)를 꼭 기재하시기 바랍니다.

> **가사소송법 제64조(이행 명령)** ① 가정법원은 판결, 심판, 조정조서, 조정을 갈음하는 결정 또는 양육비부담조서에 의하여 다음 각 호의 어느 하나에 해당하는 의무를 이행하여야 할 사람이 정당한 이유 없이 그 의무를 이행하지 아니하는 경우에는 당사자의 신청에 의하여 일정한 기간 내에 그 의무를 이행할 것을 명할 수 있다.
> 1. 금전의 지급 등 재산상의 의무
> 2. 유아의 인도 의무
> 3. 자녀와의 면접교섭 허용 의무
> ② 제1항의 명령을 할 때에는 특별한 사정이 없으면 미리 당사자를 심문하고 그 의무를 이행하도록 권고하여야 하며, 제67조 제1항 및 제68조에 규정된 제재를 고지하여야 한다.

(1) 의 의

자녀의 양육자는 양육의 권리의무를 다하기 위해서는 자녀를 자기의 지배하에 둘 필요가 있는데 양육자가 아닌 자가 사실상 자녀를 지배하고 있는 때에는 양육권의 방해배제로서 그 인도를 청구할 수 있다. 그러나 미성년자라고 하더라도 민법상 책임능력이 있을 정도의 연령에 달한 경우에는 독립적인 인격주체로서 그 신체의 자유가 보장되어야 하므로 인도청구나 강제집행의 대상이 되지 않기 때문에 가사비송사건의 마류 제3호가 정한 유아인도청구는 위 연령에 달하지 아니한 비교적 어린 나이의 미성년자인 자를 대상으로 한다. 따라서 가사소송법 제64조는 '유아의 인도'라는 별도의 명칭을 사용해서 이를 구분하고 있다.

(2) 정당한 당사자

유아인도청구권 행사의 요건은 부모 중 일방의 불법적인 행위를 요건으로 하기 때문에 ① 부모의 한쪽이 다른 한쪽을 상대로 청구하는 것이 원칙이다(규칙 99조 1항). 즉 부모 중 양육자로 지정되지 아니한 상대방이 양육자인 청구인으로부터 자를 불법적으로 탈취한 경우가 유아인도청구권을 행사할 수 있는 경우이다. ② 다만 부모이외의 제3자는 예외적으로 상대방이 될 수 있을 뿐인데 즉 제3자를 양육자로 지정하였거나 상대방의 의뢰에 따라 제3자가 자를 양육하고 있을 때 그 부모의 한쪽을 상대로 다른 한쪽이 양육자의 지정, 변경 심판을 청구하면서 그에 부수하여 제3자를 공동상대방으로 하여 인도 청구할 수 있다(규칙 99조 2항).

(3) 관　할

상대방의 보통재판적이 있는 곳의 가정법원이 관할하고(법 46조) 가정법원의 단독판사의 사물관할에 속한다(사물관할규칙3조). 제3자를 공동상대방으로 하여 자녀의 인도를 구하는 경우에는 민사소송법 중 공동소송에 관한 규정이 준용되므로(법 47조), 상대방으로 되는 부모의 한쪽과 제3자의 보통재판적이 다를 때에는 관련재판적의 규정에 따라 그 중 1명의 보통재판적이 있는 가정법원에 청구를 할 수 있다.

(4) 심　리

인도청구권의 대상은 「유아」이다. 즉 의사능력을 구비하지 못한 비교적 어린 나이의 미성년자인 자만이 유아인도청구권의 대상이 될 수 있다. 따라서 만 15세 이상의 미성년자의 경우에는 의사능력이 있는 것으로 보기 때문에 사실상 제한될 수 있을 것이다.

(5) 심　판

1) 법원은 유아의 인도에 관한 심판에는 가집행할 수 있음을 명하여야 한다(법 제42조 제1항). 따라서 의사능력이 없는 유아의 인도를 명하는 심판에는 집행력이 있고, 이는 민사소송법상의 강제집행절차에 따라 집행할 수 있다. 유아인도의 강제집행은 민사집행법 제257조의 유체동산인도청구권의 집행절차에 준하여 집행관이 이를 강제집행할 수 있다. 이 경우 집행관은 일반 동산의 경우와는 달리 수취할 때에 세심한 주의를 하여 인도에 어긋남이 없도록 하여야 한다. 다만 그 유아가 의사능력이 있는 경우에 그 유아 자신이 인도를 거부하는 때에는 집행할 수 없다.

2) 가사비송절차에 따라서 유아인도청구가 가능한 경우, 법 제62조에 의한 사전처분으로서 인도를 구하거나, 법 제63조에 의한 가처분으로서 인도를 구할 수도 있다. 다만 사전처분의 경우 본안사건을 제기한 경우에만 가능하고 집행력이 없으며 과태료 등에 의한 간접강제만이 허용된다.

3) 청구인의 유아인도청구를 인용하는 심판 등이 이루어진 다음 정당한 이유 없이 유아인도의무가 이행되지 아니하는 경우, 민법은 특별한 경우를 제외하고 자력구제를 금지하고 있으므로 개인의 실력행사에 의하여 아이를 빼앗아 오는 것은 법률적으로 허용되지 않는다. 따라서 유아의 인도의무를 이행할 판결 등을 받아 강제집행을 실시하여야 하는데 이에는 인도이행의무를 거절하는 상대방에게 일정한 제재를 가하는 간접강제의 방법과 집행관에게 강제집행을 위임하여 아이를 강제로 데려오는 직접강제의 방법이 있다. 먼저 간접강제의 방법은 판결, 심판, 조정조서, 조정을 갈음하는 결정 또는 양육비부담조서에 의하여 유아를 인도할 의무를 지는 자로 확정된 자가 정당한 이유 없이 그 의무를 이행하지 아니할 때에는 일정한 기간 내에 그 의무를 이행하라는 이행명령을 가정법

원에 신청할 수 있다(가사소송법 제64조). 이 명령을 위반하면 1000만원 이하의 과태료에 처할 수 있고, 그 후 30일이 지나도록 유아를 인도하지 않으면 30일의 범위 내에서 유아의 인도의무를 이행할 때까지 가정법원에 그 자를 붙잡아 가두도록 하는 감치처분(監置處分)을 신청할 수 있다(가사소송법 제67조 제1항, 제68조 제1항).

위와 같은 제재(制裁)에도 불구하고 유아의 인도를 거부할 경우 집행관에게 강제집행을 위임하여 아이를 강제로 데려오는 직접강제의 방법이 있으나 이 경우 집행관은 그 집행에 있어서 일반동산의 경우와는 달리 수취할 때에 세심한 주의를 하여야 하고 다만, 그 유아가 의사능력이 있어 그 유아 자신이 인도를 거부하는 때에는 집행을 할 수 없도록 하고 있다(대법원 재판예규 제917-2호).

4) 청구권자는 선고심판에 대하여 고지받은 날로부터 14일내에 즉시항고 할 수 있고 청구인은 기각심판에 대하여 즉시항고할 수 있다. 항고법원은 1심 재판절차에 따라 심판하되 이에 대하여는 대법원에 항고 할 수 있다.

[청구취지 기재례]

가) 유아인도 심판청구

> 1. 피신청인은 청구인에게 사건본인을 인도하라.
> 2. 제1항은 가집행할 수 있다.
> 라는 판결을 구합니다.

나) 유아인도 - 사전처분

> 귀원 2008느15 양육자변경심판청구사건의 심판확정시까지 피청구인은 청구인에게 사건본인을 인도하라.
> 라는 결정을 구합니다.

다) 양육자, 친권자 지정 및 유아인도

> 1. 사건본인 김○○, 김△△의 양육자 및 친권자로 청구인을 지정한다.
> 2. 피청구인은 청구인에게 사건본인들을 인도하라.
> 3. 심판비용은 피청구인의 부담으로 한다.
> 4. 제2항은 가집행할 수 있다.
> 라는 심판을 구합니다.

유아인도 사전처분신청

청구인   김 갑 돌 (생년월일)
               등록기준지 : ○○시 ○구 ○동 ○번지
               주   소 : ○○시 ○구 ○동 ○번지

피청구인   이 순 이 (생년월일)
               등록기준지 : ○○시 ○구 ○동 ○번지
               주   소 : ○○시 ○구 ○동 ○번지

사건본인   김 일 동 (생년월일)
               등록기준지 : ○○시 ○구 ○동 ○번지
               주   소 : ○○시 ○구 ○동 ○번지

신 청 취 지

귀원 2008느15 양육자변경심판청구사건의 심판확정시까지 피청구인은 청구인에게 사건본인을 인도하라.
라는 결정을 구합니다.

신 청 원 인

1. 사건본인은 청구인과 피청구인사이에 혼인중 출생자입니다.

2. 청구인과 피청구인은 2007년 1월 4일 협의이혼하고 사건본인의 친권자는 청구인으로, 양육자는 피청구인을 정하고 청구인은 피청구인에게 양육비로 매월 200,000원을 지급하였습니다.

3. 그런데 피청구인은 얼마 전부터 술집 종업원으로 근무하게 되면서 밤늦게 귀가함은 물론이고 외박하는 날이 잦아 사건본인의 정상적인 양육이 불가능한 상태입니다.

4. 따라서 사건본인의 양육자를 변경하여 신청인이 양육하고자 귀원 2008느 15호 양육자변경신청을 하였으나 그 심판확정시까지 사건본인의 보호와 양육이 시급하고 이를 위하여서는 사건본인을 청구인에게 임시로 인도함이 필요하므로 본 신청에 이른 것입니다.

첨 부 서 류

<table>
<tr><td>1. 가족관계증명서</td><td>1통</td></tr>
<tr><td>1. 주민등록표등본</td><td>1통</td></tr>
<tr><td>1. 진술서</td><td>1통</td></tr>
<tr><td>1. 진술인의 주민등록표등본</td><td>1통</td></tr>
</table>

2015.   ○. ○.

위 신청인 김 갑 돌 (인)

○○가정법원 귀중

■ 작성·접수방법

1. 신청인은 심판사건의 당사자이다.

   사전처분은 담보제공 없이 함이 원칙이다.

   비용은 인지대 500원과 5,200(우편료)×5회분의 송달료(=25,500원)를 취급은행에 납부하고 영수증을 첨부하여야 한다.

   관할법원은 심판사건계속중인 가정법원이다.

유 아 인 도 신 청

신 청 인   1. 이 ○ ○ (李 ○ ○)
　　　　　　　생년월일 19 년   월   일생 (주민등록번호 :　　　　　　)
　　　　　　　등록기준지 : ○○시 ○구 ○○동 ○○번지
　　　　　　　주　　　소 : 위 같은 동 ○○번지
　　　　　　2. 모 ○ ○ (牟 ○ ○)
　　　　　　　생년월일 19 년   월   일생 (주민등록번호 :　　　　　　)
　　　　　　　등록기준지 및 주소 : 신청인 1.과 같은 곳

사건본인   이 유 아 (李 ○ ○)
　(유아)　　등록기준지 및 주소 : 신청인 1.과 같은 곳
　　　　　　신청인들의 소송대리인 변호사 임 ○ ○
　　　　　　○○시 ○○ 구 ○○ 동 ○○ 번지(우편번호 :　　　　　)
　　　　　　(전화번호 :　　　　　　　　팩스 :　　　　　　　　　)
피신청인   1. 안 ○ ○ (安 ○ ○)
　　　　　　　생년월일 19 년   월   일생
　　　　　　　등록기준지 : ○○시 ○구 ○○동 ○○번지
　　　　　　　주　　　소 : ○○시 ○구 ○○동 ○○번지
　　　　　　　송달장소 : ○○시 ○구 ○○동 ○○번지
　　　　　　2. 마 ○ ○ (馬 ○ ○)
　　　　　　　생년월일 19 년   월   일생
　　　　　　　등록기준지, 주소, 송달주소 : 피신청인 1.과 같은 곳

신 청 취 지

피신청인들은 신청인들에게 사건본인 이유아를 인도한다.
라는 재판을 구합니다.

신 청 원 인

1. 신청인 이○○와 신청인 모○○는 2004. 2. 16. 혼인신고를 필한 부부로서 슬하에 자녀로
　이유식과 사건본인 이유아를 낳았는데, 위 이유아가 생후 16개월 될 무렵인 2007. 4.
　경 신청인들의 가정불화로 신청인 모○○가 친정으로 돌아가 버리자 신청인 이○○가

2명의 자녀를 양육하기가 어려워 위 이유아를 이웃 사람의 소개로 신청인 모○○의 승낙도 없이 피신청인들에게 양녀로 주었던 것입니다.

2. 그 후 신청인 모○○가 6개월 만에 친정에게 돌아와 보니 위와 같은 사실을 뒤늦게 알게 되었고, 이에 신청인들이 피신청인들에게 수차례 찾아가 유아(사건본인)를 인도해 줄 것을 요청하니 피신청인들은 9개월 동안의 양육비로 상당한 금액을 요구하고 있고, 더욱이 피신청인 안○○는 막노동판에서 잡역인부로 일하는 형편이라 이곳저곳으로 이주를 자주 하고 사건본인을 잘 양육시킬 형편도 되지 않는 실정입니다.

3. 그렇다면 피신청인들은 신청인들에게 사건본인 이유아를 마땅히 인도해 주어야 할 것입니다.

첨 부 서 류

1. 가족관계증명서	2통
1. 주민등록표등본	2통
1. 출생증명서	1통
1. 위임장	1통

2015. 2. .

신청인들의 소송대리인
변호사 임 ○ ○

○○지방법원 귀중

양육 및 친권자지정 및 유아인도 청구서

청 구 인　　이 ○ ○ (주민등록번호 :　　　　　)
　　　　　　등록기준지 : ○○시 ○구 ○○동 ○○번지
　　　　　　주　　　소 : 위 같은 동 ○○번지
　　　　　　(전화번호 :　　　　　　　팩스 :　　　　　　　)

피청구인　　김 유 아 (주민등록번호 :　　　　　)
　　　　　　등록기준지 : ○○시 ○구 ○○동 ○○번지
　　　　　　주　　　소 : 위 같은 동 ○○번지

사건본인　　1. 김 ○ ○ (주민등록번호 :　　　　당○세)
　　　　　　2. 김 △ △ (주민등록번호 :　　　　당○세)
　　　　　　등록기준지 및 주소는 위 피청구인과 같음

청 구 취 지

1. 사건본인 김○○, 김△△의 양육자 및 친권자로 청구인을 지정한다.
2. 피청구인은 청구인에게 사건본인들을 인도하라.
3. 심판비용은 피청구인의 부담으로 한다.
4. 제2항은 가집행할 수 있다.
라는 심판을 구합니다.

청 구 원 인

1. 청구인과 피청구인은 20○○. 2. 16. 혼인신고를 필한 부부로서 슬하에 자녀로 사건본인
　들을 두고 있다가 20○○. ○. ○.경 협의이혼을 하였습니다.

2. 이혼 당시 피청구인을 친권자 및 양육자로 정하여 피청구인이 사건본인을 양육하여 왔습니
　다.

3. 청구인은 그동안 사건본인을 수차례 면접하였지만 최근에 와서 피청구인은 사건본인을

만나는 것을 일체 허용하지 않고 있는 바, 이 같은 피신청인의 행위는 사건본인의 성장과정
에도 나쁜 영향을 미칠 뿐만 아니라 청구인에게도 말할 수 없는 고통을 주고 있습니다.

4. 따라서 사건본인의 행복과 복리를 위하여 청구취지와 같은 심판을 청구하오니 이를 허가하
여 주시기 바랍니다.

입 증 방 법

1. 갑제1호증	제적등본
1. 갑제2호증	가족관계증명서
1. 갑제3호증	주민등록표등본
1. 갑제4호증	혼인관계증명서
1. 갑제5호증	사실확인서

20○○. ○. .
위 청구인 이 ○ ○

○○지방법원 귀중

민법 제974조(부양의무)

다음 각호의 친족은 서로 부양의 의무가 있다.

1. 직계혈족 및 그 배우자간

2. 삭제 〈1990.1.13〉

3. 기타 친족간(생계를 같이 하는 경우에 한한다.)

제975조(부양의무와 생활능력)

부양의 의무는 부양을 받을 자가 자기의 자력 또는 근로에 의하여 생활을 유지할 수 없는 경우에 한하여 이를 이행할 책임이 있다.

제976조(부양의 순위) ① 부양의 의무 있는 자가 수인인 경우에 부양을 할 자의 순위에 관하여 당사자간에 협정이 없는 때에는 법원은 당사자의 청구에 의하여 이를 정한다. 부양을 받을 권리자가 수인인 경우에 부양의무자의 자력이 그 전원을 부양할 수 없는 때에도 같다.

② 전항의 경우에 법원은 수인의 부양의무자 또는 권리자를 선정할 수 있다.

제977조(부양의 정도, 방법)

부양의 정도 또는 방법에 관하여 당사자간에 협정이 없는 때에는 법원은 당사자의 청구에 의하여 부양을 받을 자의 생활정도와 부양의무자의 자력 기타 제반사정을 참작하여 이를 정한다.

제978조(부양관계의 변경 또는 취소)

부양을 할 자 또는 부양을 받을 자의 순위, 부양의 정도 또는 방법에 관한 당사자의 협정이나 법원의 판결이 있은 후 이에 관한 사정변경이 있는 때에는 법원은 당사자의 청구에 의하여 그 협정이나 판결을 취소 또는 변경할 수 있다.

제979조(부양청구권처분의 금지)

부양을 받을 권리는 이를 처분하지 못한다.

1. 의의

친족 간의 부양관계에 관한 사건은 부양순위의 결정, 부양의 정도·방법의 결정, 부양관계의 변경·취소에 관한 사건이 이에 해당한다. 직계혈족 및 그 배우자간, 또는 기타 생계를 같이 하는 경우에 친족 사이에는 서로 부양의 의무가 있고(민법 제973조), 그 부양의 의무 있는 자가 수인인 경우에 부양을 할 자의 순위에 관하여 당사자 간에 협정이 없는 때에는 법원은 당사자의 청구에 의하여 이를 정하며, 부양을 받을 권리자가 수인인 경우에 부양의무자의 자력이 그 전원을 부양할 수 없는 때에도 같다(민법 제976조).

2. 부양의무

(1) 부부간의 부양의무(생활유지의무)

1) 무조건적 의무

부부사이의 부양의무는 일방에게 경제적 여유가 있는 경우에만 인정되는 친족간의 부양과 달리 무조건적인 것이다(민법 제826조 제1항). 즉 부부간의 부양은 미성년의 자에 대한 부양에서와 같은 수준이고 친족 간의 부양에서보다는 높은 수준의 것이다.

2) 별거 중 부부의 부양의무

별거중인 부부사이에서도 원칙적으로 부양의무가 인정되지만 정당한 이유없이 동거의무를 저버린 배우자는 상대배우자에게 부양청구를 할 수 없다는 것이 판례이다. 또한 별거 중 부부이더라도 부양의무가 없어지지 않으므로 생활비용을 부담하는 남편은 아내에 대하여 필요한 비용을 지급해 주어야 하지만, 아내에게 자력과 수입이 있어서 생활에 필요한 비용의 조달이 가능한 경우에는 남편이 생활에 필요한 비용을 부담할 필요가 없다.

(2) 친자간의 부양의무

1) 친권자는 자를 보호하고 교양할 권리 의무를 가지므로(민법 제913조) 부양의무가 있다.
2) 혼외자의 경우에 부의 인지가 있기 전에는 생모에게 부의 인지 후에는 부와 생모 모두에게 부양의무가 있다.

(3) 친족 간의 부양의무(생활부조의무)

1) 일정한 범위의 친족사이에는 상호 부조할 권리와 의무가 있다. 부모와 자 사이 및 부부 사이의 1차적 부양의무와 달리 친족간의 2차적 부양의무가 있다.
2) 부양청구권이 발생하려면 부양청구권자가 자기의 자력 또는 근로에 의하여 생활을 유지할 수 없어야 한다. 즉 1차적 부양에서와 달리 친족간의 2차적 부양에서는 부양의 필요

성 및 가능성이 요구된다.

(4) 성년인 자녀의 부양료청구권

성년의 자녀는 요부양상태, 즉 객관적으로 보아 생활비 수요가 자기의 자력 또는 근로에 의하여 충당할 수 없는 곤궁한 상태인 경우에 한하여, 부모를 상대로 그 부모가 부양할 수 있을 한도 내에서 생활부조로서 생활필요비에 해당하는 부양료를 청구할 수 있을 뿐입니다. 나아가 이러한 부양료는 부양을 받을 자의 생활정도와 부양의무자의 자력 기타 제반사정을 참작하여 부양을 받을 자의 통상적인 생활에 필요한 비용의 범위로 한정됨이 원칙이므로, 특별한 사정이 없는 한 통상적인 생활필요비라고 보기 어려운 유학비용의 충당을 위해 성년의 자녀가 부모를 상대로 부양료를 청구할 수는 없다는 것이 판례의 입장입니다(대법원 2017. 8. 25.자 2017스5 결정).

3. 부양의 방법

가. 부양의 방법

부양의 정도나 방법에 관하여 당사자 간에 협정이 없는 때에는 법원은 당사자의 청구에 의하여 부양을 받을 자의 생활정도와 부양의무자의 자력 기타 제반사정을 참작하여 이를 정한다(민법 제977조). 위와 같은 부양을 할 자 또는 부양을 받을 자의 순위, 부양의 정도 또는 방법에 관한 당사자의 협정이나 법원의 판결이 있은 후 이에 관한 사정변경이 있는 때에는 법원은 당사자의 청구에 의하여 그 협정이나 판결을 취소 또는 변경할 수 있다. 이와 같은 사건이 마류 제8호 사건 즉 부양에 관한 사건이다.

나. 과거부양료 청구

부부는 민법 제826조 제1항 및 제974조 제1호에 따라 동거하며 서로 부양하고 협조하여야 할 의무가 있습니다. 이러한 부부간의 상호부양의무는 부부의 일방에게 부양을 받을 필요가 생겼을 때 당연히 발생되는 것이기는 합니다. 그러나 과거의 부양료에 관하여는 특별한 사정이 없는 한, 부양을 받을 자가 부양의무자에게 부양의무의 이행을 청구하였음에도 불구하고 부양의무자가 부양의무를 이행하지 아니함으로써 이행지체에 빠진 이후의 것에 대하여만 부양료의 지급을 청구할 수 있을 뿐, 부양의무자가 부양의무의 이행을 청구받기 이전의 부양료의 지급은 청구할 수 없다는 것이 판례의 태도입니다(대법원 2008. 6. 12. 자 2005스50 결정 등 참조).

4. 당사자

청구인은 부양권리자(부모 또는 자)이고 상대방은 다른 부양의무자이다.

5. 관할

상대방의 보통재판적이 있는 가정법원의 관할에 속하고(법 제46조), 가정법원 단독판사에 속한다(사물관할규칙 제3조 제2호). 상대방이 여러 명인 경우 상대방 중 1명의 보통재판적이 있는 곳의 가정법원에 관할이 있게 된다(민소 제25조). 사물관할은 가정법원의 단독판사에 속한다.

6. 심리

1) 조정전치

부양처분에 있어서는 당사자의 협의가 우선한다. 하지만 누구도 부양하지 않기로 하는 합의는 부양의 본질에 반하기에 조정이나 합의가 허용되지 않는다.

2) 이해관계인의 참가

부양에 관한 심판이 당사자 이외의 부양권리자 또는 부양의무자의 부양의 순위, 정도, 방법에 직접 관련되는 것인 때에는 그 부양권리자 또는 부양의무자를 절차에 참가하게 하여야 한다(규칙 106조).

7. 심판

1) 심판은 가정의 평화와 사회정의를 위해 가장 합리적인 방법으로 부양관계를 조정할 수 있는 내용이 되도록 한다(규칙 93조1).
2) 심판에 있어 금전의 지급, 물건의 인도, 등기, 그 밖에 의무이행을 동시에 명할 수 있다(규칙 108조, 97조). 다만 이 같은 이행명령은 청구취지를 초과해서 명할 수는 없다(규칙 93조 2항).
3) 심판에 대해 당사자 또는 이해관계인(부양의무자가 아니면서 사실상 부양하고 있는 제3자)이 즉시항고 할 수 있으므로(규칙 109조) 확정되어야 효력이 있다. 확정된 심판에 의하여 당사자의 구체적인 권리의무가 형성, 확정되므로 심판에는 형성력이 있다. 금전의 지급 등을 명하는 심판은 집행권원이 되므로 그 범위 내에서는 집행력도 있다.
4) 심판이 확정되더라도 그 후 사정변경이 있는 때에는 가정법원은 당사자의 청구에 의해 그 심판을 취소 또는 변경할 수 있다(민 978조).

[청구취지 기재례]

가) 부양료청구

> 상대방은 청구인에 대하여 부양료로서 매월 금 ○○만 원을 지급하라.
> 라는 심판을 구합니다.

> 1. 상대방은 청구인에게 금 12,000,000원 및 이 사건 소장부본 송달일부터 별거해소일까
>   지 월 1,000,000원, 별거해소일부터 혼인관계 종료 시까지 월 1,500,000원을 매월
>   말일에 지급하라.
> 2. 상대방은 청구인이 ○○시 ○○구 ○○동 ○○ ○○아파트 ○○호에 거주하거나
>   출입하는 것을 방해하여서는 아니 된다.
> 3. 심판비용은 상대방의 부담으로 한다.
> 4. 제1항은 가집행할 수 있다.
> 라는 심판을 구합니다.

나) 부양료청구 – 조정

> 피신청인은 신청인에게 이 신청서 송달 다음날부터 월 1,000,000원을 매월 1일에
> 지급하라.
> 라는 조정을 구합니다.

[첨부서류 등]

첨부서류	신청서	인지액	송달료	관할법원
* 가족관계증명서(청구인, 상대방) 각 1통 * 주민등록표등(초)본(청구인, 상대방) 각 1통	2부	사건본인 각 10,000원	당사자별 12회	상대방 주소지

부양료심판청구서

청 구 인　　○ ○ ○ (주민번호)
　　　　　　등록기준지 :
　　　　　　주　　　　소 :

상 대 방　　○ ○ ○ (주민번호)
　　　　　　등록기준지 :
　　　　　　주　　　　소 :

청 구 취 지

상대방은 청구인에 대하여 부양료로서 매월 금 ○○만원을 지급하라.
라는 심판을 구합니다

청 구 원 인

1. 당사자의 지위
　　청구인과 상대방은 20○○. ○. ○.결혼하여 자인　○○○를 출생한 부부입니다

2. 이 사건의 경위
　　청구인은 ○○○의 생모로서 자를 유아 때부터 양육하고 대학교육까지 시켰습니다.

3. 결론
　　따라서 청구인은 상대방에 대하여 부양의무의 이행을 청구하기 위하여 청구취지와 같이
　　심판을 구하는 바입니다.

첨 부 서 류

　　1. 가족관계등록부등본　　　　　　　　　　　　　　1통
　　1. 주민등록표등본　　　　　　　　　　　　　　　각 1통
　　1. 납부서　　　　　　　　　　　　　　　　　　　1통

2013. ○.   .
위 청구인 ○ ○ ○   (인)

○○법원 귀중

부양료심판청구서

청 구 인 　 김 ○ ○ (주민번호) 　 연락처 :
　　　　　　　　등록기준지 :
　　　　　　　　주　　　소 :

상 대 방 　 김 ○ ○ (주민번호) 　 연락처 :
　　　　　　　　등록기준지 :
　　　　　　　　주　　　소 :

청 구 취 지

1. 상대방은 청구인에게 금 12,000,000원 및 이 사건 소장부본 송달일부터 별거해소일까지 월 1,000,000원, 별거해소일부터 혼인관계 종료 시까지 월 1,500,000원을 매월 말일에 지급하라.
2. 상대방은 청구인이 ○○시 ○○구 ○○동 ○○ ○○아파트 ○○호에 거주하거나 출입하는 것을 방해하여서는 아니 된다.
3. 심판비용은 상대방의 부담으로 한다.
4. 제1항은 가집행할 수 있다.

청 구 원 인

1. 당사자의 관계
2. 별거의 경위
3. 과거의 부양비청구 및 장래 부양의 필요성과 부양의 정도
   (구체적으로 자세히 서술)
4. 결　론

입 증 방 법

　　1. 갑제 1호증　　　　　　　　　　가족관계증명서
　　1. 갑제 2호증　　　　　　　　　　주민등록등본

1. 갑제 3호증   입원확인서
1. 갑제 4호증 1 내지 20   병원비내역서
1. 갑제 5호증 1 내지 5   각 진단서
1. 갑제 6호증   약정서
1. 갑제 7호증   진술서

첨 부 서 류

1. 위 입증방법   각1통
1. 청구서 부본   1통
1. 납부서   1통

2019. 7.   .
위 청구인 김 ○ ○ (인)

○○법원 귀중

■ 작성·접수방법

1. 청구서에는 수입인지 10,000원(마류사건)을 붙여야 한다.
2. 송달료는 104,000원[=당사자수(2)×5,200(우편료)×10회분]을 송달료취급은행에 납부하고
   첨부하여야 한다.
3. 관할 : 상대방 주소지를 관할하는 가정법원을 관할 법원으로 한다.
4. 청구서는 법원용 1부, 상대방수에 맞는 부본수를 제출한다.

제7장
국제이혼

제7장 국제이혼

국제사법 제39조(이혼)
이혼에 관하여는 제37조의 규정을 준용한다. 다만, 부부 중 일방이 대한민국에 상거소가 있는 대한민국 국민인 경우에는 이혼은 대한민국 법에 의한다.

제37조(혼인의 일반적 효력)
혼인의 일반적 효력은 다음 각 호에 정한 법의 순위에 의한다.
1. 부부의 동일한 본국법
2. 부부의 동일한 상거소지법
3. 부부와 가장 밀접한 관련이 있는 곳의 법

1. 의 의

국제사법 제39조는 이혼에 관하여는 제37조의 규정을 준용한다고 하고, 다만 부부 중 일방이 대한민국에 상거소(상시 거주하는 장소)가 있는 대한민국 국민인 경우에 이혼은 대한민국법에 의한다고 규정하고 있다.

예 : 대한민국 국민인 갑(처)과 미국인인 을(남편)은 우리나라에서 혼인한 후 남편(을)은 얼마 후 미국으로 들어가서 귀국하지 않고 또 일체의 연락도 없다. 이에 갑(처)은 악의의 유기(민법 제840조 제2호)를 원인으로 한국법원(서울가정법원)에 재판상 이혼소송을 제기하였다.

2. 관 할

1) 이혼의 국제재판관할권에 관하여 대법원은 "외국인간의 이혼심판청구사건에 대한 재판청구권행사는 소송절차상의 공평 및 정의 관념에 비추어 상대방인 피청구인이 행방불명 기타 이에 준하는 사정이 있거나 상대방이 적극적으로 응소하여 그 이익이 부당하게 침해될 우려가 없다고 보여져 그들에 대한 재판의 거부가 오히려 외국인에 대한 법의 보호를 거부하는 셈이 되어 정의에 반한다고 인정되는 예외적인 경우를 제외하고 상대방인 피고의 주소가 우리나라에 있는 것을 요건으로 한다(대판 1975. 7. 22. 74므22판결)."라고 하여 판례의 태도는 피고의 주소지국을 원칙으로 하고, 예외적(위 예외적인 경우)으로 원고의 주소지국 또는 원고의 본국에도 관할권을 인정하는 것으로 해석된다.

2) 위 예시에서는, 국제사법 제39조는 이혼에 관하여 제37조의 규정을 준용한다. 다만 부

부 중 일방이 대한민국에 상거소가 있는 대한민국 국민인 경우에는 이혼은 대한민국 법에 의한다고 정하고 있다(법 제39조 단서).

따라서 이 사례에서는 원고가 상거하고 있고, 대한민국 국민이므로 동법 제39조 단서의 규정에 의하여 대한민국 법에 의하여 이혼재판을 할 수 있다.

국제사법 제37조에 따르면
① 부부의 동일한 본국법
② 부부의 동일한 상거소지법
③ 부부와 가장 밀접한 관련이 있는 곳의 법의 순서에 의한다.

3. 실 무 례

1) 외국인 사이의 이혼소송

원고가 유기되었거나, 피고의 행방불명 기타 이에 준하는 사정이 있는 경우, 또는 피고가 응소하여 그 이익이 부당하게 침해될 우려가 없다고 보이는 경우, 우리나라에 거주하고 있는 외국인을 보호하는 것이 국제사법생활에 있어서의 정의·공평의 이념에 부합한다고 보아 원고의 주소만 우리나라에 있어도 우리나라에 재판 관할권을 인정하고 있다. 이것 외에는 피고의 주소가 우리나라에 있을 것을 요건으로 한다. 즉 외국인간의 이혼소송에 있어서는 위에서 열거하는 예외적인 사정이 없는 한 피고 주소를 중심으로 재판관할권을 인정하고 있다.

서울가정법원에서는 우리나라에 상거소가 있는 외국인 사이의 가사분쟁에 대하여 피고가 국제재판관할을 다투고 있지 않는 한 판결문에 국제재판관할에 대하여 특별히 설시하지 않고 바로 본안의 당부에 관하여 판단하고 있다.

2) 한국인 사이 또는 한국인과 외국인 사이의 이혼소송

피고의 상거소가 국내에 있거나 피고의 최후주소가 우리나라에 있는 경우에는 우리나라에 재판 관할권을 인정하고 있다. 당사자 쌍방이 한국인이라고 하더라도 피고가 혼인할 때부터 계속 외국에 거주하고 있고 그 거주지도 명백한 경우에는 그가 적극적으로 응소하지 않는 한 우리나라 법원에 재판관할권이 없다고 본다.

그러나 재판권의 행사가 국가의 주권행사의 일종이고 우리나라 국민의 신분관계는 우리나라 주권의 영향 아래 있으며, 국민의 신분을 관리하는 가족관계등록부도 우리나라에서 관리하고 있다는 점, 단순히 가족관계등록부 정리를 위한 소송을 외국의 법원에 제기하라는 것은 절차나 비용 면에서 비현실적이고 국민의 권리보호를 지나치게 소홀히 하게 되는 결과에 이른다는 점 등을 이유로 당사자 일방이 우리나라 국민인 경우에는 우리나라에 관할권을 인정하고 있다(법 제39조 단서).

[청구취지 기재례]

1. 원고와 피고는 이혼한다.
2. 소송비용은 피고의 부담으로 한다.
라는 판결을 구합니다.

[서식] 이혼청구의 소

소 장

원　고　　　　김 ○ ○ (주민등록번호 :　　　　　) 연락처 :
　　　　　　　　생년월일 :
　　　　　　　　등록기준지 :
　　　　　　　　주　　　소 :

피　고　　　　마크 ○ ○ (Mark ○ ○) (가족관계등록부상 기재 : 마크 ○ ○)
　　　　　　　　최후국내주소 : 불　명
　　　　　　　　가족관계등록부상 주소 : 미합중국 오하이오주 ○ ○시 ○로
　　　　　　　　　　　　　　　　　　(36st. ○ ○ ○, Ohio, USA)

청 구 취 지

1. 원고와 피고는 이혼한다.
2. 소송비용은 피고의 부담으로 한다.
라는 판결을 구합니다.

청 구 원 인

1. 혼인 경위
　　원고는 한국인으로 식당 종업원으로 일하던 중 주한 미군인 미합중국 국적의 피고를 만나
　　혼인 후 2003. ○. ○. 혼인신고를 함으로써 법률상 부부가 되었으며 슬하에 자녀는 없습
　　니다.
2. 재판상 이혼 이유
　가. 피고는 원고와 혼인한 후 집에도 잘 들어오지 않고 다른 여자들과 부정한 관계를 일삼다
　　　가 혼인한 지 약 10개월 정도 지난 2004. ○월경 원고 몰래 미국으로 떠난 후, 지금까
　　　지 연락은커녕 그 행방을 알 수가 없습니다.
　나. 원고는 피고가 돌아올 날을 기다리고 기다렸으나 피고는 지금까지도 일체의 연락이
　　　없습니다. 따라서 원고는 가족관계등록부정리를 하고자 민법 제840조 제2호 소정의

이유로 이 건 이혼청구를 합니다.

3. 재판관할권 및 준거법

이 건 이혼청구는 국제사법 제39조의 단서조항, 즉 부부 중 일방이 대한민국에 상거소가 있는 대한민국 국민인 경우에는 이혼은 대한민국 법에 의한다. 는 규정에 따라 원고는 출생 이래 지금까지 계속 영주의 의사로 대한민국에 주소를 가지고 있으므로 대한민국 민법이 준거법이 된다 할 것입니다.

4. 공시송달신청 피고는 2004년경 본국인 미합중국으로 귀국한 것으로 원고는 피고의 미국 주소를 알지 못하고 있고, 가족관계등록부에 기재된 피고의 주소는 불명확하여 그 주소로 송달해도 송달이 불가능한 상태이므로 민법 제179조에 의해 공시 송달하여 주실 것을 신청합니다.

입 증 방 법

1. 갑 제1호증	가족관계증명서
1. 갑 제2호증	폐쇄가족관계등록부에 따른 기본증명서
1. 갑 제3호증	주민등록초본
1. 갑 제4호증	사실 확인서(불거주)
1. 갑 제5호증	혼인관계증명서
1. 갑 제6호증	진술서

첨 부 서 류

1. 소장 부본	1통
1. 위 각 입증방법	각1통
1. 납부서	1통

2015. 1 .

위 원고 김 ○ ○ (인)

서울가정법원 귀중

제8장
소송의 종료

제8장 소송의 종료

I. 상소의 개념

1. 의 의

상소는 당사자 또는 소송관계인이 하급심의 미확정종국재판에 대하여 그 취소, 변경을 상급법원에 요구하는 불복신청이다. 상소에는 제1심 종국재판에 대한 불복신청인 항소, 제2심 종국판결에 대한 불복신청인 상고, 결정·명령에 대한 불복신청인 항고, 항고법원의 결정에 대한 불복으로 재항고가 있다. 항고에는 항소에 관한 규정이, 재항고에는 상고에 관한 규정이 준용된다(법 443조). 다만, 제1심의 법원의 종국판결에 대하여 당사자가 상고할 권리를 유보하고 항소를 하지 아니하기로 합의한 때(비약상고합의)에는(법 390조 1항) 제1심 판결 후에 바로 상고심 법원에 상고할 수 있다.

구분	판결에 대한 불복	결정·명령에 대한 불복		
	항소와 상고	일반항고		특별항고
의의	대법원 ↑ 상고(상고이유有) 제2심 ↑ 항소(부당하면가능) 제1심판결	대법원 ↑ 재항고 제2심 ↑ 최초항고 제1심판결		대법원 ↑ 불복할수 없는 결정·명령 (=확정)
대상	판결에 대한 불복	불복할수 있는 결정과명령		불복할수 없는 결정명령
	1.청구기각·인용 2.소각하	소장각하명령, 이송명령이송 신청기각결정, 보조참가신청 허부결정	기일지정신청 기각결정, 수 계신청기각결 정, 특별대리 인선임신청기 각결정	1.명문상 불복할 수 없는 것 : 기피결정 2.해석상 불복할수 없는 것 : 부재자재산관리인선 임결정
기간	판결송달부터 2주일내	재판고지 후 1주일	항고이익이 있 는 한	재판고지 후 1주일
이유	일반적 상고이유 절대적 상고이유 재심사유			재판에 영향이 있는 협법 위반등을 이유로 한다

2. 구 별

상소는 미확정재판에 대한 불복이므로 확정재판에 대한 비상적 불복방법인 재심(법 451조)
이나 준재심의 소(법 461조), 불복할 수 없는 결정·명령에 대한 특별항고(법 449조)와 다
르다. 또한 상소는 상급법원에 불복하는 것이므로 동일 심급안에서의 불복신청인 각종 이
의, 예를 들면 재판장·수명법관의 재판에 대한 이의(법 138조), 화해권고결정에 대한 이
의(법 226조), 지급명령에 대한 이의(법 469조 2항), 가압류·가처분에 대한 이의(민집법
283조, 301조) 등과 다르다.

3. 상소의 목적과 상급심의 성격

하급심 재판에 오류가 있는 경우 상소를 통하여 상급심 법원의 다른 법관에 의하여 재심사
를 받도록 함으로써 오판을 시정하여 적정한 재판을 도모하고 대법원을 정점으로 하여 법
령의 해석과 적용의 통일을 달성하려는 것이다. 우리나라의 상소제도는 대륙법계의 제도를
받아들여 제1심과 제2심은 사실심으로 제3심은 법률심으로 하였다 즉 항소심은 제1심 재
판에 대하여 사실인정과 법률적용의 양면에서 심리하는 사실심이지만 상고심은 법률적용만
을 심리하는 법률심이다.

II. 항소

1. 의 의

항소란 지방법원 단독판사 또는 합의부의 제1심 종국판결에 대하여 사실인정의 부당이나
법령위반을 이유로 하여 제2심 법원(항소법원)에 하는 불복신청이다(법 390조). 이점에서
법령위반만을 상고이유로 하는 상고와 구별된다. 불복신청인은 항소인, 상대방은 피항소인
이라고 한다.

우리 민사소송법상 항소심구조(속심제)

제2심에서 제1심의 소송자료와 상관없이 독자적으로 새롭게 소송자료를 수집하여 이를 기
초로 하여 다시 심판을 하는 구조인 복심제와 제2심에서는 새롭게 소송자료를 제출할 수
없는 것을 원칙으로 하여 제1심에서 제출된 소송자료만을 기초로 심사하는 사후심사제와
달리 우리 민사소송법상 항소심은 제1심의 소송자료를 기초로 하고 여기에 항소심에서 새
롭게 소송자료를 수집하여 항소심 변론종결시를 기준으로 제1심의 판결의 당부를 심사하는
속심제이다.

2. 항소의 요건

항소요건이란 항소의 적법요건으로서 항소가 본안심리를 받기위해 갖추어야 할 요건이다. 항소요건으로는 ① 항소의 대상적격이 있을 것 ② 법원의 항소제기 방식을 갖추고 항소기간을 준수 했을 것 ③ 항소이익이 있을 것 ④ 항소의 당사자 적격이 있을 것 ⑤ 항소권포기, 불항소의 합의가 없을 것 등이 필요하다(Ⅰ. 2. 상소의 요건 참조).

3. 항소의 제기

(1) 항소제기 방식

1) 항소장 제출

① 항소는 판결서가 송달된 날부터 2주 이내에 하여야 하지만 판결서가 송달되기 전에도 가능하다(법 396조). 2주 기간은 불변기간이다. 따라서 법원이 임의로 기간을 늘이거나 줄일 수는 없고 다만 주소나 거소가 멀리 떨어진 곳에 있는 사람을 위하여 부가기간을 정할 수 있을 뿐이다(법 172조 2항). 그러나 당사자가 책임질 수 없는 사유로 항소기간을 준수할 수 없었을 경우에는 항소의 추후보완 신청이 가능하다(법 173조). 위 2주의 기간은 제1심 판결이 송달된 다음날부터 기산하여 기간의 말일의 종료(그날 24:00)로써 만료된다. 기간의 말일이 일요일 기타의 휴일 등 공휴일에 해당하는 경우에는 그 다음날의 종료로써 만료된다(법 170조).

② 공동소송에 있어서 항소기간은 통상의 공동소송은 각 당사자 별로 항소기간(2주)의 도과 여부를 판단하지만, 필요적 공동소송 및 공동소송참가에서는 공동소송인은 전원의 항소기간이 도과하여야 하기 때문에 공동소송인 중 가장 나중에 판결문을 송달 받은 자를 기준으로 항소기간을 정한다.

③ 청구의 일부에 관한 재판을 유탈한 때에 하는 추가판결의 경우에는 최초의 판결과 추가판결의 항소기간은 각별로 진행한다.

④ 판결의 경정이 있더라도 항소기간은 판결이 송달된 때로부터 기산하고 경정 결정의 송달 시로부터 기산하는 것은 아니다(대판 1982. 10. 12. 82다498).

⑤ 항소는 항소장을 제출함으로서 한다(법 397조 1항). 우편제출 및 전자문서로도 가능하다. 다만 그 항소장에는 소정의 인지를 첩부하여야 하고 상대방 수의 부본을 제출하여야 한다.

2) 원심법원제출주의

항소는 항소장을 제1심 법원에 제출함으로써 한다(법 397조 1항).

원심법원제출주의를 위반하여 다른 법원(예를 들어 2심법원)에 제출한 경우에 상소가 무효라는 견해도 있지만 통설은 이때도 항소의 효력이 있다고 보고 제34조 제1항에 따라 원심법원에 이송하는 것이 타당하다고 본다. 그러나 판례나 실무에서는 이러한 심급관할 위반의 상소에 대해 이송이 아닌 원심에 기록송부로 처리하는 경우가 많으며 이 경우에 상소기간 준수여부는 통설과 같이 다른 법원(2심법원)에 항소장을 제출할 때가 아니라 다른 법원(2심법원)에서 원심에 기록송부된 때를 기준으로 하기 때문에(대판 1992. 4. 15. 92마146 결정) 기간이 도과 하지 않도록 주의 하여야 한다.

3) 항소심의 인지

항소심의 인지액은 제1심 소장의 1.5배이다. 항소장에 붙일 인지액의 산정은 불복신청한 부분의 소송물가액을 표준으로 하여 정한다(예를 들어 1심에서 3억을 청구 했지만 2억만 인정되고 1억은 기각되어 원고가 1억에 대해 항소를 하는 경우 1억을 기준으로 인지액을 산정한다). 즉 1심에서 일부 패소한 경우 그 패소 부분에 대한 항소 또는 전부 패소한 경우 그 중 일부에 대한 항소에 있어 항소장에 붙일 인지액의 산정은 항소에 의하여 불복을 신청한 부분을 표준으로 한다. 그러나 이자 또는 지연손해금과 같이 부대청구가 되는 부분은 소송목적의 값에 포함되지 않고 다만 이를 독립하여 항소하는 경우에만 독립된 소송물로써 소송 목적의 값에 포함된다(대결 1962. 10. 18. 62라11결정).

(2) 항소장의 기재상항

1) 필요적 기재사항

가. 당사자와 법정대리인

항소장에는 당사자와 그 상대방인 피항소인의 이름과 법정대리인을 적어야 한다. 원고가 항소를 하는 경우에는 원고가 '항소인', 피고가 '피항소인'이 되지만, 피고가 항소를 하는 경우에는 피고가 '항소인' 원고가 '피항소인'이 된다. 다만 이 경우 누가 항소를 하든지 원·피고인의 지위에는 변동이 없다. 항소장의 송달을 위해 주소도 표시하여야 하고 주소가 변경된 경우에는 변경된 주소도 기재하여야 한다.

나. 제1심판결의 표시

제1심판결의 표시는 어떤 판결에 대하여 항소를 하는가를 명백히 하기 위한 것이므로 다른 판결과 구별할 수 있을 정도로 표시하면 된다. 보통 1심 법원명, 사건번호, 사건명, 선고일자, 주문 등을 기재하고 있다.

다. 판결에 대한 항소의 취지

항소장에는 제1심 판결의 표시뿐만 아니라 그 판결에 대한 항소의 취지를 적어야 한다(법 397조 2항). 이러한 불복신청의 범위는 명확히 기재할 필요는 없고 다만 어떤 항소 취지인지를 인식할 수 있는 정도면 충분하다(대판 88다카30214)[57].

2) 임의적 기재사항

① 항소장에는 항소이유를 기재하여도 좋지만 항소이유가 항소장의 필요적 기재사항은 아니므로 즉 항소이유(불복이유)는 임의적 기재사항이다. 나중에 준비서면으로 항소이유서를 제출하여도 무방하다. 다만 항소이유서 제출기간에 대하여는 별도의 제한이 없지만, 항소이유도 기재하지 아니한 채 항소장만 제출하여 놓고 제때에 항소이유서를 제출하지 아니하면 항소가 기각되는 불이익이 따를 수 있다.

② 항소장에는 준비서면에 관한 규정을 준용하므로(법 398조), 항소이유를 기재하면 준비서면을 겸하게 된다. 따라서 항소장에 새로운 공격 또는 방어의 방법을 주장할 수도 있고 제1심에서의 상대방의 공격 또는 방어의 방법에 대한 진술을 기재하여 제출할 수도 있다. 보통 이러한 것들을 항소이유라고 기재하고 있으나 이것은 항소장의 필수적 기재사항은 아니므로 소송의 진행 중에 준비서면으로 제출하여도 무방하다.

③ 항소인은 항소의 취지를 분명하게 하기 위하여 항소장 또는 항소심에서 처음 제출하는 준비서면에 ㉠ 제1심 판결 중 사실을 잘못 인정한 부분 또는 법리를 잘못 적용한 부분 ㉡ 항소심에서 새롭게 주장할 사항 ㉢ 항소심에서 새롭게 신청할 증거와 그 입증취지 ㉣ 제2호와 제3호에 따른 주장과 증거를 제1심에서 제출하지 못한 이유를 적어야 한다(규칙 126조의2). 다만 이러한 임의적 기재상항은 기재하지 않아도 항소를 각하해서는 안 된다.

[청구취지 기재례]

1) 전부패소의 경우

원심판결을 취소한다.

2) 일부패소의 경우

원심판결 중 원고가 패소한 부분을 취소한다.

---

57) 실무에서는 인지액등을 납부해야 하므로 항소장에 불복하는 범위를 명확하게 기재 하도록 하고 있다.

항 소 장

원고(항 소 인)　김 ○ ○(761011-1231567)
　　　　　　　　서울시 ○○구 ○○동 1234-567

피고(피항소인)　정 ○ ○(540631-1627813)
　　　　　　　　서울 ○○구 ○○동 679-21(T.010-123-4567)

위 당사자간 서울○○법원 2016느단1234 ○○ 청구사건에 관하여 동 법원에서 2016. 1. 10. 원고 패소판결을 선고 하였는 바, 원고는 이에 불복이므로 다음과 같이 항소를 제기합니다(판결 정본은 20○○. ○. ○. 송달 받았습니다).

제1심판결의 표시

1.
2.

항 소 취 지

1. 원심판결 중 원고가 패소한 부분을 취소한다.
2. 소송비용은 1, 2심 모두 피고의 부담으로 한다.

항 소 이 유

추후에 준비서면으로 제출하겠습니다.

첨 부 서 류

1. 영수필확인서	1통
1. 송달료납부서	1통
1. 항소장 부본	1통

2016.　1.　　.
위 원고(항소인)　김 ○ ○ (인)

서울가정법원　귀중

1. 판결문 송달 다음날부터 2주 이내에(오후 12시까지) 항소장과 상대방수 만큼의 부본을 1심 법원에 제출한다. 다만 기간만료일이 공휴일인 경우에는 그 다음날까지 제출하면 된다. 실무상 실수로 2심 법원에 제출하는 실수를 하는 경우가 많으므로 주의해야 한다.
2. 인지액은 불복하는 금액을 기준으로 해서 1심 인지액의 1.5배이다.
3. 항소가 제기되면 제1심 판결의 확정이 차단되고 사건이 제2심으로 이심되는 효력이 발생한다. 항소심법원은 항소장에 항소이유가 구체적으로 기제 되어 있으면 이는 준비서면에 해당하므로 준비명령을 피항소인에게 송달하면서 반박 준비서면을 제출하도록 최고하지만 항소장에 항소이유가 기재되어 있지 않으면 기록을 접수 받은 후 지체 없이 항소인에게 석명준비명령을 송달하여 준비서면(항소이유서)를 기한 내 제출하도록 최고한다.

(1) 의 의

부대항소는 피항소인이 상대방의 항소에 의하여 개시된 항소심절차에 편승해서 원판결에 대한 불복을 주장하여 항소심의 심판범위를 자기에게 유리하게 확장시키는 신청을 말한다. 이를 인정하는 이유는 항소인의 항소심에서의 항소범위의 확장에 대응하여 항소권이 소멸된 피항소인에게도 부대항소를 허용함이 공평의 원칙에 부합하고, 소송경제를 도모하기 위해서 이다.

(2) 요건

1) 주된 항소의 적법한 계속

부대항소가 제기되려면 상대방과의 사이에 주된 항소가 적법하게 계속되어 있어야 한다.

2) 부대항소의 당사자

부대항소는 주된 항소의 피항소인으로부터 항소인에 대하여 제기되는 것이 원칙이므로 주된 항소의 피항소인 또는 보조참가인이 항소인을 상대로 제기하여야 한다(법 403조).

3) 부대항소의 이익

주된 항소의 상대방도 역시 항소를 제기하였을 경우에는 부대항소의 이익이 없다. 이 경우에는 불복신청의 범위를 확장하여 그 목적을 달성할 수 있으므로 당사자 쌍방이 모두 주된 항소를 제기한 경우에는 그 일방은 상대방의 항소에 대해 부대항소를 할 수 없다.

4) 시기

부대항소는 항소기간(판결문 송달일로부터 14일)의 제한을 받지 않으므로 주된 항소심 변론종결전이면 제기가 가능하다.

5) 부대항소권의 포기가 없을 것

피항소인은 부대항소권을 포기하지 아닌 한 자기의 항소권을 포기하거나 항소기간의 도과로 소멸된 경우에도 부대항소를 제기할 수 있다. 부대항소를 취하하였더라도 변론종결에 이르기까지 거듭 부대항소를 할 수 있다.

(3) 부대항소의 제기 방식

1) 부대항소장의 제출

부대항소장 제출방식은 항소에 관한 규정에 의한다(법 405조). 부대항소장은 항소기록이 항소법원에 송부되기 전에는 제1심 법원에 그 후에는 항소법원에 제출하여야 한다. 원칙적으로 부대항소장을 제출하여야 하지만 그 신청을 변론에서 구술로 진술하여도 상대방이 이의권을 포기하면 적법한 제기로 볼 수 있다.

2) 부대항소장의 기재사항

부대항소장에는 당사자와 법정대리인 그리고 제1심판결의 표시 및 그 판결에 대한 항소에 부대하여 항소하는 취지를 기재하여야 하고 항소장에 준하는 인지를 붙여야 한다. 판례는 부대항소장을 제출하지 않고 청구취지확장서, 반소장을 제출한 때에도 그것이 상대방에게 불리하게 되는 한도에서 부대항소를 한 것으로 의제하여야 한다고 판시하고 있다(대판 1979. 8. 31. 79다892).

3) 인지액

부대항소장에도 항소장과 마찬가지로 제1심 판결의 취소를 구하는 한도에서 소장에 붙인 인지액의 1.5배의 인지를 붙인다.

(4) 효 력

1) 항소심의 심판범위의 확장

부대항소에 의하여 항소심법원의 심판범위가 확장되면 피항소인의 불복의 당부도 심판되게 된다. 따라서 사례 ①에서 원고만이 자신의 패소부분인 400만원에 대해 항소하고 피고 을은 항소제기 기간이 도과하여 더 이상 항소제기를 하지 못하더라도 부대항소로서 을의 패소부분인 600만원에 대해 청구기각으로의 변경을 요구하면 항소심법원은 600만원에 대한 당부도 심판하게 된다.

2) 부대항소의 종속성

부대항소는 상대방의 항소에 편승한 것이므로 주된 항소가 취하 또는 각하된 때에는 그 효력을 잃는다(법 404조). 이를 부대항소의 종속성 또는 부대성이라 한다. 따라서 사례 ②에서 갑의 항소취하로 항소는 소급적으로 그 효력을 잃기 때문에 을이 항소기간 경과 후에 제기한 부대항소 또한 효력을 잃게 되어 항소심은 청구를 인용하는 판결을 할 수 없게 된다.

3) 부대항소의 의제

제1심에서 전부승소한 원고가 항소심 계속 중 그 청구취지를 확장·변경할 수 있는 것이고 그 것이 피고에게 불리하게 하는 한도 내에서는 부대항소를 한 취지로도 볼 수 있다(대법원 1995. 6. 30 선고 94다58261). 따라서 1심에서 원고가 전부승소하고 피고만이 항소를 제기하였는데, 원고가 청구취지를 확장하는 경우에는 형식적으로 부대항소의 방식을 취하지 않더라도 부대항소 한 것으로 의제된다.

부 대 항 소 장

사건   200○즈합0000(본소) 이혼 등
        200○즈합0000(반소) 이혼 등
부대항소인(본소원고, 반소피고)   이   ○   ○
        본적
        주소

부대피항소인(본소피고, 반소원고)   김   ○   ○
        본적 및 주소   부대항소인(본소원고, 반소피고)과 같음

위 사건에 관하여 부대항소인(본소원고, 반소피고, 피항소인)은 부대피항소인(본소피고, 반소원고, 항소인)의 항소에 부대하여, 원심인 **지방법원 200 드합123(본소), 200 드합1234(반소) 각 이혼등 사건에서 200 . . . 선고한 원고 일부패소판결에 관하여 일부불복이므로 다음과 같이 부대항소를 제기합니다.

원판결 주문의 표시

1. 본소청구에 기하여, 원고(반소피고)와 피고(반소원고)는 이혼한다.
2. ....
3. ....
4. ....

부 대 항 소 취 지

1. 원판결 중, 다음에서 지급을 구하는 부대항소인 패소부분을 취소한다.
2. 부대피항소인은 부대항소인에게 재산분할로서 금30,000,000원 및 이에 대한 이 판결확정일 다음날부터 완제일까지 연5%의 비율에 의한 금원을 지급하라.
3. 소송비용은 본소, 반소를 통틀어 제1, 2심 모두 부대피항소인의 부담으로 한다.
라는 판결을 구합니다.

부 대 항 소 이 유

부대항소를 하게 된 사유를 상세히 기재할 것

첨 부 서 류

1. 송달료납부서   1통
1. 부대항소장부본   1통

200 .   .   .
부대항소인   김 ○ ○

서울고등법원(부)   귀중

1. 방식은 항소에 관한 규정에 의한다(법 405조). 원칙적으로 부대항소장을 제출하여야 하지만 그 신청을 변론에서 구술로 진술하여도 상대방이 이의권을 포기하면 적법한 제기로 볼 수 있다.따라서 부대항소장과 상대방수 만큼의 부본을 법원에 제출한다.

원래 제1심 판결문을 송달받으면 그로부터 2주 이내에 항소를 제기하지 아니하면 그 판결은 확정되어 더 이상 다툴 수 없게 되는 것이 원칙이다. 그런데, 당사자가 외국에 나가 있었다든가, 천재지변의 발생 또는 상대방이 허위의 주소를 기재하여 판결을 편취하는 등으로 말미암아 본인이 책임질 수 없는 사유로 이러한 불변기간을 지키지 못한 경우가 있을 수 있다. 이러한 경우에는 그 사유가 없어진 날부터 2주(외국에 있었던 당사자는 30일)이내에 항소를 제기할 수 있는데, 이를 추완항소라고 한다(민소법 173조).[58]

[서식] 추완항소장

추 완 항 소 장

항 소 인(피고)　　　　김〇〇

　　　　　　　　　　등록기준지 : 경기도 안성시 〇〇
　　　　　　　　　　주소 : 서울 강서구 〇〇

　　　　　　　　　　항소인의 소송대리인 법무법인 〇〇
　　　　　　　　　　서울 강북구 〇〇

피항소인(원고)　　　　최〇〇
　　　　　　　　　　등록기준지 : 경기도 안성시 〇〇
　　　　　　　　　　주소 : 서울 강서구 〇〇

---

58) 제173조(소송행위의 추후보완) ① 당사자가 책임질 수 없는 사유로 말미암아 불변기간을 지킬 수 없었던 경우에는 그 사유가 없어진 날부터 2주 이내에 게을리 한 소송행위를 보완할 수 있다. 다만, 그 사유가 없어질 당시 외국에 있던 당사자에 대하여는 이 기간을 30일로 한다.
②제1항의 기간에 대하여는 제172조의 규정을 적용하지 아니한다.

위 당사자간 귀원 2008드단00 등 사건에 관하여 항소인(피고)은 귀원에서 2016.   .
  . 선고된 다음 판결에 대하여 전부 불복하므로 이에 항소를 제기합니다.

원판결의 표시

1. 원고와 피고는 이혼한다.
2. 피고는 원고에게 위자료로 금100,000,000원을 지급하라.
3. 소송비용은 피고의 부담으로 한다.

추 완 항 소 취 지

1. 원판결을 취소한다.
2. 원고의 청구를 기각한다.
3. 소송비용은 원심과 항소심을 합하여 원고의 부담으로 한다.
라는 판결을 구합니다.

추 완 항 소 원 인

1. 위 당사자간 위 사건은 공시송달 절차에 기한 판결의 선고 및 확정이 있었습니다. 항소인
   (이하 '피고'라 하겠습니다)은 중화인민공화국 국적자로 주민등록의 요건을 구비하지 못하
   였고, 일용노동에 종사하는 관계로 지방의 공사현장에서 숙식을 해결하며 주거지에 상주
   할 수 없었습니다. 이에 위 사건의 소장부본을 송달받지 못한 결과 위 사건이 공시송달에
   기한 송달 및 판결의 확정이 있게 되었던 것입니다.

2. 피고는 2016. 00. 체류기간 연장을 위해 필요한 서류인 혼인관계증명서를 발급받은 사실
   이 있고, 당일에서야 원고가 피고에게 이혼 청구의 소를 제기하여 당해 판결이 확정되었다
   는 사정을 알게 되었습니다. 피고는 2008. 11. 10. 귀원을 방문하여 판결 정본을 영수하였
   습니다.

3. 피고는 위 판결에 전부 불복이므로 본 건 추완항소를 제기합니다.

첨 부 서 류

1. 항소장 부본	1부
1. 소송위임장	1부
1. 담당변호사지정서	1부
1. 소송인지등납부영수증	1부
1. 송달료납부영수증	1부

2016. 11.   .

피고 소송대리인

법무법인 OO

담당변호사 OO

서울가정법원   귀중

■ 작성 · 접수방법

1. 당사자가 외국에 나가 있었다든가, 천재지변의 발생 또는 상대방이 허위의 주소를 기재하여 판결을 편취하는 등으로 말미암아 본인이 책임질 수 없는 사유로 불변기간을 지키지 못한 경우그 사유가 없어진 날부터 2주(외국에 있었던 당사자는 30일)이내에 항소를 제기한다.
2. 추완항소장과   상대방수 만큼의 부본을 1심 법원에 제출한다.
3. 인지액은 불복하는 금액을 기준으로 해서 1심 인지액의 1.5배이다.

1. 개 설

(1) 의 의

상고는 고등법원이 선고한 종국판결과 지방법원 합의부가 제2심으로서 선고한 종국판결에 대하여 법령의 위반이 있음을 주장하여 그 판결의 당부에 관하여 심판을 구하는 상소이다 (법 422조 1항). 따라서 고등법원이 제1심으로 한 종국판결에 대하여도 바로 상고할 수 있다. 당사자 사이에 제1심의 종국판결에 대하여 비약적 상고의 합의가 있는 경우에도 항소심을 거치지 아니하고 직접 상고할 수 있다(법 422조 2항).

(2) 상고심의 성격과 목적

상고는 판결에 영향을 미친 헌법·법률·명령 또는 규칙의 위반이 있다는 것을 이유로 드는 때에만 할 수 있다(법 423조)[59]. 따라서 원심판결이 적법하게 확정한 사실은 상고법원을 기속(법 432조)[60]하여 상고심은 그 본안에 관한 사실확정의 당부에 관하여 판단할 수 없다. 이렇게 상고심은 원판결의 당부를 심사함에 있어서 스스로는 사실확정을 하지 않고 원심의 본안과 관련된 사실인정을 전제로 하여 법률적인 측면에서만 심사하므로 항소심과 달리 사후심이며 법률심이다. 이러한 상고제도는 법령의 해석, 적용에 통일을 기하고자 하는데 그 목적이 있다.

2. 상고심의 절차

(1) 상고의 제기

1) 상고장의 제출

상고와 상고심의 소송절차는 특별한 규정이 없는 한 항소심에 관한 규정이 적용되므로[61], 상고장은 판결이 송달된 날부터 2주 내에 원심법원(즉 제2심법원 단, 비약적상고의 경우에는 제1심법원)에 제출하여야 하며 상고법원에 직접 제출하면 그 효력이 없다. 상고장이 대법원에 제출되었다가 원심법원에 송부된 경우에는 상고장이 원심법원에 접수된 때를 기준으로 하여 상고기간의 준수 여부를 판별하여야 한다는 것이 판례이다(대판 1981. 10. 13. 81누230).

---

59) 제423조(상고이유) 상고는 판결에 영향을 미친 헌법·법률·명령 또는 규칙의 위반이 있다는 것을 이유로 드는 때에만 할 수 있다.
60) 제432조(사실심의 전권) 원심판결이 적법하게 확정한 사실은 상고법원을 기속한다.
61) 제425조(항소심절차의 준용) 상고와 상고심의 소송절차에는 특별한 규정이 없으면 제1장의 규정을 준용한다.

2) 상고장의 기재사항

상고장에는 상고한다는 취지의 기재가 있으면 족하고 불복신청의 범위가 명확하지 않더라도 상고가 부적법한 것은 아니다. 하지만 상고법원의 심리범위 및 상고장에 붙일 인지액을 확정하기 위해서도 그 불복신청의 범위를 명확히 할 필요가 있으므로 상고장에 불복신청의 범위가 적혀 있지 아니하면 일단 보정을 권고하여야 할 것이다(규칙 5조 3항). 그러나 그에 불응하여도 상고장의 각하 사유는 아니다. 이러한 경우에는 상고인이 패소한 부분 전부에 관하여 불복하는 것으로 보아 인지를 붙여야 한다.

3) 상고이유서의 제출

상고장을 처음 제출할 때에는 상고이유를 기재하지 아니하여도 되지만, 상고장에 상고의 이유서를 적지 아니한 때에는 상고인은 소송기록접수의 통지를 받은 날부터 20일 이내에 상고이유서를 제출하여야 한다. 위 기간 내에 상고이유서를 제출하지 아니한 때에는 변론 없이 판결로 상고를 기각한다(법 429조)[62]. 상고이유서는 상대방 당사자수에 6을 더한 수의 부본을[63] 첨부하여야 하며, 상고인이 상고이유를 적었더라도 위 20일 이내에는 상고이유서를 추가로 제출할 수 있다. 다만 위 기간을 경과한 후에 추가로 제출한 상고이유서는 기간 내에 제출한 상고이유서에 주장된 사항을 보충하는 의미만 있을 뿐이므로 새로운 주장이 포함되어 있더라도 이는 적법한 상고이유가 될 수 없어 심리되지 않는다. 보조참가인은 피참가인의 제출기간 내에 한하여 이를 제출할 수 있다(통설, 판례). 그러나 상고인이 소액사건에 대한 항소심판결에 대하여는 상고가 제한되어 있다(소액사건심판법 3조).

4) 송달료 및 인지액

상고장에 붙일 인지액은 소장에 붙일 인지액의 2배이다. 상고인은 상고장을 제출할 때 원심법원의 수납은행에 송달료, 즉 당사자 1인에 대하여 각 8회분에 해당하는 금액을 납부해야 한다.

5) 부대상고

부대항소에 관한 규정도 상고심에 준용되므로 피상고인은 상고권이 소멸된 후에도 부대상고를 할 수 있고 부대상고의 방식이나 상고에 대한 종속성도 부대항소의 경우와 같다. 다

---

[62] 제429조(상고이유서를 제출하지 아니함으로 말미암은 상고기각) 상고인이 제427조의 규정을 어기어 상고이유서를 제출하지 아니한 때에는 상고법원은 변론 없이 판결로 상고를 기각하여야 한다. 다만, 직권으로 조사하여야 할 사유가 있는 때에는 그러하지 아니하다.

[63] 재판부를 구성하는 대법관용 2통(재판장 및 주심 각 1통), 담당 재판연구관용 1통, 보존용 1통, 판례편찬용 1통, 예비용 1통 모두 6통이다.

만 상고심은 법률심이어서 그 절차상 소의 변경이나 반소가 허용되지 아니하므로 부대항소와 달리 전부승소자는 부대상고를 할 수 없다. 또한 사실심의 변론종결일에 대응하는 시점이 상고심에서는 상고이유서 제출기간의 말일이므로 부대상고를 하려는 피상고인은 상고이유서 제출기간 내에 부대상소를 제기하고 부대상고이유서를 제출하여야 한다는 것이 판례이다(대판 2002. 12. 10. 2002다52657).

[청구취지 기재례]

1) 전부패소 시

원판결을 취소하고, 이 사건을 서울가정법원에 환송한다.
라는 판결을 구합니다.

2) 일부패소 시(반소포함 사례)

1. 원판결을 파기하고, 사건을 서울고등법원으로 환송한다.
2. 원고(반소피고)는 피고(반소원고)에게 위자료로 30,000,000원 및 이에 대하여 이 사건 반소장부본 송달 다음날부터 다 갚는 날까지는 연 12%의 비율로 계산한 돈을 지급하라.
3. 원고(반소피고)는 피고(반소원고)에게 재산분할로 55,500,000원 및 이에 대하여 이 사건 판결 확정일 다음날부터 다 갚는 날까지 연 5%의 비율로 계산한 돈을 지급하라.
4. 소송비용은 본소와 반소를 합하여 1, 2심 모두 원고(반소피고)의 부담으로 한다.
5. 제2항, 제 3항은 가집행할 수 있다.
라는 판결을 구합니다.

상 고 장

상 고 인(피고) 최 ○ ○
　　　　　　　서울 ○○구 ○○동 000
　　　　　　　(전화: 010-0000-0000)

피상고인(원고) 김 ○ ○
　　　　　　　○○시 ○○동 688 ○○아파트 603-205
　　　　　　　(휴대폰: 010-0000-0000)

위 당사자 사이의 서울가정법원 2011르0000 이혼 등 사건에 관하여 피고는 귀원이 2011. ○○. ○○. 선고한 판결에 대하여 2011. ○○. ○○. 송달받고 이에 불복하므로 상고를 제기합니다.

원심판결의 표시

1. 피고는 원고에게 재산분할로 103,000,000원과 이에 대한 이 사건 판결확정일 다음날부터 다 갚는 날까지 연 5%의 비율로 계산한 돈을 지급하라.
2. 원고의 나머지 항소부분 및 피고의 항소를 모두 기각한다.
3. 소송총비용 중 1/5은 원고가, 나머지는 피고가 각 부담한다.

상 고 취 지

원심판결을 파기하고 이 사건을 의정부지방법원으로 환송한다.
라는 판결을 구합니다.

상 고 이 유

추후 제출하겠습니다.

첨 부 서 류

　　1. 상고장부본　　　　　　　　　　　　　1통
　　2. 송달료납부서　　　　　　　　　　　　1통

　　　　　　　　2000. ○○. ○○.
　　　　　　　　상고인(피고) 최 ○ ○　　(인)

대법원 귀중

1. 상고장은 판결이 송달된 날부터 2주 내에 원심법원(즉 제2심법원 단, 비약적상고의 경우에는 제1심법원)에 제출하여야 하며 상고법원에 직접 제출하면 그 효력이 없으므로 주의해야 한다. 다만 마지막 날이 공휴일인 경우에는 그 다음날 까지 제출하면 된다.
2. 상고장에 붙일 인지액은 소장에 붙일 인지액의 2배이다. 따라서 사안에서 8,000만원이 불복금액이므로 인지액은 730,000원[=(8,000만원×0.0045+5,000)×2]이다.
3. 상고인은 상고장을 제출할 때 원심법원의 수납은행에 송달료(당사자 1인에 대하여 각 8회분에 해당하는 금액을 납부해야 한다.
4. 상고장이 제출되면 2심법원은 흠결사항이 있는지 여부를 검토한 후 인지액 등 흠결이 있다면 보정명령등을 통해 이를 보완한 다음 대법원에 송부한다.

(2) 심리불속행제도

1) 의 의

심리불속행제도는 당사자가 주장한 상고이유에 중대한 법령 위반에 관한 사항등의 심리속행사유가 포함되어 있지 않으면 더 나아가 상고이유의 당부에 관하여 심리를 하지 아니하고 판결로 상고를 기각하는 제도이다(상고심절차에 관한 특례법 4조 1항).

2) 심리속행요건으로서 심리속행사유[64]

가. 원심판결(原審判決)이 헌법에 위반되거나, 헌법을 부당하게 해석한 경우
나. 원심판결이 명령 · 규칙 또는 처분의 법률위반 여부에 대해 부당하게 판단한 때
다. 원심판결이 법률 · 명령 · 규칙 또는 처분에 대하여 대법원 판례와 상반되게 해석한 경우
라. 법률 · 명령 · 규칙 또는 처분에 대한 해석에 관하여 대법원 판례가 없거나 대법원 판례를 변경할 필요가 있는 경우
마. 그 외에 중대한 법령위반에 관한 사항이 있는 경우
바. 민사소송법 제424조(절대적상고이유)의 사유가 있는 때

---

[64] 제4조 (심리의 불속행) ① 대법원은 상고이유에 관한 주장이 다음 각 호의 어느 하나의 사유를 포함하지 아니한다고 인정하면 더 나아가 심리(審理)를 하지 아니하고 판결로 상고를 기각(棄却)한다.
　　1. 원심판결(原審判決)이 헌법에 위반되거나, 헌법을 부당하게 해석한 경우
　　2. 원심판결이 명령 · 규칙 또는 처분의 법률위반 여부에 대하여 부당하게 판단한 경우
　　3. 원심판결이 법률 · 명령 · 규칙 또는 처분에 대하여 대법원 판례와 상반되게 해석한 경우
　　4. 법률 · 명령 · 규칙 또는 처분에 대한 해석에 관하여 대법원 판례가 없거나 대법원 판례를 변경할 필요가 있는 경우
　　5. 제1호부터 제4호까지의 규정 외에 중대한 법령위반에 관한 사항이 있는 경우
　　6. 「민사소송법」 제424조 제1항 제1호부터 제5호까지에 규정된 사유가 있는 경우
② 가압류 및 가처분에 관한 판결에 대하여는 상고이유에 관한 주장이 제1항 제1호부터 제3호까지에 규정된 사유를 포함하지 아니한다고 인정되는 경우 제1항의 예에 따른다.

사. 가압류 및 가처분에 관한 판결에 대하여는 상고이유에 관한 주장이 위 가, 나, 다의
   사유를 포함하지 아니한다고 인정되는 경우

3) 심리불속행 기각판결

상고이유에 심리속행사유가 있는지는 남상소 방지라는 공익적 요청에서 나온 것이므로 소
송요건이나 상소요건처럼 직권조사항이다. 상고심법원은 상고이유에 관한 주장이 심리속행
사유를 포함하지 아니한다고 인정하면 더 나아가 심리(審理)를 하지 아니하고 판결로 상고
를 기각(棄却)한다(동법 4조 1항). 본안심리를 하지 않겠다는 것이므로 내용상으로는 상고
각하와 같은 소송판결이지만 형식상 기각의 본안판결로 처리하게 되어 있다.

3. 상고이유

(1) 법령위반

1) 일반적 상고이유

상고심은 법률심이므로 상고는 판결에 영향을 미친 헌법·법률·명령 또는 규칙의 위반이
있다는 것을 이유로 드는 때에만 할 수 있다(법 423조). 즉 사실인정의 잘못은 상고이유가
되지 않는다. 판결에 영향을 미친 헌법·법률·명령 또는 규칙의 위반이 있다는 것을 이유
로 하는 상고의 경우에는 상고이유에 해당하는 법령의 조항 또는 내용과 이에 위반하는 사
유를 밝혀서 적어야 한다(규칙 129조). 그 법령이 소송절차에 관한 것인 때에는 그에 위반
하는 사실을 적어야 한다. 상고인이 제출한 상고이유서에 법령 위반에 관하여 구체적인 이
유 기재가 없으면 상고이유서를 제출하지 않은 것과 마찬가지로 취급할 수 밖에 없다(대판
2001. 3. 23. 2000다29356).

2) 법 령

헌법·법률·명령 또는 규칙(법 423조)이라고 규정하고 있지만 지방자치단체의 조례, 비준
가입한 국제조약, 협정 등을 포함한다. 성문법뿐만 아니라 관습법도, 국내법뿐만 아니라
외국법도 포함한다. 경험칙도 법규에 준하는 것이므로 여기에 포함한다는 것이 판례이며,
또한 대법원판례 위반은 직접적으로 법령위반이 아니지만 법령해석을 잘못한 것이 되어 결
국 법령위반이 될 수 있다.

3) 위 반

가. 법령해석의 과오
법령해석의 과오란 법령의 취지·내용·효력에 관한 잘못을 말하며 상고이유가 된다.

나. 법령적용의 과오

법령적용의 과오란 법령해석은 잘못이 없는데 그리고 사건이 법령의 구성요건에 해당하지 않는데 적용하거나 또는 해당하는데 적용하지 않은 잘못을 말하며 모두 상고이유가 된다.

다. 판단 상 과오

원심판결이 실체법을 부당하게 해석하여 청구의 당부를 잘못 판단한 것을 말한다. 실체법의 올바른 적용은 법원의 직책이므로 법원은 당사자의 상고이유에 구속됨이 없이 실체법의 부당적용 여부를 직권으로 조사하여야 한다.

라. 절차상 과오

원심판결이 절차법을 부당하게 해석하여 청구의 당부를 잘못 판단한 것을 말한다. 예를 들어 변론주의 위반, 적법한 기일통지 없이 한 변론 등이다.

4) 판결에 영향을 미친 법령위반

이러한 법령위반과 원심판결주문 사이에 인과관계가 있어야 한다.

(2) 절대적 상고이유

절대적 상고이유란 중대한 절차법규 위반으로서 판결주문에 영향을 주었는지를 묻지 않고 상고이유로 삼을 수 있는 것을 말한다. 즉 424조에 열거된 절차법규 위반은 판결주문에 영향을 미쳤는지의 판단이 어렵기에 주문에 영향을 주었는지를 불문하고 상고이유로 하였다.[65]

1) 법률에 따라 판결법원을 구성하지 아니한 때

판결법원이 법원조직법과 민사소송법에 따르지 않고 구성된 것(합의부구성법관이 2명인 경우, 변론에 관여하지 않은 법관이 관여한 경우 등)을 말한다.

---

65) 제424조(절대적 상고이유) ① 판결에 다음 각 호 가운데 어느 하나의 사유가 있는 때에는 상고에 정당한 이유가 있는 것으로 한다.
  1. 법률에 따라 판결법원을 구성하지 아니한 때
  2. 법률에 따라 판결에 관여할 수 없는 판사가 판결에 관여한 때
  3. 전속관할에 관한 규정에 어긋난 때
  4. 법정대리권·소송대리권 또는 대리인의 소송행위에 대한 특별한 권한의 수여에 흠이 있는 때
  5. 변론을 공개하는 규정에 어긋난 때
  6. 판결의 이유를 밝히지 아니하거나 이유에 모순이 있는 때

2) 법률에 따라 판결에 관여할 수 없는 판사가 판결에 기여할 때

제척이유 있는 법관, 기피결정이 선고된 법관 등이 관여한 것을 말한다. 여기에서 관여란 판결의 합의 및 판결원본 작성에 관여한 것을 말하며 판결의 선고에만 관여한 경우에는 여기에 해당하지 않는다(대판 1962. 5. 24. 4294민상251).

3) 전속관할규정에 어긋난 때

전속관할이 없는 법원이 판결한 경우를 말한다. 따라서 임의관할은 상고이유가 되지 않는다(법 411조).

4) 법정대리권 등에 흠이 있는 때

대리인으로 소송을 수행했지만 대리권이 없는 경우 내지 대리인의 특별한 권한의 흠이 있는 경우를 말한다.

5) 변론을 공개하는 규정에 어긋난 때

헌법이나 법률의 규정에 위반하여 변론 또는 판결의 선고를 공개법정에서 하지 않은 경우를 말한다.

6) 이유불비, 이유모순이 있는 때

이유불비는 판결이유를 전혀 밝히지 않은 것 또는 그와 같은 정도를 말하는 것인데 이러한 사유가 있는지는 직권조사사항이다(대판 2005. 1. 28. 2004다66469). 판결에 영향을 미치는 주요사항에 대하여 판단을 누락한 경우도 포함된다고 할 것이다. 다만 당사자의 주장에 대한 판단유탈의 위법이 있다 하더라도 그 주장이 배척될 경우임이 명백한 때에는 판결결과에 영향이 없으므로 이에 해당하지 않는다(대판 2002. 12. 26. 2002다56116).

이유모순은 이유를 기재하였으나 이유 자체에 모순이 있어서 판결주문에 이르는 논리의 전개가 명확하지 않은 경우를 말한다. 예를 들면 이유가 두 개인데 서로 모순되는 경우, 한 서증으로 두 개의 양립할 수 없는 사실을 인정한 경우 등이다. 판례는 제1심 판결이유를 인용하는 인용판결을 하면서 제1심보다 원고의 과실을 무겁게 과실상계한 것은 이유모순이라고 한다(대판 1990. 7. 8. 80다997).

(3) 심리미진

1) 문제의 소재

심리미진은 규정된 상고이유는 아니나 충분한 심리하지 않은 경우를 말하는데 절차법상 위법을 의미한다. 문제는 심리미진이 독자적인 상고이유가 될 수 있는가 이다.

2) 학 설

부정설은 법률심인 상고심이 심리미진이라는 이름으로 사실심의 사실인정에 간섭하는 것은 좋지 않다고 보는 반면에 긍정설은 법령해석, 적용에 오류가 있는 경우에는 새로운 사실도 심리가 필요하다고 한다.

3) 판 례

판례는 이를 긍정하며 심리미진이라는 표현을 사용하는 경우에도 거의 다른 파기사유인 법령해석, 적용의 위법, 이유불비 등과 중첩적인 형태로 사용한다.

(4) 그 밖에 상고이유로서 재심사유

당사자가 상소에 의하여 재심사유를 주장하였거나 이를 알고도 주장하지 아니한 때에는 재심의 소를 제기할 수 없다는 재심의 소의 보충성규정을 보면 재심사유는 비록 절대적 상고이유로 포함되어 있지 않아도 상소할 때도 주장할 수 있는 것이 된다(통설, 판례). 재심사유는 확정판결의 취소사유이므로 판결이 확정되기 전에도 취소사유가 되는 것은 당연하다.

[서식] 상고이유서

<h1 align="center">상 고 이 유 서</h1>

사　　　건　　　2011므0000 이혼 및 재산분할 등

원　　　고　　　김 ○ ○

피　　　고　　　유 ○ ○

위 사건에 관하여 피고의 소송대리인은 다음과 같이 상고이유를 밝힙니다.

<h2 align="center">다　　음</h2>

1. 원심판결의 요지

원심법원이 판결한 재산분할판결 중에서, "① 원고가 ○○에서 ○○공사를 설립하기 위하여 납입한 미화 30만 달러는 위 회사는 2008. 12. 31. 기준으로 ○○화 38.28만 위안의 결손이 발생하였으며, 유동부채가 자산총액보다 큰 사실을 인정할 수 있으므로 위 회사의 납입자본금 또는 위 회사에 대한 원고의 지분을 이 사건 재산분할의 대상으로 삼아야 한다는 피고의 주장은 이유 없다. ② ○○성 15-1501에 관하여는 박○○ 앞으로, ○○성 1-801과

○○화원 29-2101에 관하여는 김○○ 앞으로, ○○강남 18-501에 관하여는 와○○ 앞으로 각 소유권이전등기가 경료되어 있는 사실은 원고도 인정하고 있으나, 위 부동산을 원고가 그 명의자에게 명의신탁하였다는 점에 대하여는 이를 인정할 증거가 없으므로, 피고의 주장은 이유 없다. ③ ○○ ○○ 소재 ○○성 7-1606, 8-1506, 8-1501 각 부동산 매각대금은 원피고가 함께 작성한 협의이혼 공정증서(갑제4호증)에도 위 각 부동산의 매각대금은 전혀 언급되지 않은 점 등에 비추어 보면, 위 각 부동산의 매각대금은 사업자금, 생활비, 사건본인들의 유학자금 등으로 모두 소비되었다고 봄이 상당하고, 이와 달리 위 각 부동산의 매각대금이 원고에게 현존하다고 볼 증거가 없으므로 피고의 위 주장도 이유 없다. ④ 원고가 ○○공사의 사장과 주식회사 ○○○의 대표이사로 근무하면서 매월 각 1,000만원 이상의 소득을 얻었으므로, 위 돈도 원고의 적극재산에 포함되어야 한다고 주장하나, 원고가 위 회사들로부터 매월 각 1,000만원 이상의 임금을 지급받았다는 점에 대하여는 을 제45호증의 1내지6의 각 기재만으로 이를 인정하기에 부족하고, 설령 위와 같은 돈을 지급받았다고 하더라도 현재 그 돈을 보유하고 있음을 인정할 이유가 없다. ⑤ 피고의 동생인 유○○과 그의 처인 나○○ 소유로 된 부동산은 피고 역시 ○○성 15-1902호 부동산이 원피고의 공동재산임을 인정하는 취지에서 협의이혼 공정증서를 작성한 점, 유○○은 피고의 동생으로서 원고 소유의 련양련화 21-2102호에 대하여도 그 명의를 빌려준 적이 있는 점, ○○ ○○은행에 대한 대출원리금 실제 납입한 자는 정평인데, 정○○ 원고의 운전기사였던 점 등에 비추어 보면, 위 각 부동산은 피고가 유○○, 나○○에게 명의신탁한 것이라고 보기에 충분하고, 피고의 위 주장은 이유 없다. ⑥ 원피고가 협의이혼 공정증서 작성 당시 원고의 와○○에 대한 부채430FRMB(한화 약542,000,000원)를 재산분할 대상에 포함시킨 사실이 인정된다며 위 부채를 원고의 소극재산에 포함시킨다. ⑦ ○○강남 35-402에 관하여는 피고의 지분이 1/2, ○○성 1-1901, ○○성 15-1901, ○○강남 35-302에 관하여는 피고의 지분이 각 1/4이 인정되어 이를 피고의 적극재산에 포함시킨다. ⑧ 피고의 과거양육비 청구에 대하여는 원고가 ○○ 소재 부동산을 처분하여 피고와 사건본인들의 ○○ 교육비 및 체제비 등으로 사용하도록 하였고, 그 밖에도 제1심 이혼소송 도중 사건본인들의 유학자금 명목으로 앞서 본 바와 같이 비정기적으로 ○○에 돈을 송금한 사정 등을 감안하여 제1심 변론종결일인 2010. 6. 9.가지의 과거양육비 청구는 이를 받아들이지 아니한다."라고 판결했습니다. 그러나, 원심판결은 사실오인 및 법리오해를 한 위법함이 있습니다.

2. 원심판결의 위법성

가. 원고가 ○○에서 ○○공사를 설립하기 위하여 납입한 미화 30만 달러에 관하여

원심법원은, 원고가 ○○에서 ○○공사를 설립하기 위하여 납입한 미화 30만 달러는 위 회사는 2008. 12. 31. 기준으로 ○○화 38.28만 위안의 결손이 발생하였으며, 유동부채가 자산총액보다 큰 사실을 인정할 수 있으므로 위 회사의 납입자본금 또는 위 회사에 대한 원고의 지분을 이 사건 재산분할의 대상으로 삼아야 한다는 피고의 주장은 이유 없다고 판결했습니다.

그러나, 을제2, 15, 17, 30, 41호증의 각 기재에 의하면, 원고가 ○○에서 ○○공사를 설립한 당시부터 지금까지 위 회사의 법정대표자인 사장으로서 근무하며 매월 월급을

받았고, 위 회사에 대한 2008년도 정기검사결과 위 회사의 운영상태가 정상으로 판정된 사실, 원고가 이 사건 이혼소송을 진행하면서 위 회사의 자본금 및 영업이익을 빼돌려 대한민국에서 ㈜○○○을 설립하고 위 ㈜○○○의 대표이사도 역임하면서 ㈜○○○으로부터 매월 월급을 받은 사실에 비추어 보면, 위 회사의 자본금은 1심법원의 판결과 같이 원고의 적극재산에 포함됨이 마땅합니다.

나. 원고가 ○○공사 및 ㈜○○○으로부터 매월 급여 및 상여금을 받았다는 점에 관하여
   원심법원은, 원고가 ○○공사의 사장과 주식회사 ○○○의 대표이사로 근무하면서 매월 각 1,000만원 이상의 소득을 얻었다는 점에 대하여는 이를 인정하기에 부족하고, 설령 위와 같은 돈을 지급받았다고 하더라도 현재 그 돈을 보유하고 있음을 인정할 이유가 없다고 판결했습니다.
   그러나, 을제2, 15, 17호증의 각 기재에 의하면, 원고가 ○○에서 ○○공사를 설립한 당시부터 지금까지 위 회사의 법정대표자인 사장으로서 근무하며 매월 월급을 받았고, ㈜○○리조트의 사실조회회신에 의하여도 원고가 ㈜○○○의 주식 70,000주(주당 액면가액: 5,000원, 지분율 58.33%)를 소유하고 있어 ㈜○○○의 대주주인 점, 원고가 2009. 5. 3.경부터 2011. 3. 25.경까지도 위 ㈜○○○ 소유의 강원도 ○○ 콘도를 계속 사용하고 있는 점(을제39호증), 을제45호증에 의하면 원고는 2008. 1. 1.경부터 현재까지 ㈜○○무역으로부터 매월 1,000만원의 급여를 받았을 뿐만 아니라, ㈜○○○으로부터 매월 금 20,000,000원 이상의 급여를 받고 있음이 명백합니다. 따라서, 원고가 ○○공사 및 ㈜○○○으로부터 받은 급여 및 상여금은 원고의 적극재산에 포함되어야 합니다.

다. ○○성 15-1501, ○○성 1-801, ○○강남 18-501, ○○화원 29-2101 각 부동산에 관하여 원심법원은, ○○성 15-1501에 관하여는 박○○ 앞으로, ○○성 1-801과 ○○화원 29-2101에 관하여는 김○○ 앞으로, ○○강남 18-501에 관하여는 와○○ 앞으로 각 소유권이전등기가 경료되어 있는 사실은 원고도 인정하고 있으나, 위 부동산을 원고가 그 명의자에게 명의신탁하였다는 점에 대하여는 이를 인정할 증거가 없으므로, 피고의 주장은 이유 없다고 판결했습니다.
   그러나, ① 이미 원심법원에서 말씀드린 바와 같이 '○○성 15-1501'의 시가는 10억원이고, '○○성 1-801'의 시가는 14억 6,000만원이고, '○○화원 29-2101'의 시가는 9억 6,000만원입니다. 당시 원고의 친구 박○○은 ○○에서 한식당을 운영하다 경제적으로 파산상태에 이르러 위 부동산을 구입할만한 경제적인 자력이 없었고, 김○○ 또한 ○○에서 원고 회사의 직원으로 일하며 원고로부터 월급 200만원 정도를 받으면서 생활하였기에 위 부동산을 구입할만한 경제적인 능력이 전혀 없습니다.
   그리고, 원고가 위 부동산 전부를 친구 박○○ 및 김○○의 명의로 신탁하였다는 사실을 알 수 있는 또 다른 논거는 피고가 ○○ ○○법원에서 원고를 상대로 민사소송을 제기하면서 ○○내 원고 명의의 부동산 중 일부를 가압류하였는데, 그 당시 원고는 피고가 위 부동산 전부에 대하여도 가압류할 것을 두려워한 나머지 '○○성 1-801'에 대하여는

급히 2009. 12. 24.경 김○○ 명의에서 또 다른 제3자인 소외 황○○에게 명의를 이전하였습니다(을제37호증 부동산등기부등본 참조). 만일 실제 김○○ 소유였다면, 피고의 가압류에 응하여 급히 처분하지 않았을 것입니다. 따라서, 박○○ 및 김○○이 위 부동산을 구입하였다는 원고의 주장은 거짓입니다.

② ○○강남 18-501에 대하여는 피고가 2004.경 위 아파트를 직접 인테리어공사를 하였고, 원·피고가 위 아파트를 타인에게 월세를 주고 매월 그 임료를 받았는데, 위 부동산이 와○○의 소유였다면 피고가 위 부동산 인테리어를 할 필요도 없고 월세를 받을 필요도 없었습니다. 지금에 와서 원고는 위 아파트가 와○○의 소유라고 거짓 주장을 하고 있습니다. 이미 말씀드린 바와 같이, 원고는 ○○법상의 세금을 회피하고자 수시로 부동산 전부를 타인 명의(원고가 믿을만한 친동생, 와○○, 원고 회사의 직원 등)로 명의신탁한 점, 원고가 10년 넘게 와○○과 불법적인 금전거래뿐만 아니라 내연녀들과의 불륜관계를 가져온 점, 원고와 와○○이 공모하여 ○○ ○○법원의 화해결정서를 작출한 점, 피고가 위 부동산에 대하여도 인테리어를 하고 이를 제3자에게 임대하는 등 위 부동산을 관리한 점에 비추어 보면, 원고는 위 부동산도 와○○에 명의신탁하였다고 볼 여지가 충분하므로, 이 또한 원고의 적극재산에 포함시켜야 합니다.

라. ○○성 7-1606, 8-1506, 8-1501 각 부동산에 관하여

원심법원은, ○○ ○○ 소재 ○○성 7-1606, 8-1506, 8-1501 각 부동산 매각대금은 원피고가 함께 작성한 협의이혼 공정증서(갑제4호증)에도 위 각 부동산의 매각대금은 전혀 언급되지 않은 점 등에 비추어 보면, 위 각 부동산의 매각대금은 사업자금, 생활비, 사건본인들의 유학자금 등으로 모두 소비되었다고 봄이 상당하고, 이와 달리 위 각 부동산의 매각대금이 원고에게 현존하다고 볼 증거가 없으므로 피고의 위 주장도 이유 없다고 판결했습니다.

그러나, ① ○○성1기 8-1501에 관하여는 원고 또한 2004. 5. 24.경 위 부동산을 구입하였다고 인정하고 있고(갑제38호증 원고의 다이어리 내역서 참조), 피고 및 사건본인들이 ○○에 있는 동안 피고 모르게 원고 자신의 유흥비 등에 사용할 목적으로 2007. 6.경 위 부동산을 처분하였으므로, 위 처분대금은 원고의 적극재산에 포함되어야 합니다. ② ○○성 1기 8-1506에 관하여는 원고가 2004. 5. 24.경 위 부동산을 구입하였다고 인정하고 있고(갑제38호증 원고의 다이어리 내역서 참조), 피고 및 사건본인들이 ○○에 있는 동안 피고 모르게 원고 자신의 유흥비 등에 사용할 목적으로 2007. 6.경 위 부동산을 처분하였으므로, 위 처분대금은 원고의 적극재산에 포함되어야 합니다. ③ ○○성 1기 7-1606에 관하여는 원고가 2004. 6. 30.경 위 부동산을 구입하였다고 인정하고 있고(갑제38호증 원고의 다이어리 내역서 참조), 위 부동산 또한 피고 및 사건본인들이 ○○에 있는 동안 피고 모르게 원고 자신의 유흥비 등에 사용할 목적으로 2007. 9.경 위 부동산을 처분하였으므로, 위 처분대금은 원고의 적극재산에 포함되어야 합니다. 따라서, 원고는 피고와 함께 형성한 위 부동산 전부를 자신의 사업자금 또는 내연녀 정순방과의 유흥비로 처분하였기에, 위 부동산의 처분대금(8억 8,000만원)은 원고의 적극재산에 포함되어야 합니다.

마. ○○강남 35-402, ○○성 1-1901, 15-1901, ○○강남 35-302에 관하여
   원심법원은, 원고의 주장에 따라 ○○법에 의거 ○○강남 35-402에 관하여는 피고의
   지분이 1/2, 나머지 부동산에 대하여 피고의 지분이 각 1/4지분이라고 인정한 후 위
   각 지분권을 피고의 적극재산에 포함하였습니다. 그러나, 원심법원은 주장합니다.
   그러나, 원고의 주장대로 ○○ ○○법원이 원고와 와○○ 사이의 채권·채무 관계를
   모두 정리하여 갑제33호증의 화해결정을 하였다면, 도대체 ○○법원의 화해결정서에
   는 원고가 지금까지 한국법원에서 주장해왔던 위 부동산의 권리자 여부(소유자가 와○
   ○)를 전혀 포함하지 않았는지가 의문이고, ○○법원의 화해결정에 위 부동산의 권리자
   여부가 포함되지 않았다는 점은 와○○이 위 부동산 전부를 원고의 소유임을 인정하였
   기 때문입니다. 또한, 원고가 2005. 4. 25.경 와○○에 대하여 위 부동산 전부에 관한
   권리를 포기하였는데, 와○○은 원고의 권리포기일로부터 6년이 지난 지금까지도 위
   부동산에 대하여 어떠한 권리행사를 하지 않고 있다는 것입니다. 따라서, 원심법원이
   위각부동산에 관하여 피고의 지분권이 50%로 인정된다고 판결한 것은 부당합니다.
   그리고, ○○성 1-1901에 대하여는 원고가 위 부동산매매계약서에 원고 자신의 서명
   및 와○○의 서명을 모두 원고 자신이 단독으로 직접 기재하고 계약서를 작성하였고,
   원고는 자신의 부동산을 은닉하고자 와○○의 명의를 빌려 위 부동산을 구입하였기
   때문입니다(을제34호증 원고가 직접 서명한 ○○성 1-1901의 계약서 참조). 결국,
   원고는 ○○법상의 막대한 세금을 회피 내지 포탈하고자 모든 부동산을 자신의 명의로
   취득하기 보다는 자신이 믿을 만한 와○○에게 명의신탁하였다고 봄이 명백합니다.
   따라서, 위 부동산 전부는 원고의 적극재산에 포함되어야 합니다.

바. ○○성 15-1902, 15-1802에 관하여
   원심법원은, 피고의 동생인 유○○과 그의 처인 나○○ 소유로 된 부동산은 피고 역시
   ○○성 15-1902호 부동산이 원피고의 공동재산임을 인정하는 취지에서 협의이혼 공
   징증서를 작성한 점, 유○○은 피고의 동생으로서 원고 소유의 련양련화 21-2102호에
   대하여도 그 명의를 빌려준 적이 있는 점, ○○ ○○은행에 대한 대출원리금 실제 납입
   한 자는 정평인데, 정○○ 원고의 운전기사였던 점 등에 비추어 보면, 위 각 부동산은
   피고가 유○○, 나○○에게 명의신탁한 것이라고 보기에 충분하고, 피고의 위 주장은
   이유 없다고 판결했습니다.
   그러나, ① ○○성 15-1902에 대하여는 피고가 1심 및 2심에서 주장한 바와 같이
   위 부동산은 피고의 친동생 유○○의 소유이고, 소외 와○○가피고 및 동생 유○○을
   찾아와 자신의 일본직원들이 위 부동산에 월세를 살도록 부탁하였고, 소외 유○○은
   와○○의 직원들에게 월세를 주었으나, 위 일본직원들이 2007. 초순경부터 임차료를
   지급하지 않을 뿐만 아니라 가스비 등 공과금(1년치 한화 200만원 상당)을 미납하고
   있어, ○○ 정부가 소외 유○○에게 공과금 납부하였습니다. 또한, 소외 유○○은
   2005. 3.부터 위 부동산 매도시점인 2008.말경까지 ○○ ○○ 소재 '○○은행'에게
   매월 대출원리금(원금+이자) 9,800위안을 갚았습니다(을제44호증). 따라서, 위 부동

산은 피고의 적극재산에 포함시켜서는 안됩니다.

② '○○성 15-1802'에 관하여는 유○○의 아내 나○○이 소유하며 지금까지 관리하고 있고, 나○○은 위 부동산을 구입할 경제적인 능력이 충분한데다 위 부동산의 대출원리금도 직접 납부했습니다(을제43호증). 따라서, 원심법원의 판단은 위법합니다.

사. 원고의 와○○에 대한 부채430FRMB(한화 약542,000,000원)에 관하여
　　원심법원은, 원피고가 협의이혼 공정증서 작성 당시 원고의 와○○에대한 부채 430FRMB(한화 약542,000,000원)를 재산분할 대상에 포함시킨 사실이 인정된다며 위 부채를 원고의 소극재산에 포함시킨다고 판결했습니다.
　　그러나, 원고는 1심부터 지금까지 수시로 소외 와○○에 대한 채무를 부풀렸을 뿐만 아니라, 와○○의 재산 중 일부는 원고의 재산이고 원고가 와○○ 명의 재산을 처분하여 생활비로 지출하였다고 하는 등 앞뒤가 모순되는 거짓말을 자주 하였습니다. 또한, 원고와 와○○은 서로의 이익을 위하여 10년 넘게 이해관계를 가져왔고 서로의 이익을 위해서는 ○○ ○○법원의 화해결정(갑제33호증)을 받을 정도로 긴밀한 관계에 있습니다. 따라서, 원심법원이 인정한 와○○에 대한 원고의 채무 또한 원고와 와○○ 사이에 꾸며진 것으로 그 신빙성이 없습니다. 따라서, 원고의 와○○에 대한 채무를 원고의 소극재산에 포함시켜서는 안 됩니다.

아. 과거양육비에 관하여
　　원심법원은, 피고의 과거양육비 청구에 대하여는 원고가 ○○ 소재 부동산을 처분하여 피고와 사건본인들의 ○○ 교육비 및 체제비 등으로 사용하도록 하였고, 그 밖에도 제1심 이혼소송 도중 사건본인들의 유학자금 명목으로 앞서 본 바와 같이 비정기적으로 ○○에 돈을 송금한 사정 등을 감안하여 제1심 변론종결일인 2010. 6. 9.가지의 과거양육비 청구는 이를 받아들이지 아니한다고 판결했습니다.
　　그러나, 피고가 이 사건 반소청구를 구한 2009. 7. 18.경부터 지금까지 원고는 사건본인들에 대한 양육비를 전혀 지급하지 않았을 뿐만 아니라, 현재도 사건본인들의 양육에 필요로 하는 서류도 제대로 교부해주지 않고 있습니다. 가사 원심법원의 판단처럼 원고가 일부 양육비를 지급하였다고 하더라도, 원고는 2007. 8.경부터 지금까지 사건본인들의 양육비 매월 미화 12,000달러 및 추가비용을 지급한다는 합의이혼서의 약속을 제대로 이행하지 않았고, 피고는 낯선 땅 ○○에서 실제로 피고를 비롯한 사건본인 1인당 1년 생활비(수업료 및 각종 프로그램 참가비용 포함)가 미화 80,000달러 이상 지출했습니다. 따라서, 최소한 1심법원이 판단한 과거양육비는 그대로 인정되어야 합니다.

자. 소결론
　　이상과 같이, 원심판결에는 이 사건에 ○○법의 원리를 그대로 적용하여 원고의 적극재산(○○강남 35-402, ○○성 1-1901, 15-1901, ○○강남 35-302) 중 그 1/2인 50%를 피고의 적극재산에 포함시킨 법리 오해의 위법성이 있습니다.

더욱이, 원심판결에는 피고의 적극재산이 금 2,871,243,379원에 이른다고 하면서도 판결이유에서 피고의 적극재산에 포함시킨 일부 재산에 대하여는 구체적인 이유를 밝히지 않은 위법함 존재합니다.

또한, 원심판결은 과거 10년 이상 이어져온 원고와 와○○ 사이의 이해관계를 전혀 고려하지 않은 채, 와○○에 대한 원고의 부채430FRMB(한화 약542,000,000원)가 인정된다고 잘못 판단한 점이 있습니다.

3. 원고는 1심판결 이후부터 지금까지 계속 사건본인의 양육비를 전혀 지급하지 않고 있고, 사건본인을 양육하는데 필요한 서류(학교 입학 및 전학 등)를 전혀 주지 않고 있습니다. 원고는 2심법원에서도 사건본인의 양육비를 지급하겠다고 거짓말만 하며 지금까지 단 한번도 양육비를 지급하지 않았습니다. 또한 원고는 사건본인의학교 입학 및 전학에 필요한 친권자(원고)의 서류조차 제대로 주지 않고 있고 있습니다. 이처럼 원고는 정말 돈 외에는 사건본인들에게 아무런 관심도 사랑도 없는 파렴치한 사람입니다.

4. 결 론

따라서, 원고의 본소청구를 모두 기각하고, 피고의 반소청구를 모두 인용함이 마땅합니다.

2011. 12.   .
위 피고의 소송대리인   법무법인 ○ ○
담당변호사   정 ○ ○

대법원 특별○부   귀중

■ 작성·접수방법

1. 상고이유서는 상대방 당사자수에 6을 더한 수의 부본을 첨부하여 대법원에 제출한다. 따라서 상대방이 1인인 경우 합계 7부가 필요하다.
2. 상고장에 상고의 이유서를 적지 아니한 때에는 상고인은 소송기록접수의 통지를 받은 날부터 20일 이내에 상고이유서를 제출하여야 하고 위 기간내에 상고이유서를 제출하지 아니한 때에는 변론 없이 판결로 상고를 기각하므로 주의하여야 한다.
3. 상고이유서를 제출할 때 인지나 송달료등 별도의 비용을 첨부하지 않는다.
4. 상고이유서가 제출되면 법원은 지체없이 그 부본을 상대방에게 송달하며 부본을 송달받은 피상고인은 10일 이내에 답변서를 제출한다.

4. 상고심의 심리

(1) 심리절차

① 상고장이 제출되어 상고심이 소송기록을 송부 받으면 ② 소송기록접수통지를 하고 ③ 상고법원은 상고이유서를 송달하여야 하고 ④ 송달받은 피상고인은 10일 이내에 답변서를 제출할 수 있으며 답변서가 제출되면 사무관은 그 부본을 상고인에게 송달하여야 한다. ⑤ 상고인이 상고장에 상고이유를 기재하지 아니하고 또 상고기록 접수통지서의 송달을 받은 날부터 20일 이내에 상고이유서를 제출하지 않은 때에는 변론 없이 판결로 상고를 기각한다. 이 경우 판결이유를 기재하지 아니할 수 있고 그 판결은 선고를 요하지 아니하며 상고인에게 송달됨으로써 그 효력이 생긴다.

(2) 심리의 방식

상고심은 직권조사사항을 제외하고 상고이유에 따라 불복신청의 한도 안에서 심리한다(법 431조). 상고법원은 상고이유가 적법하다고 인정되더라도 상고장·상고이유서·답변서, 그 밖의 소송기록에 의하여 변론 없이 판결할 수 있다(법 430조 1항). 법률심인 상고심에서는 서면심리만으로 충분하기 때문에 특칙을 둔 것이다. 다만 상고법원은 소송관계를 분명하게 하기 위하여 필요한 경우에는 특정한 사항에 관하여 변론을 열어 참고인의 진술을 들을 수 있다(법 430조 2항).

5. 상고심의 재판

(1) 상고 각하 및 기각 판결

상고요건이 흠결되어 상고가 부적법하면 판결로 상고를 각하하고, 본안을 심리한 결과 상고이유가 없다고 인정하면 판결로 상고를 기각한다. 원심판결의 판단이유와 상고심의 판단이유가 일치하지 않더라도 결과에 있어 원심판결이 정당하다고 인정하면 상고를 기각한다.

(2) 상고인용판결(원판결의 파기)

1) 환송 또는 이송판결

가. 원칙

상고법원은 상고에 정당한 이유가 있다고 인정할 때에는 원심판결을 파기하는데 이 경우에 새롭게 사실과 증거를 조사할 필요가 있기 때문에 자판하지 않고 사건을 원심법원에 환송하거나, 동등한 다른 법원에 이송함이 원칙이다(법 436조). 이러한 점이 항소인용 시 자판함이 원칙인 항소심과 비교된다. 비약적 상고인 경우에는 제1심 법원에 환송한다. 이송판결은 원심법원이 제척 등의 사유로 환송심 법원을 구성할 수 없을 때 동등한 다른 법원으로 보내는 것이다.

나. 환송 후 심리절차

① 사건을 환송받거나 이송 받은 법원은 다시 변론을 거쳐 재판하여야 한다(법 436조 2
항). 환송 전 원심판결에 관하여 판사는 환송 후의 재판에 관여하지 못하므로(법 436조
3항) 변론의 갱신절차를 밟아야 한다. 즉 법관이 바뀐 경우에 당사자는 종전의 변론결
과를 진술하여야 하고(법 204조 2항), 이렇게 변론의 갱신절차를 밟은 경우에만 환송
전 소송자료가 환송 후 재판의 소송자료가 될 수 있다.

② 환송받은 항소심의 변론은 실질적으로 종전 변론의 재개속행에 지나지 않으며 환송 전
판결에 대하여 불복한 범위 내에서만 심리 재판하는 것은 아니다(대판 1969. 12. 23.
67다1644). 따라서 당해 심급에 허용되는 모든 행위 예를 들어 새로운 공격방어 방법
의 제출, 소의 변경, 반소 등을 할 수 있으며(대판 1984. 3. 27. 83다카1135), 그 결
과 환송 전 원심판결보다 환송 후 판결주문이 더 불리하게 되는 것도 가능하다(즉 불이
익변경금지원칙이 적용되지 않는다).

③ 그러나 상고심으로부터 사건의 환송을 받은 원심법원의 심판 범위는 환송 받은 부분에
국한된다(대판 1970. 2. 24. 69누59). 즉 상고심에서 상고기각된 부분, 파기 자판한
부분, 상고로 불복하지 않은 부분은 심판하지 못한다.

다. 환송판결의 기판력

상고법원이 파기의 이유로 삼은 사실상 법률상 판단에 기속된다(법 436조 2항).

2) 자판

상고법원은 원심판결이 부당하다고 인정한 때에는 이를 파기하여야 하나 상고심은 법률심
이고 사실심이 아니므로 다시 심리를 한 다음에 판결을 하도록 사건을 원심법원에 환송하
는 것이 원칙이지만 다음과 같이 ① 확정된 사실에 대하여 법령 적용이 어긋난다 하여 판
결을 파기하는 경우에 사건이 그 사실을 바탕으로 재판하기 충분한 때니 ② 사건이 법원의
권한에 속하지 아니한다 하여 판결을 파기한 때에 해당하면 상고법원은 사건에 대하여 종
국판결을 하여야 한다(법 437조). 그런데 자판할 수 있어도 환송하는 경우가 많아 실제로
자판율은 매우 낮은 편이다.

6. 환송판결의 기속력

(1) 의 의

환송받은 법원이 다시 변론에 의하여 재판할 경우 상고법원이 파기 이유로 한 사실상 및 법률상 판단에 기속받는 것을 말한다(법 436조 2항).

(2) 기속력의 성질

1) 학 설

중간판결설은 환송받은 하급심의 이후의 절차는 상급심절차의 계속이므로 환송판결은 중간 판결이고 그 중간판결의 기속력으로 하급심이 구속된다고 한다. 기판력설은 파기판결이 선고되면 원판결의 위법, 부당의 점에 관하여 기판력이 생기고 하급심을 구속한다고 한다. 특수효력설은 심급제도유지를 위해 상급심의 판결이 하급심을 구속하는 특수한 효력이라고 한다.

2) 판 례

대법원의 환송판결과 제2심의 환송판결에 대해 중간판결이라는 입장을 폐기하고 종국판결 설을 채택하였는 바(대판 1995. 2. 14. 93재다27), 그 논거로는 당해 사건에 대하여 재판 을 마치고 그 심급을 이탈시키는 판결인 점을 들었다. 또 환송판결에는 하급심에 대한 특 수한 효력은 인정되지만 기판력, 형성력, 집행력이 생기지 아니한다고 하면서 재심의 대상 이 되지도 않는다고 하여 특수효력설의 입장이다.

(3) 기속력의 내용

1) 파기이유로 삼은 판단(객관적 범위)

파기이유로 한 판단에 대해서만 기속력이 있다(법 436조 2항). 명시적으로 파기 이유로 한 부분과 논리적, 필연적 관계가 있어서 상고법원이 파기이유의 전제로서 당연히 판단하였다 고 볼 수 있는 법률상의 판단도 포함된다(대판 1991. 10. 25. 90누7980). 환송받은 법원 은 파기 이유로 삼은 잘못된 견해만 피하면 다른 가능한 견해에 의하여 동일한 결론을 내 려도 기속력에 반하는 것이 아니다(대판 1990. 5. 8. 88다카5560).

2) 기속력의 주관적 범위(기속을 받는 법원)

기속력은 당해사건에 한하여 적용되고 다른 사건에는 미치지 않으므로 다른 사건에서는 달 리 판결해도 기속력에는 반하지 않는다. 당해 사건에 관한 한 환송받은 법원과 그 하급심 은 물론 다시 상고를 받은 상고법원도 파기이유로 한 판단에 기속된다(대판 1981. 2. 24.

80다2029). 그러나 재상고사건을 심판하여 종전의 환송판결의 법률상 판단을 변경하려는 전원합의체에 대하여는 환송판결의 기속력이 미지지 않는다(대판 2001. 3. 15. 98두 15597).

(4) 기속력의 소멸

그러나 상고심의 파기이유가 된 판단의 기속력이 소멸되는 경우가 있다. ① 환송 후 상고심의 판례의 변경이 있는 경우 ② 상고법원으로부터 사건을 환송받아 심리하는 과정에서 당사자의 주장입증이 새로이 제출되거나 또는 보강되어 상고법원의 기속적 판단의 기초가 된 사실관계에 변동이 생긴 경우(대판 1989. 6. 27. 87다카 2542) ③ 환송 후 법령의 변경이 있는 경우에는 기속력이 소멸한다.

(5) 기속력 위반의 효과

하급심법원이 기속력을 무시하고 판결하면 그 판결은 법령위반으로 항소, 상고이유가 된다.

7. 부대상고

부대항소에 관한 규정도 상고심에 준용되므로(법 425조) 피상고인은 상고권이 소멸 된 후에도 부대상고를 할 수 있고 부대상고의 방식이나 상고에 대한 종속성도 부대항소의 경우와 같다. 다만 상고심은 법률심이어서 그 절차상 소의 변경이나 반소가 허용되지 아니하므로 부대항소와 달리 전부승소자는 부대상고를 할 수 없다. 또한 사실심의 변론종결일에 대응하는 시점이 상고심에서는 상고이유서 제출기간의 말일이므로 부대상고를 하려는 피상고인은 상고이유서 제출기간 내에 부대상고를 제기하고 부대상고이유서를 제출하여야 한다(대결 2002. 12. 10. 2002다52657).

제9장
이혼판결 후 강제집행절차

제9장 이혼판결 후 강제집행절차

1. 소송비용의 범위

(1) 재판비용

재판비용이란 당사자 등이 소송 기타 절차를 수행하기 위하여 법원에 납부하는 비용으로서 크게 나누어 인지액 및 민사예납금(송달·증거조사 등 개개의 절차행위를 행함에 소요되는 비용으로서 법원에 납부하여야 하는 비용)으로 분류된다. 재판비용은 그 비용을 요하는 행위를 구한 사람 또는 그 행위에 의해 이익을 받는 당사자가 법원에 일응 출현하지만(인지 첩부 또는 예납) 종국적으로는 비용부담의 재판을 받은 사람으로부터 상환 받는다.

(2) 당사자 비용

당사자비용이란 당사자가 소송수행을 위하여 법원에 납부하는 것이 아니라 직접 제3자에게 지출한 비용을 의미하며 재판 외의 비용이라고도 한다. 예를 들면 법원에 제출하는 서류나 도면을 작성하기 위하여 소요된 서기료 및 그 제출비용, 당사자 또는 대리인이 기일에 출석하기 위하여 지출한 비용(여비, 수당, 숙박료)과 변호사비용이 이에 해당한다. 당사자가 소송수행을 위해서 지출하는 구체적인 비용의 항목이나 그 액수는 경우에 따라 달라질 수 있는데 민사소송비용법과 민사소송비용규칙은 소송비용으로 상환 받을 수 있는 당사자 비용의 항목과 액수를 구체적으로 정하고 있다. 이 비용은 법원의 관여 없이 지출되는 것이므로 법원에 소송비용액 확정결정신청을 하는 때에 그 비용의 지출에 관한 증빙자료를 제출하여야만 이를 상환 받을 수 있다. 법무사에게 지급한 서기료, 대행수수료는 대한법무사협회의 회칙이 정하는 법무사의보수에관한규정에 정한 금액으로 한다.

구　　분	기본보수	가　산　액	
1. 소장, 준비서면, 답변서, 증거신청, 화해신청, 항소·상고이유서, 가압류·가처분신청서, 집행신청서	난이도에 따라 30만 원까지	1천만원 초과~5천만원	1천만원 초과액×0.0009
		5천만원 초과~2억원	36,000원+ 5천만원 초과액×0.0008
		2억원 초과~5억원	156,000원+ 2억원 초과액×0.0007
		5억원 초과~10억원	366,000원+ 5억원 초과액×0.0006
		10억원 초과~20억원	666,000원+ 10억원 초과액×0.0002
		20억원 초과	866,000원+ 20억원 초과액×0.0001
2. 항소장·상고장, 지급명령신청서, 조정신청서, 공시최고신청서	난이도에 따라 10만 원까지	1천만원 초과~5천만원	1천만원 초과액×0.0007
		5천만원 초과~2억원	28,000원+ 5천만원 초과액×0.0006
		2억원 초과~5억원	120,800원+ 2억원 초과액×0.0005
		5억원 초과~10억원	268,000원+ 5억원 초과액×0.0004
		10억원 초과	468,000원+ 10억원 초과액×0.0001

주) 법무사보수는 기본보수에 가산액을 합하여 산정한다.

(3) 변호사의 보수

1) 소송비용산입제

소송을 대리한 변호사에게 당사자가 지급하였거나 지급할 보수는 대법원규칙이 정하는 금액의 범위 안에서 소송비용으로 인정된다(법 109조 1항). 당사자가 임의로 변호사를 소송대리인으로 선임한 경우뿐 아니라 법원이 선임을 명한 경우에도 모두 소송비용으로 인정된다.

2) 소송비용산입방법

① 소송비용에 산입할 변호사의 보수는 변호사에게 지급한 보수전액이 아니라 소송비용에 산입되는 변호사의 보수는 당사자가 보수계약에 의하여 지급한 또는 지급할 보수액의 범위 내에서 각 심급단위로 소송목적의 값에 따라 별표의 기준에 의하여 산정된다(변호

사보수의 소송비용산입에 관한 규칙 제3조).

② 여러 변호사가 소송을 대리하였더라도 한 변호사가 대리한 것으로 본다(법 109조 2항). 한편 공동으로 변호사를 선임한 여러 사람의 당사자 중 한 사람이 변호사보수를 전액 지급하였다면 동 규칙에서 정한 기준에 의하여 계산한 범위 내에서 그 전액이 소송비용에 산입되는 것이지 이를 균분할 것은 아니다(대결 1992. 12. 28. 92두62). 반면에 여러 사람의 공동소송인이 공동으로 변호사를 선임하여 소송을 수행하게 한 경우에 변호사보수를 산정함에 있어서는 특별한 사정이 없는 한 동일한 변호사를 선임한 공동소송인들의 각 소송목적의 값을 모두 합산한 총액을 기준으로 변호사 보수를 계산한다(대결 2000. 11. 30. 2000마5563).

③ 피고의 전부 자백 또는 자백간주에 의한 판결이나 무변론 판결의 경우 소송비용에 산입할 변호사의 보수는 산정기준에 따라 산정한 금액의 1/2로 한다(동규칙 5조).

변호사보수(변호사보수의 소송비용 산입에 관한 규칙, 2018. 4. 1. 시행)

소송목적의 값	소송비용에 산입되는 비율
2,000만원까지 부분	10%
2,000만원을 초과하여 5,000만원까지 부분 [200만원+(소송목적의 값-2,000만원) × $\frac{8}{100}$]	8%
5,000만원을 초과하여 1억원까지 부분 [440만원+(소송목적의 값-5,000만원) × $\frac{6}{100}$]	6%
1억원을 초과하여 1억5천만원까지 부분 [740만원+(소송목적의 값-1억원) × $\frac{4}{100}$]	4%
1억5천만원을 초과하여 2억원까지 부분 [940만원+(소송목적의 값-1억5천만원) × $\frac{2}{100}$]	2%
2억원을 초과하여 5억원까지 부분 [1,040만원+(소송목적의 값-2억원) × $\frac{1}{100}$]	1%
5억원을 초과하는 부분 [1,340만원+(소송목적의 값-5억원) × $\frac{0.5}{100}$]	0.5%

2. 소송비용의 부담

(1) 패소자부담원칙

소송비용은 패소한 당사자가 부담한다(법 98조). 패소이유, 패소자의 고의, 과실을 묻지 않는 일종의 결과 책임이다. 주문에 소송비용은 피고가 부담한다라는 식으로 기재한다(원고가 승소한 경우).

(2) 구체적 내용

1) 일부패소의 경우

일부 패소한 경우 소송비용은 각 당사자가 분담하는 것이 원칙이고 분담 방법은 보통 부대 청구를 제외한 청구액과 인용액의 비율에 따라 부담시키지만, 소송 전 과정을 통한 당사자의 소송활동을 참작하여 법원이 재량으로 적정하게 정하고 있다(법 101조). 따라서 반드시 청구액과 인용액의 비율에 따라 정하여야 하는 것은 아니다(대판 2000. 1. 18. 98다 18506). 주문은 '소송비용 중 1/3은 원고가, 나머지는 피고가 부담한다'라는 식으로 한다. 다만 사정에 따라 한 쪽 당사자에게 전부를 부담하게 할 수 있는데(법 101조) 예를 들면 일방의 패소부분이 극히 근소한 경우가 이에 해당한다.

2) 공동소송의 경우

공동소송인은 소송비용을 균등하게 부담한다. 다만 법원은 사정에 따라 공동소송인에게 소송비용을 연대하여 부담하게 하거나 다른 방법으로 부담하게 할 수 있다(법 102조 1항). 예를 들면 필수적 공동소송에서 항소하지 않은 당사자에게는 비용을 부담시킬 것이 아니고 실제 항소한 자에게만 비용을 부담시키는 것이 타당하다.

3) 독립당사자참가의 경우

승패에 따라 소송비용을 부담한다. 따라서 주문은 원고승소, 참가인 패소의 경우라면 '소송비용 중 본소로 인한 부분은 피고가 부담하고, 참가로 인한 부분은 독립당사자 참가인이 부담한다'라는 식으로 한다.

(3) 예 외

법원은 사정에 따라 승소한 당사자로 하여금 다음과 같이 발생한 소송비용의 전부나 일부를 전담하게 할 수 있다. 법원은 사정에 따라 승소한 당사자로 하여금 그 권리를 늘리거나 지키는 데 필요하지 아니한 행위로 말미암은 소송비용 또는 상대방의 권리를 늘리거나 지키는 데 필요한 행위로 말미암은 소송비용의 전부나 일부를 부담하게 할 수 있다(법 99

조). 당사자가 적당한 시기에 공격이나 방어의 방법을 제출하지 아니하였거나, 기일이나 기간의 준수를 게을리 하였거나, 그 밖에 당사자가 책임져야 할 사유로 소송이 지연된 때에는 법원은 지연됨으로 말미암은 소송비용의 전부나 일부를 승소한 당사자에게 부담하게 할 수 있다(법 100조).

(4) 제3자에게 소송비용의 상환을 명하는 경우

1) 대리인의 고의, 중과실이 있는 경우

법정대리인·소송대리인·법원사무관등이나 집행관이 고의 또는 중대한 과실로 쓸데없는 비용을 지급하게 한 경우에는 수소법원은 직권으로 또는 당사자의 신청에 따라 그에게 비용을 갚도록 명할 수 있다(법 107조 1항).

2) 무권대리인의 경우

법정대리인 또는 소송대리인으로서 소송행위를 한 사람이 그 대리권 또는 소송행위에 필요한 권한을 받았음을 증명하지 못하거나, 추인을 받지 못한 경우에 그 소송행위로 말미암아 발생한 소송비용에 대하여는 제1항의 규정을 준용한다(법 107조 2항).즉 소송비용은 그 소송행위를 한 대리인이 부담한다(법 108조). 다만 소외인이 원고로 행사하고 원고의 이름으로 소송대리인을 선임한 것이 판명되어 소송대리권 없음을 이유로 소를 각하하는 경우에 소송대리인이 그 수임에 중대한 과실이 없으면 소송대리인에게 소제기를 위임한 자에게 소송비용을 부담시키는 것이 옳다(대판 1997. 7. 25. 96다39031).

3. 소송비용의 부담의 재판

(1) 소송비용불가분원칙

법원은 사건을 완결하는 재판에서 직권으로 그 심급의 소송비용 전부에 대하여 재판하여야 한다(법 104조). 소송비용재판은 직권으로 하므로 당사자에게 신청권이 없고 신청은 직권발동을 촉구하는 의미밖에 없다. 심급의 소송비용 전부에 대하여 함이 원칙이다(소송비용불가분원칙). 다만 사정에 따라 사건의 일부나 중간의 다툼에 관한 재판에서 그 비용에 대한 재판을 할 수 있다(법 104조).

(2) 상소심의 경우

상급법원이 상소를 각하하거나 기각하는 경우에는 그 심급에서 생긴 소송비용만을 재판한다. 상급법원이 본안의 재판을 바꾸는 경우 또는 사건을 환송하거나 이송 받은 법원이 그 사건을 완결하는 재판을 하는 경우에는 소송의 총비용에 대하여 재판하여야 한다(법 105조).

4. 소송비용액 확정절차

(1) 의 의

실무상 소송비용 부담의 재판은 이를 부담할 당사자 및 그 부담의 비율만을 정할 뿐 구체적인 비용액까지 확정하는 예는 거의 없다. 소송비용액 확정결정은 이와 같이 소송비용 부담의 재판에 의하여 정하여진 소송비용액 상환청구권의 액수를 구체적으로 확정하여 강제집행이 가능하도록 하는 절차이다.

(2) 신 청

소송비용의 부담을 정하는 재판에서 그 액수가 정하여지지 아니한 경우에 제1심 법원은 그 재판이 확정되거나 소송비용부담의 재판이 집행력을 갖게된 후에 당사자의 신청을 받아 결정으로 그 소송비용액을 확정한다(법 110조 1항). 2002년 개정법은 소송비용부담의 재판이 집행력을 갖게 된 후 즉 소송비용에 대하여 가집행선고된 경우에도 확정신청을 할 수 있도록 하였다.

(3) 상대방의 의견서 제출

법원은 소송비용액을 결정하기 전에 상대방에 대하여 비용계산서 등본을 교부하고 이에 대한 진술을 할 것과 일정한 기간 내에 비용계산서와 비용액이 소명에 필요한 서면을 제출할 것을 최고한다(법 111조). 이러한 의견서의 제시는 비용에 대한 적절성을 확보하기 위한 기회를 주는 것이지만 비용액 결정은 법원의 재량으로 결정된다. 따라서 소송비용액 확정결정신청서를 송달받은 당사자(예, 패소한 당사자)가 이에 대하여 이의가 있는 경우에는 '소송비용계산에 대한 진술서'나 '의견서'를 제출함으로써 다투어야 할 것이다.

(4) 결 정

소송비용확정 신청이 있는 때에는 법원은 법원사무관등에게 소송비용액을 계산하게 하여야 한다(법 115조). 소송이 재판에 의하지 않고 취하, 포기, 인낙 등에 의하여 종료된 경우에 법원은 당사자의 신청에 따라 결정으로 소송비용의 액수를 정하고 이를 부담하도록 명하여야 한다. 다만 재판상의 화해의 경우 화해에서 비용부담의 약정까지 하는 경우가 대부분이고 그 약정이 없으면 화해비용과 소송비용은 당사자들이 각자 부담한다(법 106조) 따라서 소송비용확정절차가 필요 없다.

신청인대리인

137-883

수원지방법원 안양지원

결 정

사 건   2013카확3   소송비용액확정

신 청 인   1. 김   (580215-117)
             안양시 동안구   7-1   진흥아파트 나동 603호
           2. 정   (661005-1149)
             군포시 산본동 1   아파트 858동 1204호
           신청인들의 소송대리인 법무법인 원일 담당변호사 주

피신청인   한일 주식회사
           경기 군포시   (당동)
           대표이사 윤

주   문

위 당사자 사이의 이 법원 2012가합64   (서울고등법원 2013나39) 청구이의 사건 판결
에 의하여 피신청인이 신청인들에게 상환하여야 할 소송비용액은 피신청인 1. 김
8,007,300원, 2. 정   4,200,000원 임을 각 확정한다.

이   유

주문기재의 위 사건에 관하여 신청인들이 그 소송비용액의 확정을 구하여온 바, 피신청인이
부담하여야 할 소송비용액은 별지 계산서와 같이 피신청인 1. 김   8,007,300원, 2. 정
    4,200,000원 임이 인정되므로 민사소송법 제110조 제1항, 제112조를 적용하여 주문과 같
이 결정한다.

2014. 2. 14.

사 법 보 좌 관   안

※ 결정에 대하여 불복이 있는 때에는 이 정본을 송달받은 날(발송송달의 경우에는 발송한
날)부터 7일 이내에 항고장을 이 법원에 제출하여야 합니다.

(4) 즉시항고

법원으로부터 소송비용액확정결정을 송달받은 상대방은 7일 이내에 즉시항고 할 수 있으며[66] 만약 7일 이내에 즉시항고를 하지 않으면 사건은 확정된다.

(5) 집행

위와 같이 확정된 후에는 결정문은 집행권원이 되므로 집행문 부여 및 송달·확정증명을 받아 상대방을 상대로 집행을 할 수 있다.

5. 소송비용의 담보

원고가 대한민국에 주소, 사무소와 영업소를 두지 아니한 때 또는 소장, 준비서면 그 밖의 소송기록에 의하여 청구가 이유 없음이 명백한 때 등 소송비용에 대한 담보제공이 필요하다고 판단되는 경우에 피고의 신청이 있으면 법원은 원고에게 소송비용에 대한 담보를 제공하도록 명하여야 한다. 담보가 부족한 경우에도 또한 같다(법 117조 1항). 위와 같은 경우에 법원은 직권으로 원고에게 소송비용에 대한 담보를 제공하도록 명할 수 있다. 담보를 제공할 사유가 있다는 것을 알고도 피고가 본안에 관하여 변론하거나 변론준비기일에서 진술한 경우에는 담보제공을 신청하지 못한다(법 118조). 담보제공을 신청한 피고는 원고가 담보를 제공할 때까지 소송에 응하지 아니할 수 있다(법 119조).

[신청취지 기재례]

> 피신청인은 서울가정법원 2011. 2. 22. 선고 2016느단00 위자료 청구사건의 판결에 의하여 신청인에게 상환하여야 할 소송비용액은 금6,520,600원임을 확정한다.

---

[66] 항고장에는 인지 2,000원과 송달료 5회분을 납부하고 상대방수에 해당하는 부본을 제출한다.

소송비용액확정결정신청서

신 청 인(원 고) 정 ○ ○(76○○○○-123○○○○)
　　　　　　　　서울시 ○○구 ○○동 ○○

피신청인(피 고) 박 ○ ○(75○○○○-123○○○○)
　　　　　　　　서울시 ○○ ○○동 12-971

신 청 취 지

피신청인은 서울가정법원 2011. 2. 22. 선고 2010느단 1234위자료 청구사건의 판결에 의하여 신청인에게 상환하여야 할 소송비용액은 금6,520,600원임을 확정한다.

신 청 이 유

위 당사자간 서울가정법원 2010느단 1234 위자료 청구사건에 관하여 2011. 2. 22. 신청인의 승소판결이 있었고, 이에 피신청인이 항소를 제기하였으나 2011. 9. 23. 항소가 기각되어 2011. 10. 15. 위 판결은 확정되었던바, 피신청인이 부담하여야 할 소송비용액의 확정을 신청하오니 결정하여 주시기 바랍니다.

첨 부 서 류

1. 비용계산서	1통
1. 영수증 사본	3통
1. 판결문	3통
1. 확정증명원	3통

2011.　11.　　.
위 신청인　정 ○ ○　(인)

서울가정법원　귀중

소송비용계산서

1. 제1심　　　：　　금3,420,600원
   인지대　　　　　금230,000원
   송달료　　　　　금90,600원

   변호사 보수　　금3,100,000원[210만원+(5,000만원-3,000만원)× $\frac{5}{100}$]

2. 제2심　　　：　　금3,100,000원

   변호사 보수　　금3,100,000원[210만원+(5,000만원-3,000만원)× $\frac{5}{100}$]

3. 합계　　　：　　금6,520,600원

　　　　　　　　　　　　　　　　　　　－　이 상　－

■ 작성 · 접수방법

1. 실무상 소송비용 부담의 재판은 이를 부담할 당사자 및 그 부담의 비율만을 정할 뿐 구체적인 비용액까지 확정하는 예는 거의 없다. 따라서 사건이 확정된 이후에 소송비용확정결정신청서 1부를 작성하여 제1심 법원에 제출한다.
2. 신청서에는 소명자료로 판결문, 확정증명원을 첨부해야 하고, 비용계산서는 별지로 2~3부를 제출한다.
3. 인지는 1,000원과 송달료 2회분 20,800원(=2회분×5,200×당사자2명)을 납부한다.

소송비용계산서등본에 대한 진술서

신 청 인(원 고) 정 ○ ○(76○○○○-123○○○○)
　　　　　　　　　서울시 ○○구 ○○동 ○○

피신청인(피 고) 박 ○ ○(75○○○○-123○○○○)
　　　　　　　　　서울시 ○○ ○○동 12-971

위 당사자간 귀원 20○○카기 1234 소송비용액확정결정 신청사건에 관하여 피신청인(피고)
은 다음과 같이 소송비용계산서 등본에 대하여 진술을 합니다.

다　　음

1. 소송비용계산서 등본에 대한 의견 진술

금 5,000,000원	변호사보수	부인합니다 (변호사보수의소송비용산입에관한규칙 3조에 의한 금액의 범위 내에서만 인정합니다)
금　 500,000원	인지대	인정합니다.
금　 150,000원	신체감정비	인정합니다.
금　　94,000원	송달료	인정합니다.

2. 피고의 소송비용계산서
   1) 금 1,500,000원(변호사선임비)
   2) 금 35,000원(증인여비)

   이상과 같이 소송비용계산서에 대한 의견진술과 피고의 소송비용계산서 및 소명자료
   를 제출합니다.

첨 부 서 류

1. 소송비용계산서 등본   1통
1. 영수증 사본   3통

                    20ㅇㅇ.   ㅇ.   .
                    위 피신청인(피고) 정 ㅇ ㅇ (인)

서울가정법원 귀중

[서식] 소송비용액확정결정신청에 대한 의견서

소송비용액확정결정신청에 대한 의견서

사   건   2014카기 123호 소송비용액확정
신 청 인(원 고) 정 ㅇ ㅇ 외 1
피신청인(피 고) 박 ㅇ ㅇ

위 당사자간 귀원 2014 카기 123호 소송비용액확정 사건에 관하여 피신청인(피고)은 다음과 같이 의견서를 세출합니다.

다   음

1. 피신청인들은 위 당사자간 ㅇㅇ지방원 20ㅇㅇ 느단 위자료 청구 사건에 관한 변호사 보수를 신청인 정ㅇㅇ과 신청인 박ㅇㅇ이 각각 산정하여 신청인 정ㅇㅇ은 ㅇㅇ만원, 신청인 박ㅇㅇ은 ㅇㅇ만원을 청구하고 있습니다.

2. 그러나 피신청인들은 위 대여금 청구 사건에서 변호사 ○○○를 공동으로 선임한 공동소
   송인들로서 변호사 보수를 산정할 때 각각 산정하는 것이 아니라 총 소가를 기준으로
   신청인들의 변호사 보수를 신청하여야 하므로 신청인들의 소송비용은 모두 ○○만원이라
   할 것입니다.

3. 이와 같이 신청인들의 청구 변호사 비용은 과다하므로 적정한 금액으로 산출하는 것이
   타당하다 할 것입니다.

첨 부 서 류

1. 소송비용계산서 등본   1통

20○○.   ○.   .
위 피신청인(피고)   박 ○ ○   (인)

서울가정법원   귀중

1. 압 류

> **민사집행법 제227조(금전채권의 압류)** ① 금전채권을 압류할 때에는 법원은 제3채무자에게 채무자에 대한 지급을 금지하고 채무자에게 채권의 처분과 영수를 금지하여야 한다.
> ② 압류명령은 제3채무자와 채무자에게 송달하여야 한다.
> ③ 압류명령이 제3채무자에게 송달되면 압류의 효력이 생긴다.
> ④ 압류명령의 신청에 관한 재판에 대하여는 즉시항고를 할 수 있다.
>
> **제228조(저당권이 있는 채권의 압류)** ① 저당권이 있는 채권을 압류할 경우 채권자는 채권압류사실을 등기부에 기입하여 줄 것을 법원사무관 등에게 신청할 수 있다. 이 신청은 채무자의 승낙 없이 법원에 대한 압류명령의 신청과 함께 할 수 있다.
> ② 법원사무관 등은 의무를 지는 부동산 소유자에게 압류명령이 송달된 뒤에 제1항의 신청에 따른 등기를 촉탁하여야 한다.

(1) 의 의

압류란 국가권력으로 특정의 물건 또는 권리에 대하여 사인(私人)의 사실상의 처분(소비 등) 또는 법률상의 처분(양도 등)을 금지하는 행위를 말한다. 금전채권에 관하여 강제집행의 제1단계로서 집행기관이 먼저 채무자의 재산(물건 또는 권리)의 사실상 또는 법률상의 처분을 금지하고 이를 확보하는 강제행위를 하고(압류), 다시 2단계로 채권자의 신청에 의해 추심명령 또는 전부명령을 발령하여 현금화 한다

(2) 피압류 적격

1) 독립된 재산권일 것

그 자체가 처분할 수 있는 독립된 재산이어야 한다. 미발생의 이자채권 또는 추심권능 등은 집행의 대상이 될 수 없다.

2) 현금화가 가능한 재산권일 것

현금화가 불가능한 재산(수도 · 전기를 공급받을 권리)은 집행의 대상이 될 수 없다.

3) 대한민국의 재판권이 미치는 재산권일 것

등기·등록할 권리는 한국에서 할 수 있는 권리이어야 하고, 제3채무자가 한국의 재판권에 복종하는 자이어야 한다.

4) 양도할 수 있는 재산권일 것

양도성이 없는 권리는 현금화 할 수 없으므로 집행의 대상이 되지 못한다. 다만 유체물의 인도 또는 권리이전의 청구권이나 그 밖의 재산권의 경우 그 재산권 자체의 현금화에 의하여 채권자가 직접적으로 만족을 얻게 되거나 제3채무자로부터 인도된 물건 또는 권리의 현금화에 의하여 간접적으로 만족을 얻게 된다.

5) 법률상 압류가 금지된 권리가 아닐 것

압류가 금지된 채권에 대한 압류명령은 강행법규에 위반되어 무효라 할 것이고, 제3채무자는 압류채권자의 전부금청구나 추심금청구에 대하여 위와 같은 실체법상의 무효를 들어 항변할 수 있다.

법원은 당사자가 신청하면 채권자와 채무자의 생활형편, 그 밖의 사정을 고려하여 압류명령의 전부 또는 일부를 취소하거나 압류금지채권에 대하여 압류명령을 할 수 있다(민집 246조 3항).

가) 민사집행법 시행령상의 압류금지범위(민사집행법 시행령 제2조 ~ 제7조)

압류금지 생계비 (시행령 제2조)	민사집행법(이하 "법"이라 한다) 제195조 제3호에서 "대통령령이 정하는 액수의 금전"이란 150만 원을 말한다. 다만, 법 제246조 제1항 제8호에 따라 압류하지 못한 예금(적금·부금·예탁금과 우편대체를 포함하며, 이하 "예금 등"이라 한다)이 있으면 150만 원에서 그 예금 등의 금액을 뺀 금액으로 한다.
압류금지 최저금액 (시행령 제3조)	법 제246조 제1항 제4호 단서에서 "「국민기초생활 보장법」에 의한 최저생계비를 감안하여 대통령령이 정하는 금액"이란 월 150만 원을 말한다.

압류금지 최고금액
(시행령 제4조)
	법 제246조 제1항 제4호 단서에서 "표준적인 가구의 생계비를 감안하여 대통령령이 정하는 금액"이란 제1호에 규정된 금액 이상으로서 제1호와 제2호의 금액을 합산한 금액을 말한다.
	  1. 월 300만 원
	  2. 법 제246조 제1항 제4호 본문에 따른 압류금지금액(월액으로 계산한 금액을 말한다)에서 제1호의 금액을 뺀 금액의 2분의 1

급여채권이 중복되거나 여러 종류인 경우의 계산방법(제5조)	제3조 및 제4조의 금액을 계산할 때 채무자가 다수의 직장으로부터 급여를 받거나 여러 종류의 급여를 받는 경우에는 이를 합산한 금액을 급여채권으로 한다.

압류금지 보장성 보험금 등의 범위 **(시행령 제6조)**	① 법 제246조 제1항 제7호에 따라 다음 각 호에 해당하는 보장성보험의 보험금, 해약환급금 및 만기환급금에 관한 채권은 압류하지 못한다. 　1. 사망보험금 중 1천만 원 이하의 보험금 　2. 상해 · 질병 · 사고 등을 원인으로 채무자가 지급받는 보장성보험의 보험금 중 다음 각 목에 해당하는 보험금 　가. 진료비, 치료비, 수술비, 입원비, 약제비 등 치료 및 장애 회복을 위하여 실제 지출되는 비용을 보장하기 위한 보험금 　나. 치료 및 장애 회복을 위한 보험금 중 가목에 해당하는 보험금을 제외한 보험금의 2분의 1에 해당하는 금액 　3. 보장성보험의 해약환급금 중 다음 각 목에 해당하는 환급금 　가. 민법 제404조에 따라 채권자가 채무자의 보험계약 해지권을 대위행사하거나 추심명령(推尋命令) 또는 전부명령(轉付命令)을 받은 채권자가 해지권을 행사하여 발생하는 해약환급금 　나. 가목에서 규정한 해약사유 외의 사유로 발생하는 해약환급금 중 150만 원 이하의 금액 　4. 보장성보험의 만기환급금 중 150만 원 이하의 금액 ② 채무자가 보장성보험의 보험금, 해약환급금 또는 만기환급금 채권을 취득하는 보험계약이 둘 이상인 경우에는 다음 각 호의 구분에 따라 제1항 각 호의 금액을 계산한다. 　1. 제1항 제1호, 제3호 나목 및 제4호: 해당하는 보험계약별 사망보험금, 해약환급금, 만기환급금을 각각 합산한 금액에 대하여 해당 압류금지채권의 상한을 계산한다. 　2. 제1항 제2호 나목 및 제3호 가목: 보험계약별로 계산한다.
압류금지 예금 등의 범위 **(시행령 제7조)**	법 제246조 제1항 제8호에 따라 압류하지 못하는 예금 등의 금액은 개인별 잔액이 150만 원 이하인 예금 등으로 한다. 다만, 법 제195조 제3호에 따라 압류하지 못한 금전이 있으면 150만 원에서 그 금액을 뺀 금액으로 한다.

※ 위 규정은 2011. 7. 6.부터 시행한다.
※ 제2조, 제3조의 규정은 이 령 시행 후 최초로 접수되는 압류명령 신청사건부터 적용한다.

나) 특별법상의 압류금지채권

o 공무원연금법에 의하여 급여를 받을 권리(공무원연금법 제32조)

o 군인연금법에 의하여 급여를 받을 권리(군인연금법 제7조)

o 고용보험법에 의하여 실업급여를 받을 권리(고용보험법 제38조)

o 국가유공자 등 예우 및 지원에 관한 법률에 의하여 지급받는 보상금 (국가유공자 등 예우 및 지원에 관한 법률 제19조)

o 사립학교교직원연금법에 의하여 급여를 받을 권리 (사립학교교직원연금법 제40조)

o 국민연금법상의 각종 급여를 받을 권리(국민연금법 제58조)

ㅇ 근로기준법에 의하여 지급 받게 될 보상청구권(근로기준법 제86조)

ㅇ 산업재해보상보험법상의 보험급여를 받을 권리(산업재해보상보험법 제88조)

ㅇ 자동차손해배상보장법에 의한 피해자의 보험회사에 대한 보험금청구권, 피해자의 보상
청구권 또는 가불금청구권(자동차손해배상보장법 제40조)

ㅇ 국민기초생활보장법상의 수급품을 받을 권리(국민기초생활보장법 제35조)

ㅇ 국민건강보험법상의 보험급여를 받을 권리(국민건강보험법 제59조)

ㅇ 선원법상의 재해보상 등을 받을 권리(선원법 제152조)

ㅇ 형사보상 및 명예회복에 관한 법률 의한 보상청구권(형사보상 및 명예회복에 관한 법률
제23조)

ㅇ 국가배상법에 의하여 생명·신체의 침해로 인한 국가배상을 받을 권리(국가배상법 제4조)
다만, 피해자를 치료한 의료인이 같은 피해자에 대한 치료비청구권을 보전하기 위하여
피해자의 국가에 대한 국가배상(치료비)청구권을 압류하거나 대위행사 하는 것은 국가
배상법 제4조에 위반되지 아니함(대법원 1981. 6. 23. 선고 80다1351 판결).

ㅇ 한부모가족지원법에 의하여 금품을 받을 권리(한부모가족지원법 제27조)

ㅇ 범죄피해자보호법상의 구조금의 지급을 받을 권리(범죄피해자보호법 제32조)

ㅇ 화물자동차운수사업법에 의한 보조금(화물자동차운수사업법 제58조)

ㅇ 장애인연금법에 의하여 지급되는 금품 등(장애인연금법 제19조)

ㅇ 우편법에 의하여 우편에 공하는 전용물건(우편법 제7조)

ㅇ 국세징수법에 의한 압류금지 재산(국세징수법 제31조)

ㅇ 부도공공건설임대주택 임차인 보호를 위한 특별법 의한 임대보증금(부도공공건설임대주
택 임차인 보호를 위한 특별법 제14조)

ㅇ 사회복지사업법에 의하여 지급되는 금품(사회복지사업 제48조)

ㅇ 아동복지법에 의하여 지급되는 금품(아동복지법 제64조)

(3) 압류절차

1) 압류명령의 신청

금전채권에 대한 강제집행은 채권자의 서면에 의한 압류명령 신청에 따라 개시된다. 압류
명령과 추심명령, 전부명령 또는 특별현금화명령의 신청은 병합하여 함께 할 수 있다. 이
때에는 각각 독립된 사건으로 취급하여 4,000원의 인지를 붙인다.

압류명령신청에는 ① 신청의 취지, ② 채권자·채무자·제3채무자와 그 대리인의 표시, ③
집행채권의 표시, ④ 집행권원의 표시, ⑤ 압류할 채권의 종류와 액수, ⑥ 집행권원에 표
시된 청구권의 일부에 관해서만 압류명령을 신청하거나 목적채권의 일부에 대하여만 압류

명령을 신청하는 때에는 그 범위, ⑦ 신청의 이유 등을 명시하여야 한다(민집규 159조).

2) 관할법원

채권압류명령의 집행법원은 채무자의 보통재판적이 있는 곳의 지방법원으로 한다. 위 지방법원이 없는 경우 집행법원은 압류한 채권의 채무자(제3채무자를 말한다)의 보통재판적이 있는 곳의 지방법원으로 한다. 다만, 이 경우에 물건의 인도를 목적으로 하는 채권과 물적담보권 있는 채권에 대한 집행법원은 그 물건이 있는 곳의 지방법원으로 한다. 가압류에서 이전되는 채권압류의 경우의 집행법원은 가압류를 명한 법원이 있는 곳을 관할하는 지방법원으로 한다(민집 224조).

3) 압류명령

채권압류명령의 신청이 접수되면 집행법원은 신청서와 첨부서류만을 토대로 한 서면심사를 통하여 신청의 적식 여부, 관할권의 존부, 집행력 있는 정본의 유무와 그 송달 여부, 집행개시요건의 존부, 집행장애의 존부, 목적채권의 피압류적격 여부, 남을 것이 없는 압류인지 여부 등에 관하여 조사한 후 흠이 있는 경우에 보정할 수 없는 것이면 즉시 신청을 기각하고, 보정이 가능한 것이면 보정을 명하여 이에 불응하면 신청을 기각한다.

4) 송달

압류명령은 제3채무자와 채무자에게 송달하여야 한다(민집 227조 2항). 제3채무자가 있는 곳을 알 수 없어 송달불능이 된 경우 실무에서는 우선 신청채권자에게 주소보정을 명하고 신청채권자가 주소보정에 따르지 않는 경우에는 압류명령을 취소하고 신청을 각하하고 있다.

5) 제3채무자의 진술의무

압류채권자는 제3채무자로 하여금 압류명령을 송달받은 날부터 1주 이내에 서면으로 ① 채권을 인정하는지의 여부 및 인정한다면 그 한도, ② 채권에 대하여 지급할 의사가 있는지의 여부 및 의사가 있다면 그 한도(압류채권자에 대한 지급의사가 아니라 채무자에 대한 지급의사를 말한다. 채무자에 대하여 항변사유가 있을 때에는 이를 진술한다), ③ 채권에 대하여 다른 사람으로부터 청구가 있는지의 여부 및 청구가 있다면 그 종류(피압류채권에 대하여 압류채권자보다 우선하는 권리자 또는 채권양수인이라고 주장하는 자가 제3채무자에게 청구하는 경우를 말한다), ④ 다른 채권자에게 채권을 압류당한 사실이 있는지의 여부 및 그 사실이 있다면 그 청구의 종류(에 대하여 진술하게 하도록 법원에 신청할 수 있다(민집 237조 1항).

(4) 압류의 효력

압류명령이 제3채무자에게 송달되면 압류의 효력이 생긴다(민집 227조 3항). 저당권부 채권을 압류한 경우 저당권에 대한 압류의 효력은 제3채무자에게 송달된 때에 발생하지만 이를 공시하기 위해서는 등기부상 채권압류의 등기가 되어야 한다.

(5) 재판에 의한 압류금지의 확장·축소

법원은 당사자가 신청하면 채권자와 채무자의 생활형편, 그 밖의 사정을 고려하여 압류명령의 전부 또는 일부를 취소하거나 압류금지채권에 대하여 압류명령을 할 수 있다. 압류금지의 확장·축소 결정 후 그 이유가 소멸되거나 사정이 바뀐 때에는 법원은 직권으로 또는 당사자의 신청에 따라 그 결정을 취소하거나 바꿀 수 있다(민집 246조).

[서식] 압류금지채권의 범위변경신청

압류금지채권의 범위변경신청

신청인(채무자)   ○ ○ ○(123456-1234567)

○○시 ○○구 ○○동 ○○-○○

피신청인(채권자)   ○○협동조합중앙회

○○시 ○○구 ○○동 ○○-○○

신용대표이사 ○○○, 대리인 ○○○

제3채무자   대한민국

○○시 ○○구 ○○동 ○○지방검찰청

법률상 대표자 법무부장관 ○○○

(소관 : 지식경제부 우정사업본부)

신 청 취 지

피신청인이 신청한 ○○지방법원 2008타채○○○ 채권압류 및 추심명령신청사건에 관하여 이 법원이 2008. ○○. ○○.자 결정한 별지목록 기재의 채권에 대한 채권압류 및 추심명령 부분은 취소한다.

<h1 align="center">신 청 이 유</h1>

1. 피신청인은 신청인의 제3채무자에 대한 채권에 대하여 채권압류 및 추심명령을 신청하여 귀원은 2008. ○○. ○○.자 결정에 의해 별지목록 기재 채권에 대하여 채권압류 및 추심명령을 한 바 있습니다.

2. 그런데 신청인은 실업급여를 제3채무자인 대한민국 우체국 계좌(111222-11- 333444)로 받고 있으며, 이렇다 할 별도의 수입이 없어서 현재 위 실업급여만으로 근근이 생활하고 있습니다.

3. 그렇다면 위 생계비는 고용보험법 제38조에 의하여 압류금지채권으로 정한 그 취지상 또한 위 계좌에 입금된 금원은 채무자의 생계유지를 위하여 쓰이고 있으므로 민사집행법 246조 2항에 근거하여 부득이 이 사건 채권압류 및 추심명령의 전부 또는 일부의 취소를 구하는 바입니다.

<h2 align="center">소 명 자 료</h2>

1. 소갑제1호증	채권압류 및 추심명령 결정문	1부
1. 소갑제2호증의1	실업급여 개인별조회내역	1부
1. 소갑제2호증의2	채무자 통장내역 사본	1부

<h2 align="center">첨 부 서 류</h2>

1. 위 소명자료   각 1부

2009. ○○. ○○.
위 채무자 ○○○ (인)

○○ 지방법원 귀중

(6) 압류명령의 신청에 관한 재판에 대한 불복

압류명령의 신청에 관한 재판에 대하여는 즉시항고를 할 수 있다(민집 227조). 제3채무자
는 압류명령에 대하여 즉시항고를 제기하지 않더라도 압류채권자가 제기한 추심금 또는 전
부금청구소송에서 이러한 사유를 주장하여도 무방하나 즉시항고라는 간이한 절차에 의하여
자기의 법적 지위의 불안정을 면할 수도 있다. 그러나 집행채권의 부존재나 압류된 채권의
부존재와 같은 실체상의 이유는 압류명령에 대한 항고사유가 되지 못한다.

2. 추심명령

(1) 의의

추심명령이란 압류채권자가 대위의 절차를 거치지 않고 채무자에 갈음하여 제3채무자에 대
하여 피압류채권의 이행을 청구하고 이를 수령하여 원칙적으로 자기의 채권의 변제에 충당
할 수 있도록 하는 권능을 주는 집행법원의 결정이다.

(2) 신청

추심명령은 압류채권자의 신청에 의하고 신청은 집행법원에 서면으로 하여야 한다. 실무에
서는 압류명령의 신청과 동시에 하고 있다. 신청서에 추심의 범위가 명시되지 아니한 경우
에는 채권 전액에 대하여 추심을 구하는 취지로 볼 것이다. 압류된 채권의 일부에 관하여
추심명령을 구하는 경우에는 그 취지를 분명하게 하여야 한다.

(3) 관할법원

추심명령을 신청하여야 할 관할법원은 압류명령의 집행법원과 동일한 지방법원이다.

[신청취지 기재례]

1. 채무자의 제3채무자에 대한 별지목록 기재의 채권을 압류한다.
2. 제3채무자는 채무자에 대하여 위의 지급을 하여서는 아니 된다.
3. 채무자는 위의 채권의 처분과 영수를 하여서는 아니 된다.
4. 채권자의 신청에 의하여 위 압류된 채권은 이를 지급에 갈음하여 채권자가 추심할 수
   있다. 라는 재판을 구합니다.

채권압류 및 추심명령신청서

채 권 자   김 ○ ○(6100231-2561812)
　　　　　　○○ 서구 ○○동 갈마아파트 101-1103

채 무 자   이 한 심(580230-1652345)
　　　　　　○○ ○○구 ○○동 71-212

제3채무자 주식회사 ○○
　　　　　　○○ ○○구 ○○동 536-923
　　　　　　대표이사 황 ○ ○

청구채권의 표시 금 5,400,000원 (○○지방법원 2016느단1234호 위자료 청구사건의 집행
력 있는 판결정본에 기한 채권)
압류 및 추심할 채권의 표시 별지목록 기재와 같음.

신 청 취 지

1. 채무자의 제3채무자에 대한 별지목록 기재의 채권을 압류한다.
2. 제3채무자는 채무자에 대하여 위의 지급을 하여서는 아니된다.
3. 채무자는 위의 채권의 처분과 영수를 하여서는 아니된다.
4. 채권자의 신청에 의하여 위 압류된 채권은 이를 지급에 갈음하여 채권자가 추심할 수
   있다. 라는 재판을 구합니다.

신 청 원 인

채권자는 채무자에 대하여 위자료 청구소송을 제기하여 승소확정판결을 받았으므로, 채무자
가 제3채무자에 대하여 가지는 별지 목록 기재의 채권으로 청구금액에 대한 변제에 충당하고
자 본 신청에 이른 것입니다.

첨 부 서 류

　1. 별지목록　　　　　　　　　　　　　　　　　　　1통

1. 집행력있는 판결정본   1통
1. 송달증명원   1통
1. 채무자의 주민등록초본   1통

2016.   ○.   ○.
위 채권자 김 ○ ○ (인)

○○지방법원 귀중

[별 지] 압류 및 추심할 채권의 표시

압류 및 추심할 채권의 표시

압류 및 추심할 채권 금 5,400,000원(원금 5,000,000원, 이자 400,000원)
(○○지방법원 2016느단1234호 위자료 청구사건의 집행력 있는 판결정본에 기한
채권)

채무자가 제3채무자에 대하여 가지는 임대차보증금 금 10,000,000원의 반환청구
채권 중 위 청구금액에 이르기까지의 금액. 끝.

■ 작성·접수방법

1. 채무자 주소지 관할법원 기타집행계에 신청서 1부를 제출한다.
2. 인지 4,000원(압류2,000원+추심2,000원)과 송달료 '당사자수×5,200원×2회분'을 납부한다.
3. 집행력 있는 판결정본, 송달증명원, 확정증명원, 채무자주민등록초본(관할소명을 위한)을 첨부한다.

가압류로부터 본압류로 전이하는
채권압류 및 추심명령신청서

채 권 자   문 ○ ○(670431-2455519)
          ○○시 ○○읍 ○○리 249-2

채 무 자   이 ○ ○(780431-1813614)
          ○○시 ○○읍 ○○리 1-134

제3채무자 박 ○ ○
          ○○시 ○동 998-2

청구금액의 표시 금 10,000,000원 (○○지법 ○○지원 2016느단1234호 위자료 사건의 집행력 판결정본에 기한 채권)
전이하는 압류 및 추심할 채권의 표시 별지 목록 기재와 같음.

신 청 취 지

1. 위 청구금액의 변제에 충당하기 위하여 귀원 2016카단1755로 가압류한 위 채권은 귀원 2016느단1234호 위자료 사건의 집행력 있는 판결정본에 의하여 이를 본압류로 전이한다.
2. 이 명령에 의하여 압류한 채권은 이를 채권자가 추심할 수 있다.
라는 재판을 구합니다.

신 청 원 인

1. 채권자는 채무자에 대하여 금 10,000,000원의 위자료 청구채권이 있었고, 그 집행을 보전하기 위하여 귀원 2016카단 1755호로써 채권가압류를 신청하여 제3채무자에 대하여 압류채권표시 기재의 채권을 가압류하였습니다.
2. 그 후 채권자는 채무자를 상대로 하여 귀원 2016느단1234호 위자료 사건의 본안소송을 제기하여 2009. 8. 26. 승소확정 결정을 받았습니다.
3. 그러므로 채권자는 위 2016카단1755호 채권가압류결정으로 집행보전 한 금 10,000,000원을 본압류로 전이하고 이를 추심하기 위하여 본 신청에 이르게 된 것입니다.

첨 부 서 류

1. 집행력있는 이행권고결정 정본   1통
1. 채권가압류결정 및 동 송달증명원   각 1통
1. 별지목록   1통

2016.   .   .
위 채권자   문 ○ ○ (인)

○○지방법원   ○○지원 귀중

[별 지] 압류 및 추심할 채권의 표시

압류 및 추심할 채권의 표시

압류 및 추심할 채권 금 10,000,000원
(○○지방법원 2016느단1234호 위자료 청구사건의 집행력 있는 판결정본에 기한
채권)

채무자가 제3채무자에 대하여 가지는 대여금 금 10,000,000원의 반환청구채권 중
위 청구금액에 이르기까지의 금액. 끝.

■ 작성·접수방법

1. 송달료 : 당사자수×2회분
2. 인지대 : 4,000원(압류2,000원+추심2,000원)
3. 가압류결정 법원 기타집행계에 신청서 1부를 제출한다.

제3채무자에 대한 진술최고 신청서

채 권 자　문 ○○

채 무 자　이 ○○

제3채무자　박 ○ ○

위 당사자 간 귀원 20○○타채 제123호 채권압류 및 추심명령사건에 관하여, 제3채무자에게 민사집행법 제237조에 의하여 아래 사항을 진술하라는 명령을 하여 주시기 바랍니다.

아　래

1. 채권을 인정하는지의 여부 및 인정한다면 그 한도
1. 채권에 대해 지급 의사가 있는지의 여부 및 의사가 있다면 그 한도
1. 채권에 대해 다른 사람으로부터 청구가 있는지의 여부 및 청구가 있다면 그 종류
1. 다른 채권자에게 채권을 압류당한 사실이 있는지의 여부 및 그 사실이 있다면 청구의 종류

20○○.　○.　.

위 채권자 문 ○ ○ (인)

○○지방법원 기타집행계　귀중

■ 작성·접수방법

1. 송달료 : 당사자수×2회분
2. 인지대 : 4,000원(압류2,000원+추심2,000원)
3. 가압류결정 법원 기타집행계에 신청서 1부를 제출한다.

(4) 재판

집행법원은 추심명령의 신청이 있으면 관할권의 유무, 신청의 적식 여부, 강제집행의 요건과 개시요건의 유무, 집행장애의 유무, 압류명령의 효력의 존부, 추심명령발부요건의 유무 등을 조사하여 신청의 허부를 결정한다. 집행채권이나 압류할 채권의 실체적 존부를 심리할 수는 없다.

(5) 불복

추심명령의 신청에 관한 재판에 대하여는 즉시항고를 할 수 있다(민집 229조 6항). 즉시항고의 사유로서는 대체로 압류명령의 경우와 마찬가지로 압류된 채권이 압류금지채권에 해당한다거나 압류된 채권이 특정되지 않았다는 것이 될 수 있다.

(6) 추심권의 범위

채권자는 추심명령에 의하여 채무자가 제3채무자에 대하여 가지는 채권을 직접 추심할 권능을 취득한다. 그 추심권의 범위는 추심명령에 특별한 제한이 없는 한 압류된 채권의 전액에 미치고 집행채권의 범위로 한정되는 것은 아니다. 피압류채권의 전액을 추심하여 집행채권의 변제에 충당하고 남으면 채무자에게 지급한다. 다만 채권자 스스로 압류된 채권의 일부에 한하여 추심명령을 신청하는 것은 무방하다.

(7) 추심권의 행사

추심명령을 받은 채권자는 채권의 추심에 필요한 채무자의 일체의 권리를 채무자를 대리하거나 대위하지 아니하고 자기의 이름으로 재판상 또는 재판 외에서 행사할 수 있다.

채권자는 이행을 최고하거나 변제를 수령하고 선택권을 행사하며 정기예금에 대한 추심명령으로 그 만기 전에 해약하는 경우와 같이 해제권, 해지권, 취소권을 행사함은 물론 보증인에 대한 청구를 할 수도 있고, 추심할 채권에 질권, 저당권 등 담보권이 있는 경우에는 직접 담보권을 실행할 권능을 취득하게 되므로 자기 이름으로 경매의 신청을 할 수 있다. 또 지시증권상의 권리도 행사할 수 있다. 추심할 채권이 반대의무에 걸려 있는 경우 채권자는 채무자에 갈음하여 그 반대의무를 이행하고 추심할 수 있다. 그러나 추심의 목적을 넘는 행위, 예컨대 면제, 포기, 기한의 유예, 채권양도 등은 할 수 없고, 그러한 내용의 화해도 할 수 없다.

(8) 추심의무

채권자가 추심할 채권의 행사를 게을리 한 때에는 이로써 생긴 채무자의 손해를 부담한다(민집 239조). 압류채권자가 추심절차를 게을리 한 때에는 집행력 있는 정본으로 배당을 요구한 채권자는 일정한 기간 내에 추심하도록 최고하고, 최고에 따르지 아니한 때에는 법원의 허가를 얻어 직접 추심할 수 있다(민집 250조).

(9) 추심권의 포기

채권자는 추심명령에 따라 얻은 권리를 포기할 수 있다. 다만, 기본채권에는 영향이 없다(민집 240조 1항). 추심권의 포기는 법원에 서면으로 신고하여야 한다. 법원사무관등은 그 등본을 제3채무자와 채무자에게 송달하여야 한다(민집 240조 2항). 압류채권자가 추심명령을 얻은 후 다시 동일한 채권에 관하여 전부명령을 얻은 때에는 추심명령은 당연히 소멸하므로 별도로 추심권을 포기할 필요가 없다. 추심권의 포기에 그치지 않고 압류에 따른 권리 자체를 포기하기 위하여는 압류명령의 신청을 취하하면 되고 이 경우 추심권도 당연히 소멸하게 된다.

[서식] 채권추심포기 및 압류해제신청서

채권추심포기 및 압류해제신청

사   건   20○○타기 123 채권압류 및 추심명령
채 권 자   문 ○○
채 무 자   이 ○○
제3채무자   박 ○ ○

채권자는 위 사건의 채권추심을 포기하고 압류를 해제합니다.

20○○.   ○.   .
위 채권자   문 ○ ○   (인)

○○지방법원 민사집행과   귀중

■ 작성 · 접수방법
1. 신청서 2통, 목록 5통을 제출한다 2. 우표 2회분을 제출한다.

(10) 추심 후의 절차

추심명령을 얻은 채권자가 제3채무자로부터 피압류채권을 추심하면 그 범위 내에서 피압류
채권은 소멸한다. 따라서 제3채무자는 채무자에 대하여도 채권자에 대한 변제로 대항할 수
있고, 추심명령이 경합된 경우에도 한 채권자에 대한 변제로 모든 채권자에 대하여 대항할
수 있다.

[서식] 채권자의 추심신고서

추 심 신 고 서

채 권 자　문 ○○(670431-2455519)

　　　　　○○시　○○읍　○○리 249-2

채 무 자　이 ○○(780431-1813614)

　　　　　○○시　○○읍　○○리 1-134

제3채무자　박 ○ ○

　　　　　○○시　○동 998-2

위 당사자간 귀원 20○○타기 제123호 채권압류 및 추심명령사건에 관하여, 채권자는 민사
집행법 제236조에 의하여 다음과 같이 채권추심을 신고합니다.

다　　　음

채권자는 제3채무자로부터 별지목록 표시 채권액 금 10,000,000원 중 금 8,000,000원을
2009. 9. 20. 지급받았음을 신고합니다.

첨 부 서 류

　　1. 채권표시 목록　　　　　　　　　　　　　　　　　1통

20○○.   ○.   .

위 채권자 문 ○ ○ (인)

○○지방법원 ○○지원 귀중

[서식] 채권자의 추심금공탁사유신고서

추심금 공탁사유신고

채 권 자 문 ○○(670431-2455519)
　　　　　○○시 ○○읍 ○○리 249-2

채 무 자 이 ○ ○(780431-1813614)
　　　　　○○시 ○○읍 ○○리 1-134

제3채무자 박 ○ ○
　　　　　○○시 ○동 998-2

압류채권자 김 ○ ○
　　　　　○○시 ○○읍 ○○리 765-1

위 당사자간 귀원 2009타기 제98765호 채권압류 및 추심명령사건에 관하여, 채권자는
2009. 9. 10. 채권추심명령을 얻어서 아래와 같이 채무자로부터 채권을 추심하였으나, 추심
신고 전에 다른 압류가 경합되어서 추심금을 공탁하고 그 사유를 민사집행법 제236조 2항에
의하여 신고합니다.

아　　래

1. 채권자는 제3채무자로부터 추심명령을 받은 별지목록 표시 채권액 금 10,000,000원 중 금 8,000,000원을 2009. 9. 20. 지급받았습니다.

2. 그런데, 추심신고 전인 2009. 9. 15. 다른 채권자 김길수의 채권압류명령과 경합되었습니다.

3. 따라서 채권자는 대전지법 논산지원 2009년금 제9876호로 공탁공무원에게 추심금 금 8,000,000원을 공탁하고 그 사유를 신고합니다.

첨 부 서 류

1. 채권압류명령 사본　　　　　　　　　　1통
1. 공탁서원본　　　　　　　　　　　　　　1통
1. 별지목록　　　　　　　　　　　　　　　1통

2009.　 9.　 　.
위 채권자(추심채권자)　문 ○ ○　(인)

○○지방법원 ○○지원　귀중

[서식] 추심명령에 의한 추심의 소

추 심 의 소

원　　고　조 ○ ○(670431-2455519)
　　　　　　○○시 ○○읍 ○○리 249-2

피　　고　김 ○ ○
　　　　　　○○시 ○동 998-2

청 구 취 지

1. 원고에게 피고는 금 10,000,000원 및 이에 대하여 이 소장부본송달일 다음날부터 완제일

까지 연 20%의 비율에 의한 금원을 지급하라.

2. 소송비용은 피고의 부담으로 한다.

3. 제1항은 강제집행할 수 있다. 라는 판결을 구합니다.

청 구 원 인

1. 원고는 소외 정○○에 대하여 ○○지법○○지원 2009가단 제911876호 대여금 사건의 집행력 있는 이행권고결정을 받은 사실이 있었습니다.

2. 원고는 위 결정의 강제집행으로 소외 정○○가 피고에 대하여 가지는 2008. 5. 10. 대여금 청구채권 금 10,000,000원에 대하여 ○○지원 2009타기 제98176호로 채권압류 및 추심명령을 받았습니다. 이에 원고는 피고에 대하여 위 추심명령에 따라 위 대여금을 지급할 것을 수차례에 걸쳐 요구하였으나 피고가 이에 응하지 아니하므로 부득이 이 건 소에 이르게 된 것입니다.

첨 부 서 류

1. 채권압류 및 추심명령 사본	1통
1. 채무자에 대한 소송고지서 사본	1통
1. 납부서	1통

20○○.   ○.   .

위 원고 조 ○ ○ (인)

○○지방법원 ○○지원 귀중

3. 전부명령

(1) 의의

전부명령이란 압류된 금전채권을 집행채권의 변제에 갈음하여 권면액으로 압류채권자에게 이전시키는 집행법원의 명령을 말한다.

구분	추시명령	전부명령
집행범위	금전이외의 유체물의 인도를 목적으로 하는 채권	금전채권에 대해서만 할 수 있다
선택시기	압류하고자 하는 채권에 제3자의 가압류가 경합하는 경우 등에 활용하는 것으로 경합하는 채권자간에 추심된 금액을 배당받는다	압류하고자 하는 채권을 제3자가 아직 가압류하지 않은 상태에서 독자적으로 확보하고자 할 때 활용한다.
신청방법	서면 또는 구술로서 압류명령신청과 병합하거나 단독으로 신청가능	추심명령과 동일
권리이전	압류명령 자체로는 권리이전이 되지 않고 추심권만 이전	압류명령 자체로 전부채권자에게 이전
위험부담	제3채무자의 무자력으로 인한 손실에 따른 위험은 채무자에 귀속한다	전부명령을 얻으면 변제의 효력이 발행하며 제3채무자의 변제능력이 없는 경우에도 채무자에게 변제 청구할 수 없다
배당요구	채권을 추심하여 집행법원에 신고할 때까지 다른 채권자가 배다요구할 수있다	명령이 제3채무자에게 송달될 때까지 다른 채권자가 배당요구를 할 수 있지만 송달 후에는 배당요구 불가능
형사책임	일정한 기간 내에 추심권을 행사할 책임이 있고 만일 이를 게을리하면 손해배상 책임 발생	전부채권자는 완전한 자기채권이기 때문에 하등의 의무를 부담하지 않는다.
소멸시기	배당을 받거나 현실로 만족을 얻었을 때에 소멸한다	전부명령의 확정을 정지조건으로 전부명령 송달시에 소급하여 소멸한다
집행의변경	추심할 가망이 적으면 추심권을 포기하고 다른 집행방법을 행사할 수 있다	압류한 채권이 부존재라면 몰라도 그렇지 않으면 다른 집행방법을 행사할 수 없다
신고의무	채권자가 압류한 채권을 추심하였으면 이를 집행법원에 신고하여야 한다	신고의무가 없다
자발적 미이행시	추심금 청구의 소 제기	전부금 청구의 소 제기

(2) 신청

전부명령은 압류채권자의 신청에 의하고 신청은 집행법원에 서면으로 하여야 한다. 실무에서는 압류명령의 신청과 동시에 하고 있다. 다만 민사집행법 233조의 증권채권은 집행관의 증권의 점유를 기다려야 하므로 동시신청이 불가능하다.

채권가압류 뒤에 가압류채권자가 집행권원을 취득하더라도 직접 전부명령을 신청할 수는 없고 가압류에서 본압류로 이전하는 압류명령을 신청하면서 전부명령을 신청하여야 한다.

(3) 관할법원

전부명령을 신청하여야 할 관할법원은 압류명령의 집행법원과 동일한 지방법원이다.

(4) 재판

집행법원은 전부명령의 신청이 있으면 관할권의 유무, 신청의 적식 여부, 강제집행의 요건과 개시요건의 유무, 집행장애의 유무, 압류명령의 효력의 존부, 전부명령발부요건의 유무 등을 조사하여 신청의 허부를 결정한다. 집행채권이나 압류할 채권의 실체적 존부를 심리할 수는 없다.

(5) 불복

전부명령의 신청에 관한 재판에 대하여는 즉시항고를 할 수 있다(민집 229조 6항). 즉시항고의 사유로서는 채권압류 자체의 무효·취소 또는 전부명령발부요건의 흠이다.

전부명령신청을 각하·기각하는 결정은 신청채권자에게 고지하여야 하고(민집규 7조 2항), 이에 대하여는 신청채권자가 즉시항고할 수 있다.

(6) 효력

1) 피전부채권의 전부채권자에게로의 이전 및 집행채권의 소멸

전부명령의 기본적 효력은 피전부채권의 전부채권자에게로의 이전 및 집행채권의 소멸이다. 피전부채권의 이전은 집행행위에 기초한 것이므로 민법상 채권양도의 대항요건에 관한 규정은 적용되지 않는다. 피전부채권의 이전에는 종된 권리(이자, 지연손해금, 보증채무, 물적담보)도 포함된다.

2) 제3채무자에 대한 효력

① 전부명령에 의하여 피전부채권은 동일성을 유지한 채로 집행채무자로부터 집행채권자에게 이전되고 제3채무자는 채권압류 전에 피전부채권자에 대하여 가지고 있었던 항변사유로서 전부채권자에게 대항할 수 있다(대법원 1984.08.14. 선고 84다카545 판결).

② 채권압류 및 전부명령에 있어 제3채무자는 그 명령이 송달되기 이전에 채무자에 대하여 상계적상에 있었던 반대채권을 가지고 있었다면 그 명령이 송달된 이후에 상계로서 전부채권자에게 대항할 수 있다(대법원 1973.11.13. 선고 73다518 전원합의체 판결).

③ 채권압류 및 전부명령이 이미 대항력 있는 채권양도가 이루어진 후에 발하여진 것이어서 무효인 경우, 그러한 무효인 전부명령을 받은 자에 대한 변제라도 그가 피전부채권에 관하여 무권리자라는 사실을 알지 못하거나 과실 없이 그러한 사실을 알지 못하고 변제한 때에는 그 변제는 채권의 준점유자에 대한 변제로서 유효하다(대법원 1997.03.11. 선고 96다44747 판결).

3) 소급효

전부명령의 효력은 전부명령의 확정시, 즉 즉시항고가 제기되지 않은 경우에는 1주의 즉시항고기간이 지난 때, 즉시항고가 제기된 경우에는 그 기각 또는 각하결정이 확정된 때에 발생하지만(민집 229조 7항), 그 확정에 따라 발생하는 효력은 전부명령이 제3채무자에게 송달된 때로 소급한다.

(7) 집행의 종료

채권집행절차는 전부명령이 확정되어 효력이 발생하면 목적을 달성하고 종료한다.

[신청취지 기재례]

> 1. 채무자의 제3채무자에 대한 별지목록 기재의 채권을 압류한다.
> 2. 제3채무자는 채무자에 대하여 위의 지급을 하여서는 아니 된다.
> 3. 채무자는 위의 채권의 처분과 영수를 하여서는 아니 된다.
> 4. 채권자의 신청에 의하여 위 압류된 채권은 이를 지급에 갈음하여 채권자에게 전부한다.
> 라는 재판을 구합니다.

채권압류 및 전부명령신청서

채 권 자   김 ○ ○(6100231-2561812)
　　　　　　○○ 서구 ○○동 ○○아파트 101-1103

채 무 자   이 한 심(580230-1652345)
　　　　　　○○ ○○구 장동 71-2

제3채무자   주식회사 ET
　　　　　　○○ ○○구 ○○동 536-9
　　　　　　대표이사 황 ○ ○

청구채권의 표시 금 5,400,000원 (○○지방법원 2016느단1234호 위자료청구사건의 집행력 있는 판결정본에 기한 채권 원금 5,000,000원 및 이자 400,000원)
압류 및 전부할 채권의 표시 별지목록 기재와 같음.

신 청 취 지

1. 채무자의 제3채무자에 대한 별지목록 기재의 채권을 압류한다.
2. 제3채무자는 채무자에 대하여 위의 지급을 하여서는 아니된다.
3. 채무자는 위의 채권의 처분과 영수를 하여서는 아니된다.
4. 채권자의 신청에 의하여 위 압류된 채권은 이를 지급에 갈음하여 채권자에게 전부한다.
라는 재판을 구합니다.

신 청 원 인

채권자는 채무자에 대하여 위자료 청구소송을 제기하여 승소확정판결을 받았으므로, 채무자가 제3채무자에 대하여 가지는 별지목록 기재의 채권으로 청구금액에 대한 변제에 충당하고자 본 신청에 이른 것입니다.

첨 부 서 류

1. 별지목록   1통
1. 집행력있는 판결정본   1통
1. 송달증명원   1통

2016.   2.   2.
위 채권자   김 ○ ○   (인)

○○지방법원   귀중

[별 지] 압류 및 전부할 채권의 표시

압류 및 전부할 채권의 표시

압류 및 전부할 채권 금 5,400,000원(원금 5,000,000원, 이자 400,000원)
(○○지방법원 2016느단1234호 위자료 청구사건의 집행력 있는 판결정본에 기한 채권)

채무자가 제3채무자에 대하여 가지는 임대차보증금 금 10,000,000원의 반환청구 채권 중 위 청구금액에 이르기까지의 금액. 끝.

■ 작성 · 접수방법

1. 신청서 1부를 기타집행계에 제출하나.
2. 인지대 4,000원(압류2,000원+전부 2,000원), 송달료 (당사자수×5,200원×2회)를 납부한다.
3. 집행력있는 판결정본, 송달확정증명원, 채무자주민등록초본을 첨부한다.

가압류로부터 본압류로 전이하는
채권압류 및 전부명령신청서

채 권 자 문 ○ ○(670431-2455519)

　　　　　　○○시 ○○읍 ○○리 249-2

채 무 자 이 ○ ○(780431-1813614)

　　　　　　○○시 ○○읍 ○○리 1-134

제3채무자 박 ○ ○

　　　　　　○○시 ○동 998-2

청구금액의 표시 금 10,000,000원(○○지법 ○○지원 2016느단1234호 위자료 사건의 집행력 있는 판결정본에 기한 채권)

전이하는 압류 및 전부할 채권의 표시 별지 목록 기재와 같음.

신 청 취 지

1. 위 청구금액의 변제에 충당하기 위하여 귀원 2016카단1755로 가압류한 위 채권은 귀원 2016느단1234호 위자료 사건의 집행력 있는 판결정본에 의하여 이를 본압류로 전이한다.
2. 이 명령에 의하여 압류한 채권은 지급에 갈음하여 채권자에게 전부한다.

라는 재판을 구합니다.

신 청 원 인

1. 채권자는 채무자에 대하여 금 10,000,000원의 임차보증금반환채권에 기한 약정금 청구채권이 있었고, 그 집행을 보전하기 위하여 귀원 2016카단 1755호로써 채권가압류를 신청하여 제3채무자에 대하여 압류채권표시 기재의 채권을 가압류하였습니다.
2. 그 후 채권자는 채무자를 상대로 하여 귀원 2016느단1234호로 본안소송을 제기하여 2016. 0. 0. 승소확정의 이행권고결정을 받았습니다.
3. 그러므로 채권자는 위 2016카단1755호 채권가압류결정으로 집행보전한 금 10,000,000원을 본압류로 전이하는 채권압류 및 전부명령을 받고자 본 신청에 이르게 된 것입니다.

첨 부 서 류

          1. 별지목록   1통
          1. 집행력있는 이행권고결정 정본   1통
          1. 채권가압류결정 및 동 송달증명원   각 1통

                        2016.   .   .
                     위 채권자   문 ○ ○   (인)

○○지방법원 ○○지원   귀중

[별 지] 가압류로부터 본압류로 전이하는 채권압류 및 전부채권의 표시

가압류로부터 본압류로 전이하는 채권압류 및 전부할 채권의 표시

  금 10,000,000원정

채무자가 제3채무자에 대하여 가지는 ○○지법 ○○지원 2016느단1234호 위자료
사건의 집행력 있는 판결정본 사건의 집행력 있는 이행권고결정에 기한 채권중 위
청구금액에 이르기까지의 금액.

■ 작성 · 접수방법

1. 신청서 1부를 가압류결정을 내린 법원 기타집행계에 제출한다.
2. 인지대 4,000원(압류2,000원+전부 2,000원), 송달료 (당사자수×5,200원×2회)를 납부한다.
3. 집행력있는 판결정본, 송달확정증명원, 가압류결정문사본을 첨부한다.

1. 의 의

강제경매란 집행력 있는 정본에 기하여 채무자 소유의 동산이나 부동산을 압류하여 현금화한 다음 그 매각대금으로 채권자의 금전채권에 만족을 줄 목적으로 하는 강제집행절차를 말한다.

2. 동산에 대한 강제경매

(1) 의 의

민사집행법상 유체동산이란 민사집행법상의 동산 중에서 채권 그 밖의 재산권을 제외한 물건 및 유가증권으로 화체된 재산권을 말하고, 여기서 민사집행법상의 동산이란 부동산 및 이에 준하여 취급되는 것 외의 것을 말한다.

(2) 절차의 개요

[도표] 동산강제집행절차

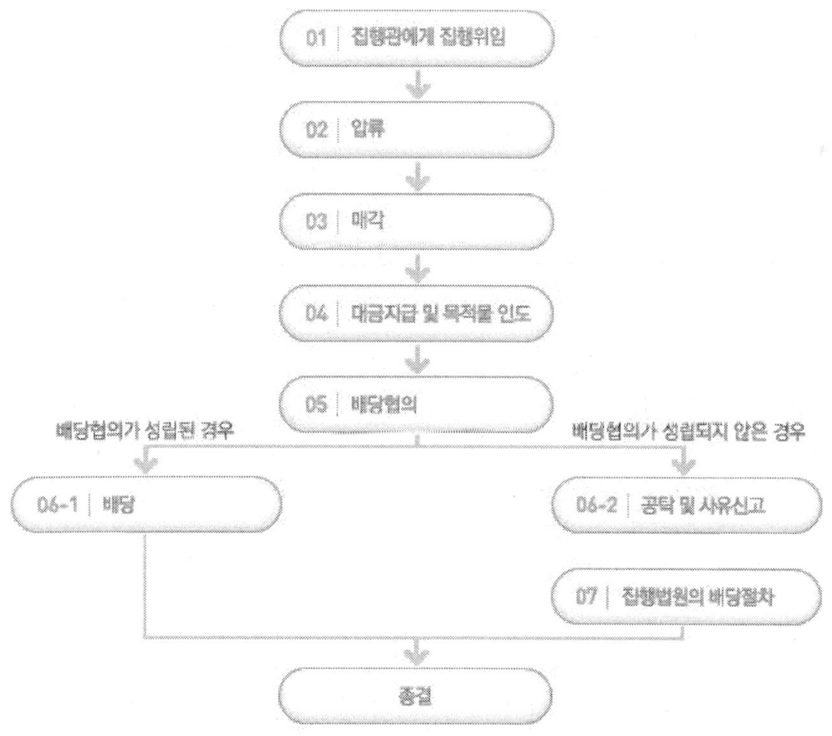

(3) 대상

1) 민사집행법상 유체동산

① 자동차 등

자동차관리법에 따라 등록된 자동차, 건설기계관리법에 따라 등록된 건설기계, 자동차 등 특정동산 저당법에 따른 소형선박, 선박법 및 선박등기법에 따라 선박등기를 할 수 있는 선박, 항공법에 따라 등록된 항공기는 유체동산의 집행에서 제외된다.

② 공장 등

공장 및 광업재단 저당법에 의한 공장재단 또는 광업재단을 구성하는 기계, 기구, 전봇대, 전선(電線), 배관(配管), 레일, 그 밖의 부속물 등은 유체동산의 집행에서 제외된다(공광 13조).

③ 입목

입목은 토지의 정착물로서 부동산의 일부 또는 종물에 불과하지만 입목에 관한 법률에 따라 소유권보존등기 된 것은 독립된 부동산으로 취급된다.

④ 유가증권

유가증권 자체는 민사집행법상 유체동산이지만, 배서가 금지된 것은 그 증권에 화체된 권리를 집행대상으로 파악하여 채권 그 밖의 재산권의 집행방법에 의하여야 한다(민집 189조, 223조).

⑤ 종물

부동산이나 선박의 종물 또는 그로부터 분리된 천연과실이나 구성부분도 유체동산집행의 대상이 되나 주물인 부동산 등이 압류된 후에는 독립하여 유체동산압류의 대상이 되지 못한다.

2) 등기할 수 없는 토지의 정착물로서 독립하여 거래의 객체가 될 수 있는 것(민집 189조 2항 1호)

등기할 수 없는 토지의 정착물이란 토지에의 정착성은 있으나 현금화한 후 토지로부터 분리하는 것을 전제로 하여 거래의 대상으로서의 가치를 가지는 것이라고 보아야 한다.
유체동산집행의 대상이 되는 정착물의 예로는 송신용 철탑, 정원석, 정원수, 주유소의 급유기, 입목등기가 되지 아니한 입목, 식재된 수목 등이 있다.

3) 토지에서 분리하기 전의 과실로서 1월 이내에 수확할 수 있는 것(민집 189조 2항 2호)

미분리의 과실은 토지의 정착물로서 독립하여 거래의 객체가 되지 아니하므로 토지에 대한 강제집행에 부수할 수밖에 없으나 근래 미분리과실이라도 독립하여 거래의 객체로 되어 가는 추세를 반영하여 압류의 대상으로 규정한 것이다.

4) 유가증권으로서 배서가 금지되지 아니한 것(민집 189조 2항 3호)

유가증권이란 증권 자체에 권리가 화체되어 있는 증서를 말하고, 이에는 어음, 수표, 화물상환증, 창고증권, 선하증권, 지시증권, 국채, 지방채, 공채, 사채, 무기명주권, 상품권, 승차권, 입장권 등이 있다.

5) 채무자와 그 배우자의 공유로서 채무자가 점유하거나 그 배우자와 공동으로 점유하고 있는 유체동산(민집 190조)

(4) 압류절차

1) 강제집행의 신청

유체동산의 집행은 채권자가 집행관에게 서면으로 집행신청을 함으로써 시작된다(민집 4조). 유체동산에 대한 강제집행신청서에는 ① 채권자·채무자와 그 대리인의 표시, ② 집행권원의 표시, ③ 강제집행 목적물인 유체동산이 있는 장소, ④ 집행권원에 표시된 청구권의 일부에 관하여 강제집행을 구하는 때에는 그 범위 등을 적고 집행력 있는 정본을 붙여야 한다(민집규 131조).

집행관은 집행신청을 받은 때에는 신청인에게 수수료 기타 비용의 개산액을 예납시킬 수 있고, 예납을 하지 않으면 위임에 응하지 아니하거나 사무를 행하지 아니할 수 있다.

집행관은 집행신청을 받은 때에는 바로 집행을 개시할 일시를 정하여 신청인에게 통지하여야 하고, 집행일시는 부득이한 사정이 없으면 신청을 받은 날부터 1주 안의 날로 정하여야 한다.

[신청취지 기재례]

가) 유체동산강제경매

> 집행권원에 기한 집행을 하여 주시기 바랍니다.

나) 자동차강제경매

> 1. 채권자의 채무자에 대한 위 청구금액의 변제를 받기 위하여 채무자소유의 별지목록 기재 자동차에 대한 강제경매절차를 개시하고, 채권자를 위하여 이를 압류한다.
> 2. 채무자는 위 자동차를 채권자의 위임을 받은 집행관에게 인도하여야 한다.
> 라는 재판을 구합니다.

[서식] 유체동산강제경매신청서

○ ○ 지 방 법 원
강 제 집 행 신 청 서

○○ 지방법원　　　집행관사무소　　　집행관　　　　귀 하

<table>
<tr>
<td rowspan="3">채
권
자</td>
<td>성　명</td>
<td>박 ○ ○</td>
<td>주민등록번호
(사업자등록번호)</td>
<td>750631
－
2558811</td>
<td>전화번호</td>
<td colspan="2">015-606-5436</td>
</tr>
<tr>
<td></td><td></td><td></td><td></td><td>우편번호</td><td colspan="2">□□□ － □□□</td>
</tr>
<tr>
<td>주　소</td>
<td colspan="6">○○광역시 서구　둔산동(로)　　가　8543-34번지 호(통 반)
아파트 　　동　　　　호</td>
</tr>
<tr>
<td></td>
<td>대리인</td>
<td colspan="4">성명(　　　　　　　　　)
주민등록번호(　　　　　　　　)</td>
<td>전화번호</td>
<td></td>
</tr>
<tr>
<td rowspan="3">채
무
자</td>
<td>성　명</td>
<td>정 길 상</td>
<td>주민등록번호
(사업자등록번호)</td>
<td>780431
－
1627813</td>
<td>전화번호</td>
<td colspan="2"></td>
</tr>
<tr>
<td></td><td></td><td></td><td></td><td>우편번호</td><td colspan="2">□□□ － □□□</td>
</tr>
<tr>
<td>주　소</td>
<td colspan="6">대전광역시 서구 월평동(로)　　가　8761-43번지 호(통 반)</td>
</tr>
</table>

<table>
<tr>
<td>집행목적물 소재지</td>
<td>채무자의 주소지와 같음 　(※ 다른 경우는 아래에 기재함)
시 구 동(로) 가 번지 호(통 반)</td>
</tr>
<tr>
<td>집 행 권 원</td>
<td>○○지방법원 2009가소제98765호 확정된 이행권고결정정본</td>
</tr>
<tr>
<td>집행의 목적물 및
집 행 방 법</td>
<td>동산압류, 동산가압류, 동산가처분, 부동산점유이전금지가처분, 건물명도, 철거, 부동산인도, 자동차인도, 기타(　　　　　　　　　)</td>
</tr>
<tr>
<td>청 구 금 액</td>
<td>10.000.000 원(내역은 뒷면과 같음)</td>
</tr>
</table>

위 집행권원에 기한 집행을 하여 주시기 바랍니다.

※ 첨부서류

1. 집행권원　　　　1통
2. 송달증명서　　　1통
3. 위임장　　　　　1통

2010.　6.　10.

채권자　박 ○ ○　　(인)

대리인　　　　　　(인)

※ 특약사항

1. 본인이 수령할 예납금잔액을 본인의 비용부담하에 오른쪽에 표시한 예금계좌에 입금하여 주실 것을 신청합니다.

    채권자　박 ○ ○　(인)

<table>
<tr>
<td rowspan="3">예
금
계
좌</td>
<td>개설은행</td>
<td>농 협</td>
</tr>
<tr>
<td>예 금 주</td>
<td>박 ○ ○</td>
</tr>
<tr>
<td>계좌번호</td>
<td>615-02-987654</td>
</tr>
</table>

2. 집행관이 계산한 수수료 기타 비용의 예납통지 또는 강제집행 속행의사 유무 확인 촉구를 2회 이상 받고도 채권자가 상당한 기간 내에 그 예납 또는 속행의 의사표시를 하지 아니한 때에는 본건 강제집행 위임을 취하한 것으로 보고 종결 처분하여도 이의 없습니다. 　채권자　박 ○ ○　(인)

(뒷면 계속)

<table>
<tr><td colspan="2" align="center">청 구 금 액 계 산 서</td></tr>
<tr><td align="center">내 용</td><td align="center">금 액</td></tr>
<tr><td>1. 대여금 원금</td><td>금 10,000,000원</td></tr>
<tr><td align="center">합 계</td><td align="center">10,000,000 원</td></tr>
<tr><td colspan="2" align="center">집행목적물 소재지 약도</td></tr>
<tr><td></td><td></td></tr>
</table>

강제집행 진행에 관한 신청서

○○ 지방법원   집행관사무소   집행관   귀하

사건번호 :   본 가   호 (담당   부)
채 권 자 :
채 무 자 :
집행권원 :

(   ) 압류물 감정신청서
      년   월   일자로 압류한 위 채무자의 유체동산에 대한 감정을 하여 주시기 바랍니다.

(   ) 경매기일 지정신청서
      년   월   일자로 압류한 위 채무자의 유체동산에 대한 경매기일을 지정하여 주시기 바랍니다.

(   ) 경매기일 연기(변경)신청서
      년   월일자로 압류한 위 채무자의 유체동산에 대한 경매기일이   년   월 일 :   로 지정되었으나, 채권 에 의하여 동 경매기일을 연기(변경)신청합니다.

(   ) 압류물 점검신청서
      년   월   일자로 위 채무자의 유체동산을 압류하고 이를 채무자에게 보관시켰던 바, 채무자가 위 압류물건에 대하여 보관의무를 다하지 못하고 있는 것으로 보이므로 위 물건의 손상 및 현존 유무를 점검하여 주시기 바랍니다.

(   ) 압류물건 장소이전신청서
      년   월   일자로 위 채무자의 유체동산을 압류하고 이를 채무자에게 보관시켰던 바, 채무자의 주거이전으로 인하여 위 압류물건을 아래 장소로 이전하려 하오니 승인하여 주시기 바랍니다.

이전장소 :
첨부서류 : 압류물건목록   1부   현장도면   1매

(   ) 주소 보정신청서
위 사건에 관하여 채권자(채무자)는 주소를   년   월   일 이사하였으므로 아래와 같이 주소를 보정합니다.
  보정할 채권자(채무자)의 주소 :
  첨부서류 : 주민등록표 등·초본 1통

2014.   9.   .

             신청인   (인)
             주민등록번호

강제집행신청 취하서 등

○○ 지방법원　　　　집행관사무소　　　　　　집행관　　　　　　　귀하

사건번호 :　　　　　본 가　　　　　호 (담당　　　　　부)
채 권 자 :
채 무 자 :
집행권원 :

1. 강제집행신청취하서
　　위 집행권원에 의하여
　　.　　　.　　　. 자로 한 강제집행신청을 취하합니다.

2. 정본회수신청서
　　위 집행권원 정본의 회수를 신청합니다.
　　위 집행권원 정본을 영수합니다.
　　　　　　　　　　　　　　　　2010.　　　　9.　　　　.
　　　　　　영수인　　　　　　　　　　　　　　　　　　(인)

3. 신청취하접수증명원
　　위 강제집행신청 취하서가 접수되었음을 증명하여 주시기 바랍니다.
　　　　　　　　　　　　　　　　2010.　　　　9.　　　　.
　　　　　○○ 지방법원 집행관　　　　　　　　　　(인)

2010.　　　9.　　　.
　　　　　　　　　　위 (1항, 2항, 3항) 신 청 인　　　　(인)

신청인 확 인	주민등록번호		확인자	위 본인의 무인임을 증명함. 2010.　　　9.　　　. 담당　　　　　　　(인)

2) 집행관의 목적물 점유 및 보관위탁

채무자가 점유하고 있는 유체동산의 압류는 집행관이 그 물건을 점유함으로써 한다. 여기서 점유는 목적물에 대한 채무자의 점유를 전면적으로 배제하고 집행관이 이를 직접 지배·보관하는 것을 말한다. 다만 채권자의 승낙이 있거나 운반이 곤란한 때에는 봉인(封印), 그 밖의 방법으로 압류물임을 명확히 하여 채무자에게 보관시킬 수 있다(민집 189조).

3) 압류물의 보존

① 압류물의 보존을 위한 처분

압류물을 보존하기 위하여 필요한 때에는 집행관은 적당한 처분을 하여야 한다. 압류물을 그대로 두면 가격폭락이나 과다한 보관비용이 들어 채권의 만족을 위태롭게 할 우려가 있는 때에는 적당한 처분을 하여야 하고, 이 경우 비용이 필요한 때에는 채권자로 하여금 이를 미리 내게 하여야 한다.

② 긴급매각

강제집행의 일시정지를 명한 취지를 적은 재판의 정본 또는 집행할 판결이 있은 뒤에 채권자가 변제를 받았거나, 의무이행을 미루도록 승낙한 취지를 적은 증서가 제출된 경우에 압류물을 즉시 매각하지 아니하면 값이 크게 내릴 염려가 있거나, 보관에 지나치게 많은 비용이 드는 때에는 집행관은 그 물건을 매각할 수 있고, 이 경우 그 매각대금을 공탁하여 한다(민집 198조).

③ 어음·수표 등을 압류한 경우

집행관은 어음·수표 그 밖의 금전의 지급을 목적으로 하는 유가증권으로서 일정한 기간 안에 인수 또는 지급을 위한 제시 또는 지급의 청구를 필요로 하는 것을 압류하였을 경우에 그 기간이 개시되면 채무자에 갈음하여 필요한 행위를 하여야 하고, 미완성 어음 등을 압류한 경우에 채무자에게 기한을 정하여 어음 등에 적을 사항을 보충하도록 최고하여야 한다(민집 212조).

④ 보관압류물의 점검

1) 집행관은 채무자 또는 채권자나 제3자에게 압류물을 보관시킨 경우에 압류채권자 또는 채무자의 신청이 있거나 그 밖에 필요하다고 인정하는 때에는 압류물의 보관상황을 점검하여야 한다. 그 점검 결과 압류물의 부족 또는 손상의 유무와 정도 및 이에 관하여 집행관이 취한 조치를 적은 점검조서를 작성하고, 부족 또는 손상이 있는 경우에는 보관자가 아닌 채권자 또는 채무자에게 그 취지를 통지하여야 한다(민집규 137조).

2) 압류물의 부족 또는 손상의 경우에 부족이나 손상의 원인규명, 부족물의 탐색, 이를 발견한 경우의 회수, 보관자에게 손상부분의 수리를 권고하는 것, 계속 보관이 부적당하다고 인정할 때에는 집행관의 직접 점유로 옮기거나 다른 보관방식을 취하는 것 등을 들 수 있다.

[서식] 압류동산의 점검신청서

점 검 신 청 서

사건번호　20○○본 123(5부)
채 권 자　박 ○ ○
　　　　　　○○ ○구 ○○동 679-97
채 무 자　정 ○ ○
　　　　　　○○ ○구 ○○동 9817-46

위 당사자간의 서울○○지방법원 20○○가단 123 대여금 청구사건의 집행력 있는 판결정본에 의하여 20○○. ○. ○.자 귀직원으로 하여금 위 채무자의 유체동산을 압류집행하였는바, 압류물의 부족 또는 손상의 유무에 대하여 점검을 하여줄 것을 신청합니다.

　　　　　　　　　　　　20○○. ○. .
　　　　　　　　　　　　채권자　박 ○ ○　(인)

○○지방법원 집행관　귀하

■ 작성·접수방법

1. 신청서1부를 집행관사무실에 접수한다.
2. 인지대, 송달료등 비용은 없다.

<h2 align="center">압류물건 보관장소 이전신고</h2>

사건번호 　20○○본 123(5부)
채 권 자 　박 ○ ○
채 무 자 　정 ○ ○

　위 당사자간의 서울○○지방법원 20○○가단 123 대여금 청구사건의 집행력 있는 판결정본에 의하여 20○○. ○. ○.자 귀 직원으로 하여금 위 채무자의 유체동산을 압류집행하였으나, 금번 사정에 의하여 다음 장소로 압류물을 이전하였기에 신고합니다.

1. 이전연월일 : 20○○. ○. ○.
1. 이전장소 : 서울 ○○구 ○○동 ○○ 지하창고
1. 약도 : 별지

20○○. 　○. 　　.
채무자 　박 ○ ○ 　(인)

○○지방법원 집행관 　귀하

<table>
<tr><td>■ 작성 · 접수방법</td></tr>
</table>

1. 신청서 2부를 집행관사무실에 접수한다.
2. 인지대, 송달료등 비용은 없다.

5) 압류물의 회수와 인도명령

① 압류물의 회수

입류물을 집행관이 점유하는 경우에 제3자가 그 점유를 침탈한 때에는 집행관이 자력구제를 하거나 점유회복의 소를 제기하여 이를 회수할 수 있다.

채무자 · 채권자 · 제3자에게 보관 위탁한 압류물이 다른 제3자의 사실적 지배에 넘어간 경우에는 선의취득과 같은 경우를 제외하고는 압류의 효력이 당연히 상실되는 것은 아니므로 집행관은 압류물을 회수하기 위하여 적당한 방법을 강구하여야 한다.

② 인도명령

위와 같이 자력구제가 허용되는 경우에도 제3자가 임의반환을 거부하면 인도명령(민집 193조)을 받아 이를 회수할 수 있을 뿐이다.

압류물을 제3자가 점유하게 된 경우에는 법원은 채권자의 신청에 따라 그 제3자에 대하여 그 물건을 집행관에게 인도하도록 명할 수 있다. 인도명령의 신청은 압류물을 제3자가 점유하고 있는 것을 안 날부터 1주 이내에 하여야 한다. 인도명령은 상대방에게 송달되기 전에도 집행할 수 있다. 인도명령은 신청인에게 고지된 날부터 2주가 지난 때에는 집행할 수 없다. 인도명령의 집행에 소요된 비용은 이른바 공익비용으로서 압류물의 매각대금으로부터 우선변제된다(민집 53조).

6) 압류의 효력

① 국가가 압류물의 처분권을 취득한다. 따라서 국가의 집행기관인 집행관은 채권자의 만족을 위하여 매각 등의 처분을 할 수 있다.

② 채무자는 압류물의 처분권을 잃는다. 다만 처분권의 상실은 압류의 목적에 의하여 계약을 받음에 그친다. 따라서 압류물의 처분은 압류채권자에 대한 관계에서만 상대적으로 무효이다.

(5) 현금화

1) 매각방법

집행관은 압류를 실시한 뒤 입찰 또는 호가경매의 방법으로 압류물을 매각하여야 한다(민집 199조). 집행관은 여러 개의 유체동산의 형태, 이용관계 등을 고려하여 일괄매수하게 하는 것이 알맞다고 인정하는 때에는 직권으로 또는 이해관계인의 신청에 따라 일괄하여 매각할 수 있다(민집 197조).

2) 매각절차

〈유체동산의 매각절차〉

강제집행신청

↓

감정평가

↓

매각기일의 지정

↓

매각일시, 장소통지

↓

매각의 실시

↓

유찰시 재매각

① 평가

집행관은 매각할 물건 가운데 값이 비싼 물건이 있는 때에는 적당한 감정인에게 이를 평가하게 하여야 한다(민집 200조). 집행관은 필요하다고 인정하는 때에는 적당한 감정인을 선임하여 압류물을 평가하게 할 수 있다(민집규 144조). 이 경우 물건을 평가한 감정인은 ① 사건의 표시, ② 유체동산의 표시, ③ 유체동산의 평가액과 평가일, ④ 평가액 산출의 과정, ⑤ 그 밖에 집행관이 명한 사항의 사항을 적은 평가서를 정하여진 날까지 집행관에게 제출하여야 한다.

② 매각일의 지정

압류일과 매각일 사이에는 1주 이상 기간을 두어야 한다. 다만, 압류물을 보관하는 데 지나치게 많은 비용이 들거나, 시일이 지나면 그 물건의 값이 크게 내릴 염려가 있는 때에는 그러하지 아니하다(민집 202조). 상당한 기간이 지나도 집행관이 매각하지 아니하는 때에는 압류채권자는 집행관에게 일정한 기간 이내에 매각하도록 최고할 수 있다. 집행관이 그 최고에 따르지 아니하는 때에는 압류채권자는 법원에 필요한 명령을 신청할 수 있다(민집 216조).

③ 매각의 장소

매각은 압류한 유체동산이 있는 시·구·읍·면(도농복합형태의 시의 경우 동지역은 시·구, 읍·면지역은 읍·면)에서 진행한다. 다만, 압류채권자와 채무자가 합의하면 합의된 장소에서 진행한다(민집 203조).

④ 매각의 공고와 통지

집행관은 매각일자와 장소를 공고하고(민집 203조, 민집규 145조, 146조, 151조), 매각의 일시와 장소를 압류채권자·배당요구채권자·채무자·압류물보관자에게 통지하여야 한다(민집규 146조, 151조).

매각기일지정신청서

사   건   20○○본 1234호 담당 2부

채 권 자   김 ○ ○

채 무 자   이 ○ ○

　　　　　○○지방법원
위 당사자간 ○○지방검찰청 소속 공증인 작성 ○○가소123 집행력이 있는
　　　　　공증인가 ○○합동법률사무소 작성
판결정본에 의하여 20○○년 ○월 ○일에 압류한 채무자의 동산은 그 매각기일을 20○○.
○. ○. 9시 이후로 지정하여 주시기를 신청합니다.

　　　　　　　　　　　2013.　　10.　　　.
　　　　　　　　　　위 신청인 ○ ○ ○(인)

○○지방법원 집행관 귀하

○○지방법원

동산경매기일통지서

　　　　　　　　　　　　　　　　　　김 ○ ○ 귀하

사   건   20○○본 1234호

채 권 자   김 ○ ○

채 무 자   이 ○ ○

집행권원   ○○지방법원 20○○차 567

위 집행권원에 의하여 20○○년 ○월 ○일에 압류한 물건에 대하여 경매의 일시와 장소를
다음과 같이 정하였으므로 통지합니다.

매각일시 : 20○○년 ○월 ○일 ○○시 ○○분부터
매각장소 : ○○시 ○○동 ○○
최저(일괄)매각가격 : ○○만원

2013.   10.   .
집행관   이 ○ ○

3) 매각의 실시

호가경매는 집행관이 매각조건을 정하여 매각일에 이를 고지하고(민집규 147조), 압류물에 대하여 경매신청을 최고하는 방법으로 하고, 입찰은 입찰기일에 입찰시킨 후 개찰을 하는 방법으로 한다(민집규 151조).

4) 재매각

매수인이 매각조건에 정한 지급기일에 대금의 지급과 물건의 인도청구를 게을리 한 때에는 재매각을 하여야 한다. 지급기일을 정하지 아니한 경우로서 매각기일의 마감에 앞서 대금의 지급과 물건의 인도청구를 게을리 한 때에도 또한 같다. 이 경우 전의 매수인은 재매각 절차에 참가하지 못하며, 뒤의 매각대금이 처음의 매각대금보다 적은 때에는 그 부족한 액수를 부담하여야 한다(민집 205조).

5) 배우자의 우선매수권

부부공유의 유체동산의 압류 규정에 따라 압류한 유체동산을 매각하는 경우에 배우자는 매각기일에 출석하여 우선매수할 것을 신고할 수 있다(민집 206조).

6) 특별한 현금화 방법

법원은 필요하다고 인정하면 직권으로 또는 압류채권자, 배당을 요구한 채권자 또는 채무자의 신청에 따라 일반 현금화의 규정에 의하지 아니하고 다른 방법이나 다른 장소에서 압류물을 매각하게 할 수 있다. 또한 집행관에게 위임하지 아니하고 다른 사람으로 하여금 매각하게 하도록 명할 수 있다(민집 214조).

유체동산 특별현금화 명령신청

압 류 채 권 자　　서 ○ ○
　　　　　　　　　　　　서울 ○○구 ○○동 ○○아파트 109-201

배당요구채권자　　김 ○ ○
　　　　　　　　　　　　서울 ○○구 ○○동 ○○

채 　 무 　 자　　이 ○ ○
　　　　　　　　　　　　서울 ○○구 ○○동 ○○

신 청 취 지

위 당사자간 ○○지방법원 20○○가단 123호 약속어음청구사건의 집행력 있는 판결정본에 기하여 2013. ○. ○. 압류(20○○ 본 123호)한 별지목록 기재 물건을 서울○○지방법원 집행관은 서울 ○○구 ○○동 ○○ 소재 ○○상사로 운반하여 그곳에 거주하는 김○○수에게 매각할 수 있다.

라는 재판을 구합니다.

신 청 이 유

1. 채권자의 채무자에 대한 위 사건에 관하여 압류채권자는 귀원 소속 집행관에 위임하여 20○○. ○. ○. 압류(20○○ 본 123호)한 별지목록 기재의 압류물은 골동품인 바, 이를 동인의 집에서 일반 경매규정에 의한 방법으로 시도하여 보았으나 성공하지 못하였습니다.

2. 그런데 이를 또다시 같은 방법으로 경매한다면 현금화 하기 용이하지 않으므로 보다 현금화가 용이한 서울 ○○구 ○○동 ○○소재 골동품 전문취급상인 ○○상사로 운반하여 그곳에 거주하는 김○○에게 매각할 수 있도록 장소이전 및 매각허가 결정을 하여 주시기를 민사집행법 제214조에 의하여 이에 신청합니다.

첨 부 서 류

　　1. 동산압류조서등본　　　　　　　　　　　　1통

         1. 납부서   1통

                        20○○. 10. ○○.
                        위 압류채권자 서 ○ ○ (인)

    ○○ 지방법원 귀중

3. 부동산에 대한 강제경매

(1) 의 의

채무자 소유의 부동산을 대상으로 강제경매, 강제관리절차를 진행하는 것을 말한다. 민사집행법은 부동산에 관한 금전집행, 그 중에서도 강제경매에 관한 절차를 상세히 규정하면서 이를 강제관리와 임의경매, 선박·자동차·건설기계에 대한 금전집행, 동산에 대한 금전집행에 준용하고 있다.

(2) 부동산경매사건의 진행절차 및 진행기간[67]

다음 표와 같다.

종류	기산일	기간	민사집행법 근거조문
경매신청서의 접수		접수당일	80, 264①
개시결정 및 등기촉탁	접수일	2일	83, 94, 268
채무자에게 대한 개시결정의 송달	임의경매:개시결정일 강제경매:등기필증접수일	3일	83, 268
공과주관 공공기관에 대한 최고	개시결정일	3일(최고기간은 2주)	84④, 268
채권신고의 최고	배당요구종기결정일	3일(최고기간은	84④

---

67) 부동산경매사건의 진행기간 등에 관한 예규(재민 91-5). 훈시규정임.

		배당요구종기)	
현황조사명령	임의경매:개시결정일 강제경매:등기필증접수일	3일(조사기간은 2주)	85, 268
평가명령	임의경매:개시결정일 강제경매:등기필증접수일	3일(평가기간은 2주)	97,728
매각물건명세서의 작성, 그 사본 및 현황조사보고서, 평가서 사본의 비치		매각기일 1주전까지	105, 268
최초매각기일의 지정, 게시 및 신문공고의뢰, 이해관계인에의 통지	배당요구종기	1월	104, 268
최초매각기일	공고일	2주 후 20일	규칙 56
새매각기일 또는 재매각기일의 지정 및 게시(또는 게시 및 신문공고), 이해관계인에의 통지	사유발생일	1주	119, 138, 268
새매각기일 또는 재매각기일	공고일	2주 후 20일	119, 138, 268
매각결정기일	매각기일	7일	109, 268
배당요구의 통지	배당요구일	3일	89, 268
매각기일의 진행(매각실시)		매각기일	112, 116, 268
매각기일조서 및 보증금 등의 인도	매각기일	3일	117, 268
매각허부결정의 선고		매각결정기일	109, 126, 268

(3) 절 차

1) 강제경매절차는 채권자의 강제경매신청으로 개시되고, 법원은 요건이 구비되었다고 인정되면 강제경매개시결정을 하여 목적 부동산을 압류한 후 관할 등기소에 경매개시결정 기입등기를 촉탁한 다음 채무자에게 경매개시결정정본을 송달한다.

2) 법원은 집행관에게 부동산의 현상·점유관계·차임·보증금 그 밖의 현황에 관하여 조사를 명하고 감정인에게 부동산을 평가하게 하여 그 평가액을 참작하여 최저매각가격을 정한다.

3) 위 절차가 끝나면 법원은 매각기일 및 매각결정기일을 정하여 이를 공고하고, 호가경매와 기일입찰의 매각기일에는 집행관이 집행보조기관으로서 미리 정해진 장소에서 매각을 실시하여 최고가 매수신고인과 차순위 매수신고인을 정한다. 매각기일에 매수신청인

이 없는 경우에는 법원은 최저매각가격을 저감하고 새 매각기일을 정하여 다시 매각을
실시한다.

4) 법원은 매각결정기일에 이해관계인의 의견을 들은 후 매각의 허부를 결정한다. 매각 허
부의결정에 대하여 이해관계인은 즉시항고할 수 있다. 매각허가결정이 확정되면 법원은
대금지급기한을 정하여 매수인에게 대금지급을 명한다. 매수인이 대금을 정해진 날까지
내지 아니한 경우에 차순위매수신고인이 있는 때에는 그에 대하여 매각의 허부를 결정
하고 차순위매수신고인이 없는 때에는 재매각을 명한다. 매수인은 매각허가결정이 선고
된 뒤에는 매각부동산의 관리명령을 신청할 수 있고 대금을 다 낸 뒤에는 인도명령을
신청할 수 있다.

5) 매수인이 대금을 완납한 경우 채권자의 경합이 없거나 그 대금으로 각 채권자의 채권
및 비용을 변제하기에 충분한 때에는 각 채권자에게 이를 지급하고, 각 채권자의 채권
및 비용을 변제하기에 부족한 경우에는 배당절차로 진행한다.

[표] 부동산경매절차 도해

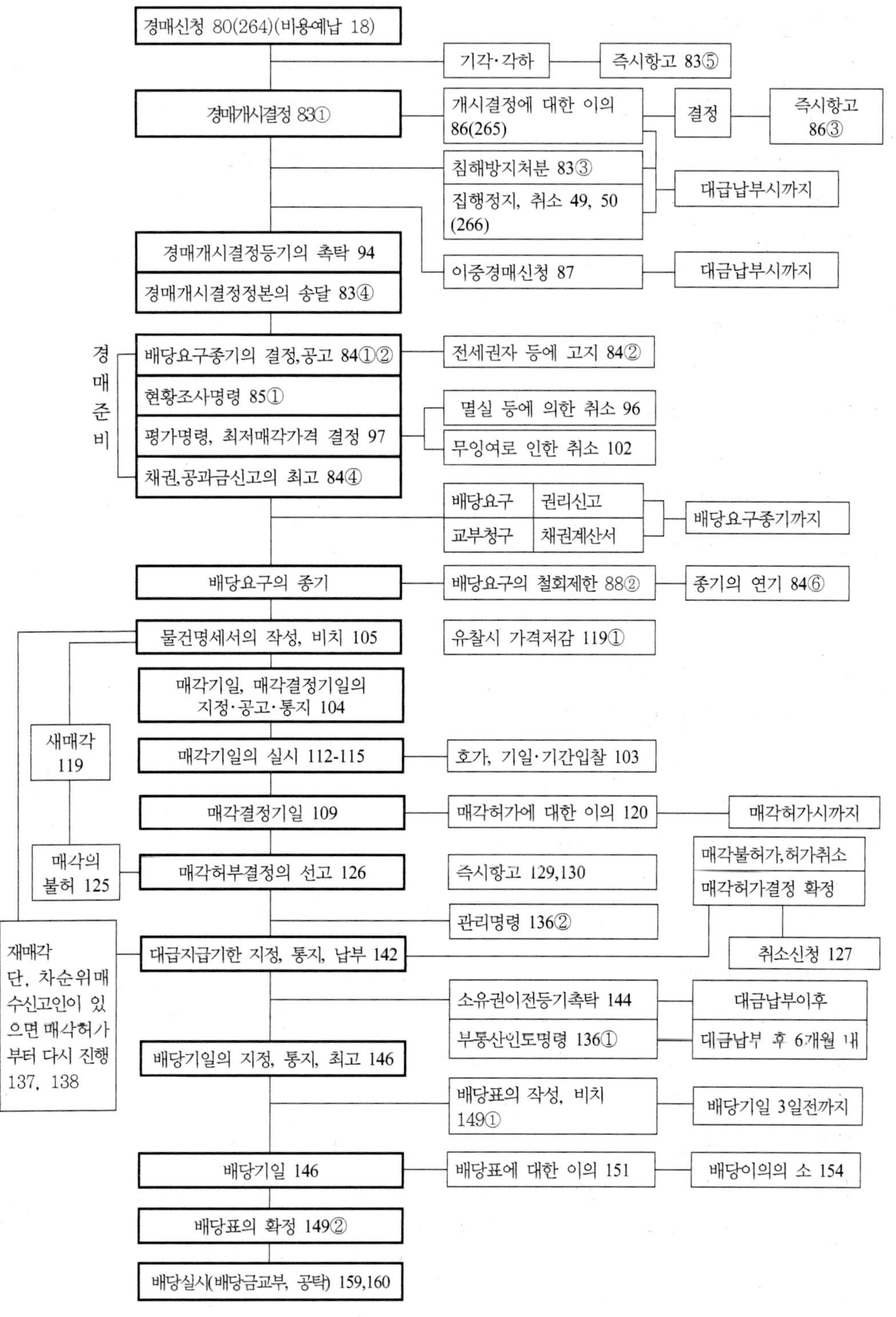

경매신청 80(264)(비용예납 18)
기각·각하
즉시항고 83⑤
경매개시결정 83①
개시결정에 대한 이의 86(265)
결정
즉시항고 86③
침해방지처분 83③
집행정지, 취소 49, 50 (266)
대급납부시까지
경매개시결정등기의 촉탁 94
경매개시결정정본의 송달 83④
이중경매신청 87
대금납부시까지
경매준비
배당요구종기의 결정,공고 84①②
전세권자 등에 고지 84②
현황조사명령 85①
평가명령, 최저매각가격 결정 97
멸실 등에 의한 취소 96
무잉여로 인한 취소 102
채권,공과금신고의 최고 84④
배당요구 권리신고
교부청구 채권계산서
배당요구종기까지
배당요구의 종기
배당요구의 철회제한 88②
종기의 연기 84⑥
물건명세서의 작성, 비치 105
유찰시 가격저감 119①
매각기일, 매각결정기일의 지정·공고·통지 104
새매각 119
매각기일의 실시 112-115
호가, 기일·기간입찰 103
매각결정기일 109
매각허가에 대한 이의 120
매각허가시까지
매각의 불허 125
매각허부결정의 선고 126
즉시항고 129,130
매각불허가,허가취소
매각허가결정 확정
관리명령 136②
취소신청 127
재매각 단, 차순위매수신고인이 있으면 매각허가부터 다시 진행 137, 138
대급지급기한 지정, 통지, 납부 142
소유권이전등기촉탁 144
대금납부이후
부동산인도명령 136①
대금납부 후 6개월 내
배당기일의 지정, 통지, 최고 146
배당표의 작성, 비치 149①
배당기일 3일전까지
배당기일 146
배당표에 대한 이의 151
배당이의의 소 154
배당표의 확정 149②
배당실시(배당금교부, 공탁) 159,160

(4) 강제경매의 신청

신청은 서면으로 하고, 신청서에는 다음 사항을 기재하며, 첨부서류 및 영수증 등과 함께 신청서를 제출하고, 집행비용을 예납한다.

1) 채권자·채무자의 표시

채권자와 채무자를 특정할 수 있도록 그 이름과 주소를 기재하여야 한다.
대리인에 의하여 강제경매의 신청을 하는 경우에는 신청서에 대리인의 이름·주소를 표시하여야 한다.

2) 부동산의 표시

강제경매의 대상이 될 부동산을 특정하여 표시한다. 여기서 부동산이라 함은 토지 및 그 정착물, 부동산과 동일시되는 권리를 말한다.
등기되어 있는 부동산의 경우에는 동일성이 인정되는 한 등기부의 표제부에 기재되어 있는 대로 표시하여야 한다. 구분소유권의 경우에는 1동의 건물 중 구분소유로 된 부분을 특정할 수 있도록 표시하여야 한다. 미등기 부동산의 경우에는 그 부동산이 채무자의 소유임을 증명할 서류의 표시와 부합되도록 적어야 한다.

3) 채권 및 청구금액의 표시

강제경매에 의하여 변제를 받고자 하는 일정한 채권과 그 청구금액을 표시한다. 채권은 다른 채권과 구별할 수 있을 정도로 특정하여야 하고, 청구금액은 집행권원에 표시된 채권액의 범위 내이어야 한다. 집행권원이 수 개인 경우 각 집행권원의 내용이 된 채권을 모두 특정하여 표시해야 한다. 청구금액은 반드시 정액의 표시가 잇어야 하는 것은 아니고 정기금채권, 이자채권과 같이 기간과 액수, 이율 등으로 계산 가능한 표시가 있으면 무방하다.

4) 집행권원의 표시

구체적으로 어떤 집행권원에 의한 강제집행인가를 알아 볼 수 있도록 표시한다. 한 개의 집행권원에 여러 개의 집행채권이 존재하는 경우에는 어느 집행채권에 기하여 강제집행을 구하는 것인가를 명백히 하지 않으면 안된다. 기한 미도래나 조건 불성취의 집행권원에 기하여 경매신청을 한 경우에는 그 신청은 부적법하다.
집행권원이란 사법상의 일정한 이행청구권의 존재와 범위를 표시함과 동시에 강제집행으로 그 청구권을 실현할 수 있는 집행력을 인정한 공정의 증서를 말한다.

5) 집행력 있는 정본의 제출

집행력 있는 정본이란 집행문이 있는 집행권원의 정본을 말하고, 집행문이란 집행권원에 집행력 있음과 집행당사자를 공증하기 위하여 법원사무관 등이 공증기관으로서 집행권원의 끝에 덧붙여 적는 공증문언을 말한다. 집행문 제도를 둔 목적은 집행기관으로 하여금 집행권원에 집행력이 있는지 여부와 그 범위를 쉽게 판단하게 하여 신속한 집행을 꾀하려는 데 있다. 그러나 모든 강제집행에 있어서 집행문이 필요한 것은 아니다.

※ 집행문을 필요로 하지 않는 경우

① 확정된 지급명령(민집 58조)
② 확정된 이행권고결정(소심 5조의 8)
③ 가압류가처분명령(민집 292조, 301조)
④ 과태료의 재판에 대한 검사의 집행명령(민집 60조, 비송 249조)
⑤ 벌금 등의 형사재판에 대한 검사의 집행명령(형소 477조)
⑥ 확정된 또는 가집행선고 있는 배상명령이 적힌 유죄판결(소촉 34조, 가폭 61조)
⑦ 채권압류명령에 따른 채권증서의 인도집행(민집 234조)
⑧ 강제관리개시결정에 따른 부동산의 점유집행(민집 166조)
⑨ 의사의 진술을 명하는 판결(부동산등기절차의 이행을 명하는 판결 등)

6) 집행권원의 송달증명서의 제출

강제집행은 집행권원을 집행개시전 또는 집행개시와 동시에 집행을 받을 사람(채무자)에게 송달한 때에 한하여 개시할 수 있으므로(민집 39조), 채권자는 송달사무처리기관인 법원사무관 등 또는 송달실시기관인 집행관의 송달증명서를 제출하여야 한다. 강제경매의 경우에는 법원이 집행기관이므로 동시송달이란 있을 수 없다.

7) 자격증명서의 제출

채권자, 채무자가 행위무능력자인 경우 또는 법인인 경우에는 무능력자의 법정대리인, 법인의 대표자의 자격을 증명하는 서면(가족관계증명서, 법인등기부등본 등)을 붙여야 한다.

8) 위임장의 제출

소송대리인에 의한 경매신청의 경우에는 그 대리권을 증명하기 위하여 소송위임장을 붙여야 한다. 집행권원이 판결인 경우 그 판결의 소송대리인으로 표시된 자가 강제경매신청을 함에 있어서는 위임장을 첨부할 필요가 없다.

9) 기타 증명서의 제출

① 담보제공증명서

집행이 채권자의 담보제공에 달린 때(담보제공을 조건으로 가집행을 선고한 경우 등)에는
채권자는 담보를 제공한 증명서류를 제출하여야 하고, 또 그 등본을 집행개시 전 또는 집
행개시와 동시에 채무자에게 송달하여야 한다(민집 40조).

② 반대의무의 이행 또는 이행의 제공을 증명하는 서면

동시이행관계에 있는 반대의무의 이행(제공)은 원칙적으로 집행문 부여의 요건이 아니고
집행개시의 요건이다(민집 41조). 그러나 반대의무의 이행과 상환으로 권리관계의 인낙이
나 의사진술을 할 의무에 대하여는 그 판결이 확정된 뒤에 채권자가 그 반대의무를 이행한
사실을 증명하고 재판장 또는 사법보좌관의 명령에 따라 집행문을 받았을 때 의사표시의
효력이 생기므로(민집 263조), 이 경우에는 반대의무의 이행(제공)은 집행문 부여의 요건
이 된다.

10) 인지 · 송달료 · 증지

집행권원 1개당 5,000원의 수입인지를 신청서에 붙여야 한다. 부동산등 경매사건의 송달
료는 송달료규칙 및 송달료규칙의 시행에 따른 업무처리요령이 정하는 바에 따라 송달료
수납은행에 현금[(신청서 상 이해관계인수+3)×10회분×5,200원]을 납부하고, 그 은행으
로부터 송달료납부서, 송달료영수증을 교부받은 다음 그 중 송달료납부서를 신청서에 첨부
한다. 부동산 1개당 3,000원의 증지를 클립 혹은 호치키스로 신청서 상단에 고정한다. 증
지는 경매개시결정 이후 담당 경매계에서 등기소로 촉탁할 시에 떼어서 사용한다.

11) 등록세 · 지방교육세

신청인은 등록세(청구채권금액의 2/1,000) 및 지방교육세(청구채권금액의 등록세액의
20/100) 영수필통지서 1통과 영수필확인서 1통을 적어도 법원의 등기촉탁까지는 제출하여
야 한다. 실무상으로는 통상 경매신청 시에 위 영수필통지서 등을 함께 제출하고 있다.

12) 집행비용예납

신청인은 아래와 같은 집행비용을 법원보관금규칙이 정하는 바에 따라 예납하여야 한다.

경매수수료	10만원까지 5,000원
	10만원 초과 1천만원까지 5,000원+[(청구금액−10만원)/10만원×2,000원]
	1천만원 초과 5천만원까지 203,000원+[(청구금액−1천만원)/10만원×1,500원]
	5천만원 초과 1억원까지 803,000원+[(청구금액−5천만원)/10만원×1,000원]
	1억원 초과 3억원까지 1,303,000원+[(청구금액−1억원)/10만원×500원]
	3억원 초과 5억원까지 2,303,000원+[(청구금액−3억원)/10만원×300원]
	5억원 초과 10억원까지 2,903,000원+[(청구금액−5억원)/10만원×200원]
	10억원 초과 3,903,000원
감정료	1억 5,500만원 이하 200,000원
	1억 5,500만원 초과 50억원까지 청구금액×0.0004+138,000원
	50억원 초과 청구금액×0.0002+1,138,000원
현황조사료	63,260원
유찰수수료	6,000원
신문공고료	부동산(기본2개당) 220,000원 1개 추가당 110,000원

[서식] 법원보관금납부서

<table>
<tr><td rowspan="7">납부당사자사용란</td><td>법원명</td><td>○○지방법원</td><td>사건번호</td><td colspan="2">부동산임의경매</td></tr>
<tr><td>납부금액</td><td>○○○○원</td><td>보관금종류</td><td colspan="2">○ 민사예납금 ○ 경매예납금
○ 경매보증금 ○ 경락대금 ○ 기타</td></tr>
<tr><td>납부당사자</td><td>박○○</td><td>주민등록번호
(사업자등록번호)</td><td colspan="2"></td></tr>
<tr><td>주소</td><td colspan="4"></td></tr>
<tr><td rowspan="2">잔액환급
계좌번호</td><td>○○은행</td><td>○○지점</td><td>예금주</td><td></td></tr>
<tr><td>계좌번호</td><td colspan="3"></td></tr>
</table>

13) 부동산목록 · 등기부등본

경매개시결정과 그 후의 각종 촉탁 등에 필요한 부동산목록은 본래는 집행법원이 이를 작성하여야 할 것이나 법원의 사무처리의 편의를 위하여 실무상 신청인에게 10통을 제출시키고 있다.

채무자 소유로 등기된 부동산에 대하여 등기부등본을 제출하여야 한다. 실무상 경매신청전 1개월 이내에 발급된 것을 첨부시키고 있다.

[신청취지 기재례]

가) 부동산강제경매신청서

> 1. 채권자의 채무자에 대한 위 청구금액의 변제에 충당하기 위하여 별지목록 기재 부동산에 대한 강제경매절차를 개시한다.
> 2. 채권자를 위하여 별지목록 기재 부동산을 압류한다.
> 라는 재판을 구합니다.

나) 부동산경매개시결정에 대한 이의신청

> 1. ○ ○지방법원   년 월 일자로 별지목록기재 부동산에 대한 매각허가결정을 취소하고, 이 사건 경매신청을 기각한다.
> 라는 재판을 구합니다.

다) 부동산인도명령신청

> 피신청인은 신청인에게 별지목록 기재 부동산을 인도하라.
> 라는 재판을 구합니다.

라) 부동산인도명령 집행정지신청

> ○○지방법원 ○○지원 타경   호 부동산 인도명령사건에 관하여, 동 법원에서 2001년 월 일에 한 별지목록 기재 부동산에 대한 부동산인도명령정본에 기한 인도집행은 ○○지방법원(항고부)   라   호 항고심 결정시까지 이를 정지한다.
> 라는 재판을 구합니다.

마) 부동산인도명령에 대한 즉시항고

부동산강제경매신청서

[서식] 부동산강제경매 신청서

부동산강제경매신청

채 권 자　박 ○ ○(750○○○-16○○○○)
　　　　　서울시 ○○구 ○○동 ○○-○○(T.010-○○○-○○○)

채무자겸　정 ○ ○(760431-1627813)
소 유 자　광주 광산구 장덕동 1490-991

청구금액 : 금 100,000,000
　　　　　위 금액에 대하여 20○○. ○. ○.부터 20○○. ○. ○.까지는 연 12%의, 그
　　　　　다음날부터 다 갚는 날까지는 연 20%의 각 비율에 의한 금원

집행법원의 표시
채권자가 채무자를 상대로 한 서울가정법원 20○○느단 1234 위자료 판결정본

신 청 취 지

위 금액의 변제에 충당하기 위하여 별지목록 기재 부동산에 대하여 강제경매개시를 한다.
라는 재판을 구합니다.

신 청 이 유

위 청구금액은 채권자가 채무자를 상대로 제기한 20○○느단 1234 위자료 청구사건의 20○○. ○. ○.자 확정된 판결에 의한 것으로 채무자가 변제하여야 할 것인바, 채무자는 이를 전혀 변제하지 않고 있으므로 채권자는 채무자를 상대로 위 집행법원에 의한 경매개시결정의 절차를 구하기 위하여 본 신청에 이르렀습니다.

첨 부 서 류

1. 위 입증방법	1통
1. 별지목록	1통
1. 이해관계일람표	1통
1. 부동산등기부등본	1통
1. 채무자주민등록초본	1통

20○○.　　○.　　○.

위 채권자　박 ○ ○　(인)

○○ 지방법원　귀중

매각할 부동산의 표시

1동의 건물의 표시

충청남도 논산시 강경읍 산양리 348-9, 349-2 금강빌리지임대아파트 제104동 철근콘
크리트조 평스라브지붕 5층 아파트

1층	441.78 ㎡
2층	440.66 ㎡
3층	440.66 ㎡
4층	440.66 ㎡
5층	440.66 ㎡
지하1층	384.45 ㎡

대지권의 목적인 토지의 표시

1. 충남 논산시 강경읍 산양리 348-9   대 1,679 ㎡
2. 충남 논산시 강경읍 산양리 349-2   대 4,287 ㎡

전유부분의 건물의 표시

건물의 표시 : 제1층 제302호
구   조 : 철근콘크리트조
면   적 : 39.60㎡

대지권의 표시

대지권의 종류 : 1, 2 소유대지권
대지권의 비율 : 5,966분의 30.046   .끝.

■ 작성·접수방법

1. 신청서는 1부 제출한다.
2. 등록세, 송달료, 인지를 첩부하고 증지는 호치키스로 신청서 상단에 고정해 제출한다.
3. 경매예납금은 법원보관금으로 납부하는데 대략적 금액으로 예납하여도 무방하고 경매진행 중에
   부족하면 추가 보정납부하면 된다.
4. 집행권원은 정본을 첩부해야 한다.
5. 채무자 주소가 등기부와 다른 경우 이를 확인하기 위해 주민등록초본을 첩부한다.

1. 가정법원과 그 지원의 관할구역(서울)

고등 법원	가정 법원	지방 법원	관 할 구 역		
			소 년	가 사	가족관계등록부
서 울	서 울	서 울	서울특별시, 의정부, 동두천시, 구리시, 고양시, 양주군, 파주군, 가평군, 강원도 철원군	서울특별시 전체	서울특별시종로구, 중구, 성북구, 용산구, 강남구, 서초구, 관악구, 동작구
		동 부		관할권 없음	서울특별시 성동구, 광진구, 강동구, 송파구
		남 부		관할권 없음	서울특별시 영등포구, 강서구, 금천구, 양천구, 구로구
		북 부		관할권 없음	서울특별시 동대문구, 중랑구, 도봉구, 강북구, 노원구
		서 부		관할권 없음	서울특별시 서대문구, 마포구, 은평구
		의정부		의정부시, 동두천시, 구리시, 남양주시, 양주군, 연천군, 포천군, 가평군, 강원도 철원군	
		고 양 지 원		고양시, 파주시	

<표> 가정법원과 그 지원의 관할구역(기타지역)

지방 법원	관 할 구 역	
	가 사	가족관계등록부
수원가정법원	경기도 수원시, 화성시, 오산시, 용인시를 포함한 경기도 남부 지역을 관할	
인천가정법원	인천광역시	
부산가정법원	부산광역시, 울산광역시, 경상남도 양산시 등	
대전가정법원	대전광역시, 세종특별자치시, 충청남도 전역	
광주가정법원	광주광역시, 전라남도	
대구가정법원	대구광역시 및 경상북도	

2. 가족관계등록(호적)신고안내

다음의 재판을 받은 당사는 ① 법원에서 확정증명을 발급받아 ② 호적신고를 하여야 하는데, 제세한 절차는 아래와 같습니다. 이혼, 혼인취소, 혼인무효, 인지, 입양, 파양, 친권에 관한 사건 등(단, 원고가 패소한 경우에는 신고대상이 아님)

1. 판결확정증명을 발급 받으려면 어떻게 해야 합니까?

① 판결문을 받은 날부터 계산하여 20일 후에 담당재판부로 확정여부를 문의한다.
② 판결이 확정되었다고 한다면, 확정일로부터 1개월 이내에 가정법원 종합접수실 7번 '제증명' 담당자에게 확정증명원 신청서를 작성하여 접수한다.

2. 가족관계등록(호적)신고는 어떻게 해야 합니까?

판결확정일로부터 1개월 이내에 주소지 또는 본적지 시, 구, 읍, 면사무소에 하어야 하고, 이를 지체하면 과태료처분을 받을 수 있습니다.

3. 받은 서류가 '판결문'이 아니고 '화해권고결정' 또는 조정에 갈음하는 결정조서일 경우에도 위와 똑같은 절차로 하면 되고, 조정조서 또는 화해조서일 경우에는 서류를 받은 날로부터 7일 이내에 담당재판부에 송달여부를 문의하고, 송달이 되었다고 한다면 위와 같은 방법으로 법원에 나와 송달증명원을 발급받아 신고를 하면 된다.

1. **판결확정은 언제 되나?**

   원고와 피고가 판결문을 송달받은 날로부터 항소없이 15일이 지나야 확정되는데, 일반
   사건의 경우 통상 판결선고일로부터 25일 이후가 됩니다.

   ⇒ 그래서 판결문을 받고나서 20일 이전에 전화를 하여 확인하라는 것이다.

2. **법원에 방문할 때는 판결문, 신분증, 도장, 수수료 500원을 준비하여 가급적 본인이
   나오고, 본인이 나오지 못할 경우 가족이 나와도 된다.**

   ⇒ 가족이 나올 때 준비할 서류

   ① 가족임을 알 수 있는 자료(주민등록 또는 호적등본 + 신분증)

   ② 위임장(백지에 사건번호, 원고·피고, 대리인의 성명, 주소, 주민등록번호를 적고, '이
   사건 확정증명을 위 대리인에게 위임합니다.'라고 기재한 후 서명, 날인하면 된다.

3. 자의 양육과 친권자결정에 관한 협의서 작성요령

* 미성년인 자녀(임신 중인 자를 포함하되, 이혼에 관한 안내를 받은 날부터 3개월 또는
  법원이 별도로 정한 기간 내에 성년이 되는 자는 제외)가 있는 부부가 협의이혼을 할
  때는 자녀의 양육과 친권자결정에 관한 협의서를 확인기일 1개월 전까지 제출하여야 한다.
* 이혼의사확인신청후 양육과 친권자결정에 관한 협의가 원활하게 이루어 지지 않는 경우에
  는 신속하게 가정법원에 그 심판을 청구하여야 한다.
* 확인기일까지 협의서를 제출하지 아니한 경우에는 이혼의사확인이 지연되거나 불확인
  처리될 수 있고, 협의한 내용이 자녀의 복리에 반하는 경우 가정법원은 보정을 명할 수
  있으며 보정에 응하지 않는 경우 불확인 처리된다.
* 이혼신고일 다음날부터 미성년자인 자녀들이 각 성년에 이르기 전날까지의 기간에 해당하
  는 양육비에 관하여는 양육비부담조서 작성되며, 이혼 후 양육비부담조서에 따른 양육비
  를 지급하지 않으면 양육비부담조서에 의하여 강제집행할 수 있다. 그 외 협의사항은
  별도의 재판절차를 통하여 과태료, 감치 등의 제재를 받을 수 있고, 강제집행을 할 수
  있다.

1. **친권자 및 양육자의 결정**

   친권자는 자녀의 재산관리권, 법률행위대리권 등이 있고, 양육자는 자녀와 공동생활을
   하며 각종 위험으로부터 자녀를 보호하는 역할을 말한다. 협의이혼시 친권자 및 양육자는
   자의 복리를 최우선으로 고려하여 부 또는 모 일방, 부모공동으로 지정할 수도 있으며,
   친권자와 양육자를 분리하여 지정할 수 있다(공동친권, 공동양육의 경우는 이혼 후에도
   부모 사이에 원만한 협의가 가능한 경우에만 바람직하며, 각자의 권리·의무, 역할, 동거
   기간 등을 별도로 명확히 정해두는 것이 장래의 분쟁을 예방할 수 있다.).

임신 중인 자의 특정은 자녀이름란에 '모가 임신 중인 자'로 기재하고 생년월일란에 '임신 ○개월' 기재함으로 하고, 성별란은 기재할 필요가 없다.

2. 양육비용의 부담

자녀에 대한 양육의무는 친권자나 양육자가 아니어도 부모로서 부담하여야 할 법률상 의무이다. 양육비는 자녀의 연령, 자녀의 수, 부모의 재산상황 등을 고려하여 적정한 금액을 협의하여야 한다. 경제적 능력이 전혀 없는 경우에는 협의에 의해 양육비를 부담하지 않을 수도 있다. 이혼신고 전 양육비 또는 성년이후의 교육비 등은 부모가 협의하여 '기타'란에 기재할 수 있으나, 양육비부담조서에 기재되지 않으므로, 강제집행을 위해서는 별도의 재판절차가 필요하다.

3. 면접교섭권의 행사 여부 및 그 방법

민법 제837조의2 규정에 다라 이혼 후 자녀를 직접 양육하지 않은 부모(비양육친)의 일방과 자녀는 서로 만날 권리가 있고, 면접교섭은 자녀가 양쪽 부모의 사람을 받고 올바르게 자랄 수 있기 위해 필요하다. 면접교섭 일시는 자녀의 일정을 고려하여 정기적·규칙적으로 정하는 것이 자녀의 안정적인 생활에 도움이 되고, 자녀의 인도장소 및 시간, 면접교섭 장소, 면접교섭시 주의사항(기타란에 기재) 등을 자세하게 정해야 장래의 분쟁을 방지할 수 있다.

4. 첨부서류

협의서가 자녀의 복리에 부합하는지 여부를 판단하기 위해 부, 모의 월 소득액과 재산에 관한 자료 등이 필요하므로 증빙서류를 제출한다.

5. 기타 유의사항

법원은 협의서원본을 2년간 보존한 후 폐기하므로, 법원으로부터 교부받은 협의서등본을 이혼신고 전에 사본하여 보관해야 한다.

4. 협의이혼제도 안내

1. 협의이혼이란

부부가 자유로운 이혼합의에 의하여 혼인관계를 해소시키는 제도로, 먼저 관할 법원의 협의이혼의사확인을 받은 후 쌍방이 서명 또는 날인한 이혼신고서에 그 확인서등본을 첨부하여 시(구)·읍·면의 장에게 신고함으로써 이혼의 효력이 발생한다.

2. 협의이혼절차는

가. 협의이혼의사확인의 신청
① 신청시 제출하여야 할 서류
㉮ 협의이혼의사확인신청서 1통
* 부부가 함께 작성하며, 신청서 양식은 법원의 신청서 접수창구에 비치되어 있다.
* 기일의 고지는 전화 등으로 할 수 있으므로, 신청서에 전화연락처를 정확히 기재하여야 하며, 전화연락처는 즉시 법원에 신고하여야 한다.
㉯ 남편의 가족관계증명서와 혼인관계증명서 각 1통
처의 가족관계증명서와 혼인관계증명서 각 1통
* 시(구), 읍, 면, 동사무소에서 발급
㉰ 주민등록등본 1통
* 주소지 관할 법원에 이혼의사확인신청을 하는 경우에만 첨부합니다.
㉱ 미성년인 자녀(임신 중인 자를 포함하되, 이혼에 관한 안내를 받은 날부터 3개월 또는 법원이 별도로 정한 기간 이내에 성년에 도달하는 자녀는 제외)가 있는 부부는 이혼에 관한 안내를 받은 후 그 자녀의 양육과 친권자결정에 관한 협의서 1통과 사본 2통 또는 가정법원의 심판정본 및 확정증명서 각 3통을 제출하되, 부부가 함께 출석하여 신청하고 이혼에 관한 안내를 받은 경우에는 협의서는 확인기일 1개월 전까지 제출할 수 있고, 심판정본 및 확정증명서는 확인기일까지 제출할 수 있다. 자녀의 양육과 친권자결정에 관한 협의가 원활하게 이루어지지 않는 경우에는 신속하게 가정법원에 심판을 청구하여 심판정본 및 확정증명서를 제출하여야 한다. 미제출 또는 제출지연 시 협의이혼확인이 지연되거나 불확인될 수 있다.
특히, 이혼신고 다음날부터 미성년인 자녀가 성년에 이르기 전날까지의 기간에 해당하는 양육비에 관하여 협의서를 작성한 경우 양육비부담조서가 작성되어 별도의 재판없이 강제집행을 할 수 있으므로 양육비부담에 관하여 신중한 협의를 하여야 한다.
㉲ 이혼신고서
* 이혼신고서는 법원에 제출하는 서류가 아니고, 시(구), 읍, 면사무소에 이혼신고할 때 제출하는 서류다. 그러나, 법원에 신청할 때 미리 이혼신고서 뒷면에 기재된 작성방법에 따라 부부가 함께 작성하여 서명 또는 날인한 후 각자 1통을 보관하고 있다가 이혼신고할 때 제출하면 편리하다(신고서양식은 법원의 신청서 접수창구 및 시, 군, 면사무소에 비치되어 있다.

    ㅒ 부부 중 일방이 외국에 있거나 교도소(구치소)에 수감 중인 경우

       재외국민등록부등본 1통(재외공관 및 외교통상부 발급) 또는 수용증명서(교도소 및 구치소 발급) 1통을 첨부합니다.

② 신청서를 제출한 법원

    이혼당사자의 등록기준지 또는 주소지를 관할하는 법원에 부부가 함께 출석하여 신청서를 제출하여야 한다[부부 중 일방이 외국에 있거나 교도소(구치소)에 수감 중인 경우에만 다른 일방이 혼자 출석하여 신청서를 제출하고 안내를 받으며, 첨부서류는 신청서 제출당시에 전부 첨부하여야 한다].

③ 이혼에 관한 안내

  * 법원으로부터 이혼에 관한 안내를 반드시 받아야 하고, 상담위원의 상담을 받을 것을 권고 받을 수 있다. 특히, 미성년자인 자녀의 양육과 친권자결정에 관하여 상담위원의 상담을 받은 후 협의서를 작성할 것을 권고한다.

  * 신청서 접수한 날부터 3개월이 경과하도록 이혼에 관한 안내를 받지 아니하면 협의이혼의사확인신청은 취하한 것으로 본다.

④ 이혼숙려기간의 단축 또는 면제

    안내를 받은 날부터 미성년인 자녀(임신 중인 자를 포함)가 있는 경우에는 3개월, 성년 도달 1개월 후 3개월 이내 사이의 미성년인 자녀가 있는 경우에는 성년이 된 날, 성년 도달 전 1개월 이내의 미성년인 자녀가 있는 경우 및 그 밖의 경우에는 1개월이 경과한 후에 이혼의사의 확인을 받을 수 있으나, 가정폭력 등 급박한 사정이 있어 위 기간의 단축 또는 면제가 필요한 사유가 있는 경우 이를 소명하여 사유서를 제출할 수 있다. 이 경우 특히 상담위원회의 상담을 통하여 사유서를 제출할 수 있다. 사우서 제출 후 7일 이내에 확인기일의 재지정 연락이 없으면 최초에 지정한 확인기일의 유지되며, 이에 대하여는 이의를 할 수 없다.

⑤ 신청서의 취하

    신청서 접수 후에도 이혼의사확인을 받기 전까지 부부 일방 또는 쌍방은 법원에 신청을 취할 수 있다

⑥ 협의이혼의사의 확인

  * 반드시 부부가 함께 본인의 신분증(주민등록증, 운전면허증, 공무원 증 및 여권 증 하나)과 도장을 가지고 통지받은 확인기일에 법원에 출석하여야 한다.

  * 확인기일을 2회에 걸쳐 불출석한 경우 확인신청을 취하한 것으로 보므로 협의이혼의사 확인신청을 다시 하여야 한다.

  * 부분의 이혼의사와 미성년인 자녀가 있는 경우 그 자녀의 양육과 친권자결정에 관한 협의서 또는 가정법원의 심판정본 및 확정증명서가 확인되면 법원에서 부분에게 확인서등본 1통 및 미성년인 자녀가 있는 경우 협의서등본 및 양육비부담조서정본 또는 가정법원의 심판정본 및 확정증명서 1통씩을 교부한다.

  * 확인기일까지 협의를 할 수 없어 가정법원에 심판을 청구한 경우에는 확인기일에 출석하여 그 사유를 소명하여야 한다.

  * 자녀의 복리를 위해서 법원은 자녀의 양육과 친권자결정에 관한 협의에 대하여 보정을 명할 수 있고, 보정에 불응하면 불확인 처리된다.

* 불확인 처리를 받은 경우에는 가정법원에 별도로 재판상 이혼 또는 재판상 친권자지정 등을 청구할 수 있다.

나. 협의이혼의 신고

* 이혼의사확인서등본은 교부받은 날부터 3개월이 지나면 그 효력이 상실되므로, 신고의사가 있으면 위 기간 내에 당사자 일방 또는 쌍방이 시(구), 읍, 면사무소에 확인서등본이 첨부된 이혼신고서를 제출하여야 한다. 이혼신고가 없으면 이혼된 것이 아니며, 위 기간을 지난 경우에는 다시 법원의 이혼의사확인을 받지 않으면 이혼신고를 할 수 없다.

* 미성년자인 자녀가 있는 경우 이혼신고 시에 협의서등본 또는 심판정본 및 그 확정증명서를 첨부하여 친권자지정 신고를 하여야 하며, 임신 중인 자녀는 이혼신고시가 아니라 그 자녀의 출생신고 시에 협의서등본 또는 심판정본 및 그 확정증명서를 첨부하여 친권자지정 신고를 하여야 한다.

* 확인서등본을 분실한 경우 : 확인서등본을 교부받은 날부터 3개월 이내라면 이혼의사확인신청을 한 법원에서 확인서등본을 다시 교부받을 수 있다.

* 법원은 협의서원본을 2년간 보존한 후 폐기하므로, 법원으로부터 교부받은 협의서등본을 이혼신고 전에 사본하여 보관하여야 한다.

다. 협의이혼의 철회

이혼의사확인을 받고 난 후라도 이혼할 의사가 없는 경우에는 시(구), 읍, 면의 장에게 확인서등본을 첨부하여 이혼의사철회서를 제출하면 된다. 이혼신고가 이혼의사철회서보다 먼저 접수되면 철회서를 제출하였더라도 이혼의 효력이 발생한다.

3. 협의이혼의 효과

가정법원의 이혼의사확인을 받아 신고함으로써 혼인관계는 해소된다. 이혼 후에도 자녀에 대한 부모의 권리와 의무는 협의이혼과 관계없이 그대로 유지되나 미성년자인 자녀(임신 중인 자 포함)가 있는 경우에는 그 자녀의 양육과 친권자결정에 관한 협의서 또는 가정법원의 심판에 따른다. 특히, 이혼신고 다음날부터 미성년인 자녀가 성년에 이르기 전날까지의 기간에 해당하는 양육비에 관하여 양육비부담조서가 작성되면, 이혼 후 양육비부담조서에 따른 양육비를 지급하지 않으면 양육비부담조서정본에 가정법원이 부여한 집행문을 첨부하여 강제집행할 수 있다.

한편, 이혼하는 남편과 다른 등록기준지를 사용하기를 원하는 처는 별도의 등록기준지변경신고를 함께 하여야 한다.

5. 협의이혼제도안내(재외국민용)

1. 협의이혼이란

부부가 자유로운 이혼합의에 의하여 혼인관계를 해소시키는 제도로, 재외국민으로 등록된 국민이 재외공관장에게 협의이혼의사확인신청을 하여 서울가정법원으로부터 이혼의사확인을 받은 후 쌍방이 서명 또는 날인한 이혼신고서에 그 확인서등본을 첨부하여 재외공관장 등에게 신고함으로써 이혼의 효력이 발생합니다.

2. 협의이혼절차는

가. 협의이혼의사확인의 신청
 (1) 신청시 제출하여야 할 서류
  (가) 협의이혼의사확인신청서 1통
   - 부부가 함께 작성하며, 신청서 양식은 법원의 신청서 접수창구에 있습니다.
   - 신청서에 항상 연락 가능한 전화연락처를 정확히 기재하여야 하며, 전화 연락처 변경시에는 즉시 재외공관에 신고하여야 합니다.
  (나) 남편의 가족관계증명서와 혼인관계증명서 각 1통
      처의 가족관계증명서와 혼인관계증명서 각 1통
   - 시(구)·읍·면·동사무소에서 발급
  (다) 미성년인 자녀(임신 중인 자를 포함하되, 이혼에 관한 안내를 받은 날부터 3개월 또는 법원이 별도로 정한 기간 이내에 성년에 도달하는 자녀는 제외)가 있는 부부는 이혼에 관한 서면 안내를 받은후 그 자녀의 양육과 친권자결정에 관한 협의서 1통과 사본 2통 또는 가정법원의 심판정본 및 확정증명서 각 3통을 제출하여야 합니다. 미제출 또는 제출지연 시 협의이혼확인이 지연되거나 불확인될 수 있습니다.
  (라) 이혼신고서
   - 이혼신고서는 이혼의사확인신청할 때 제출하는 서류가 아니고 재외공관장 등에게 이혼신고할 때 비로소 제출하는 서류입니다. 그러나, 신청할 때 미리 이혼신고서 뒷면에 기재된 작성방법에 따라 부부가 함께 작성하여 서명 또는 날인한 후 각자 1통을 보관하고 있다가 이혼신고할 때 제출하면 편리합니다.
   - 신고서양식은 재외공관의 신청서 접수창구에 있습니다.
  (마) 부부 중 일방이 다른 외국에 있거나 교도소(구치소)에 수감 중인 경우
   - 재외국민등록부등본 1통(재외공관 및 외교통상부 발급) 또는 수용 증명서(교도소 및 구치소 발급) 1통을 첨부합니다.
 (2) 신청서를 제출할 재외공관
    이혼당사자의 거주지를 관할하는 재외공관에 부부가 함께 출석하여 신청서를 제출하여야 합니다.
   - 부부 중 일방이 외국에 있거나 교도소(구치소)에 수감 중인 경우에만 다른 일방이

혼자 출석하여 신청서를 제출하고 안내를 받아야 합니다.
    (3) 이혼에 관한 안내
        재외공관장으로부터 서면으로 안내를 받을 수 있습니다.
    (4) 이혼숙려기간의 단축 또는 면제
        안내를 받은 날부터 미성년인 자녀(임신 중인 자를 포함)가 있는 경우에는 3개월,
        성년 도달 전 1개월 후 3개월 이내 사이의 미성년인 자녀가 있는 경우에는 성년이
        된 날, 성년 도달 전 1개월 이내의 미성년인 자녀가 있는 경우 및 그 밖의 경우에는
        1개월이 경과한 후에 이혼의사의 확인을 받을 수 있으나, 가정폭력 등 급박한 사정이
        있어 위 기간의 단축 또는 면제가 필요한 사유가 있는 경우 이를 소명하여 사유서를
        제출할 수 있습니다.
    (5) 협의이혼의사의 확인
        – 부부가 함께 본인의 신분증(주민등록증, 운전면허증, 공무원증 및 여권 중 하나)과 도장을
          가지고 거주지 관할 재외공관에 출석하여야 합니다. 부부 중 일방이 타국에 거주하는
          경우 신청당사자만 출석합니다.
        – 자녀의 복리를 위해서 법원은 자녀의 양육과 친권자 결정에 관한 협의에 대하여 보정을
          명할 수 있고, 보정에 불응하면 불확인 처리됩니다.
        – 불확인 처리를 받은 경우에는 가정법원에 별도로 재판상 이혼 또는 재판상 친권자지
          정 등을 청구할 수 있습니다.

나. 협의이혼의 신고
    – 이혼의사확인서등본은 교부받은 날부터 3개월이 지나면 그 효력이 상실되므로, 신고의
      사가 있으면 위 기간 내에 당사자 일방 또는 쌍방이 재외공관, 등록기준지 또는 현재의
      시(구)·읍·면사무소에 확인서등본이 첨부된 이혼신고서를 제출하여야 합니다. 여기서
      "시"라 함은 "구"가 설치되지 않는 시를 말합니다.
    – 이혼신고가 없으면 이혼된 것이 아니며, 위 기간이 지난 경우에는 다시 법원의 이혼의사
      확인을 받지 않으면 이혼신고를 할 수 없습니다.
    – 미성년인 자녀가 있는 경우 이혼신고 시에 협의서등본 또는 심판서정본 및 그 확정증명
      서를 첨부하여 친권자지정 신고를 하며, 임신 중인 자녀는 이혼신고 시가 아니라 그
      자녀의 출생신고 시에 협의서등본 또는 심판정본 및 그 확정증명서를 첨부하여 친권자
      지정신고를 하여야 합니다.
    – 확인서등본을 분실한 경우 : 확인서등본을 교부받은 날부터 3개월 이내 라면 이혼의사
      확인신청을 한 법원에서 확인서등본을 다시 교부받고 이혼 신고서를 다시 작성하여
      이혼신고할 수 있고 3개월 지난 경우에는 다시 협의이혼의사확인신청을 하여야 합니다.
    – 협의서원본은 법원에서 1년간 보존하므로 이혼의사확인 때 법원으로부터 교부받은
      협의서등본은 이혼신고 전에 그 복사본을 별도로 보관하도록 합니다.

다. 협의이혼의 철회
    – 이혼의사확인을 받고 난 후라도 이혼할 의사가 없는 경우에는 등록기준지 또는 현재의
      시(구)·읍·면의 장에게 이혼의사철회서를 제출하면 됩니다.

－ 이혼신고서가 이혼의사철회서보다 먼저 접수되면 철회서를 제출하였더라도 이혼의 효
  력이 발생합니다.

3. 협의이혼의 효과

－ 가정법원의 이혼의사확인을 받아 신고함으로써 혼인관계는 해소됩니다. 이혼 후에도
  자녀에 대한 부모의 권리와 의무는 협의이혼과 관계없이 그대로 유지되나 미성년인 자녀
  (임신 중인 자 포함)가 있는 경우에는 그 자녀의 양육과 친권자결정에 관한 협의서 또는
  가정법원의 심판에 따릅니다.
－ 이혼하는 남편과 다른 등록기준지를 사용하기를 원하는 처는 별도의 등록 기 준지 변경신
  고를 함께 하여야 합니다.

가 압 류 신 청 진 술 서

채권자는 가압류 신청과 관련하여 다음 사실을 진술합니다. 다음의 진술과 관련하여 고의로 누락하거나 허위로 진술한 내용이 발견된 경우에는, 그로 인하여 보정명령 없이 신청이 기각되거나 가압류이의 절차에서 불이익을 받을 것임을 잘 알고 있습니다.

2010. 0. .

채권자 김 0 영   (인)

1. 신분관계와 관할의 확인, 기타 기본적 사항의 특정을 위하여

가. 채권자와 채무자의 최근에 발급받은 각 호적등본 및 주민등록등본을 첨부하였나요?
　　☑ 예　　　　　　　　□ 아니오

나. 본안사건이 가사소송법상 가정법원에 관할이 있나요?(예를 들어, 이혼에 따른 위자료나 재산분할청구는 가정법원에 관할이 있으나, 협의이혼을 하였는데 협의이혼을 전후하여 위자료나 재산분할에 관하여 약정서가 작성되었다면 민사사안임)
　　☑ 예　　　　　　　　□ 아니오

다. 신청서에 가압류할 대상을 명백히 특정하고, 그에 관한 자료를 첨부하였나요? (예를 들어, 부동산의 경우 별지 표시를 등기부에 맞게 기재하고 최근의 부동산등기부등본을 첨부, 최근의 경우 제3채무자가 법인이라면 등기부에 맞게 대표자를 표시하고 상업등기부등본을 첨부)
　　☑ 예　　　　　　　　□ 아니오

라. 피보전권리의 특정과 관련하여
 (1) 피보전권리와 청구금액을 명백히 특정하였나요? (예를 들어, '이혼을 원인으로 한 위자료청구권 등 30,000,000원'이라고 기재하면 피보전권리가 특정되지 않은 것임)
　　☑ 예　　　　　　　　□ 아니오

 (2) 여러 개의 피보전권리를 기재한 경우 피보전권리별로 가압류할 청구금액을 개별적으로 특정하였나요? (예를 들어, '이혼을 원인으로 한 위자료청구권 및 재산분할청구권 50,000,000'이라고 기재하면 가압류할 청구금액이 피보전권리별로 특정된 것이 아님)
　　☑ 예　　　　　　　　□ 아니오

2. 피보전권리와 관련하여

가. 피보전권리 전제사실과 관련하여
 (1) [법률혼] 혼인의 파탄사유에 관한 객관적 소명자료(진단서, 각서, 제3자의 진술서

등)를 첨부하였나요? (이미 본안소송을 제기하고 본안소장사본 및 접수증명원을 첨
부하였으면 불필요)

☑ 예   □ 아니오

 (2) [1 기타] 채권자와 채무자가 1관계 등에 있었음에 관한 소명자료(결혼사진, 청첩장,
제3자의 진술서 등)를 첨부하였나요?

□ 예   □ 아니오

나. 채권자가 신청서에 기재한 청구금액은 채무자의 유책의 정도, 채권자와 채무자의 재산
상태 등에 비추어 본안소송에서 승소할 수 있는 금액으로 적정하게 산출된 것입니까?
(과도한 가압류로 인해 채무자가 손해를 입으면 배상하여야 함, 위자료청구금 속에
재산분할청구금도 포함되어 있다면 분리하여 특정하여야 함)

☑ 예   □ 아니오

다. 피보전권리에 관한 소명자료를 첨부하였나요? (예를 들어, 위자료금 산정에 관련된
진단서, 각서, 제3자의 진술서 등 소명자료, 재산분할금 산정에 관련된 채권자와 채무
자의 각 재산내역 및 그 시가 등에 대한 소명자료, 양육비의 산정근거에 관한 소명자
료)

☑ 예   □ 아니오

라. [양육비나 부양료청구권을 피보전권리로 하는 경우] 과거의 양육비나 부양료 이외에 장래의
양육비나 부양료 전부를 일시금으로 청구하고 있나요?

□ 예 : 장래의 양육비나 부양료는 3년분에 한하여 청구할 것을 검토할 것

□ 아니오

3. 보전의 필요성과 관련하여

가. 채권자가 채무자의 재산에 대하여 가압류하지 않으면 향후 강제집행이 불가능하거나
매우 곤란해질 사유의 내용은 무엇입니까? (필요하면 소명자료를 첨부할 것)

: 채무자에게는 이건 부동산외에 달리 재산이 없고, 이마저도 곧 처분하려고 중개업소
에 내놓으려고 하는바, 그렇게 되면 후일 재산분할 등의 권리확보가 불가능해짐

나. [유체동산, 임금채권, 영업상채권, 예금채권 가압류사건인 경우] 채무자에게는 가압류
할 부동산이나 다른 채권(임대차보증금반환채권 등)이 있습니까?

□ 예

□ 아니오- 채무자의 주소지 등기부등본 또는 임대차계약서를 첨부

다. ["예"라고 대답한 경우] 가압류할 부동산이나 다른 채권(임대차보증금반환채권 등)이
있다면, 부동산가압류나 임대차보증금반환채권가압류 이외에 이 사건 가압류 신청을
하는 이유는 무엇입니까?

4. 본안소송과 관련하여

가. 채권자는 신청서에 기재한 청구채권(피보전권리)의 내용과 관련하여 채무자를 상대로
본안소송을 제기하였거나 채무자가 채권자를 상대로 소송을 제기한 사실이 있습니까?

□ 예   ☑ 아니오

나. ["예"로 대답한 경우] 본안소송을 제기한 법원·사건번호·사건명과 현재 진행상황은?

(본안소장사본 및 접수증명을 첨부할 것, 채무자가 이미 본안소송을 제기하였으면
그 소장 사본과 채권자가 제기한 본안반소장사본 및 접수증명을 첨부할 것)

　다. [“아니오”로 대답한 경우] 채권자는 본안소송을 제기할 예정입니까?
　　□ 예 → 본안소송 제기 예정일 : 20○○. ○. ○.경
　　□ 아니오

5. 중복보전처분과 관련하여

　가. 채권자는 이 신청 이전에 채무자를 상대로 동일한 가압류를 신청하여 기각된 적이
　　있습니까?
　　□ 예 → 법원·사건번호·사건명은?
　　☑ 아니오

　나. 채권자는 신청서에 기재한 청구채권을 원인으로, 이 신청과 동시에 또는 이 신청
　　이전에 채무자의 다른 재산에 대하여 가압류나 가처분을 신청한 적이 있습니까?
　　□ 예　　　　　　　　　☑ 아니오

　다. [나.항을 “예”로 대답한 경우]
　(1) 동시 또는 이전에 가압류나 가처분을 신청한 법원·사건번호·사건명은?
　(2) 여러 건의 가압류나 가처분을 신청하는 이유는? (소명이 곤란하면 일부 취하를 검토
　　할 것)
　(3) 신청결과(취하/각하/인용/기각 등)는?

6. 과잉가압류와 관련하여

　가. 채권자는 이 신청으로 여러 개의 부동산 또는 채권에 대하여 가압류를 신청하고 있나
　　요?
　　□ 예　　　　　　　　　☑ 아니오

　나. [가.항을 “예”로 대답한 경우]
　(1) 별지에 각 부동산 또는 채권별로 가압류할 피보전권리 및 청구금액을 개별적으로
　　기재하였나요?
　　□ 예　　　　　　　　　□ 아니오
　(2) 여러 개의 부동산 또는 채권에 대하여 가압류를 신청하는 이유는? (소명이 곤란하면
　　보전의 필요성이 낮은 재산 부분은 취하를 검토할 것)

가압류신청진술서 관련 유의사항

  법원은 가압류신청진술서와 관련하여 그 심사를 실질적으로 하고 있음에 따라 보정명령을 많이 내리고 있는 실정이다. 따라서 다음 아래의 점을 주의하도록 한다.

다   음

1. 진술서 3-나

「유체동산가압류 또는 채권가압류사건의 경우 채무자에게는 가압류할 부동산이 있습니까」라는 물음에 대하여 「아니오」라고 답변한 경우
- 반드시 채무자 주소지 소재 〈부동산등기부등본〉을 첨부하여야 한다. 과연 진술대로 부동산가압류를 않은 것인지 확인하기 위함이다.

2. 진술인의 서명, 날인

- 진술서에는 반드시 진술하는 채권자 또는 소송대리권한 있는 자의 서명과 날인이 필요하다. 주의할 점은 기명날인이 아닌 〈서명날인〉이라는 점이다.

3. 진술서 4-나

본안소송을 제기한 사실이 있는가의 물음에 대하여 「예」 또는 「아니오」라고 답변한 경우
- 「예」라고 답변한 경우 사건번호등의 기재는 물론 소제기하였음을 증명하는 '소제기증명원' 또는 '소계류증명원' 등을 첨부하여야 한다.
- 본안 소송을 제기할 예정일을 구체적으로 표기하여야 한다. 즉 일자를 특정하거나 가압류결정문 송달받은 후 며칠이내라는 식으로 특정을 해야 한다.

이상과 같은 점에 주의하여 신청서 및 진술서를 작성하여야 하며 그렇지 않은 경우 대부분 보정명령이 내리고 있음을 유의한다.

자의 양육과 친권자결정에 관한 협의서 작성요령

◆ 미성년인 자녀(임신 중인 자를 포함하되, 이혼에 관한 안내를 받은 날부터 3개월 또는 법원이 별도로 정한 기간 내에 성년이 되는 자는 제외)가 있는 부부가 협의이혼을 할 때는 자녀의 양육(양육자의 결정, 양육비용의 부담, 면접교섭권의 행사 여부 및 그 방법)과 친권자결정에 관한 협의서를 확인기일 1개월 전까지 제출하여야 합니다.

◆ 성년의 자녀의 경우에도 예상되는 교육비 등의 부담을 자유롭게 협의하여 기재할 수 있습니다.

◆ 이혼의사확인신청 후 양육과 친권자결정에 관한 협의가 원활하게 이루어 지지 않는 경우에는 신속하게 가정법원에 심판을 청구하여야 합니다. 확인기일까지 협의서를 제출하지 아니한 경우 이혼의사확인이 지연되거나 불확인 처리될 수 있습니다.

◆ 만일 양육에 관한 사항이나 친권자결정에 관한 협의가 자녀의 복리에 반하는 경우 가정법원은 보정을 명할 수 있으며 보정에 응하지 않는 경우 불확인 처리됩니다.

◆ 만일 협의서에 의해 약정한 사항을 부 또는 모가 이행하지 아니한 경우(특히 양육비 부담) 별도의 '재판절차'를 통하여 과태료, 감치 등의 제재를 받을 수 있고, 강제집행을 할 수 있습니다.

◆ 협의서 작성 전에 가정법원의 상담위원의 상담을 먼저 받아 보실 것을 권고합니다.

재산명시절차 안내 및 재산목록 작성요령

제1. 절차 안내

귀하는 재산명시명령을 송달받은 날부터 정해진 기간 내에 귀하의 재산목록을 작성하여 제출하여야 합니다(별지 양식 사용). 다만, 법원의 허가를 받아 위 기간을 연장할 수 있습니다. 만일 귀하가 정당한 사유 없이 재산목록의 제출을 거부하거나 거짓의 재산목록을 제출한 때에는 1천만원 이하의 과태료에 처할 수 있습니다. 이미 제출한 재산목록에 형식적인 흠이 있거나 불명확한 점이 있으면 법원의 허가를 얻어 재산목록을 정정할 수 있습니다. 법원은 필요한 경우 귀하에게 제출하는 재산목록의 기재사항에 관하여 참고자료의 제출을 요구할 수 있습니다.

제2. 재산목록 작성요령

1. 일반적 주의사항

   가. 첨부된 재산목록은 만년필이나 볼펜을 사용하거나 컴퓨터 등의 기계적 수단을 이용하는 등의 방법으로 명백하게 해당사항을 기입·작성하여야 합니다.

   나. 양식의 해당란이 부족할 때에는 별도의 별지에 기입하고, 양식의 해당란과 귀하가 작성한 별지 사이의 관계를 분명하게 표시하여야 합니다(예: 양식의 해당란에는 "별지 1에 기재"라고 표시하고, 별지 1에는 "양식의 1번 항목에 관한 것"이라고 부기함).

   다. 각 항목에 기재하여야 할 것인지 또는 기재하지 아니할 것인지에 관하여 의문이 있는 때에는 별지를 사용하여 그 사실관계를 가능한 한 상세히 기재하여 주십시오.

   라. 재산목록에 기재할 재산으로서 제3자에게 명의신탁 되어 있거나 신탁재산으로 등기 또는 등록이나 명의개서 되어 있는 재산은 그 명의자의 이름·주소·주민등록번호를 기재하여야 합니다.

   마. 재산명시결정에서 재산목록에 기재할 재산의 종류와 하한이 되는 액수가 아래 2.의 각항에 기재와 달리 정해진 경우에는 재산명시결정에서 정해진 종류와 금액을 기준으로 하여 재산목록을 작성하여야 합니다(예: 결정문에 "재산목록에 기재할 재산의 하한이 되는 액수는 1,000만원으로 한다"고 기재되어 있고, 당사자가 보유한 예금채권의 합계액이 900만원인 경우에 예금 채권은 기재하지 않음).

2. 각 항목의 기재요령

   아래의 설명을 참조하여 각 항목별로 해당란에 귀하의 재산을 기재하십시오{본안사건 상대방과 공동으로 소유한 재산이면 그 취지를 비고란에 기재하고, 재산분할 청구사건에서는 특유재산(혼인 전부터 보유하고 있던 재산, 혼인 후 증여·상속받은 재산 등)인지 여부를 비고란에 기재하십시오}.

Ⅰ. 동 산

귀하 및 귀하와 같이 사는 친족(사실상 관계에 따른 친족 및 본안사건 상대방을 포함)의
생활필수품, 의류, 가구, 가전제품 등 일상생활에 필요한 공동생활용품은 기재하지 아니
하여도 됩니다.

1. 현금 : 외화를 포함하여 합계액 100만원 이상인 금전의 총액을 기재하고 비고란에
   그 보관장소를 기재
2. 어음·수표 : 합계액 100만원 이상의 어음·수표의 발행인, 지급인, 지급기일, 지급지,
   액면금, 수량, 보관장소를 종류별로 구분하여 기재{가액은 액면금액에 의하고, 어음
   과 수표의 각 액면금이 100만원 이상인 것 외에 그 합계액이 100만원 이상인 것도
   기재할 것(예: 어음의 액면금은 60만원, 수표의 액면금은 80만원인 경우에도 각각
   기재)}
3. 주권·국채·공채·회사채 등 : 합계액 100만원 이상의 주권·국채·공채·회사채 등의
   유가증권의 종류, 발행인, 가액, 수량, 만기일, 보관장소를 구분하여 기재(가액은
   액면금액을 기준으로 하되, 시장가격이 있는 증권의 가액은 이 재산목록을 작성할
   당시의 거래가격에 의하여 산정하고, 합계액의 산정방법은 2번 항목의 설명을 참조)
4. 금·은·백금류 : 합계액 100만원 이상의 금·은·백금과 금은제품 및 백금제품을 품명,
   중량, 제품의 종류, 가액, 보관장소를 구분하여 기재(가액의 산정은 이 재산목록
   작성 당시의 시가에 의하되, 시가를 알기 어려운 경우에는 취득가액에 의하고, 합계
   액의 산정은 2번 항목의 설명을 참조)
5. 시계·보석류·골동품·예술품·악기 : 품목당 100만원 이상의 시계·보석류·골동품·예
   술품과 악기를 품명, 크기, 수량, 가액, 보관장소를 구분하여 기재{가액의 산정은
   4번 항목의 설명을 참조하고, 여러 개의 품목의 합계액이 100만원 이상인 것은 기재
   하지 아니하여도 되나, 여러 개가 집합되어 하나의 구조물을 이룬 경우(예: 진주목걸
   이)에 그 가액이 100만원 이상인 것은 기재할 것}
6. 사무기구 : 합계액 100만원 이상의 사무기구를 종류, 수량, 가액, 소재장소를 구분하
   여 기재(가액의 산정은 2번 및 4번 항목의 설명을 참조)
7. 가축 및 기계류 : 품목당 100만원 이상의 가축과 농기계를 포함한 각종 기계류의
   품명, 수량, 가액, 소재장소를 구분하여 기재(가액의 산정은 2번 및 4번 항목의 설명
   을 참조)
8. 농·축·어업·공업생산품 및 재고상품 : 합계액 100만원 이상의 농·축·어업생산품(1
   월 안에 수확할 수 있는 과실을 포함), 공업생산품과 재고상품을 종류, 수량, 단가,
   보관장소를 구분하여 기재(가액의 산정은 2번 및 4번 항목의 설명을 참조)
9. 기타의 동산 : 4번부터 8번까지 항목에 해당되지 아니하는 기타의 유체동산으로서
   품목당 100만원 이상인 것을 기재(그 기재요령과 가액의 산정방법은 5번 항목의
   설명을 참조)

Ⅱ. 부동산 및 이에 준하는 권리와 자동차 등

10. 부동산 소유권 : 소유하고 있는 토지와 건물을 소재지, 지목(건물의 경우에는 구조와
    용도), 면적, 가액을 구분하여 기재(가액의 산정방법은 5번 항목의 설명을 참조하고,
    공동소유하고 있는 부동산은 그 소유관계를 표시하고 지분이 있는 경우에는 이를

기재)

11. 용익물권(지상권·전세권·임차권 등) : 부동산의 지상권, 전세권, 임차권을 그 목적
    부동산의 소재지, 지목 또는 구조와 용도, 전세금 또는 임차보증금과 차임 또는
    지료, 계약 체결일과 만료일, 목적 부동산의 소유자 등을 구분하여 기재

12. 부동산에 관한 청구권 : 부동산에 관한 인도청구권과 그에 관한 권리이전청구권(예:
    부동산을 매수하고 대금의 전부 또는 일부를 지급하여 이 재산목록을 작성할 당시
    이전등기를 청구할 수 있는 경우, 재개발·재건축·환경정비사업에서 조합원으로서
    의 권리 등)을 그 목적 부동산의 소재지, 종류, 지목 또는 구조와 용도, 계약일자,
    대금액, 계약 상대방의 이름·주소를 구분하여 기재

13. 자동차·건설기계·선박·항공기에 관한 권리(소유권, 인도청구권 및 권리이전청구
    권) : 소유하고 있는 자동차·건설기계·선박·항공기의 종류, 수량, 소재지 또는 보관
    장소를 구분하여 기재(자동차·건설기계·선박·항공기의 인도청구권과 그에 관한 권
    리이전청구권에 관하여는 12번 항목의 설명을 참조)

14. 광업권·어업권, 기타 부동산에 관한 규정이 준용되는 권리 및 그에 관한 권리이전청
    구권 : 위 각 권리의 종류, 광물 또는 어업의 종류(예: 금, 근해선망어업), 그 권리가
    설정된 토지 또는 수면의 위치, 그 권리의 범위를 구분하여 기재(그에 관한 권리이전
    청구권에 관하여는 12번 항목의 설명을 참조)

Ⅲ. 채권 기타의 청구권

15. 금전채권 : 100만원 이상의 금전채권을 채권의 종류, 근거 또는 내용(예: 2005.
    1. 1.자 대여), 금액, 변제기일, 계약 상대방의 이름·주소를 구분하여 기재(동일
    채무자에 대한 금전채권은 개개의 채권액이 100만원에 미달하더라도 그 합계액이
    100만원 이상인 때에는 각각의 채권을 모두 기재하고, 저당권, 유치권, 질권 또는
    양도담보 등의 담보물권에 의하여 담보되는 금전채권에 대하여는 그 담보물권의
    내용도 아울러 기재)

16. 대체물의 인도채권 : 100만원 이상의 대체물인도채권을 기재(15번 항목의 기재요
    령에 따라 기재)

17. 예금 및 보험금 등 채권 : 합계액 100만원 이상의 각종 예금과 보험금 및 보험해약환
    급금을 예금 또는 보험계약의 종류, 예금액 또는 보험금액 및 보험해약환급금액,
    예탁한 은행 또는 보험계약을 체결한 보험회사의 명칭과 소재지, 계좌번호를 구분하
    여 기재(합계액의 산정은 2번 항목의 설명을 참조하고, 보험해약환급금의 산정은
    이 재산목록 작성 당시를 기준으로 함)

18. 기타의 청구권(앞의 3번부터 8번까지 항목에 해당하는 동산의 인도청구권, 권리이
    전청구권 기타의 청구권) : 9번 항목에 해당하는 동산의 인도청구권 또는 그에 관한
    권리이전청구권을 목적물의 종류, 수량, 대금액, 근거, 상대방의 이름과 주소를 구분
    하여 기재(9번 항목의 설명 참조)

Ⅳ. 특허권·회원권 등의 권리

19. 회원권 기타 이에 준하는 권리 및 그 이전청구권 : 권당 가액 100만원 이상의

회원권, 그 밖에 이에 준하는 권리를 종류, 발행인, 수량, 가액을 구분하여 기재(그
이전청구권의 경우에는 청구권의 근거와 상대방의 이름·주소를 아울러 기재하고,
가액의 산정은 4번 및 5번 항목의 설명을 참조)

20. 특허권 및 그 이전청구권 : 각 권리의 종류, 내용, 등록일자를 구분하여 기재(그
    이전청구권에 대하여는 19번 항목의 설명을 참조)

21.~24. : 위 20번의 작성요령과 동일

V. 과거의 재산처분에 관한 사항

귀하가 이 법원으로부터 ① 재산명시결정을 송달받은 날부터 역산하여 2년 이내에 양도
한 모든 부동산과 ② 같은 기간 내에 귀하의 배우자, 직계혈족 및 4촌 이내의 방계혈족과
그 배우자, 배우자의 직계혈족과 형제자매에게 양도한 부동산 외의 재산으로서 권리의
이전이나 행사에 등기·등록 또는 명의개서가 필요한 재산, ③ 그 밖에 법원이 정하는
처분행위 일체를 기재(거래 상대방의 이름·주소·주민등록번호, 귀하와의 관계, 거래내
역과 일시, 대가를 받은 경우 그 내용과 가액을 비고란에 기재하고, 시가란에는 거래
당시의 시가를 기재)

VI. 채 무

28. 금융기관에 대한 채무 : 금융기관에 대한 합계액 100만원 이상의 금전채무와 합계
    액 100만원 이상인 목적물에 대한 인도, 권리 이전 채무를 채무의 종류, 근거 또는
    내용(예: 2005. 1. 1.자 대출), 금액, 변제기일, 금융기관의 명칭·지점, 계좌번호
    등으로 구분하여 기재(동일 금융기관에 대한 채무는 개개의 채무액이 100만원에
    미달하더라도 그 합계액이 100만원 이상인 때에는 각각의 채무를 기재하고, 저당
    권, 유치권, 질권 또는 양도담보 등의 담보물권에 의하여 담보되는 금전채무에
    대하여는 그 담보물권의 내용도 아울러 기재)

29. 그 밖의 채무 : 금융기관에 대한 채무를 제외하고, 100만원 이상의 금전채무와 합계
    액 100만원 이상인 목적물에 대한 인도, 권리 이전 채무를 채무의 종류, 근거 또는
    내용(예: 2005. 1. 1.자 차용), 금액, 변제기일, 상대방의 이름·주소·주민등록번호
    등을 구분하여 기재(기재요령은 28번 항목의 설명 참조)

VII. 고정적 수입 등

30. 정기적으로 받을 보수 및 부양료 : 고용관계 또는 근로관계에 의하여 정기적으로
    받을 보수 및 정기적으로 받을 부양료를 보수 또는 부양료의 종류와 금액, 고용관계
    또는 근로관계와 부양관계의 성립일자, 고용주 또는 상대방의 이름과 주소(법인인
    경우에는 그 명칭과 주된 사무소의 소재지), 보수 또는 부양을 지급받는 일자를
    구분하여 기재

31. 그 밖의 소득(소득세법상의 소득으로서 30번 항목에 해당하지 아니하는 것) :
    소득세의 부과대상이 되는 이자소득·배당소득·사업소득·퇴직소득·양도소득·산
    림소득 기타의 소득으로서 각 소득의 연간 합계액이 100만원 이상인 소득을 소득
    의 종류, 금액, 근거 또는 내용을 기재(이자소득·배당소득·퇴직소득의 경우에는
    그 상대방의 이름·주소를 아울러 기재하고, 합계액의 산정방법은 2번 항목의 설명

을 참조)

Ⅷ. 고정적 지출

재산명시결정을 송달받은 날부터 6개월이 경과한 날 이후까지 정기적으로 지출이 예상되는 비용(예: 월세, 대출금 이자, 양육비, 근로자 급여)을 그 종류와 금액, 상대방의 이름과 주소, 지출 주기 및 일자(예: 매월 말일, 매주 월요일), 지출의 시기와 종기가 있는 경우 그 날짜를 구분하여 기재

Ⅸ. 기 타

가정법원이 범위를 정하여 적을 것을 명한 재산을 기재

제3. 작 성 례

앞면

번호	구 분	재산의 종류
1	동 산	☐ 1.현금　☐ 2.어음·수표　☑ 3.주권·국채·공채·회사채 등 ☐ 4.금·은·백금류　☐ 5.시계·보석류·골동품·예술품·악기 ☐ 6.사무기구　☐ 7.가축 및 기계류 ☐ 8.농·축·어업·공업생산품 및 재고상품　☐ 9.기타의 동산

뒷면

재산의 종류	내 역	재산의 종류	내 역
3. 주권	발행인 : 삼성전자 주식회사 1주의 액면가액 : 10,000원 1주의 시장가격 : 700,000원 주식의 종류 : 보통주 수량 : 100주 예탁기관 : 삼성증권 주식회사		

10. 다류 가사소송사건의 인지계산

문서의 종류		인지액 계산법	근거규정
소 장	1천만원 미만	소가×0.005	민사소송등인지법 제2조 가사소송규칙 제2조②
	1억원 이상~10억원 미만	소가×0.0045+5,000원	
	1억원 이상~10억원 미만	소가× 0.004+55,000원	
	10억원 이상	소가×0.0035+555,000원	
항 소 장		소장의 1.5배	민사소송등인지법 제3조 가사소송규칙 제2조③
상 고 장		소장의 2배	

※ 위와 같이 계산된 인지액이 1,000원 미만인 때에는 이를 1,000원으로 하고, 1,000원 이상인 경우에 100원 미만의 단수가 있는 때에는 그 단수는 계산하지 않는다.

▶ 다류 가사소송사건 :
1. 약혼해제 또는 1관계부당파기로 인한 손해배상청구(제3자에 대한 청구 포함) 및 원상회복청구
2. 혼인의 무효·취소·이혼의 무효·취소 또는 이혼을 원인으로 하는 손해배상청구(제3자에 대한 청구 포함) 및 원상회복청구
3. 입양의 무효·취소, 파양의 무효·취소 또는 파양을 원인으로 하는 손해배상청구(제3자에 대한 청구 포함) 및 원상회복청구

11. 가사사건의 송달료 예납기준

(당사자 1인당 1회 송달료 5,200원)

가　사	1심 소송(드단, 드합)		12회×2명 = 124,800원
	항소(르)		10회×2명 = 104,000원
	상고(므)		8회×2명 = 83,200원
	항고(브)		3회×2명 = 31,200원
	재항고(스)		5회×2명 =52,000원
	특별항고(으)		2회×2명 = 20,800원
	신청(즈합, 즈단, 즈기)		3회×2명 = 31,200원
	조정(너)		5회×2명 =52,000원
	비송(느합, 느단)	라류	4회×5,200원 = 20,800원
		마류	12회×5,200원 = 61,200원
	공조(츠)		2회×5,200원 = 10,200원

[자료 6] 가사소송 및 비송사건 수수료표
- 가사소송수수료규칙(2013. 1. 21. 대법원규칙 제2445호)

가사소송 및 비송사건 수수료표

<table>
<tr><td colspan="3" align="center">종　　　　　별</td><td align="center">금　　액</td></tr>
<tr><td rowspan="30" align="center">가사
소송
사건</td><td colspan="2" align="center">가　류　사　건</td><td align="center">20,000원</td></tr>
<tr><td colspan="2">1. 혼인의 무효　　4. 친생자관계존부확인
2. 이혼의 무효　　5. 입양의 무효
3. 인지의 무효　　6. 파양의 무효</td><td></td></tr>
<tr><td colspan="2" align="center">나　류　사　건</td><td align="center">20,000원</td></tr>
<tr><td>1. 사실상혼인관계존부확인
2. 혼인의 취소
3. 이혼의 취소
4. 재판상 이혼
5. 아버지의 결정
6. 친생부인
7. 인지의 취소</td><td>8. 인지에 대한 이의
9. 인지청구
10. 입양의 취소
11. 파양의 취소
12. 재판상파양
13. 친양자 입양의 취소
14. 친양자의 파양</td><td></td></tr>
<tr><td colspan="2" align="center">다　류　사　건</td><td rowspan="2" align="center">민사소송등인지법 제2조
소정액</td></tr>
<tr><td colspan="2">1. 약혼해제, 1관계부당파기로 인한 손해배상청구(제3자에 대한 청구 포함) 및 원상회복의 청구
2. 혼인의 무효·취소, 이혼의 무효·취소 또는 이혼을 원인으로 하는 손해배상청구(제3자에 대한 손해배상청구 포함) 및 원상회복의 청구
3. 입양의 무효·취소, 파양의 무효·취소 또는 파양을 원인으로 하는 손해배상청구(제3자에 대한 손해배상청구 포함) 및 원상회복의 청구
4. 「민법」 제839조의3에 따른 재산분할청구권보전을 위한 사해행위취소 및 원상회복의 청구</td></tr>
<tr><td colspan="2" align="center">항　　소　　심</td><td align="center">불복하는 범위에 대하여 위 기준에 의해 산출된 수수료의 1.5배</td></tr>
<tr><td colspan="2" align="center">상　　고　　심</td><td align="center">불복하는 범위에 대하여 위 기준에 의해 산출된 수수료의 2배</td></tr>
<tr><td colspan="2" align="center">재　　　　심</td><td align="center">위 수수료에 준함</td></tr>
</table>

종　　별	금　　액
라　류　사　건	5,000원

	종　별	
가사 비송 사건	1. 성년후견 개시의 심판과 그 종료의 심판 1.의2 취소할 수 없는 피성년후견인의 법률행위의 범위 결정 및 　　그 변경 1.의3 한정후견 개시의 심판과 그 종료의 심판 1.의4 피한정후견인이 한정후견인의 동의를 받아야 하는 행위의 　　　범위 결정과 그 변경 및 한정후견인의 동의를 갈음하는 허 　　　가 1.의5 특정후견의 심판과 그 종료의 심판 2. 부재자 재산의 관리에 관한 처분 2.의2 친권자 또는 미성년후견인의 임무를 대행할 사람의 민법 　　제25조에 따른 권한을 넘는 행위의 허가 3. 실종의 선고와 그 취소 4. 성과 본의 창설의 허가 5. 자녀의 종전의 성과 본의 계속사용허가 6. 자녀의 성과 본의 변경허가 7. 부부재산약정의 변경에 대한 허가 8. 후견인의 입양승낙에 대한 허가 8.의2 피성년후견인이 입양을 하거나 양자가 되는 것에 대한 허가 9. 부모의 동의를 갈음하는 심판 11. 양자의 친족 또는 이해관계인의 파양청구에 대한 허가 12. 친양자 입양의 허가 13. 친권 행사 방법의 결정 13.의2 친권자의 지정, 미성년후견인의 선임 및 임무대행자의 　　　선임 14. 감화 또는 교정기관에 위탁하는 것에 대한 허가 15. 재산관리인의 선임, 개임과 재산관리에 관한 처분 16. 특별대리인의 선임 17. 친권자의 법률행위대리권 및 재산관리권의 사퇴 또는 회복 　　에　대한 허가 17.의2 친권자의 지정 17.의3 후견의 종료 및 친권자의 지정 18. 미성년후견인·성년후견인·한정후견인·특정후견인 또는 변경 19. 미성년후견인　성년후견인·한정후견인·특정후견인·미성 　　년후견감독인·성년후견감독인·한정후견감독인·특정후견 　　감독인 임의후견감독인의 사임에 대한 허가 20. 후견인의 재산 목록 작성을 위한 기간의 연장허가 21. 피성년후견인 또는 피한정후견인의 격리에 대한 허가 및 피 　　미성년후견인, 피성년후견인 또는 피한정후견인에 대한 의 　　료행위의 동의에 대한 허가 21.의2 피미성년후견인, 피성년후견인 또는 피한정후견인이 거 　　　주하는 건물 또는 그 대지에 대한 매도 등에 대한 허가 21.의3 여러 명의 성년후견인·한정후견인·특정후견인·성년후	

마 류 사 건	10,000원
1. 부부의 동거 · 부양 · 협조 또는 생활비용의 부담에 관한 처분 2. 재산관리자의 변경 또는 공유물의 분할을 위한 처분 3. 자녀의 양육에 관한 처분과 그 변경, 면접교섭권의 제한, 배제 4. 재산분할에 관한 처분 5. 친권자의 지정과 변경 6. 친권, 법률행위대리권, 재산관리권의 상실선고 및 실권회복의 선고 8. 부양에 관한 처분 9. 기여분의 결정 10. 상속재산의 분할에 관한 처분	
항 고	신청수수료의 2배
재 항 고	신청수수료의 3배
준 재 심	위 수수료에 준함
반 대 청 구	10,000원 다만, 본래의 청구와 그 목적이 동일한 반대청구는 수수료를 요하지 않음
기 타 신 청	500원
조 정 신 청	5,000원
수수료를 납부하지 아니하는 경우	· 답변서 · 증거신청서 · 기타 법원의 직권발동을 촉구하는 신청

제10장
가사소송에서 자주 묻는 질문 정리

제10장 가사소송에서 자주 묻는 질문
정리68)

제1절 가사조사

1. 가사조사 절차가 무엇인가요?

☞ 가사조사는 재판장, 조정장, 또는 조정담당판사의 조사명령(가사소송법 제6조 제1항, 가사소송규칙 제8조, 제12조, 제13조)을 통해 이루어집니다. 주요 분쟁상황에 대한 사실관계뿐만 아니라 현재의 갈등 원인 등을 전반적으로 이해하고 심층적으로 접근하기 위해 기본적인 인적사항, 성장과정, 결혼 전후의 사정, 문제 해결의 가능성 등을 조사하게 됩니다.
조사기일은 일반적으로 한 달에 한 번 정도 지정되며, 보통 2~3회에 걸쳐 진행되지만 사건의 특성에 따라 달라질 수 있습니다.

2. 준비서면 등 소장에 모두 적혀 있는데, 가사조사를 받을 때 똑같은 말을 다시 해야 하나요?

☞ 가사사건의 특성상 감정에 치우쳐 사실보다 과장되거나 사실과 다르게 표현된 부분이 있을 수 있으며, 서면의 제약으로 당사자의 심정이나 문제가 진솔하게 전달되지 않을 수 있습니다.
조사는 사실 조사이외에도 당사자들이 스스로 문제를 해결할 수 있도록 돕고, 문제해결에 대한 의지와 태도를 살펴보는 시간입니다. 특히 자녀의 친권 및 양육자 지정에 있어서는 직접적인 대면과 진술을 통해 객관적인 상황을 이해하는 것이 사건의 해결에 있어서 매우 중요합니다.

---

68) 가정법원 홈페이지 알림마당 중, 자주 묻는 질문란에 기재된 내용을 원용한 것임.

3. 가사조사기일에 꼭 출석해야 하나요? 출석하지 않으면 어떻게 되나요?

☞ 가사조사는 담당 판사님이 당사자들에게 재판과정에서 직접 진술할 수 있는 기회를 제공하는 것입니다. 강제적인 의무사항은 아니지만, 불참할 경우에는 본인의 생각이나 입장을 충분히 전달할 기회를 잃는 것이고, 소극적인 대처로 비쳐질 수 있으니 출석을 원칙으로 하는 것이 바람직합니다.

4. 가사조사기일 소환장을 받았는데, 당일 출석할 수 없으면 어떻게 하나요?

☞ 타당한 이유가 있다면 담당조사관에게 조사기일변경을 요청할 수 있습니다. 이 경우, 사유를 기재한 조사기일변경신청서를 제출하시면 당사자의 상황을 이해하는데 도움이 됩니다.

5. 자의 성과 본의 변경허가 사건에서 아버지로서 어떻게 하는 것이 자녀를 위해 바람직합니까?

☞ 이 규정의 입법취지는 이혼율이 급증하고 재혼가정이 증가하고 있는 현실에서 자녀가 이혼 또는 재혼한 어머니와 함께 생활하면서 겪고 있는 어려움을 덜어주기 위해 신설된 것입니다. 무엇보다 자녀의 복리를 위해 필요한 때에만 법원의 허가를 받아 변경할 수 있기 때문에 어른들끼리의 감정싸움이 아니라 자녀의 복지와 미래를 위해 어떻게 하는 것이 바람직한지 고민하는 것이 필요합니다.

☞ 친권자는 자녀의 재산관리권, 법률행위대리권 등이 있고, 양육권자는 자녀와 공동생활을 하며 각종의 위험으로부터 자녀를 보호하는 역할을 합니다. 친권자 및 양육권자는 자녀의 복리를 우선적으로 고려하여 부 또는 모를 일방으로 정할 수도 있고, 부·모 공동으로 지정할 수도 있으며, 친권자와 양육권자를 분리하여 지정할 수도 있습니다.
부모가 원만하게 이혼에 합의하는 경우에는 크게 문제가 되지 않으나, 가능하면 자녀의 복리를 위해 친권자와 양육권자를 동일한 부모로 지정하는 것이 향후 자녀의 여권발급이나 긴급한 상황등(병원입원 등)에서 보호자를 신속하게 확인하는데 도움이 됩니다.

☞ 소년법 제11조, 제16조 제1항, 제23조 제2항, 제25조 제1항의 각 규정에 의해 소년보호조사관은 소년부판사의 명을 받아 소년과 보호자 또는 참고인의 성행, 경력, 가정상황, 기타 환경 등을 조사하게 됩니다. 소년보호사건의 조사는 소년의 건전한 육성 및 보호라는 소년법의 목적을 달성하기 위한 조사로서 경찰, 또는 검찰의 심문과는 다릅니다. 전문적인 지식과 경험을 갖춘 조사관들이 의학, 심리학, 교육학, 사회학 및 기타 전문적인 지식을 활용하여 면접조사, 환경조사, 각종의 심리검사 등을 실시합니다.

☞ 소년보호사건은 적절한 처분을 통해 보호소년의 비행을 예방, 교정, 및 선도하는데 그 목적이 있기 때문에 형사처벌적 의미가 없으므로 장래 신상에 어떠한 영향도 미치지 않습니다(소년법 제32조 제6항).

9. 가정보호사건의 조사는 무엇인가요?

☞ 가정보호사건의 조사관은 판사의 조사명령을 받아 행위자와 피해자, 기타 가족구성원의 성행, 경력, 가정환경과 가정폭력의 동기, 원인, 및 실태 등 심리와 처분에 필요한 사항을 조사합니다(가정폭력범죄의처벌등에관한특례법 제 19조, 제21조, 제22조). 또한 의학, 심리학, 사회복지학 등 기타 전문적인 지식을 활용하여 재범의 위험성과 정도, 가정폭력범죄의 원인에 대한 의견 또는 임시조치에 관하여 판사에게 의견을 진술하기도 합니다.
형사처벌적 의미와 달리, 가정의 평화와 안정을 회복하고 건강한 가정을 가꾸어 피해자와 가족구성원의 인권을 보호하는데 목적이 있기 때문에 적절한 보호처분을 하기 위해서는 조사절차에 직접 참석하여 진술하는 것이 필요합니다.

제2절 혼인관계 소송

1. 이혼소송의 관할

문 우리 부부는 결혼해서 서울 서초구 서초동에 주민등록상 주소지를 두고 살다가 사이가 나빠져 별거를 하고 있습니다. 현재 저는 경기도 수원에, 남편은 인천광역시에 각각 주소를 두고 있는 경우 남편을 상대로 한 이혼청구는 어느 법원에 하여야 합니까?

답 남편의 주소지 관할법원인 인천지방법원에 소를 제기하여야 합니다.

【해설】

재판상이혼청구의 소의 관할은 부부생활의 실태에 따라 아래와 같은 순서로 정해진다. ① 부부가 같은 가정법원의 관할구역 내에 주소를 둔 경우에는 그 가정법원이, ② 부부가 최후의 공통의 주소지를 가졌던 가정법원의 관할구역 내에 부부 중 일방의 주소가 있을 때에는 그 가정법원이, ③ 위의 각 경우에 해당하지 않을 때에는 상대방의 주소지를 관할하는 가정법원이 각각 관할법원이 된다(가사소송법 22조). 위 ②의 최후의 공통주소지에 관해서는 견해가 갈리기는 하나 부부가 최종적으로 부부로서의 공동생활을 영위하던 주소지를 말한다고 할 것이다.

2. 행방불명 배우자에 대한 이혼청구

문 남편이 가출하여 현재 어디에 살고 있는지도 모르고 남편의 주민등록 또한 말소된 상태입니다. 소장에 남편의 주소지를 어떻게 표시해야 합니까?

답 소장에 남편의 주소지를 주민등록상 최후 주소지로 기재하고 공시송달 신청을 함께 하면 됩니다.

【해설】

공시송달은 당사자가 주민등록상 주소지에 사실상 살지 않고 있으며, 기타 거소 또는 송달하여야 할 장소를 알지 못하여 통상의 방법으로는 소장부본 등을 송달할 수 없을 때에 하는 송달 방법이다.

당사자의 주민등록이 말소된 경우에는 공시송달의 요건에 해당된다고 할 수 있다. 따라서 이 경우에는 소장을 제출하면서 공시송달신청을 함께 하는 것이 좋다.

다만, 공시송달 신청을 했다고 해서 처음부터 바로 공시송달이 되는 것은 아니다. 주민등

록이 말소된 경우에는 최후주소지로 송달을 하고 송달불능이 되면 친족사실조회를 통해 거
주지를 확인해 본 후 거주지를 알 수 없으면 비로소 공시송달을 실시하는 것이 서울가정법
원의 실무이다.

【해설】

이혼소송의 한쪽이 외국인이고 다른 한쪽이 대한민국 국민인 경우에는 우리나라 법원에 이
혼의 소를 제기할 수 있다. 외국인이 국내에 거소를 가지고 있는 때에는 그 거소를 관할하
는 가정법원이, 아직 국내에 입국하지 않은 때에는 서울가정법원이 관할법원이 되며, 후자
의 경우에는 소장을 번역·공증 받아 3부를 추가로 제출하여야 한다.

외국인과 이혼소송에서 혼인 당사자가 국내에 들어오지도 못했으므로 혼인자체가 무효에
해당한다고 주장하여 혼인무효의 소를 제기하려는 경우가 종종 있다. 그러나 혼인의사를
가지고 혼인신고를 한 이상 혼인무효라고 볼 수는 없다. 그러므로 이때에는 이혼의 소를
제기하여야 한다.

【해설】

혼인의 합의가 없는 혼인, 예를 들어 혼인의 의사 없이 오로지 외국인을 국내에 입국시키

거나 대한민국 국적을 취득하기 위하여 혼인신고를 한 경우에 그 혼인은 무효이다. 이때에는 혼인무효확인의 소를 통하여 가족관계등록부에 기재된 혼인사실을 말소함이 원칙이다. 다만, 위장혼인으로 인하여 공전자기록불실기재죄의 형사판결이 확정되어 법무부에서 가족관계등록관서로 그 사실을 통지한 경우에는 해당 혼인이 무효임이 명백해졌으므로 혼인무효의 소보다 간단한 절차인 가족관계등록정정신청이라는 비송절차를 통하여 혼인사실을 말소할 수 있다.[69] 만일 당사자가 가족관계등록정정신청을 하지 않는 경우에는 해당 가족관계등록관서에서 감독법원의 허가를 얻어 직권으로 혼인사실을 말소할 수도 있다.

5. 간통한 배우자를 상대로 한 이혼청구

🈷 남편이 다른 여자와 3년 전에 정을 통했다는 사실을 최근에서야 알았습니다. 이 경우에 남편에게 부정한 행위가 있었음을 이유로 이혼청구를 할 수 있습니까?

🈡 배우자에게 부정한 행위가 있었음을 이유로 한 이혼청구는 그 부정한 행위가 있었던 때로부터 2년, 그 사실을 안 날로부터 6개월 이내에 하여야 합니다. 그러므로 부정한 행위가 3년 전에 있었다면 그 행위를 사유로 한 이혼청구는 할 수 없습니다.

【해설】

민법이 열거하고 있는 이혼 사유는 ① 배우자에게 부정한 행위가 있었을 때, ② 배우자가 악의로 다른 일방을 유기한 때, ③ 배우자 또는 그 직계존속으로부터 심히 부당한 대우를 받았을 때, ④ 자기의 직계존속이 배우자로부터 심히 부당한 대우를 받았을 때, ⑤ 배우자의 생사가 3년 이상 분명하지 아니한 때, ⑥ 기타 혼인을 계속하기 어려운 중대한 사유가 있을 때 등이다. 위 사유 중 ①, ⑥에 해당하는 경우에는 그 사유를 안 날로부터 6개월, 그 사유가 있은 날로부터 2년 내에 이혼청구를 하여야 한다(민법 840조, 841조, 842조). 위 이혼사유 중에서 ① '부정한 행위'란 배우자로서 정조의무에 충실치 못한 일체의 부정한 행위를 포함하는 것으로 간통보다 넓은 개념이다. 어떤 행위가 부정한 행위인지는 단정적으로 정의하기 어렵고 구체적 사안에 따라 그 정도의 상황을 참작하여 평가할 수밖에 없다.

부정한 행위에 대하여 부부 중 다른 한편이 사전에 동의하였거나 또는 그 부정한 행위를 알고서 사후에 용서한 경우에는 이혼청구를 할 수 없다(민법 841조).

---

69) 2002. 8. 28. 호적선례.

6. 유책배우자의 이혼청구

【해설】

혼인의 파탄에 대한 책임이 전적으로 또는 주로 있는 배우자에 의한 이혼청구는 인정될 수 없다는 것이 판례[70]의 주된 입장이다.

다만, 피고에게도 이혼의사가 있는 경우, 혼인관계 파탄에 관하여 원고에게 가벼운 책임이 있고 피고에게 무거운 책임이 있는 경우, 상대방이 파탄 이후 혼인을 계속할 의사가 없음이 객관적으로 명백함에도 오기나 보복적 감정에서 이혼에 응하지 아니하고 있을 뿐인 경우 등에 있어서는 유책배우자의 이혼청구권이 인정되기도 한다.

7. 재산분할청구의 방법

【해설】

가정법원에 하는 재산분할 청구는 당사자 사이에 재산분할에 관한 합의가 성립되지 아니하거나 협의할 수 없는 경우에만 할 수 있다. 재산분할의 청구가 있는 경우 법원은 당사자 쌍방의 협력으로 이룩한 재산의 액수 기타 사정을 참작하여 분할의 액수와 방법을 정하게 된다.

재산분할의 방법으로는 금전분할이 원칙이다. 금전분할을 할 경우에는 분할액을 일시에 지급하게 하는 일시불, 분할총액을 정하고 상대방의 자력을 고려하여 분할하여 지급하게 하는 분할불, 분할총액을 정하지 않고 분할할 기간을 정하고 일정한 액수를 지급하게 하는 정기불 등의 다양한 방법이 있다.

---

70) 2006. 1. 13. 선고 2004므1378 판결.

현물분할을 할 경우에는 대상이 되는 물건을 특정하여야 한다. 현물분할은 해당 물건이 이혼 후의 생활에 필요불가결한 경우, 상대방의 자력으로 보아 금전지급이 곤란한 경우, 해당 물건의 취득·유지에 청구인의 기여도가 큰 경우 등에서 이용된다.

> 문 우리부부는 결혼식도 올리고 같은 집 안에서 함께 살고 있으며 주위에서도 모두 부부로 알고 있습니다. 하지만 남편은 혼인신고를 하지 않으려고 합니다. 저 혼자 혼인신고를 할 수 있는 방법이 있습니까?
>
> 답 부부 모두에게 혼인의 의사가 있고, 공동생활을 유지하고 있다면 사실상 혼인관계존재확인의 소를 제기하여 판결을 얻은 후 그 판결에 의하여 단독으로 혼인신고를 할 수 있습니다.

【해설】

1이란 사회적으로 정당하다고 인정되는 부부이나 아직 혼인신고를 하지 않았기 때문에 법률상으로 정당한 부부로 인정받지 못하는 남녀관계를 말한다. 1로 인정받기 위해서는 당사자간에 혼인의사의 합치가 있어야 하고 공연성이 있어야 한다. 공연성이란 누가 보아도 그들을 부부로 인정하는 것을 말하며 반드시 혼례식을 거행할 필요는 없다.

당사자 일방이 사망한 경우에도 사실상 혼인관계 존재 확인이 법적 분쟁을 한꺼번에 해결하는 수단이 될 수 있는 때에는 검사를 상대로 법원에 1 관계 존재확인 청구를 할 수 있다.

사실상 혼인관계가 존재한다는 확인판결이 확정되거나, 또는 조정이 성립된 때, 원고는 혼자서 재판의 확정일부터 1개월 안에 재판서의 등본과 확정증명서를 붙여서 가족관계등록관서에 혼인신고를 하여야 한다(가족관계외 등록 등에 관한 법률 72조). 이로써 1은 법률혼으로 전환된다.

> 문 저의 아들은 사촌과 이혼한 여자와 혼인신고를 하려고 하여 제가 극구 만류하였지만 기어코 혼인신고를 하였습니다. 혼인을 무효화시킬 수 있는 방법이 없습니까?
>
> 답 6촌 이내의 혈족의 배우자였던 사람과는 혼인할 수 없으므로 관할법원에 혼인취소의 소를 제기하여 판결을 얻으면 해당 혼인을 취소할 수 있습니다.

【해설】

민법에 따르면, 8촌 이내의 혈족(친양자의 입양 전의 혈족을 포함한다) 사이에서는 혼인하지 못하고 혼인신고를 했더라도 그 혼인은 무효이다(민법 제815조). 또한 6촌 이내의 혈족의 배우자, 배우자의 6촌 이내의 혈족, 배우자의 4촌 이내의 혈족의 배우자인 인척이거나 이러한 인척이었던 자 사이에도 혼인하지 못하며 이 경우에는 혼인을 취소할 수 있다(민법 제816조).

혼인취소사유가 근친혼인 경우 혼인취소의 소는 당사자뿐만 아니라 직계존속 또는 4촌 이내의 방계혈족이 제기할 수 있다. 다만, 혼인 중에 아이를 출산하거나 임신한 경우에는 그 혼인을 취소할 수 없다.

10. 이혼의 취소

문 협의이혼을 할 생각이 전혀 없었는데 남편의 강박으로 법원으로부터 협의이혼의사확인을 받았고 이에 따라 이혼신고가 되었습니다. 이혼을 취소할 수는 없습니까?

답 사기나 강박으로 협의이혼을 한 경우에는 이혼취소의 소를 제기할 수 있습니다.

【해설】

사기가 강박으로 이혼의 의사표시를 한 때에는 당사자가 스스로 속은 것을 안 날 또는 강박을 면한 날로부터 3개월 이내에 이혼취소청구를 할 수 있다(민법 제838, 제839조). 상대방이 사기나 강박을 한 경우는 물론, 제3자가 사기나 강박을 한 경우에도 이혼취소청구가 가능하다.

11. 외국법원에서 받은 이혼판결

문 외국법원에서 이혼판결을 받았습니다. 그 판결로 이혼신고를 할 수 있습니까?

답 그 외국법원의 판결이 민사소송법 217조가 정하는 요건을 구비한 경우에는 그 판결의 정본 또는 등본과 판결확정증명서, 패소한 피고가 소장 등을 적법하게 송달받았거나(공시송달이나 이와 비슷한 방법의 송달 제외) 송달받지 않았다 하더라도 소송에 응한 서면 및 번역문을 첨부하여 우리나라에서 이혼신고를 할 수 있습니다.

【해설】

외국법원에서 이혼판결을 받은 경우에는 민사소송법 217조의 요건, 즉 ① 대한민국의 법령 또는 조약에 따른 국제재판관할의 원칙상 그 외국법원의 국제재판관할권이 인정될 것, ② 패소한 피고가 소장 또는 이에 준하는 서면 및 기일통지서나 명령을 적법한 방식에 따라 방어에 필요한 시간여유를 두고 송달받았거나(공시송달이나 이와 비슷한 송달에 의한 경우를 제외한다) 송달받지 아니하였더라도 소송에 응하였을 것, ③ 그 판결의 효력을 인정하는 것이 대한민국의 선량한 풍속이나 그 밖의 사회질서에 어긋나지 아니할 것, ④ 상호보증이 있을 것 등의 요건을 갖추어야 한다.

가족관계등록관서에서 외국판결에 의한 이혼신고를 받은 경우에 민사소송법 217조의 요건을 구비하였는지 여부가 불분명한 때에는 감독법원에 질의하고 그 회답을 받아 처리하게 된다.[71)]

---

12. 이혼소송 제기할 때의 첨부서류

問 이혼소송 제기할 때의 첨부서류는 어떻게 되나요?

答 ① 가족관계증명서(원·피고)
　② 주민등록등본(원·피고)
　③ 혼인관계증명서(원·피고)
　④ 원고와 피고 사이의 미성년자녀가 있는 경우 그 자녀 각자의 기본증명서, 가족관계증명서가 필요합니다.
　⑤ 재판상 이혼사유를 증명하는 서면(진단서, 진술서 등)이 필요합니다(개개의 소송에 따라 추가로 필요한 서류가 있을 수 있습니다).

【해설】

이혼소송 제기시 소장을 상대방의 수에 1을 더한 부수를 제출해야 하며, 인지액은 20,000원, 송달료는 124,800원(12회분×2)이다.

---

13. 협의에 의한 자의 양육비지급약정이행청구 사건

問 이혼을 하면서 자의 양육비를 약정은 하고 이행을 하지 않는데 어떻게 해야 할까요?

答 관할 가정법원에 "양육비 이행청구 신청서"를 작성하여 제출하면 됩니다.

【해설】

---

71) 가족관계등록예규 제173호.

부부가 이혼하면서 협의에 의하여 그 중 일방을 미성년자인 자의 양육자로 정하고 다른 일
방은 매월 일정액의 양육비를 지급하기로 약정하였는데, 양육비지급의무자가 그 약정 양육
비를 지급하지 아니한다는 이유로 그 약정양육비의 지급을 구하는 경우, 이를 단순한 약정
금 청구로 보아 민사사건으로 보는 견해도 있을 수 있으나, 자의 양육에 관한 처분을 구하
는 것으로서 마류 가사비송사건에 해당하고, 가정법원이 기존의 약정내용을 참작하여 후견
적 입장에서 적절한 처분을 할 수 있을 것이다.

14. 이혼에 부수하여 배우자의 친족이 제3자를 상대로 한 손해배상청구

問 배우자가 아닌 배우자의 자녀 등이 간통의 상간자를 상대로 손해배상소송을 가정법원에
제기할 수 있나요?

答 배우자가 제소하면 가사사건이 되지만 배우자가 아닌 사람이 제소하면 민사사건이
되므로 민사소송을 제기해야 합니다.

【해설】

배우자의 부정행위를 원인으로 그 배우자 또는 상간자를 상대로 상대방인 배우자 스스로
손해배상을 청구하거나, 배우자 및 그 직계존속의 부당대우를 원인으로 그들을 공동피고로
하여 손해배상을 청구하는 것은 다류 가사소송에 해당함이 명백하다. 그런데 배우자의 부
정행위를 원인으로 자녀들이 그 부정행위의 상대방인 제3자를 상대로 손해배상을 청구하는
것은 그 손해배상청구가 "이혼을 원인으로 하는 것"이라고는 할 수 없고 오히려 순수한 불
법행위를 원인으로 하는 손해배상청구에 해당한다고 할 것이어서 가사사건이 아닌 민사사
건에 해당된다.

15. 혼인예약불이행으로 인한 손해배상청구사건

問 혼인예약불이행으로 인한 소송이 가사소송에 해당되나요?

答 혼인예약불이행은 약혼해제와 다를 바 없으므로 가사소송(다류사건)에 해당됩니다.

16. 과거의 양육비·부양료 청구사건에 관하여

문 과거의 양육비나 부양료의 청구를 가사소송으로 제기할 수 있나요?

답 가사소송(마류사건)으로 제기하면 됩니다.

【해설】

과거의 양육비나 부양료의 청구가 허용되는지의 여부 및 그 성질에 관하여는 여러 가지로 견해가 나뉘어 있지만, 최근의 판례는 이미 지출한 과거의 양육비나 부양료에 대하여 상대방이 분담함이 상당하다고 인정되는 범위에서 그 비용의 상환을 청구할 수 있고 이는 가사소송 마류8호의 가사비송사건에 해당한다고 한다(대법원 1994. 6. 2.자 93스11 결정).

17. 가사조정절차

문 가사조정절차는 어떻게 진행되나요?

답 처음부터 조정신청이 된 사건이나 담당재판부인 수소법원이 조정에 회부하면 수소법원이 스스로 조정기관이 될 수도 있고 가사조정위원회에서 사건을 맡을 수도 있다. 가사조정위원회는 조정장(판사) 1인과 일반조정위원 2인 이상으로 구성되며 조정이 성립되면 내용에 따라 "조정조서"가 작성되며 조정조서는 확정판결과 같은 효력을 지니기 때문에 조정내용에 따라 기판력 및 집행력을 가진다.

【해설】

조정(調停)이란 양 당사자간 처분가능한 신분상 또는 재산상의 이해관계를 조율하여 법률관계를 확정짓는 절차를 말한다. 가사소송에서의 원고는 소장을 바로 제출할 수도 있고 조정신청을 먼저 할 수도 있는데, 가사소송에는 특수하게 "조정전치주의"라는 제도가 있어 가사소송법의 나류 가사소송사건(사실상 혼인관계존부확인, 혼인의 취소, 이혼의 취소, 재판상 이혼 등) 및 다류 가사소송사건(약혼해제 또는 1관계부당파기로 인한 손해배상청구, 혼인의 무효·취소 또는 재판상 이혼을 원인으로 하는 손해배상청구 등)의 경우 소를 제기하더라도 가정법원은 원칙적으로 사건을 조정절차에 회부하여야 한다(가사소송법 제50조 제2항).

문 북한이탈주민 이혼소송은 어떻게 진행되나요?

답 배우자가 남한지역에 거주하는지가 불명확한 경우 그 배우자를 상대로 가정법원에 이혼소송을 청구할 수 있고 법원은 그 배우자에 대한 송달을 민사소송법에 따른 공시송달로 진행합니다.

【해설】

북한 이탈주민이 남한에서 취적시 혼인사항란에 북한에서의 혼인여부 및 배우자를 기재하게 되어 있어 남한에서의 재혼시 이혼소송을 할 수 밖에 없는 문제가 제기되어 소송이 증가하게 되자 2007. 1. 26. "북한이탈주민의 보호 및 정착지원에 관한 법률"을 개정하여 이혼의 특례를 신설하였다. 그에 따르면 취적 특례에 의해 취적한 자 중 북한에 배우자가 있는 자는 그 배우자가 남한 지역에 거주하는지 여부가 불명한 경우 이혼을 청구할 수 있다(제19조의20).

19. 재산명시제도

문 현재 저는 남편과 이혼 및 재산분할, 양육비 등 소송을 하고 있습니다. 그런데 남편의 재산상황을 알 수 없습니다. 남편의 재산상황을 알려면 어떻게 해야 하나요?

답 현재 소송 중인 가정법원에 재산명시신청을 하시면 됩니다. 신청은 반드시 서면으로 제출하여야 하고 부대비용은 없습니다.

【해설】

재산명시제도는 가사소송법상의 제도로서 재산분할, 부양료 및 미성년 자녀의 양육비 청구사건이 계속 중인 가정법원에 신청하여야 한다(가사소송법 제48조의2).

가사소송법상 재산명시제도는 가정법원에 계속 중인 재산분할, 부양료 및 미성년 자녀의 양육비 청구사건의 부수적인 절차로서 가정법원이 직권 또는 당사자의 신청에 의하여 당사자에게 재산목록의 제출을 명하고, 재산명시명령을 받은 당사자가 정당한 사유 없이 재산목록의 제출을 거부하거나 거짓의 재산목록을 제출한 경우 과태료를 부과함으로써 성실한 재산목록의 제출을 유도하는 제도이다.

20. 양육비 직접지급명령 제도

문 저는 가정법원에 이혼 및 양육비 청구 소송을 제기하여 승소확정판결을 받았으나 몇 개월째 양육비를 지급하지 않고 있습니다. 전 남편은 현재 회사에 재직 중이며 봉급을 받고 있습니다. 전 남편으로부터 양육비를 지급받으려면 어떻게 해야 하나요?

답 전 남편의 주소지 관할 가정법원에 양육비 직접지급명령신청을 하시면 됩니다. 신청은 반드시 서면으로 제출하여야 하며, 신청서에는 2,000원의 인지를 붙이고 송달료 27,180원을 예납하시고 법원제출용 영수증을 신청서에 첨부하시고, 첨부서류로서 집행권원(집행력있는 정본)과 송달/확정증명서를 첨부하여야 하고, 집행권원이 양육비부담조서인 경우에는 이혼신고 사실의 소명자료로 혼인관계증명서를 제출하여야 합니다.

【해설】

양육비 직접지급명령신청제도는 가사소송법상의 제도로서 재산분할, 부양료 및 미성년 자녀의 양육비 청구사건에서 양육비지급의무자(양육비채무자)에게 정기적으로 양육비를 지급하도록 하는 확정 판결[또는 화해권고결정(조서), 조정에 갈음하는 결정(조서), 조정조서, 화해조서, 양육비부담조서 등]이 있었으나, 판결확정 후 양육비채무자가 양육비의 지급을 2회 이상 이행하지 않을 경우, 당사자의 신청에 의하여 서면심리만으로 양육비채무자의 고용자(소득세원천징수의무자)로 하여금 양육자(양육비채권자)에게 직접 양육비를 지급하도록 명령하는 제도이다.

21. 담보제공명신청령

문 이혼 및 양육비 청구의 소를 제기하여 승소 확정 판결을 받았으나, 전남편은 매월 지급하여야 할 양육비를 지급하지 않고 있습니다. 현재 전남편은 자영업자로서 매월 일정한 수입이 있음에도 양육비를 지급하지 않고 있는데 어떻게 하여야 하나요?

답 양육비채무자의 주소지를 관할하는 가정법원에 담보제공명령을 신청하시면 됩니다. 신청은 반드시 서면으로 제출하여야 하며, 신청서에는 1,000원의 인지를 붙이고 송달료 18,120원을 예납하고 법원제출용 영수증을 신청서에 첨부하고, 첨부서류로서 집행권원(집행력있는 정본)과 송달/확정증명서를 첨부하여야 하고, 집행권원이 양육비부담조서인 경우에는 이혼신고 사실의 소명자료로 혼인관계증명서를 제출하여야 합니다.

【해설】

담보제공명령신청제도는 정기금 양육비 채권에 관한 집행권원을 가진 양육비채권자가 정당한 사유 없이 정기금 양육비채무를 이행하지 않을 경우 양육비채무자를 상대로 하여 장래를 향하여 정기적으로 발생하는 양육비채권의 이행을 확보하기 위한 제도이다.

22. 일시금지급명령신청제도

문 양육비채무자가 양육비를 지급하지 않아 담보제공명령을 신청하여 그 결정을 받았으나 양육비채무자가 기간 내에 담보제공을 이행하지 않고 있습니다. 이럴 때에는 어떻게 하나요?

답 양육비채무자의 주소지 관할 가정법원에 일시금지급명령신청을 하시면 됩니다. 신청은 반드시 서면으로 제출하여야 하며, 신청서에는 1,000원의 인지를 붙이고 송달료 18,120원을 예납하고 법원제출용 영수증을 신청서에 첨부하고, 첨부서류로서 집행권원(집행력 있는 정본)과 송달/확정증명서를 첨부하여야 하고, 집행권원이 양육비부담조서인 경우에는 이혼신고 사실의 소명자료로 혼인관계증명서를 제출하여야 합니다.

【해설】

일시금지급명령신청제도는 양육비채무자가 담보제공명령을 받고서도 담보를 제공하여야 할 기간 내에 이를 제공하지 아니하는 때에 가정법원이 양육비채권자의 신청에 따라 양육비의 전부 또는 일부를 일시금으로 지급하도록 명할 수 있는 제도로서 담보제공명령신청제도와 그 취지를 같이 한다.

23. 재산조회제도

문 재산명시절차에 따라 남편이 재산목록을 제출하였으나, 그 내용을 믿을 수가 없습니다. 남편의 재산상태를 좀 더 객관적으로 알 수 있는 방법은 없을까요?

답 현재 소송 중인 가정법원에 재산조회신청을 하시면 됩니다. 신청은 반드시 서면으로 제출하여야 하고 해당기관에 따른 조회비용은 별도로 납부하여야 합니다.

【해설】

재산조회제도는 가사소송법상의 제도로서 재산분할, 부양료 및 미성년 자녀의 양육비 청구사건이 계속 중인 가정법원에 신청하여야 한다(가사소송법 제48조의3).
재산분할, 부양료 및 미성년 자녀의 양육비 청구사건에서 재산명시절차를 거쳤음에도 불구하고 당사자가 재산목록의 제출을 거부하거나 제출된 재산목록만으로는 사건의 해결이 곤란한 경우와 재산명시절차에서 상대방이 재산명시명령의 송달을 위한 주소보정명령을 받고도 공시송달요건에 해당되는 사유로 인하여 이를 이행할 수 없었던 경우에, 당사자의 신청 또는 직권으로 가정법원이 개인의 재산과 신용정보에 관한 전산망을 관리하는 공공기관·금융기관·단체 등에 대한 당사자 명의의 재산의 조회를 통하여 당사자의 자발적 협조 없이도 당사자의 재산내역을 발견·확인할 수 있도록 함으로써 재산명시제도의 실효성을 확보함과 동시에 효율적인 심리를 할 수 있도록 하기 위한 것이다.

제3절 협의이혼

1. 협의이혼의 관할

문 남편과 현재 별거 중이고 저의 주민등록상 주소는 서울시 서초구 서초동이며 남편의 주민등록상 주소는 경기도 수원시 권선구 ○○○동입니다. 이 경우 본인의 주소지 관할법원인 서울가정법원에 협의이혼의사확인신청을 할 수 있습니까?

답 협의이혼의사확인신청은 부부 중 어느 일방의 주민등록상 주소지를 관할하는 법원에 할 수 있습니다. 그러므로 처의 주소지 관할법원인 서울가정법원뿐만 아니라 남편의 주소지 관할법원인 수원지방법원에도 남편과 같이 출석하여 신청할 수 있습니다.

【해설】

협의이혼의사를 확인할 수 있는 관할법원은 부부 일방의 등록기준지 또는 주소지를 관할하는 가정법원(지원)이다(가족관계의 등록 등에 관한 법률 제75조 제1항). 그러므로 협의이혼을 하고자 하는 사람은 남편 또는 처의 등록기준지나 주소지를 관할하는 가정법원 중 어느 한 법원을 선택하여 협의이혼의사확인신청을 할 수 있다. 가정법원이 설치되지 않은 지역에서는 해당 지방법원, 지방법원지원이나 시·군법원이 협의이혼의사를 확인하는 관할법원이 된다. 서울의 경우, 일반 가사사건은 서울 지역에 재판적을 둔 모든 사건이 서울가정법원의 관할에 속함에 비하여, 협의이혼의사확인사건은 성질상 가족관계등록비송사건으로서 종로구·중구·성북구·강남구·서초구·관악구·동작구에 등록기준지 또는 주소지를 둔 부부의 사건만 서울가정법원의 관할에 속하고, 그 외의 사건은 각 해당 구역 법원(동부·남부·북부·서부지방법원)의 관할에 속하는 점에 주의를 요한다.

2. 외국거주 배우자와의 협의이혼

문 지금 남편이 외국에 거주하고 있어서 남편과 함께 법원에 출석할 수 없는 형편입니다. 남편이 법원에 출석하지 않고서도 협의이혼의사확인신청을 할 수가 있습니까?

답 남편이 외국에 거주하고 있는 사실이 재외국민등록부 등에 의하여 확인된 경우에는 처 혼자 법원에 출석하여 협의이혼의사확인신청을 할 수 있습니다.

【해설】

협의이혼의사확인신청서는 부부 공동으로 법원에 출석해서 제출하여야 하는 것이 원칙이다. 다만, 부부 중 한쪽이 재외국민이거나 수감자로서 법원에 출석하기 어려운 경우에는 그에 관한 소명자료를 첨부하여 어느 일방만 출석해서 협의이혼의사확인신청을 할 수도 있다. 이 경우 협의이혼을 하는 상대방이 재외국민인 경우에는 신청서에 재외국민등록부등본을, 수감자인 경우에는 수용증명서를 각각 첨부하여야 하고, 2회분 상당의 송달료도 납부하여야 한다.

이와 같이 재외국민 또는 수감자와 협의이혼을 하기 위하여 당사자 일방만 법원에 출석해서 협의이혼의사확인신청서를 제출한 경우 가정법원은 관할 재외공관 또는 교도소의 장에게 촉탁하여 상대방의 이혼의사를 확인한다.

3. 외국인과의 협의이혼

문 저는 대한민국 국민이고 남편은 ○○인이며 우리 부부의 상거소는 국내에 있습니다. 협의이혼이 가능합니까?

답 남편이 외국인인 경우에도 국내법에 따른 협의이혼이 가능합니다. 하지만 서울가정법원에서는 부부 중 한쪽이 외국인인 경우 당사자의 편의를 고려하여 즉시조정을 권유하기도 하므로 쌍방이 출석하여 적절한 방법을 선택하시기 바랍니다.

【해설】

부부 중 한쪽이 외국인이거나 양쪽 모두 외국인인 경우 국내 법원에 협의이혼의사확인신청을 할 수 있는지 여부는 국제사법이 정한 바에 따르게 된다.

부부 중 한쪽이 국내에 상거소가 있는 대한민국 국민인 경우에는 이혼은 대한민국 법에 따른다(국제사법 제39조 단서). 따라서 국내에 상거소가 있는 대한민국 국민과 외국인이 협의이혼의사확인 신청을 한 경우에는 국내법이 그대로 적용된다. 여기에서 말하는 상거소란 주소와는 구별되는 개념으로 일정기간 계속해서 거주하는 곳을 말하는데, 외국인등록증이 있고 거소신고가 되어 있다면 대한민국에 상거소가 있는 것으로 볼 수 있을 것이다.

부부 양쪽이 외국인인 경우에는 부부의 동일한 본국법, 동일한 상거소지법, 부부와 가장 밀접한 관련이 있는 곳의 법의 순서대로 적용되므로(같은 조 본문, 제37조), 부부의 동일한 상거소지법 또는 부부와 가장 밀접한 관련이 있는 곳의 법으로서 대한민국 법이 준거법이 되는 경우(예를 들면 남편이 ○○인, 아내가 일본인으로서 각각 대한민국에 상거소를 두고 있는 경우)에는 국내법에 따른 협의이혼의사확인 신청을 할 수 있을 것이다.

그러나 당사자의 본국법에서 협의이혼제도를 인정하고 있지 않으면 본국 신분관계등록부의 정리를 위하여 본국법에 따라 다시 이혼절차를 밟아야 하는 불편이 있을 뿐 아니라, 우리 법 소정의 숙려기간, 미성년 자녀에 대한 협의서 등 제출이 외국인에게 상당히 까다롭게 느껴질 수 있다.

이에 서울가정법원에서는 부부의 한쪽 또는 양쪽이 외국인인 경우에는 당사자에게 위와 같은 협의이혼의 취지를 설명하고 조정사건으로 접수하기를 권유하며 조정사건으로 접수되면 접수 당일 바로 조정을 실시한다. 외국인이 이와 같은 조정을 신청하기 위해서는 신분증(여권), 혼인증명서 및 번역문, 통역인이 필요하다. 또한 조정사건이기 때문에 소정의 송달료(15,200원)를 납입하고 5,000원의 인지를 신청서에 첨부하여야 한다. 내·외국인간 조정절차도 기본적으로 외국인간 조정절차와 동일하다. 다만 내국인의 혼인관계증명서, 가족관계증명서 및 주민등록등(초)본이 추가적으로 필요하다.

---

4. 외국거주자의 협의이혼

문 ❶ 저는 외국에 거주하고 있는 재외국민이고, 아내는 대한민국에 거주하고 있습니다. 제가 협의이혼을 하기 위해서는 귀국해야 합니까?

문 ❷ 저희 부부는 외국에 거주하고 있는 재외국민입니다. 귀국하지 않고 협의이혼을 할 수 있는 방법이 있습니까?

답 재외국민이 협의이혼을 하고자 할 때에는 관할 재외공관의 장에게 협의이혼의사확인신청을 할 수 있습니다.

【해설】

재외국민등록법에 따라 등록된 대한민국 국민은 그 거주지 관할 재외공관의 장에게 협의이혼의사확인신청을 할 수 있다. 해당 지역을 관할하는 재외공관이 없는 때에는 인접지역관할 재외공관의 장에게 할 수 있다.

부부 양쪽이 재외국민인 경우에는 두 사람이 함께, 한쪽만 재외국민인 경우에는 그 당사자가 관할 재외공관에 신청할 수 있다. 부부 양쪽이 재외국민으로서 서로 다른 국가에 거주하고 있는 경우에도 한쪽 당사자가 자신의 거주지 관할 재외공관에 신청할 수 있다. 신청을 받은 재외공관의 장은 신청당시지를 출석시켜 진술을 듣고 진술요지서를 작성한 다음, 이를 신청서에 첨부하여 서울가정법원으로 송부한다. 서울가정법원은 그 진술요지서에 의하여 신청당사자의 이혼의사의 존부를 확인할 수 있고, 당사자 한쪽이 재외공관에 신청한 경우에는 국내에 거주하는 상대방을 출석하게 하여 상대방의 이혼의사의 존부를 확인하며, 양쪽이 서로 다른 외국에 거주하여 한쪽이 자신의 거주지 관할 재외공관에 신청한 경우에는 상대방 거주지 관할 재외공관에 상대방의 이혼의사의 확인을 촉탁하게 된다.

한편 외국 영주권을 가지고 있는 대한민국 국민인 부부가 국내에 거소신고를 한 경우 협의이혼 관할 법원이 서울가정법원인지 국내 거소지를 관할하는 법원인지가 문제되는데, 현재

서울가정법원에서는 관할지역 이외의 곳에 거소신고를 한 영주권자들의 경우에도 협의이혼
의사확인을 해 주고 있다.

5. 숙려기간의 단축

> 문 남편의 가정폭력이 심해서 견딜 수가 없습니다. 숙려기간을 줄이거나 면제받을 수
> 있는 방법이 있습니까?
>
> 답 가정폭력으로 인하여 더 이상 결혼생활을 유지하기 힘들거나 그 밖에 불가피한 사정이
> 있는 경우에는 법원에 숙려기간을 줄이거나 면제해 달라고 신청할 수 있으며 이와 같은
> 신청이 받아들여지면 숙려기간이 단축되거나 면제될 수 있습니다.

【해설】

숙려기간은 당사자로 하여금 이혼의사를 재고하도록 하는 기간으로서 가정법원이 제공하는
이혼에 관한 안내를 받은 날부터 미성년 자녀가 없는 경우에는 1개월, 미성년 자녀가 있는
경우에는 3개월이다(민법 제836조의2 제2항). 이에 따라 이혼의사 확인신청을 한 당사자
는 안내를 받은 날로부터 숙려기간이 경과한 이후의 날짜를 이혼의사 확인기일로 지정받게
된다. 그러나 가정폭력이나 그 밖에 이혼을 조기에 하여야 할 급박한 사정이 있는 경우에
는 숙려기간의 단축 또는 면제가 필요하다. 숙려기간 단축이나 면제사유로는 ① 가정폭력
으로 인하여 당사자 일방에게 참을 수 없는 고통이 예상되는 경우, ② 일방이 해외장기체
류를 목적으로 즉시 출국하여야 하는 사정이 있는 경우, ③ 쌍방 또는 일방이 재외국민이
므로 이혼의사확인에 기간이 오래 걸릴 것으로 예상되는 경우, ④ 신청일 전 1년 이내에
이혼의사확인신청을 하여 위 민법 소정 숙려기간 경과 후 이혼의사 불확인을 받은 사정이
있는 경우 등을 들 수 있다.
서울가정법원에서는 이혼숙려기간 면제나 단축을 희망하는 부부가 있을 경우 상담위원의
상담을 받은 후에 숙려기간 면제(단축) 사유서를 제출하도록 하고 있으며, 담당 판사가 상
담위원의 의견과 소명자료(예컨대 진단서 등)를 참고하여 결정한다. 숙려기간의 단축 또는
면제 사유가 있는 것으로 판단되면 이혼의사 확인기일을 조기의 날짜로 변경하고 변경된
기일을 당사자에게 전화 등으로 통보한다. 상담을 받은 날부터 7일(상담을 받은 경우) 또
는 사유서를 제출한 날부터 7일(상담을 받지 않은 경우) 이내에 새로운 확인기일의 지정
통지가 없으면 최초에 지정된 확인기일이 유지된다.

문 협의이혼을 하려고 하는데 미성년인 자의 양육과 친권자결정에 대한 합의가 되지 않고 있습니다. 그래도 협의이혼을 할 수 있습니까?

답 부부 사이에 자의 양육과 친권자결정에 대한 합의가 이루어지지 않는 경우에는 가정법원에 친권과 양육에 관하여 결정해 달라는 심판청구를 하여 법원의 심판을 받아야 협의이혼의 사 확인을 받을 수 있습니다.

【해설】

미성년인 자가 있는 경우 협의이혼을 하기 위해서는 자의 양육과 친권자결정에 관한 협의서를 이혼의사 확인기일 1개월 전까지 제출하여야 한다(민법 제836조의2 제4항 및 관련 예규). 협의서에는 친권자 및 양육자의 결정(부모 중 누구로 할 것인지 또는 공동으로 할 것인지), 양육비용의 부담(지급방식, 지급액, 지급일), 면접교섭권의 행사 여부 및 그 방법(일자, 시간, 인도장소, 면접장소)에 관한 사항이 기재되어야 한다.

자의 양육과 친권자결정에 관하여 협의가 되지 않으면 법원에 심판청구를 하여 이혼의사확인기일까지 그 심판 정본 및 확정증명서를 제출하여야 한다(위 같은 항 및 관련 예규). 그런데 이혼을 하려는 부부가 협의이혼의사확인 신청을 하면서 이미 확인기일을 고지받은 후 미성년 자녀의 양육과 친권자결정에 관한 협의를 시도하다가 협의가 이루어지지 않아 이에 관한 심판청구를 하였으면서도 이러한 사실을 법원에 알리지 않은 채 이미 고지된 확인기일에 불출석하게 되면, 법원으로서는 확인기일에 협의이혼의사 불확인처리를 할 수밖에 없으므로, 부부는 심판청구를 한 후 이러한 사실을 소명할 자료(심판계속증명 등)를 첨부하여 기일변경신청서를 법원에 제출하거나, 확인기일에 출석하여 위 소명자료를 제출하고 이러한 사실을 진술하여야 한다. 이 때 이혼의사 확인기일은 심판 정본 및 확정증명서의 제출을 위하여 추후지정된다.

부부의 주소지가 서울인 경우 관할법원에 관해서는 주의할 점이 있다. 협의이혼사건은 가족관계등록비송사건에 해당하므로 주소지를 관할하는 법원이 관할법원인데 반해 자의 양육과 친권자결정에 관한 심판청구 사건은 가사비송사건에 해당하여 서울가정법원이 관할법원이 되기 때문이다. 예컨대 서울시 양천구에 등록기준지와 주소를 두고 있는 부부가 있는 경우, 협의이혼의사확인신청은 서울남부지방법원에 하여야 하고, 자의 양육과 친권자결정에 관한 심판청구는 서울가정법원에 하여야 한다.

7. 이혼의사 확인기일 불출석

▣ 협의이혼의사확인신청을 하였으나 1, 2차 확인기일에 모두 출석하지 못하였습니다.
기일을 다시 지정해 줄 수는 없습니까?

▣ 협의이혼의사확인신청을 할 때에 고지받은 두 차례의 확인기일에 모두 불출석한 경우
그 신청은 취하된 것으로 봅니다. 따라서 신청을 다시 하여야 합니다.

【해설】

협의이혼의사확인기일은 당사자가 판사의 면전에서 이혼의사 여부를 확인하는 날이다. 그
러므로 협의이혼의사확인기일에는 협의이혼의사확인신청을 할 때와 마찬가지로 부부 쌍방
이 법원에 출석하여야 한다. 당사자 일방 또는 쌍방이 2차례의 확인기일에 모두 불출석한
경우에는 취하간주되며, 이로써 해당 사건은 종결된다. 그러므로 이후 다시 협의이혼을 하
고자 할 때에는 협의이혼의사확인신청을 새로 하여야 한다. 다만 지정된 기일에 출석하지
못할 사유가 있는 경우에는 미리 법원에 기일변경 신청을 할 수 있다.

8. 협의이혼의사확인의 효력

▣ 법원으로부터 협의이혼의사확인을 받았습니다. 이제 우리부부는 이혼이 된 것입니까?
만일 아니라면 어떤 절차를 거쳐야 합니까?

▣ 협의이혼의사확인을 받았다고 바로 이혼이 되는 것은 아닙니다. 이혼의사확인서등본을
교부받은 날부터 3개월 이내에 시(구)·읍·면사무소에 확인서등본이 첨부된 이혼신고서
를 제출하여야 이혼이 됩니다.

【해설】

협의이혼의사확인을 받아 시(구)·읍·면사무소에 신고를 하면 혼인관계는 해소되며 그 신고
는 이혼의사확인서등본을 교부받은 때로부터 3개월 이내에 하여야 한다. 이혼신고는 당사
자 일방이 해도 상관이 없고, 당사자의 등록기준지, 주소지 또는 현재지 어느 곳에서도 가
능하다.

9. 협의이혼의사확인서 등본의 멸실

> 문 아직 이혼신고를 하지 않았는데 법원으로부터 교부받은 협의이혼의사확인서등본을 잃어버렸습니다. 다시 교부받을 수 있습니까?

> 답 확인서등본을 교부받은 날부터 3개월이 경과되지 않았다면 확인서등본을 다시 교부받아 이혼신고를 할 수 있습니다.

【해설】

확인서등본을 분실한 경우 그 등본을 교부받은 날부터 3개월이 경과하기 전에만 재교부가 가능하다. 그러므로 3개월이 지나면 새로이 협의이혼의사확인신청을 할 수밖에 없다. 재교부받은 등본을 다시 분실한 경우에는 최초로 등본을 교부받은 날부터 3개월이 경과하기 전에만 다시 교부받을 수 있다.

10. 협의이혼의사확인 후 이혼의사의 철회

> 문 법원으로부터 협의이혼의사확인을 받았습니다만, 이혼하고 싶지 않습니다. 협의이혼의사를 철회할 수 있습니까?

> 답 아직 이혼신고를 하지 않았다면 철회하려는 사람의 등록기준지, 주소지 또는 현재지 시(구)·읍·면의 장에게 철회서면을 제출하는 방법으로 협의이혼의사를 철회할 수 있습니다.

【해설】

법원으로부터 이혼의사확인을 받았다 하더라도 그에 따른 이혼신고 전에는 협의이혼의사를 철회할 수 있다. 철회는 부부가 공동으로 할 필요가 없고 단독으로 가능하며 철회서에는 이혼의사확인서등본을 첨부하여야 한다.

이혼의사를 철회한 경우에는 이혼의사확인의 효력이 소멸된다. 그러므로 그 철회의사를 철회하더라도 이혼신고를 수리할 수 없으며, 이 경우 이혼을 하고자 할 때에는 다시 이혼의사확인을 받아야 한다.

다만, 상대방의 이혼신고서가 본인의 이혼의사철회서 보다 먼저 접수되면 철회서를 제출하였더라도 이혼의 효력이 발생한다.

【해설】

2007. 12. 21. 개정 민법에 부부가 이혼할 때에는 미성년 자녀가 있는 경우 양육비용의
부담에 관한 사항을 정하도록 하여 양육비지급에 관한 협의서를 제출하게 하였으나 위 협
의서는 집행력 등이 인정되지 않아 단순히 당사자사이의 자율적 이행을 촉구하는 의미밖에
없었다.

이에 협의내용의 집행력 등을 인정하기 위하여 2009. 5. 8. 민법과 가사소송법이 각 개정
되어 양육비부담조서 제도, 직접지급명령 및 이행명령제도가 도입되었다.

이 조서는 가사소송법 제41조에 의하여 채무명의가 되며 이를 집행권원으로 한 모든 종류
의 강제집행이 가능하다.

또한 개정 가사소송법 제63조의2에 따라 가정법원은 양육비채무자가 정당한 이유없이 2회
이상 양육비를 지급하지 아니한 경우에는 아직 이행일시가 도래하지 않은 것을 포함한 양
육비채권을 집행권원으로 하여 소득세원천징수의무자에 대한 정기적 급여채권에 관하여 양
육비 직접지급명령을 할 수 있고,

제64조에 따라 가정법원은 양육비지급의무자가 정당한 이유없이 그 의무이행을 이행하지 않
을 때에는 당사자의 신청에 의하여 일정한 기간 내에 그 의무를 이행할 것을 명할 수 있다.
위 이행명령에 따른 의무 불이행시의 제재로 과태료부과, 감치처분을 할 수 있다.

	시행일자	관할법원
민법 제836조의2 제5항 (양육비 부담조서의 집행력)	2009. 08. 09.	민사집행법의 관련규정에 따름.
가사소송법 제63조의2 (양육비 직접지급명령)	2009. 11. 09.	가정법원 전속관할
가사소송법 제64조 (양육비부담조서에 의한 이행명령)	2009. 11. 09.	가정법원 전속관할

13. 협의에 의한 자의 양육비지급약정이행청구 사건

문 이혼을 하면서 자의 양육비를 약정은 하고 이행을 하지 않는데 어떻게 해야 할까요?

답 관할 가정법원에 "양육비 이행청구 신청서"를 작성하여 제출하면 됩니다.

【해설】

부부가 이혼하면서 협의에 의하여 그 중 일방을 미성년자인 자의 양육자로 정하고 다른 일방은 매월 일정액의 양육비를 지급하기로 약정하였는데, 양육비지급의무자가 그 약정 양육비를 지급하지 아니한다는 이유로 그 약정양육비의 지급을 구하는 경우, 이를 단순한 약정금 청구로 보아 민사사건으로 보는 견해도 있을 수 있으나, 자의 양육에 관한 처분을 구하는 것으로서 마류 가사비송사건에 해당하고, 가정법원이 기존의 약정내용을 참작하여 후견적 입장에서 적절한 처분을 할 수 있을 것이다.

제4절 가사신청

1. 제소명령이란 무엇인가요?

☞ 제소명령이란 채권자가 가압류·가처분을 해놓고도 본안소송을 제기하지 않았을 때, 법원이 채무자의 신청에 따라 채권자에 대하여 일정한 기간 내에 본안소송을 제기하고 이를 증명하는 서류를 제출하라는 명령입니다.

2. 그럼 제소명령 절차는 어떻게 되나요?

☞ 채무자가 법원에 제소명령신청을 하면, 법원은 채권자에 대하여 제소명령을 하고 그 결정문을 쌍방 당사자에게 송달합니다. 제소명령을 송달받은 채권자가 법원이 정한 기간 내에 본안소송을 제기하지 않으면, 채무자는 가압류·가처분취소신청을 할 수 있게 됩니다.

3. 채무자와 원만히 합의가 되어 가압류를 해제하였습니다. 그런데 가압류당시 제가 담보로 걸어두었던 공탁금을 찾으려면 어떻게 해야 하나요?

☞ 상대방과 서로 합의가 되었다면, 상대방의 담보취소동의서와 즉시항고권포기서(인감증명서 첨부)를 첨부하여 법원에 담보취소 신청을 하면 됩니다.

4. 가압류취소신청을 하여 '가압류결정을 취소한다'라는 결정을 받았는데 등기부 등본을 확인해보니, 아직 가압류가 풀리지 않았습니다. 어떻게 하여야 하나요?

☞ 가압류취소결정을 받았다고 해도 그 가압류 등기가 바로 말소되는 것이 아니라, 당사자가 다시 법원에 가압류 집행해제신청을 해야 비로소 가압류 등기가 말소됩니다. 부동산의 경우에는 집행해제를 위하여 등록세(부동산 1개당 3,600원), 증지, 우표 등이 필요하니, 부동산에 대한 가압류취소결정을 받았다면 이러한 것들을 첨부하여 집행해제신청을 하십시오.

5. 채무자와 계약기간이 끝난 제3채무자(부동산 임대인, 전세권설정자 등)
   는 가압류된 임대차보증금(전세금) 등을 어떻게 처리해야 하는지요?

☞ 가압류된 임대차보증금, 전세금 등을 법원에 공탁하시면 됩니다.

6. 채권가압류에서 가압류결정이 제3채무자에게 송달불능되었을 경우에
   는 어떻게 하나요?

☞ 결정 정본이 반송된 경우 주소보정명령을 하오니, 특별송달신청을 하거나
   주소를 보정하시기 바랍니다. 주소보정명령을 받기 전이라도 송달불능이
   확인되었다면 미리 주소를 보정하셔도 됩니다. 2회 송달불능 되면 집행불
   능으로 처리하오니 유의하시기 바랍니다.

7. 가압류(가처분)할 지분을 잘못 기재했는데 어떻게 처리해야 하는지요?

☞ 결정경정신청을 하시면 됩니다. 결정경정에 대한 등기수수료(정액등록세
   3,600) 납부한 후 결정경정신청서에 그 영수증과 증지를 첨부해서 제출하
   시기 바랍니다.

8. 남편과 오랜 기간 별거 생활을 하다가 이혼을 하려고 합니다. 이혼을
   할 때 재산분할청구를 함께 하려고 하는데, 오랜 별거 생활로 인하여
   남편 명의의 재산을 정확히 알지 못합니다. 알 수 있는 방법이 없나요?

☞ 2009. 5. 9. 개정된 가사소송법은 재산분할, 부양료 및 미성년 자녀의 양육
   비 청구사건을 위하여 특히 필요하다고 인정하는 때에는 직권 또는 당사
   자의 신청에 의하여 당사자에게 재산상태를 명시한 재산목록을 제출하도
   록 명할 수 있도록 하였습니다. 해당 관할법원에 이혼 및 재산분할 청구소
   송을 제기하신 후 서면으로 신청취지와 신청사유를 적은 재산명시신청서
   를 제출하시면 해당법원이 심리 후 소송을 위해 필요하다고 판단하면 재
   산명시명령을 남편분에게 내리게 됩니다.

9. 이혼 및 재산분할 소송을 하고 있습니다. 재산명시신청으로 인하여 남편이 재산목록을 법원에 제출하여 열람하였으나, 남편이 부부 공동명의로 되어 있는 아파트 외에는 별다른 재산이 없다는 답변을 제출하였습니다. 결혼 후 10여년 동안 남편이 재산관리를 하면서 상당히 많은 재산을 보유하고 있는 것으로 생각되는데, 이를 정확하게 확인해볼 방법이 남편이 재산명시 명령으로 제출한 재산목록 외에는 없는 건가요?

☞ 2009. 5. 9. 개정된 가사소송법은 재산분할, 부양료, 미성년 자녀의 양육비 청구사건에서 재산명시절차를 거쳤음에도 불구하고 당사자가 재산목록의 제출을 거부하거나 제출된 재산목록만으로는 사건의 해결이 곤란한 경우, 또는 공시송달로 진행되는 사건과 같이 상대방에게 재산명시명령을 송달할 수 없었던 경우에, 가정법원이 개인의 재산과 신용정보에 관한 전산망을 관리하는 공공기관·금융기관·단체 등에 대한 당사자 명의의 재산의 조회를 통하여 당사자의 자발적 협조 없이도 당사자의 재산내역을 발견·확인할 수 있도록 하고 있습니다. 따라서 해당법원에 서면으로 위의 사유 중 하나를 소명하시어 재산조회신청서를 작성하여 제출하시면 됩니다.

10. 양육비직접지급명령은 언제부터 시행이 됩니까? 그리고 저는 약 2년 전에 이혼과 동시에 상대방으로부터 아이에 대한 양육비로 월 30만 원씩 2017년까지 지급받기로 판결을 받았는데, 이혼판결 확정 후 몇 달간은 양육비를 잘 보내오던 전남편이 특별한 연락이나 이유도 없이 현재까지 양육비를 주지 않고 있습니다. 이런 경우 양육비직접지급명 령제도를 이용하게 되면 그동안 밀린 양육비와 앞으로 지급받아야 할 양육비를 모두 받을 수 있게 되나요?

☞ 양육비직접지급명령은 2009. 5. 9. 개정된 가사소송법에 의하여 2009. 11. 9.부터 시행됩니다. 양육비직접지급명령은 정기금 양육비채무자가 정당한 사유 없이 2회 이상 양육비를 지급하지 아니한 경우에 아직 이행일시가 도래하지 않은 양육비채권을 집행채권으로 하여 양육비채무자가 가지고 있는 정기적 급여채권에 대한 강제집행을 할 수 있도록 하여, 소득세원천징수의무자로 하여금 양육비채무자의 급여에서 정기적으로 양육비를 공제하여 양육비채권자에게 직접 지급하도록 명하는 것입니다. 양육비직접지급명령을 신청하기 위해서는 우선 양육비채무자가 신청 당시를 기준으로 정기적으로 발생되는 급여채권을 가지고 있어야 합니다. 또한 양육비직접지급명령이 소득세원천징수의무자에게 송달된 날부터 효력이 생기므로, 그 이전에 발생되었으나 이행되지 않고 있는 양육비채권에 대하여는 기존의 강제집행 방법에 따라 집행하셔야 합니다. 따라서 전남편분께서 정기적 급여채권을 가지고 계시고, 정당한 사유 없이 2회 이상 양육비를 지급하지 아니하였다면 장래에 발생할 정기금 양육비채권에 관하여 양육비채무자의 주소지 관할 가정법원에 양육비직접지급명령을 신청하시면 됩니다.

☞ 2009. 11. 9. 시행되는 개정 가사소송법은 양육비직접지급명령의 경우, 정기금 양육비채무자가 정당한 사유 없이 2회 이상 양육비를 지급하지 아니한 경우에 아직 이행일시가 도래하지 않은 양육비채무자의 소득세원천징수의무자에 대한 정기적 급여채권에 대하여 양육비직접지급명령을 할 수 있도록 하고 있습니다. 양육비채무자에게 정기적 급여채권이 존재하지 않게 되면 양육비직접지급명령을 신청하실 수 없습니다. 개정된 가사소송법은 양육비채무자가 근로자가 아닌 자영업자라서 양육비직접지급명령을 이용할 수 없는 경우에 대비하여 담보제공명령을 따로 규정하고 있습니다. 그러므로 정기적 양육비채권에 관한 집행권원을 가진 채권자는 양육비채무자가 정당한 사유 없이 정기금 양육비채무를 이행하지 않을 때에는 양육비채무자의 주소지 가정법원에 담보제공명령을 신청하시면 됩니다.

저자약력

저자 법학박사 김동근
숭실대학교 법과대학 법학과 졸업
숭실대학교 일반대학원 법학과 졸업(법학박사)
[대한민국 법률전문도서 최다출간저자 - KRI 한국기록원 공식인증]

현, 숭실대학교 법과대학 법학과 겸임교수
    국가전문자격시험 출제위원
    대한행정사회 중앙연수교육원 교수
    경기대학교 탄소중립협력단 전문위원
    YMCA병설 월남시민문화연구소 연구위원

전, 대통령후보 디지털성범죄예방특별위원회 자문위원
    대통령후보 탐정위원회 부위원장
    서울시장후보 법률특보단장
    중앙법률사무교육원 교수(가사이혼소송실무 강의)

저서, 누구나 행복한 이론을 꿈꾸지만(지우출판)
    이혼소송에서 위자료 재산분할까지(진원사)
    유형별 가사분쟁실무(진원사)
    가사소송 이론 및 실무(진원사)
    이혼소송준비부터 가압류 강제집행까지(법률출판사)
    가사소송법실무(진원사)
    가사소송실무 Ⅰ, Ⅱ(진원사)
    상속분할과 유류분청구(진원사)
    미성년 · 성년후년소송(진원사)
    나홀로 하는 가사소송실무(진원사)
    나홀로 하는 가족관계사건등록절차(진원사)
    증거수집 및 증거신청절차(진원사)
    탐정관련법(법률출판사)
    탐정활동 및 탐정실무기법 Ⅰ, Ⅱ

감수 변호사 최나리

성균관대학교 법학과
대법원 사법연수원 수료(41기)
인천지방검찰청 부천지천 검사직무대리
수원지방법원 민사조정위원
대한변호사회 가사법 특별연수교육 수료
대한변호사회 이혼전문변호사 등록

현, 대법원 등 국선변호인
　　법률사무소 로앤어스 대표변호사

[개정8판]

한권으로 끝내는 가사소송실무

2025년 5월 15일   개정8판 1쇄 인쇄
2025년 5월 20일   개정8판 1쇄 발행

저   자   김동근
감   수   최나리

발 행 인   김용성
발 행 처   **법률출판사**
            서울시 동대문구 휘경로2길 3, 4층
            ☎ 02) 962-9154   팩스 02) 962-9156
등 록 번 호   제1-1982호
ISBN   978-89-5821-460-1   13360
e-mail :   lawnbook@hanmail.net

Copyright ⓒ 2025
본서의 무단전재·복제를 금합니다.
정 가   48,000원